Professor Dr.-Ing. Wilhelm Kick

Sag es unseren Kindern
Widerstand 1933-1945
Beispiel Regensburg

mit
einem
Geleitwort
von
Dr. Adalbert Rückerl

Verlag Dr. Tesdorpf
Berlin/Vilseck
1985

1. Auflage März 1985

Copyright © Verlag Dr. Tesdorpf
1000 Berlin, Kurfürstendamm 180 (030-8827612)
8453 Vilseck, St.-Ägidius-Str. 4 (09662-1060)
Alle Rechte der Verbreitung sind vorbehalten.
Nachdruck, auch auszugsweise, nur mit Genehmigung
des Verlages.
Satz: Büroservice Dr. Tesdorpf, Vilseck
Druck: difo-druck schmacht, Bamberg
Printed in Germany

ISBN 3-924905-06-1

Die Toten schweigen -

        schweigen die Toten?

Guido Zingerl; Kulturförderpreisträger der Stadt Regensburg 1969
"Den Opfern des Faschismus in Regensburg gewidmet".
45 x 33 cm, Tusche, 1980

INHALT

	Seite
Verzeichnis der Abbildungen	VI
Geleitwort von Adalbert Rückerl	1
Vorwort zur Absicht des Buches	5
Die Sendung "Holocaust" und ihr Nachklang	9

I. Der zeitgeschichtliche Hintergrund in Deutschland
   mit einigen Erinnerungen des kleines Mannes   11

   1. Aus heutiger Sicht: Der Krieg als Hitlers Ziel   11
   2. Die große Mehrheit merkte nicht, wohin es ging   14
   3. Und doch kannten einige das Ziel   18
      Woher erkannten sie es?   21
   4. Vorbereitung und Durchführung des Krieges machten
      Terror nötig   24
   5. Was wußte die Bevölkerung vom Terror?   26
   6. Der passive Widerstand oder die Nichtanpassung   27
      Ein falsches Bild und wie es gemacht wurde   28
      Die Wirklichkeit war anders   29
      Der passive Widerstand hatte eine zwiespältige Wirkung   30
   7. Aktiver Widerstand   31
      Vom Sinn und Wert des aktiven Widerstandes   32
      Zur Frage des "Verrats"   33

II. Politischer Hintergrund und Widerstand in Regensburg   35

   1. Besonderheiten der Stadt – bis 1933 Hochburg der BVP   35
   2. Wogegen der Widerstand gerichtet war: Die Menschen-
      verluste in Regensburg als Folgen der NS-Politik – und
      wie wenig darüber bekannt ist   38
      a) Gefallene und in Kriegsgefangenschaft Gestorbene   39
      b) Die Ziviltoten der Vertreibung   42
      c) Die Ziviltoten des Luftkrieges   42
      d) Ermordete Juden   45
      e) Ermordete Kranke   46
      f) Verhungerte, an Krankheiten verstorbene und erschlagene
         Gefangene, die in Regensburg lebten   47
      g) Todesopfer unmenschlicher Strafmaße   49
      h) Im Widerstand Gefallene   49
         Zusammenstellung   50
   3. Die hier fehlenden Lebensopfer des Widerstandes   51
   4. Regensburger in den KZ   54
   5. Zu spät und zu früh   56

III. Johann Kimpel: "Der Krieg ist ein Verbrechen!"   58

   1. Die Zeit vor Hitler   58
   2. Im Dritten Reich   61
   3. Die Nach-Hitler-Ära   65

IV. Alfons Bayerer und der sozialdemokratische Widerstand 71

1. Die SPD in Regensburg bis 1933   71
2. Aus der Lebensgeschichte des *Alfons Bayerer*   73
3. Die "Zeit der Halblegalität" von März bis Juni 1933   74
   Ermächtigungsgesetz und Otto Wels   77
4. *Toni Pfülf*, Reichstagsabgeordnete des Wahlkreises Ndb/Opf   78
5. Der Widerstand der SPD in den ersten Jahren des
   Dritten Reiches   82
   a) Der Parteivorstand in Prag und seine Verbindung zum Reich   82
   b) Die Regensburger Widerstandsgruppe *Peter - Weber - Bayerer*   83
   c) Transport und Vertrieb der Sopade-Presse aus der CSR
      und Nachrichtenübermittlung in die CSR   85
   d) Zweck und Ziele   90
   e) Verhaftung - Prozeß - Strafen   92
6. Beispiele für Terror ohne Einschaltung der Justiz   98
   Liste der obengenannten, am Literaturtransport 1933/34
   beteiligten SPD-Widerständler   102

V. Kommunisten und Sympathisanten; Verfolgung und Widerstand 103

1. Die KPD in Regensburg von 1920 bis 1933   103
2. Die "kommunistische" Lehrerin *Elly Maldaque*   109
3. Regensburger Kommunisten 1933 - 45   114
4. Fragmentarischer Bericht aus dem Leben des *Franz Enderlein*   121
5. Die versteckte Botschaft des *Johann Prechtl*   125

VI. Die "Neupfarrplatzgruppe" 128

Politische Zugehörigkeit   128
"Neupfarrplatzgruppe"   129
Zur Geschichte des Neupfarrplatzes   129
Verhaftungen, Vernehmungen, KZ Flossenbürg, Prozesse   132
Delikte   134
Alter   136
Berufliche Zusammensetzung   136
Herkunft   137
Teilnehmer am Ersten Weltkrieg   138
1. *Josef Bollwein*, Verbreiter verbotener Wahrheit   139
   Lebenslauf   139
   Verhaftung   140
   Aus dem Strafprozeß des VGH Berlin   141
   Politische Zugehörigkeit   143
   Zum Ausmaß und Motiv des Widerstandes   145
   Das Ende   145
2. *Johann Kellner*: "Wir müßten etwas tun!"   146
   Lebenslauf   147
   Politische Vergangenheit   148
3. *Max Massinger*: "Daß ihr das nicht wieder erleben müßt!"   151
   Lebenslauf   151
   Politische Vergangenheit   154
   KZ Flossenbürg und das Ende   154
4. *Johann Schindler*, der Monarchist   156
   Lebenslauf   156
   Verhältnis zur Neupfarrplatzgruppe   157
   Politische Einstellung   157

		Das Ende	160
	5.	*Franz Herzog*, KZ-Opfer aus der BVP	161
		Lebenslauf	161
		Verhaftung und Ende	162
	6.	*Johann Eibl*, Marine-Veteran aus zwei Kriegen, endete im KZ	163
	7.	*Georg Zaubzer*, Freigeist, Kommunist und "wie ein Bruder"	164
		Lebenslauf	165
		Politische Einstellung	166

VII. *Josef Haas*, ein Hiob unserer Zeit — 169

Lebenslauf 1. Teil	169
Politische Vergangenheit	170
Lebenslauf 2. Teil	171
Verhaftung und U-Haft	174
Der Prozeß	175
Das Urteil und seine Begründung	176
Die letzten sieben Monate bis zur Ermordung	179
Auswirkungen auf die Familie	181
Der Weg zur Information	182

VIII. Die Juden — 183

Es gab jüdischen Widerstand	183
Zum Schicksal der Regensburger Juden 1933 - 45	187
Die Auswanderung	187
Die Ermordung	189
Einzelschicksale	193
Charlotte Sabatier und ihre Kinder	196
Familienübersicht Sabatier	196
Kinder aus dieser "Mischehe"	196
Alice Heiß, eine Jüdin, die durch Widerstand ihr Leben verlor	199
Warum?	211

IX. *Alois Krug*; Widerstandsbeispiel eines Beamten — 213

Politische Einstellung	214
Verhalten des Beamten und "Parteigenossen" Krug im Dritten Reich	218
Wie einer zum Denunzianten wurde	220
Der letzte Anlaß zu Krugs Verhaftung	222
Der Möldersbrief	222
Zum Inhalt des Möldersbriefes	224
Rettungsversuche	229
Zum Sondergericht	230
Einweisung in das KZ Dachau	232
Entnazifizierung	235

X. *Johann Igl*: Sag es unseren Kindern! — 238

Aus der Lebensgeschichte	238
Politische Vergangenheit	240
Das Verhängnis	242
Verhaftung - Prozeß - Verurteilung	244
Bestätigung des Urteils	251

	KZ Dachau/SS-Straflager - Zweite Regensburger Haft	251
	Die Hinrichtung	256
	"..., daß ich kein Verbrecher bin"	259
	Wiedergutmachung - Entnazifizierung - Ermittlungsverfahren	262
	Die Entnazifizierung	263
	Ermittlungsverfahren, Strafprozesse	266
	Zusammenfassung der Nachkriegs-"Strafverfahren"	270
XI.	Kirchenkampf und Gegenwehr	272

  1. BVP, katholische Kirche und Kirchenvolk in ihrer Stellung
     zum NS bis 1933   272
  2. Der Umschwung 1933   276
  3. Der NS blieb auch ab 1933 christentums- und kirchen-
     feindlich   286
     La Juna Batalanto   290
     Zwischen Loyalität und Gegnerschaft   293
     Pfarrer *Kleber* von Wiefelsdorf   297
     Zahlreiche Konfliktfälle von Geistlichen   298
  4. Pater *Gebhard Heyder*: "Keinen politischen, nur
     religiösen Widerstand"   300
     Nachkriegssühne   304
  5. Regensburg und seine Katholiken im NS-Reich   305
     Die katholischen Jugendverbände   315
     Katholische Verbände zunehmend bedrängt, schließlich
     verboten   315
     Kruzifixerlaß und erste Frauendemonstration   317

XII.	Die drei letzten Opfer des Widerstandes	
	Dr. Johannes Maier - Josef Zirkl - Michael Lottner	319

  1. Die Frauendemonstration um Freigabe der Stadt   319
     a) Die militärische Lage war aussichtslos   319
        Militärische Lage nach der kampflosen Übergabe
        von Regensburg   327
     b) Warum wurde trotz Aussichtslosigkeit so lange
        weitergekämpft?   328
     c) Die Frauendemonstration   332
  2. Wer kam für eine Rettungsaktion in Frage und was führte
     schließlich zur Freigabe der Stadt?   340
     a-f) Gauleiter - Stadtkommandant - Oberbürgermeister -
     Chefarzt - anonyme Widerständler? - Bischof(Kirche)
     Domprediger   340
     g) Die militärische Führung übergab die Stadt ganz zuletzt
        doch ohne Kampf - aus rein militärischen Gründen   348
  3. Das Auftreten des Dompredigers; Standgericht und Hinrichtung.
     Die Fakten   352
     Standgericht   354
     Quellen zur Standgerichtsverhandlung   356
     Die Standgerichtsverhandlung   357
     Die Hinrichtung   360
  4. Lebensweg und Tat des *Dr. Johannes Maier*   363
     Der Zirkel   368
     Maiers Gedanken zur NS-Zeit   369
     Jedermann sei untertan der Obrigkeit...   370
     Spontan oder vorbereitet? Maiers große Sorge um die Stadt   372

Maier empfand Verantwortung	373
Maier und die Frauendemonstration	373
In der Nachfolge Jesu	374
War Dr. Maier ein Widerständler?	375
5. *Josef Zirkl*; herausgegriffen und hingerichtet	376
Aus seinem Lebensweg	376
Die politische Einstellung	377
Zirkls Ende; der zweite Mord der Obrigkeit an jenem 23./24.4.1945	379
Drei Gründe bestimmten Zirkls Verhalten	381
6. *Michael Lottner*; Opfer der NS-Endzeithysterie	381
Aus dem Leben des Michael Lottner	382
Der Mord in der Kreisleitung	383

XIII. Nicht versuchte und versuchte Gerechtigkeit
Drei Prozesse nach dem Krieg 387

1. Nicht versuchte Gerechtigkeit — 387
2. Der erste Dr. Maier-Prozeß 26.1. - 19.2.1948 — 388
3. Der Lottnerprozeß 15.6. - 3.7.1948 — 390
4. Der zweite Dr. Maier-Prozeß 28.9. - 4.10.1949 — 391
5. Kritik am Urteil des Schwurgerichts — 392
Nachkriegsahndung von NS-Tötungsdelikten im Zusammenhang mit Regensburger Widerständlern. Übersicht — 394

Zusammenfassung und Schluß — 396

Weitere Regensburger Widerstandsopfer — 401

Erkenntnisse aus obiger Zusammenstellung — 402

1. Zum Alter — 402
2. Herkunft, Geschwisterzahl, Religion — 403
3. Beruf — 404
4. Teilnehmer und Invaliden des Ersten Krieges — 404
5. Verhaftungsdatum; Delikte; Urteile — 405
6. Motive der Widerständler, Absichten und Wirkungen — 406

Lehren? — 408

1. Zum Krieg — 408
2. Zum Gewissen — 409

Literatur — 411

Zitierte Gesetze und Verordnungen — 419

Abkürzungen — 421

Sachregister — 424

Ortsregister — 428

Personenregister — 429

Verzeichnis der Abbildungen

Abb. Nr.		Seite
	"Den Opfern des Faschismus in Regensburg gewidmet" Guido Zingerl (Kulturförderpreisträger der Stadt Regensburg 1969)	Titelblatt
1	Regensburger Anzeiger 17.3.1933	63
2	Johann Kimpel im Krieg 1914/18	68
3	Johann Kimpel im Alter	68
4	Üblicher Anfang von Briefen Kimpels	70
5	Nachtausgabe 11.2.1935	94
6	Alfons Bayerer; Weihnachten 1939	98
7	Regensburger und Maxhütter Kommunisten etwa 1924	122
8	Drei Brüder Enderlein	122
9	Max Massinger, Vogesen 1916	153
10	Hans Schindler im Kreis seiner Familie	158
11	Hans Schindler letztes Bild	158
12	Josef Haas in gesunden Tagen	173
13	Josef Haas mit Hund und Wagen	173
14	Alice Heiß; Gefängnisbrief	207
15	Ehepaar Heidecker mit Tochter Alice; Reg. 1905	208
16	Alice Heidecker als Kind	208
17	Alice Heiß Paßbild	208
18	Sterbeurkunde Standesamt II Auschwitz	209
19	Alois Krug	215
20	Letzter Brief von Krug aus dem KZ	236
21	Johann Igl	240
22	Erster Brief Igls aus SS-Straflager	253
23	Brief von Bräu kurz vor der Enthauptung	261
24	Dr. Johann Maier	385
25	Josef Zirkl	385
26	Michael Lottner	385

GELEITWORT

"Wie war das eigentlich damals mit dem Nationalsozialismus? Wie kam es dazu? Was habt Ihr von den Konzentrationslagern und dem Mord an den Juden gewußt? Was habt Ihr dagegen getan? Konnte man überhaupt etwas dagegen tun?"

Nach langen Jahren scheinbaren Desinteresses sind gegenwärtig Fragen dieser Art seitens der jungen Generation immer häufiger zu hören. Die Enkel fragen heute ihre Großeltern. Meist fragen sie vergebens. Die Befragten weichen aus; sie wollen nichts mehr davon hören; sie erklären schließlich: "Ihr könnt das heute doch nicht mehr verstehen." Nur wenige von denen, die seinerzeit als Erwachsene mit wachen Sinnen die Herrschaft der Nationalsozialisten in Deutschland erlebt haben, sind bereit, sich vorbehaltlos den genannten Fragen zu stellen. Ihre Antworten lassen häufig erkennen, daß es ihnen dabei nicht allein um eine Aufklärung der jungen Generation, sondern darüberhinaus und nicht zuletzt um eine Erklärung ihres eigenen damaligen Verhaltens geht.

Der Autor des vorliegenden Buches versucht aus seiner Sicht ein Bild der damals herrschenden Verhältnisse zu vermitteln. Er tut dies an Hand einer von ihm selbst in jahrelanger Arbeit sorgfältig recherchierten Darstellung des Lebens, Leidens und Sterbens einzelner in einem engeren örtlichen Bereich - der Stadt Regensburg und ihrer Umgebung - ansässig gewesener Widerstandskämpfer und Opfer der nationalsozialistischen Gewaltherrschaft. Er verknüpft die Ergebnisse seiner Nachforschungen mit Schilderungen aus seinem eigenen Erleben und schließt daran an, beziehungsweise stellt voraus zeitgeschichtliche Betrachtungen über das Zustandekommen, die Entwicklung und das Wesen des NS-Regimes, insbesondere auch über das Verhältnis zwischen dem NS-Staat und den christlichen Kirchen. Fachhistoriker werden hier an manchen Stellen Ansatzpunkte zu mehr oder weniger massiver Kritik sehen. Dies gilt vor allem dort, wo der Autor regionalspezifische Erscheinungen auf das Gesamtgeschehen projiziert, mehr aber noch dort, wo er durch Sekundärquellen belegte Tatsachen als gesichert erscheinen läßt, die heute in der zeitgeschichtlichen Forschung noch immer oder neuerdings wieder umstritten sind. Manche werden vielleicht an Details Anstoß nehmen. Manche mögen bemängeln, daß er beispielsweise kommentarlos Begriffe wie "Zeiserlwagen" oder "Gefrierfleischorden" gebraucht ohne zu erläutern, daß es sich im ersten Fall um einen im Wesentlichen nur in Altbayern verwendeten Ausdruck für einen Gefangenentransportwagen und im zweiten Fall um eine Medaille für die Teilnehmer am Winterfeldzug 1941/42 in Rußland handelt.

Der Autor selbst legt Wert auf die Feststellung, daß er kein Fachhistoriker ist. In seinem Vorwort weist er darauf ausdrücklich hin. Er bekennt sich auch zu seiner gelegentlich mit Emotionen belasteten Darstellungsform. Es kommt ihm allein darauf an, durch das Sichtbarmachen signifikanter Einzelschicksale die Nachgeborenen zum Nachdenken und zur Besinnung auf die Werte einer freiheitlichen Demokratie anzuregen. Zur Erreichung dieses Zieles wählt er einen Weg, der im Endergebnis, bezogen auf die Aufnahmebereitschaft des Durchschnittsbürgers unseres Landes, ein höheres Maß an Effektivität verspricht als manches bedeutende geschichtswissenschaftliche Werk.

Die Forschungsergebnisse der Fachhistoriker haben in den vier Jahrzehnten seit dem Ende des zweiten Weltkrieges umfassende Erkenntnisse über das Wesen, die Entstehung und die Auswirkungen der nationalsozialistischen Gewaltherrschaft gebracht. Die Resonanz darauf war bei dem "Mann auf der

Straße" eigentlich doch recht gering. Dies zeigt deutlich, daß eine überwiegend abstrakte, strukturanalytische Darstellung der damaligen Verhältnisse - so notwendig eine solche für die Fortentwicklung geschichtlicher Kenntnisse unbestritten auch ist - kaum jemandem wirklich "unter die Haut geht". NS-Verbrechen wie auch Widerstand gegen das NS-Regime als gewissermaßen anonyme Größen vermögen offensichtlich ebensowenig nachhaltig zu beeindrucken wie andererseits der Hinweis auf eine siebenstellige Zahl der Opfer der Gewaltherrschaft. Das Einzelschicksal ist es, was die Menschen anrührt. Die Feststellung, daß es beispielsweise Bewohner des Nachbarhauses, Arbeitskollegen und Geschäftsfreunde der Eltern und Großeltern waren, die seinerzeit auf der einen oder anderen Seite unmittelbar an dem Geschehen beteiligt waren, ist geeignet, Bezugspunkte zu vermitteln, die zu ersprießlichem Nachdenken veranlassen.

Am Beispiel der Stadt Regensburg zeigt der Autor des vorliegenden Buches, daß es nationalsozialistische Tyrannei, vor allem aber auch Widerstand gegen das menschen- und kulturfeindliche System nicht nur irgendwo in Deutschland oder Europa, sondern auch hier, in seiner nächsten Umgebung, in seiner Stadt gegeben hat.

Wenn heute ein junger Mensch darum bemüht ist, sich über den damaligen Widerstand gegen den Nationalsozialismus zu informieren, wird man ihn in der Regel auf eine recht ansehnliche Literatur verweisen. Er wird dort lesen, welche oft sehr verschiedenartigen Motive jene Deutschen bewegten, die sich früher oder später zur Auflehnung gegen das verhaßte Regime entschlossen hatten. Er wird dort vor allem erfahren, welche Rolle dabei die führenden Männer der damals verbotenen demokratischen Parteien, der Gewerkschaften, der Kirchen und nicht zuletzt auch der damaligen Wehrmacht spielten. Er wird beeindruckt sein von dem Verantwortungsbewußtsein und dem tiefen Ernst, mit denen Frauen und Männer des Widerstandes zu einer Zeit, als sich Hitler auf dem Höhepunkt seiner Macht befand, um eine Gesellschaftsform gerungen haben, die nach dem heiß ersehnten Sturz des NS-Regimes Platz greifen sollte. Neben all diesen historischen und geistigen Höhepunkten des Widerstandes wird ihm aber - wenn er nicht in besonderem Maße mit Phantasie begabt ist - eines dabei weitgehend verborgen bleiben: Der Alltag des Widerstandes, die Monate und Jahre andauernde zermürbende Angst vor der Entdeckung, das Mißtrauen gegen jeden Unbekannten, der vielleicht ein Spitzel der Gestapo sein konnte, die drückende Resignation, die sich nach einer erfolglosen Aktion einstellen wollte, die quälende Frage, ob der von der Gestapo verhaftete Freund der zu erwartenden Folter standhalten und die Namen seiner Gesinnungsgenossen nicht nennen würde. Von all diesen Dingen, die eigentlich über Jahre hinweg das stille Heldentum jener namenlosen Frauen und Männer des Widerstandes ausmachten, erfährt der Leser in der Regel nur wenig. Er erfährt vor allem nur wenig von jenen - wie der Historiker Hans Rothfels es einmal ausdrückte - stilleren Formen des Widerstandes, die sich nur in der Standhaftigkeit des Leidens, im unerschütterlichen Bestehen auf Glaubensüberzeugung oder auf den Regeln sauberen menschlichen Verhaltens, in humanitärer Aktion und Hilfe für die Verfolgten äußerten.

Wer aus der jüngeren Generation vermag heute noch nachzuempfinden, was es bedeutete, wenn eine Ehefrau Tag für Tag hinter dem Vorhang ihres Fensters auf die Straße starrte in Erwartung ihres von der Arbeit heimkehrenden Gatten, in ständiger Angst, die Gestapo könnte zugeschlagen haben? Wer vermag heute noch zu beurteilen, welches Schaudern es hervorrief, wenn man morgens an den in der Nacht frisch angeschlagenen roten Plakaten vorbeiging, mit denen verkündet wurde, wer von seinen Gesinnungsgenossen am

Tage vorher vom Volksgerichtshof oder einem Sondergericht wegen angeblichen Hochverrats oder wegen Wehrkraftzersetzung zum Tode verurteilt und hingerichtet worden war?

Die meisten derjenigen, die sich zu einem aktiven Widerstand gegen das NS-Regime entschlossen, taten dies für sich allein oder zusammen mit einer nur kleinen Gruppe von Freunden. Sie wußten seinerzeit nichts von einer Verschwörung der Offiziere gegen Hitler. Nur wenige hatten Kontakt zu Männern wie Gördeler, Leuschner, Bonhoeffer, Delp, Treskow, Leber, Bolz, Trott, Stauffenberg, um hier nur einige Namen zu nennen. Sie hatten nur erkannt, daß vieles von dem, was um sie herum geschah, unanständig, unredlich war und daß ihr Gewissen es Ihnen verwehrte, sich daran zu beteiligen. Ihre Selbstachtung gebot ihnen, etwas dagegen zu tun. Und viele taten etwas, oft nach schweren inneren Kämpfen, ohne dafür eine Anerkennung erwarten zu dürfen, ohne unmittelbare Aussicht auf einen greifbaren Erfolg, oft nicht einmal in der Gewißheit, überhaupt bemerkt zu werden. Sie ahnten es mehr als daß sie es wußten, daß es auch anderswo Menschen geben mußte, die sich der braunen Flut entgegenstemmten.

Um zu verhindern, daß sich der Begriff "Widerstand gegen das Hitler-Regime" mehr und mehr in die Höhen wissenschaftlicher Abstraktion verliert und damit schließlich ganz aus dem Gesichtskreis des "politischen Normalverbrauchers" entschwindet, ist es erforderlich, ihn wieder (mehr als bisher) mit menschlichem Leben zu erfüllen. Die jungen Leute, denen das Geschehen jener schlimmen Zeit verständlich gemacht werden soll, wollen neben der zeitgeschichtlichen Interpretation der damaligen Ereignisse den Menschen sehen, der dahinter steht, den Menschen mit all den Höhen und Tiefen, die ihm sein Eintreten für Gerechtigkeit und Menschlichkeit gebracht hat.

Das vorliegende Buch erscheint dazu in besonderem Maße geeignet. Es vermag die Bewußtseinsbildung gerade bei jungen Leuten zu fördern und kann damit einen wertvollen Beitrag leisten zu dem Bemühen, ähnlichen politischen und menschlichen Katastrophen, wie sie sich zwischen 1933 und 1945 ereigneten, vorzubeugen.

Im Frühjahr 1985

Dr. Adalbert Rückerl
von 1961 bis 1984 Leiter
der
"Zentralen Stelle
der Landesjustizverwaltungen
zur Aufklärung von nationalsozialistischen Verbrechen"
in
Ludwigsburg

VORWORT ZUR ABSICHT DES BUCHES

In den letzten Jahrzehnten wären die Kinder dran gewesen zu fragen. Sie fragten wenig. Sie genossen das Wirtschaftswunder. Aber die Enkel forschen jetzt öfter: *Warum habt ihr denn nichts dagegen getan?*

In der vorliegenden Schrift ging ein Großvater dieser Frage nach. Er tat es für seinen Wohnort, einer bürgerlichen und Beamtenstadt, in der Ruhe und Gehorsam üblich waren. Denn, wenn es sogar *hier* mutig Widerstehende gegeben hatte, dann erst recht anderswo.

Zwei wohl zu befürchtende Absichten bestanden nicht: Es sollte nicht das alte Lied vom bösen Deutschen gesungen werden, das nicht wahr und nicht schön ist und das mit Recht niemand hören will. Weder soll jemand angeklagt, noch soll nach Schuld gefragt werden. Im Gegenteil wird vom Guten im Menschen berichtet, das als Gewissen sich gegen empfundenes Unrecht auflehnte. Die Geschichte des Dritten Reiches muß nicht nur Beklommenheit auslösen, sie vermag auch noch Trost und ein wenig Hoffnung zu geben.

Deswegen bilden den *Hauptgegenstand die Lebensgeschichten von siebzehn Regensburgern*, die sich dem Terror entgegenstellten, obwohl ihnen Auslöschung ihres Lebens, ihres Andenkens, ihrer Ehre drohten, also angesichts von Strafen, die an ihnen dann tatsächlich vollstreckt wurden.

Mit diesem Herausgreifen eines positiven Teilaspektes der NS-Zeit bestand auf der anderen Seite aber auch nicht die Absicht, vorhandene Schuld zu verschleiern. Daß - unbeabsichtigt - dieser einseitige Geschichtsausschnitt doch zu dergleichen mißbraucht werden könnte, ist nicht zu befürchten. Es verhält sich wie mit der Predigt in der Kirche. Die es anginge, hören und lesen so etwas nicht. Sie hatten nichts gewußt und wollen auch nichts wissen. Im übrigen ließ sich bei der Beschäftigung mit den Biographien der Getöteten gar nicht vermeiden, daß viel elendes, ja mörderisches Verhalten zum Vorschein kommt.

Einer von den siebzehn Regensburgern gab beim letzten Besuch seiner Frau in der Zelle, kurz bevor er unter den Galgen treten mußte, eine Botschaft für seine ein und zwei Jahre alten Töchterchen mit, wenn diese einmal groß genug sein werden:

"*Sag es einmal unseren Kindern*, daß ich kein Verbrecher war!"

Ihm und den meisten der Opfer wird kein Denkmal errichtet werden. Aber durch ein Buch kann nachfolgenden Generationen mehr von ihnen vermittelt werden, als durch eine steinerne Tafel. Das soll der Sinn und die Absicht sein: Sag es unseren Kindern!

Ursprünglich war vorgesehen, ausschließlich von denen zu erzählen, die zu Tode gekommen waren. Im Lauf der Bearbeitung traten dann immer wieder auch NS-Gegner ins Blickfeld, die zwar nicht ihr Leben verloren, die aber doch erhebliche Opfer durch ihren Widerstand bringen mußten, sodaß auch einiges aus ihrem Leben aufgenommen wurde. An Vollständigkeit war dabei von vornherein nicht zu denken.

Nun gab es in Regensburg nur wenige Lebensopfer des Widerstandes. Nur dadurch ist es aber überhaupt möglich, noch jedes einzelne Schicksal zu beschreiben. Für größere Städte würde eine entsprechende Sammlung von

Biographien viel zu umfangreich werden. Die Regensburger Opfer waren ausgesprochene Ausnahmefälle innerhalb der rund hunderttausend Einwohner. Aber keineswegs waren sie Sonderlinge oder Außenseiter der Gesellschaft gewesen. Vielmehr vertraten sie - und damit gewinnen sie neben menschlichem auch geschichtliches Interesse - Hunderte und Tausende andere, aus deren anonymer Menge sie herausgegriffen wurden, die aber ebenso gedacht und manchmal auch gehandelt hatten wie sie. Sie waren nur besonders aufgefallen oder besonders mutig gewesen. Am deutlichsten wird das bei der Demonstration kurz vor dem Ende, bei der man den Domprediger und zwei weitere Männer herausgriff und tötete, obwohl die drei doch nur genau das Gleiche zum Ausdruck gebracht hatten, was auch die tausend anderen zur gleichen Zeit, sogar lauter und weniger friedfertig, geschrien hatten.

Unter den ermittelten Toten aus dem Regensburger Widerstand sind verschiedene Weltanschauungen und Parteien vertreten: Kommunisten, Sozialdemokraten, Liberale, Konservative, Katholiken und Juden. Natürlich sollten alle gleichmäßig beachtet werden und sollte keine Parteilichkeit und kein Vorurteil im Spiele sein.

Da es aber schwer ist, besonders für einen Zeitzeugen, - trotz bester Absichten - die Zeitgeschichte objektiv wiederzugeben, verlangen Leser mit Recht, über das Vorleben und über die Vorurteile des Verfassers informiert zu werden. Wie hat er sich selber in den zwölf Jahren verhalten?

Zunächst muß er (geb. 1913) so wie Schönhuber bekennen: "Ich war dabei", war NS-Parteimitglied. Bei der dritten Anwerbung oder Aufforderung - 1933-1935-Mai37 - war er nicht mutig genug, als junger Beamter zu widerstehen. Nach vier Monaten der Skrupel ließ er sich im September 37 eintragen. Aus Angst und weil er überzeugt war, daß jeder im In- und Ausland wußte, daß das bei einem Beamten kein freiwilliges Bekenntnis bedeutete und sogar eher zur Tarnung notwendig war. Bis Mitte 1933 hatte er Kontakt zu pazifistischen und sozialistischen Ideen und Gruppen, empfand sich aber als noch zu unerfahren, um schon irgendwo Mitglied zu werden (außer bei der SAG, der Sozialistischen Arbeitsgemeinschaft der Studenten Münchens). Er gehörte zu einer kleinen Minderheit und ist insofern ein untypischer und von daher nicht sonderlich geeigneter Zeitbetrachter.

Nach 45 stufte man ihn zunächst in die große Gruppe der "Mitläufer" ein. Darob beleidigt, erhob er Einspruch und wurde für "entlastet" (Gruppe 5) erklärt. Tat er denn etwas gegen das Regime? Ein wenig, aber zu wenig. Freilich hätte es gereicht, wenn jeder so wenig getan hätte. Im übrigen genoß er sein Leben. Zwölf Jahre waren lang. Während Tausende in den KZ geschunden wurden, trat er z. B. dem Alpenverein bei, damals auch eine NS-Organisation und antisemitisch wie der Staat selber. Auch fuhr er im Winter mit KdF (Kraft durch Freude)-Zügen zum Skifahren in die bayerischen Vorberge. Von München aus um zwei RM. Das geschah auch wieder mit einer NS-Organisation. Im Krieg trieb er selten Sabotage. Aus Angst vor dem Kriegsgericht. Meist schoß er in die vorgeschriebene Richtung. Emigrieren wollte er auch, weil er nicht nur genoß, sondern zeitweilig auch unglücklich war. Es bestand aber kein Zwang dazu. So handelte er ähnlich wie die Deutschen, die - Lenin soll das gesagt haben - zwecks revolutionärer Erstürmung eines Bahnhofs erstmal eine Fahrkarte lösen: Er schrieb um einen Job an Schweizer Firmen seines Fachs. Aber die antworteten negativ. Er desertierte erst im März 45 - bei Wesel - verzögert durch angedrohte Sippenhaft.

Gewußt (oder was subjektiv dasselbe ist: Geglaubt zu wissen) hat er immer von der Kriegsabsicht Hitlers, von den KZ, vom Terror, von den Judenverfolgungen. Im "Innern" war er immer Gegner. Aber nach außen grüßte er mit "Heil Hitler!" Trotzdem fühlte er sich die ganze Zeit hindurch als "nichtschuldig", wie das die Angeklagten in Nürnberg aussprachen.

Soviel über das Vorleben.

Mindestens drei für den Verfasser feststehende Urteile oder Vor-Urteile(?) müssen dem kritischen oder gar historisch auswertenden Leser bekanntgemacht werden: Er hält

1. den Angriffskrieg zur Gewinnung von Lebensraum für das größte Verbrechen an den überfallenen Völkern und am deutschen Volk selber;
2. die Verfolgung und Ermordung von Millionen Juden und Zigeunern für ein in seinen Dimensionen zwar kleineres, in der zugrundeliegenden Gesinnung eher noch größeres Verbrechen;
3. die NS-Ideologie für konträr zur christlichen Weltanschauung und zum Menschenbild des Humanismus. Wer dies sah, hatte eine Gewissenspflicht zum Widerstand.

Fast wären die vorliegenden Ermittlungen zur NS-Zeit in eine nun begonnene Schriftenreihe zur Stadtgeschichte Regensburgs aufgenommen worden. Man fand sie aber mit zuviel Emotionen geschrieben. Ein bedeutender Zeitzeuge, Klaus Mehnert, äußert zur Schwierigkeit, die Zeit des Dritten Reiches objektiv darzustellen: "Die jüngeren ... vermögen zwar aus der Distanz dem Ideal der Objektivität näher kommen, haben es aber umso schwerer, die unendliche Vielfalt und Widersprüchlichkeit ... im einzelnen zu werten." Mögen diese letzteren, einem heutigen Zeitgenossen manchmal verwirrend erscheinenden Vielschichtigkeiten an Hand der Beispiele aus dem Regensburger Alltag verständlicher werden.

Da der Verfasser kein Fachhistoriker ist, konnte und wollte er nicht ausschließlich wissenschaftlich-historisch schreiben. Das sollte schon der Titel zum Ausdruck bringen. Wahre "Geschichten" sind auch aufgenommen. Die Quellenangaben mit Weiterverweisen erleichtern die Kritik und Beurteilung der Stichhaltigkeit.

In einem der Person oder Personengruppe vorangestellten, allgemeinen Vorspann wurde auf die lokale gesellschaftliche Situation und Parteigeschichte eingegangen. Auch diese Schilderungen wurden durch Erfahrungen, Erinnerungen und Geschichten aus dem Alltag verlebendigt und die Zeit aus dem Blickwinkel des kleinen Mannes darzustellen versucht. Eben diese Absichten sind die Ziele der auch in Regensburg, so wie in anderen Städten gegründeten - gerade bei Abschluß dieses Buches ins Vereinsregister eingetragenen - "Geschichtswerkstatt Regensburg und Ostbayern." Es liegt deswegen nahe, die Arbeit in die Schriftenreihe dieser Vereinigung zeitgeschichtlich interessierter und forschender, vorwiegend junger Menschen aufzunehmen.

Wenn kaum der Begriff Faschismus, sondern immer nur NS verwendet wird, soll damit keineswegs der Absicht einiger Historiker gefolgt sein, die den NS nicht als eine deutsche Form des Faschismus verstehen.

Der Verfasser dankt dem Leitenden Oberstaatsanwalt a. D., Herrn Dr. Adalbert Rückerl, für das Geleitwort. Dieser kennt Regensburg und die Oberpfalz, weil seine Eltern von hier stammen und noch mehr kennt er, wie wenig andere, das Geschehen im Dritten Reich, weil er 23 Jahre als Leiter der

Zentralen Stelle der Landesjustizverwaltungen beruflich jeden Tag damit befaßt war, NS-Verbrechen aufzuklären. Er ist Ehrenmitglied des Zentralverbandes demokratischer Widerstandskämpfer- und Verfolgtenorganisationen. Für seine Verdienste um die Zeitgeschichte verlieh ihm die Universität Stuttgart die Ehrendoktorwürde.

Für Beratung und gewährten Einblick in Staatsexamensarbeiten beim Lehrstuhl für Zeitgeschichte an der Universität Regensburg danke ich Herrn Prof. Dieter Albrecht. Vielen schulde ich Dank für wertvolle Mitteilungen, für Bilder, Briefe, Dokumente, für Weiterverweise. Besonderen Dank jenen, die nur schwer alten Schmerz wieder aufreißen wollten, sich aber doch überwanden und aus der dunklen Zeit erzählten, gerade aus der Verehrung für den Ehemann, den Vater, den Bruder.

Fast alle angegangenen Stellen gaben bereitwillig Informationen oder erlaubten Einblick in Akten oder Archive; sie sind bei den einzelnen Fußnoten als Quellen erwähnt.

Die folgende Liste einzelner Gewährsleute, denen ich Auskünfte verdanke, ist nicht vollständig. Einige baten von vornherein, ungenannt zu bleiben. Mit den anderen folgenden wurde nicht darüber gesprochen. Die meisten sind Zeugen jener Zeit und damit den vorkommenden Widerständlern verwandt oder bekannt.

Auburger Walburga, geb. Zirkl
Bach Franz
Bollwein Mathilde
Bräu Xaver, Burglengenfeld
Bräu Rita
Distel Barbara, Dachau
Enderlein Franz
Esser Karlheinz
Fuß Konrad +
Eckl Barbara, geb. Lottner
Eder Friederike, geb. Menauer
Eder Josef, Donaustauf
Gloßner Therese, München (Krug)
Fricke Kurt
Haas Anton
Hable Guido
Heinrichmeyer Fritz +
Heiß Selma
Igl Pauline
Karlbauer Josef
Kessler Eugen, München
Dr. Kimpel Erwin, Wüstenrot
Dr. Köck Inge
Krug Emil, München

Krug Manfred, Olching
Lautenbacher Emma +
Lautenbacher Theodoline
Lehner Betty, geb. Schindler, Pähl
Lottner Alfred, Neunburg v.W.
Massinger Max jun.
Mörtl Franz
Pfauntsch Johann
Piller Elisabeth
Rathsam Berta +
Reichl Grete (Dr. Maier)
Rosengold Juan
Dr. Rummel Alfons, Würzburg (Krug)
Sabatier Lissy
Schindler Johann jun.
Schott Katharina (Zaubzer)
Seitz Theodor, Landshut (Igl)
Semmler Gerhard
Dr. Simon-Pelanda Hans
Spießl Ludwig, Hemau (Dr. Maier)
Tausendpfund Theresita (Bräu J.)
Weber Hans
Weber Martha, geb. Bayerer
Zaubzer Ludwig

DIE SENDUNG "HOLOCAUST" UND IHR NACHKLANG

Der amerikanische Holocaustfilm, der im Januar 1979 im Deutschen Fernsehen lief, weckte ein so starkes Interesse für die NS-Zeit, wie kein Gedenken oder Bericht oder anderer Anlaß das jemals zuvor in Deutschland getan hatte. Tausende riefen bei den Fernsehanstalten an und Tausende äußerten schriftlich ihre Meinungen. Fast alle Zeitungsredaktionen erweiterten ihre Leserbriefspalten. *Martin Broszat* vom Institut für Zeitgeschichte in München resümierte die Reaktion:

"... Die positive Aufgeschlossenheit überwog deutlich die ablehnenden Äußerungen. Die Mehrheit der Bevölkerung hat den Film nicht als deutschfeindlich empfunden ..., sondern hat überwiegend selbstkritisch auf ihn reagiert"(1).

Der "Spiegel" schrieb dazu:

"Zweidrittel der bundesdeutschen Fernseher zeigten sich tief erschüttert"(2).

An anderer Stelle wurde behauptet, in der BRD hätten sich 80 % der Zuschriften und Anrufe positiv zu Holocaust geäußert(3).

Es macht stutzig, demgegenüber die positiven und negativen Leserbriefe in der MZ, der Regensburger Tageszeitung, abzuzählen. Hier überwiegen umgekehrt die negativen Meinungsäußerungen(4).

Nun sind Leserbriefe keine Abstimmungen. Sie beweisen nicht etwa einen überdurchschnittlichen Verdrängungswunsch gerade in dieser Stadt. Dafür muß auch nicht sprechen, daß in allen Nachkriegsbüchern über die Geschichte Regensburgs (bis 1984) die NS-Zeit soviel wie nicht behandelt wird, obwohl der gewaltsame Tod einiger tausend Einwohner eigentlich ein berichtenswertes Ereignis sein sollte. Das ist nur so wie allgemein mit dem Geschichtsunterricht in den Schulen unseres Landes, bei dem während der ersten zehn oder zwanzig Jahre nach 1945 die deutsche Geschichte spätestens mit der Weimarer Republik zu Ende gekommen war. Verdrängung der NS-Zeit ist offenkundig. Ob aber die Regensburger Einwohner ein stärkeres Verlangen danach spüren?

Dabei bräuchte gerade Regensburg sich nicht zu verstecken. Denn hätten auch andere in Deutschland vor 1933 so gewählt wie die Einwohner dieser Stadt, z. B. bei der letzten noch ganz freien Wahl im November 1932 nur 17 % der Stimmen der NS-Partei gegeben - gegen 33.1 % im Reich, 30.5 % in Bayern -, dann wäre Hitler nie an die Macht gekommen.

Ein Motiv für die Verdrängung wurde in den Leserbriefen an die MZ immer wieder deutlich: Man solle "nicht immer nur an die Verbrechen erinnern, die Deutsche begangen haben, sondern auch an die der anderen Seite". In der

---

1) Broszat Martin: Holocaust und die Geschichtswissenschaft. In: Vj.hefte f. Zeitgesch. 27 (1979) 285
2) Der Spiegel. 35 (1981) Nr. 6, 181
3) Leserbrief "Negative Haltung" in MZ; 1979, Mitte Febr.
4) Von 9 Leserbriefen in MZ 1979, v. 3./4.2. stellen sich 6 gegen den Holocaustfilm. In zwei weiteren MZ-Ausgaben im Febr. 79 von 17 Leserbriefen 8 dagegen. Zusammen von 26 Meinungsäußerungen 14 gegen den Film

Tat böte sich dabei eine Möglichkeit zum Ausweichen und Ablenken. Es wäre wirklich nicht schwer, bei allen Völkern und zu allen Zeiten schlimme Verbrechen zu finden, wenngleich es Schwierigkeiten bereiten würde, im absoluten Maß an die der Nationalsozialisten heranzukommen. Aber manche halten es doch für zu billig, einfach auf die anderen zu deuten. Sie meinen, daß jeder vor seiner Tür kehren sollte. Wenn wir aber das tun, d. h. wenn wir zuerst auf unser eigenes Volk und sein Verhalten in jener schaurig-apokalyptischen Zeit zurückblicken, dann finden wir keineswegs nur Versagen und Verschulden; wir stoßen vielmehr auch auf bewunderswerte Bekundungen des Gewissens, auf freiwilligen Kampf einzelner gegen das Unrecht, auf wahres Heldentum, auf das stolz zu sein das deutsche Volk allen Grund hat. Nicht nur Scham, auch Stolz steht uns zu!

Man kann verstehen, daß viele in unserem Volk nicht gern an Verbrechen erinnert werden möchten, die im Namen des deutschen Volkes begangen wurden. Aber man kann nur schwer verstehen und es gibt zu denken, warum viele auch das Positive vergessen und verdrängen möchten, nämlich den Kampf und das Opfer freiheitliebender deutscher Menschen, manchmal bis zu ihrem Tod! Wer weiß denn hier und *wo wurde das je verlautbart, daß z. B. sechs Mitbürger* allein wegen ihrer Äußerungen gegen den Krieg *zum Tode verurteilt wurden?!*

Auch die Idee zu diesem Buch gehört zum Nachklang der Sendung "Holocaust". Nach dem Film, der so tiefe Eindrücke von den Verbrechen an den Juden hinterließ, schrieb ich in einem Leserbrief an die MZ(1):

"... Es gibt auch Positives. Die deutsche Jugend sollte stolz auf die Märtyrer im Kampf gegen die Verbrecher sein... Sicher wird z. B. auch die Stadt Regensburg noch einmal wenigstens in einer Gedenktafel ihrer Helden gedenken, wie sie es schon für die drei tat, die in den letzten Tagen fielen. Es sind viel mehr! ..."

Ich nannte dann drei weitere mit Namen, erhielt auch einige Zuschriften von Familienangehörigen, darunter auch einen Brief von der Tochter eines Hingerichteten, der erschüttern muß:

Warum gedenkt man nicht ihrer? ... *"Mein Vater ist doch auch fürs Vaterland gefallen!"*

Als um die gleiche Zeit in der MZ über einen neugeschaffenen Arbeitskreis des Stadtjugendrings berichtet wurde, der eine Dokumentation über die Judenverfolgung in Regensburg erarbeiten will, schrieb ich der Leiterin und regte an, diese Jugendgruppe möge doch auch der positiven Seite nachgehen und etwa Lebensbeschreibungen jener Männer beibringen, die nicht Verbrechen begingen, sondern den ungeheuren Mut aufbrachten, sich gegen die Verbrechen zu wenden und dabei ihr Leben verloren. Ich schrieb in einem langen Brief, was ich schon an Daten beisteuern könnte und daß ich gern selber eine solche lokalhistorische Arbeit leisten möchte, aber leider nicht die Zeit dafür aufbringen kann. Eine Antwort blieb aus. So fiel die Aufgabe doch auf mich zurück.

---

1) Leserbrief MZ 1979, v. 3./4.2.; Titel nicht vom Autor

I. DER ZEITGESCHICHTLICHE HINTERGRUND IN DEUTSCHLAND MIT EINIGEN ERINNERUNGEN DES KLEINEN MANNES

Das Verhalten einzelner während der NS-Zeit kann nicht ohne eine kurze Erörterung des zeitgeschichtlichen Hintergrundes zuerst für ganz Deutschland und anschließend für Regensburg verstanden werden. Dabei ist zu unterscheiden zwischen
1. dem, was wirklich vorgegangen war, so wie es nach dem gegenwärtigen Stand der historischen Forschung jetzt genügend gesichert erscheint, und
2. dem, was davon schon damals bekannt wurde und einigen bekannt war.

1. Aus heutiger Sicht: Der Krieg als Hitlers Ziel

Die folgenreichsten Ereignisse des 20. Jahrhunderts waren - bisher - die zwei Weltkriege. Es ist deswegen wohl keine Willkür, die Zeitgeschichte vor allem von diesen Kriegen her zu sehen. Sie spielen denn auch bei fast allen hier behandelten Lebensgeschichten die wichtigste Rolle.

Beginnen wir mit 1918/19: Nach über vier Jahren des Mordens und Zerstörens war für Deutschland das schlimmste Ergebnis des verlorenen Ersten Weltkrieges der Verlust von 1.8 Millionen Gefallenen und die Hinterlassenschaft von etwa 4 Millionen Invaliden(1). Fast ebenso schlimm war der auf allen Seiten zurückgebliebene Haß. Die Friedensverträge, die die Siegermächte - nach schweren Opfern ihrerseits - den Besiegten auferlegten, waren dementsprechend.

Es ist heute nicht leicht zu begreifen, ist aber Tatsache, daß gleich in den ersten Jahren nach dem Krieg im besiegten Deutschland vor allem ehemalige Berufsoffiziere, seltener einfache Soldaten wie Adolf Hitler, mit den psychologischen Vorbereitungen für einen Revanchekrieg begannen. Überall entstanden harmlos scheinende Krieger- und Soldatenbünde, die die alte militärische Tradition fortsetzten und die deutsche "Ehre" wiederherstellen wollten. Konkret wurde der *"Schandvertrag von Versailles"* zum Reizwort für eine neue Sammlung, zur Wiederauferstehung des alten Militärgeistes. *"Deutschland erwache!"* wurde zum Schlachtruf der Erwecker und der Erwachenden. Alles Nachkriegselend wurde nicht dem Krieg, sondern dem Versailler Vertrag und der Weimarer Republik zugeschoben und diese wieder sollten, - so die Nationalsozialisten - ein Werk des internationalen Judentums und der ihm hörigen "Erfüllungspolitiker" in Deutschland gewesen sein. Unsere Soldaten, so wurde das übliche Argument aller Nationalisten in der Welt verbreitet, hatten den Krieg gar nicht verloren, es waren vielmehr die "Sozi" oder deren Führer, die von hinten, aus der Heimat, gegen die Front den "Dolchstoß" geführt hätten, die gleichen, die die Weimarer Republik begründet und den verhaßten Schandvertrag unterschrieben hätten.

Nicht nur die NS verbreiteten die Dolchstoßlegende. Sie war bei allen Republikfeinden der Rechten ein gängiges Kampfmittel. Die Meinung, daß die deutsche Front 1918 unbesiegt geblieben war, wurde in breite Kreise der Bevölkerung getragen. Als Beispiel mag man heute die *Kriegergedenktafel in St. Emmeram* in Regensburg nachlesen. Sie ist gewidmet "Den für Deutschlands

---

1) GROSCHE, S. 11

Ehre *unbesiegt* im Schicksalskampf gefallenen Kameraden. 1914 - 1918"(1).

Auf einer solchen breiten Meinungsbasis konnte Hitler seine Propagandataktik aufbauen. Er bedauerte schon 1925, daß der Vertrag von Versailles bisher nicht genügend genutzt wurde. In *"Mein Kampf"* schrieb er(2):

"Was konnte man aus diesem Friedensvertrag von Versailles machen! Wie konnte dieses Instrument ... zum Mittel werden, die nationalen Leidenschaften bis zur Siedehitze aufzupeitschen!" Jeden einzelnen der Vertragspunkte sollte man "so lange einbrennen, bis ... der Haß zu jenem Flammenmeer geworden wäre, aus dessen Gluten dann stahlhart ein Wille emporsteigt und ein Schrei sich herauspreßt: Wir wollen wieder Waffen!"

Nach dem Zweiten Krieg wurde den Kindern daheim und in den Schulen so wenig wie möglich aus der NS-Zeit erzählt. Nach dem Ersten Krieg war das ganz anders! In den Schulen erfuhren wir Kinder vom *"Schandvertrag von Versailles"*, von den verlorenen Gebieten, vor allem den Kolonien, und von dem großen Unrecht, das man unserem redlichen und friedliebenden Volk durch die Kriegsschuldlüge angetan hatte. Wir waren natürlich überzeugt von unserer Redlichkeit und gaben unseren Lehrern aus vollem Herzen recht. Auch von unserer unüberwindlichen und unbesiegten Kraft waren wir überzeugt. Stolz sang unsere ganze Klasse aus zehnjährigen Buben im Jahr 1923 auf dem wöchentlichen Weg vom Schulhaus über den Marktplatz zur Turnhalle in der kleinen Stadt Wunsiedel:

> Hakenkreuz am Stahlhelm
> Schwarz-weiß-rotes Band
> Sturmabteilung Hitler
> (oder: Die Brigade Erhardt)
> werden wir genannt!

Offenbar beeindruckte es mich, weil ich mich heute daran erinnere, wie am Tag nach dem Hitlerputsch ein am Bürgersteig vorbeigehender Erwachsener hörbar feststellte: Jetzt singen sie nicht mehr!

Nicht nur die Kinder, auch viele Erwachsene begeisterten sich bald wieder an Uniformen, Orden, Aufmärschen, Kampfliedern, Marschmusik, Fahnen und militärisch organisierten Kundgebungen. Die Arbeiterschaft allerdings machte nicht mit. Sie hielt ganz überwiegend zur SPD und damit zur Weimarer Republik.

Hitler fand seine Anhänger vor allem in Teilen des Bürgertums. Am Anfang waren viele darunter, die den deutschen Monarchien nachtrauerten, ihre Abschaffung für einen Treuebruch hielten und eine Restauration anstrebten. Hitler allerdings dachte nicht an bloße Restauration, er dachte weiter. Er wollte nicht zum Kaiserreich zurück, mit seinen schwer zu verteidigenden Kolonien in Übersee. Nach dem Mißerfolg mit seinem Putsch am 9. November 1923, überkam ihn in seiner Feste Landsberg(3) die andere geniale Idee: Sei-

---

1) Hervorhebungen in Zitaten sind immer vom Verfasser hinzugefügt
2) Hitler: Mein Kampf; 714, 716; zit. nach LEUSCHNER, 71f., dem die Ausgabe von 1936 zugrundeliegt
3) Als "Überzeugungstäter" büßte Hitler nicht im Zuchthaus, sondern ehrenvoll in Festungshaft. Das war ein Erholungs- und Regenerationsaufenthalt, wie Wilhelm Voelk, ein Mithäftling Hitlers, dem Verf. bei gemeinsamer Arbeit für die Zugspitzbahn oft und ausführlich erzählte.

nem deutschen Volk, das eingeengt zwischen fremden Mächten in Europa sich bisher nicht entfalten konnte, wollte er weites Land, fruchtbaren Boden, ganz in der Nähe, im europäischen Osten beschaffen; viel viel mehr als es in der Kaiserzeit in den weitab liegenden Kolonien besessen hatte. Von Mussolinis Beispiel angeregt, wollte er vom schwächenden Parteienzank und Parlamentariergeschwätz wegkommen und dafür ein kraftvolles, einiges Volk ohne Parteien, mit *einem Führer*, ohne Demokratie, anstreben. Wie Mussolini sein Volk zu einem einheitlichen "Bündel" (fascio) zusammengefaßt hatte, so wollte Hitler die ganze Masse der tüchtigen 60 Millionen, zusammen mit den im Ausland siedelnden Deutschen 100 Millionen, vereinen und mit dieser unüberwindbaren völkischen Energie diesem deutschen Volk jenen Raum verschaffen, der ihm wegen seiner hohen rassischen Qualität zukam. Seine Taktik war - zunächst nach innen, dann nach außen - ebenso einfach wie erfolgreich: Es genügte, als seinen Hauptgegner den "Bolschewismus" herauszustellen und schon tolerierten und finanzierten ihn jene Kreise, die ansonsten nicht alle seine Kriegsabsicht gebilligt hätten, sondern vor allem Angst vor einem kommunistischen Deutschland hatten. Für Hitler aber war und blieb von Anfang an der Krieg das Hauptziel, alles andere war ihm nur Mittel oder Taktik auf dieses Ziel hin, nämlich auf den großen Eroberungskrieg in die russischen Weiten, zur Gewinnung von Land, Rohstoffen und Absatzmärkten für sein Volk ohne Raum. Was er und seine Förderer schließlich erreichten, war ein Klein-Deutschland mit heute 61 Millionen auf einem Raum, auf dem zu seiner Zeit 35 Millionen lebten. *Sein Plan der Vervielfachung endete mit der Halbierung des Raumes* und das mit weiteren viel furchtbareren Folgen.

Viele glauben das alles heute noch nicht. Drum hören wir Hitler selber, wie erstaunlich offen er in *"Mein Kampf"* seine Ziele dargelegt hatte(1):

"Nur ein genügend großer Raum auf dieser Erde sichert einem Volk die Freiheit des Daseins"

"Wir Nationalsozialisten stoppen den ewigen Germanenzug nach dem Süden und Westen Europas und weisen den Blick nach dem Land im Osten. Wir schließen endlich ab die Kolonial- und Handelspolitik der Vorkriegszeit und gehen über zur Bodenpolitik der Zukunft. Wenn wir aber heute in Europa von neuem Grund und Boden reden, können wir in erster Linie nur an Rußland und die ihm untertanen Randstaaten denken."

"Verlorene Gebiete gewinnt man nicht durch die Zungenfertigkeit geschliffener parlamentarischer Mäuler zurück, sondern man hat sie durch ein geschliffenes Schwert zu erobern, also durch einen blutigen Kampf."

Vier Tage nachdem die Macht ihm übergeben worden war, erklärte Hitler vor den Befehlshabern des Heeres und der Marine(2):

"Die politische Macht soll gebraucht werden ... besser zur Eroberung neuen Lebensraumes im Osten und dessen rücksichtslose Germanisierung..."

Das sind nur einige Beispiele aus viel mehr vorhandenen Quellen und Doku-

---

3) (Fortsetzung) Voelk hatte am 8./9.11.23 70 Mann vom Bund Oberland (mit Gewehren bewaffnet) von Garmisch zum Hitlerputsch nach München geführt
1) Zitiert n. HOFER. Dort aus "Mein Kampf" 728, 741, 710
2) Handschrifl. Aufzeichnungen des Generalleutnants Liebmann. Archiv Inst. f. Zeitgesch. München, Nr. 167/51; fol. 39. Zit. n. HOFER, 180

menten, die beweisen, daß Hitler von allem Anfang an einen Eroberungskrieg zur Raumgewinnung als Fernziel gewollt und daß er systematisch auf diesen Krieg hingearbeitet hatte. Natürlich zwang die reale Politik zu mancherlei Zickzackkursen und zu Verschleierung.

So wie Hitler das schlimme Inflationsjahr 1923 als Zeitpunkt tiefster wirtschaftlicher Not für seine Machtergreifung in einem Putsch für günstig gehalten hatte, so gelang ihm schließlich 1932/33, wieder zur Zeit eines extremen wirtschaftlichen Notstandes, die Erreichung seines ersten Zieles, nämlich die Besetzung aller Schalthebel der Macht, mit deren Hilfe er sich bald zum absoluten Alleinherrscher über das Deutsche Reich und seine Menschen machen konnte. Von diesem Zeitpunkt an gab es keine reale Aussicht mehr, den Gang ins Verhängnis aufzuhalten. Hitler steuerte von nun an - mit wirtschaftlichen Erfolgen auf der einen und mit brutalem Terror auf der anderen Seite - sein lang geplantes Ziel, den Eroberungskrieg an. Als dieser Zweite Weltkrieg dann anders verlief, als er nach seinen Überzeugungen laufen mußte, beging er Selbstmord - nicht ohne vorher monatelang zu versuchen, dieses ganze deutsche Volk, das sich seiner genialen Pläne nicht würdig erwiesen hatte, mit in den Tod zu nehmen.

Natürlich verfolgte der Führer auch noch andere Ziele. So strebte er die Ausrottung der Juden und anderer Volksgruppen, wie der Zigeuner an. Auch eine Vermehrung und Verbesserung der im deutschen Volk enthaltenen "Rasse" schwebte ihm vor. Aber die hier behandelten Widerständler hielten sein Kriegsziel, und was damit verbunden war, für das schwerwiegendste und schlimmste aller seiner Ziele.

Die vorstehende Darstellung beschränkt sich auf *einen*, allerdings den m. E. wichtigsten Gesichtspunkt, sie vereinfacht notwendigerweise und läßt manches weg. Sie konnte z. B. nicht auf die wirtschaftlichen und geistigen Kräfte und Strömungen eingehen, die wieder Hitler beeinflußten, oder zu beeinflussen versuchten.

2. Die große Mehrheit merkte nicht, wohin es ging

Die meisten der Hitlerwähler und auch ein großer Teil der anderen kümmerten sich nicht um die Kriegsabsichten Hitlers, wußten nichts davon, bzw. glaubten, wenn ihnen davon erzählt wurde, nicht daran. Auch außerhalb der NS-Partei hielt man einen von Deutschland ausgehenden neuen Krieg für keine reale Gefahr. Wie aber war es möglich, so mag die Jugend fragen, dieses Ziel Hitlers nicht zu erkennen?

Ein Grund dafür liegt darin, daß in den Jahren der Weltwirtschaftskrise nach 1929 das Hauptproblem für die deutsche Bevölkerung nicht die Frage eines eventuellen Krieges gewesen war - weit und breit lag kein solcher Krieg in Sicht -, vielmehr waren alle Gedanken auf die Beseitigung der materiellen Not gerichtet, die besonders augenscheinlich in der hohen Arbeitslosigkeit zum Ausdruck kam. Ab 1931 erklomm die Zahl der arbeitslos gemeldeten nie gekannte Höhen und die Wirtschaftslage auch vom Kleinbürgertum, Mittelstand und von der Landwirtschaft erreichte ihren schlimmsten Tiefstand.

Die Einwohnerzahl des Deutschen Reiches war damals ungefähr so hoch, wie heute die der Bundesrepublik, die Zahlen sind also grob vergleichbar. Die 5 letzten Zahlen ab Juli 33, die allerdings von NS-Propaganda untertrieben sein können, zeigen die Erfolge Hitlers, wie sie mittels Diktatur, ab 1935 durch

Wegnahme von 2 bis 3 Jahrgängen durch Arbeitsdienst und Wehrpflicht, schon vorher durch Staatsaufträge beim Autobahnbau und für die Aufrüstung u. v. a. erreicht wurden. Allerdings *erklärte man damals – im vierten Hitlerjahr – die Arbeitslosigkeit für beseitigt, als sie auf einen Stand von 1.3 Millionen zurückgeführt war.*

Arbeitslosigkeit in Millionen(1)

	1928	1930	1931	1932	1933	1934	1935	1938
Jan.	1.86	3.22	4.89	6.04	6.01	3.77	2.97	Mrz 1.3
Juli	1.01	2.76	3.99	5.39	4.46	2.42		

In der wirtschaftlich elenden Lage von 1933 war es schwer, sich vorzustellen, daß eine deutsche Regierung einen Krieg im Auge haben, die nötige Rüstung und Bündnispartner beschaffen könnte.

Gleichzeitig versagte in diesen Notjahren ab 1931 das parlamentarische System der Weimarer Republik. Was halfen in einer solchen Lage die Warnrufe einzelner, daß Hitler den Krieg bedeute! Wer las in jener Krisenzeit schon Hitlers Lebensraumideen in seinem "Kampf"!

Es ist also wahr, daß 1933 der wirtschaftliche Niedergang in Deutschland und die scheinbare Aussichtslosigkeit, durch demokratische Regierungen eine Lösung zu erreichen, ein zuletzt ausschlaggebendes Moment für die Übergabe der Macht an Hitler gewesen war. Aber *diese wirtschaftlichen Gründe allein reichen nicht aus*, um den Aufstieg gerade des Rechtsradikalismus in Deutschland zu erklären.

Die geistige Aufnahmebereitschaft, wie sie in den Schulen von republikfeindlichen Lehrkräften und allgemein von den einflußreichen konservativen Kräften geschaffen worden war, spielte ebenso eine Schlüsselrolle. *Es war nicht allein die wirtschaftliche Not. Romantik, archaische Emotionen, Antirationalismus, wirkten ganz wesentlich mit.*

Ein kleines erlebtes Beispiel aus Regensburg mag zeigen, daß durchaus nicht sämtliche Bürger dem Kriegsrisiko Hitlers ahnungslos gegenüberstanden. 1933 und 1935 bedrängte der zuständige NSDAP-Blockleiter mehrmals meinen Vater, doch der Partei beizutreten (beide waren Beamte, der Blockleiter ein höherer als mein Vater). Solche Werbung war seine Aufgabe und sie war sicher gut gemeint. Aber mein Vater blieb "stur". Er konterte: "Hitler bedeutet den Krieg!" Darauf der Blockleiter: "Und wenn schon! Wenn Krieg kommt, melde ich mich freiwillig!" Oft erzählte der Vater diese Episode, besonders als bei Kriegsbeginn sein Peiniger nicht einrückte, schon gar nicht freiwillig. Die Einstellung des Blockleiters war kein seltener Ausnahmefall. Unter den begeisterten NS war seit 1933 wieder ein starkes Nationalbewußtsein und ein fester Glaube an die unbesiegbare Kraft des Führers und seines deutschen Volkes eingezogen, die auch einen Krieg würden meistern können.

---
1) Statist. Jb. f. d. Dtsch. Reich 1938; 371. Zit. n. GROSCHE, 34. Zahl für 1935 aus "Bayer. Ostmark" 1935, 11.2.; für 1938 aus der damaligen Tagespresse

Auch der Zweck des dann begonnenen Krieges, nämlich die Gewinnung von *Lebensraum*, war vielen bekannt. Er wurde z. B. in Schulungsabenden für Führungskräfte der NS-Partei lange vor dem Krieg vorgetragen. Zufällig lese ich im "Regensburger Kurier (Gauzeitung Bayreuth)" vom 24.8.1943, den ich aus anderem Grund zu Rate zog, eine lange Auslassung von "unserem hw-Vertreter in Stockholm" über

"Vansittarts Vernichtungsfeldzug gegen Deutschland": "... wenn er (der Engländer Vansittart) aber *das Streben nach Lebensraum*(1) als 'Sehnsucht nach Weltherrschaft' hinstellt, so ist das bemerkenswerte englische Taktik: Die satten Großräuber verfolgen natürlich den fleißigen, ehrlichen Nachbarn, der nur seine Existenz zu sichern sucht..."

Dem Schreiber war das deutsche Streben nach Lebensraum zur "Sicherung der Existenz" des Volkes ein legitimes, ethisch gerechtfertigtes Argument, dessen Bekanntheit bei den Lesern er offenbar für selbstverständlich hielt(2).

Es war nun *keineswegs so, daß vornehmlich die Arbeitslosen*, also die von der Wirtschaftskrise am härtesten betroffenen, die NSDAP gewählt hätten. Die arbeitslosen Arbeiter, also die große Masse der Arbeitslosen, wählten KPD und SPD, also die erbittertsten Gegner Hitlers. Anders war das bei der kleineren Zahl, den arbeitslosen "bürgerlichen" Angestellten. Die Arbeiter waren in der NS-"Arbeiterpartei" sehr viel weniger vertreten, als ihrem Anteil an der Bevölkerung entsprach. Ungleich größere Resonanz als bei den Arbeitern "der Faust", fand der NS bei den Arbeitern "der Stirn", bei den Angestellten, bei den überhaupt nie arbeitslosen Beamten, besonders den Lehrern, beim "Mittelstand", bei den evangelischen Bauern, bei Kaufleuten, beim Klein- und Großbürgertum, auch bei vielen, die ihre Bildung von Universitäten bezogen hatten, die also am ehesten, etwa aus der Geschichte, die Kriegsgefahr hätten erkennen können. Innerhalb dieser "gebildeteren" Gruppe wurde Hitler allerdings besonders von der Jugend unterstützt, die den letzten Krieg aus dem Unterricht an den Gymnasien "kannte". So waren z. B. 1930 die NS unter den Universitätsstudenten, etwa in München oder gar in Erlangen(3) in einem vierfach stärkeren Verhältnis vertreten, als sonst in der Bevölkerung. Diese Studenten waren natürlich auch aktiver und fanatischer. Schon 1923 unterstützten mehr als 70 % der Studenten der Münchener Universität den Hitlerputsch(4). Das alles spricht nicht dafür, der wirtschaftlichen Notlage *allein* die Schuld zuzuschreiben, wie das oft geschieht.

Um zu verstehen, warum so viele die Kriegsabsicht Hitlers nicht sahen, muß man berücksichtigen, daß *Hitler alle Mittel der Täuschung einsetzte*, um sein wahres Ziel zu verschleiern. In seiner Propaganda, die in den letzten Jahren bis zur Übergabe der Macht an ihn, von einflußreichen Kreisen der Schwerindustrie mitfinanziert wurde, betonte er seinen Kampf gegen Bolschewismus, Marxismus, Dekadenz, Korruption, gegen "Gewerkschaftsbonzen", und hob sein Eintreten für "Ordnung, Anständigkeit, Einigkeit, Volksgemeinschaft, Arbeitsbeschaffung, positives Christentum" hervor. Auch viele aus den beiden

---

1) Hervorhebungen u. Klammervermerke innerhalb von Zitaten immer vom Verfasser
2) Siehe auch Passauer und Regensburger Bistumsblatt; hier XI. 2
3) An der Univ. Erlangen erreichten die NS bei den Asta-Wahlen schon 1929 die absolute Mehrheit (Erlanger Nachr. 1982, 13.5.; Dissertation M. Franze). Siehe auch: Diehl-Thiele P.: Hitlers akademische Vorhut. In: SZ 1982, vom 20.11.
4) Katalog zur Ausstellung "Die Zwanziger Jahre in München"; München 1979; Nr. 242. Zit. n. BADISCHER KUNSTVEREIN 30

Großkirchen ließen sich ab 1933 - einige wenige Vertreter daraus auch schon vorher - von Hitler täuschen. Sie glaubten sogar noch an einen gerechten Krieg, als Hitler seine Agressionen schließlich begonnen hatte und hielten für richtig, daß ein Christ dem Führer als der "von Gott eingesetzten Obrigkeit", Gehorsam schuldig sei, auch und besonders im Krieg. Nach dem Sieg über Frankreich ließen z. B. die acht bayerischen Bischöfe am 1. Fastensonntag 1941 von allen Kanzeln verlesen:(1)

"... Wir haben in den ersten Jahren des (Ersten) Weltkrieges mit Freude und Stolz gesehen, was die Einigkeit Großes vollbringt, wir haben am Ende des Weltkrieges auch erfahren müssen, wie die Uneinigkeit alles Große wieder zerstört (Dolchstoß, s. o.). Einig zu sein, ist daher jetzt das große Gebot der ernsten Stunde. Einig wollen wir sein in der Liebe und im Dienst des Vaterlandes, wollen zum Schutz der Heimat eine einzige Opfer- und Arbeitsgemeinschaft bilden."

Hitler hatte *weite Kreise über sein wahres Ziel getäuscht* und hatte unter der Vorgabe der Verteidigung legitimer nationaler Belange ein in seiner großen Mehrheit friedliebendes Volk mißbraucht. Er versuchte diese Täuschung mit manchem Erfolg auch gegenüber dem Ausland. Dabei praktizierte er seine These, wie er sie in "Mein Kampf" S. 244 vertreten hatte:

"... daher denn auch gerade von der frechsten Lüge immer noch etwas übrig- und hängen bleiben wird."

Man könnte zeigen, wie sein Geschick, z. B. in der Auswahl täuschender Namen und Wörter manchmal *bis heute* die Geister zu verwirren vermag. Die Irreführung durch das Wort "*Arbeiter*" im Namen seiner Partei wurde schon erwähnt. Die "*Schutzhaft*" führte er angeblich zum Schutz der Betroffenen vor dem Zorn der Bevölkerung ein. In Wirklichkeit bezweckte er damit das Gegenteil, nämlich die Verhafteten völlig *schutzlos*, ohne irgendeine Möglichkeit der Verteidigung, und ohne den Schutz einer zeitlichen Begrenzung, der SS in den KZ auszuliefern. Seine zum *Konkordat* mit der katholischen Kirche geäußerten Absichten, mit irreführenden Worten drapiert, erwiesen sich schnell als bewußte Täuschungsmanöver. Oder: Er wandte frech den Begriff "*Wählen*" für Abstimmungen an, bei denen es keine Wahl, sondern nur das vorher feststehende Ergebnis von über 99 % gab. In internationalen Abrüstungsdebatten in den ersten Jahren gebärdete er sich als radikalster Pazifist und forderte z. B. ein allgemeines Bombenabwurfverbot für alle Länder. Gleichzeitig oder kurz darauf baute er selbst die stärkste Luftwaffe der Welt auf, natürlich auch mit Bombern. Er nannte z. B. "*Volksgerichtshof*", was in Wirklichkeit eine Exekutivbehörde und kein Gericht mit unabhängigen Richtern und Rechtsgarantien war. Er nannte "*Nationale Revolution*", was in Wirklichkeit die Diktatur der etablierten Staatsmacht zusammen mit Teilen der Wirtschafts- und Finanzmächte über die Volksmassen war. Schließlich nahm er umso öfter und lauter das Wort "*Frieden*" in den Mund, je näher er seinem eigentlichen Ziel, dem großen Krieg um das russische Land gekommen war. Viele der damaligen amtlichen Termini werden heute unverändert in zeitgeschichtliche Darstellungen übernommen und suggerieren einem heutigen Leser ganz falsche Vorstellungen.

Auch sein vorgebliches Hauptziel, die "*Bekämpfung des Bolschewismus*" diente ihm nur zur Einnebelung der Gegner des Kommunismus im In- und Ausland,

---
1) ZAHN 91. Dort zit. aus "Amtsbl. f. d. Diözese München u. Freising" 1941, vom 25.2. 29/30

wie sich in der Praxis seines Feldzuges gegen Rußland herausstellte. Entgegen dem Rat seiner militärischen Führer dachte er nicht daran, russische Menschen vom Bolschewismus zu befreien, vielmehr erklärte er diese Menschen als Angehörige einer minderen Rasse - im Glauben an seinen unbezweifelbaren Sieg und im Sinn seines alten und nie aufgegebenen Kriegszieles, nämlich der Herrschaft des deutschen Volkes über das russische Land und Volk.

Neben allen diesen Gründen für das Nichterkennen der Kriegsgefahr durch sehr viele im deutschen Volk wirkte u. a. die heute nicht mehr so allgemeine Ansicht mit, Kriege habe es immer und wird es immer geben. Sie führte zur Resignation allen Friedensbemühungen gegenüber.

3. Und doch kannten einige das Ziel

Viele aus damaliger Zeit sagen, daß "niemand" die Kriegsabsichten Hitlers hatte erkennen können. Damit würde natürlich große Schuld von manchen genommen. Nur widerlegen öffentliche oder sonst dokumentierte Äußerungen aus den Jahren vor 1939 und vor 1933 eine solche bei allen vorhanden gewesene Unwissenheit.

Es gab durchaus aufklärende und beschwörende Äußerungen in Zeitungen und Zeitschriften, es gab Bücher, Wahlaufrufe, Reden, Kunstwerke in der Zeit vor dem Zweiten Weltkrieg und in der Zeit, bevor es zu spät war, also in den Jahren vor 1933, die vor dem NS als Kriegsgefahr und als grundsätzlich antihumaner Bewegung warnten und es klar darlegten: *Hitler* - das ist Rechtlosigkeit und *das ist Krieg!*

Besonders viele *bildende Künstler* erkannten von allem Anfang an den aufkommenden NS als Gefahr für den Frieden und sie gestalteten diese ihre Sicht in ihren Werken. Am bekanntesten wurde die Graphikerin und Bildhauerin *Käthe Kollwitz*, die Krieg und soziales Elend darstellte und gleichzeitig öffentlich gegen den NS auftrat, z. B. in einem Wahlaufruf zum 5.3.1933, zusammen mit Heinrich Mann u. a. In ihrer Lithographienfolge "Tod", die sie in den ersten Hitlerjahren 1934 - 37 schuf, wurde die Warnung vor dem Krieg zum Hauptthema. Eine sehr eindrucksvolle Radierung *A. Paul Webers* "Das Verhängnis", schon aus dem Jahre 1932, zeigt eine unter Hakenkreuzfahnen über einen Hügel marschierende gesichtslose Menschenmasse. Hinter dem Hügel fällt der ganze Zug von Tausenden in einen riesigen, mit einem großen Hakenkreuz geschmückten Sarg.(1)

Schon 1930 warnte *Kurt Tucholsky* in einem Gedicht(2):

> "... daß der Nazi dir einen Totenkranz flicht - :
> *Deutschland, siehst du das nicht?*
> Daß sie in Waffen starren, ...
> ....
> Die Übungsgranaten krachen, ...
> Daß der Nazi dein Todesurteil spricht - :
> *Deutschland, fühlst du das nicht?*"

Aus Publikationen nur schnell und zufällig herausgefunden: Der MdR (BVP)

---
1) Ein recht guter Abdruck in FAZ 1983, v. 29.10.
2) Maull Hans: Aus der Krise in den Rüstungsboom. In: BAYER. RUNDFUNK 36

Troßmann schrieb in einem Buch 1931(1):

"Was bliebe uns vom NS: Eine brutale Parteiherrschaft ... die Aussicht auf einen neuen Krieg ... noch verhängnisvoller als der letzte Krieg; der Ruin Deutschlands ..."

Von der katholischen Presse kämpfte und argumentierte am konsequentesten der *"Gerade Weg"*, der von 1930 bis 33 von München aus immer wieder auf die antichristliche, prinzipiell gewalttätige Grundhaltung der NS-Partei hinwies. Am 24.4.1932 stellte dieses Wochenblatt die Zukunft im Bild dar: Ein Menschenskelett in SA-Uniform mit zum Hitlergruß erhobenem Arm. *Dr. Fritz Gerlich*, der eine Herausgeber, neben dem Kapuzinerpater *Ingbert Naab*, schrieb am 21.7.1932 zur Reichstagswahl im Geraden Weg(2):

"NS bedeutet: Feindschaft mit den benachbarten Nationen, Gewaltherrschaft im Innern, Bürgerkrieg, Völkerkrieg ..."

Allerdings erst im zweiten Hitlerjahr erschien ein Buch von *M. Beer*: Die auswärtige Politik des Dritten Reiches (Zürich 1934), in dem klar das Kriegsziel Hitlers erkannt und dargelegt wurde.

Rechtzeitig und am deutlichsten wurde die Kriegsgefahr, die mit Hitler heraufkam, von den *Friedensorganisationen* herausgestellt (Deutsche Friedensgesellschaft; Friedensbund deutscher Katholiken unter Pater *Franziskus M. Stratmann* O.P., der bis zu 40 000 Mitglieder zählte(3) und am 1.7.33 verboten wurde). In diesem Zusammenhang gehören auch genannt: Die von linkskatholischer Seite herausgegebene "Rhein-Mainische Volkszeitung" Frankfurt/Main, mit *Walter Dirks* als Kulturschriftleiter(4) und die "Allgemeine Rundschau", München, ein pazifistisch-katholisches Wochenblatt.

Dietrich Bonhoeffer, der allerdings sehr unabhängig denkende Theologe, wußte mitsamt allen Angehörigen seiner zehnköpfigen elterlichen Familie schon vor 1933:*"Hitler - das ist der Krieg!"*(5)

Vor mir liegt eine 8 Seiten starke, großformatige Wahlbroschüre, die von den demokratischen Parteien zur Reichspräsidentenwahl vom 10.4.1932 (2. Wahlgang) herausgegeben wurde. Damals ging es um die beiden Kandidaten *Paul von Hindenburg* und *Adolf Hitler*. Auf dem Titelblatt ist ein merkwürdiges Bild, begleitet von einem merkwürdigen Text: Es ist das Reichstagsgebäude in Berlin dargestellt und zwar in Flammen stehend und mit großen Buchstaben ist diesem Anti-Hitler-Flugblatt aufgedruckt: *Es brennt - wer löscht?* Deutlicher konnte das kommende Dritte Reich, ein Jahr vor seinem "Ausbruch", nicht charakterisiert werden. Wer aber kam damals schon, ein Jahr *vor* dem für Hitler so willkommenen Reichstagsbrand, auf die Idee, dieses Gebäude in Berlin in Flammen darzustellen?? Wurde später oder gar schon 1932 Göring

---

1) Troßmann K.: Hitler und Rom. Nürnberg 1931; 196. Zit. n. SCHOLDER 170
2) Steiner J.: Prophetien wider das Dritte Reich. Aus den Schriften des Dr. Fritz Gerlich und des Paters Ingbert Naab. München 1946; 202. Zit. n. SCHOLDER 170
3) ZAHN S. 10; dabei sind allerdings die Mitglieder von Kolpingsvereinen mitgezählt, die sich dem Friedensbund korporativ angeschlossen hatten
4) W. Dirks gab von kurz nach dem Krieg bis 1984 zusammen mit Eugen Kogon die Monatszeitschr. "Frankfurter Hefte" heraus
5) Aus Vortrag Prof. H. E. Tödt, Heidelberg, bei Kathol. Akad. München 1.12.83

von diesem Bild zu dem Gedanken an ein solches Startfanal angeregt?(1) Am ehesten hätte noch 1932 die Brandverhütung gelingen können, zu der hier aufgerufen wurde, allerdings nicht über die dabei empfohlene Wahl des alten Generalfeldmarschalls, der mit seinem Denken in kaiserlichen Traditionen dem "Frontsoldaten" Hitler und seinen militärischen Plänen näher stand als das gut war und sich wohl auch deswegen von Papen zur Machtübergabe an Hitler überreden ließ. Was hier interessiert: Die demokratischen Parteien als Autoren dieser Wahlkampfschrift wußten es und verkündeten - übrigens mit Erfolg: Hitler erzielte nur 37 % -, daß eine kommende Hitlerherrschaft das bestehende Feuer im Land, den Mord und Totschlag der SA und SS nicht löschen oder beendigen würde. Natürlich konnten sie noch nicht ahnen, daß der Beginn von Diktatur und staatlichem Terror dann gerade mit Hilfe des 1932 visionär gesehenen Reichstagsbrandes begründet wurde. Daß aber Hitler den Krieg und den Brand weit über Deutschland hinaus bringen würde, ist auch auf diesem Wahlplakat nicht ausgesagt worden.

Dagegen wurde in einer kleinen Wahlkampfschrift der KPD zur gleichen Präsidentenwahl 1932, die für den aussichtslosen Kandidaten *Ernst Thälmann* warb, die Wahrheit völlig klar gesehen:

"Hitler - das ist der Krieg!
Hindenburg - das ist der Krieg!
Der Krieg gegen die Sowjetunion!"

Am 30.1.1933, dem Tag der Machtübergabe an Hitler, strömten in Berlin-Charlottenburg 2000 Männer des Reichsbanners zusammen. Der Journalist *Hubertus Prinz zu Löwenstein* ruft ihnen zu(2):

"Kameraden, habt ihr begriffen, daß *heute der Zweite Weltkrieg begonnen hat?*"

Am gleichen Tag erließ die KPD einen Aufruf zum Generalstreik, in dem es hieß(3):

"... hemmungsloser Kurs auf den imperialistischen Krieg. Das alles steht unmittelbar bevor..."

Oder der KPD-Vorsitzende *Ernst Thälmann* in einer Rede am 7.2.1933(4):

"... *Mit Hitler ist der Mann Reichskanzler geworden, der die Kriegserklärung an die Sowjetunion zur Richtschnur seiner Außenpolitik gemacht hat.*"

Zwei Monate vorher schrieb *Leo Trotzki* in der Zeitschrift des Sozialistischen Studentenverbandes "Die linke Front" vom 1.12.1932 (Berlin):

"Der Sieg des Faschismus in Deutschland bedeutet ... die Niederlage der Sowjetunion."

---

1) Das Intern. Komitee zur Aufklärung des Reichstagsbrandes zog u. a. auch dieses Flugblatt als Argument für die These heran, daß Göring den Brand veranlaßte
2) Janßen K.-H.: Der 30. Januar 1933. In: "Zeit-Magazin" 1982, Nr. 50, vom 10.12.
3) Laschitza H. u. S. Vietzke: Deutschland und die deutsche Arbeiterbewegung 1933 - 45. Berlin-Ost 1964; 285f. Zit. n. BECKER 32
4) Inst. f. Marxismus u. Leninism. beim ZK der SED (Hg.): Geschichte der deutschen Arbeiterbewegung in 8 Bd.; Bd. 5; Berlin-Ost 1966; 446f. Zit. n. BECKER 54

Der österreichische Schriftsteller *Joseph Roth* äußerte aus seinem Pariser Exil
(in dem er 1939 in einem Armenhospital starb) in einem Brief an *Stefan Zweig*
(Mitte Februar 1933)(1):

"... Inzwischen wird es Ihnen klar sein, daß wir großen Katastrophen
zutreiben. Abgesehen von den privaten (Folgen) - unsere literarische und
materielle Existenz ist ja vernichtet - *führt das Ganze zum neuen Krieg*...
Machen Sie sich keine Illusionen. Die Hölle regiert."

Nun wurde hier nur schnell und ganz unzureichend zusammengestellt, *wie*
versucht worden war, das Volk über die Kriegsgefahr durch Hitler aufzuklären und *wer* das Kriegsziel des NS rechtzeitig erkannt hatte. Aber soviel
scheint sich doch schon dabei zu zeigen: *Es waren zu wenige.* Nicht nur das
Volk erkannte zu wenig, auch bei den Verantwortlichen für die öffentliche
Meinung, bei den Journalisten und bei den Parteien war *das Thema "Hitler
bedeutet Krieg"* nicht so einprägsam und permanent erörtert worden, wie das
seiner Bedeutung gemäß gewesen wäre. Man merkt beim Durchblättern damaliger Zeitungen und beim Lesen der Wahlaufrufe, wie sehr die brennenden innenpolitischen Probleme des Tages, vor allem die akute wirtschaftliche Not,
die Sicht auf die viel wichtigere Gefahr eines neuen Krieges genommen hatten.
Natürlich ist es leicht, von heute aus diesen Mangel anzuprangern.

Wohl gab es zahlreiche Warner vor der "Katastrophe", die auf die "bedenkenlose Demagogie, auf die Roheit und politische Gewissenlosigkeit Hitlers"
(Frankfurt Ztg. 31.1.1933), oder auf Hitler als den "Chef des blutigen Faschismus" hinwiesen, dessen Ziel die "Errichtung der faschistischen Diktatur"
sei (Vorwärts 29.1.1933). Bewußt oder unbewußt agierten aber die meisten
Warner aus dem Empfinden und Wissen heraus, daß ein Hinweis auf den mit
Hitler kommenden Krieg in der damaligen akuten wirtschaftlichen und innenpolitischen Notsituation das Interesse der Bevölkerung nicht tangiert hätte.
Ein anderer Grund mag sein, daß für den Kampf gegen den NS genügend Material aus bereits vorhandenen Fakten zur Verfügung gestanden hatte, daß
also ein solcher Kampf nicht auf schwer zu glaubende Prophezeiungen in die
Zukunft angewiesen war. Parteien und Presse müssen in Zeiten der Not wohl
immer von den brennenden Tagesproblemen her und damit aus der momentanen
Sichtweite heraus agieren, sie können kaum aus *eventuell* besserer Erkenntnis
am unmittelbar gespürten Leid der Menschen vorbei predigen.

Woher erkannten sie es?

Auch Zeitzeugen irren sich, wenn sie behaupten, daß niemand die Kriegsabsicht Hitlers hätte erkennen können. *Viele erkannten das Ziel und sprachen
öffentlich darüber.* Nur waren es zu wenige und man glaubte ihnen nicht. Woher nun wußten die einen doch, daß Hitler den Krieg bringen wird und ab
1939, daß *er* der Verantwortliche für den Krieg war?

Diese Frage ist wichtig, weil *die meisten der anschließend vorgestellten Regensburger Widerständler vor allem auch deswegen zu NS-Gegnern wurden,
weil sie Hitler als den Kriegsmacher bekämpfen wollten.* Diese Menschen waren
keine Propheten und brauchten es nicht sein. Sie glaubten ihrer Überzeugung
und konnten sie belegen; die Richtigkeit ihrer Auffassung wurde dann end-

---

1) Roth Joseph: Briefe 1911 - 1939. Hg. u. eingeleitet von Hermann Kesten. Köln-Berlin 1970; 249.
Zit. n. BECKER 32

gültig durch die Geschichte bewiesen. Zur aufgeworfenen Frage gibt es mehrere Antworten. Im folgenden seien sechs mögliche gegeben.

1. Zunächst enthielt schon das in München aufgestellte *Parteiprogramm* der NSDAP vom 24.2.1920 mehrere Forderungen, die für jedermann erkenntlich nur durch Krieg zu erreichen waren(1):

"Wir fordern den Zusammenschluß aller Deutschen auf Grund des Selbstbestimmungsrechts der Völker zu einem *Groß-Deutschland*" "Wir fordern die *Aufhebung der Friedensverträge* von Versailles und St. Germain".

"*Wir fordern Land und Boden* (Kolonien) zur Ernährung unseres Volkes und zur Ansiedlung unseres Bevölkerungsüberschusses."

Man bedenke, in welch kurzem Zeitabstand vom bitteren Ende des Ersten Krieges diese Forderungen gestellt wurden! Sie wären niemals durch friedliche Mittel zu realisieren gewesen, und *schon gar nicht glaubte Hitler an solche friedlichen Möglichkeiten!*

2. In seiner *innenpolitischen Praxis* versuchte Hitler von allem Anfang an mit militärähnlicher Macht zu imponieren und 1923 mit Brachialgewalt an die Regierung zu kommen. Seine Partei war militärisch-hierarchisch organisiert und trat nach außen mit Uniformen, Kampfliedern, Marschmusik und mit militärähnlichen Parteigliederungen, wie Sturmabteilungen (SA), Schutzstaffeln (SS), NS-Kraftfahrkorps als Meldeorganen auf, alle diese Verbände schlagkräftig nach dem Führerprinzip durchorganisiert. Es war eine Partei, die sich augenscheinlich für den Bürgerkrieg rüstete. Jedermann konnte von allem Anfang an, schon an diesem *militärischen Bild der Partei* erkennen, daß sie nicht den Frieden, sondern *Krieg und Gewalt verehrte.*

3. Das millionenfach verbreitete Bekenntniswerk Hitlers, "*Mein Kampf*", erschienen 1925 und dann in vielen folgenden Auflagen, konnte jedem Leser die Augen öffnen, wie schon die wenigen in Kapitel I.1. zitierten Auszüge und viele weiteren Passagen des Buches klar belegen (vgl. Beispiel *Krug*, Kapitel IX).

4. Nachweisbare *Warnungen* über öffentliche Medien. Die Weimarer Parteien der Linken, das "Reichsbanner" und später die "Eiserne Front", die Friedensorganisationen, dazu verantwortungsbewußte Schriftsteller und Künstler, bemühten sich, die Bevölkerung über die Kriegsabsicht Hitlers aufzuklären. Das geschah nicht mit genügender Intensität, aber es könnte gezeigt werden, daß es geschah. Dazu zwei Veröffentlichungen von 1933 emigrierten SPD-Funktionären, die nur dem Thema "Hitler, das ist Krieg!" gewidmet waren:
Bauer Otto: Zwischen zwei Weltkriegen? Preßburg 1936;
Auslandsbüro "*Neubeginnen*": *Der kommende Weltkrieg*; unsere Aufgaben und unsere Ziele. Paris 1939.(2)
Wahrscheinlich ließen sich für entsprechende Warnungen aus der Zeit vor 1933 ähnliche Belege finden.

5. *Weitere Äußerungen von NS-Seite selber.* Hitler hat nie seine in "Mein Kampf" geäußerten Kriegsabsichten dementiert. Im Gegenteil sagte er am

---

1) HOFER 28
2) EDINGER 247 (Bibliographie)

2.11.1933 in Weimar(1):

"Ich bin nicht Reichskanzler geworden, um anders zu handeln, als ich 14 Jahre lang gepredigt habe."

Zahlreiche öffentlich gemachte Äußerungen Hitlers und seiner Parteifunktionäre, z. B. während Schulungsabenden der Partei, bei denen auch die notwendige Raumeroberung im Osten besprochen wurde, vermittelten vielen die Wahrheit.

Ich erinnere mich einer Rede Hitlers anläßlich einer Kundgebung am 16.6.1929 auf dem Döbra, dem höchsten Berg des Frankenwaldes. Die Kundgebung lief unter dem Namen *"Döbraschwur"*. Die Deutsche Reichsbahn fuhr von Hof a. S. aus einen Sonderzug. Interessiert fuhr ich als 16jähriger Schüler in Hof zu diesem Döbraschwur. Hitler hielt seine, wie immer zweistündige Rede mit der Überschrift oder dem Titel: *"Ein Volk, das keine Ehre hat, hat auch kein Brot."* Als Mittel für die Brotbeschaffung predigte er nicht irgendeinen Sozialismus, sondern die Ehre, und unter Ehre verstand er, wie aus seinen Ausführungen klar hervorging, eine starke militärische Wiederaufrüstung, die *"Wehrhaftigkeit"* des deutschen Volkes, ähnlich dem Ehrbegriff bei schlagenden Verbindungen. Für einen Unvoreingenommenen mußten seine hier wieder geäußerten Absichten klar und eindeutig erscheinen, zumal die geforderte Bewaffnung nicht im Zusammenhang mit Verteidigung, sondern mit radikalen Ansprüchen stand. Er glaubte und war stolz auf diesen Glauben, daß auf dieser Welt des ewigen Kampfes ausschließlich rohe Gewalt regiere.

Im Sommer 33 mußten wir Münchner Studenten eine 10-wöchentliche *"Studentische Arbeitsdienstpflicht"* bei dem noch aus der Weimarer Zeit so genannten *"Freiwilligen Arbeitsdienst"* (FAD) ableisten. Anders würden wir nicht zu den Prüfungen zugelassen, wurde verkündet. Während der Märsche zu den Arbeitsstellen sangen wir das *Arbeitsdienstlied*, das bis 1933 völlig friedlich gelautet hatte:
"... Wir tragen Beil und Spaten, statt Kugel und Gewehr, ...", dem die NS aber inzwischen eine 4. Strophe angefügt hatten(2):

> "Wenn uns ein neuer Morgen
> den Freiheitskampf gebracht
> und über Not und Sorgen
> das deutsche Volk erwacht,
> *dann lassen wir vom Spaten
> und greifen zum Gewehr*
> und stehn als Frontsoldaten
> im deutschen Freiheitsheer"

Bruchstückweise erinnere ich mich auch einer Strophe:

> "Sehn wir *im Osten* das Morgenrot,
> ein Zeichen zu Freiheit und Sonne,
> ....
> dann lassen wir vom Spaten
> und greifen zum Gewehr..."

---

1) Völkischer Beobachter 1933, 3.11.
2) Aus Tagebuch des Verf. 1933

Nicht nur im Lied sollte uns der Kriegsgeist beigebracht werden, auch in der Praxis wurde schon vom ersten Hitlerjahr an, nach der Arbeit im Moor noch vormilitärische Ausbildung betrieben. Es war schwer, bei solchen Erfahrungen 1933 noch Zweifel an den kriegerischen Absichten zu hegen.

6. Allgemein konnte der Anti-Friedens-Charakter der NS-Bewegung vor allem daran erkannt werden, daß Hitler und seine Mitstreiter in Wort und Schrift und Gebärde immer bestrebt waren, *unerbittlichen Haß* zu lehren und zu verbreiten. Ein großer Teil ihres propagandistischen Kampfes war gegen internationale Verständigung gerichtet. Das ging so weit, daß z. B. die Esperantosprache verboten wurde.

Der spätere Oberbürgermeister von Berlin, *Ernst Reuter*, konnte nach zweimaliger KZ-Haft in die Türkei entkommen. Von dort schrieb er am 17.3.1943 an Thomas Mann, der von Anfang an in der Emigration leben mußte(1):

"Wir haben alle seit der sogenannten Machtergreifung durch die NS-Verbrecherbande *gewußt*, daß die unvermeidliche Folge dieses Abenteuers der Revanchekrieg und danach eine katastrophale Niederlage Deutschlands sein müsse."

Im Jahr 1939, aber noch vor dem Krieg, sagte *Winston Churchill* zu *Fabian von Schlabrendorff*, der ihn als deutscher Generalstabsoffizier aufgesucht hatte(2):

"Wir wissen, das deutsche Volk und die deutsche Generalität wollen keinen Krieg. *Aber einer will den Krieg und er wird sich durchsetzen.*"

Zuletzt noch zur Frage, ob man erkennen konnte, ein Zitat aus einem Brief von *Max Born* an *Albert Einstein* vom 2.9.1938, also genau ein Jahr vor Hitlers Befehl zum Losschlagen(3):

"... Du wirst schon recht haben mit Deinem Vertrauen auf die tiefgründige Dummheit unserer ehemaligen Landsleute (die beiden Atomphysiker Born und Einstein waren als Juden aus ihrer deutschen Heimat vertrieben): Sie werden es wieder fertigbringen, die ganze Welt gegen sich zu haben und dann losschlagen, - wenn nicht dies Jahr gegen die Tschechei, so nächstes Jahr gegen die Polen oder sonstwen. Und das wird dann ihr Ende bringen. Aber welch scheußlicher Gedanke: An die hunderttausende junger Menschen, die dabei zugrundegehen!..."

Es wurden nicht Hunderttausende, sondern über 50 Millionen!

4. Vorbereitung und Durchführung des Krieges machten Terror nötig

Es war ein erstaunlicher Vorgang in der Geschichte, daß ein Volk nur 15 Jahre nach einem verlorenen Weltkrieg, nachdem es besiegt, entwaffnet, durch Reparationslasten geschwächt und im Gefolge härter als andere durch

---
1) Brandt/Löwenthal: Ernst Reuter, ein Leben für die Freiheit. München 1957. Zit. n. VAN ROON 196
2) Fabian von Schlabrendorff in einem Interview, gesandt vom Bayer. Rundfunk (3. Progr. im Dtsch. Ferns.) 15.7.80 in der Reihe "Gespräche mit Zeugen der Zeit". F. v. S. war im KZ Flossenbürg. Bis 1975 Richter beim Bundesverfassungsgericht
3) BORN 187

die Weltwirtschaftskrise getroffen war, doch schon wieder einen zweiten Weltkrieg vorbereiten und nur 6 Jahre später entfesseln konnte. Nur eine außergewöhnliche, äußerst raffinierte und diktatorische Führung konnte dies möglich machen.

Als Hitler die Eroberung fremden Landes und die Unterjochung fremder Völker plante und vorbereitete, wußte er von der *Macht des Gewissens* in seinem eigenen Volk, die seinen Plänen hinderlich werden konnte. Er glaubte aber an die viel größere Macht der Brutalität und daß in der Geschichte immer nur sie die Oberhand behalten hätte. Er glaubte das gleiche, was eigentlich jeder Verbrecher glaubt: Daß letztlich immer der "Stärkere" siegt. Konsequenterweise mußte er überall dort, wo Gewissen sich rührte und dadurch seine Pläne bloßzustellen und zu hindern drohte, durch Terror brutal zuschlagen.

Neben dem Zuckerbrot, nämlich augenscheinlichen wirtschaftlichen Erfolgen (nur über die Diktatur so schnell zu erreichen gewesen) setzte Hitler vor allem auch die Peitsche ein. Das Volk, das Hitler für seinen Krieg benötigte, mußte mit einer noch nie dagewesenen Propagandamaschinerie in kürzester Zeit für den Krieg reif gemacht werden und gleichzeitig mußten, so schnell wie es die Machtergreifung nur erlaubte, alle Kräfte des Friedens und alle Regungen des Gewissens mundtot gemacht, möglichst auch physisch ausgeschaltet werden. Zu diesem Zweck wurden sofort nach Hitlers Regierungsantritt *Konzentrationslager* eingerichtet, wurden "*Schutzhaft*" und *Sondergerichte* eingeführt, d.h. es wurden *von allem Anfang an über Deutschland der* permanente *Ausnahmezustand und das Kriegsrecht* verhängt. Dieser Ausnahmezustand wurde auch nie mehr aufgehoben, wie anfangs versprochen worden war. Er blieb unverändert, wurde sogar gegen das Ende zu mit steigender Brutalität durchgeführt bis 1945.

Nachdem innerhalb von 5 Monaten alle politischen Richtungen außerhalb des NS ausgeschaltet waren, wandte sich Hitler auch noch gegen solche Elemente in seiner eigenen Partei, die er für die Kriegsvorbereitung hinderlich hielt. Um u.a. eventuelle Zwistigkeiten zwischen der Reichswehr und der SA auszuräumen, ließ Hitler kurzerhand - in 1 oder 3 Nächten vom 30.6. bis 2.7.1934 - über hundert seiner bisherigen Mitkämpfer von Staats wegen ermorden (*Röhmaffäre*). Nebenbei ließ er bei dieser Gelegenheit auch andere ihm verhaßte Persönlichkeiten umbringen.

Hitler formulierte die Notwendigkeit zu seinem sittenwidrigen Handeln selbst einmal mit der Begründung: "*Wer ein Volk retten will, kann nur heroisch denken*". Er ließ diese seine Einsicht und Entschuldigung 1937 auf eine Briefmarke mit seinem Kopf drucken. Unter "heroisch" verstand er dabei unsentimental, mitleidslos, brutal, antihuman, antichristlich. Wie schon die Vorbereitung, so erforderte schließlich der Krieg selber immer mehr "heroisches" Denken bis zur letztmöglichen Steigerung zum totalen Krieg, dem sich alles andere, auch Moral, unterzuordnen hatte. Der oben angestellte Vergleich mit normalen Verbrechen paßt vollständig. Ein Krimineller erreicht sein Ziel nur, wenn er konsequent "heroisch" denkt, hart und gefühllos "wie Kruppstahl", durchhaltend bis zuletzt. Um schließlich die Spuren der KZ-Verbrechen zu tilgen, war es das beste, möglichst alle Häftlinge zu töten und über alles ein Vernichtungsfeuer anzuzünden - wenn man noch kann.

Alle bisher dargestellten Rechtsbrüche und Terrormaßnahmen gegen diejenigen, die Hitler zum eigenen Staatsvolk rechnete, dienten einem begreiflichen Ziel, dem Eroberungskrieg. *Der Massenmord an Juden und Zigeunern* aber, ihre geplante Ausrottung, passen nicht dazu. Sie sind nur aus einem pathologischen, persönlichen Haß und Mordtrieb Hitlers zu erklären. Denn sie schadeten seinem wichtigsten Ziel mehr als sie nützten. Nichtsdestoweniger verfolgte er auch dieses kriminelle Ziel seit mindestens 1920 mit der gleichen Unerbittlichkeit und Folgerichtigkeit wie sein "vaterländisches" Ziel des Krieges.

Der Geist, mit dem die NS-Führung Millionen Männer, Frauen und Kinder sinnlos in Massenvernichtungslagern morden ließ, war bis hinunter in die kleinsten Verzweigungen der riesigen Organisation spürbar und sichtbar. Die letzten untersten Glieder dieses Apparates waren von künstlich entzündetem Haß durchdrungen, der notwendig wieder Haß bei den unterdrückten Völkern, aber auch im eigenen Volk erzeugen mußte.

5. Was wußte die Bevölkerung vom Terror?

Ebensowenig wie vor 1938 der Krieg einem Großteil der deutschen Bevölkerung ein zentrales Problem gewesen war, ebensowenig waren solche moralischen Werte, wie persönliche Freiheit und Recht vorrangige Anliegen gewesen. Dieser große Teil sah in Hitler den "Erneuerer" des Volkes sah mancherlei positive Fakten, wie die fortschreitende Verminderung der Arbeitslosigkeit, sah innen- und außenpolitische Erfolge und glaubte, ihnen zuliebe, vor den Verbrechen die Augen schließen zu können oder zu müssen. *Nicht wahr ist aber, wenn viele heute behaupten, sie wußten "von nichts"*. Die einen erkannten die Skrupellosigkeit des NS schon vor 1933, andere bei den Massenverhaftungen Andersdenkender und bei der Errichtung der KZ, andere erstmals bei den Massenmorden zur Röhmaffäre 1934, andere bei den Judenpogromen 1938 oder erst als Hitler den Weltkrieg begann, oder gar erst als dieser 1945 "verspielt" war. Ein psychologisches Problem bleibt die Tatsache, daß es auch nach 1945 noch Leute gab und gibt, die von den NS-Verbrechen angeblich nichts wissen, d.h. sie nicht wahr haben wollen. Das mag ein Phänomen von Posthypnose sein.

Ob jemand das Dritte Reich als ein System des Unrechts erkannte oder nicht, hing vor allem von seiner politischen, ethischen und religiösen Einstellung und Bildung vor 1933 ab. Danach wurde es schwierig, sich selber zurechtzufinden. Mit einem Trommelfeuer völlig einseitiger NS-Propaganda bemühten sich Regierung und Partei, den Geist eines ganzen Volkes zu vernebeln. Sobald jemand dem NS-Regime erst einmal positiv gegenüberstand und damit folgsam wurde, d.h. jede objektive Unterrichtung von außerhalb unterließ, war er ziemlich rettungslos der Massensuggestion verfallen. Ein solcher Anhänger erfuhr nur noch Gutes und nichts Schlechtes mehr über den NS. Bekannte und auch Freunde hüteten sich, einem solchen "Idealisten" gegenüber, irgendetwas von erfahrenen Greueln zu erzählen. Es gibt viele Beispiele, wie Idealisten im Glauben, etwas Gutes zu tun, ihre Freunde verrieten. Eines davon: Der Polarforscher Prof. *Fritz Loewe*, der mir während zweier gemeinsamer Monate am Nanga Parbat 1958 vieles aus seinem Leben erzählte, führte während der berühmten Grönlandexpedition 1930/31 auf Station Eismitte, zusammen mit zwei weiteren Polarforschern, die erste Überwinterung von Menschen auf dem Inlandeis durch. Sie hatten während der sechsmonatigen Winternacht zu dritt in einer Firnhöhle zusammengelebt und waren in dem harten Jahr gemeinsamer furchtbarer Strapazen echte Kameraden geworden. Zwei Jahre später, 1933, erzählte *Loewe* dem einen davon, namens Dr. *Sorge*, von Grausamkeiten gegen seine jüdischen Glaubensbrüder in seinem Wohnort Berlin, von denen er erfahren hatte. Sorge war ein gläubiger Nationalsozialist, ein "Idealist". Er glaubte richtig zu handeln, wenn er diese Vorkommnisse dem Führer, bzw. den zuständigen Organen meldete, damit diese Mißstände abgestellt würden. Ergebnis: Ohne Untersuchung kam Loewe ins Gefängnis. Erst gelegentlich einer Amnestie und durch Fürsprache einflußreicher Leute kam er frei. Bald danach emigrierte er mit seiner Familie nach Cambridge, dann Melbourne. Er hatte erfahren, wie gefährlich es war, einen Idealisten ins Vertrauen zu ziehen.

Einem gläubigen Nationalsozialisten gegenüber wurde also möglichst alles verschwiegen und er wurde ordentlich mit "Heil Hitler!" gegrüßt. Dadurch erhielten die Anhänger, viel mehr als andere, die Vorstellung von einer überwältigenden Mehrheit in der Bevölkerung, die sie dem Führer treu ergeben wähnten.

Gegen Ende des Krieges, als der Zusammenbruch jedem normalen Menschen längst klar war, gab es immer noch eine Minderheit, aber doch Tausende im deutschen Volk, auch noch in den Gefangenenlagern, die an Hitler glaubten, an seine versprochene Wunderwaffe und an den Sieg. Sie wären und waren bereit gewesen, wie eine Schafherde ihrem Führer in den befohlenen Tod zu folgen. Hier wurde der irrationale Hintergrund deutlich, der schon immer für eine große Zahl der Anhänger Hitlers im Spiel gewesen war und an mancherlei Beispielen schon lange vor dem Ende beobachtet werden konnte. Es war das ähnliche Phänomen einer Massenhypnose, wie es die Welt im November 1978 aufhorchen ließ. Damals folgten 914 Menschen in Guayana, Anhänger der Volkstempelsekte, ihrem Führer Jim Jones in den von ihm befohlenen Freitod. Kaum einer scheint sich widersetzt zu haben. Ganz so war es 1945 nicht. Der Anteil jener Deutschen, der nicht in den befohlenen Tod wollte, war größer als bei der anderen Sekte in Guayana. Manche stellten sich in der Öffentlichkeit todesmutig gegen den Selbstmord, auch in Regensburg.

Immerhin gab es wirklich eine Minderheit, die von den Verbrechen "nichts wußte", besser gesagt, die den NS und seine unbestreitbaren Erfolge für so überragend hielt, daß sie die schlechten Seiten zum Teil zwar wohl sah, aber sie in Kauf nahm und die Augen verschloß.

Wichtiger als dieses angebliche Nichtwissen bleibt die Tatsache, daß doch ein erheblicher Teil des deutschen Volkes nicht nur die Augen offen hielt, sondern sich darüber hinaus vom Gewissen angerufen fühlte und den Drang spürte, etwas dagegen zu tun. Die augenscheinlichen Vergewaltigungen unschuldiger Menschen, durch Freiheitsberaubung, KZ-Drohung usw. waren naturgemäß einem viel größeren Kreis bekannt als der vorher behandelte Zweck all dieser Maßnahmen, der angesteuerte Krieg.

6. Der passive Widerstand oder die Nichtanpassung

Unter der großen Mehrheit, die von den Verbrechen wußte, waren nur wenige, deren Gewissen sie zu Aktionen trieb. Die meisten paßten sich an, sehr viele entzogen sich aber der gewünschten Mitarbeit und leisteten insofern "passiven Widerstand". Natürlich reichte die Skala der Gegnerschaft von völligem Nichtstun über mehr oder weniger gefährliches passives Verhalten, nämlich Sichversagen, bis zu selbstmörderischem Widerstand.(1) Da die Grenzen dazwischen fließend sind, kann niemand je angeben, wieviele Gegner es denn eigentlich gab, oder umgekehrt, wieviele gläubige Anhänger Hitler denn ei-

---
1) vgl. z. B. GOTTO 122f.

gentlich hatte. Selbstverständlich war die Zahl viel größer, die sich in der Stille "versagten", als die Zahl der sichtbar gewordenen Widerständler.

Ein falsches Bild und wie es gemacht wurde

Es ist erstaunlich, mit welcher Gewißheit heute verbreitet wird, daß zumindest zeitweilig eine überwältigende Mehrheit dem NS, bzw. dem Führer zugetan war. Von vielen derartigen Behauptungen ein Beispiel: Der ansonsten kritische Autor *Sebastian Haffner* schreibt in seinen "Anmerkungen zu Hitler"(1), daß auf dem Höhepunkt der unleugbaren wirtschaftlichen und politischen Erfolge, "*wohl sicher*(!) mehr als neunzig Prozent aller Deutschen, wenn auch keine Nationalsozialisten, so doch Hitleranhänger waren."(2)

Sogar schon für 1933 glauben viele, daß Hitler "auf jeden Fall (!) von der Mehrheit des deutschen Volkes getragen wurde", wie z. B. in der Süddeutschen Zeitung vom 27.1.82 zu lesen.(3)

Solche Äußerungen scheinen heute noch dem damaligen Eindruck der gewaltigen NS-Kundgebungen mit riesigen Menschenmassen zu entstammen. *Auf welche Quelle sonst könnte eine derartige immer wieder vorgetragene Überzeugung sich berufen?* Die raffinierte Regie einer systematischen NS-Propaganda, der alle Mittel zur Verfügung standen, sollte im In- und Ausland hundertprozentige Geschlossenheit des deutschen Volkes unter seiner NS-Führung vortäuschen und das gelang ihr auch - bis heute.

Dazu ein *kleines Beispiel aus Regensburg*. Es war gerade um die Zeit der großen Triumphe, vielleicht 1937 oder 38, als wieder einmal Marschkolonnen uniformierter SA durch die Maxstraße zogen. Jedermann auf den Bürgersteigen streckte pflichtgemäß die Hand zum Hitlergruß. Meine Schwester *Erika*, damals Zimmermädchen im Hotel National, schaute vom Balkon im 1. Stock herunter, glaubte vielleicht, hier oben kaum beobachtet zu werden und *wagte es, nicht ihren Arm zu heben*. Prompt erhielt sie am nächsten Tag eine Vorladung zur Gestapo in der Polizeidirektion. Dort wurden ihre Personalien festgestellt, sie wurde ausgefragt und ihr wurde klargemacht, daß sie sich ja nie mehr unterstehe... Natürlich ging eine Vorladung bei der gefürchteten Gestapo bei einer jungen Frau nicht ohne Zittern vorüber. Aber dieser *Effekt des Terrors war erwünscht*. Es wäre nicht nötig gewesen, daß im Bayerischen Staatsanzeiger vom 5.8.1933 vom Staatsministerium des Innern verordnet war:

"Beim Singen des 'Liedes der Deutschen' und des Horst-Wessel-Liedes *ist der Hitlergruß zu erweisen*; ohne Rücksicht darauf, ob der Grüßende Mitglied der NSDAP ist oder nicht."

Oder daß das gleiche Ministerium unter dem 21.8.1933 verfügt hatte:

"Den Fahnen der nationalen Verbände *ist* bei geschlossenen Aufmärschen und öffentlichen nationalen Kundgebungen *der Gruß zu erweisen*."

---
1) HAFFNER 46
2) Der ehem. BFMin Alex Möller in "Tatort Politik" München 1982; 283; äußert zu der gleichen Stelle bei Haffner: "Mir sträuben sich ob dieser Unterstellung die Haare."
3) In einer Kritik zu einer Fernsehsendung zum Thema 1933 schrieb Eckart Schmidt in der SZ 1982 v. 27.1., S. 9: "... Als Fazit sollte der auf jeden Fall falsche Eindruck erweckt werden, daß Hitler nicht von der Mehrheit des deutschen Volkes getragen wurde, sondern die sogenannten guten kleinen Leute mit Terror-Methoden auf seine Seite bringen mußte..."

Die Angst genügte, um hundertprozentiges Handaufheben zu erreichen. Vor allem die normalerweise unerfahrenen Gäste aus dem demokratischen Ausland berichteten in ihrer Heimat, daß das gesamte deutsche Volk offensichtlich seiner NS-Regierung mit überwältigender Begeisterung zustimme.

Es gab auch unveröffentlichte Anweisungen an die Gestapo, z. B. für zu erpressende *Propaganda im Ausland*. Dazu ein anderes *Beispiel aus dem Jahre 1936*. Ich war mit meinem Motorrad nach Tirol gefahren. Einige Tage danach übergab mir ein Polizist ein Schreiben der Gestapo München, dessen Kenntnisnahme ich unterschriftlich bestätigen mußte. Die Mitteilung lautete ungefähr so: Sie wurden mit Ihrem Motorrad, Kennzeichen IIA 13 215 in Österreich ohne Hakenkreuzwimpel gesehen. Sollten Sie dabei noch einmal ertappt werden, *wird die Genehmigung zum Grenzübertritt entzogen. Jeder Deutsche hat die Pflicht, im Ausland für sein Vaterland zu werben* (mit dem Hakenkreuzwimpel, dem Symbol der NSDAP). Mit solchen Maßnahmen sollte den Österreichern die Geschlossenheit und Begeisterung der Deutschen für den NS vorgetäuscht werden. Der Arm des totalitären Staates und seine Propaganda reichten über die Grenzen hinüber ins Ausland und reichen heute noch über die Zeiten weiter, worauf schon bei der teilweise jetzt noch verwendeten NS-terminologie hingewiesen wurde.

Die Wirklichkeit war anders

Die Einstellungen der NS-Gegner, die ihre Meinung und Haltung vor 1933 aus politischen, religiösen, weltanschaulichen Gründen oder aus der Erfahrung des Ersten Weltkrieges gebildet hatten, sind während der Hitlerjahre trotz allem *keineswegs so erschüttert und verändert worden, wie das weithin angenommen wird*. Auf dem Höhepunkt der militärischen Siege, im August 1941 versuchte ich einmal *ein Bild über die wahre Volksmeinung* zu gewinnen. Damals arbeitete ich in Villach, Österreich, wo die Hitlergläubigen seit 1938 - wegen der Verwirklichung des alten Wunsches auf Anschluß - ganz offenkundig zahlreicher waren als im "Altreich", zumindest als in Bayern. Ich zählte unter den Bekannten - still für mein Tagebuch - diejenigen ab, von denen man sicher wußte, daß sie NS-Anhänger waren, dann diejenigen, von denen ebenso sicher feststand, daß sie dagegen waren. Die Gegnerschaft wußte man aus vertraulichen Gesprächen, manchen einzelnen Formulierungen, aus den Witzen, die sie erzählten, aus der Art, wie sie mit "Heil Hitler!" grüßten, aus dem Mißmut, mit dem sie zu Sammlungen gaben und sich die gekauften Abzeichen ansteckten, aus ihrer konfessionellen Bindung, aus all den gleichen Symptomen, mit deren Hilfe heimlich die Gestapo, bzw. vorher oder nebenher schon der NS-Vertrauensmann bei der Dienststelle als Gestapo-Zulieferer die Fragebögen, bzw. Karteikarten hinsichtlich Zuverlässigkeit ausfüllten.

Ergebnis:(1)	Für	Gegen	Unsicher
Am Arbeitsplatz (bei der Dienststelle)	4	8	8
Familien im Wohnblock	2	4	6
Mietshaus in Regensburg (elterliche Wohnung)	2	8	-
die Fachkollegen meines Jahrgangs in Bayern	2	6	-

---

1) Aus Tagebuch des Verf.

Das war natürlich eine zu kleine Stichprobe, aber die einzige erreichbare, besser als gar nichts. Wichtig erschien dabei, daß ich selbst damals vom Ergebnis überrascht war. Man war doch auch von der Selbstverständlichkeit beeinflußt und beeindruckt, mit der täglich und überall der gesamten Öffentlichkeit eine einmütige Begeisterung vorgetäuscht wurde.

Es war im September 1942. Nach einer Bergfahrt mit wenig Konversation ruhten wir zu dritt auf einem Gipfel der Stubaier Alpen. Der eine war ein international bekannter Geograph aus Bonn, der andere ein ebenso berühmter Himalayaforscher aus Hannover, beide um eine Generation älter als ich. Sie kannten meine politische Einstellung nicht und ich nicht die ihre. Aber sehr schnell begriffen wir, daß wir frei sprechen konnten, daß alle drei wußten, daß der Krieg bereits verloren war. Drei Deutsche, irgendwoher, in politischer Hinsicht einander völlig unbekannt, waren sich einig. Das war umgekehrt wie die ständige Propaganda aller Welt vorgaukelte. Der Gegensatz zwischen täglich Gehörtem und der wirklichen Stimmung war so beeindruckend und das folgende Gespräch - vor allem über den grausamen Terror gegen die slowenische Bevölkerung, die mit Gewalt deutsch gemacht werden sollte - blieb so tief im Gedächtnis, daß der eine, Prof. *Carl Troll, noch 21 Jahre später*, in seiner *Grabrede* auf den anderen, Prof. *Richard Finsterwalder*, in der er dessen Leben kurz würdigte, an dieses denkwürdige Gespräch erinnerte. Im Zusammenhang mit der lebenslangen Liebe des Verstorbenen zu den Bergen der Welt sagte Troll:(1)

"... Auf einem Berggipfel war es auch im Jahr 1942, daß wir in der Vorausschau des kommenden Unheils Deutschlands Trost suchten in der im Sonnenglanz vor uns liegenden Hochgebirgswelt."

Solche Gespräche bedeuteten keinen Widerstand; aber die gegnerische Einstellung konnte sich in Handlungen umsetzen, wenn sich Gelegenheiten boten, wie das im Krieg zuweilen geschah.

Der passive Widerstand hatte eine zwiespältige Wirkung

Auf passiven Widerstand beschränkten sich auch deswegen die meisten der NS-Gegner, weil im anderen Fall das riskierte hohe Opfer völlig wirkungslos schien. Der NS war ab 1933 praktisch allmächtig geworden. Er verstand es, sogar *seine Gegner gegen ihren Willen für sich und seine Ziele einzuspannen*. In den KZ-Lagern mußten sie zu vielen Tausenden harte Arbeit gerade für jene leisten, die sie für Tyrannen hielten und haßten. Die NS-Propaganda scheute auch nicht davor zurück, die "Hingabe" des Lebens von Gegnern auch noch für sich auszuschlachten. Niemand kann sagen, wieviele *Tausende der angeblich "für den Führer" im Kriege Gefallenen in Wirklichkeit stets erbitterte Gegner gewesen waren*. Nur ganz wenige, z.B. Familienangehörige, wissen dies. Die oben erwähnte Schwester Erika, die aus dem "katholischen Milieu" Regensburgs stammte, haßte nichts mehr als Hitler und seinen Krieg. Sie wurde gezwungen, in den Messerschmittwerken eben für diesen Führer und für seinen Krieg zu arbeiten und zu sterben. Über dem Massengrab auf dem Oberen Katholischen Friedhof mit 392 Leichen wurde stolz eine große

---

1) Ansprachen am Grab Prof. Rich. Finsterwalders 31.10.63. Manuskriptdruck Photogrammetr. Inst. TU München

Hakenkreuzfahne gehißt und wurde bei den Ansprachen verkündet, daß der "feige Terrorangriff" und seine Opfer *ein Ansporn für besondere Treue zum Führer* sein müsse. "Die Treue zum Führer ... wird durch Opfer noch stärker und tiefer."(1)

Viele mögen aus solchen Gründen den "passiven Widerstand" für ganz wirkungslos und deswegen unwichtig halten. *Die NS-Führung hatte darüber eine andere Meinung.* Ihr ging es um eine totale Gleichschaltung aller, die sie für den Krieg benötigte. Für sie war die große Zahl der passiv sich Versagenden ein ernstgenommenes Hindernis für ihre Pläne. Sie wußte, daß aus den passiv Widerstehenden aktive Widerständler werden konnten, wenn erst ein bestimmtes Maß an Zumutungen überschritten würde. Und man mußte für die vorgesehenen Ziele viel zumuten. Es ist erstaunlich, welche Bagatellfälle solcher passiv sich versagender Volksgenossen vor den Sondergerichten ab 1933 behandelt wurden und zu welchen drakonischen Strafen sie führten. Für die Überwachung der deutschen Bevölkerung, auch auf passiven Widerstand, war die Partei gezwungen, *über 40 000 Gestapobeamte* einzusetzen. Weitere Tausende vom SD und das Heer der SS mit teilweise verwandten Aufgaben kamen noch dazu. Es waren Divisionen, die durch den Widerstand in der Heimat gebunden waren(2).

Auch im modernen Krieg ist der Glaube an dessen Sinn und Berechtigung, die Moral der Truppe, eine wichtige Waffe. Passiver Widerstand, Nichtanpassung, innere Gegnerschaft, konnten bewirken und helfen, daß manche begeisterungsfähige, besonders wertvolle Männer, davor bewahrt wurden, so wie 1914 vor Verdun singend in den Tod zu gehen. Der innere Abstand zum Regime hatte eine im einzelnen nicht meßbare, aber doch erhebliche Auswirkung auf die Kampfkraft.

Über Wert und Ausmaß seines Widerstandes konnte sich jeder gemäß einer abgewandelten Kantschen Ethik Rechenschaft geben: Ich muß so handeln, daß die Maxime meines Handelns die der Allgemeinheit sein sollte. *Wenn andere ebenso denken und sich verhalten*, könnte Hitler seinen Krieg nicht vorbereiten und nicht durchführen, *könnte der NS überhaupt nicht regieren.*

7. Aktiver Widerstand

Wer damals erkannt hatte, daß Hitlers Ziele und seine Mittel verbrecherisch waren, mußte folgerichtig sich auch der Verpflichtung bewußt sein, soviel wie möglich dagegen zu tun. Und doch handelten nur wenige entsprechend dieser moralischen Pflicht. Einige Gründe dafür sind verständlich:

Etwa im Vergleich zum Widerstand in den vom deutschen Militär besetzten Ländern hatte es der Widerstand aus dem deutschen Volk ungleich schwerer. Der erstere war Freiheitskampf gegen Fremdherrschaft. Innerhalb Deutschlands aber stand der einzelne scheinbar gegen das eigene Volk. Er wurde von vielen als Verräter verachtet. Er war meist isoliert, ohne Führung und Organisation. Außerdem war sein Risiko viel größer als z. B. das der Angehörigen der Resistance mit Rückendeckung im Volk.

Dabei bleibt zu berücksichtigen, daß ein deutscher Widerständler schließlich

---
1) Regensburger Kurier 1943; 24.8.
2) INFORMATIONEN Nr. 160, S. 5

im Krieg mit dem Gedanken schwer belastet war, daß der ersehnte Untergang Hitlers gleichzeitig das eigene Volk dem Machtstreben benachbarter Staaten freigab. Allein das Flüchtlingselend der Nachkriegszeit demonstrierte, wie sehr das Zögern mancher NS-Gegner auch berechtigt gewesen war, denen ihr Gewissen verbot, den Feindmächten in die Hand zu arbeiten.

Eventuelle Führer, die einen Gruppenwiderstand hätten organisieren können, waren gleich 1933 liquidiert, in die KZ oder Zuchthäuser verbracht, oder sie waren emigriert. Effektive Verbindung nach draußen gab es in größerem Ausmaß, besonders für SPD und KPD, noch bis 1935, aber dann war die Nacht über Deutschland fast völlig abgeschirmt. Von ausländischen Sendern her ließen sich zwar Informationen ins Reich durchgeben, man konnte von daher aber keine Gruppen organisieren. Gemäß dem NS-Führerprinzip hatte Hitler bewußt alle potentiellen Führer eines Widerstandes ausgeschaltet. Das übriggebliebene Volk glaubte er, wunschgemäß formen zu können. Was also im folgenden - außer den ersten Jahren des SPD-Widerstandes in Regensburg - gezeigt werden kann, ist der Widerstand einzelner, fast ganz isolierter Menschen aus der ansonsten nach außen weitgehend stumm gebliebenen Masse.

Wegen der Aussichtslosigkeit sind unter den Widerstandsopfern mehr die Heißsporne, in den allerersten Jahren noch aus den sozialdemokratischen und kommunistischen Jugendverbänden, aber auch aus religiösen Gruppen, die sich aus einer inneren Auflehnung, aus ihrem Gewissen heraus zu einem heiligen Zorn und dadurch zu verwegenen Handlungen oder Reden hinreißen ließen. Angesichts der offenbaren Lügen und der ständigen Rechtsbeugungen durch den NS war dieser heilige Zorn allerdings bei vielen ein Dauerzustand geworden. Grimm und Haß hatten sich angestaut und konnten nicht immer zurückgehalten werden. Eine überlebende Angehörige einer Widerstandsgruppe in Köln-Ehrenfeld, von der 16 junge Männer gehängt worden waren, antwortete 1980 einem Reporter auf die Frage, warum sie aktiven Widerstand geleistet hatten[1]:

"Diese Frage hätten wir damals gar nicht verstanden. Unser Widerstand erschien uns selbstverständlich."

Vom Sinn und Wert des aktiven Widerstandes

Freilich war der Widerstand bis zum Tod nicht immer der wirksamste. Denn durch das Märtyrertum gingen den Gegnern des Regimes die mutigsten und tatkräftigsten verloren. Außerdem wußten die Machthaber das Bekanntwerden solchen Heldentums zu verhindern, ja sie erklärten die Helden zu Kriminellen. Auch das wirkt manchmal noch bis heute.

Vom Standpunkt des nüchtern Abwägenden war passiver, vorsichtiger, "feiger" Widerstand manchmal wirkungsvoller, weil von längerer Dauer und weil er immerhin manchmal helfen konnte, die Zahl der Verbrechen zu mindern, auch wenn das z. B. "nur" dadurch geschah, daß die Dauer des menschenmordenden Krieges verkürzte wurde.

Der zahlenmäßig klein erscheinende aktive Widerstand hat der Macht Hitlers doch Grenzen gesetzt, hat z. B. einen riesigen Überwachungsapparat, eine große Zahl von KZ, einen VGH, zahlreiche Sondergerichte, nötig gemacht.

---
[1] "Nachforschungen über die Edelweißpiraten"; Sendung Zweites Dtsch. Fernsehen 3.7.1980 22h

Der Krieg hätte ohne diesen Widerstand noch länger gedauert und hätte dadurch das Leben von noch mehr Menschen des deutschen Volkes und all der anderen Völker gekostet. Übrigens war die Anzahl der aktiven Widerständler gar nicht so klein, wie es bei uns immer noch den Anschein hat. Nach erhaltenen Gestapounterlagen *gab es 1939, zu Beginn des Zweiten Weltkrieges, in Deutschland. Zehntausende politisch eingekerkerte Landsleute, davon allein mindestens 21 400 in den KZ's.*

"Die Gesamtzahl aller deutschen Opfer, die ihren Widerstand gegen das NS-Regime mit dem Leben bezahlen mußten, wird nie festgestellt werden können. Daran, daß es Zehntausende waren, kann aber nicht gezweifelt werden."(1)

Das Ansehen unseres Volkes, das durch die NS-Verbrechen in der Welt und vor der Geschichte so sehr gelitten hat, wird durch den Kampf einzelner todesmutiger Deutscher gegen die NS-Diktatur wiederhergestellt. Das geschieht allerdings nur, wenn wenigstens wir Deutsche selber dieser Lebensopfer gedenken.

Zur Frage des "Verrats"

Der Zweite Weltkrieg war nicht mehr mit einem der bis dahin üblichen nationalen oder vaterländischen Kriege zu vergleichen. Er war der Vernichtungsfeldzug einer brutalen Ideologie der bewußten Moralverachtung, die sich die Versklavung von Völkern und den Raub ihres Bodens zum Ziel gesetzt hatte. "Nebenbei" wirkten sich ideologische Vorstellungen oder Haßgefühle während dieses Feldzuges in der Ausrottung ganzer Menschengruppen aus. Der Führer als der Verbreiter und Hauptvertreter dieser Rassenideologien hatte es verstanden, ein ganzes Volk in seiner katastrophalen Wirtschaftslage für seine Ziele zu mißbrauchen. Wenn sich Widerstandskämpfer aus diesem gleichen deutschen Volk todesmutig gegen diese Verbrechen stellten, so war das nicht Verrat, wie in früheren nationalen Kriegen, es war vielmehr der Aufstand des Gewissens der Menschheit, das keine Staats- und Völkergrenzen kennt.

Außerdem konnten die Widerständler durchaus der Meinung sein und waren es auch, daß nicht sie Deutschland verrieten, sondern Hitler sein Volk verriet, indem er es in einen zweiten Weltkrieg führte, der den Untergang des Reiches bringen mußte.

Im Frühsommer 1979 sprach Papst *Johannes Paul II.* vor dem Grabmal der unbekannten Opfer in Auschwitz, dem "Golgatha unseres Jahrhunderts", wie er diese Stätte nannte:

"Wir können das Lebensopfer der polnischen Männer und Frauen nicht vergessen!"

Wir Deutsche in der Bundesrepublik aber vergessen weitgehend das Lebensopfer der deutschen Männer und Frauen in dem gleichen gerechten Kampf wie die Polen gegen den gleichen Antichrist, in einem Kampf aber inmitten seines Reiches, isoliert und nahezu hoffnungslos!

---

1) INFORMATIONEN Nr. 160, S. 27. Dr. Rückerl, Leiter der Zentralstelle Ludwigsburg, schrieb dem Verf. am 10.1.1983: Die 1933 - 45 ergangenen Todesurteile im einzelnen sind in der BRD bisher nicht erfaßt.

Die modernen Propagandamöglichkeiten, die der NS-Staat total einsetzte, konnten die Widerständler nicht verbiegen. Allen täglichen psychischen Einwirkungen zum Trotz, verlassen von allen Autoritäten, behielten sie ihr Erkenntnisvermögen für Unrecht und handelten danach. Das gibt Grund zu hoffen und an das Gewissen und dessen Kraft zu glauben.

II. POLITISCHER HINTERGRUND UND WIDERSTAND IN REGENSBURG

1. Besonderheiten der Stadt - bis 1933 Hochburg der BVP

Im Vergleich zu anderen deutschen Städten ähnlicher Größe gab es in Regensburg weniger Industriearbeiter und mehr besser verdienende Arbeitnehmer, vor allem Beamte und Angestellte. In einer Bevölkerung von 81 000 im Jahr 1933 waren Beamte und Angestellte mit 12 000 vertreten, mit Angehörigen etwa 22 500. Sie machten also 28% der Einwohnerschaft aus.(1)

Zusammen mit dem ganz überwiegend katholischen Charakter der Bischofsstadt - zwischen 89 und 90% waren katholisch - führte dieser soziologische und weltanschauliche Hintergrund zu einer besonders starken Position der konservativen, katholischen Bayerischen Volkspartei. Die "drei großen H", nämlich die Verlegerfamilie *Habbel*, der bayerische Ministerpräsident *Dr. Heinrich Held* (verheiratet mit der Schwester von *Josef Habbel*) und der Bauernführer *Dr. Georg Heim*, hatten in Regensburg - neben den katholischen Verlagen *Manz* und *Pustet* - ihre politische Heimat und ihren stabilen Rückhalt gefunden(2). Mit ihnen wirkte die BVP der großen Provinzstadt Regensburg bis in die Landespolitik Bayerns nach München hinein.

BVP bei den 4 letzten Reichstagswahlen in % der gültigen Stimmen(3):

	Dtsch. Reich Ztr. u. BVP	Bayern r.d.Rh.	München	Nürnberg	Würzburg	Regensburg	Eichstätt
Sept. 1930	14.9	32.0	22.9	8.3	35.6	40.7	59.6
Juli 1932	15.7	33.7	26.9	8.4	39.3	45.1	57.3
Nov. 1932	15.0	32.8	24.9	8.3	38.3	46.3	60.6
(Mrz 1933)	14.0	27.9	21.9	7.9	36.1	40.1	52.2
kathol. (%) (Juni 33)	32.4	69.9 (1925) (mit Rheinpf)	81.1	32.1	76.8	90.8	92.6
Arbeiter (Mai 1939)	45.1	36.5 (1925) (mit Rheinpf)	40.3	47.6	32.0	38.0	29.8

Der Wahltermin März 33 wurde in Klammern gesetzt, weil diese Wahl nur sehr beschränkt als frei bezeichnet werden kann. Hitler war schon über einen Monat Reichskanzler gewesen und hatte alle Mittel des Staates für eine massive Beeinflussung zugunsten seiner Partei eingesetzt. Trotzdem entschieden sich im Reich nur 43.9% der Wähler, das waren nur 38.7 % der Wahlberechtigten für die Partei des regierenden Kanzlers Hitler. *Bei keiner Wahl hatte die NS-Partei je die Mehrheit des Volkes* hinter sich bringen können.

Die Wahlergebnisse in Regensburg bis einschließlich 1933 (!) weisen die BVP

---
1) BACHFISCHER
2) CHROBAK 1980
3) HAGMANN, S. 12 - 19

mit weitem Abstand als die stärkste Partei aus. Wie sehr dabei der katholische Charakter und die soziale Schichtung eine maßgebende Rolle spielten, zeigen die letzten Zeilen obiger Tabelle. Bemerkenswert ist dazu, daß die BVP-Fraktion des Stadtrats nach der Gemeindewahl 1929 mit 14 Mandaten zu 100% katholisch war.

Die angegebenen Prozentzahlen für die "Arbeiter", bezogen auf die Erwerbstätigen, betreffen eine breitere Bevölkerungsschicht als etwa nur die Industriearbeiter. So sind dabei z. B. auch alle nicht selbständigen Handwerker inbegriffen, die besonders für das damalige Regensburg einen großen Teil ausmachten. Der Anteil von Industriearbeitern war also in Regensburg sicher geringer als 38% und diese waren vorwiegend in Mittel- und Kleinbetrieben beschäftigt, anders als in Augsburg, Nürnberg oder München(1).

Bei den letzten "Wahlen" am 5.3.1933 erzielte die BVP in Regensburg ein sogar noch weit besseres Ergebnis als in Ndb/Opf (beide Bezirke zusammengenommen). Das bedeutete gleichzeitig für die NS-Partei in dieser Stadt ein weit schlechteres Abschneiden als sogar in den beiden ganz vorwiegend ländlichen Regierungsbezirken.

Die Wähler der BVP in Regensburg zeigten sich noch mehr immun gegen die NS-Propaganda als diejenigen der zwei Regierungsbezirke, die ihrerseits schon immer - bei allen 4 Reichstagswahlen seit September 1930 - bezüglich der NS-Wähler an letzter Stelle in Bayern standen und in denen die BVP schon immer stärker als sonst in Bayern gewesen war.

Wahlergebnis vom 5.3.1933 in % der gültigen Stimmen(2)

	NSDAP	BVP
Bayern	43.1	27.2
Oberpfalz	34.0	44.1
Niederbayern	44.0	31.6
Ndbay.-Opf.	39.2	37.6
Regensburg	30.6	40.1

Gegenüber dieser starken Stellung der BVP hatte es die in Bayern während der Weimarer Republik zweitstärkste, die Sozialdemokratische Partei Deutschlands (SPD), in Regensburg schwerer und noch schwerer hatten es die radikalen Parteien, als die damals - bis 1933 - die Kommunistische (KPD) und die NS-Partei (NSDAP) galten. Dazu die entsprechenden Zahlen wie vor: (Tab. auf nächster Seite)

Während also die NS-Partei in Regensburg 1930 nicht weit hinter dem Landes- und Reichsdurchschnitt blieb, konnte sie während der allgemeinen Zunahme ab 1932 in dieser Stadt bei weitem nicht mehr soviele Stimmen dazugewinnen, wie sonst in Bayern und im Reich. Der Partei gelang hier kein so großer Einbruch, sie stieß auf den Widerstand jener, deren Meinung weltanschaulich festgelegt war.

---
1) CHROBAK 1979
2) HAGMANN, S. 14 - 21. Abweichungen in den Zehntelprozenten rühren daher, daß Bayern einmal mit, das andere Mal ohne die Rheinpfalz gerechnet wurde

Reichstagswahlergebnisse in % der gültigen Stimmen(1)

	Dtsch. Reich	Bayern r.d.Rh.	München	Nürnberg	Würzburg	Regensburg	Eichstätt
	Kommunistische Partei Deutschlands						
Sept. 1930	13.1	5.9	10.1	8.1	5.9	6.2	2.0
Juli 1932	14.3	8.3	15.4	12.6	9.1	9.1	4.5
Nov. 1932	16.9	10.3	19.7	15.2	9.3	9.1	5.2
(Mrz. 1933)	12.3	6.3	11.8	8.9	5.8	5.8	1.5
	Nationalsozialistische Deutsche Arbeiterpartei						
Sept. 1930	18.3	17.9	21.8	24.0	17.7	16.0	17.9
Juli 1932	37.2	32.9	28.9	37.8	22.8	20.1	24.3
Nov. 1932	33.1	30.5	24.9	32.8	19.9	17.1	21.8
(Mrz. 1933)	43.9	43.1	37.8	41.7	31.5	30.6	33.3

Wie sehr die NS-Partei in Regensburg bis kurz vor 1930 eine winzige Splitterpartei geblieben war, zeigt die Tatsache, daß sie noch bei den Gemeindewahlen 1929 nur 1 von 30 Stadtratsmandaten erreichen konnte. Erst im Gefolge der Weltwirtschaftskrise wuchs die "Hitlerbewegung" sprungartig im Reich auf 18.3 %, in Regensburg auf 16.0 % der gültigen Stimmen an. Damit hatte sie in dieser Stadt schon fast ihr Maximum von 20 % (Juli 1932) erreicht, wenn man von der fragwürdigen "Wahl" im März 1933 absieht.

Bei dieser letzten Wahl erreichte die NS-Partei trotz des Einsatzes aller staatlichen Machtmittel nicht die absolute Mehrheit im Reich, die sie sich erhofft hatte. Da damals die Stimmabgabe für jede andere Partei zugleich eine Ablehnung der NS-Partei bedeutete, kann man mit Recht formulieren, daß zu Beginn der Hitler-Ära, *bei der letzten Volksbefragung, im Deutschen Reich über 56%, in der Stadt Regensburg über 69%* der Bevölkerung *die NS-Herrschaft abgelehnt hatten*.

Die Lage in Regensburg vor und ab 1933 und die Rolle der politischen Gruppierungen außer der NS-Partei werden jeweils als Einleitung zu den entsprechenden Biographien kurz geschildert. Auf das für diese Stadt besonders wichtige Verhältnis zwischen katholischer Kirche und NS, das mit einem eventuell zu erwarten gewesenen Widerstand der ehemaligen, so zahlreichen BVP-Anhänger eng zusammenhängt, wird im Kapitel über den Domprediger *Dr. Johannes Maier* eingegangen. Die SPD in Regensburg wird anläßlich der Biographie von *Alfons Bayerer* behandelt; die KPD ebenfalls als Einleitung zum Bericht über die Opfer aus ihren Reihen, und zwar vor dem Kapitel über *Franz Enderlein*. Auch über ein ehemaliges Mitglied der liberalen Demokratischen Partei, und vor allem über das Verhalten eines Vertreters der für Regensburg so wichtigen Gruppe der Beamten, wird bei *Alois Krug* berichtet.

Wenn neben dem katholischen der *evangelische Bevölkerungsteil* hier mit keiner Lebensbeschreibung eines getöteten Widerständlers vertreten ist, so besagt das keinesfalls, daß es von dorther keinen Widerstand gegeben hätte. Ein Teil der evangelischen Diasporagemeinde in Regensburg (die Gemeinde

---

1) HAGMANN, S. 12 - 19

zählte ca. 7 000 Mitglieder, 9.2 % der Bevölkerung im Jahr 1925) scheint im Gegenteil besonders aktiv gewesen zu sein. Ohne danach zu suchen, fielen doch zwei Fakten ins Auge:

Im Januar 1937 wagte es die evangelisch-lutherische Gesamtgemeinde in Regensburg, eine mit 148 Unterschriften versehene Eingabe an den Reichsminister des Innern und an den Reichsstatthalter in Bayern zu richten. Anlaß war eine vom NS-Staat vorgesehene Regelung für H.J.-Veranstaltungen an Sonntagen mit nur mehr beschränkten Möglichkeiten zum Gottesdienstbesuch. Die Gemeinde erklärte sich in der Eingabe

> "aufs tiefste erschüttert und beunruhigt... Im festen Vertrauen auf die in feierlichen Erklärungen des Führers gegebenen Zusage des Schutzes der Kirche und ihrer Verkündigung bittet die Gemeinde,..."

Man muß dazu wissen, daß eine solche, auch noch so höflich abgefaßte Eingabe, damals wie ein unerhörter Protest und eine NS-feindliche Äußerung empfunden wurde, als die sie auch gemeint war. Der Regierungspräsident von Ndb/Opf hat denn auch in seinen geheimen Monatsberichten an die Bayerische Regierung (im weiteren mit RPB zitiert) diese Eingabe als bemerkenswertes Faktum zur politischen Lage gemeldet(1).

Des weiteren mag zur Haltung evangelischer Kreise bezeichnend sein, daß die Menschenmenge, die im Oktober 1941 den NS-Kreisleiter zwang, die Wiederanbringung der aus den Schulen entfernten Kruzifixe zu versprechen, von der *Frau des evangelischen Dekans Hermann Richard Giese* angeführt wurde(2).

Eine Arbeit über den Widerstand in Regensburg würde zweifellos mehr Aktivitäten aus den Kreisen der Bekennenden Kirche zutage fördern. So ist der Versuch, die Deutschen Christen auch in Regensburg zu organisieren, besonders kläglich gescheitert. Er wurde auch hier 1937 eingestellt.

Alle in diesem Buch gegebenen kurzen Hinweise auf einzelne Aspekte einer Geschichte Regensburgs in der NS-Zeit sind nur als Bruchstücke einer eigentlichen Behandlung gedacht. Sie wurden für ein Verständnis der Lebensgeschichten als notwendig erachtet. Mehr Informationen finden sich in ALBRECHT 1979, wiewohl auch dort ausdrücklich noch keine Gesamtdarstellung gegeben werden konnte. Einige wertvolle Details, besonders Hinweise aus der Bevölkerung, steuerten die Schüler der 11. Klassen der Berufsfachschule für Wirtschaft in Regensburg 1982/83 bei(3).

2. Wogegen der Widerstand gerichtet war: Die Menschenverluste in Regensburg als Folgen der NS-Politik – und wie wenig darüber bekannt ist

Bewußt oder unbewußt richtete sich jeder Widerstand gegen den NS auch gegen dessen Ziele und Folgen. Die schmerzlichsten Folgen waren die Tötungen unzähliger Menschen, wobei die nachstehenden Arten von Todesopfern im Verlauf der Hitlerherrschaft alle auch Einwohner der Stadt Regensburg betrafen:
Gefallene und in Kriegsgefangenschaft Verstorbene;
Ziviltote der Vertreibung;

---
1) RPB für Jan. 1937; zit. n. ZIEGLER 115f.
2) ALBRECHT 1979 193
3) KLASSE 11 a und KLASSE 11 b

Ziviltote des Luftkrieges;
ermordete Juden;
ermordete Kranke;
verhungerte, an Krankheit verstorbene und erschlagene Gefangene;
Todesopfer unmenschlicher Strafmaße;
im Widerstand Gefallene.

a) Gefallene und in Kriegsgefangenschaft Gestorbene

Die meisten Opfer dieser Stadt verloren ihr Leben als Soldaten an den Fronten rings um Deutschland. Viele davon starben zwar laut NS-Propaganda "für den Führer", waren aber in Wirklichkeit heftige Gegner Hitlers und seiner NS-Ideologie. Daß gerade aus Regensburg ein besonders großer Anteil von Gegnern unter den Gefallenen angenommen werden kann, folgt aus der religiösen und parteipolitischen Zusammensetzung der Bevölkerung dieser Stadt. Sehr viele glaubten, ihre Pflicht erfüllen zu müssen, die Heimat zu schützen, aber sie lehnten in ihren Herzen die Gewaltpolitik des NS ab. Gleichwohl können und dürfen wir aber auch nicht die Ehrfurcht denen versagen, die im Glauben an die Vaterlandsverteidigung, wie sie der NS vorgab, ihr Leben und ihre Gesundheit verloren. Wie sehr der Schutz der Heimat wirklich zu einem Motiv werden konnte, erhellt aus einem Bericht des RegPr gegen Ende des Krieges:(1)

"Die Überzeugung, daß ein Sieg der Sowjets die Auslöschung des Lebens des deutschen Volkes und auch jedes einzelnen (!) bedeuten würde, ist Allgemeingut aller Volksgenossen. Gleichwohl oder gerade deshalb ist die Widerstandskraft und der Wille zum Durchhalten ungebrochen."

Natürlich entsprach diese Stimmungsschilderung nur einem Wunschbild. Aber sie zeigt, mit welchen Argumenten besonders die Jugend zum Glauben an die Gerechtigkeit dieses Krieges gebracht wurde.

Zur Frage nach der Zahl der Gefallenen und der in Gefangenschaft gestorbenen Regensburger kamen schon bisherige Bearbeiter der Geschichte dieser Stadt(2) zu dem Ergebnis, daß diese Zahl "nicht feststellbar" sei. Die Unkenntnis über die Verlustzahlen mag als eine unbedeutende, formale Äußerlichkeit erscheinen, ist aber doch mehr als das. Sie ist eines der Symptome für die Eskalation, die der Zweite gegenüber dem Ersten Weltkrieg mit sich brachte. Vielleicht ist sie auch symptomatisch für die immer noch nicht bewältigte oder aufgearbeitete Vergangenheit. Nach dem Ersten Krieg kümmerte sich jede Gemeinde und jede Pfarrei um ihre Kriegstoten und errichtete Denkmäler mit den Namen der Gefallenen und Vermißten. Nach 1945 geschah das teilweise auch, war aber viel schwieriger und im Fall der Stadtgemeinde Regensburg erwies es sich offenbar als nicht durchführbar. Standesamt und Einwohneramt haben zwar in den Fällen, die in Regensburg beurkundet wurden, Hinweise in ihren Karteien; erfaßt wurden diese Einträge aber bisher nicht.(3)

Eine ganz grobe Schätzung könnte davon ausgehen, daß aus Regensburg anteilmäßig ungefähr gleichviel Angehörige der Wehrmacht den Tod fanden, wie sonst in Deutschland. Die Wehrmacht verlor im Zweiten Krieg 3.05 Mill. Perso-

---
1) RPB vom 9.2.1945
2) ALBRECHT 1979, 198 und KRAUS 147; dort Albrecht D.: 147 - 154
3) Auskunft der Stadt Regensburg, Amt 10, vom 7.4.81

nen (Deutsche innerhalb des Staatsgebietes von 1937, also ohne Volksdeutsche außerhalb der damaligen Grenzen, wenngleich sie auch in der Deutschen Wehrmacht kämpften). Die Gesamtzahl der durch Kriegseinwirkung ums Leben gekommenen Deutschen - also mit den Toten aus der Zivilbevölkerung - liegt bei über 6.5 Mill., also nahe 10 %(1). Im ersten Weltkrieg betrug die Zahl der Gefallenen 2.04 Mill.(2), für alle im Krieg beteiligten Völker 9.7 Mill.; im Zweiten 55 Mill. Von 69.4 Mill. Einwohnern des Deutschen Reiches (1939 auf dem Gebiet von 1937) verloren demnach 1939 - 45 4.4 % ihr Leben als Angehörige der Streitkräfte. Der gleiche Anteil für die 95 700 Einwohner Regensburgs (1939) wären *4 200 Gefallene* oder in Gefangenschaft Gestorbene. Die wirkliche Zahl kann natürlich erheblich davon abweichen. Sie hängt vom jeweiligen Schicksal jener Truppenteile ab, zu denen die meisten Regensburger eingezogen waren. Die hier stationierte 10. Infanterie-, später Panzergrenadier-Division, war in Rußland bis vor Moskau, dann mit schweren Verlusten in der Ukraine und in Rumänien eingesetzt. Jedenfalls gibt die Schätzung eine ungefähre Vorstellung über die Größenordnungen der Verluste an vorwiegend gesunden Männern aus der Stadtbevölkerung in ihrem Umfang zu Kriegsbeginn. Gehen wir aber von der Einwohnerschaft nach dem Krieg aus, d. h. rechnen wir von den ab 1944 zugezogenen die 23 000 später hier verbliebenen Flüchtlinge und Vertriebene hinzu, dann müssen auch die Gefallenen aus diesen Familien hinzugenommen werden und die Zahl der "Regensburger", die bei den Streitkräften den Tod fanden, muß man *um die 5 000* annehmen.

Eine andere Art der Schätzung könnte von den Namenlisten auf den Gedenktafeln in den Pfarrkirchen der Stadt ausgehen. In der Niedermünsterkirche (Dompfarrei), in St. Emmeram (Pfarrei St. Rupert), St. Anton, St. Cäcilia, Herz Jesu, St. Wolfgang, St. Magn (Stadtamhof) und Ziegetsdorf sind zusammen 1981 Namen von Gefallenen der betreffenden Pfarreien aufgeführt. Die Zahlen für die Pfarrangehörigen finden sich in den Jahresbänden des "Schematismus der Geistlichkeit des Bistums Regensburg", etwa für die Jahre 1939, 40 und 41. Zu den genannten 8 Pfarreien gehörten demnach 58 200, das sind rund 60 % der etwa 97 700 Einwohner Regensburgs (Mittel der Jahre 1939 und 41). Nimmt man für die gesamte Einwohnerschaft den gleichen Anteil an Kriegsverlusten durch bei den Streitkräften Gefallenen, wie für die Angehörigen der acht Pfarreien, nämlich *3.40 %*, so ergeben sich *3 320* aus der "Alt-Bevölkerung" Regensburgs.

Die Gefallenen aus den Flüchtlingsfamilien scheinen auf den Gedenktafeln, wenn überhaupt, dann bei weitem nicht vollständig enthalten zu sein. Die sehr wenigen Namen könnten den Hundertsatz aus der Altbevölkerung nur unwesentlich verfälschen. Dagegen wiegt auf der anderen Seite viel mehr, daß die Listen unvollständig sind - aus verschiedenen Gründen. So mögen z. B. manche Gefallene den Pfarreien nicht mitgeteilt worden sein, weil die betreffenden Familien kaum mehr Kontakt zu ihren Pfarreien haben. Überhaupt lassen sich die Zahlen nur als Mindestwerte verstehen. Bemerkenswert erscheint dazu, daß bei einigen Pfarreien, so bei St. Rupert und St. Magn, für den Zweiten Weltkrieg weniger Gefallene aufgeführt sind als für den Ersten. Das entspricht sicher nicht dem wirklichen Sachverhalt. ETTELT schreibt in seinem Buch über Kelheim 1939 - 45, daß die Zahl der Gefallenen im Zweiten Weltkrieg gegenüber der Verlustliste des Ersten für Kelheim "etwa das 3-fache" beträgt. Richtig wird sein, daß etwa doppelt soviele gefallen sind.

---

1) ARNTZ und HOFER 263; JACOBSEN 422:
   3.25 Mill. gefallene und vermißte deutsche Soldaten
   3.64 Mill. Ziviltote, einschl. Volksdeutsche
2) GROSCHE nennt dagegen die Zahl 1.94 Mill. Als Quelle wird dazu die Dienststelle der früheren Wehrmachts-Auskunftsstelle in Berlin angegeben

Pfarrei (Kirche)	Pfarrangehörige laut Schematismus		Gefallene laut Gedenktafeln	% des Durchschn. 1939/41
	Durchschnitt 1939, 1940, 1941	1946		
Dompfarrei (Niedermünst.)	14 400	14 410	443	3.08
St. Anton	7 400	9 720	278	3.76
St. Cäcilia	5 000	5 000	172	3.44
St. Rupert (Emmeram)	9 200	9 000	288	3.13
Herz Jesu	9 000	9 850	360	4.00
St. Wolfgang	8 200	10 485	266	3.24
St. Magn (Stadtamhof)	3 900	4 000	115	2.95
Ziegetsdorf	1 100	1 300	59	5.36
	58 200	63 765	1 981	3.40

Stadt Regensburg 1939   95 700 (Statist. Jb.)
                 1941   99 706
                 Mittel 97 700

Auf den Tafeln sind ausschließlich Männer aufgeführt. Es fehlen offenbar die Fliegertoten.

Mit der Unvollständigkeit der Gefallenenlisten in den Kirchen erklärt es sich, daß die davon abgeleitete Zahl der Gefallenen um 900 kleiner ist, als das mit 4 200 dem gleichen Verhältnis wie für ganz Deutschland entspräche.

In der abschließenden Zusammenstellung der Kriegsverluste aus der Vorkriegs-Stadtbevölkerung wurde für die Gefallenen das Mittel aus obigen 3 320 und den 4 200 aus dem deutschen Durchschnitt, nämlich die Zahl 3 800 angenommen.

Die männliche Bevölkerung hatte damals mit etwa 47.5 % Anteil an der gesamten Einwohnerschaft. Vom männlichen Bevölkerungsteil (46 400 einschließlich der männlichen Kinder und Greise) fielen demnach 8.2 % als Angehörige der Streitkräfte, ein noch wesentlich höherer Anteil natürlich aus denjenigen gesunden Männern zwischen 17 und 60, die als "kriegsdienstverwendungsfähig" zu den Streitkräften eingezogen waren.

Bei solchen Verlustzahlen fehlen jene Kriegsopfer, die oft erst Jahre später an den Folgen ihrer Verwundungen und anderen kriegsbedingten gesundheitlichen Schäden ihr Leben lassen mußten. Auch fehlen viele, die lange nach Kriegsende in der Gefangenschaft starben.

Nach dem Ersten Weltkrieg konnte man noch zählen. Der Zweite war nicht einfach nur eine Fortsetzung. Er war in vieler Hinsicht ganz anders. 40 Jahre nach seinem Ende lassen sich seine Folgen noch nicht überschauen.

b) Die Ziviltoten der Vertreibung

Zu obigen Verlusten kommen jene Ziviltoten, Angehörige heutiger Regensburger Familien, die während der Flucht oder Vertreibung aus ihrer sudetendeutschen Heimat, aus Schlesien und aus all den anderen Gebieten deutschen Volkstums im Osten und Südosten Europas ihr Leben verloren. Für ganz Deutschland beläuft sich diese Zahl auf 2.1 bis 2.5 Millionen(1). Wieviele davon Angehörige der gegenwärtigen Regensburger Einwohnerschaft sind, läßt sich noch schwerer feststellen, als die Zahl der Gefallenen. Um das Kriegsende herum und während der ersten Jahre danach "wohnten" zusätzlich zur alten Stadtbevölkerung Tausende auf engstem Raum zusammen. Das waren z. B. am 15.8.1946: 16 375 "Evakuierte" aus anderen Gegenden Deutschlands, 21 054 Flüchtlinge, 10 454 Ausländer(2). Es erscheint wie eine naive Pietätlosigkeit, nach dem Elend dieses Krieges sich für "genaue" Verlustzahlen zu interessieren.

c) Die Ziviltoten des Luftkrieges

Erster und zugleich folgenschwerster Luftangriff auf Regensburg war der der 8. amerikanischen Luftflotte am 17.8.1943 mittag. Seit einem Angriff von 12 Bombern auf Augsburg hatte es seit 16 Monaten keinen Einflug gegnerischer Flugzeuge in ein Gebiet 300 km um Regensburg mehr gegeben(3). Die Regensburger Messerschmitt-Flugzeugwerke mit rund 10 000 Beschäftigten produzierten in zwei Tagschichten damals monatlich 200 bis 400 Me 109 - Tagjäger. Zusammen mit dem Ausstoß in Wiener Neustadt waren das mehr als dreiviertel der überhaupt hergestellten Me 109. Regensburg stand deswegen 1943 in der Wichtigkeitsskala für die Zerstörung der deutschen Luftwaffe durch die amerikanische Luftflotte an vierter Stelle nach Ploesti, Rumänien (Oelraffinerien), Schweinfurt (Kugellagerwerke) und Wiener Neustadt (Messerschmitt). Wie erwartet, galt also der erste Angriff auf Regensburg den Messerschmittwerken in der Prüfeninger Straße. Mit großer, nur am Tag möglichen Treffsicherheit wurden die Bomben fast nur auf dieses Industrieziel geworfen. Unter den dort freiwillig oder zwangsweise Beschäftigten, aber auch bei den Flugzeugbesatzungen, für die dieses Unternehmen mangels Begleitschutz ab belgischdeutscher Grenze außerordentlich gefährlich war, kam es zu schweren Verlusten. Von 376 amerikanischen viermotorigen B-17 Bombern ("fliegenden Festungen"), die die Ziele Schweinfurt und Regensburg am gleichen Tag anflogen, und wovon 184 in Schweinfurt und 122 in Regensburg Bomben abwarfen, gingen 67 mit etwa 565 Mann Besatzung (davon 114 Tote, 393 Gefangene) verloren(4). Trotzdem wurde natürlich bei den Ansprachen am Massengrab der Regensburger Opfer auf dem Oberen Katholischen Friedhof, bei denen die Partei und das Hakenkreuz eine größere Rolle spielten als Priester, vom "feigen Terrorangriff" der Briten (anstatt der Amerikaner) gesprochen(5). Dagegen war keine Rede davon, daß die Verantwortlichen unter dem Eindruck der überheblichen Propaganda, es werde kein Flugzeug nach Deutschland hereinkommen, beim Bau der Werke 1936 bis 38 versäumt hatten, geeignete Luftschutzräume zu errichten. Man ließ die Wasch- und Umkleideräume unter den Kantinen der einzelnen Werkhallen einfach gleichzeitig als Schutzräume

---

1) ARNTZ: 2.5 Mill. In einer Fernsehsendung 1981 wurden 2.1 Mill. angegeben
2) MATTHES
3) MIDDLEBROOK 1983, 35 und 153
4) MIDDLEBROOK 1975, 34 und MIDDLEBROOK 1983, 283 f.
5) Regensburger Kurier 1943, vom 24.8.

gelten. Auch sperrte man bei Fliegeralarm die Ausgänge aus dem Gelände ab, bewachte sie mit bewaffneten Posten, sodaß die Beschäftigten mehr oder weniger schutzlos dem Inferno ausgeliefert waren. Beschäftigte, die beim Anflug der Bomber fliehen wollten, wurden, zum Teil in ihren Tod, zurückgetrieben.

Wie schwer man sich tat, die Toten zu zählen und zu identifizieren, läßt der Bericht des RegPr ahnen, den er 24 Tage später an sein Ministerium schickte. Dort gab er an: Es fanden den Tod 290 Reichsdeutsche, 60 Ausländer, 37 Unbekannte, 5 Vermißte, zusammen 392 Menschen. Heute werden für den 17.8.43 *mindestens* 402 Tote, davon 324 Deutsche, angegeben.(1)

In einem Gedenkbuch am Eingang zur heutigen Gedenkstätte an der Stelle des Massengrabes sind die Namen der hier bestatteten Toten aufgeführt. Über die auf der gesamten Gräberanlage Bestatteten gibt die betreuende Kriegsgräberfürsorge in diesem Buch an: Auf den Gräberstätten I und II ruhen neben 993 Soldaten auch 422 Zivilpersonen als Opfer des Zweiten Weltkrieges. Wahrscheinlich verloren alle diese 422 ihr Leben bei Luftangriffen und zwar die meisten von ihnen an jenem 17.8.43. Dieses Datum steht bei etwas mehr als zweihundert der Namen, die auf kleinen Steintäfelchen am Oberen Friedhof, bzw. im Gedenkbuch eingetragen sind. Mindestens zweihundert Leichen wurden damals auf Lastwagen von der Prüfeninger Straße hierher und in das schnell von einem Bagger ausgehobene Massengrab gebracht. Natürlich sind Luftkriegsopfer auch in Privatgräbern auf mehreren Friedhöfen beigesetzt, aber sicher nur wenige vom 17.8.43.

Unter den insgesamt 1 519 (1 662)(2) Kriegsopfern der Gedenkstätte (davon 101 Soldaten aus dem Ersten, 1 561 Opfer aus dem Zweiten Krieg) sind 161 Ausländer und auch unter dem Rest sind viele nicht aus Regensburg.

Über alle (?) 16 Fliegerangriffe auf Regensburg stellte die Stadt dankenswerterweise eine ausführliche Liste zur Verfügung. Die acht verlustreichsten Angriffe kosteten folgende Anzahlen an Opfern:

17.08.43	397 Tote	4.11.44	60 Tote	13.3.45	169 Tote
20.10.44	91 Tote	22.11.44	81 Tote	16.4.46	112 Tote
23.10.44	59 Tote	5.02.45	65 Tote		

Der Angriff der 15. US-Luftflotte vom 5.2.45(3) war der zweite auf ein großes Öllager in Regensburg; der vom 13.3.45 mit fast 600 schweren Bombern galt dem Rangierbahnhof.(4)

Der letzte Angriff mit Abwurf von Sprengbomben war noch am 25.4.45, zwei Tage nach der Frauendemonstration. Betroffen war davon die Stadtmitte. Es gab nur 1 Toten.

Die Liste der Stadt scheint nicht vollständig zu sein. So fehlt der Großangriff

---

1) MZ 1973, v. 17.8., S. 13: Der Angriff auf die Messerschmittwerke am 17.8.43 hinterließ "402 Tote, darunter 68 Lehrlinge, 53 Frauen, 2 Kinder, 78 Fremdarbeiter aus Frankreich, Belgien, Ungarn, CSR, Sowjetunion". Demnach 324 Deutsche. Es können auch mehr als 402 Tote gewesen sein MIDDLEBROOK 1983, 289 und Woche 1983, 11.8.
2) MZ 1981, vom 14./15.11.: 1 662 Kriegsopfer der 2 Gedenkstätten am Ob. Friedhof (davon 1 561 Opfer des 2. Krieges). Dagegen im Gedenkbuch: 1519 Bestattete, davon 1 415 Opfer des 2. Krieges.
3) Laut MIDDLEBROOK 1983 war dies ein Tagesangriff der britischen RAF (Royal Air Force)
4) KLITTA

auf die Bahnanlagen am 23.2.45(1). Der Angriff auf Messerschmitt und Flugplatz vom 15.2.45 fehlt, weil er Obertraubling betraf und die Liste sich auf das Regensburger Stadtgebiet beschränkt.

Insgesamt verloren nach dieser Liste 1 139 Personen durch Luftangriffe auf Regensburg ihr Leben, davon 335 Frauen und 72 Kinder. Verglichen mit den 593 000 Opfern des Luftkrieges in "Groß-Deutschland" (einschließlich 56 000 zivilen Ausländern und Kriegsgefangenen), liegen die Verlustziffern für Regensburg um 50% über dem Durchschnitt, müssen aber natürlich wesentlich niedriger sein als für bestimmte deutsche Großstädte(2). Regensburg hatte das Glück, niemals Ziel eines britischen, nächtlichen Flächenangriffs gewesen, sondern ganz überwiegend "nur" von den Amerikanern heimgesucht worden zu sein, die am Tag einflogen und sich relativ besser auf kriegswichtige Anlagen beschränken konnten. In Regensburg wurden nur 7% der Häuser ganz zerstört, gegen z. B. 46 % (der Wohnungen) in Nürnberg. Das Nürnberger Standesamt registrierte 5 368 Luftkriegstote, das sind 1.3 % der Einwohner zu Kriegsbeginn (420 000; bei Kriegsende 175 000 E.)(3)

Aus den RPB: am 25.2.44 mittag wurden noch einmal die Messerschmittwerke in der Prüfeninger Straße und auf dem Fliegerhorst Obertraubling (heutiges Neutraubling) angegriffen. Dabei gab es 56 Tote, davon 53 Flaksoldaten. Im Stadtgebiet wurden 18 Personen getötet. Nach der erwähnten Liste der Stadt war dies der zweite Angriff auf Regensburg und ihm fielen nur 16 Menschen zum Opfer.

Bemerkenswert für eine Ermittlung der Verlustzahlen mag folgende Stelle aus dem RPB sein: "Angriffe auf Eisenbahnzüge... Verluste unter dem Zugpersonal und dem Reisenden." Mit der Meldung für Februar 1945 hören die Monatsberichte auf, die seit mehr als einem Jahrzehnt keine Lücken aufwiesen.

Außer den 16 in der Liste aufgeführten, gab es auch weitere leichtere Luftangriffe, gegen Kriegsende zu durch Tiefflieger, z. B. am 9.4.45, dem letzten Tag vor Kriegsende, an dem noch Post angenommen und ausgetragen worden war(4).

Unter den 1 139 Fliegertoten sind viele von auswärts stammende Soldaten, vor allem von der Flak (= Fliegerabwehr) und sicher viel mehr als 200 Ausländer(5). Die Zahl für die aus der Regensburger Einwohnerschaft stammenden Ziviltoten des Luftkrieges ist wesentlich niedriger, wahrscheinlich ist sie mit weniger als Dreiviertel dieser 1 100 anzunehmen. Wenn man freilich bei einer Ermittlung die "Ortsfremden" wegläßt, muß man andererseits jene Regensburger Zivilisten dazurechnen, die auswärts Opfer von Luftangriffen wurden.

---

1) FEUCHTER und KLITTA
2) Während des 2. Krieges kamen in den Grenzen des damaligen Reichsgebietes rd. 593 000 Menschen durch alliierte Luftangriffe ums Leben. Davon 537 000 deutsche Zivilisten, 56 000 zivile Ausländer (zumeist freiwill. oder Zwangsarbeiter), Kriegsgefangene, sowie Angehörige der Polizei u. der Wehrmacht (MIDDLEBR. 1975, 278; dort lt. Statist. Bundesamt Wiesbaden). Gegenüber 0.74 % im Reichsgebiet waren es in Regensburg 1.19% bei 95 700 E. in 1939 (Großdeutschland mit Österr. u. Sudeten zu 80 Mill. gerechnet)
3) Nürnberger Nachr. Sonderdruck "Schicksale 1933 - 45"; 1983. 2. Aufl. Mrz 1984, S. 35
4) Aus Tagebuchaufzeichnungen von Frau Dr. Inge Köck. Nach D. Albrecht in KRAUS 147 f. gab es am 9.12.44 "einen besonders schweren Tagesangriff", der in der Liste der Stadt fehlt
5) An den Täfelchen der Gedenkstätte sind z. B. unter 59 männlichen Fliegertoten vom 13.3.45 die Namen von 20 Ungarn

In diesen Zusammenhang der Luftkriegstoten gehören zum Teil auch die in dem *Massengrab an der Irler Höhe*, südlich der Äußeren Straubinger Straße, Bestatteten. Dort ruhten noch viele Jahre nach dem Krieg 480(1) oder 600(2) russische Kriegsgefangene. Im Jahr 1950 wird berichtet, daß vier große Grabhügel bestanden und auf jedem ein Kreuz errichtet war mit der Aufschrift: "Allied - 40 Russian Soldiers"(3). In der gleichen Zeitungsnotiz heißt es dazu:

"Vermutlich kamen die meisten bei Bombenangriffen ums Leben, durch die das Proviantamt heimgesucht wurde. Dort waren die russischen Gefangenen hauptsächlich eingesetzt. Das nicht weit davon entfernte Gefangenenlager wurde durch Bombentreffer in Mitleidenschaft gezogen. Manche der Begrabenen mögen auch in der Gefangenschaft gestorben sein."

Daß die meisten durch Bombenangriffe ums Leben kamen, widerspricht den Verlustangaben in der erwähnten Liste. Nach ihr lassen sich die im Osten der Stadt Umgekommenen, also dort wo diese Gefangenen vorwiegend eingesetzt waren, insgesamt (!) kaum auf die Hälfte von 480 der gar 600 schätzen.(4)

Der hier zu Tode gekommenen Gefangenen gehören zu den 3.7 Mill. russischen Soldaten, die in deutscher Gefangenschaft ihr Leben verloren. Jeder zweite Russe überlebte die deutsche Gefangenschaft nicht. Die meisten davon starben an Unterernährung. Umgekehrt verlor fast jeder dritte deutsche Soldat in russischer Gefangenschaft sein Leben, nämlich über 1 Mill. von 3.8 Mill. deutscher Kriegsgefangener im Osten.(5)

Die an der Irler Höhe Begrabenen waren meist mehrere Jahre, nämlich 1942 - 1944(6), "Einwohner" Regensburgs. Unter ihnen mögen manche von denen gewesen sein, die im Hafen gearbeitet hatten und denen dort einige Regensburger Zivilisten, entgegen strengem Verbot, des öfteren Brot zugeworfen hatten (s. Neupfarrplatzgruppe).

d) Ermordete Juden

Die Menschenverluste unter der Regensburger jüdischen Bevölkerung haben zunächst nichts mit dem Krieg zu tun. Und doch haben sie ihren Grund in der gleichen menschenverachtenden Rassenideologie, mit der auch die Idee des Raubkrieges zum Zweck der Landbeschaffung für die bessere, und damit zu mehr Raum berechtigte Herrenrasse begründet war.

Ebenso wie die Zahl der im Krieg Gefallenen ist auch die Zahl der ermordeten jüdischen Einwohner kaum noch festzustellen. Im Jahr 1933 gehörten der Re-

---

1) ReWo 2. Jg. 1950, Nr. 17
2) ReWo 1. Jg. 1949, Nr. 27
3) ReWo 2. Jg. 1950, Nr. 17
4) Allerdings waren auch 600 bis 700 russische Gefangene in den Messerschmittwerken eingesetzt (MZ 1973, vom 17.8., S. 14; dort nach Weigert Hans, Lehrer in Tirschenreuth: Das Kriegsjahr 1943 in Regensburg; Zulassungsarbeit). Aber selbst wenn die dort am 17.8.43 getöteten Russen auch auf der Irler Höhe bestattet worden wären, was kaum zutrifft, bleibt es unwahrscheinlich, daß über die Hälfte der dort beigesetzten Russen Fliegertote waren
5) Fernsehsendung 1. Progr. 16.11.80 "Kriegsgefangene im Zweiten Weltkrieg" und 3. Progr. Bayer. Rdfk. 23.11.80 "Trümmerfeld Deutschland"
6) ReWo 2. Jg. 1950, Nr. 17

gensburger jüdischen Gemeinde 427 Mitglieder an; das waren 0.53 % der Einwohner. Von ihnen sind nach Schätzungen, wie sie hier in einem *eigenen Kapitel* begründet werden, zwischen 150 und 200 ermordet worden.

Von den rund 500 000 Juden in ganz Deutschland (im Jahr 1933; 0.76 % der Bevölkerung) wurden ca. 170 000, also etwa ein Drittel getötet.(1) Für Regensburg würde der entsprechende Anteil die Zahl 142 ergeben, die aber wegen der regionalen Verschiedenheiten nicht mehr als ein ganz ungefährer Hinweis sein kann.

e) Ermordete Kranke

Auch diese besondere Art von Menschenverlusten hat nichts mit dem Krieg zu tun. Freilich wurde sie unter Eingeweihten u. a. auch mit Kriegserfordernissen begründet. Aber das Motiv für diese Morde lag ebenfalls in einem ausschließlich biologischen Menschenbild; seine Verfechter wußten nichts von der besonderen Stellung des Menschen im Reich des Lebens und nichts von der Würde jedes einzelnen.

Zu welchen unmenschlichen Überlegungen auch ein Nervenarzt damals durch die NS-Ideologie verführt werden konnte, zeigt ein Text aus dem Jahresbericht des Regensburger Nervenkrankenhauses für das Jahr 1939 zur Frage, ob weitere Betten verfügbar gemacht werden könnten(2):

"Die Anstalt verfügt über 1 000 Krankenbetten. Werden jedoch geeignete Abgebaute, Stumpfe, Unheilbare, Unreine, Zerreißer und kriminelle Minderwertige auf Stroh gelegt, so ist es möglich, etwa 1 330 Kranke bei äußerster Zusammenlegung unterzubringen. Die dadurch freien Betten können den wertvolleren Zivilkranken zur Verfügung gestellt werden. Das ist keine Härte, die Kranken empfinden dieses nicht. Einem kriminellen Psychopathen schadet eine härtere Unterbringung überhaupt nicht. Dabei wird der Anstalt eine Menge guter, heute nicht mehr beschaffbarer Wäsche gespart. In Regensburg können Strohsäcke verwendet werden, die vorhanden sind ..."

Der Verfasser hatte sich damit selbst als ein damals "Stumpfer" gegenüber Menschenwürde ausgewiesen. Er war offenbar auch "verblendet" gewesen.

Zur gleichen Zeit oder nur wenig später sollte durch Maßnahmen der deutschen NS-Regierung im Euthanasie-Programm jenes Leben, das für "lebensunwert" erachtet wurde, ausgemerzt werden. Besonders sollten unheilbare Geisteskranke mit Hilfe eines auf den 1.9.1939 zurückdatierten Euthanasiegesetzes beseitigt werden.(3)

Im Zuge dieser Maßnahmen wurden 1940/41 aus dem Regensburger Nervenkrankenhaus von etwa 1 000 Patienten 600 Kranke, also 60 % (!), in 4 Transporten zur Landesanstalt Hartheim bei Linz in den Tod durch Vergasen ge-

---

1) HOFER
2) Großhauser Jutta: Geschichte des Nervenkrankenhauses Regensburg für die Zeit von 1852 - 1939. Dissertation Erlangen 1973. Hier aus "Rundschau", Ztschr. des Nervenkrankenhauses Regsbg., Mrz. 1977; hg. vom Direktor Dr. Sebastian Maier.
3) BARGMANN 660

schickt(1). Für ganz Deutschland wird die Zahl für 1940 - 44 auf 120 000 geschätzt(2).

Unter den etwa 1 000 Patienten mögen damals - wegen der Hereinnahme von Kranken aus anderen Anstalten außerhalb der Opf(3) - nicht ganz 700 aus der Oberpfalz gewesen sein(4). Da Regensburg 1940 99 706 Einwohner zählte(5), lebten ca 15% der etwas über 650 000 Oberpfälzer in seinen Mauern. Demnach dürften rund hundert Regensburger Bürger unter den stationären Patienten gewesen sein und 60 davon hätten auf diese grausame Weise den Tod gefunden. Besonders grausam war diese Art der Tötung gewesen, weil ein Teil der Todgeweihten schon beim Transport wußte, daß die Ermordung bevorstand. Ebenso wußten die Angehörigen, was die kurz nach dem Transport eingetroffenen amtlichen Mitteilungen zuerst über eine eingetretene Erkrankung und dann über die Einäscherung bedeuteten. Die Ärzte des Krankenhauses traf keine Schuld an den Morden, wie eine Untersuchung durch die US-Amerikaner nach dem Krieg ergab. Sie hatten im Gegenteil versucht, soviel Kranke wie möglich zu retten,

"indem wir vor folgenden Transporten Kranke entließen, die hinterher wiederkamen. Dann verbreiteten wir eine Schrift von Landesbischof *Wurm*, Stuttgart, der offiziell beim Reichsinnenministerium gegen diese Aktion protestierte. Wir wurden von Ritterkreuzträgern beschimpft, deren Geschwister vergast wurden ... wir atmeten auf, als die Aktion mit Fortschreiten des Krieges abgebrochen wurde. Dafür kamen Anordnungen, es seien Hungerstationen einzurichten für nicht arbeitsfähige Kranke; wir weigerten uns, da noch Visite zu machen, der Direktor führte es (den Mord durch Aushungern) nicht durch"(6)

f) Verhungerte, an Krankheiten verstorbene und erschlagene Gefangene, die in Regensburg lebten

Die Zahl der in Regensburg untergebrachten Gefangenen - Kriegsgefangenen und KZ-Häftlingen - ist nicht bekannt; noch weniger die Zahl derer, die während dieser Gefangenschaft oder Haft ihr Leben verloren. Von denen, die während der ersten Jahre nach dem Krieg in einem *Massengrab auf der Irler Höhe* bestattet waren, ist schon oben unter den Luftkriegstoten berichtet worden, obgleich als sicher gelten darf, daß ein Teil jener Opfer zu den hier in Rede stehenden gehören würde.

Ab 19. März 1945(7) bestand im ehemaligen Gasthof, heutigen Bauerntheater

---

1) BAUKNECHT (1938 - 47 in der Heil- u. Pflegeanstalt tätig; nach Kriegsende eine Zeitlang mit der komissarischen Leitung betraut). Weitere Quelle: NEUHÄUSLER 308f.
2) MAIER SEBASTIAN
3) Zu Anfang des Dritten Reiches wurden 145 Patienten aus der Anstalt Deggendorf übernommen. Zu Beginn des Krieges wurden 200 Patienten entlassen und durch 200 Kranke aus der Anstalt Klingenmünster ersetzt
4) 2 schriftl. Anfragen 1980 an den Eigentümer des Bez.-krankenhauses, die Reg. der Opf., ob sich der Anteil der Regensburger an den 600 Getöteten schätzen ließe, blieben ohne Antwort. 1981 befanden sich 1 184 Patienten im Krkhs. (MZ 1981, v. 14.7.)
5) HABLE
6) BAUKNECHT; Bischof Theophil Wurm war einer der Wortführer des evangel. kirchl. Widerstandes
7) OPHIR, S. 92: "Mitte März 1944". Da die Quelle dafür wahrscheinlich ITS gewesen war, dürfte aus der dortigen Jahreszahl 1945 fälschlich 1944 geworden sein. Zeitzeugen berichteten /KLASSE

Colosseum in Stadtamhof (nördlicher Stadtteil von Regensburg) *ein Außenlager* (Akdo = Außenkommando) *des KZ Flossenbürg* mit etwa 400 Häftlingen(1). Laut einer Gräberliste der Stadt waren während fünf Wochen - vom 23.3. bis 25.4.1945 - 45 Tote, also mehr als jeder zehnte der Häftlinge, im evangelischen Zentralfriedhof bestattet worden. Am 4.11.1950 wurde dort während einer würdigen Feier - mit u. a. einem Vertreter des Ministerpräsidenten - ein KZ-Denkmal (ein "Ehrenmal") eingeweiht. Dabei sagte Oberbürgermeister *Zitzler* in einer Ansprache, daß die Toten in diesen Gräbern unsere Jugend daran erinnern mögen ...(2) Aber 1982/83 konnte dieser (nachfragenden) Jugend niemand von der Stadt sagen, wo das Ehrenmal verblieben ist! -

Übrigens sind die letzten Sterbedaten auf der Gräberliste des Bestattungsamtes - 3 Häftlinge verstorben am 24.4. und 1 noch am 25.4.45 - *unvollständig*, weil von den 27 Kranken (und 1 Toten), die bei der Räumung des Lagers am 22. oder 23.4.(3) in Regensburg zurückgelassen wurden, noch weitere 10 in der darauffolgenden Zeit im Klerikalseminar (Hilfslazarett im Schottenkloster) starben(4).

Von den im Zentralfriedhof bestatteten Häftlingen wurden 14 Belgier und 1 Franzose 1955 in ihr Heimatland überführt und die übrigen in eine Gräberstätte im ehemaligen KZ Flossenbürg umgebettet. Anschließend wurde offenbar das Ehrenmal - vermutlich mit einiger Erleichterung - unauffindbar beseitigt.

Außer den 45 mit Namen bekannten KZ-Häftlingen, die im Zentralfriedhof bestattet waren, sind in einer "Kriegsgräberliste" des städtischen Bestattungsamtes vom 31.5.1954 weitere 143 männliche Tote handschriftlich mit Bleistift vermerkt, die nicht identifiziert wurden. Als Bestattungsort für diese 143 ist - sofern der Kopf der Liste dies ausdrücken soll- der "Zentralfriedhof und die Irler Höhe" angegeben. Diese Toten sind - anscheinend im August 1957 - auf den Zentralfriedhof für Ausländer in Neumarkt/Opf. überführt worden.

Da die Häftlinge im Colosseum in *einem* einzigen großen Saal untergebracht waren, muß die Zahl 400 ein Maximum gewesen sein. Wenn es weniger als 400 gewesen waren, dann ist der Anteil der innerhalb von etwa vier Wochen Umgekommenen noch höher als 10 % gewesen. Die KZ-Häftlinge arbeiteten u. a. in den Messerschmittwerken und in der Eisenbahnunterhaltung. Zeitzeugen sagten den 1982/83 recherchierenden Schülern beim Bundesjugendwettbewerb, daß die einrückenden US-Truppen Ende April 1945 über hundert Leichen in einem rückwärtigen Gebäudeteil beim Colosseum gefunden hätten. Dafür fehlen aber Beweise.

Obwohl ein großer Zug von Häftlingen etwa 50-mal über die Steinerne Brücke mitten durch den Stadtkern zu den Messerschmittwerken getrieben wurde, wobei das Geklapper der Holzpantoffel weithin hörbar gewesen war, ist vor den Nachforschungen der Schüler 1982/83 in keiner Pressenotiz, geschweige denn

---

7) (Fortsetzung) 11a/, ab etwa Mitte 44. ITS nennt auf Grund von Transportlisten des KZ Flossbg. den 19.3.45, was mit der Gräberliste des Bestattungsamtes Reg übereinstimmen würde, sofern diese Liste nicht etwa eine Fortsetzg. einer verloren gegangenen ist oder sofern nicht vor Mrz 45 in Reg umgekommene KZ-Häftlinge per Lastwagen ins Krematorium des KZ-Akdo Saal verbracht worden waren

1) Transportlisten KZ Flossenbg; Zeugenberichte zu /KLASSE 11a/ S. 14. Siehe auch Kapitel Juden
2) MZ 1950, vom 2.11.; TA 1950, vom 6.11.
3) OPHIR 92: 22.4.; KLASSE 11a, 18., nach ITS: 23.4.
4) Toni Siegert wird u. a. darüber in einem Buch über das KZ Flossenbürg berichten

in einer Stadtchronik - lediglich in der Geschichte der jüdischen Gemeinde von *Ophir* - über dieses Akdo des KZ Flossenbürg berichtet worden. (Vgl. *Dr. Köck* in Kap. XII. 1c). Auch heute noch verweigern viele Zeitzeugen, die etwas wissen müßten, den Schülern jede Auskunft.

Am Tag der Frauendemonstration, am 23.4.45, oder 1 Tag vorher, wurden die Häftlinge auf einen Todesmarsch in südliche Richtung geschickt. Die Überlebenden wurden am 1.5. in Berg oder in Laufen/Leobendorf von den Amerikanern befreit(1). Aus der Gräberliste der Stadt geht hervor, daß allein an vier Tagen - Ende März, Anfang April - sechzehn Häftlinge starben. Sie waren ausgehungert, entkräftet und durch die grausame Behandlung sterbensreif.

Kriegsgefangene und Häftlinge, die in Regensburg - außer durch den Luftkrieg - ihr Leben verloren, werden es 150, möglicherweise auch 200 gewesen sein.

Dazu kommen weitere mehrere Dutzend russische Kriegsgefangene, die in Regensburg in etwa fünf Betrieben arbeiteten, und die von der Gestapo unter ihrem Leiter *Fritz Popp*, gemäß dem berüchtigten "Komissarsbefehl", zum Zweck ihrer "Sonderbehandlung" (Ermordung) unter ihren Kameraden ausgesucht und nach Flossenbürg transportiert wurden (26.9.41)

g) Todesopfer unmenschlicher Strafmaße

Es gibt Bürger der Stadt, Männer und Frauen, die ihr Leben durch die Inhumanität des NS-Regimes dadurch verloren, daß sie wegen relativ kleiner Vergehen zum Tode verurteilt und hingerichtet wurden, wegen Vergehen, die in einem zivilisierten Staat niemals zu einer so hohen Strafe geführt hätten. Sie werden am meisten vergessen, weil sich die Angehörigen ihrer schämen, da die Betreffenden sich wirklich vergangen hatten. Sie wären wo anders zu Geld- oder kurzen Haftstrafen verurteilt worden, hätten danach in ein normales Leben zurückgefunden. So aber wurden sie mit Schimpf und Schande hingerichtet und erhielten nie mehr Gelegenheit zu ihrer Rechtfertigung. So lesen wir z. B. in der MZ vom 26.7.1946 von einem Z., dessen Hinrichtung gelegentlich einer Spruchkammerverhandlung kurz erwähnt wird und von dem der anwesende Vater aussagte, daß das Leben seines Sohnes durch eine leicht zu gebende bessere Einschätzung hätte gerettet werden können.

h) Im Widerstand Gefallene

Es gab auch in Regensburg Menschen, die sich gegen all das Unrecht und Unheil stellten, die also aktiven Widerstand versuchten. Darunter war wiederum eine kleinere Zahl, die bei diesem höchsten Dienst für Volk und Vaterland ihr Leben verloren. Daß *diesen* Opfern der Gewaltherrschaft bisher kein Denkmal errichtet wurde, stimmt nachdenklich. Sie hätten am meisten die Bewunderung und Dankbarkeit der Überlebenden und der nachfolgenden Generationen verdient.

Die Mehrzahl dieser Opfer konnte nur durch mühsames Herumfragen bei noch lebenden Widerständlern und schließlich bei Angehörigen ermittelt werden.

---

1) Suchdienstverzeichnis der Haftstätten unter dem RFSS, S. 118; hier nach KLASSE 11a, S. 18.

Immer wieder erhielt man weitere Hinweise. Daß aber sicher nicht alle gefunden wurden, erhellte eben daraus, daß immer wieder neue Namen auftauchten, von denen vorher niemand etwas gewußt hatte. Nur aus Zeitmangel wurde schließlich weiteres Nachforschen eingestellt. Bis dahin waren sechzehn Opfer des Widerstandes aus Regensburg ermittelt, die ihr Leben durch ihr Eintreten gegen das Unrecht verloren.

Bei der eben vorgenommenen Reihung der Menschenverluste in der Stadt Regensburg - nach der Anzahl geordnet -, stehen die im Widerstand Gefallenen an letzter Stelle. Sicher nicht die letzte Stelle würden sie aber im dankbaren Gedenken verdienen, sofern individueller Mut und eigener Antrieb, und sofern vor allem der Sinn ihres Sterbens bedacht werden. Sie opferten sich für das Größte: Für den Fortbestand des Glaubens an das Gute, das Gewissen in vielen einzelnen Menschen, das sich auch noch rührt in den dunkelsten Zeiten - trotz allem Terror und aller Gewalt.

Zusammenstellung

der sehr grob und wenig verlässig geschätzten Menschenverluste durch die Gewaltmaßnahmen des NS, und zwar *im folgenden allein* aus der *Vorkriegs-*Stadtbevölkerung Regensburgs, also ohne die Gefallenen aus den Flüchtlingsfamilien, ohne die Ziviltoten der Vertreibung, ohne die in der Stadt umgekommenen Gefangenen und Häftlinge:

Gefallene und in Kriegs-gefangenschaft Verstorbene	ca 3 800
Ziviltote des Luftkrieges	ca 800
Ermordete Juden	zwischen 150 u. 200
Ermordete Kranke	ca 60
Im Widerstand Gefallene	mindestens 16(1)

Aus einer Vorkriegs-Einwohnerschaft von 95 700 verloren demnach etwa 5 % ihr Leben, wesentlich weniger als aus der deutschen Bevölkerung insgesamt, deren Verluste gegen 10 % ihres Bestandes betragen. Der Unterschied rührt vermutlich daher, daß die ums Leben gekommenen Angehörigen der "Neubürger" ausgeklammert wurden, deren Berücksichtigung wahrscheinlich zu einem höheren Hundertsatz führen würde. Denn die Verluste während der Flucht und Vertreibung - eine eigene Kategorie, die in der Zusammenstellung fehlt - betragen allein für die Deutschen aus den Ostgebieten innerhalb des damaligen Deutschen Reiches - also ohne die Auslandsdeutschen - 2,2 % der Bevölkerung Deutschlands.

Natürlich waren aber die Umgekommenen nicht die einzigen und auch nicht die schlimmsten Opfer der Politik Hitlers. Oft waren Verwundete schlimmer dran, die erst nach dem Krieg zugrunde gingen oder schwer verstümmelt für ihr ganzes weiteres Leben geschlagen waren. Noch Jahre nach dem Krieg sind viele Tausende in Gefangenenlagern an Hunger und Krankheit gestorben. Abertausende verloren durch den Krieg ihre Gesundheit, wurden zu Invaliden. Und nicht vergessen darf man das unermeßliche Leid, das den Hinterbliebenen, den Eltern, den Frauen, den Kindern zugefügt wurde. All das letztlich wegen der genialen Idee von einem Großdeutschen Reich mit weitem

---

1) Siehe aber Schluß-Zusammenfassung

Lebensraum, für das sich diese Opfer lohnen sollten. Die obigen Schätzungen beschränken sich nur wegen Zeitmangel für längere Nachforschungen auf die unmittelbaren Lebensopfer. Daß es häufig Schlimmeres gab als das Sterben, - körperliche und seelische Not - bezeugen allein die vielen Tausende, die bei vollem Bewußtsein lieber ihrem Leben selber ein Ende setzten.

3. Die hier fehlenden Lebensopfer des Widerstandes

Bei den folgenden Biographien bleibt z. B. der *Widerstand von Soldaten* aus dieser Stadt unberücksichtigt, der für manche zum Tod geführt haben mag; einfach weil nicht bekannt. Aus einem Bericht des OKW erfährt man, daß bis zum 30.11.44 9 523 deutsche Soldaten standrechtlich erschossen wurden. Weitere 270 sind mit dem Beil hingerichtet worden(1). In den 6 Monaten nach dem Berichtsdatum dieser OKW-Statistik - in der Endphase des Krieges - wurden mindestens noch einmal soviel getötet, vor allem Soldaten, die vorzeitig ihrer Heimat zustrebten. Ihre Zahl wurde immer größer, je deutlicher die Sinnlosigkeit des Krieges und die Verantwortungslosigkeit der Führung gegenüber dem deutschen Volk wurde. Freilich kann man viele dieser Hingerichteten nicht zu den Widerständlern zählen. Und doch wird eine große Zahl davon zu den ausgesprochenen Gegnern gehört haben, die zu Widerstand bereit waren. Leider wird man nie erfahren können, wieviele echte Gewissenstäter (NS- und Kriegsgegner) unter diesen Soldaten waren.

Schließlich reichte die drohende Todesstrafe nicht mehr aus, um die "Moral" der Truppe aufrechtzuerhalten. So führte man bei manchen Verbänden die *Sippenhaft* ein. Vor der Ardennen- oder Rundstedt-Offensive im Dezember 1944 kam ein NS-Führungsoffizier an die Front und hielt eine anfeuernde Rede an uns Soldaten innerhalb der "Fallschirm-Armee". Am Ende drohte er: "... Wenn einer von Euch die Truppe verläßt, sei es nach vorne oder nach rückwärts, so wird seine Sippe vernichtet!" Mit ihm kam der Hauptfeldwebel in die Stellung und brachte den offiziellen schriftlichen Befehl, den jeder von uns einzeln mit seiner Unterschrift zur Kenntnis nehmen mußte. In diesem Text war die Sippenhaft in etwa so formuliert: Verläßt ein Soldat die Truppe, wird in seiner Heimatgemeinde öffentlich bekannt gemacht, daß er ein Landesverräter war, seiner Familie wird jegliche Unterstützung entzogen, die Ehefrau kommt in ein Lager... Unter "Lager" verstand jeder damals nichts anderes als den allgemeinen Schreckensbegriff KZ. Der Widerstand in Form von lebensbedrohlicher Gehorsamsverweigerung, die Fahnenflucht, - natürlich nicht immer politisch motiviert - waren schon Ende 1944 so weit verbreitet, die Führung fürchtete sie so sehr, daß sie mit Sippenhaft drohen mußte. Dabei war diese Fallschirm-Armee eine Freiwilligentruppe - wenngleich damals auch mit Nicht-Freiwilligen aufgefüllt - die sich immerhin viel mehr als andere Verbände aus gläubigen und oft auch fanatischen Nationalsozialisten zusammensetzte.

Dieser wenig bekannte Einsatz der Sippenhaft illustriert die Stimmung bei der Truppe gegen Ende 1944, die natürlich zu häufiger Fahnenflucht und zu vielen Exekutionen führte.

Ebenso wie also Regensburger fehlen, die außerhalb ihres Wohnorts möglicherweise durch Widerstand ihr Leben verloren, fehlen umgekehrt Personen, die eventuell hier inhaftiert wurden und umkamen, die aber *nur vorübergehend* hier lebten(2). Vielleicht liefert der folgende Auszug aus dem RPB vom Juni

---
1) ReWo, 1. Jg. 1949, Nr. 24 (ist natürlich keine gesicherte Quelle)
2) Siehe Schluß-Zusammenstellung

1943 dafür ein Beispiel: Drei in den Messerschmittwerken beschäftigt gewesene "Hilfskräfte" aus Bistritz wurden "wegen dringenden Verdachts der Vorbereitung zum Hochverrat" festgenommen. "Bei diesen Personen handelt es sich um ehemalige marxistische Funktionäre". Mit dieser letzteren Bemerkung stellt der Reg. Präs. politischen Widerstand dieser drei Sudetendeutschen in Regensburg sicher. Ob sie hingerichtet wurden, erfährt man nicht, ist aber wahrscheinlich. Der Bericht fährt fort:

"Ein weiterer Mittäter befindet sich zur Zeit bei der *Wehrmacht*. Seine kriegsgerichtliche Strafverfolgung ist veranlaßt."

Dieser Soldat ist ein Beispiel für die vorher erwähnte Kategorie von Widerständlern, die bei der Wehrmacht ergriffen wurden.

Mögliche Hinweise aus den RPB, wie der folgende über den Monat Mai 1943, wurden hier nicht weiter verfolgt:

"Das Sondergericht Nürnberg verurteilte den polnischen Landarbeiter N. N. und den Fabrikarbeiter J. K. wegen Verbrechens gegen die Volksschädlingsverordnung zum Tode."

Die Meldung läßt nicht erkennen, ob Widerstand oder z. B. etwa Diebstahl vorlag.

Auch *fehlen* hier Opfer des NS, die ihr Leben gleich 1933 verloren, weil sie schon bis dahin aktive Gegner gewesen waren. Wahrscheinlich gehört der in Oberachdorf bei Wörth geborene und viel beim Ellbogenbauer verkehrende Förster und engagierte Sozialdemokrat *Josef Pfauntsch* dazu. Die Mehrzahl derer, die ihn kannten, vor allem sein Sohn, berichten, daß er im Jahr 1933 von NS im Wald erschossen wurde. Als Todesursache war damals offiziell "Jagdunfall" angegeben worden. "Man hätte damals um Gotteswillen nichts anderes sagen dürfen!", erzählen jetzt die Leute. Ein Marterl am Silberweiher kündete von seinem Tod(1), existiert aber nicht mehr. Die Witwe emigrierte einige Jahre danach mit ihrem Sohn nach Polen.

Da er mit dem Leben davonkam, fehlt auch der Schauspieler *Karl Rasquin* aus Regensburg (geb. 29.7.1883). Er wurde am 21.11.1936 als "Volksschädling schlimmster Sorte" ohne Vernehmung, geschweige denn Verteidigung, in das KZ Dachau eingeliefert (offiziell: "in Schutzhaft genommen"). Ihm wurde damals gesagt: Du Misthaufen hast das Recht verwirkt, Dich zu verteidigen!"(2) In den Jahren 1938 bis 40 lief gegen ihn ein Ermittlungsverfahren, weil er im KZ Dachau (!) Spottgedichte über das KZ, über Hitler und führende Parteimitglieder verfaßt und außerdem Überlegungen über ein Attentat auf Hitler (im KZ!) angestellt haben soll. Am 2.7.42 wurde das Verfahren vor dem OLG München eingestellt. Eine solche Verfahrenseinstellung konnte bedeuten, daß Rasquin ohnehin weiter im KZ verblieb. Auch beim VGH in Berlin war sein Fall anhängig. Er hatte sich gegen das "Heimtückegesetz" und § 83 StGB vergangen(3). Dem allen widerspricht nicht, daß, laut persönlicher Mitteilung eines Altparteigenossen, Rasquin Träger des Goldenen NS-Parteiabzeichens

---
1) Mittlg. des Sohnes, Herrn Johann Pfauntsch und Berichte weiterer Regensburger
2) Aus Rasquin's Aussagen im Spruchkammerverfahren gegen den ehemaligen Kreisleiter Weigert im Juli 48. Hier nach MZ 1948, vom 16.7.
3) Archivinventare 1975, Bd. 3, Teil 4, Sondergericht München; Aktenzch. 1 Js So 1553/40; 1 Js So 803/39; 967/40;
Bd. 7 OLG München; Aktenzch. 0 Js 43/42 und ORA 6 J 77/42

gewesen war und dann im Dritten Reich wegen Zerwürfnissen mit dem Oberbürgermeister die Partei verlassen haben soll.

In den Archivinventaren findet sich eine große Zahl von Hinweisen auf Akten des OLG München, die *politische Prozesse* gegen einzelne Regensburger betreffen. *Allein vor diesem* Gericht wurden zwischen 1934 und 1945 46 Prozesse geführt, bei denen - manchmal zusammen mit Personen aus anderen Orten - 113 Regensburger angeklagt waren. Davon liefen 14 Prozesse vor dem Krieg und 32 während des Krieges. Dieses OLG München, bis 1935 das "Bayerische Oberste Landesgericht", stand als "Instanz" für politische Prozesse, nämlich in seiner Zuständigkeit und in der Härte seiner Urteile, zwischen den Sondergerichten und dem VGH. Als Delikte sind aufgeführt: "Hochverrat", "Landesverrat", "Vorbereitung zum Hochverrat", "Nichtanzeige eines Verbrechens zum Hochverrat", "Wehrkraftzersetzung", "Feindbegünstigung", "Schimpfen über das Regime", "hetzerische Reden", oder einfach auch "Äußerungen".

Weitere Prozesse, solche mit Todesurteilen, fanden vor dem VGH statt, der von Berlin dann hierher anreiste. Die *größte Zahl* von politischen Verfahren gegen Regensburger, - mehr als vor dem OLG München - wurden von den *"Sondergerichten"* in *München* und *Nürnberg* abgewickelt. Wieder andere Verfahren liefen vor dem *"SS- und Polizeigericht Nürnberg"* und vor *Feldgerichten*. Die Urteile lauteten auf Tod, Zuchthaus, Gefängnis, oder auch Freispruch. Aber auch das letzte Urteil konnte - ebenso wie die Entscheidung "Verfahren eingestellt" - Einlieferung in ein KZ und unter Umständen auch den Tod bedeuten. Solchen möglichen Einzelschicksalen nach Freispruch oder Verfahrenseinstellung wurde hier aus Zeitmangel nicht nachgegangen. Es ist auch deswegen also denkbar, daß der eine oder andere Fall zu den hier behandelten noch hinzugekommen wäre.

Erst nach Fertigstellung des Buchmanuskripts wurde gelegentlich der Recherchen zum Personenregister bekannt, daß ein weiteres Opfer aus der unten behandelten "Neupfarrplatzgruppe" an den Folgen von Widerstand und Mißhandlung im KZ elend zugrundegegangen ist und deswegen zu den anderen 17 Regensburgern gehört hätte. Es ist der Fall des *Rödl*, für den einige wenige Zeilen hier nachträglich eingefügt werden. Er ist sicher nicht der einzige, der übersehen wurde.

Der Regensburger Tapezierer *Josef Rödl*, geboren am 16.12.1889 in Kelheim, hatte den Ersten Weltkrieg von 1914 bis 18 mitgemacht und war von daher zu 30% kriegsbeschädigt. 1927 trat er der SPD bei. Im Dritten Reich kam er schon einmal, im März 1935, wegen "Beleidigung eines SA-Mannes" für zwei Wochen in Schutzhaft. Um eher geschützt zu sein, wurde er 1937 Mitglied der NS-Partei, zumal er für eine Familie mit fünf Kindern zu sorgen hatte. Aber dann wurde er gelegentlich der "Aufrollung" der "Neupfarrplatzgruppe", zusammen mit seinem Sohn Erwin, vermutlich am 3.11.1942, verhaftet, in das KZ Flossenbürg verbracht und mit mehreren anderen Regensburgern aus der gleichen "Gruppe" nach 1 Jahr, am 23.11.1943 vom OLG München abgeurteilt. Seine Strafe wurde auf 3 Jahre Zuchthaus und 3 Jahre Ehrverlust festgesetzt. Nachdem er davon 2 Jahre und 7 Monate hinter Gittern oder Stacheldraht verbracht hatte, wurde er 1945 aus dem Zuchthaus oder KZ befreit - aber als ein total, nämlich in seinem Geist gebrochener Mann. So lange Zeit als Untermensch behandelt zu werden und die Familie daheim schutzlos zu wissen und nicht helfen zu können, hielt nicht jeder aus. Als er schließlich als Heimkehrer vor der Wohnungstür stand, kannte er seine Frau und seine Kinder nicht mehr und auch nicht mehr seine Wohnung. Die Familie glaubte zuerst, daß er wohl wieder gesund würde, sie wollte ihn daheim behalten. Es erwies sich als unmöglich. Er litt an Verfolgungswahn. So warf er z. B. sein Bett zum Fenster hinaus, weil so ein Bett doch verboten sei. "Wenn der Kapo das sähe!"

Er mußte ab August 1945 in der Heil- und Pflegeanstalt Karthaus bis zu seinem Tod am 19.7.1959 in Zwangsverwahrung gehalten werden. Soweit erkennbar, führte bei Rödl die politische Verfolgung zum geistigen Tod, ebenso und an dem gleichen Ort, wie bei der Regensburger Lehrerin *Elly Maldaque* 1930. Wegen seiner langen Zeit in Flossenbürg und wegen angeblicher Narben am Kopf sind auch medizinische Versuche als Ursache seiner Krankheit in Betracht zu ziehen.

Wegen weiterer zwei Regensburger KZ-Toten (Fellner, Karl) siehe Zusammenstellung in "Zusammenfassung und Schluß". Wie erst jetzt bekannt wurde, kam auch im KZ Buchenwald mindestens 1 Regensburger ums Leben, wahrscheinlich mehrere (SIMON-PELANDA besitzt eine Sterbeurkunde).

4. Regensburger in den KZ

Nirgends gibt es eine Aufstellung über die Regensburger, die in den KZ inhaftiert waren. Jedoch erfährt man aus den glücklicherweise erhalten gebliebenen Monatsberichten des RegPr über die Deutschen und die "polnischen und Ostarbeiter" *aus Ndb/Opf*, die in dem betreffenden Monat in Schutzhaft genommen, in KZ eingeliefert, in KZ verstorben sind und wieviele zum Berichtsdatum in KZ oder Gefängnissen jeweils einsaßen. Die folgende gekürzte Zusammenstellung über die zum angegebenen Zeitpunkt einsitzenden *Deutschen* aus dem Regierungsbezirk - also ohne die Ostarbeiter - demonstriert den mit der Fortdauer des Krieges zunehmenden Widerstand der Bevölkerung und die ebenso zunehmende Gegengewalt.

Deutsche aus Ndb/Opf

Es befanden sich	in Schutzhaft	davon in KZ		in Schutzhaft	davon in KZ
1941 März	157	138	1943 April	579	514
Juni	168	148	Juni	669	613
Sept	206	166	Sept	703	693
Dez	233	199	Dez	711	706
1942 März	251	227	1944 März	749	747
Juni	255	245	Juni	779	775
Sept	272	238	Aug (letzte Meldg.)	827	810

Die Schutzhäftlinge, die nicht in KZ waren, saßen in Gefängnissen ein. Die Zahl der "polnischen und Ostarbeiter", die von ihren Arbeitsstellen in der Oberpfalz und Niederbayern in die KZ eingeliefert worden waren, betrug im
April 43 680
Dez. 43 1033
Febr. 44 1122

Die Zahl der Deutschen aus dem Regierungsbezirk, die *in KZ verstarben*, betrug in den einzelnen Monaten des Jahres 1941 je zwischen 1 und 4 des Jahres 1943 je zwischen 5 und 24 im 1. Hj. 1944 104. Im einzelnen: Im 1. Vj. 1944 starben von 747 KZ-lern 49; im 2. Vj. von 775 55. Dabei dürfte es sich eher um zu kleine als zu große Zahlen handeln, denn die KZ-Verwaltungen, also die SS, hatte kaum großes Interesse, die zivilen Stellen, wie den Reg.Präs., über die grauenvollen Zustände in ihrem ganzen Ausmaß zu unterrichten.

Man kann selbstverständlich nicht von diesen Zahlen aus ganz Ndb/Opf etwa proportional auf den Teil Regensburg schließen. Aber ein Versuch macht doch stutzig und führt auch wieder auf den Verdacht, daß hier nicht alle Regensburger gefunden wurden, die ihr Leben im Widerstand verloren. Für einen solchen Versuch einer Schätzung könnte man vom Anteil der Wahlberechtigten dieser Stadt an den Wahlberechtigten von Ndb/Opf ausgehen, der im November 1932 und im März 1933 mit 6.3 % gleich geblieben war; oder vom Anteil der KPD-Wähler, der im März 33 7.5 % betrug(1). Aus den Angaben des RegPr für Ndb/Opf könnte man also die Zahl der Regensburger, die z. B. allein im 1. Halbjahr 1944 in einem KZ ihr Leben verloren, mit 7 % von 104, also auf etwa 7 Personen schätzen. Bekannt wurde hier aber nur ein einziger Fall eines Regensburger KZ-Toten in diesem ersten Halbjahr 44, und der ist unsicher, weil man den Sterbemonat nicht genau kennt (*Zaubzer*). Bekannt wurden für den über viermal größeren Zeitraum von November 42 bis Januar 45 nur sechs Regensburger KZ-Tote. (Siehe aber S. 401!). Auch im KZ Buchenwald kam mindestens 1 Regensburger ums Leben.

Erst kürzlich wurde beim Abbrechen eines Ofens eine Eingravierung gefunden, die ein in Regensburg geborener KZ-Häftling hinterlassen hatte. Der Verfasser gehörte einem KZ-Außenkommando an. Weder sein Name, ja noch nicht einmal der Name des Kommandoführers und der zwei Kapos waren bisher in der Dachaukartei vermerkt gewesen. Wie sollte man da alle Regensburger KZ-Häftlinge ermitteln können! Der versteckten und jetzt ans Tageslicht gekommenen Botschaft wurde nachgegangen. Die Geschichte wird hier beim Kapitel über einzelne Kommunisten und linke Widerständler erzählt.

Zur Frage, wieviele Regensburger im Vorkrieg und im Zweiten Weltkrieg selber von ihren Landsleuten in Gefangenschaft gehalten wurden, - vor allem in den KZ - könnten ein wenig, aber nur sehr beschränkt, die Betreuungsfälle nach der Befreiung beitragen: Im Juni 1949 betrug die Zahl der im Regierungsbezirk Ndb/Opf betreuten ehemaligen Häftlinge aus den KZ und anderen Anstalten rund 3 000. Davon entfielen auf die *Hauptbetreuungsstelle Regensburg-Stadt und -Land* 1 228 Personen, wovon 1 117 Deutsche (darunter 171 Frauen) und 111 Ausländer waren. Darunter befanden sich 71 Hinterbliebene, deren *Angehörige* in den KZ oder Haftanstalten den Tod gefunden hatten(2). Daß aber in solchen Zahlen aus Betreuungsfällen nicht alle Häftlinge enthalten sind, zeigt z. B. der Fall des Regensburger Widerständlers *Georg Zaubzer*, von dessen Tod im KZ Flossenbürg hier berichtet wird. Sein Name kommt beim Landesentschädigungsamt in München überhaupt nicht vor, weil Zaubzer ledig und ohne Angehörige war und niemand Ansprüche auf Entschädigung, ziemlich sicher auch nicht bei der damaligen Betreuungsstelle in Regensburg, angemeldet hatte. Solche Fälle wird es mehr gegeben haben.

Vom Standpunkt einer Geschichte des Widerstandes ist es unbefriedigend und eine doch willkürliche Auswahl, wenn ein Bericht wie dieser sich auf die

1) HAGMANN Anhang Tabellen S. 4/5
2) ReWo 1. Jg. 1949, Nr. 24

Biographien der ums Leben gekommenen Widerständler beschränkt. Auch vom Ausmaß der Leiden aus besehen, die manche NS-Gegner für ihren mutigen Kampf gegen die Unrechts- und Gewaltherrschaft zu ertragen hatten, muß diese Auswahl unausgewogen erscheinen. Denn das manchmal jahrelange Martyrium tausender Männer und Frauen aus dem Widerstand, die gleichwohl ihre Befreiung erlebten, war in vielen Fällen genau so furchtbar oder noch grausamer gewesen als der Tod. Ausgestoßensein, Nichtverstandenwerden, Einsamkeit, Trennung von Frau und Kindern, denen der Mann oder Vater als Verbrecher hingestellt wurde, - auch Scheidungen kamen daraufhin vor! -, solche und ähnliche seelische Leiden traten zu den physischen Torturen hinzu. So haben denn auch in Deutschland und in der Emigration tausende Gegner von vornherein oder später die Selbsttötung vorgezogen, bevor die NS sie jahrelang quälen konnten. Von zweien wird in diesem Buch näher berichtet. Es gäbe auch von diesen Fällen möglicherweise noch mehr. So wird in dem Kapitel Alfons *Bayerer* nur nebenbei von der für Regensburg zuständigen Reichstagsabgeordneten *Toni Pfülf* erzählt, die noch vor ihrer Verhaftung durch die verhaßten Nazis ihrem Leben ein Ende bereitete.

Weitere Beispiele von Selbsttötung im Regierungsbezirk Ndb/Opf berichtet der Reg.Präs. über den Monat April 1942:

"213 Juden wurden nach dem Osten abgeschoben. In der Stadt *Landshut* haben sich unmittelbar vor Durchführung dieser Maßnahme *5 Juden* (2 Männer und 3 Frauen) durch Gas vergiftet."

5. Zu spät und zu früh

Bei den Nachforschungen wurde häufig gefragt:

"Warum sind Sie nicht früher gekommen? Bis vor kurzem hätte noch dieser und jener gelebt, der nun viel Wissen mit in sein Grab genommen hat."

Zu diesem Vorwurf und Nachteil des Zuspätkommens trat aber auch ein wenig erwartetes Hindernis: Für manche Ermittlungen sind 35 Jahre Zeitabstand im Gegenteil noch zu wenig und Angehörige der Opfer oder noch lebende Zeugen verweigern Auskünfte. Die Motive sind unklar und offenbar verschieden. Eine Frau, deren Vater hingerichtet wurde: "Lassen wir die Toten ruhen! Es ist Vergangenheit!" In einem anderen Fall wollte eine Frau von ihrem Vater und ihrem Bruder erzählen - wie ihr Vater in Dachau auf dem Bock gepeitscht wurde und der Sohn zuschauen mußte - aber der Ehemann verbot ihr weiterzuerzählen. Vater und Sohn sind anscheinend aus dem KZ befreit worden, aber mindestens einer davon starb an den Folgen. Das Motiv für das Schweigegebot wurde nicht preisgegeben. Ein früherer Funktionär der KPD, der mehr von Regensburger Opfern aus der KPD gewußt hätte, gab wenigstens seine Begründung:

"Ich sage gar nichts! Das sind heute wieder die gleichen wie damals. Und die Wahrheit wird sowieso verschwiegen."

Er dachte offenbar an das Verbot der KPD und an die deutsche Wiederaufrüstung innerhalb der NATO. Auch war er krank und ist nicht lang danach verstorben. Aber nicht nur einzelne Kommunisten schweigen. Auch von katholischer Seite geschah das im Fall zweier Geistlicher, ohne daß einleuchtende Gründe zu erfragen waren. Die Tochter eines deportierten Regensburger Juden verleugnete noch 1982 diesen Elternteil. "Ich hatte nie jüdische Eltern" wurde gesagt. Als die Deportiertenliste dies widerlegte, beendete sie die

Unterhaltung. War das wirklicher oder nur vermeintlicher, aber eben doch empfundener Druck des Milieus, unbegründete oder begründete Angst? Besteht eine Diskrepanz zwischen dem wirklichen Meinungsklima im "Volk" und dem Bild dafür, wie es aus dem Konsum der Medien zustandekommt? 1982/83 stießen die Schüler zweier Klassen der Berufsfachschule Regensburg bei ihren Recherchen zur "NS-Zeit in Regensburg" auch häufig auf eine "Mauer des Schweigens". Sie berichten ausführlich darüber(1). Wie soll man es erklären, daß alle neun Regensburger Kolpingsbrüder, die die NS-Ausschreitungen beim Gesellentag 1933 in München erlebt hatten und darüber in einer Schrift berichten, nur mit den Anfangsbuchstaben ihrer Familiennamen genannt sind? 50 Jahre danach!(2) Dabei endet die Schrift mit einem Ausspruch *Adolph Kolpings*: "Wer Mut zeigt, macht Mut!"

Andererseits haben keineswegs alle Kommunisten oder Katholiken oder gar Juden ihre Hilfe bei den Nachforschungen versagt. Die Mehrzahl der Befragten, gleich welcher Couleur, gab im Gegenteil gern und rückhaltlos Auskunft.

In vielen Fällen leben noch die Witwen und Waisen, für die das alles nicht "Geschichte" ist, sondern immer noch gegenwärtiges Leid. Sie finden es manchmal pietätlos, darüber öffentlich zu schreiben. Man muß sich vergegenwärtigen: Es waren im Dritten Reich nicht irgendwelche Einzelpersonen, die folterten und verhöhnten, manchem die Existenz vernichteten, die Freiheit oder das Leben nahmen; es war die Öffentlichkeit, es war die Staatsgewalt! So empfand es die überlebende Witwe, und so ist das, unbewußt vielleicht, noch heute ein unbewältigtes Trauma, das noch weiterwirkt. Es führt zu Angst vor dieser *als unheimlich und unbegreifbar erlebten Öffentlichkeit*, der gegenüber man sich versperrt, auch heute noch.

Allerdings war die Zeit sicher nicht zu früh. Spätere Nachforschungen finden keine lebenden Zeugen mehr. Aber gerade diese noch lebenden können, wie die Erfahrung zeigte, wesentlich zur Wahrheitsfindung beitragen. Aus schriftlichen Quellen allein wären nicht einmal alle Namen der hier behandelten Widerstandsopfer gefunden worden. Das gelang meist nur durch Fragen und Weiterfragen von Zeitgenossen. Kein Archiv, keine Behörde, kein Institut besitzt eine Liste der im Widerstand gegen den NS ums Leben gekommenen. Nirgendwo kann man erfahren, wieviele es waren. Insofern war es allerhöchste Zeit.

Viele Dokumente gingen verloren, z. B. ein Teil der Gestapoakten, die meisten Akten der Gauleitung, die der Polizeidirektion Regensburg, Akten der SS- und Polizeigerichte, auch die Akten der Regierung von Ndb/Opf (mit Ausnahme der Monatsberichte, die in München erhalten blieben). Alle diese Zeugnisse einer schlimmen Zeit wurden am Ende des Krieges, auch noch kurz danach, für immer beseitigt. Diejenigen, die sie vernichteten, leben zum Teil noch. Vor allem ist ihr Geist noch wach. Unter anderm bezeugen dies viele Leserbriefe zu Holocaust. Es lebt noch immer ein weitverbreitetes Interesse, jene Zeit zu vergessen und zu verdunkeln, merkwürdigerweise besonders bei denen, die "von nichts wußten". Sie wollen auch jetzt nichts wissen, denn schließlich wußten sie ja von nichts! Auch von da her war höchste Zeit, die letzten Zeugen zu befragen, die etwas wußten.

Die einzelnen Regensburger Lebensopfer des Widerstandes werden in der Hauptsache chronologisch - im allgemeinen nach dem Datum ihrer Verhaftung - aneinandergereiht.

1) KLASSE 11a; KLASSE 11b
2) KOLPINGWERK 19 - 23

III. JOHANN KIMPEL:

"DER KRIEG IST EIN VERBRECHEN!"

Johann Kimpel verlor nicht sein Leben im Widerstand und würde deswegen eigentlich nicht hierher gehören. Da er aber eine besondere Widerstandsgruppe vertritt, die bei den folgenden Biographien nicht mehr vorkommt und da sein Leben einen ganz besonderen Querschnitt durch drei Perioden deutscher Geschichte, nämlich die Zeit vor, während und nach Hitler widerspiegelt, sei diese Ausnahme erlaubt. Der gewichtigste Entschuldigungsgrund aber soll sein, daß sein Lebenskampf stets dem Haupt-NS-Verbrechen, nämlich dem Krieg gegolten hat. Er gibt ein Beispiel dafür, wie vor 1933 durchaus nicht alle sich durch die aktuelle wirtschaftliche Not von der viel schlimmeren Gefahr eines neues Krieges durch Hitler ablenken ließen.

Zeitlich gehört Kimpel mit zu den ersten politisch Verfolgten des NS-Regimes, nämlich zu den ersten Regensburger Schutzhäftlingen vom März 1933.

1. Die Zeit vor Hitler

Kimpel wurde am 4.2.1882 in Colmar im Elsaß geboren, das damals erst seit 11 Jahren zum Deutschen Reich gehörte. Dort absolvierte er das Gymnasium und studierte anschließend Chemie und Biologie an der Universität Straßburg. Es war auch in Straßburg, wo er seinen Beruf als Gymnasiallehrer in den genannten Fächern aufnahm und bis zum Ersten Weltkrieg ausübte. Während dieser Zeit in der Hauptstadt Elsaß-Lothringens lernte er *Hedewig Stehle*, seine Begleiterin fürs Leben kennen. Ihr Vater war der Geheimrat *Dr. Stehle*, dem alle Schulen im Elsaß und in Lothringen unterstanden. Sie hielt in den dann folgenden schweren Jahren zu Johann Kimpel bis zu dessen Tod und er war ihr durchs ganze Leben in Achtung und Liebe verbunden. Das sind in seinem Fall keine Lobhudeleien, wie sie am Grab üblicherweise geäußert werden. Er schrieb in Briefen von der Realisierung und Bewährung von Ideen des menschlichen Zusammenlebens innerhalb der Ehe, wie er sie im großen zwischen Völkern für notwendig und möglich hielt.

Kimpel verbrachte also seine Kindheit und Jugendzeit und auch seine ersten Berufsjahre in enger Nachbarschaft mit französischsprachigen Bürgern und erlebte dabei den Haß zwischen Deutschen und Franzosen ebenso wie das mögliche friedliche Zusammenleben. Er lernte mehr und mehr, daß der Haß aus Urinstinkten rührt und künstlich gesteigert wird, wogegen das beidseitig förderliche Miteinander aus Vernunft resultiert. Diese Vernunft war fortan Leitidee seines Lebens. Schon während seiner Studentenzeit an der Universität betätigte er sich aktiv für den Frieden. *Seit 1908 war er Mitglied der Deutschen Friedensgesellschaft und blieb es bis zu deren Verbot 1933.*

Als die deutschen Truppen 1914 nach Frankreich einmarschierten, war er 32 Jahre alt. Natürlich hatte er damals seine Wehrpflicht bereits abgeleistet und wurde sofort eingezogen. Er diente bei der Artillerie. Da ihn immer eigene, unkonventionelle Gedanken bewegten und er ein begeisterter Naturwissenschaftler und auch Techniker war, hatte er eine Erfindung am Zielfernrohr gemacht. Wegen dieses Einfalls avancierte er sehr schnell zum Leutnant. Auch war ihm im Krieg - aus anderem Anlaß - das Eiserne Kreuz II. Klasse verliehen worden. Da er sich aber andererseits dickköpfig weigerte, so wie seine Offizierskollegen ausschließlich im Offizierskorps zu verkehren, vielmehr z.

B. immer zusammen mit den ihm unterstellten Soldaten aß, wurde er dann von weiteren Beförderungen ausgenommen und schied bei Kriegsende als Leutnant aus.

Frühe Beförderung zum Leutnant und die Verleihung des Eisernen Kreuzes besagen in seinem Fall aber gar nicht, daß er begeistert gegen die Franzosen gekämpft hätte. Lange vor seinem Kriegsdienst war er ja schon aktiver Pazifist gewesen.

Nach unsäglichen Opfern auf deutscher und französischer Seite wurden Grenzen verschoben, u. a. wurde die Heimat Kimpels wieder ein Teil Frankreichs, wie vor 1871. Johann Kimpels Erfahrungen im Verhalten von Deutschen und Franzosen zueinander, die er im Frieden und im Krieg gesammelt hatte, bewogen ihn, sein künftiges Leben noch mehr als bisher dem Kampf für den Frieden und für die aus der menschlichen Vernunft gebotene Verständigung der Völker zu widmen. *So gründete er 1920 eine Ortsgruppe der Deutschen Friedensgesellschaft in Ludwigshafen am Rhein* wohin er nach dem Ersten Weltkrieg versetzt worden war.

In seinen Ludwigshafener Jahren entfaltete Kimpel 1920 bis 1925 eine rege pazifistische Tätigkeit. Er wurde von Anfang an *Vorsitzender der von ihm gegründeten Ortsgruppe der DFG und gehörte dem Vorstand der rheinisch-pfälzischen Friedensfreunde an. 1922 bis 33 war er Mitglied der Organisation* des Pariser Rechtsanwalts *Henri Demont, L'Union universelle pour supprimer ce crime: La Guerre*(1). Von 1923 bis 33 war er Mitglied der *Liga für Menschenrechte*. Im Jahr 1924 trat er dem jüdischen Verein *Jedide Ilmim* bei, dem er bis zu dessen Auflösung 1939 angehörte(2).

Von Ludwigshafen aus unternahm er als besonders aktiver Förderer der Friedensgesellschaft viele Reisen und hielt Vorträge gegen den Krieg. So sprach er einmal im Gürzenich in Köln vor 5 000 Zuhörern. Er glaubte an die Möglichkeit, daß sogar solche "Erbfeinde" wie Deutschland und Frankreich nebenund miteinander leben könnten. Für solche Gedanken war aber gerade die Zeit kurz nach dem Ersten Weltkrieg und gerade das französisch besetzte Rheinland äußerst ungünstig. Auch Ludwigshafen war ja bis 1930 von französischem Militär besetzt. Nur eine Minderheit war für solche Ideen ansprechbar. Die Mehrheit folgte ihren natürlichen Instinkten des Hasses. Aber Kimpel war meist auf Seiten von Minderheiten. Die damalige Mehrheit hielt die von ihm vertretenen Ideen für die Utopien von schädlichen Wirrköpfen. Kaum jemand ahnte damals, daß derartige Utopien "weltfremder" Pazifisten, wie die deutsch-französische Verständigung oder gar eine Freundschaft dieser beiden sich seit Jahrhunderten bekämpfenden Erbfeinde je Wirklichkeit werden könnten. Staunen die "Realisten" von damals, daß dann doch - freilich erst nach einem nochmaligen Völkermorden - diese Utopien zur Wirklichkeit, ja sogar zu einer Selbstverständlichkeit werden konnten?

Es begann auch schon in Ludwigshafen, daß Kimpel einen ausgedehnten Briefwechsel mit Pazifisten verschiedener Länder begann, darunter(3) *Prinz Max von Sachsen, Paul Freiherr von Schoenaich* (ehemaliger preußischer General, dann bis 1933 und ab 1945 Vorsitzender der Deutschen Friedensgesellschaft),

---
1) Demont (1877 - 1959) gründete diese Organisation 1921. Sie hatte über 100 000 Mitglieder
2) Der Name bedeutet hebräisch "Freunde der Stummen"
3) Aus einer Zusammenstellung, die Kimpel am 2.1.47 einem Gesuch um Wiedereinstellung an das Bayer. Kultusministerium beilegte

Hellmut von Gerlach (Gründungsmitglied der DFG, Vorsitzender der Deutschen Liga für Menschenrechte), *Ludwig Quidde* (1914 - 29 Vorsitzender der DFG, 1927 Friedens-Nobelpreis), *Thomas Masaryk* (CS-Staatspräsident; Philosoph), *Ignaz Seipel* (katholischer Priester, österreichischer Bundeskanzler), *Henri Barbusse* (Anti-Kriegs-Roman Le Feu), *Henri Demont* (s. o.), *Anatole France*.

Leider wurde dieser Briefwechsel, ebenso wie alle politischen Dokumente Kimpels, bei zwei Wohnungsdurchsuchungen durch die Regensburger Gestapo beschlagnahmt und zusammen mit allen Gestapoakten in den letzten Kriegstagen verbrannt. Bei der gleichen Vernichtungsaktion gingen auch Briefe an *Irene Neubauer*, ebenfalls von *Barbusse*, verloren, die die BPP gelegentlich der Haussuchung bei *Maldaque* am 21.3.1930 beschlagnahmt hatte(1).

Weiter nahm Kimpel während seiner Zeit in Ludwigshafen und später von Regensburg aus an Friedenskongressen teil, auch an denen des Friedensbundes Deutscher Katholiken (unter Pater *Stratmann* und Pater *Noppel*).

Da Kimpel als Gymnasiallehrer in Ludwigshafen/Rhein bayerischer Beamter war, unterstand er dem Bayerischen Kultusministerium. Dieses aber stand ebenso wie die ganze bayerische Regierung inzwischen längst im nationalkonservativen Lager (BVP und DNVP) - die Bayern opponierten gegen die Reichsregierung in Berlin, gewährten Rechtsradikalen Schutz, hielten auch ihre schützende Hand über Hitler - und so nahm das Kultusministerium die Nachrichten mit größtem Mißfallen entgegen, die ihm von Kollegen aus Ludwigshafen über den Studienrat Kimpel hinterbracht wurden. Die pazifistische Tätigkeit dieses bayerischen Beamten entsprach nicht der vaterländischen Einstellung der bayerischen Regierung. Was in München besonders anstößig wirkte, waren Kimpels Kontakte zu Angehörigen der französischen Besatzung, die er nicht haßte und mied, wie es sich gehörte, sondern zu denen er persönliche Beziehungen unterhielt. Ein Freund Kimpels war der bereits erwähnte Pariser Rechtsanwalt *Demont*. Dieser war des öfteren Gast bei Kimpel in Ludwigshafen und später in Regensburg. Der oberste Dienstherr in München machte nun kurzen Prozeß. Er nahm dem Studienrat Kimpel seine rheinische Heimat und befahl ihm Ortswechsel vom fernen Ludwigshafen ins Herz des rechtsrheinischen Bayern. Kimpel wurde 1925 durch kultusministerielle Verfügung, also zwangsweise, an die Oberrealschule Regensburg (heutiges Goethegymnasium) versetzt. Ob die bayerische Regierung bei ihm etwa Unterstützung der separatistischen Bewegung im Rheinland vermutete, ist nicht bekannt. Eine solche Unterstützung traf jedenfalls nicht zu.

Auch *in Regensburg gründete Kimpel gleich 1925 eine Ortsgruppe der Deutschen Friedensgesellschaft* und wurde ihr *Vorsitzender*. Er behielt die Leitung bis zum Verbot der DFG 1933. Auch war er seit 1923 Mitglied des Reichsbundes der Kriegsbeschädigten, der dem Internationalen Verband angehörte. Kimpel war Vorstandsmitglied der Regensburger Ortsgruppe dieses Reichsbundes. *1927 gründete Kimpel zusammen mit anderen die Académie internationale pour l'étude des causes de la guerre mondiale*. Sein diesbezügliches Diplom trug die Nummer 2. Nebenher war er von *1929 bis 33 Ortsgruppenvorsitzender der pazifistischen Christlich-Sozialen Reichspartei* unter *Vitus Heller* (Würzburg). Weiter war er von *1928 bis 33 Mitglied im Friedensbund Deutscher Katholiken* (s. o.).

Da man die Friedensgesellschaft für wehrschädlich hielt und sie wegen ihres

---

1) SCHRÖDER 159

Eintretens für Gewaltlosigkeit und für Kriegsdienstverweigerung mißtrauisch observierte, wurden alle Versammlungen Kimpels *polizeilich überwacht* und wurde seine *Korrespondenz zeitweilig zensuriert.* 1927 *wurde er zum erstenmal von der Politischen Abteilung der Regensburger Polizei* wegen seiner pazifistischen Einstellung und seiner Auslandskorrespondenz *verhört.* Kimpel erwarb sich also schon in der Vorhitlerzeit Erfahrungen als politisch Verfolgter, freilich noch relativ harmloser Art und auch das nur, weil er im Dienst der "Ordnungszelle Bayern" innerhalb der Weimarer Republik stand, in der viele sich die alte monarchische Ordnung zurückwünschten und in der sich Hitler zumindest in seinen Anfängen bis zu seinem Putsch, aber auch nach seinem Rekonvaleszenzaufenthalt in Landsberg wieder am wohlsten fühlte(1).

Kimpel war auch außerhalb des Politischen ein unbequemer, eigenwilliger Geist, der sich nicht leicht unter Gleichschaltungen beugte, die er für schlecht hielt. In der Abiturklasse 9c der Oberrealschule Regensburg, die er 1931/32 leitete und in der er Chemie und Biologie lehrte, hielt er sich nie ganz an den amtlichen Lehrplan, wählte vielmehr einen Teil des Stoffs zur vertieften Behandlung aus und kürzte dafür anderes viel mehr als eigentlich zulässig war. Allerdings haben seine Schüler bei den für Bayern einheitlich gestellten Abschlußprüfungen daraus keinen Nachteil verspürt. Auch verwendete er - wieder ganz ungewöhnlich - einen erheblichen Teil der Unterrichtszeit für viele Besichtigungen gewerblicher Betriebe in Regensburg, u. a. Zucker-, Papier-, Seifenfabrik, Wachszieherei, eine Brauerei. Dabei ergänzte Kimpel die Ausführungen des jeweiligen Betriebsvertreters immer mit einer wohlgesetzten Rede, faßte die gewonnenen Informationen zusammen ... alles zu dem Zweck, seine Schüler mit dem sie erwartenden Berufs- und Wirtschaftsleben bekanntzumachen.

2. Im Dritten Reich

Kimpel hielt es als Klaßleiter für seine Pflicht, der ihm anvertrauten Jugend nicht nur Chemie und Biologie zu lehren, sondern ihr ebenso Toleranz und Friedensliebe als vernünftig und notwendig nahezubringen. Eben dies mußte ihn - schon vor 1933 - bei der immer mächtiger werdenden NS-Partei verhaßt machen.

Das "Schaffende Volk", die NS-Parteizeitung von Ndb/Opf dokumentierte das auf ihre Weise. Sie schrieb in ihrer Nr. v. 24.9.1932 unter der Schlagzeile *"Unglaubliches Benehmen eines Erziehers"*:

"Prof. Gümbel von der Oberrealschule leistete sich vor kurzem eine unglaubliche Frechheit. Als einige Parteigenossen in Uniform an ihm vorbeigingen, sagte er zu einem seiner Buben (die zwei Söhne waren damals acht und sechs Jahre): Diese Leute sind nicht wert, daß man sie ansieht! ... Es ist bekannt, daß Prof. Gümbel zu jenen unerfreulichen Erscheinungen unserer Lehrerschaft zählt, die heute noch die Jugend in dem Wahnsinn des Pazifismus zu erziehen versuchen. *Es werden Tage kommen,* an denen man solchen Erziehern klar macht, entweder deutsch zu denken, oder in den "wohlverdienten" Ruhestand zu treten."

Die angekündigten Tage kamen wirklich. *Am 16.3.1933* wurde der Studienprofessor Johann Kimpel zusammen mit 10 weiteren Regensburgern, fast lauter

---

1) Siehe z. B. HOEGNER 1958

Arbeitern, in *Schutzhaft* genommen, d. h. im Landgerichtsgefängnis in der Augustenstraße eingesperrt. Diese elf kamen zu den nur wenige Tage vorher bereits verhafteten 21 "Kommunisten" und 10 Mitgliedern des Reichsbanners und der Eisernen Front hinzu(1). (s. Abb. 1)

Während dieser Verhaftungswelle waren in Bayern vom 9.3. bis 13.4.33 5 400 Personen festgenommen worden. Das war nach nur 5 Wochen Amtszeit des Hitlerkabinetts. Ein Teil kam nach einigen Wochen vorläufig wieder frei, sodaß sich in Bayern am 13.4. noch 3 770 Personen in Haft befanden, darunter auch noch Kimpel. Er wurde am 9.5., also *nach 53 Tagen, aus der Haft entlassen*. Während seiner Zeit im Gefängnis fanden die erwähnten *zwei Durchsuchungen seiner Wohnung* statt.

Eine Gruppe seiner ehemaligen Schüler hatte begonnen, eine Bittschrift um seine Freilassung zustandezubringen. Aber immer mehr wagten nicht mehr, dabei mitzumachen, oder glaubten, daß ein solches Schreiben mehr schaden als nützen könnte. Kimpel selbst äußerte nach seiner Freilassung die Meinung, die Bittschrift wäre gut gewesen.

Mit dem Ende der Gefängnishaft endete im Hitlerstaat für die meisten keineswegs die politische Verfolgung. Auch für Kimpel nicht. Es folgte *Entlassung aus dem Schuldienst, nach 5 1/2 Monaten, am 1.9.33*, zwar Wiedereinstellung, aber gleichzeitig *Strafversetzung* zunächst nach *Wunsiedel,* und da dieser Ort noch zu nahe bei Regensburg zu liegen schien, schon nach 1 Monat Weiterversetzung nach *Miltenberg.* Man wollte, daß alle seine Verbindungen zu Regensburger Gesinnungsgenossen durch diese Distanz unterbunden würden. Wahrscheinlich wählte man das extrem katholische Miltenberg auch mit der Absicht, den Freigeist Kimpel auch von dort her in Schwierigkeiten zu bringen, ihn zumindest zu isolieren. Natürlich kam er unter *Gestapoüberwachung* und mußte ständig *mit Zensur seiner Post rechnen.*

Wenn viele damals die relativ kleine Zahl von Mitgliedern der Deutschen Friedensgesellschaft (1926 ca. 30 000 Mitglieder; mit dem Friedensnobelpreis wurden folgende führende Mitglieder ausgezeichnet: *Bertha von Suttner, Alfred Fried, Ludwig Quidde, Carl von Ossietzky;* 1957 wurde *Martin Niemöller* Präsident der DFG) als hoffnungslose Phantasten verspotteten, - die NS und ihre Gestapo nahm sie sehr ernst und hielt sie bei den ab 1933 einsetzenden Kriegsvorbereitungen für außerordentlich störend.

Kimpel war Lebenskünstler und richtete sich mit seiner Familie in Miltenberg ein. Aber eines tat er nicht: Er wurde in den 12 Jahren des Hitlerreichs *nie Mitglied der NS-Partei* oder einer ihrer Gliederungen! Damit zeigte er seinen Vorgesetzten und der Partei offen, daß er ein unverbesserlicher Gegner geblieben war. Welcher Mut zu einer solchen Haltung für einen Beamten, ganz besonders für einen Lehrer, gehörte, wissen nur Zeitzeugen mit damals offenen Augen.

Bei allen *Fronleichnamsprozessionen* - er versäumte keine - ging Kimpel im Zug mit und kleidete sich dafür entgegen seiner sonstigen Gewohnheit besonders feierlich. Dabei war Kimpel eher ein Freigeist als ein Katholik. Allerdings war er nie aus der Kirche ausgetreten, im Dritten Reich schon deswegen nicht, weil die NS dies in ihrem Sinn falsch ausgelegt hätten.

---

1) Laut Polizeipressebericht im Regensburger Stadtanzeiger in RA 1933, vom 17.3.

Regensburger

Freitag, 17. März   Regensburger A...

In Schutzhaft genommen:

Der Polizeipressebericht meldet:
Durch die Polizeidirektion Regensburg wurden bis jetzt nachgenannte Personen in Schutzhaft genommen:

1. **Kommunisten.** Hortlmüller Sebastian, Kellner Franz, Semmler Jakob, Korndörfer Heinrich, Fisch Ludwig, Lenkam Jakob, Fuchs Ludwig, Strähuber Regina, Greller Max, Luft Karl, Brem Karl, Christoph Joh., Christoph Adolf, Gehrer Michael, Treitinger Johann, Thumann Joseph, Zaubzer Georg, Straubinger Johann, Stark Michael, Englmeier Max, Heller Joseph.

2. **Reichsbanner und Eiserne Front.** Semmler Johann, Hayder Hans, Sendel Hans, Kobl Franz Xaver, Esser Karl, Bauer Matthias, Enberlein Fritz, Schinabeck Max, Deubler Jakob, Rothammer Joseph.

✝

Durch die Polizeidirektion Regensburg wurden am Donnerstag weiter noch nachstehende Personen in Schutzhaft genommen:
Wettig Johann, Mechaniker, Adler Joseph, Oberlehrer, Baumgartner Joseph, Maschinenhausgehilfe, Kimpel Johann, Studienprofessor, Kirmeier Friedrich, Eisendreher, Pilz Matthias, Hilfsarbeiter, Rößner Andreas, Bauarbeiter, Sabatier Ferdinand, Mechaniker, Schaller Karl, Maschinenschlosser, Damner Rupert, Gärtner, Bloß Heinrich, Händler.

Personalien

Herr Johann Dippold, pens. Ober-Lokschaffner von Bodenwöhr, feiert am 18. März bei voller körperlicher und geistiger Frische seinen 65. Geburtstag.

Nach kurzem Krankenlager ist in Moosham Frau Elisabeth Gräber, Badersgattin, im Alter von 80½ Jahren gestorben.

Kirchliches

§ **Stadtpfarrkirche St. Antonius.** Sonntag, den 19. März, trifft die Monatskommunion der Frauen während der Frühmesse um ½7 Uhr; nachmittags ½2 Uhr ist Versammlung des Frauen- und Mütter-vereins mit Predigt und Andacht. Alle Frauen der Partei sind freundschaftlich zur Teilnahme eingeladen. Gelegenheit zur Aufnahme in den Verein jederzeit in der Sakristei. — Am nächsten Sonntag, 19. März, halten während der Frühmesse um ½7 Uhr die Schüler der männlichen Berufsschule die Osterkommunion. Die Eltern und Lehrmeister werden gebeten, ihren Söhnen und Lehrlingen schon am Samstag abends die zur Ablegung der Beicht nötige Zeit zu geben und sie auf die gemeinsame Kommunion am Sonntag früh ½7 Uhr aufmerksam zu machen. — Am Feste des hl. Joseph, 19. März, hält alljährlich der Kath. Arbeiterverein St. Anton mit seiner Jungarbeitergruppe während des Festgottesdienstes um 9 Uhr mit dem Kath. Männerverein St. Anton feierliche Generalkommunion.

(=) **Krippe in St. Anton.** Das Fastenbild in der Krippe ist um eine schöne Szene erweitert worden. In der rechten Ecke blickt ein Schauer der Heiland an der Geißelsäule recht wehmütig an. Der Heiland am Ölberg und der liebe Heiland an der Geißelsäule — beide Bilder so recht geeignet, fromme Fasten- und Bußgesinnung zu wecken. Wohl mag mancher mit Schaudern auf das schreckliche Ende der Sünde, wie es sich am Verräter Judas in der linken Ecke zeigt, schauen, aber der Anblick des Heilands und an der Geißelsäule leidenden Jesus weckt Reue und Vertrauen auch beim größten Sünder. Versäume niemand das schöne Fastenkrippenbild in St. Anton anzusehen.

✠ **Stadtpfarrkirche St. Joseph Regensburg-Reinhausen.** Sonntag, 19. März 1933, begeht die Pfarrei Reinhausen das Patroziniumsfest und das Titularfest der St. Josephsbruderschaft. Während des Frühgottesdienstes um ¾6 Uhr ist die Generalkommunion der Frauen, Jungfrauen und Jungmädchen, um 7 Uhr Generalkommunion der Männer und Jünglinge. Nachmittags 2 Uhr ist Predigt und Gedenken der verstorbenen Mitglieder der St. Josephsbruderschaft, hernach gesungene Litanei und Prozession. Nach dem Nachmittagsgottesdienste ist Gelegenheit zur Aufnahme in die St. Josephsbruderschaft. Auswärts verstorbene Mitglieder der Bruderschaft wollen beim Pfarramt gemeldet werden.

A **Kirchenchor der Herz-Jesu-Pfarrei.** Heute abends 8 Uhr Probe im Pfarrhaus.

:: **Erzbruderschaft der christlichen Mütter.** Kommenden Sonntag, den 19. März, Versammlung in der St. Aegidiuskirche. Früh 7 Uhr heilige Messe mit gemeinsamer heiliger Kommunion in der St. Aegidiuskirche. Nachmittags 3 Uhr Vortrag und gemeinsames Gebet. Ein vollkommener Ablaß ist vom Heiligen Vater Papst Pius IX. allen gewährt, die

Die Obrigkeit wußte natürlich, daß die Prozession die seltene Gelegenheit bot, innere Gegnerschaft zu demonstrieren und sie registrierte bei Beamten dieses Indiz in deren politischen Beurteilungen im Personalakt. Aber Kimpel nutzte durch seine Beteiligung, wie auch andere Oppositionelle, jenen schützenden Freiraum, den die Kirche durch das Konkordat und durch ihre vorsichtige, zurückhaltende Politik für ihre Gläubigen geschaffen hatte und der bis zu einer gewissen Grenze wirksam blieb. Zwar gab der Opponierende seine Anti-Haltung bekannt, aber solange er dabei im Rahmen blieb, geschah ihm nichts. Dazu ein Beispiel aus eigener Erfahrung. Am 18.5.1935 wurde eine bereits angelaufene Caritas-Straßensammlung in München von der NS-Gauleitung verboten. SA-Streifen forderten überall in der Altstadt auf, die gekauften Abzeichen abzulegen. Mit vorgehaltenem Arm kamen wir – zwei ehemalige sozialistische Studenten – den mehrmaligen Aufforderungen in der Kaufinger Straße nicht nach. Passanten hielten zu uns. Am Marienplatz riß schließlich ein SA-Sturmführer die Abzeichen von unseren Jacken und warf sie auf den Boden. Eine Dame bückte sich demonstrativ und barg das Caritaszeichen. Der Sturmführer – mit einer weißen Binde als "Hilfspolizei" ausgewiesen – ließ uns verhaften und wegen "Widerstands gegen die Staatsgewalt" in die Polizeidirektion in der Ettstraße bringen. Im Verhör gaben wir uns als gläubige Katholiken, die nichts vom Verbot der Sammlung wußten. Unsere Personalien wurden festgehalten, wir mußten das Vernehmungsprotokoll unterschreiben und waren wieder frei.

Kimpel blieb in Miltenberg immer im Visier der Gestapo. Einmal versuchte die Ortsgruppe Miltenberg der NS-Partei ihn wegen *"Judenfreundlichkeit"* aus dem Schuldienst entfernen zu lassen. Anlaß dafür war seine Korrespondenz mit mehreren Juden, die bei der Postüberwachung der Gestapo zu Gesicht gekommen war. Dieses *Verfahren wurde 1934 eingestellt.* In einem anderen, drei Monate laufenden Verfahren *vor dem Sondergericht in Bamberg* war er *1940 wegen "Fraternisierung mit belgischen Kriegsgefangenen"* angeklagt. Kimpel war an den Abenden, als diese Gefangenen von ihren Arbeitseinsatzplätzen in ihr Lager zurückkamen, als Dolmetscher eingesetzt worden, weil er fließend französisch sprach. Dabei hatte er ihnen aus seiner Bibliothek französische Bücher mitgebracht, was streng verboten war. Bei jeder dieser beiden für Kimpel außerordentlich gefährlichen Affären hatte ihm der Miltenberger NS-Ortsgruppenleiter geholfen und hatte sich für ihn verwendet. Er wohnte nicht weit von Kimpels Wohnung, kannte ihn gut und wollte nicht seinen Untergang. Auch die Aschaffenburger NS, bzw. Gestapo, ging relativ human mit NS-Gegnern um(1).

Der Krieg nahm dem lebenslangen Kämpfer für den Frieden den älteren seiner beiden Söhne. Otfried blieb in Rumänien seit 20.8.1944 vermißt. Nicht einmal eine Vermißtenmeldung kam mehr zu den Eltern.

Kimpel ist durch die 12 Jahre von weitergehenden Gewaltmaßnahmen verschont geblieben. Es kam bei ihm nur zu 8 Wochen Gefängnishaft in Regensburg, 5 Monaten Dienstentlassung, Zwangsversetzung und den erwähnten Attacken, die wieder abgebogen werden konnten. Mancher wird meinen, er sei, wie auch einzelne andere, ein Beweis dafür, daß auch ein Beamter sich vom äußeren Mitmachen hatte freihalten können. Solche Fälle wie seiner stellen aber eine Ausnahme dar. Kimpel hatte besonders Glück dadurch, daß sein zuständiger NS-Ortsgruppenleiter ein toleranter, menschlich denkender Mann gewesen war, der dem politisch anders eingestellten Kimpel den menschlichen Respekt

---
1) GROSSMANN 530, 535, 537

nicht versagen konnte.

3. Die Nach-Hitler-Ära

Was nach der Liquidierung des NS-Regimes über Kimpel kam, war für ihn das Schlimmste. Es zeigt, wie schwer es ist, Gerechtigkeit zu finden. Dabei ist Kimpels grausames und ungerechtes Nachkriegsschicksal nichts Einmaliges gewesen. Ähnliches kam bei dem später hier behandelten Fall Krug wieder vor.

Kurz nach der Befreiung im April 1945 wurde Kimpel laut einem schriftlichen Zeugnis der zunächst inoffiziell wiedererstandenen Freien Gewerkschaft Miltenberg als *"Vertrauensmann der Miltenberger Antifaschisten"* aufgestellt. Man wollte ihn als Landrat haben. Er war als NS-Gegner bekannt gewesen. Er wehrte jedoch ab, wollte "bei seinem Leisten" als Lehrer bleiben.

Da kam plötzlich *am 18. Oktober 1945* eine Anordnung der amerikanischen Militärregierung, daß Kimpel *ab sofort aus seinem Schuldienst entlassen* sei! Er glaubte zuerst an einen Irrtum, den er leicht aufklären könne und ging zur Militärkommandantur. Dort bat er um Gehör und um Nennung der Gründe - worauf ihm aber erklärt wurde, daß man nicht verpflichtet sei, ihm diese Gründe mitzuteilen. Nichts konnte er in Erfahrung bringen. Es dauerte zermürbende Monate, in denen Kimpel allen Glauben an Gerechtigkeit meinte aufgeben zu müssen. Zwar setzten sich inzwischen Regensburger ehemalige politische Freunde aus der Friedensgesellschaft und Mithäftlinge aus der Schutzhaft, z. B. der damalige Verlagsleiter der MZ, der ehemalige KZ-Häftling *Karl Esser*, für Kimpel ein, zwar erhielt er aus Aschaffenburg in einem strengen Verfahren den Ausweis als *"politisch Verfolgter des NS-Regimes"*, und doch blieb er gleichzeitig - als politisch Verfolgter! - immer noch *weiter aus dem Beamtendienst entlassen!*

Kimpels überlebender Sohn Erwin hatte als Soldat am 24.1.1945, also drei Monate vor der Befreiung, aus Mühlhausen seinem Vater zum Geburtstag geschrieben:

"Mein lieber Papa! Zu Deinem 63. Geburtstag wünsche ich Dir alles Gute ... viel Freude im neuen Lebensjahr. Es wird Dir wohl die Verwirklichung Deiner Hoffnung und Deiner Pläne bringen. Wie freue ich mich, daß endlich alles was Du unter diesen Leuten gelitten hast, gerächt wird! Und wie stolz kannst Du sein, an diesem großen Werk mitgeholfen zu haben! ..."

Die Ungerechtigkeit - *politische Verfolgung nun auch im dritten, im Nach-Hitler-Regime* - war kaum faßbar. Erst nach langen Mühen gelang die Aufklärung. Es waren zwei Mißverständnisse gewesen. Gegen Kollegen in seiner Schule wollten einmal Hitler-Jungen ein Denunzierungsschreiben ans Ministerium richten. Kimpel erfuhr davon und besprach die bedrohliche Situation vertrauensvoll mit dem oben erwähnten Ortsgruppenleiter mit dem Ziel, die Weitergabe des HJ-Schreibens zu verhindern. Von Kollegenseite wurde aber Kimpels Vorgehen anders, nämlich als Denunziation ausgelegt und in dieser Version wurde die Angelegenheit 1945 der Militärregierung hinterbracht. Vor allem aber wurde ihm sein Biologieunterricht, in dem er ausführlich die Darwinsche Lehre von der Entstehung der Arten vorgetragen hatte, von übereifriger katholischer Seite im Lehrerkollegium als Unterricht in Rassenlehre ausgelegt und zur Zeit der Anschuldigungen nach Kriegsende wurde Kimpel der US-Militärregierung in diesem Sinn gemeldet worden. Daß eine solche antireligiöse Auslegung im 20. Jh. nicht so außergewöhnlich ist, zeigt z. B.

ein heute noch bestehendes Gesetz im US-Bundesstaat Arkansas, nach dem neben der Darwinschen Evolutionstheorie in den öffentlichen Schulen gleichberechtigt die Erschaffung der Welt durch einen Schöpfergott gelehrt werden muß. Im gleichen Staat und ähnlich auch noch in anderen Staaten der USA wurde die Evolutionstheorie in den Schulen erst in den 1960-er Jahren zugelassen(1).

Nun war Kimpel wirklich ein "Freigeist". Er gehörte z. B. dem *Deutschen Monistenbund* schon vor 1914 an, stand als Biologe und Chemiker dem Biologen *Ernst Haeckel* und dem Chemiker *Wilhelm Ostwald* (Chemie-Nobelpreis 1909) nahe, die 1906 den Monistenbund gegründet hatten. Kimpel hatte vor 1914 mit Begeisterung Ostwalds "Sonntagspredigten" gelesen. Andererseits aber gab es gerade in Miltenberg besonders streng katholisch-konservative Kreise. Wahrscheinlich ist es kein Zufall, daß noch 1978 in Klingenberg, 10 km nördlich von Miltenberg, eine Teufelsaustreibung bekannt wurde und dies auch nur dadurch, daß sie tödlich ausgegangen war. Es lag nahe, daß es zu Spannungen zwischen dem Freigeist Kimpel und den erwähnten Kreisen gekommen war. Letztere hatten nun innerhalb der politisch stärksten Gruppe im Ort großen Einfluß bei der Unterrichtung der US-Besatzung. Sie erklärten den Amerikanern, daß Kimpel nicht nur im Schulunterricht, sondern auch bei Luftschutzvorträgen "aktive Propaganda für nazistische Ideen" betrieben hätte. Die Erklärung für diese Meinung war: In Vorträgen, die Kimpel in seiner Eigenschaft als *Ausbilder im Luftschutz* gehalten hatte, war er gelegentlich der Darstellung von Gaseinwirkungen auf das Lungenzellgewebe auf die Evolution des Menschen aus dem Tier gekommen. Manche katholische NS-Gegner warfen Evolutionslehre und NS-Rassenlehre in einen Topf, wobei zwischen beiden ja auch wirklich Zusammenhänge bestehen.

Der Ortsgruppenleiter erzählte viel später zum ersten Vorwurf, daß Kimpel denunziert hätte, daß es gerade umgekehrt gewesen war: Während der NS-Zeit hatten Leute dem Ortsgruppenleiter hinterbracht, daß Kimpels Unterricht NS-feindliche Tendenzen enthalten habe und daß man ihn aus dem Schuldienst entlassen sollte, daß aber er, der Ortsgruppenleiter, diese Nachrichten bei sich behalten und auch Kimpel gegenüber verschwiegen hatte. Nun aber wurde gegen Kimpel mit entgegengesetzten Argumenten vorgegangen.

Als endlich die Amerikaner aufgeklärt werden konnten, sahen sie den Irrtum ein und genehmigten am 2.12.46 in Schreiben an die Schulbehörde, an das Arbeitsamt und an die Spruchkammer die Wiedereinstellung Kimpels, verwiesen im übrigen aber auf die bayerischen Behörden und Entnazifizierungs-Spruchkammern, die inzwischen zuständig geworden waren. Diese jedoch arbeiteten im Fall Kimpel auffallend langsam. Mehrere Schreiben an das bayerische Kultusministerium beginnend am 12.10.45, wurden erstmals am 16.4.46 mit der lapidaren Mitteilung beantwortet, daß die Entlassung Kimpels endgültig sei. Darüber hinaus war keine Stellungnahme zu erhalten. Kimpel hatte über ein Jahr kein Einkommen mehr, sein Vermögen war gesperrt. Die *Spruchkammer in Miltenberg fällte erst am 28.9.1946 das Urteil: "Vom Gesetz nicht betroffen"*. Wichtiger war für Kimpel die Anerkennung als politisch Verfolgter, denn für ihn als Antifaschisten war das Schlimmste die über ein Jahr dauernde Diskriminierung als Nazi in den Augen all derer, die ihn nicht gekannt hatten. Diese Schande hat ihm gesundheitlich schwer zugesetzt.

Ab Dezember 1946 unterrichtete Kimpel zwar wieder, aber zunächst nur als

---
1) Nach Meldungen in der Tagespresse, z. B. MZ 1981, 9.12.

Angestellter mit niedrigerem Gehalt. Nach 3 Monaten war er schon 65, konnte dann aber bis zu seinem 67. Lebensjahr noch unterrichten, weil er inzwischen voll rehabilitiert worden war. Aus einem Bittschreiben Kimpels an den Staatssekretär *Pittroff* beim Kultusministerium vom 2.1.1947(!), betreffs Gesuch um "Wiedereinstellung des politisch verfolgten Studienprofessors Kimpel":

"... ich bitte nach all dem, was ich in der NS-Zeit, durch den Krieg und besonders im letzten Jahr zu ertragen hatte und was mich an den Rand der Verzweiflung gebracht und meine Gesundheit zermürbt hat, mich wiedereinzustellen und wenigstens den finanziell erlittenen Schaden durch Nachzahlung auszugleichen."

Als Ruheständler zog Kimpel 1952 nach München. Seine physische Widerstandskraft war aber in dem würdelosen Kampf der letzten Jahre sehr geschwächt worden. Dabei hatte in seinem Leben die politische Betätigung nicht, wie man meinen könnte, an erster Stelle gestanden. Den ersten Rang nahm bei ihm stets die Sorge um seine Kinder ein. Das begründete er weltanschaulich-ethisch mit der Ehrfurcht vor dem Leben und damit, daß die Weitergabe hoher menschlicher Ideale an das junge Leben vor allem andern rangieren müsse. Diese seine Philosophie setzte er mit eiserner Energie und Geduld ständig in die Tat um. Für die Förderung seiner beiden Kinder war ihm kein Opfer und kein Zeitaufwand zu hoch. Umso tragischer war, daß er und seine Gattin vom vermißten Sohn nie mehr etwas erfuhren.

Aus München schrieb er in seinen letzten Lebensjahren, daß er nun wie ein Eremit lebe. Am 25. Mai 1957 starb er an Herzversagen. Die Zahl der Trauergäste bei der kirchlichen Bestattung auf dem Waldfriedhof erreichte kaum das Dutzend.

Die "Schwierigkeiten" Kimpels durch drei Perioden deutscher Geschichte, vor, während und nach Hitler, haben damit zu tun, daß die Vertreter ungewöhnlicher Ideen, solcher, die weniger aus Blut und Boden, sondern mehr aus der Ratio sich herleiten, es immer und überall schwer haben, in Deutschland wohl in besonderem Maß. Bei vielen Deutschen weckt das Wort "Pazifismus" ähnliche Aversionen wie "Kommunismus", "Radikalismus", "Utopie", "Atheismus", und diese Aversionen oder Feindbilder bekam Kimpel handfest zu spüren. *Sein Gedanke der Gewaltlosigkeit ist seit der Bergpredigt noch immer mit Vergewaltigung beantwortet worden. Die ihn wegen seines Glaubens an Friedensmöglichkeit verspottet hatten, bewiesen ihm 1939, daß es immer Kriege geben wird.*

Einige Auszüge aus seinen noch vorhandenen Briefen aus der NS-Zeit vermitteln eine Vorstellung über seine Ansichten und über seinen Mut, sich zu äußern, trotz seiner schlimmen Erfahrungen und trotz seiner Beamten- und Lehrerstellung und obwohl er immer mit Zensur seiner Post rechnen mußte.

Am 29.8.34 schrieb er über seine Zeit als Lehrer in Regensburg:

"Ich war stets bestrebt, Ihnen (seinen Schülern) eine Welt zu eröffnen, die auf einer anderen Ebene liegt, als der gemeinhin betretenen ... wir müssen Menschen werden und sein, das heißt, *uns freihalten von jeder Vergewaltigung.* Sie ist die größte Sünde."

Am 6.8.35: "... der Organisationsbereich der Menschen wird sich erweitern, über die Nationen hinweg wird *ein* Europa und schließlich *eine* Welt kommen. Dazu zwingt die Technik. Nation ist *ein* Durchgangsbegriff. Menschsein heißt alles."

Abb. 2 Johann Kimpel im Krieg 1914/18

Abb. 3 Johann Kimpel im Alter

So gering schrieb er über die "Nation", inmitten eines totalitären Reiches, in dem die Nation und ihre Ansprüche zur bedingungslosen Staatsreligion erhoben waren.

Als Beamter im Dienst eines Staates, der die Vorherrschaft einer Rasse und den Antisemitismus als höchste Werte proklamiert hatte, schrieb er am 19.12.35:

"Der Mensch darf vor lauter Weltanschauung die Not seines Bruders nicht übersehen! ... alle Menschen haben gleiches Recht auf gleiche Achtung!"

Zu den Eheverboten auf Grund der Nürnberger Gesetze äußerte er aus Miltenberg am 2.8.36:

"... es ist falsch, wenn irgendwer maßgebend zu bestimmen sucht, wer mit wem sich verbinden darf ... ein Eingriff in die Selbstbestimmung, in die Wahl des Individuums ist fehl am Platz ... Vergewaltigung ist Sünde!"

Gegen alle -ismen, also auch gegen den NS, schrieb er über seine von Zensur bedrohte Post am 5.4.38:

"Die Vernunft wird siegen über den Fanatismus aller -ismen, wird alle Ideologien überrennen."

Nach dem Blitzsieg über Polen, als angeblich über 90 % für Hitler waren, schrieb er zum Neujahr 1940 an Stelle von NS-Begeisterung:

"... im Krieg droht die Bestialität im Menschen den Gott im Menschen zu verschlingen. Doch der Schein trügt. Der Gott im Menschen, der sich auflehnt gegen das Häßliche, Verderbliche und Gemeine, stirbt nicht! In diesem Glauben bitte ich Sie ins neue Jahr zu schreiten."

Drei Jahre später, am 30.12.42, als einer seiner Söhne kurz vor der Einberufung zur Wehrmacht stand und der andere gerade gemustert wurde:

"... von welchen Gefühlen ich beherrscht werde, können Sie sich denken. Zeitlebens, schon als Student, stand ich in den Reihen der kämpfenden Pazifisten und nun muß ich sehen, wie meine eigenen Söhne von den bekrallten Fängen des Molochs Krieg ergriffen werden ... Sie kennen ja das Schicksal der Pazifisten und ihre 'Anrüchigkeit'. Der Polizeipräsident von Regensburg, dem ich meine Ideen anfangs Mai 1933 vortragen mußte, lachte laut auf und sagte so gottbegnadet: 'Ja, Herr Studienrat, Sie sind 400 Jahre zu früh auf die Welt gekommen.' Borniertheit und Bosheit macht die Menschen blind, die nicht sehen konnten, was andere Lebewesen gleicher Art jenseits der Grenzen denken, fühlen und worum sie sich mühen ... Paneuropa ist schon überholt, seit die Menschen erkannt haben, daß abgeschlossene Gruppen für sich wirtschaftlich und zivilisatorisch nicht lebensfähig sind. Lächerlich wäre, würde im Wirtschaftsleben 'Konfession' überhaupt noch erwähnt werden. Nationalität und Konfession sind Privatangelegenheiten, gehören in das Reich des Gefühls, in die Kinderstube ... Alle die vom Wehen des neuen Geistes etwas spüren, ob am Ganges, Jordan, Wolga, Donau, Seine, Tiber, Nil, Missouri, wo auch immer, müssen sich zusammenfinden und einigen in unermüdlicher Arbeit für den Sieg der neuen Weltanschauung, die im engsten Zusammenhang mit dem realen Leben steht. Diese Worte sagte ich Ihrer Klasse am Schlusse Ihrer Schulzeit."

> Miltenberg, *5.1.1944*: "Mag für Ihr Kind die Zeit anbrechen, für deren Durchbruch ich gearbeitet und gelitten habe. *Vielleicht darf ich das noch erleben* (und wie er es erlebte!) ... Ich glaube nicht, daß 1944 uns schon den Frieden bringt. Das Kriegspotential beider Gegner ist noch zu stark. Aber daß 1944 das Jahr der Entscheidung ist, glaube ich bestimmt. Zu meiner Lehrertätigkeit hat man mir noch das Amt eines Luftschutz-Kreis-Chemikers gegeben. Ich habe für den Kreis Miltenberg den Abwehrkampf bei evtl. Kampfstoffabwurf zu organisieren und die Leute im Gasabwehrkampf zu schulen... Meine Buben sind eingezogen .... man zieht ja jetzt schon den Jahrgang 28 ein und so entvölkern sich die 5., 6. und 7. Klassen (heute 9., 10. u. 11. Kl.) In den 8. (12.) Klassen gibt es ja schon lange keine Buben mehr. In den vorher genannten Klassen sitzen nur Mädchen, untermischt mit 2 bis 3 Jungens. HJ-Dienstverpflichtete. O tempora, o mores!"

Sein ständiger Briefkopf fehlt in den Jahren des Dritten Reiches aus begreiflichen Gründen, aus denen auch manches nur zwischen den Zeilen stand. Aber sonst begann er seine privaten Briefe alle mit dem Satz, den die Menschen und Völker seiner Meinung nach nie vergessen sollten:

DER KRIEG IST EIN VERBRECHEN !
Lieber NN ...

Dabei hatte Kimpel mit diesem Warnruf noch untertrieben. Denn ein Angriffskrieg, besonders ein Raubkrieg, ist nicht nur "ein" Verbrechen wie andere, er ist das größte aller denkbaren Verbrechen. Aber Kimpel und seinesgleichen wurden verlacht und verspottet, verfolgt und eingesperrt, manche, wie z. B. der Friedensnobelpreisträger *Carl von Ossietzky*, wurden ermordet. *Wäre Kimpels Warnruf auf seinem Briefkopf in anderer Bewußtsein so gegenwärtig gewesen wie in seinem, dann hätte Hitler seinen Entschluß, Politiker zu werden, vergeblich, nämlich ohne die anderen gefaßt gehabt.*

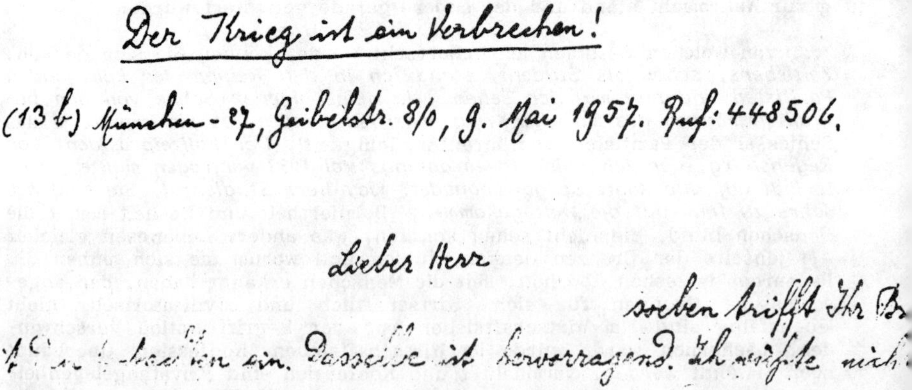
Der Krieg ist ein Verbrechen!
(13b) München-27, Geibelstr. 8/0, 9. Mai 1957. Ruf: 448506.
Lieber Herr
soeben trifft Ihr B

Abb. 4: Kimpels normaler Briefkopf, hier wenige Tage vor seinem Tod (25.5.1957) geschrieben.

IV. ALFONS BAYERER
UND DER SOZIALDEMOKRATISCHE WIDERSTAND

1. Die SPD in Regensburg bis 1933

Nach zwölf Jahren Verbot und Verfolgung während der Bismarckära und erneuter Sammlung der Sozialisten in der Sozialdemokratischen Partei Deutschlands (SPD) im Jahre 1890, entstand der Landesverband Bayern auf dem ersten Bayerischen Landesparteitag am 26.6.1892 ausgerechnet vor den Toren Regensburgs, in der damals noch selbständigen Gemeinde *Reinhausen*. Einberufen war dieser Parteitag allerdings von zwei Nürnbergern: *Johann Scherm* und *Martin Segitz*(1). Auch sonst waren naturgemäß die größeren Städte und Industriezentren Nürnberg, München und Augsburg die Schwerpunkte der bayerischen SPD gewesen, wogegen Regensburg wegen des geringen Arbeiteranteils an seiner Bevölkerung und wegen der besonders stark katholisch-konservativ-bürgerlich geprägten Einstellung eine für die SPD schwer zugängliche Region gewesen war. Noch bis weit ins 20. Jh. hinein führte die Regensburger SPD ein "Katakomben-Dasein":

"Kein Gastwirt war damals bereit, Sozialdemokraten und Gewerkschaftler in seinen Lokalitäten zu dulden. Immerhin konnte aber *August Bebel* mindestens zweimal im Blauen Hecht sprechen."(2) Auch *Kurt Eisner* und *Erhard Auer* sprachen wiederholt im Velodrom (Capitol)(3).

Dem Beispiel Münchens folgend wurde sogar in Regensburg - am 7.4.1919 - auf dem *Neupfarrplatz* die *Räterepublik* ausgerufen. Der spätere MdR *Michael Burgau* hatte dies aber mehr der Ordnung halber getan und Bestand hatte diese Republik hier auch nur für drei Tage(4). Es kam zu keinen Kämpfen und es gab keine Toten.

Der erwähnten Struktur der Stadt entsprechend wählte man hier - bei 89 % katholischer Bevölkerung - die Bayerische Volkspartei, die sich bis 1918 Zentrum genannt hatte. Demgegenüber ist erstaunlich, daß die SPD doch fast gleich stark wie im Reichsdurchschnitt abschnitt und z. B. gegenüber Niederbayern gut die doppelte Prozentstärke erzielte:

SPD in % der gültigen Stimmen bei den vier letzten Reichstagswahlen(5) vom

	14.9.30	31.7.32	6.11.32	(5.3.33)
Reichsdurchschnitt	24.5	21.6	20.4	18.3
Bayern r. d. Rh.	20.6	17.1	16.4	15.3
München	28.6	22.2	20.6	20.5

---

1) SPD-MAGAZIN 1980, Nr. 4
   Eine ausführliche Geschichte der SPD in Regensburg bis 1914 in CHROBAK 1981
2) Höhne Franz: Bebel sprach im Regensburger "Blauen Hecht". In MZ 1963, vom 8./9.6. S. 3. Bebel sprach am 12.11.1869 in Regensburg. Er war als Drechslergeselle 1858/59 mehrere Monate in Regensburg. CHROBAK 1981
3) Kollmeier Josef: Erinnerung aus 50 Jahren. In Sonderbeilage zur ReWo 7. Jg. 1955, Nr. 35
4) ReWo 1. Jg. 1949, Nr. 2 und Albrecht Dieter in PFEIFFER. In München wurde die Räterepublik am 6.4.19 ausgerufen
5) HAGMANN u. a. S. 15, 19, 31

	14.9.30	31.7.32	6.11.32	(5.3.33)
Nürnberg	36.0	25.8	25.7	23.6
Oberpfalz	14.5	13.5	12.5	11.5
Niederbayern	11.3	8.8	8.7	7.4
Regensburg	22.7	19.8	19.8	18.1
Würzburg	20.4	20.0	18.5	16.7
Eichstätt	8.5	7.7	6.6	9.0

Das relativ hohe Ergebnis der SPD in Regensburg verwundert umsomehr, als weitere 6 bis 9 % der Stimmen auf die KPD entfielen, die ebenfalls aus der "Arbeiterschaft" stammen mußten. Die beiden Arbeiterparteien SPD und KPD (die SPD war damals anders oder viel mehr als heute ganz vorwiegend Arbeiterpartei) erzielten zusammen:

	1930	1932,1	1932,2	(1933)
im Reichsdurchschnitt	37.6	35.9	37.3	(30.6)
in Regensburg	28.9	28.9	28.9	(23.7)

Im Vergleich zum Reich entfielen in Regensburg auf die SPD nahezu gleichviel Stimmen, jedoch auf die KPD viel weniger. Es muß dazu gleich erwähnt werden, daß bei SPD und KPD in Regensburg nicht in erster Linie "Industriearbeiter", wie wohl überwiegend im Reich, sondern auffallend *viele Handwerker* organisiert waren. Weiter fällt auf: Selbst wenn die Hälfte der 11 % Nichtkatholiken die marxistischen Parteien gewählt hätte, - was natürlich bei weitem nicht der Fall war - so müssen doch noch 23,4 von den 28,9 % der SPD- und KPD- Stimmen aus der katholischen Wählerschaft stammen, was *26 % der katholischen Wähler* entspräche, die sich *für SPD und KPD* entschieden haben mußten.

Nebenbei läßt sich aus den Stimmenanteilen auch erkennen, mit wie wenig Recht die NS-Partei sich den Namen Arbeiterpartei zugelegt hatte. Sie konnte den wirklichen Arbeiterparteien erst Stimmen wegnehmen, und zwar in Regensburg nur 5 von den 29 %, als sie vor der letzten, nur mehr beschränkt freien Wahl am 5.3.1933 mit dem Einsatz staatlicher Machtmittel einen freien Wettstreit unmöglich gemacht hatte.

Es ist wohl berechtigt, die relativ gute Stellung der SPD in Regensburg, inmitten der "sozialdemokratischen Diaspora Niederbayern-Oberpfalz"(1) dem Einsatz ihrer lokalen Führer und ihrer Presse in dieser Stadt zuzuschreiben. Eine dieser Persönlichkeiten war der Landtagsabgeordnete *Alfons Bayerer.* Er war Bezirkssekretär der Partei, zusammen mit *Max Schinabeck*, mit dem er die Aufgaben teilte. Bayerer war verantwortlich für die organisatorische Leitung im Bezirk Niederbayern-Oberpfalz mit dessen Zentrum im Hauptort Regensburg. Seiner guten Organisations- und Werbetätigkeit, zusammen mit der von SPD-Persönlichkeiten wie *Max Schinabeck, Karl Esser, Michael Burgau*, der Münchener Lehrerin *Toni Pfülf* u.a., waren die relativ guten Wahlergebnisse für die SPD in Regensburg zu verdanken. Einen Stamm zuverlässiger Wähler lieferte eine ganze Reihe von Kultur- und Sportorganisationen, die die Regensburger SPD unterhielt, wie z. B. *Freie Turnerschaft, Volkschor,* Rad-

---
1) FREI 37

fahrvereinigung, Schachbund, ganz zu schweigen von den allgemein für die SPD wichtigen *Freien Gewerkschaften.* Der Mitgliederstand der Partei lag um 1 000(1).

2. Aus der Lebensgeschichte des Alfons Bayerer (2)

Bayerer wurde am *28.7.1885 in Gergweis/Ndb.* (bei Plattling) als *Sohn des dortigen Lehrers* und seiner Ehefrau - diese natürlich ohne Beruf - geboren. Sein Vater starb sehr früh. Die Pension für die Witwe und ihre *sechs Kinder* war für heutige Verhältnisse unvorstellbar gering. Die Familie litt durch den frühen Tod des Vaters große Not. Alfons Bayerer war eines der jüngsten, wenn nicht das jüngste der sechs Geschwister. Er erlebte die damaligen Entbehrungen einer vaterlosen, kinderreichen Familie durch lange Jahre seiner Kindheit und Jugend. Für ihn mögen diese Erfahrungen für das ganze weitere Leben bestimmend gewesen sein, das er dem politischen Engagement für die sozial schwachen Glieder der Gesellschaft, vor allem für die damals noch weitgehend unterprivilegierten Arbeiter, widmete.

Bayerer lernte das *Spenglerhandwerk.* Schon mit 18 Jahren *trat er 1903 der SPD* bei. 1910 schickte man ihn auf die Parteischule nach Berlin(3). Kurz vor Kriegsbeginn wurde er vom bayerischen Landesvorstand der SPD in München als Organisationsleiter für den geplanten neuen Wahlkreis Niederbayern/Oberpfalz ausersehen. Seine Tätigkeit in diesem Amt - zusammen mit Max Schinabeck - hatte gerade erst acht Tage gedauert, als er zum Kriegsdienst als Soldat einberufen wurde. Im Verlauf des Krieges, den er *1914 bis 1918 in Frankreich* mitmachte, zog er sich eine Lungentuberkulose zu und war von daher *Schwerkriegsbeschädigter.* An der Vogesenfront war er bei dem langen, aufreibenden Stellungskrieg beteiligt, in dem soviele ihr Leben oder ihre Gesundheit verloren.

Unmittelbar nach Kriegsende, noch 1918, wurde er Parteisekretär in Augsburg, und *ab 1920 Bezirkssekretär in Regensburg* für den Parteibezirk Ndb/Opf, der wegen den neugebildeten 25. Reichstagswahlkreises damals geschaffen wurde(4). Dieses Amt behielt er, zusammen mit *Max Schinabeck*, bis zum Verbot der SPD im Juni 1933. Bei der Wahl am 6.4.1924 wurde Bayerer im Stimmbezirk Regen-Zwiesel in den *Landtag* gewählt, dem er schon - durch Nachrücken - seit 1923 und dann bis zu dessen Ausschaltung 1933 angehörte. Ab etwa 1930 vertrat er dort den Stimmbezirk Regensburg, als Nachfolger von *Rudolf Schlichtinger* senior, der aus Altersgründen ausgeschieden war. Im Landtag war er Experte und Sprecher der SPD für die Agrarpolitik.

In Regensburg beteiligte sich Bayerer zusammen mit dem Stadtrat *Karl Esser,* dem Gewerkschaftssekretär *Michael Burgau* und dem Buchdruckermeister *Hans Feiner* aktiv am Aufbau und an der Erhaltung des *"Volkswacht für Oberpfalz und Niederbayern"* und des zugehörigen Druckereiunternehmens. Die Volkswacht war seit 1920/21 Nachfolgerin, bzw. Ersatz für die "Neue Donaupost", die seit 1917/18 in Regensburg herausgegeben, aber in München gedruckt

---

1) Mitteilung (Schätzung) von Hans Weber
2) Als Quelle vor allem für die persönlichen Daten konnten gern gegebene Auskünfte von H. Weber und F. Mörtl dienen
3) Die einzige Parteischule, die die SPD unterhalten hatte, bestand 1906-14. In dieser Zeit wurden 203 Genossen ausgebildet. Näheres in SPD-MAGAZIN 1982, Nr. 1/2.
4) Schinabeck Max: Die Chronik der Spatzengasse. In Sonderbeilage zur ReWo 1955, Nr. 35

worden war. Das erste SPD-Organ in Regensburg war die Wochenzeitung "Regensburger Volksfreund", erschienen seit 1908. Dieses Blatt wurde aber bereits ein Jahr später von der Tageszeitung "Donaupost", dann "Neue Donaupost" abgelöst. Die letztere erschien als Kopfblatt (mit eigenem Titel und eigenem Regionalteil) der "Münchener Post"(1)

Bayerer war nicht nur durch seine hauptamtliche Tätigkeit, er war auch durch seine Familie mit der SPD eng verbunden. Seine Frau Karoline war Tochter des Sozialdemokraten *Peter Holl*, der schon 1910 dem SPD-Ortsverein Passau vorstand(2). Und seine Tochter Martha, selbst Mitglied der SAJ seit 1930, heiratete den Sozialdemokraten *Hans Weber*, der sehr aktiv in der SAJ seit 1928 tätig war. Weber verkehrte regelmäßig im Hause Bayerer in der Margaretenau und wohnte nach seiner Verheiratung dort, was für den SPD-Widerstand ab 1933 sich als bedeutungsvoll erweisen sollte.

Natürlich gehörte Bayerer auch dem *"Reichsbanner Schwarz-Rot-Gold"* an, das 1924 als republikanischer Frontkämpferbund aus SPD, Demokratischer Partei und Zentrum (nicht Bay. Volkspartei!) zum Schutz der Republik gegründet worden war. Die BVP stand dem Reichsbanner im allgemeinen ablehnend gegenüber, gelegentlich wurden Veranstaltungen des Reichsbanners in München verboten. Als Reaktion auf die im Oktober 1931 gebildete republikfeindliche "Harzburger Front" aus NSDAP, DNVP und Stahlhelm gründeten am 16.12.1931 die SPD, der Allg. Dtsche. Gewerkschaftsbund und das Reichsbanner zusammen mit den Freien Gewerkschaften und den Arbeiter-Sportorganisationen die *"Eiserne Front"*, die für Gaue und Orte Kampfleitungen organisierte. Diese Versuche, den befürchteten gewaltsamen Machtwechsel durch Gegengewalt bzw. gewaltlosen Widerstand (Streik), zu verhindern, erwiesen sich in der Zeit der Bewährung 1933 als nicht wirkungsvoll genug. Vielerlei Gründe gibt es dafür, z. B. die Unmöglichkeit, einen Generalstreik durchzuführen, der wegen der riesigen Arbeitslosigkeit nicht genügend befolgt worden wäre. Auch glaubten nicht nur die Vertreter der bürgerlichen Parteien, sondern auch ein erheblicher Teil der SPD, daß eine NS-Regierung sehr bald am Ende wäre. Nur wenige hatten vorausgesehen, wie schlimm alles kommen würde. Als man es sah, war es für einen wirksamen Widerstand schon zu spät. Er hätte Bürgerkrieg bedeutet, den man nicht verantworten zu können glaubte. Auch fürchtete man sich in der SPD, daß bei einem Generalstreik die Kommunisten die Führung an sich reißen würden. Viele hofften, daß die SPD aus einer Zeit des Verbotes und der Unterdrückung, ebenso wie nach den 12 Jahren von 1878 - 90, auch jetzt wieder nur umso stärker hervorgehen würde.

3. Die "Zeit der Halblegalität" von März bis Juni 1933

Nach dramatischen Versuchen, eine Regierung ohne die NS zustandezubringen, beauftragte über Vermittlung *von Papens* der 86-jährige Reichspräsident Generalfeldmarschall *von Hindenburg* am 30.1.1933 den NSDAP-Vorsitzenden *Adolf Hitler* mit der Bildung einer neuen Reichsregierung. Von diesem Tag an folgte Schlag auf Schlag zur Errichtung der Alleinherrschaft einer Partei und eines Diktators in Deutschland und zur Vorbereitung und Wiederaufnahme des durch die Weimarer Republik unterbrochenen Weltkrieges, diesmal zur Erkämpfung neuen Lebensraumes für das deutsche Volk und für seine Wirtschaft.

---

1) CHROBAK 1981
2) wie Fußn. 2; S. 72

Noch nicht einen Monat nach Hitlers Regierungsantritt, am 27.2.1933, brannte das Reichstagsgebäude, ein für Hitler willkommenes, wahrscheinlich von ihm oder *Göring* organisiertes Ereignis, das als Begründung für die sogenannte *Reichstagsbrandverordnung* herhalten mußte. Diese längst vorbereitete Verordnung vom 28.2.33 wurde am Tage der Brandnacht in Kraft gesetzt. Mit ihr wurden praktisch alle Grundrechte annulliert. Es folgten Verhaftungen, Verbote, Beschlagnahmen, zunächst vor allem gegen die KPD gerichtet, bald aber auch gegen die SPD und dann gegen alle Parteien, außer der NS-Partei.

So wurden *in Regensburg* noch am Morgen nach der Wahl vom 5.3. sechs kommunistische "Funktionäre" und um den 15./16.3. mindestens zehn Mitglieder des Reichsbanners (SPD) in *"Schutzhaft"* genommen(1), nämlich im Landgerichtsgefängnis in der Augustenstraße, in der sogenannten *Augustenburg*, inhaftiert. Schon am *10.3.33 mußte die SPD-Tageszeitung "Volkswacht"* für Oberpfalz und Niederbayern" ihr Erscheinen *einstellen.* Am gleichen Tag wurde das Gewerkschaftshaus (Paradiesgarten) besetzt und der Polizei übergeben, einen Tag nach der gewaltsamen Beschlagnahme des Münchener Gewerkschaftshauses.

Bei der erzwungenen Einstellung der seit 1920 bestehenden "Volkswacht"(2) wurde deren Verlagsgebäude im Spatzengäßchen 1 (in der nordwestlichen Altstadt neben der Ledererbasse) beschlagnahmt. In diesem Gebäude befand sich auch das *SPD-Parteisekretariat* des Bezirks Ndb/Opf, also der Arbeitsraum Bayerers. Das ganze Gebäude wurde von SA geplündert und besetzt. Knapp drei Monate später, am 2.6.33, übergab der NS-Gauleiter *Hans Schemm* die ehemalige SPD-Druckerei an die NS-Zeitung "Bayerische Ostwacht", die dann ab 3.6. hier gedruckt wurde. Eine solche gewaltsame Wegnahme nennt man Raub und die riesige Menge, die am 9.3.33 abends vor dem Münchener Gewerkschaftshaus in der Pestalozzistraße Kopf an Kopf stand und den in LKW's anfahrenden und laufend verstärkten, bewaffneten SA-Leuten in Sprechchören zurief "Räuber! Räuber!", traf genau das richtige.

Bei der ersten Verhaftungswelle im März 1933 war *Bayerer* dank seines Immunitätsschutzes als MdL noch nicht festgenommen worden. Sehr wohl erschien aber während dieser Monate zweimal die Gestapo in seinem Haus und nahm einen wesentlichen Teil seiner Bibliothek weg. In zwei Zeiserlwagen wurden die Bücher auf Nimmerwiedersehen abtransportiert.

Als wider alles demokratische Recht (offiziell auf Grund des Ermächtigungsgesetzes, das aber durch Täuschung und Terror zustandegekommen war) der gewählte Stadtrat für aufgelöst erklärt wurde und ein *neuer Stadtrat* ohne Wahl, einfach nach dem für die NS günstigen Parteienverhältnis aus der Reichstags-"wahl" vom 5.3.33 gebildet werden mußte, stellte sich *Bayerer*, zusammen mit Mathias Bauer, Jakob Deubler, Franz Höhne und *Max Schinabeck* für das nun gefürchtete Amt eines SPD-Stadtrates zur Verfügung. Das neue Stadtparlament konstituierte sich am 23.4.33. Nur zwei Monate später wurden alle Nicht-NS-Stadträte "zu ihrem Schutz vor dem Zorn des Volkes" (von dem sie gewählt waren!) ins Gefängnis gesperrt.

Das alles war nur folgerichtig, denn die künftige Alleinherrschaft der NS stand längst fest. *Der Stadtrat bestand also ab Juli 1933 zu 100 % aus NS, obwohl diese bei der Wahl nur 10 von 28 Sitzen erreicht hatten.*

---

1) RA 1933, vom 7.3. und 17.3.
2) FREI 37

Vorher, bei der ersten Plenarsitzung des neuen, aber noch nicht totalitären Regensburger Stadtrates am 29.5.1933 wurde der bereits im Amt befindliche NS-Oberbürgermeister, der Arzt *Dr. Otto Schottenheim*, von allen Fraktionen, also auch von den 5 SPD-Stadträten, "gewählt". Natürlich war dies keine Wahl im normalen Sinn des Wortes mehr, z.B. gab es nur den einen Kandidaten. Bayerer erklärte nach der Wahl Schottenheims im Namen der noch fünf Stadträte der SPD deren Bereitwilligkeit zur Mitarbeit, wobei er der Hoffnung Ausdruck gab, daß es "bei gutem gegenseitigen Willen wieder möglich sein müsse, den vielen armen Menschen in der Bevölkerung Arbeit und Brot zu geben."(1) Vielleicht lagen die Gründe für dieses "Mitmachenwollen" der SPD-Fraktion in ähnlichen Umständen und Überlegungen, wie 12 Tage vorher bei der Rest-SPD-Fraktion des Reichstages, wie sie später im Zusammenhang mit *Toni Pfülf* angedeutet werden. Man müßte mehr darüber wissen. Möglicherweise steckte eine Erpressung dahinter. Denn die SPD-Vertreter im Stadtrat zeigten in einem anderen Fall großen Mut:

Sie verhielten sich bei einer Stadtratssitzung einige Wochen vorher, während der *Adolf Hitler zum Ehrenbürger* der Stadt ernannt wurde, ausgesprochen kühn und gefährlich. Sie verließen vor der Abstimmung demonstrativ den Sitzungssaal und betraten ihn erst wieder, als ihnen *Weber*, der als Beobachter auf der Publikumsbank verblieben war, das Ende der Prozedur mitgeteilt hatte(2). Die SPD-Stadträte in München wurden bei der entsprechenden Sitzung mit der Ernennung Hitlers zum Ehrenbürger aus dem Saal hinausgeprügelt. Eine solche demonstrative Ablehnung des von der Vorsehung gesandten Führers erschien den gläubigen NS als ein strafwürdiges Sakrileg, das sie in eine gefährliche Raserei und zu Racheakten bringen konnte. Allerdings wurde diese Erregung auch manchmal nur behauptet, um eine Begründung für wohlüberlegte "Schutzmaßnahmen", nämlich Verhaftung und ähnliches abzugeben.

Für die SPD waren die Monate von März bis Juni 1933 eine *"Zeit der Halblegalität"*. Viele aus der SPD-Führung im Reich erkannten anfänglich noch nicht den vollen Ernst der nun über Deutschland gekommenen Katastrophe. Sie hofften noch auf Vernunft und Einsicht der Reichsregierung, in der ja vorerst nur wenige NS-Vertreter waren, oder glaubten durch Beschwichtigen und Ruhebewahren den Tausenden von bereits verhafteten Genossen in Gefängnissen und Konzentrationslagern das Schlimmste ersparen zu können. Andere sahen klarer, was kommen würde und flüchteten ins Ausland oder drängten doch noch auf aktiven Widerstand.

Bayerer blieb in Regensburg und wurde zwei Tage nach dem endgültigen Verbot der SPD, *in der Nacht vom 24./25.6.1933* zusammen mit über 40 Funktionären der SPD und der Gewerkschaften *verhaftet*(3). Schon zwei Tage später folgten sämtliche Stadträte der BVP in die Schutzhaft nach. Sie galten als eine Art Geiseln. Für die "Selbstauflösung" der BVP in ganz Bayern am 4.7. wurden die Häftlinge dieser Partei wieder freigelassen(4). Für die SPD erließ der bayerische NS-Innenminister *Adolf Wagner* unter dem 17.6.1933 eine Be-

---

1) RA 1933, vom 30.5.
2) Mündl. Mitt. von Hans Weber 1981. Geringfügig abweichend davon schreibt WEINMANN, möglicherweise nach einer unkorrekten Meldung einer damaligen Regensburger Ztg., daß bei der Stadtratssitzung am 22.3.33 alle Anwesenden für die Zuerkennung der Ehrenbürgerwürde an Hitler stimmten, daß jedoch drei Stadträte noch in Schutzhaft waren und "zwei weitere es vorzogen, nicht anwesend zu sein".
3) Laut Polizeibericht waren auch noch Kommunisten darunter; RA 1933, vom 27.6.
4) Bayer. Staatsanzeiger Juli 1933

kanntmachung: Wegen der Verlegung des Sitzes der Reichsleitung der SPD nach Prag durch die Sozialdemokraten *Wels, Breitscheid, Stampfer und Vogel* sind alle SPD-Mitglieder der Gemeinderäte, Bezirkstage und Kreistage zur "Aufrechterhaltung der öffentlichen Sicherheit, sowie zu ihrem eigenen, persönlichen Schutz bis auf weiteres von den Sitzungen fernzuhalten, soweit sie nicht selbst ihr Amt niederlegen"(1). Diese zynische Formulierung bedeutete natürlich die endgültige *Annullierung aller SPD-Mandate*. Aber auch die Vertreter aller anderen Parteien außer der NS-Partei konnten hinfort den Auftrag ihrer Wähler nicht mehr durchführen, auch ohne die Begründung mit einer etwaigen Emigration ihrer Leitungen.

Von den SPD-Leuten in der Regensburger Schutzhaft wurden nach zwei Wochen, am 7.7.1933 14 von der Augustenburg in das KZ Dachau überstellt. Unter ihnen waren *Karl Esser, Josef Rothammer, Max Schinabeck, Leo Hofmann*(2). *Bayerer* dagegen blieb im Regensburger Gefängnis.

Bayerers Familie war nun ohne Einkommen bis auf eine, nicht zum Leben ausreichende Kriegsopferrente. Die Ehefrau begann deswegen ein kleines Textilgeschäft. Dabei war sie vielen Schikanen ausgesetzt und wurde öfter von der Gestapo vernommen. Nach etwa *4 Monaten Einzelhaft im Gefängnis* wurde *Bayerer am 11.10.1933 aus der Haft entlassen*.

Mittlerweile und schon vor den Monaten, in denen Bayerer im Gefängnis einsaß, waren Organisation, Presse und Vermögen seiner Partei Zug um Zug zerstört, bzw. eingezogen worden. Am 11.3. waren Reichsbanner, Eiserne Front und z. B. die SPD-Arbeiterjugend aufgelöst worden.

Ermächtigungsgesetz und Otto Wels

Zum 23.3.1933 berief Hitler den Reichstag ein, um seinen geplanten, aber vorerst noch verheimlichten weiteren Gewaltmaßnahmen in einem *"Ermächtigungsgesetz"* den *Schein der Legalität* zu geben. Für diese Abstimmung im Parlament waren zunächst die *81 Abgeordneten der KPD* durch Verhaftung *ausgeschlossen* worden, soweit sie nicht bereits geflohen waren. Dadurch waren erstmal 12,3 % sichere Nein-Stimmen gewaltsam an der Abstimmung verhindert. Von den 120 gewählten Abgeordneten der SPD waren nur noch 94 anwesend. Die anderen waren gleichfalls bereits in Haft oder geflohen.

Von der Krolloper, dem vorläufigen Ersatz für das zerstörte Reichstagsgebäude, waren uniformierte Hitlerverbände aufmarschiert. Sie schrien in Sprechchören: "Wir wollen das Gesetz, sonst Mord und Totschlag!"(3) Auch im Sitzungssaal selbst war uniformierte SA und SS mit Pistolen aufgestellt. Hitler wollte sich die Ermächtigung für (vorerst) vier Jahre Regierungsausübung ohne Parlament, also für seine Diktatur geben lassen. Er versprach vorher, den Bestand der Länder nicht zu beseitigen, die Rechte der Kirchen nicht zu schmälern und ähnliches mehr. Tatsächlich erreichte er die Zustimmung aller bürgerlichen Parteien und damit die erforderliche Zweidrittelmehrheit der von ihm für die Sitzung noch zugelassenen Abgeordneten. *Lediglich die anwesenden 94 Abgeordneten der SPD hatten den Mut, geschlossen mit "Nein" zu stimmen.* Ihr Fraktionsvorsitzender *Otto Wels* begründete vorher in

---

1) RA 1933, vom 19.6.
2) MZ 1945, vom 9.9.
3) INFORMATIONEN Nr. 126/S. 6

einer mutigen Rede die Ablehnung:

"Wir deutschen Sozialdemokraten bekennen uns in dieser geschichtlichen Stunde feierlich zu den Grundsätzen der Menschlichkeit und der Gerechtigkeit, der Freiheit und des Sozialismus. Kein Ermächtigungsgesetz gibt Ihnen die Macht, Ideen, die ewig und unzerstörbar sind, zu vernichten... Wir grüßen die Verfolgten und die Bedrängten. Wir grüßen unsere Freunde im Reich. Ihre Standhaftigkeit und Treue verdienen Bewunderung. Ihr Bekennermut, ihre ungebrochene Zuversicht verbürgen eine hellere Zukunft... *Auch das Rechtsbewußtsein des Volkes ist eine politische Macht!* ..." Die darauf folgenden zwölf Jahre lehrten, daß diese *Macht des Gewissens wohl existiert, daß sie aber* im Innern eines totalitären Staates nicht genügt, vielmehr der Hilfe aus der noch freien Welt bedarf.

Am 29.4.1933 verlas der Vorsitzende der SPD-Fraktion im *Bayerischen Landtag, Albert Roßhaupter*, dort eine ähnlich tapfere Erklärung wie vorher Wels im Reichstag. Bei dieser Sitzung stimmte *Bayerer* wie alle anderen SPD-Abgeordneten als einzige gegen das Ermächtigungsgesetz(1).

Die dramatischen Worte von Otto Wels geben die Stimmung wieder, die damals bei den Gegnern des NS geherrscht hatte. Ab Februar/März 1933 zogen Empörung und Wut ob der offenbaren Ungerechtigkeiten in die Herzen. Eine heutige Beurteilung des damaligen Verhaltens der aktiven NS-Gegner muß ihr Empfinden und Erleben der NS-Maßnahmen, einschließlich des Ermächtigungsgesetzes, als unerhörte Rechtsverletzungen berücksichtigen. Mögen manche heute meinen, das Ermächtigungsgesetz war formaljuristisch gültig gewesen, zumal die Zweidrittelmehrheit rechnerisch auch bei Zulassung der KPD- und aller SPD-Abgeordneten erreicht worden wäre, *die damaligen NS-Gegner hielten diese Ermächtigung für unrechtmäßig erschlichen.*

Freilich kamen neben der Standfestigkeit und Treue auch Verwirrung und Verzweiflung auf; wilde Gerüchte über Grausamkeiten der Nazis liefen um, teils wahre, teils übertriebene, auch unkontrollierbare Gerüchte über Verräter und Spitzel in den eigenen Reihen. Mißtrauen, Zersetzung, die Flucht einzelner ins Ausland, kennzeichneten die Lage.

Ein Beispiel für die Untergangsstimmung in jenen Wochen des Machtantritts gibt der Freitod der mit Regensburg eng verbunden gewesenen *Toni Pfülf*:

4. Toni Pfülf, Reichstagsabgeordnete des Wahlkreises Ndb/Opf

MdR Toni Pfülf war zwar ein häufiger Gast im Hauptort ihres Wahlkreises und eine für die SPD in Regensburg wichtige Persönlichkeit, sie war aber doch primär immer eine Münchnerin. Deswegen gehört sie nicht zu den "Regensburger" Lebensopfern des Widerstandes und kann hier nur nebenbei erwähnt werden.

Antonia Pfülf wurde am *14.12.1877* in *Metz*, also im späteren Frankreich, geboren(2). Bemerkenswert für ihre Persönlichkeit mag sein, daß sie als

---
1) WERNER 150
2) SCHWARZ 727. Inzwischen erschien: Dertinger Antje: Dazwischen liegt nur der Tod. Leben und Sterben der Sozialistin Antonie Pfülf. Verlag J.H.W. Dietz, Nachf. Berlin, Bonn 1984

Tochter eines Obersten, also aus ganz anderem Milieu, zur Sozialdemokratie gestoßen war.

Regensburger erinnerten sich: Als Lehrerin in München nahm sie 1913 an Diskussionsabenden junger Sozialisten teil(1). Im gleichen Jahr hielt sie in Regensburg im Velodrom, dem heutigen Capitol, vor über tausend Versammelten die Festrede zur Feier "Fünfzig Jahre SPD". Dazu ist zu bedenken, daß Frauen bis 1918 gar kein Wahlrecht hatten und daß es ihnen verboten war, politische Versammlungen zu besuchen. Das noch größere "Übel", daß Frauen bei solchen Versammlungen sogar auftreten und reden könnten, war möglicherweise gar nicht in Erwägung gezogen. Pfülf war also eine überaus mutige, revolutionäre Kämpferin für die damals als weltfremde Utopie erscheinende Gleichberechtigung des weiblichen Teiles der Menschheit. Sie war Vorsitzende des "Bundes sozialistischer Frauen".

Toni Pfülf wurde als erste weibliche Abgeordnete aus Bayern in ein Parlament gewählt, und zwar am 19.1.1919 in die *Weimarer Nationalversammlung*. Danach hielt sie in allen acht Wahlperioden der Weimarer Republik ihr Mandat im *Reichstag*(2). Sie gehörte ihm vierzehn Jahre lang bis zu ihrem Tod im Jahr 1933 an(3). Dabei vertrat sie ab der zweiten Reichstagswahl des Jahres *1924* den *Wahlkreis Ndb/Opf*. Erst seit sie die SPD in diesem Kreis im Wahlkampf anführte, erzielte diese dort ein Direktmandat für den Reichstag und verlor es nicht mehr. Bei ihrem häufigen Aufenthalt in Regensburg - meist als Unterbrechung ihrer Bahnfahrten zwischen ihrem Wohnort München und Berlin, dem Sitz des Reichstags - war sie Gast im Hause Bayerer in der Margaretenau. Auch fuhr sie von hier aus hinaus in die verschiedenen Gegenden ihres Wahlkreises.

Folgende Charakterisierung wurde ihr in einer historischen Abhandlung zuteil(4): "Sie galt als die Heroin der Oberpfalz und Niederbayerns und ist in ihrem Charisma innerhalb der bayerischen SPD wohl nur *Waldemar von Knoeringen* vergleichbar. Manchen alten Sozialdemokraten traten die Tränen in die Augen, wenn ihr Name ... fiel."

Auch innerhalb ihrer Partei scheute sich die Abgeordnete *Pfülf* nicht, sich des öfteren gegen die Mehrheit ihrer eigenen Fraktion zu stellen und sich anders zu äußern als diese. Dazu einige Schlaglichter aus ihrem politischen Leben:

Vor der Ratifizierung des Versailler Vertrages im Januar 1920 erklärten 15 Abgeordnete der SPD, daß sie sich zwar der Fraktionsdisziplin fügen, also der Ratifizierung zustimmen werden, daß sie aber gleichwohl mit dem Beschluß ihrer Partei für die Unterzeichnung nicht einverstanden seien. Unter dieser kleinen Minderheit von 15 Abgeordneten befand sich Toni Pfülf(5).

Einige andere Begebenheiten, die sie charakterisieren, erfährt man aus *Wilhelm Hoegners* Autobiographie(6). Dort kommt sie dreimal vor:

---

1) Schinabeck M. in MZ 1945, vom 23.11.
2) SCHWARZ
3) WERNER 98
4) GROSSMANN 498
5) WERNER 103
6) HOEGNER 1959

Ungefähr 1920 hielt sie in einer Generalversammlung der Münchener SPD die Anklagerede gegen den Parteigenossen *Erhard Auer*, der gemaßregelt werden sollte. Seine Tochter hatte dem in einer Klinik befindlichen *Grafen Arco*, dem Mörder des bayerischen Ministerpräsidenten *Kurt Eisner* (USPD; + 21.2.1919), einen Rosenstrauß überbracht und der Vater Auer, der schwerverwundet - von einem Attentatsversuch her - in der gleichen Klinik gelegen hatte, wußte angeblich von dieser Ungehörigkeit seiner Tochter. Der Anklägerin Pfülf stand Hoegner als Verteidiger Auers gegenüber. In diesem Parteiverfahren siegte Hoegner gegen Pfülf.

Weiter erzählt Hoegner, wie Toni Pfülf in einer Sitzung der SPD-Reichstagsfraktion Ende 1932 als einzige der weit über hundert Abgeordneten ihm leidenschaftlich entgegentrat, als er von seinen Besprechungen mit dem Reichsjustizminister *Franz Gürtner* wegen des Amnestiegesetzes (die Amnestie betraf in erster Linie NS-Gewalttäter) berichtete. "Dabei schilderte sie die Schrekken einer Militärdiktatur in grellen Farben." Offenbar hatte sie eine viel klarere Vorstellung über eine kommende NS-Diktatur mit der Gefahr eines Krieges, als die meisten anderen, die bekanntlich wegen ihres Unvermögens, Hitler richtig einzuschätzen, weitgehend versagten. Sie zählte, was Anti-NS- und Antikriegshaltung betraf, -sie war konsequente Pazifistin - zum linken, kompromißloseren Flügel der SPD.

Die Regensburger NS-Zeitung "Bayerische Ostwacht" berichtete am 14.2.1933: Die pazifistische "Generalstochter" *Toni Pfülf* marschierte vergangenen Sonntag (12.2.) zusammen mit *Karl Esser* an der Spitze eines Demonstrationszuges (gegen den Reichskanzler Hitler), an dem sich rund 900 Personen beteiligten. Man kann übrigens sicher sein, daß die NS-Zeitung mit dieser letzteren Zahl weit untertrieb. Anschließend sprach Frau Pfülf im größten Saal der Stadt, in der damaligen Stadthalle im Stadtpark zum Thema: "Demaskierung der NSDAP."

Schließlich spielte *Pfülf* im Bericht *Hoegners* über die berühmt-berüchtigte SPD-Fraktionssitzung am 16.5.33 in Berlin eine bemerkenswerte Rolle. Für den nächsten Tag hatte Hitler den Reichstag einberufen, um durch eine möglichst einstimmige Zustimmung aller Abgeordneten einen eindrucksvollen Rückhalt für seine Forderungen auf der Abrüstungskonferenz in Genf zu erreichen. Dort waren die Verhandlungen für ihn bisher ungünstig verlaufen. Die Führung der SPD war zu dieser Zeit bereits gespalten. Ein Teil war schon emigriert. 17 Reichstagsabgeordnete der SPD saßen schon in Gefängnissen oder KZ ein, einer war schon ermordet worden(1). Eine Woche vorher, am 10.5., war bereits das gesamte Vermögen der SPD einschließlich ihrer Zeitungsbetriebe, beschlagnahmt worden. Bei der erwähnten Fraktionssitzung in Berlin waren nur noch wenig mehr als die Hälfte der Abgeordneten anwesend. Sie bestanden naturgemäß hauptsächlich aus dem Teil der SPD-Führung (um *Paul Löbe*, auch *Wilhelm Hoegner*), der immer noch nicht an das Schlimmste glauben konnte und immer noch hoffte, Hitler müßte irgendwann zu normaler politischer Tätigkeit zurückkehren, z. B. ihre Rechte als gewählte Abgeordnete anerkennen. Diese noch im Land verbliebene SPD-Fraktion wollte zunächst die Reichstagssitzung für eine feierliche, öffentliche Erklärung gegen die unmenschliche Behandlung der politischen Gefangenen in den Zuchthäusern, Gefängnissen und KZ benützen. Denn im Reichstag, so glaubten sie, könne man ihnen schließlich nicht das Reden verbieten, wenn ihnen schon das Schreiben verboten wurde. Jedoch wurde wenige Stunden vor dieser Sitzung

---

1) HOEGNER 1959 S. 109

bekanntgegeben, daß deren Tagesordnung keine Gelegenheit für eine Aussprache nach der Regierungserklärung Hitlers vorsah. Trotzdem erschienen die Teilnehmer der erwähnten Fraktionsbesprechung zur Plenarsitzung - die ihre letzte werden sollte - und stimmten sogar der Regierungserklärung Hitlers "für Frieden und Abrüstung, für Gleichberechtigung Deutschlands" zu(1) - mit einer Ausnahme: Die Abgeordnete *Pfülf* wurde bereits während der heftigen Diskussionen bei der Fraktionssitzung "von Nervenkrämpfen geschüttelt und rief einmal ums anderemal, *die Erklärung der bürgerlichen Parteien bedeute den Krieg!* Hoegner fährt fort:

"Sie war den seelischen Belastungen dieser Monate nicht mehr gewachsen. Der Schmerz über die Haltung der Mehrheit der (am 16.5. noch anwesenden) Fraktion, vor allem über die Haltung *Löbes*, den sie seit mehr als einem Jahrzehnt als ihren geistigen Führer verehrte, raubte ihr schier den Verstand."

Für die Mehrheit der Anwesenden (Abstimmung: 48 gegen 17) war schließlich bestimmend gewesen, daß von ihrer Haltung zur Entschließung aller übrigen Parteien (die KPD war ja nicht mehr im Reichstag) Leben und Tod von Tausenden von Sozialdemokraten in den KZ abhängen konnten. Die teuflische Macht der Geiselnahme, die wir heute immer wieder so furchtbar erleben, war ein vom NS-Staat oft und bewußt angewandtes Mittel der Politik gewesen, das seine Wirkung tat. Auch die ebenso bewußt verbreitete Angst, der Terror, wirkten auf normale Menschen. *Hoegner* erinnert sich dieser Situation und schreibt über die ansonsten von heute aus schwer verständliche Entscheidung:

"Keiner der noch in Freiheit befindlichen Abgeordneten wußte, wann ihn das Schicksal traf. Gegen kaum ein Dutzend Stimmen entschied sich schließlich die Fraktion für Teilnahme an der Reichstagssitzung. *Nur Toni Pfülf brachte es nicht über sich, den Fraktionsbeschluß zu befolgen*"(2). Sie blieb standfest und konsequent, sie erschien nicht zur Reichstagssitzung.

Einige Wochen danach - am 8.6.1933 - starb sie in ihrer Münchener Wohnung durch Gift. Sie hatte schon auf der Heimfahrt von Berlin einen Selbstmordversuch unternommen, war aber gerettet worden.

Durch den Sieg des NS und durch die nach ihrer Meinung so schwächliche Haltung vieler Genossen sah sie die Arbeit und das Ziel ihres Lebens, ihren Kampf für Frieden und Humanität, nun als gescheitert an. Frau *Pfülf* hatte noch erlebt, wie viele ihrer Mitkämpfer in die Gefängnisse und die KZ gekommen waren. Das KZ Dachau nahe ihrem Wohnort München war als erstes in Deutschland schon am 22.3.1933 eröffnet worden. Sie wußte, daß sie selbst bald die Freiheit verlieren und schutzlos (in "Schutzhaft") der Gewalt der SS ausgeliefert würde. Aber das war nicht der Grund, warum sie, wie viele NS-Gegner und zahlreiche jüdische Deutsche, den Freitod wählte. Einen letzten Abschiedsbrief hatte sie an *Bayerer* geschrieben.

"Nicht die Erwartung einer Verfolgung durch die Nazis oder Vertreibung aus dem Beruf und Existenzangst treiben mich zu meinem Entschluß, son-

---

1) EDINGER schreibt, daß die Hälfte der in der Reichstagsplenarsitzung anwesenden SPD-Abgeordneten zustimmte
2) HOEGNER 1959; 109

dern die *grenzenlose Verzweiflung über die Tatsache, daß unsere Männer in Gewerkschaften und Parteien nicht bis zum letzten Atemzug gegen das gekämpft haben, was nun kommt"*(1).

5. Der Widerstand der SPD in den ersten Jahren des Dritten Reiches

a) Der Parteivorstand in Prag und seine Verbindung zum Reich

Bereits im Februar 1933 hatte *Friedrich Stampfer*, Chefredakteur des offiziellen Parteiorgans "Vorwärts", Vorbereitungen für den Fall getroffen, daß die SPD-Presse verboten werden sollte. Auf einer Sondersitzung des SPD-Vorstandes in Berlin, am 4.3.1933, wurden sechs Vorstandsmitglieder ermächtigt, ein Auslandszentrum aufzubauen, wobei daneben immer noch Berlin der Sitz des Vorstandes blieb. Man wählte Prag als Aufenthalt für den vorerst nur teilweise emigrierten Parteivorstand, weil in der CSR eine große deutsche Minderheit lebte, die 28 % der Bevölkerung ausmachte und weil dort eine starke deutschsprachige Sozialdemokratie bestand, die den Emigranten entscheidend helfen konnte. Einige wenige Zahlen geben eine Vorstellung: Bei den Parlamentswahlen in der CSR im Oktober 1929 erhielten die deutschen Sozialdemokraten 506 204, die deutschen Nationalsozialisten 204 590 von insgesamt 7.4 Mill. abgegebenen Stimmen aller Volksgruppen. Noch am 31.12.1937 zählte die Deutsche sozialdemokratische Arbeiterpartei in der CSR 82 425 Mitglieder(2).

Wie sehr man nach dem Verbot der SPD-Presse im Reich Einwirkungen von der benachbarten deutschen Sozialdemokratie in der CSR fürchtete, zeigen die zahlreichen Einzelverbote von sudetendeutschen Publikationen, wie man sie dem Bayerischen Staatsanzeiger von 1933 entnehmen kann. Aus den dort abgedruckten Verbotslisten ergibt sich auch die große Vielfalt der Anti-NS-Presse im Sudetengebiet. Vom März bis Mai 1933 wurde die Verbreitung von 33 einzeln aufgeführten sudetendeutschen Zeitungen im Reich verboten.

Laut Rundschreiben des Prager Exilvorstandes der "Sopade" (= Sozialdemokratische Partei Deutschlands, also gleich SPD) vom 3.6.1933 wurde von dort am 28.5. die Herausgabe eines Wochenblattes als Organ der SPD, sowie die Schaffung eines illegalen Verbindungsnetzes nach Deutschland beschlossen(3). Am *18.6.33 kam dann die erste Nummer des "Neuen Vorwärts" heraus*, gedruckt in dem bei der Karlsbader Zeitung "Volkswille" neu eingerichteten Verlagshaus "Graphia".

In dieser ersten Nummer erschien auf der Titelseite der Aufruf "Zerbrecht die Ketten! Die Geschlagenen von heute werden die Sieger von morgen sein! ... Wir rufen zum Kampfe für die Freiheit ... Dieses System lebt allein von der Lüge. Der Welt die Wahrheit zu sagen und dieser Wahrheit auch den Weg nach Deutschland zu öffnen, ist unsere Aufgabe. Wir fordern Wiederherstellung des Rechts ... Wir wollen den Frieden!" Das war offene Aufforderung zum aktiven Widerstand. Jeder, der den NV weitergab, oder auch nur las, mußte sich der großen Gefahr bewußt sein.

---

1) GROSSMANN; 498
2) SELIGERGEMEINDE 1972; 143
3) BEER 175f.

Schon bei der ersten Nummer des NV machte man die Erfahrung, daß sich ein normales Zeitungsformat nicht für die illegale Verbreitung eignete. So erschienen alle folgenden Ausgaben in Miniaturformat auf Seidenpapier. Man brauchte eine Lupe zum Lesen. Später, bei den Haussuchungen, dienten solche Vergrößerungsgläser der Gestapo als Indiz, daß hier der NV gelesen wurde.

Ab 30.7.1933 bezeichneten sich die nach Prag emigrierten Vorstandsmitglieder offiziell als *der* Vorstand der SPD.

Ende Juli/Anfang August 1933 kam die Broschüre *"Revolution gegen Hitler"* heraus. Die Sopade gab klar zu erkennen, daß die "legalistische" Zeit endgültig vorbei sei und sie nun den revolutionären Kampf für das einzige Mittel zur Wiederherstellung von Freiheit und Recht halte. Allerdings war sie auch dabei nicht bereit, die von der KPD angebotene Einheitsfront der Arbeiterklasse zu akzeptieren. Sie trennte sich deswegen auch nach einiger Zeit von der radikaleren Gruppe *"Neubeginnen"* und entzog ihr die finanzielle Unterstützung, hauptsächlich wegen Meinungsverschiedenheiten in dieser Frage(1).

Ab Ende Oktober 1933 erschien neben dem NV ebenfalls wöchentlich die *"Sozialistische Aktion"* (die erste Nr. wahrscheinlich am 29.10.), die vor allem für die illegalen Leser im Deutschen Reich bestimmt war, wogegen der NV besonders die Welt außerhalb Deutschlands ansprechen sollte. Die SozA wurde in winzigen Typen fotokopiert und war mit bloßem Auge gerade noch lesbar. Von diesen Miniaturzeitungen konnten tausende über die grüne Grenze nach Deutschland geschmuggelt werden(2). Heute befinden sich vollständige Serien der SozA in der New York Public Library und in der Hoover Library der Stanford University(3).

b) Die Regensburger Widerstandsgruppe Peter - Weber - Bayerer

Die NS-Gewaltmaßnahmen sollten Angst und Schrecken unter den Gegnern verbreiten. U.a. gab es eine Anweisung an die Unternehmer, sie sollten Arbeiter, die sich gegen die "nationale Revolution" stellten, entlassen - eine eigenartige "Revolution" der Machthaber in Politik und Wirtschaft gegen die Untertanen! Immerhin führten alle diese Terrormaßnahmen - im wahrsten Sinne des Wortes "Schrecken" - stellenweise zu Demoralisierung und Verrat auch in den Reihen der SPD(4). Viele hielten jeden weiteren Widerstand für sinnlos und für selbstmörderisch. Aber keineswegs alle. Besonders die jüngeren, allen voran die Mitglieder der sozialdemokratischen Jugendorganisationen, wie der SAJ(5), dachten keineswegs an Resignation. Auch in Regensburg setzte die SPD nach dem März 1933 die zunächst "halblegale", und nach dem offiziellen *Verbot der Partei am 22.6.* die nun vollständig illegale Tätigkeit fort - trotz der Verhaftung von 40 SPD-Funktionären, bzw. -mitgliedern kurz nach dem 22.6.

---

1) INFORMATIONEN Nr. 160 S. 8
2) EDINGER 45
3) wie vor; 222
4) wie vor; 21
5) Nach der Trennung in Gemäßigte und Radikale im Ersten Weltkrieg vereinigten sich 1921 die vornehmlich in die SPD-Richtung tendierenden sozialist. Arbeiterjugendorganisationen unter dem Namen Sozialist. Arbeiterjugend (SAJ)

Der Regensburger Arbeiter *Gottlieb oder Georg(1) Peter*, der bis dahin bei der SAJ-Ortsgruppe Regensburg tätig gewesen war, hatte rechtzeitig von der vorgesehenen Verhaftung durch die Gestapo erfahren und konnte noch im März 1933 in die CSR entkommen. Dort nahm er Verbindung zur Sopade auf. Wenige Tage nach dem Erscheinen der ersten Nummer des NV, also nach dem 18.6.33, brachte er ein Paket Exemplare dieses illegalen Parteiorgans von Karlsbad über die grüne Grenze nach Regensburg. Dort fungierte zunächst - während der 4-monatigen Haft von *Bayerer* - der 22-jährige *Hans Weber*, späterer Schwiegersohn des *Bayerer*, als "Leiter der illegalen Organisation in Regensburg, hielt die Verbindung mit der Parteileitung in Prag und den Führern an den anderen Orten aufrecht und leitete die Verbreitung der Schriften in Südbayern in die Wege." Dies ist der Wortlaut in der Urteilsbegründung des Obersten Landesgerichts in München, das später schwere Haftstrafen über Bayerer, Weber u. a. verhängte (s. u.).

Es entwickelte sich also ziemlich vom Anfang der Existenz eines Exilvorstandes der SPD in Prag eine rege Verbindung zur bayerischen SPD, wobei *Regensburg wegen seiner geographischen Lage eine besondere Rolle* spielte. Der erwähnte *Gottlieb Peter* leitete noch im Juni 1933 diese illegale Verbindung nach Regensburg ein(2). Dabei wandte er sich an den ihm aus gemeinsamer Tätigkeit bei der Regensburger SAJ bekannten Elektromonteur *Hans Weber*, der sich gleich für den Aufbau eines Verbindungsnetzes bereit erklärte. Weber war Ortsvorsitzender und stellvertretender Bezirksvorsitzender der SAJ gewesen. Hinfort agierte nun Peter zusammen mit dem Nürnberger ehemaligen MdR (SPD) *Hans Dill* (geb. 1887)(3) als einer der Hauptakteure bei dem ständigen Kontakt zwischen Prag und Bayern. *Peter* wurde der Kurier des um über zwei Jahrzehnte älteren *Dill*. Letzterer hatte nach seiner Emigration Ende Juni 1933 Wohnung und Arbeitsstelle in Mies/CSR eingerichtet(4) und fungierte von dort als Grenzsekretär für Nordbayern.

Von Ende Juni 1933 bis 7.5.1934, also gut zehn Monate lang, funktionierte die rege Verbindung zwischen *Weber* und dann *Bayerer/Weber* als Hauptorganisatoren in Regensburg über Mittelsmänner, vor allem *Peter*, mit *Dill* in Mies und dadurch weiter mit dem SOPADE-Vorstand in Prag, bzw. mit den Helfern in Stützpunkten auf der tschechischen (sudetendeutschen) Seite der zunehmend strenger bewachten Landesgrenze. *Alfons Bayerer schaltete sich sofort nach seiner Entlassung aus dem Gefängnis am 11.10.33 selbst in diese aktive Widerstandstätigkeit ein.* Er war damals immerhin 48 Jahre alt, dazu schwerkriegsbeschädigt, aber offenbar ungebrochen durch die unschuldig abgesessenen Monate in der Augustenburg. Noch vor seiner Haft hatte ihn der oben genannte MdR *Dill* aufgesucht, kurz bevor dieser in die CSR emigrierte(4).

---

1) Weber: "Wir nannten ihn alle Gottlieb." Bei MEHRINGER SPD 363f. heißt er Georg, bei BRETSCHNEIDER 95, Gottlieb. In der Einwohnerkartei ist Gottlieb gestrichen und durch Georg ersetzt
2) Lt. Urteilstext OLG begann die Verbindung erst Ende Juli 33, was nach Mittlg. Webers sicher falsch ist
3) H. Dill war in Nürnberg Bezirkssekr. der SPD gewesen, so wie Bayerer in Regensburg
4) MEHRINGER SPD 358, 361

c) Transport und Vertrieb der Sopade-Presse aus der CSR und Nachrichtenübermittlung in die CSR

Für den illegalen Transport der Sopade- und auch der kommunistischen Presse nach Deutschland lag die CSR besonders günstig, weil die Grenzgebiete weithin von dichten Wäldern bestanden sind und Mittelgebirgscharakter haben, somit schwer kontrollierbar waren. Das erleichterte den mutigen Kurieren den Schmuggel der Zeitungen und Broschüren nach Schlesien, Sachsen und Bayern. Speziell für die Versorgung von Bayern war Karlsbad günstig gelegen. Hier richtete der Prager Exilvorstand neben dem Verlag "Graphia" eines der mehreren "*Grenzsekretariate*" ein. Andere bestanden für Nordbayern in Pilsen, für Südbayern in *Böhmisch-Eisenstein*(1). Die "Grenzsekretare" hatten wieder Verbindung zu einer Anzahl kleinerer Grenzstützpunkte.

Kuriere überschritten verborgene Bergpfade, wobei sie von Parteifreunden unterstützt wurden, die entlang der Grenze wohnten. Dadurch, daß die *sudetendeutschen Sozialdemokraten im Benesch-Kabinett vertreten* waren, konnten sie für die nötigen Pässe und Genehmigungen sorgen, die natürlich hilfreich waren, aber an der Illegalität und Gefährlichkeit grundsätzlich nichts änderten.

Allmählich entstanden für den laufenden Grenzverkehr wachsende Schwierigkeiten und Gefahren dadurch, daß die immer mehr von Hitler gesteuerte Sudetendeutsche Heimatfront unter *Konrad Henlein* an Stärke zunahm. Zuletzt, im Sommer 1938, erreichte sie bei den Gemeindewahlen in den deutschen Gebieten nahezu 90 %. *Wenzel Jaksch*, der Führer der sudetendeutschen Sozialdemokraten, schrieb in seinen Erinnerungen im Sommer 1945 in London:

"Für unsere Vertrauensmänner in den Gemeinden entlang der deutschen und österreichischen Grenze waren "Kampf" und "Solidarität" keine leeren Begriffe... Wenn es galt, Flugblätter oder den illegalen (Neuen) Vorwärts nach Deutschland zu tragen, nahmen sie ohne zu zögern, (das Risiko von) Foltern der Gestapo und das Verschwinden im Zuchthaus in Kauf".(2)

Manchmal reichte der gefährliche Arm der Gestapo auch über die Grenze ins tschechoslowakische Staatsgebiet hinein. So wurde z. B. der Sudetendeutsche *Josef Lampersberger* im April 1935 - als die Regensburger und andere Gruppen, aber noch nicht alle, schon längst in Haft waren - auf tschechischem Gebiet, nämlich in Böhmisch-Eisenstein, von Gestapo ergriffen und auf deutsches Territorium verschleppt. Lampersberger hatte in Böhmisch-Eisenstein den Münchener *Franz Faltner* erwartet, um ihm 300 Exemplare der Broschüre "Rote Rebellen" zu übergeben(3). Faltner wurde zu zehn Jahren Zuchthaus verurteilt, der zu seiner Gruppe gehörende *Franz Weber*, in München, setzte seinem Leben selbst ein Ende.

Geographisch naheliegend war auf deutschem Gebiet die Stadt *Regensburg als Verteilungsknoten*, daneben war aber doch *Nürnberg* das wichtigere Zentrum. Die größte Industriestadt Frankens stellte das größere Potential an Helfern, wogegen Regensburg näher zur Grenze und auch näher zum wichtigen Zielge-

---

1) EDINGER 48
2) SELIGERGEMEINDE 1967 294
3) BRETSCHNEIDER 96f.

biet München lag. So kam es, daß sich aus der relativ kleinen SPD Regensburgs - wesentlich früher als in Nürnberg - genügend idealistische Helfer fanden, die das außerordentliche Risiko von Zuchthaus und KZ auf sich nahmen. Dieses Risiko war 1933/34 für die im Reich wohnenden noch größer als das der sudetendeutschen Helfer, über die - mit Recht - Wenzel Jaksch so bewundernd schrieb. So lief ein Großteil des illegalen Literaturtransports nach Nordbayern über die Regensburger Gruppe um Bayerer/Weber; sogar die Verbindung Dills mit der Münchener Gruppe *Fried/Schober/Linsenmeier* wurde über die Regensburger Sozialdemokraten unterhalten(1). Auch die erste Verbindung zu den Nürnbergern wurde über den Regensburger *Peter* hergestellt. Die Nürnberger wurden erst ab Spätsommer/Herbst 33 eingeschaltet.(2)

Daß *Alfons Bayerer* gleich nach seiner viermonatigen Haft sich selbst, *seine Frau und seine Tochter* an der illegalen Tätigkeit beteiligte, spricht für seine Begeisterung und seinen Idealismus. Da er naturgemäß immer mit Beobachtung und Überwachung durch die Gestapo rechnen mußte, war sein Tun besonders waghalsig gewesen.

In dem programmatischen Artikel "*Zerbrecht die Ketten!*" in der ersten Nummer des NV standen auch diese Sätze:

"Niemand ist durch Parteidisziplin verpflichtet, sich zu uns zu bekennen. Wer es dennoch tut und an unserem Werk mithilft, wird schwere Gefahren auf sich nehmen und harte Opfer bringen müssen. Aber diese Opfer für die Freiheit und den Sozialismus werden nicht umsonst gebracht sein!"

Die Informationsübermittlung zwischen der Sopade in der CSR und den deutschen Genossen lief nicht nur in einer Richtung. Eine Aufgabe, die sich die Exilparteileitung in Prag gestellt hatte, war auch die laufende Sammlung und Veröffentlichung von Nachrichten aus Deutschland, die sonst kaum in die Weltöffentlichkeit, zumindest nicht in diesem Umfang, hinausgekommen wären. Die Kuriere brachten also laufend Berichte aus vielen Gegenden im Reich über die Stimmung in der Bevölkerung, über Ereignisse und Entwicklungen, deren Publikwerden das NS-Propagandaministerium unterdrückte. Der Sopade-Exilvorstand stellte daraus monatlich - von April 1934 bis April 1940 - zuerst von Prag, ab 1938 von Paris aus, die grünen Deutschlandberichte zusammen, die übrigens 1980 in einer umfangreichen Veröffentlichung neu erschienen sind: *Deutschland-Berichte der SOPADE 1934 - 1940*(3). Das für die Zeitgeschichte wichtige Werk *enthält auch Nachrichten über Regensburg in der NS-Zeit.*

Bayerer, Weber und eine ganze Reihe weiterer SPD-Mitglieder in Regensburg, vor allem der Maschinenschlosser *Franz Höhne*, der Schreiner *Josef Köppl*, waren sich der Gefahren wohl bewußt, hielten aber die Fortführung des Kampfes gegen den NS - aus Kameradschaft, aus Gruppen- und aus einem Verantwortungsbewußtsein - für fast selbstverständlich und gingen das hohe Risiko ein. Sie übernahmen von *Peter*, dem Kurier der Exil-SPD, genauer des Grenzsekretärs *Dill*, und von *Friedrich Renner*, Amberg, die laufend überbrachten Exemplare des NV, ab Oktober 1933 der SozA, dazu eine erhebliche Zahl verschiedener Broschüren, und gaben sie an Regensburger Genossen und sogar an SPD-Mitglieder in *München* weiter. *Weber* nahm im August 33 erstmals Verbindung mit dem Glasmaler *Josef Linsenmeier* in München auf, der

---
1) MEHRINGER SPD
2) wie vor, S. 377
3) Verlag Petra Nettelbeck, Salzhausen, und Zweitausendeins, Frankfurt/M. 1980; 7 Bde. 9000 S.

wieder den Schreiner *Johann Fried* einweihte(1). Während der kommenden Monate händigte Weber mindestens fünfmal - so oftmals betrachtete später das Gericht es als erwiesen - Sopade-Presseartikel an *Fried, Linsenmeier* und *Josef Schober* in München aus, die eine der illegalen SPD-Gruppen dort bildeten(2). Die vielen Reisen von Regensburg nach Schwandorf, Weiden, Amberg, Landshut, Straubing und München und einigemale auch über die Grenze in die CSR, unternahm Weber teils per Fahrrad, teils auf dem Motorrad von *Alfons Bayerer*. Im Winter ging er mit anderen zusammen als Skitourist im Bayerischen Wald. Dabei trug er im Rucksack Pakete der Zeitungsminiaturausgaben und der Broschüren. Die letzteren waren außen mit allen möglichen Titeln getarnt: "Aristoteles über das Wesen der Dichtkunst", "Platons Gastmahl", "Die Kunst des Selbstrasierens" und ähnliches mehr, was natürlich nur den "Letztverbrauchern", nicht den Paketbeförderern nützlich war.

Am 3.9.1933, so ermittelte später das Gericht, fand in *Schwarzenfeld* bei Nabburg eine Besprechung zwischen *Peter, Grünbaum* (Fürth) *Renner* und *Seuß* (beide aus Amberg), Weber und *Höhne* (beide aus Regensburg) über die Zusammenarbeit im Oberpfälzer Raum statt(3). Auch zu Meinungsverschiedenheiten kam es zwischen der Regensburger und der Münchener Gruppe, weil die Regensburger eine möglichst weitgestreute Verbreitung von möglichst vielen Exemplaren wünschten, wogegen die Münchener vorsichtiger waren und die gelieferten Schriften nur zur Information von wenigen, aber dafür besonders zuverlässigen Genossen verwenden wollten. Anfang Mai 1934 suchten Fried und Linsenmeier von München aus *Waldemar von Knoeringen* in der CSR auf und vereinbarten, daß die Verbindung von München zur Sopade über ihn und nicht mehr wie bis dahin über den Weg Regensburg - Hans Dill laufen sollte(4). Die Verhaftung von Fried, Linsenmeier und Schober in München-Ende Mai/Anfang Juni 34 - erfolgte denn auch - laut einem Bericht Knoeringens(5) - im Zusammenhang mit der Zerschlagung des Literaturverteilungsapparates in Nordbayern, wobei die BPP in Regensburg Adressen der Münchener gefunden hatte.

Doch zurück in das Jahr 1933, lange bevor die Gestapo fündig geworden war. Damals wurden die Verbindungen von Regensburg aus immer weiter ausgebaut. Nach den Beziehungen zu Gruppen in München, Schwandorf, Amberg, Weiden, gewann Weber Mitarbeiter in *Landshut* (über den Schlosser *Karl Hermann*) und in *Straubing* (über den Maurer *Josef Joringer*) und überbrachte ihnen vielemale Zeitungspakete(6). "Nach seinem eigenen Geständnis (vor dem OLG, bzw. nach der Verhaftung) war Weber etwa viermal zum Abholen von Druckschriften in *Furth i.W.*"(7) Dort hielt der Holzschuhmacher *Philipp Margeth* die Schriften in seinem Versteck bereit, die der Waldarbeiter *Franz Ascherl* (wohnhaft in Goldberg in der CSR) über die grüne Grenze gebracht hatte. Über Ascherl lief die Verbindung zu dem schon mehrmals erwähnten *Hans Dill*.

Nach seiner Entlassung aus der Schutzhaft im Oktober 1933 übernahm *Alfons*

---

1) Urteil mit Begründung OLG München 1935; Az.OJs.80/34
2) BRETSCHNEIDER 95
3) BEER 182 und MEHRINGER 363, 364
4) BRETSCHNEIDER 96 und MEHRINGER 379
5) MEHRINGER 379, 380
6) Im Prozeß wurde die Verteilung donauabwärts bis Straubing aufgedeckt. "Es ist aber sicher, daß Exemplare des NV auch nach Passau gelangten" ROSMUS-WENNINGER 21 und 168 Fußn. 6
7) Urteilsbegründung OLG Mü 1935 Az. OJs 80/34

Bayerer die Leitung der illegalen Tätigkeit. Er verwahrte die gefährliche Literatur in seinem Haus, übergab sie dem Weber zum Weitertransport, verwaltete die vereinnahmten Gelder (25 Pfennige je Zeitung) und bestritt daraus die Ausgaben für den Vertrieb, vor allem für die dazu notwendigen Reisen.

Einige Details enthält die spätere, noch erhaltene Urteilsbegründung des OLG München:

In der ersten Dezemberhälfte "1933 kam *Margeth* aus Furth im Auftrag des *Peter* zu *Bayerer* nach Regensburg. Danach fuhr am 16.12. *Weber* zusammen mit *Karl Zimmermann* (Schwandorf) im Auftrag des Bayerer nach Furth i.W. zu *Margeth*. Am nächsten Tag begaben sie sich auf Schmuggelwegen (über den Voithenberg) über die Grenze nach Fichtenbach (heute poust Bystrice) und führten dort eingehende Gespräche mit Dill, Peter und Ascherl über die künftige Taktik" der illegalen Arbeit vor allem über Vorsichtsmaßnahmen gegen eine Aufdeckung und Aufrollung, z. B. über die Bildung von Dreier- und Fünfergruppen.

Neben dem erwähnten Schmuggelweg bei *Furth i. Wald* benützte der Kurier Peter des öfteren einen weiteren bei *Waldmünchen*. So wie Margeth in Furth, fungierte der Invalide *Johann Lechner* in Waldmünchen als Anlaufstelle. Ein dritter Schleichpfad bestand bei *Flossenbürg* zwischen Silberhütte und Schellenberg(1). So fuhr Weber einmal zusammen mit *Köppl* aus Regensburg auf Bayerers Motorrad nach Flossenbürg und sie gingen von dort zur Silberhütte und weiter über die grüne Grenze nach Goldbach. Schließlich benützten sie den Zug in der CSR von Schönwald nach Mies. Dort trafen sie mit *Dill* zusammen. Am nächsten Tag kehrten sie mit Zeitungspaketen in ihren Rucksäcken zurück nach Tachau und wieder über die grüne Grenze in der Nähe der Silberhütte. Ansonsten mußten sie nicht bis Mies; denn schon in *Goldbach* bei Tachau war die Übergabestelle auf tschechischer Seite. Dort wohnte *Ascherl*.

In *Schwandorf* hatte der dortige ehemalige SAJ-Vorsitzende *Otto Kuhn* zusammen mit seinen Brüdern ein Literaturdepot eingerichtet, ebenso wie der Schlosser *Josef Mörtl* - und dessen ganze Familie, Vater und Bruder - in Weiden(2). Von Januar bis März 1934 brachte Kuhn wiederholt Zeitungen von Schwandorf nach Regensburg zu Bayerer.

Hans Weber berichtet über die Zeitungsweitergabe: Er selbst gab möglichst gleich mehrere Exemplare zur Weiterverteilung an wenige zuverlässige Mitarbeiter, die dann mit der gebotenen Vorsicht für weitere Verbreitung sorgten. Was sie damals leisteten, geht über das hinaus, was ihnen vom OLG nachgewiesen und in der Urteilsbegründung enthalten ist. Denn ein beträchtlicher Teil wurde von allen Angeklagten verschwiegen.

Auch *Franz Mörtl*, damals Weiden, berichtet, daß die Weidener Genossen bei den Vernehmungen so dicht hielten, daß nur ein kleiner Teil der Beteiligten verurteilt und auch von dort nur ein Teil der Widerstandstätigkeit dem Gericht bekannt wurde.

Weber konnte die vielen Fahrten in die verschiedenen Orte nur unternehmen, weil er damals arbeitslos war. Für Sendungen an ihn benützte er am Anfang als Deckadresse die Anschrift seines Onkels. Als man bei diesem eines Tages

---
1) BEER 195
2) MEHRINGER 365

Verdacht schöpfte und (vergeblich) eine Hausdurchsuchung vornahm, stellte *Willi Reichl* seine Anschrift in Regensburg als Deckadresse für Post an Weber zur Verfügung.

Zur Tarnung wurden *Weber* und *Martha Bayerer* Mitglieder bei der GdA (Gewerkschaft der Angestellten). Mit einer Jugendgruppe der GdA machten sie Radwanderungen. Unterwegs verließ Weber die Gruppe öfter und entschuldigte sich jeweils damit, daß er Verwandte besuchen wollte. In Wirklichkeit suchte er kurz Mitarbeiter des Verbindungsnetzes auf und fuhr danach, wenn noch möglich, der Gruppe nach. "Wieviele Verwandte hast Du denn?" hatte man dann schon gefragt.

Die ziemlich umfangreiche Tätigkeit der Gruppe Bayerer-Weber in Regensburg war nur deswegen möglich gewesen, weil der Gestapo-Apparat erst im Aufbau begriffen war und offenbar für Weber und die anderen jungen Mitarbeiter noch keine Karte in der Kartei der unzuverlässigen und zu beobachtenden Personen angelegt war. Auch der noch relativ breite Personenkreis aus zuverlässigen Helfern in Regensburg, in der Oberpfalz und im Sudetengebiet, war eine Voraussetzung für die ziemlich lange laufende Widerstandstätigkeit. Andererseits mußten allerdings auch die Beteiligten erst die Taktik für eine erfolgreiche Tarnung der illegalen Tätigkeit lernen. *Als die Geheimpolizei Erfahrungen gesammelt hatte und besser eingespielt war, kam es in Regensburg in den folgenden 10 Jahren zu keinem solchen organisierten Widerstand mehr. Ein totalitärer Staat - allerdings mit einem bestimmten Mindestrückhalt in der Bevölkerung - ist mit seinen modernen psychologisch-technischen Mitteln ohne weiteres in der Lage, jeden Widerstand im Keim zu ersticken.* Eine solche Herrschaft kann von innen kaum mehr beendet werden, es sei denn durch Kämpfe innerhalb der Führungsspitze.

Die letzten Aktivitäten, von denen man in der Urteilsbegründung zum Hochverratsprozeß erfährt, fanden im April 1934 statt: Am 15.4.1934 fuhr *Weber* mit *Martha Bayerer,* der Tochter des Alfons Bayerer, zu *Kuhn* nach Schwandorf. Weber richtete im Auftrag des Bayerer aus, daß dieser an den kommenden Pfingsttagen in die CSR fahren werde, bzw. daß man sich am *Osser,* dem Grenzgipfel des Bayerwaldes, treffen werde. Am 30.4. brachte *Franz Mörtl jun.,* Weiden, ca. 115 Stück der SozA vom 29.4., die er tags vorher mit seinem Bruder *Josef Mörtl* aus der CSR geholt hatte, zu Bayerer und übermittelte ihm gleichzeitig das Einverständnis des *Peter* zu der vorgeschlagenen Zusammenkunft in der CSR.(1) Falls dieses Treffen an Pfingsten 1934 zustande gekommen wäre, hätten die Regensburger (und die Münchener) wahrscheinlich Verbindung zu *Waldemar von Knoeringen* bekommen, der damals Grenzsekretär der Sopade für Bayern war.(2) Diese Verbindung nahmen dann die Augsburger *Eugen Nerdinger* und *Josef (Bebo) Wagner* zu Pfingsten 1934 auf. Sie waren später in der Gruppe "Neubeginnen" mit deren Stützpunktleiter in München, *Hermann Frieb,* tätig. Ihn hatte ich während des Wintersemesters 1932/33 kurz kennengelernt, als er geschäftsführender Vorsitzender des Sozialistischen Studentenbundes München gewesen war. In einer Versammlung "Sozialdemokratischer Intellektueller" im März 1933 in einem Münchener Hotel, bei der auch *Wilhelm Hoegner* sprach, beteiligte sich Frieb an der Diskussion. Er machte damals eher den Eindruck eines bescheidenen, zurückhaltenden Menschen als den eines draufgängerischen Revolutionärs. Gerade er aber wurde zum aktivsten, mutigsten und am längsten durchhaltenden SPD-

---
1) GROßMANN 505 f.
2) BRETSCHNEIDER, 96 f.

Widerständler in Bayern. Er arbeitete neun Jahre lang illegal, ohne entdeckt zu werden. Erst am 16.4.1942 wurde er festgenommen, wurde vom VGH zum Tode verurteilt und am 12.8.1943 in Stadelheim hingerichtet(1).

Vor Schilderung des Endes der Regensburger Gruppe mögen einige Zitate aus der Sopadepresse Zweck und Ziele des SPD-Widerstandes während der ersten Hitlerjahre aus damaliger Sicht verdeutlichen:

d) Zweck und Ziele

Die Ziele und der Sinn der opfervollen illegalen Tätigkeit wurden in der Sopadepresse klar formuliert. Es sollte der Kontakt unter den Sozialdemokraten aufrecht erhalten werden, sie sollten von der Parteileitung in Prag laufend über die politische Lage unterrichtet werden. Die Empfänger der Informationen sollten das Gerippe der wieder aufzubauenden SPD bilden. Umgekehrt sollten die Mitarbeiter im Reich den Prager Vorstand laufend mit Nachrichten aus Deutschland versorgen, der davon die "Deutschland-Berichte" herausgab, um der Welt die Wahrheit über die Lage und die Stimmung im Reich zu übermitteln.

"Mit dem Sturz der Demokratie und der demokratischen Verfassung ist die bisherige (legale) Form der politischen Aktivität unmöglich geworden ... die neue Form muß deshalb revolutionär sein ... unser Ziel ist, die NS-Despotie zu stürzen ... *Jeden Tag, den wir diesem System am Leben kürzen, ist ein Geschenk an die Menschheit*" (NV, Nr. 1, "Zerbrecht die Ketten!").

Wie sehr die Exil-SPD mit dem letzten Satz recht hatte, konnte sie damals noch nicht in vollem Umfang ahnen. Man denke nur an die letzten Tage der Judenvernichtung: Jeder Tag, um den dieses furchtbare Massenmorden verkürzt werden konnte, schenkte allein wegen Auschwitz rund 2000 Juden das Leben!

Einige wenige Auszüge aus Texten des NV vermitteln ein Bild über Lage und Stimmung bei der Exil-SPD. Gekürzte Zitate aus einzelnen Nummern des NV(2):

Nr. 9 vom 13.8.33 bringt folgendes Gedicht:

... Wir sahen das Zerrgesicht der Zeit
und glaubten an den Sieg der Menschlichkeit
trotz alledem.

Als wir noch frei durch deutsche Straßen gingen,
durch Straßen, unbefleckt von Bruderblut,
da lehrten wir unsere Kinder singen:
"Der Mensch ist gut" - ist dennoch gut.

Ihr habt unseren Glauben blutig geschmäht,
ihr habt in uns den Haß gesät,
er brennt und glüht:
Mord rast durchs Land, die Totenglocken klingen
von Stadt zu Stadt ohn Unterlaß

---

1) wie vor; 105 f. u. MEHRINGER 397 - 417
2) aus "Gründe" z. Urteil OLG vo. 30.3.35. Dort als Belastungsmaterial zitiert.

wir lehren unsere Kinder nicht mehr singen,
wir lehren sie nur noch eins: den Haß.
Ihr sätet den Haß, wir ziehen ihn groß
...

Nr. 10 vom 20.8.33. enthält einen Artikel über die bevorstehende Konferenz der Sozialistischen Arbeiterinternationale vom 21.8.33 in Paris unter der Überschrift:

"*Rettet den Frieden! Stürzt Hitler!*" Vom Kampf der tapferen Genossen drinnen im Land, von deren Erfolg oder Mißerfolg "*hängt das Schicksal der ganzen zivilisierten Welt in den nächsten Jahren und Jahrzehnten ab.*"

Aufgabe der Konferenz muß sein, alle Sozialisten zu einer einheitlichen Aktion zusammenzufassen, mit dem Ziel: "Sturz des Verbrecherregimentes in Deutschland! Rettung des Weltfriedens!" Dieser und viele andere Artikel im NV und in der SozA belegen die eingangs erwähnte Tatsache, daß sehr wohl in einer großen Zahl von Veröffentlichungen lange vor 1939 auf den durch Hitler heraufbeschworenen Weltkrieg hingewiesen worden war.

Nr. 12 vom 3.9.33: "Die Arbeiterklasse kann *die Kriegsgefahr, die aus dem Faschismus entsteht*, nur dann bestehen, wenn sie einig ist." Wenn man es trotzdem ablehnte, der Dritten Internationale (Komintern) ein neues Verhandlungsangebot zu machen, so nur deshalb, "weil man nach den bisherigen Erfahrungen davon nichts anderes erwarten konnte, als neue Verschärfung der Gegensätze und neue Vertiefung der Spaltung..." "... Auch die kommunistischen Arbeiter können angesichts der blutigen Mißhandlungen ... nicht verkennen, ... daß es lebensnotwendig ist, die demokratischen Einrichtungen als Bürgschaft ihrer Bewegungs- und Kampfesfreiheit zu verteidigen ... Andererseits haben die deutschen Ereignisse die sozialdemokratischen Arbeiter in ihrer Überzeugung bestärkt, daß dort, wo die Bourgeoisie ... sich dem Faschismus in die Arme geworfen hat, ... kein anderer Weg zur Befreiung führt, als der des revolutionären Kampfes."

Nr. 14 vom 17.9.33:
"... *Der Zorn gegen das Unrecht ist der unentbehrlichste Antriebsfaktor der menschlichen Entwicklung* ..." Diesen Satz könnte man über alle die Lebensgeschichten schreiben, die vom Widerstand und von der Kraft des Gewissens künden.

Aus SozA vom 10.12.33:
"Niemand kann sagen, wie lange der Kampf dauern wird ... Es kann ein langwieriger Kleinkrieg werden, aber plötzlich kann auch eine Lage entstehen, die dem Entscheidungskampf günstig ist ... Bereiten wir uns auf beides vor!"

Zweieinhalb Jahre später, im Juli 1937, gab Dill einen Vertrauensleute-Bericht weiter nach Prag, in dem es heißt:

"Von innen her ist m. E. nichts zu erwarten, unsere erste illegale Tätigkeit 1933/34 ist gescheitert ... Wir haben die Macht und den Machtwillen der Nazis unterschätzt ... Ich arbeite nur unter dem Gesichtspunkt der größten Sicherung(1).

---
1) BRETSCHNEIDER 105 f. u. MEHRINGER 397-417

e) Verhaftung - Prozeß - Strafen

Bei dem intensiv und immer raffinierter arbeitenden Überwachungsapparat der Gestapo war es nur eine Frage der Zeit, bis die gesamte Tätigkeit entdeckt und die Beteiligten verhaftet wurden. Immerhin dauerte es relativ lange. Einige einzelne Beteiligte in Bayern wurden zwar schon früher ertappt und festgenommen. So wurde z. B. *Konrad Grünbaum* (Fürth), der die Verbindung zur Weidener Gruppe unterhielt, schon im Oktober 1933 in Weiden verhaftet. Aber die Festgenommenen überstanden die strengen Verhöre und gaben keine Namen von Genossen preis. Es gelang der Gestapo noch nicht, die ganze Organisation aufzurollen. Das geschah erst am 20.3.1934, als bei dem 69-jährigen Maschinenschlosser *Georg Berthold* in den MAN in Nürnberg während dessen Abwesenheit der Kleiderspind gewaltsam geöffnet und illegale Zeitungen der Sopade gefunden wurden.(1) Ab Ende April 1934 kam es daraufhin und auf Grund einer weiteren Festnahme in Nürnberg zu einer Reihe von Verhaftungen, die sich bis August 1934 hinzogen. Bei dieser Verhaftungswelle wurden in Bayern mehr als 150 Personen festgenommen. Von den Regensburgern wurde *am 7.5.1934 Alfons Bayerer verhaftet*, am 12.5. folgte *Hans Weber*, und um diese Zeit auch die Ehefrau *Karoline Bayerer* und die Tochter *Martha Bayerer* (letztere am 24.5.), weiter *Franz Höhne, Josef Köppl* u.a., insgesamt 21 Personen aus Regensburg. Von der für die Weidener illegale Tätigkeit wichtigsten Familie *Mörtl* wurden Vater *Franz M.* und sein Sohn *Josef* am 8. oder 9. Mai, der Sohn *Franz* am 10.5.1934 verhaftet. Der Vater verlor im Zuge der weiteren Behandlung in den Zuchthäusern Straubing und Amberg und nach Verbüßung seiner 7-monatigen Haftstrafe im KZ Dachau, an den Folgen von Mißhandlungen sein Leben. Er starb mit 57 Jahren am 19.4.1936.

Am 8. Mai früh 1/2 6 Uhr gelang es *Martha Bayerer* nach der Verhaftung ihres Vaters die im Küchenherd verborgenen ca. 150 Exemplare der SozA noch zu verbrennen, bevor das Haus durchsucht wurde. Sie zündete Kleinholz an, das vor dem Zeitungspaket lag und setzte Kaffee auf. Der kurz darauf eintreffende Gestapomann sagte noch zu ihr: "Sie haben aber schon kräftig eingeheizt!", worauf sie erwiderte: "Ja, ich koche Kaffee, weil ich schon um 1/2 7 im Geschäft sein muß." Die Gestapo fand demnach im Haus Bayerer keine belastenden Zeitungen mehr vor, was allerdings in der Urteilsbegründung vom 30.3.1935 anders dargestellt wurde. Dort heißt es, daß am 8.5. Zeitungen im Küchenherd gefunden und beschlagnahmt wurden. Offenbar hatte der Gestapobeamte doch noch Reste von Zeitungen im Herd bemerkt und dieses Faktum zu seinen Gunsten frisiert. Gleich nach der Verhaftung wurden Bayerers Motorrad, Webers Fahrrad und die für Grenzübergänge benützten Skier beschlagnahmt, natürlich auf Nimmerwiedersehen.

Von April bis August 1934 wurde also das SPD-Verbindungsnetz in Bayern mit den Hauptorten Nürnberg, Regensburg, Fürth, Würzburg, Schwandorf, Weiden, Landshut, Straubing, ein Teil von München, aufgerollt und zerstört. Andere Gruppen, z. B. in München und Augsburg, blieben immer noch unbemerkt und konnten ihre Tätigkeit fortsetzen. Die Gruppe *Faltner*, München, arbeitete bis 27.4.1935, also fast ein ganzes Jahr länger. Übrigens soll die Regensburger Gestapo von ihren Vorgesetzten damals Schwierigkeiten bekommen haben, weil sie gerade am Sitz einer zentralen Verteilungsstelle für Südbayern nicht fündig geworden, sondern erst nach Verhaftungen in Franken wach geworden war.

---
1) BEER 202 und MEHRINGER 369

Die in Regensburg Verhafteten waren zunächst am Ort in der Augustenburg festgehalten und dann teilweise in das Untersuchungsgefängnis München-Stadelheim überstellt worden. Am 29.10.1934, also nach über 5 Monaten, wurde vom I. Strafsenat des *Obersten Landesgerichts in München* offiziell die Anklage zugestellt. Bei 17 von den 21 festgenommenen Regensburgern wurde das Verfahren eingestellt, teils wegen Verjährung, teils weil die Angeklagten unter das Amnestiegesetz fielen(1). Bei einigen geschah das am 9.10.34, bei anderen erst am 30.11.34; bei der Ehefrau des Bayerer am 9.10., jedoch bei der zur Zeit ihrer Verhaftung erst 19 Jahre alten Tochter Martha erst bei der *Urteilsverkündung am Montag, 11.2.1935.* Sie war vom 24.5. bis 3.10.34 im Regensburger Gefängnis, zur Zeit des Prozesses aber schon nicht mehr in Haft gewesen. Wohl mußte sie aber als Angeklagte vor dem OLG in München zur Verhandlung erscheinen.

Insgesamt wurden vom OLG München vom Januar bis 12. Febr. 1935 in sieben gesonderten Prozessen 68 Sozialdemokraten zu insgesamt 57 3/4 Jahren Zuchthaus, 71 Jahren Ehrverlust und 32 1/2 Jahren Gefängnis verurteilt. Die höchste Strafe erhielt *Heinrich Stöhr* aus Weiherhof bei Fürth mit 5 1/2 Jahren Zuchthaus(2). Von den Regensburgern wurden am 11.2.35 verurteilt:
Bayerer Alfons zu 4 1/2 Jahren Zuchthaus und 5 Jahren Ehrverlust
Weber Johann zu 4 Jahren Zuchthaus und 5 Jahren Ehrverlust
Höhne Franz Xaver zu 2 Jahren Gefängnis
Köppl Josef zu 8 Monaten Gefängnis.

Im gleichen Verfahren wurden der Mechaniker *Franzspöck Josef jun.* und der Schlosser *Hermann Karl, jun.*, beide aus Landshut, zu 2 Jahren 3 Monaten, bzw. 1 Jahr 10 Monaten Gefängnis verurteilt. Alle Verhandlungen erfolgten unter Ausschluß der Öffentlichkeit.

Trotz der heute hoch erscheinenden Strafen hat das OLG München bis 1935 im Vergleich mit Urteilen des Nürnberger Sondergerichts aus der gleichen Zeit relativ milde geurteilt und den Tatbestand wesentlich breiter und sachlicher untersucht und geschildert(3).

Das Verfahren war - natürlich innerhalb der bereits geltenden NS-Gesetze - objektiv abgewickelt worden. Bayerer wurde eines "Verbrechens der *Vorbereitung eines hochverräterischen Unternehmens*" für schuldig befunden und zwar durch die Verbreitung der illegalen Druckschriften und durch Mitwirkung bei der Aufrechterhaltung des organisatorischen Zusammenhanges der verbotenen SPD. Damit verstießen Bayerer und Weber gegen das *"Gesetz zur Gewährleistung des Rechtsfriedens"* vom *13.10.33,* das u.a. die Verbreitung von Druckschriften staatsgefährdenden Inhalts verbot und gegen § 83 Strafgesetzbuch in der Fassung vom 1.5.34. Wahrscheinlich konnten die Richter nicht anders urteilen. Der Strafsenat bestand aus 5 Richtern, von denen mindestens ein Teil noch alte Juristen, also nicht notwendigerweise echte NS gewesen waren. So war z. B. der ranghöchste Richter, der Senatspräsident *Widmann*, bis 1933 Abgeordneter der BVP im Landtag gewesen, also ein vormaliger Kollege des Hauptangeklagten *Bayerer.* Die beiden kannten sich gut von ihrer Landtagstätigkeit her.

Den Angeklagten waren Pflichtverteidiger zugeteilt worden, z. B. für Weber

---
1) "Nachtausgabe"; Walhalla Verlag Regensbg. 1935 v. 11.2. 3. Jg. Nr. 35 (Abb. 5)
2) BEER 205
3) ARCHIVINVENTARE Bd. 7, Teil 1; S. VII; Az. OJs 80/34

Abb. 5 Nachtausgabe vom 11.02.1935

der Verteidiger Dr. Seidl.

Für das Strafmaß gegen Bayerer wurde erschwerend berücksichtigt, daß er

"ein erfahrener Politiker und gereifter Mann war, daß er nach seiner Entlassung aus der Schutzhaft, anstatt das Treiben des Weber in seinem Haus abzustellen und auf die jüngeren Leute hemmend einzuwirken, er selbst die Führung der illegalen Geschäfte übernommen hatte und sogar seine Frau und Tochter mit in die Straftat verwickelte. Straferschwerend wirkte ferner, daß er sich auch durch die Schutzhaft nicht hat eines besseren belehren lassen und daß er sogar während der Beurlaubung aus der Schutzhaft zwei junge Landshuter Genossen unterstützte. Zu seinen Gunsten wurde sein einwandfreies Vorleben, seine treue Pflichterfüllung im Kriege und die Tatsache berücksichtigt, daß *sein schweres, im Kriege erworbenes Leiden ihn die Strafe schwerer empfinden läßt als einem gesunden Mann* ... Ein uneingeschränktes Geständnis, das zu seinen Gunsten in die Waagschale hätte gelegt werden können, hat er *nicht abgelegt.*"(1)

Zu welcher Perversion der Rechtsvorstellungen die Diktatur auch ansonsten korrekte Juristen führen konnte, demonstriert der Teil der Strafmaßbegründung, in dem *die erlittenen vier Monate Gefängnis (Schutzhaft),* die ja ohne Urteil, ohne irgendein Vergehen, also unschuldig erlitten waren, nicht etwa auf das Strafmaß angerechnet wurden, sondern im Gegenteil nun *als straferschwerend berücksichtigt* wurden! Die Schutzhaft im Gefängnis hätte belehrend wirken müssen und weil sie das nicht getan hatte, mußte man die Strafe erhöhen! Diese Straferschwernisbegründung zeigt, was offenbar die Juristen für selbstverständlich nahmen: Mit der Schutzhaft sollten potentielle Gegner vorwarnend geschockt werden. Wenn diese Wirkung nicht erreicht wurde, war der Betreffende sozusagen ein Unverbesserlicher. Freilich ist besonders im totalitären Staat nicht sicher, ob die Richter wirklich das meinten, was sie sagten oder schrieben.

Über *illegale Weiterarbeit der SPD in Regensburg* erfährt man kurz aus einem Artikel von *Karl Esser* und *Max Schinabeck* in der MZ vom 9.11.1945: "Aber trotz aller Strafen ließen sich die Sozialdemokraten nicht irre machen. Die Verbindung wurde nur stiller und geheimer aufrechterhalten." Unter der Leitung von *Michael Burgau* ging die Arbeit nach der Verurteilung der anderen weiter. Freilich war das auf keinen Fall in der gleichen Intensität möglich gewesen, wie vor der Zerstörung der Verbindung zur Sopade in Prag im Mai 1934. Immerhin meldete die Bayerische Politische Polizei noch Anfang 1936 für das Berichtsjahr 1935: "*Fast in allen Städten haben sich lose Zirkel, Gruppen, Tischgesellschaften u.ä. aus ehemaligen Mitgliedern oder Sympathisierenden der SPD gebildet*"(2) Solche lose Gruppen führten zwar keinen illegalen Kampf mehr, aber sie sorgten für die Erhaltung ihrer Gemeinschaft und immunisierten sich gegenseitig gegen die massive NS-Propaganda. *Waldemar von Knoeringen* schrieb (Nachlaß(3)), daß bei Kriegsausbruch noch Gruppen von "*Neubeginnen*" u. a. im Bayerischen Wald, in Landshut und *Regensburg* bestanden.

Widerstandstätigkeit wurde immer gefährlicher, die Lage immer weniger durchschaubar, u. a. durch mögliche Spitzel auch aus den eigenen Reihen, wie das

---
1) Urteilsbegründung S. 117 f.
2) BROSZAT 1977 240 f.
3) MEHRINGER 403

folgende Beispiel zeigt:

Im Frühjahr 1935, also fast ein Jahr nach der Verhaftung von Bayerer und Genossen, erschien im Hause Bayerer in Regensburg mehrmals eine Frau aus Furth i. W. und versuchte, die Ehefrau des Bayerer zu überreden, weitere Exemplare der Sopade-Presse und auch beim erstenmal 300 tschechische Kronen aus Spenden in der CSR zu übernehmen, die sie tatsächlich für diesen Zweck von *Hans Dill* drüben erhalten hatte. Frau Bayerer lehnte wegen der inzwischen viel zu groß gewordenen Gefahr ab, aber auch deswegen, weil sie mißtrauisch geworden war und Spitzeltätigkeit vermutete. Dieses Mißtrauen bestand zu Recht, wie sich aus der Verhaftung eines SPD-Genossen ergab, der etwas später auf die gleiche Frau und ihre Behauptungen hereingefallen war. Es handelte sich bei letzterer um *Mathilde Baierl*, einer Tochter des erwähnten *Margeth* und Ehefrau eines Glasarbeiters. Ihr Mann war ebenso wie ihr Vater und wie sie selbst Mitglied der SPD und zusammen mit ihrem Vater am Schmuggel der Sopade-Schriften aktiv beteiligt gewesen - wie auch sie selbst. Am 13. und 14.5.1934 wurden Vater und Ehemann verhaftet, am 25.5. sie selber. Nun war sie Mutter von vier kleinen Kindern, die nun auf einmal zu Waisen geworden waren. Deren Eltern und auch die Eltern von Frau Baierl konnten nichts mehr für sie tun. Die Schwiegereltern der Baierl versorgten sie inzwischen. Der drittälteste Bub war wenige Stunden nachdem sein Vater von der Gestapo weggeführt worden war, von einem hohen Fieber befallen worden und ist einige Monate später gestorben. Mehrere Zeugen bei den Spruchkammerverfahren, zu denen es nach dem Krieg gegen die Baierl kam, zuletzt bei der Berufungskammer in München, schilderten das furchtbare Elend, das durch die Verhaftung der Eltern über die Kinder gekommen war. Diese sind seelisch kaputt gegangen, ein Junge ist gestorben, ein Mädel wurde so krank und schwach, daß Lebensgefahr zu bestehen schien. Als die Mutter im Gefängnis nach Wochen der Ungewißheit solche Nachrichten erhielt, kam es bei ihr zu einem Nervenzusammenbruch. Auch der Vater erlitt aus den gleichen Gründen einen schweren Schock und wurde vorübergehend in ein Nervenkrankenhaus eingeliefert. Sein Schicksal ist übrigens eines der vielen Beispiele dafür, wie ein vom Gericht Freigesprochener unmittelbar anschließend in ein KZ gebracht werden konnte. Bei ihm geschah das Anfang 1935, als er nach seiner erfolgreichen Verteidigung, nach seinem hartnäckigen Leugnen, Freispruch mangels Beweisen erreicht hatte, aber sofort darauf in Dachau eingeliefert wurde.

Im Polizeigefängnis in Nürnberg, in einer Zelle ohne Tageslicht und ohne Frischluft, wurde Frau Baierl nach fünf Monaten Haft durch ihre seelischen Qualen zu einer "Umgedrehten". Sie versprach dem Gestapomann *Beetz*, der sie im Nürnberger Gefängnis "betreute", ihm "einen Gefallen zu tun", wenn sie Weihnachten herauskäme. Sie wurde "frei", kam heim nach Furth, blieb aber wegen ihrer familiären Notlage ständig erpreßbar, konnte ja jederzeit verhaftet werden, ebenso wie ihr Mann, dem sie aus dem KZ verholfen hatte. So leistete sie drei Jahre Spitzeldienst für die Gestapo, ging ungefähr monatlich einmal über die Grenze, ... Vielleicht zur Entlastung ihres Gewissens brachte sie dabei gleichzeitig auch wertvolle Informationen auf die andere Seite.

Nach dem Krieg machten die Amerikaner ihren Vater, der vom Verrat seiner Tochter bis dahin nichts wußte, für kurze Zeit zum Bürgermeister von Furth/W. Als aber einige Monate nach Kriegsende alles ans Tageslicht kam, litt Mathilde Baierls ganze Familie in ihrem Ansehen schwer darunter.

Der tragische Fall der Baierl aus Furth i.W. ist viel ausführlicher in FRÜH-

LICH(1) geschildert.

Die NS scheuten sich nicht - wie auch andere Gewaltsysteme - die erlangte Verfügungsgewalt über Menschen für ihre Ziele auszunutzen, z. B. die Schutzhäftlinge in den KZ als Geiseln gegenüber ihren Familienangehörigen auszuspielen, oder Mutter-Kind-Beziehungen auszuschlachten und dadurch solche Menschen zu Spitzeldiensten zu erpressen, ähnlich wie ihnen Sippenhaft als ein selbstverständliches politisches Mittel oder eine Waffe im Krieg erschien. All das *entsprach der NS- und manch anderer fanatisch vertretenen Ideologie, für die der Einzelne nichts, das Volk oder die Idee aber alles bedeuten.*

Man könnte fragen, warum die NS für ihre Gegner doch manchmal Prozesse veranstalten ließen. Sie hätten auch einfach gemäß ihren Gesetzen "Schutzhaft" anordnen und die mißliebigen Personen auf unbestimmte Zeit in einem KZ verschwinden lassen können.

Wahrscheinlich wollte man aber hie und da zeigen, daß man durchaus auch normale Wege im Strafprozeß zu gehen imstande war. Sollte die Justiz andere als die gewünschten Strafen verhängen, so konnte man immer noch Schutzhaft nach Strafverbüßung oder nach Freispruch anordnen, wie man das auch bei einigen der in den Prozessen des OLG München gegen die SPD-Widerständler Verurteilten, nach Verbüßung ihrer Haftstrafen tat.

Nach der Urteilsverkündung kamen Bayerer und Weber zusammen mit anderen Verurteilten in das Zuchthaus Straubing. Selbstverständlich waren alle dort in Einzelhaft gehalten. Man teilte ihnen eintönige Arbeiten zu, z. B. Montieren von einfachen Brillen. Davon mußten sie zwölf Dutzend am Tag schaffen, dann erhielten sie dafür einen Tageslohn von 10 Reichspfennigen. Nach 1 1/2 oder 2 Jahren wurden beide, zusammen mit anderen, 1937 in das Zuchthaus Amberg verlegt.

Für Bayerer sollte sich der "strafmildernde Umstand", daß "sein schweres, im Krieg erworbenes Leiden ihn die Strafe schwerer empfinden läßt als einen gesunden Mann" (Strafmaßbegründung) als tödlich erweisen. Im Zuchthaus brach sein Kriegsleiden wieder auf, er litt zunehmend an einer Kehlkopftuberkulose. *Man verlegte ihn deswegen, allerdings zu spät, in das Gefangenenkrankenhaus Am Hohenasberg in Württemberg. Als Bayerer dort im August 1939 die 4 1/2 Jahre abgesessen hatte*, wäre er, wie das üblich gewesen wäre, von der normalen Justiz in die Hände der SS, nämlich in das KZ Dachau überstellt worden. Davon wurde er nur durch das energische *Eintreten des Gefängnisarztes* bewahrt, der Bayerer für nicht mehr transportfähig erklärte. So wurde er *als Schwerkranker* schließlich am *11.8.1939* doch entlassen, blieb aber nur noch 9 Monate am Leben. Am 11.5.1940 führte die Krankheit zu seinem Tod. Er war 54 Jahre alt geworden.

Die beigegebene Photographie war an Weihnachten 1939 von seinem Schwiegersohn Weber aufgenommen worden.

Nach dem Krieg erhielt eine Straße im Westen der Stadt Regensburg den Namen von Alfons Bayerer.

---

1) FRÖHLICH 182 - 193

Abb. 6 Alfons Bayerer, Weihnachten 1939

6. Beispiele für Terror ohne Einschaltung der Justiz

Es war in der NS-Zeit gang und gäbe, daß Menschen ohne Prozeß und ohne Anklage in den KZ verschwanden. Auch geschah es häufig, daß trotz vollständiger Verbüßung einer Strafe, die Haft fortgesetzt wurde, oder daß nach einem Freispruch vor Gericht der Freigesprochene sofort verhaftet und für unbestimmte Zeit dem SS-Terror in den KZ überantwortet wurde.

Obwohl das damals also häufig geschah und deswegen selbstverständlich war, oder gerade deswegen, wird im folgenden die abstrakte Feststellung an Hand einiger weniger Beispiele aus dem SPD-Widerstand in Regensburg und eines Falles aus Nürnberg anschaulicher vor Augen geführt.

Unter den im Februar 1935 vom OLG München verurteilten Regensburger Sozialdemokraten hatte *Hans Weber* mit vier Jahren Zuchthaus die zweithöchste Strafe nach Alfons Bayerer erhalten. Damals konnte er noch nicht wissen, daß aus den vier Jahren noch viel mehr werden sollten. Zunächst war er vom Februar 1935 bis 1937 in den Zuchthäusern Straubing und Amberg inhaftiert gewesen. Von dort überstellte man ihn zur Zwangsarbeit ins Aschendorfer

Moor im Emsland. Als "Moorsoldat" verbrachte er den Rest seiner Strafe in dem vom "SA-Sturm Maikowsky" geleiteten, berüchtigten Lager II, untergebracht in Baracke 12.

Die vom OLG verhängten vier Jahre waren schließlich am 11.2.1939 verbüßt gewesen. Während man heute gewöhnlich einen Teil der Strafe erlassen erhält, fügte man damals völlig willkürlich weiteren Freiheitsentzug hinzu. So wurde Weber nach Verbüßung seiner Strafe - offenbar weil man ihn weiterhin für hinderlich bei der Kriegsvorbereitung hielt - der SS zur Schutzhaft übergeben. Diese steckte ihn drei Monate, bis 11.5.1939, in ein Gefängnis in Lingen-Ems. Damit hatte er noch Glück, denn die SS hätte ihn ebenso auf unbestimmte Zeit in ein KZ sperren können. So wurde er nach 4 1/4 Jahren zunächst wirklich frei, stand aber natürlich unter Überwachung durch die Gestapo und mußte sich täglich dort melden.

Die im Gerichtsurteil ausgesprochenen fünf Jahre Verlust der bürgerlichen Ehrenrechte begannen erst nach Absitzen der Haftstrafe zu laufen. Sie wirkten sich bei Kriegsbeginn am 1.9.1939 dahin aus, daß Weber laut Wehrgesetz *"wehrunwürdig"* war. Als man aber nach den hohen Menschenverlusten im russischen Eroberungsfeldzug immer mehr Soldaten brauchte, hob man durch eine OKW-Verfügung vom 2.10.1942 allgemein die "Wehrunwürdigkeit" für die Dauer des Krieges auf(1), zog also auch ehemalige Zuchthäusler und solche ein, denen die bürgerlichen Ehrenrechte abgesprochen waren. Man schuf für diese "Wehrunwürdigen" mit der gleichen Verfügung die Bewährungs-, oder *Strafdivision 999*. Deren Aufstellung begann am 15.10.1942 auf dem Truppenübungsplatz Heuberg auf der Schwäbischen Alb in Württemberg. Weber wurde ziemlich unter den ersten, am 1.11.1942 dorthin einberufen, und zwar zur "Afrikabrigade 999". Nach einer ersten Schulung auf dem Heuberg folgten Kampfübungen auf dem Truppenübungsplatz Maria-ter-Heide nördlich Antwerpen in Belgien, dem selben riesigen Feld, auf dem später viele tausend deutsche Soldaten, darunter auch der Verfasser, in englischer Gefangenschaft verbrachten. Nach vorübergehender Verlegung nach Südfrankreich wurde die Afrikabrigade über Süditalien (Neapel) nach Tunesien verschifft. Schon bei der Überfahrt nach Nordafrika kam es zu hohen Verlusten. Die Zeit der Siege war in Nordafrika längst vorüber. Man stand vor der Überführung der auf verlorenem Posten kämpfenden deutschen Truppen von Tunesien nach Sizilien. Diesen Rückzug sollten die zwei Regimenter der Afrikabrigade 999 (im Februar 1943 umbenannt in Afrikadivision 999) decken, wobei natürlich mit besonders hohen Verlusten zu rechnen war, die man aber den ehemals Wehrunwürdigen gerne gönnte. Am 13.5.1943 kapitulierten die letzten noch in Tunesien befindlichen deutschen Truppen. Weber kam zwei Tage vorher, am 11.5.43 in französische Gefangenschaft, blieb zunächst - bis Ende Dezember 1946! - im Lager XV bei Bizerta an der Nordküste von Tunesien und wurde dann in eines der berüchtigten Gefangenenlager in Südfrankreich verlegt. Das französische Militär nahm keine Rücksicht auf deutsche Widerständler unter den Kriegsgefangenen. Weber wurde erst im Januar 1947 in die Heimat entlassen.

Für die vielen, die ohne Einschaltung der Justiz und ohne irgendeine Anklage, schwer "bestraft" wurden, wird im folgenden der Fall des *Karl Esser* erwähnt, vor allem auch deswegen, weil Esser eine führende Persönlichkeit in der Regensburger SPD der Vorhitlerzeit gewesen war.

Esser wurde 1880 in der bayerischen Rheinpfalz geboren. Den Ersten Welt-

---
1) BURKHARDT Fußn. 12; 342

krieg hat er als Offizier mitgemacht. Im Jahr 1919 schloß er sich der SPD an. Bald wurde er Mitglied des SPD-Bezirksvorstandes. Hauptberuflich war er Administrator der Gräflich Dörnbergschen Waisenfondsstiftung. Seit 1924 war er ständig Mitglied des Stadtrates gewesen. Während der letzten Jahre bis 1933 war er dort Fraktionsführer der SPD.

Esser war nun unter denen, die noch in der Zeit vor der Katastrophe den Kampf gegen den NS aufgenommen hatten und besonders aktiv den Widerstand organisierten, als das noch wirksam hätte sein können. So war er Leiter des Reichsbanners und der Eisernen Front in Regensburg gewesen, den wichtigsten Zusammenschlüssen zur Verteidigung der Weimarer Republik gegen die wachsende Macht des NS und dessen nationalkonservativen Helfern. Wegen dieser ausgesprochenen Kampfstellung gegen den NS wurde Esser schon am 15.3.1933 zusammen mit neun weiteren Genossen in Schutzhaft genommen. Nach sechs Wochen Gefängnis kam er zwar frei, aber das war nur für kurze Zeit. Schon am 24.6.33 wurde er erneut festgenommen, wieder in die Augustenburg verbracht und von dort am 7.7.33 in das KZ Dachau eingeliefert.(1) Die NS-Partei und -Regierung rechnete ihn zu den potentiellen Widerständlern, die es galt auszuschalten, weil sie den Wiederaufbau und -ausbau zur Kriegsvorbereitung gestört hätten.

Esser hatte Glück. Im März 1934 hielt man ihn für genügend geschockt und entließ ihn aus dem KZ. Er hatte mancherlei Lagergrausamkeiten erlebt. Narben von Schlägen blieben auf seinem Rücken zurück. "Nebenbei" wurde er Anfang 1934 in Abwesenheit auf Grund § 4 des BBG (Gesetz "zur Wiederherstellung des Berufsbeamtentums" vom 7.4.33) aus seinem Dienst bei der Dörnbergstiftung entlassen. Schließlich wurde er aus politischen Gründen gezwungen, die Stadt Regensburg zu verlassen (1934), um eventuellen Kontakt mit früheren Genossen zu erschweren. Er zog mit Familie nach München.

Im Zusammenhang mit dem 20.7.44 wurde er noch einmal für einen Monat inhaftiert.

Nach Kriegsende, noch 1945, kehrte er nach Regensburg zurück, schuf und leitete hier Verlag und Druckerei der MZ. Er gehörte wieder dem Stadtrat an, bis er am 30.6.1949 aus Altersgründen ausschied. Er starb am 21.8.1961.

Das alles war während der NS-Schreckenszeit nicht so einfach, wie sich das jetzt liest: Niemand kannte ja die Grenzen des Terrors und kein Richter, kein Gesetz und keine Macht konnten verhindern, daß diese Grenzen beliebig weit hinausgesteckt wurden. Soll es vermerkt werden, daß gegen Esser nie eine Anklage erhoben worden war?

Ein weiteres Beispiel ist der ehemalige Maschinenschlosser *Franz Höhne*, geboren am 13.6.1904 in Regensburg. Er war Mitglied der SPD seit 1922 und Mitglied beim Allgemeinen Deutschen Gewerkschaftsbund. 1932 wurde er in den Regensburger Stadtrat gewählt und war auch noch Mitglied der auf fünf Stadträte zusammengeschmolzenen Fraktion in dem im April 1933 ohne Wahl neugebildeten Stadtparlament. In dieser Eigenschaft kam er in Schutzhaft. Nach seiner Entlassung beteiligte er sich, ebenso wie Bayerer, an der Verbreitung der Sopade-Schriften. Schließlich wurde er mit Bayerer und Weber im Mai 1934 wieder verhaftet und am 11.2.1935 zu 2 Jahren Gefängnis verurteilt. Während seiner Haft verlor er 1934 aus politischen Gründen seinen

---

1) MZ 1945, vom 9.11.; ReWo 1. Jg. 1949, Nr. 26 vom 1.7.

Arbeitsplatz bei der Deutschen Reichsbahn. Nach Verbüßung der 2 Jahre im Gefängnis wurde er für über zwei weitere Jahre in das KZ Dachau verbracht. Danach endlich wieder in Freiheit - war er von 1939 bis 44 als Maschinenschlosser in seinem Beruf tätig. Nach dem Attentat auf Hitler am 20.7.1944 verschleppte man ihn noch einmal in ein KZ, diesmal nach Flossenbürg. Von dort gelang ihm 1945, kurz vor Kriegsende, die Flucht. Er versteckte sich in der Gleißlmühle im Labertal. Nach dem Krieg wurde Höhne ab 1946 wieder Stadtrat in Regensburg, 1955 - 68 Vorsitzender des SPD-bezirks Ndb/Opf und von 1949 - 69 Mitglied des Bundestags.

Auch seine verlorenen Jahre hinter Stacheldraht sind ein Beispiel, wie wenig der NS-Staat seine Gerichtsurteile achtete, wie die Verbüßung einer von einem Gericht verhängten Haftstrafe noch lange nicht das Ende der Haftzeit, geschweige denn das anderer Schikanen bedeuten mußte. *Es herrschte reine Willkür.* Und dieser Staat samt seiner Machtausübung wird heute in der BRD als "legal" zustandegekommen betrachtet!

Übrigens gibt es auch zahlreiche Beispiele dafür, wie sogar auf Freispruch nach einer Gerichtsverhandlung - unmittelbar nach Verlassen des Gerichtssaales - die Festnahme und Einlieferung in ein KZ auf unbestimmte Zeit gefolgt war.

Zuletzt ein Fall aus dem gleichen SPD-Widerstand von 1933/34 aus Nürnberg:

Georg Munkert, geboren 1888, wurde als einer der letzten während der Prozeßserie vor dem OLG München am 11.2.1935 zu 2 1/2 Jahren Zuchthaus verurteilt. Nach Verbüßung seiner Strafe wurde er für weitere 2 1/2 Jahre ins KZ eingeliefert. 1943 wurde er erneut verhaftet und wegen "Wehrkraftzersetzung" zum Tode verurteilt und hingerichtet.(1)

Aber auch diejenigen, die aus Haftanstalten oder KZ in die "Freiheit" entlassen wurden, blieben überwiegend auch weiterhin schwerwiegenden Verfolgungsmaßnahmen ausgesetzt. Sie fanden keine Arbeit und keinen Verdienst mehr, oder sie mußten niedriger bezahlte, ungelernte Arbeit annehmen, oder durften nicht mehr weiterstudieren, oder ihr Geschäft nicht mehr weiterführen und standen unter Polizeiaufsicht. Auch die Verachtung und Diskriminierung durch liebe, aber NS-gläubige Nachbarn oder Kollegen mußten sie und ihre Familie hinnehmen. So war das Los der meisten. Beispielhaft werden für Bayern solche Lebensschicksale in einer Abhandlung in "Bayern in der NS-Zeit", Bd. V geschildert.(2)

---

1) FRITZSCH 56
2) GROẞMANN 433 - 540

Liste der obengenannten, am Literaturtransport 1933/34 beteiligten
SPD-Widerständler(1)

Name	Alter (1933)	Beruf (1933)	Wohnort (1933)
Ascherl Franz	ca. 30	Waldarbeiter	Goldberg i. Böhmen
Bayerer Alfons	48	Spengler; Parteisekretär, MdL	Regensburg
Bayerer Karoline	45	Hausfrau	Regensburg
Bayerer Martha	19	Kontoristin	Regensburg
Dill Hans	46	Porzellanmaler Parteisekr. MdR	Nürnberg-Mies
Faltner Franz	32	Bahnarbeiter	München
Franzspöck Josef	20	Schlosser; Mechaniker	Landshut
Fried Johann	25	Schreiner	München
Grünbaum Konrad	27	Metalldrücker	Fürth
Hermann Karl jun.	19	Schlosser	Landshut
Höhne Franz X.	29	Masch. schlosser	Regensburg
Joringer Josef	30	Maurer	Straubing
Köppl Josef	28	Schreiner	Regensburg
Kuhn Otto (u. Brüder)	19	Maurer	Schwandorf
Lechner Johann		Invalide	Waldmünchen
Lampersberger Josef	21	Mitropakellner	München-Eger
Linsenmeier Josef	27	Glasmaler	München
Margeth Philipp		Holzschuhmacher	Furth i.W.
Mörtl Franz sen.	53	Porzellandreher	Weiden
Mörtl Franz jun.	20	Abiturient	Weiden
Mörtl Josef	18	Schlosser	Weiden
Munkert Georg	45	Wickler	Nürnberg
Peter Georg (Gottlieb)	22	Arbeiter	Regensburg
Renner Friedrich	23	Lehrenmacher	Amberg
Schober Josef	22	Schneider	München
Seuß Friedrich	24	Schreiner	Amberg
Stöhr Heinrich	29	Posamentierer	Weiherhof bei Fürth
Weber Franz		Mechaniker	München
Weber Hans	21	Elektromonteur	Regensburg
Zimmermann Karl	19		Schwandorf

1) Eine große Zahl ebenfalls Beteiligter ist hier nicht aufgeführt.

V. KOMMUNISTEN UND SYMPATHISANTEN

VERFOLGUNG UND WIDERSTAND

Die Tätigkeit der Sozialdemokraten um Alfons Bayerer in den ersten Hitlerjahren 1933/34 war der erste und letzte zentral organisierte Widerstand einer Gruppe in Regensburg, von dem sogar in der damaligen Presse berichtet wurde. Die anderen Aktionen gegen den NS während dessen zwölfjähriger Herrschaft stehen nach Umfang, Organisation und ihrem damaligen Bekanntwerden weit dahinter. Sie gingen *in der Stadt Regensburg* von *Einzelpersonen* aus, die mehr oder weniger allein aus sich heraus, jedenfalls nicht als eine zusammenhängende Gruppe, so wie die Sozialdemokraten, handelten.

Eine besondere Rolle spielten allerdings auch noch die Kommunisten, die in Bayern sehr wohl ebenfalls einen organisierten Literaturschmuggel aus der CSR betrieben, also einen Gruppenzusammenhalt behielten und aktiven Widerstand leisteten. In Regensburg sind sie aber wegen der wenigen Mitglieder bei der KPD - vor 1933 nur etwa 6 % der Mitgliederzahl der SPD - und wegen der rigoroseren Verhaftungen und damit Ausschaltung möglichst aller potentiellen Widerständler, nicht mehr als ganze Gruppe in Erscheinung getreten. Sehr wohl machten sich aber einzelne Übriggebliebene noch bemerkbar. So sind Verbindungen Regensburger Kommunisten zur illegalen KPD-Berzirksleitung in München bis Anfang 1935 dokumentiert(1). Auch waren einzelne Regensburger am Transport kommunistischer Zeitungen und Flugblätter aus der CSR nach Nürnberg beteiligt, spielten jedoch keine maßgebenden Rollen, sodaß ihre Verfahren vor dem OLG München nach dem Oktober 1933 eingestellt, oder an das Landgericht abgegeben wurden(2).

Einer der Regensburger Kommunisten, über den einiges mehr erfragt werden konnte, war *Franz Enderlein*. Natürlich waren er und die Kommunisten aus der anschließend behandelten "Neupfarrplatzgruppe" schon vor 1933 Mitglieder der KPD und es muß zum Verständnis der Motive und der Möglichkeiten dieser Widerständler die Lokalgeschichte ihrer Partei vorausgeschickt werden - soweit die wenigen vorliegenden Informationen das ermöglichen.

1. Die KPD in Regensburg von 1920 bis 1933

Für Deutschland gilt als Gründungsdatum der KPD der 1.1.1919, für München auch der Januar 1919, für Nürnberg der 26.2.19. Die Regensburger Ortsgruppe wurde dagegen erst ein gutes Jahr später, am Freitag - einem Wochenzahltag - den 20.2.1920 im ersten Stock des Thomaskellers aus der Taufe gehoben. Das geschah - so berichtete das Gründungsmitglied *Konrad Fuß* mit Stolz - in dem gleichen Lokal, in dem schon 1848 revolutionäre Versammlungen stattgefunden hatten(3).

Aber schon bei dieser Gründungsversammlung 1920 mußte man eine erste wenig ermutigende Erfahrung machen. Noch während der Veranstaltung wurden

---
1) MEHRINGER KPD 92, 125
2) Wie vor; 212
3) Mündl. Mittlgen 1979-82 durch den Mitbegründer der KPD-Ortsgruppe Regensburg u. späteren Stadtrat Konrad Fuß. Die Ortsgruppe Augsburg wurde laut G. Hetzer in BROSZAT 1981 Bd. 3; S. 51 Ende Mai 1920, also später als in Regensburg gegründet.

alle 17 Teilnehmer von dem Polizeisekretär, späteren Kriminalrat *Alfons Hartl*, SPD, verhaftet und zur Polizeidirektion am Haidplatz gebracht. Dort wurden sie verhört, ihre Personalien wurden festgehalten, man machte Fingerabdrücke wie bei Verbrechern und dann ließ man sie wieder frei(1). Diese Erfahrungen gleich zum Anfang setzten sich während der kommenden dreizehn Jahre der Weimarer Republik und ihres besonderen Teils Bayern in Form von Verhaftungen, Verboten und anderen Schikanen fort. Das wenigste war, daß die KPD und ihre Mitglieder in dieser Zeit vor Hitler von der Polizei ständig sorgsam überwacht wurden(2).

In den ersten Jahren, so erzählt Fuß, wurde die Ortsgruppe Regensburg von einem Schiffer, namens *Horn*, geführt, den man von Hamburg nach Regensburg geholt hatte, weil er sich in der Schleppschiffahrt gut auskannte. Ein weiterer Vorsitzender war dann der Arbeitersekretär, also Gewerkschaftler *Bloch* gewesen. Von einer Regensburger Persönlichkeit mit einem sehr wechselvollen Lebenslauf hatte Fuß vor seinem Tod nichts mehr erzählt und doch mußte sie in der allerersten Zeit der Regensburger Ortsgruppe eine besondere Rolle gespielt haben: Von *Franz Xaver Aenderl*. Er wurde am 25.11.1883 in Steinweg geboren(3), stammte demnach aus dem Vorortmilieu Reinhausen-Schwabelweis, aus dem ein erheblicher Teil der Regensburger Kommunisten hervorgegangen war. Allerdings scheint sein Berufsweg, nämlich Mittelschule, kaufmännische Lehre, Versicherungskaufmann, nicht dazuzupassen. Aenderl war Teilnehmer am Ersten Weltkrieg und dabei in Kriegsgefangenschaft gewesen. 1919 wurde er schon hauptamtlicher Parteisekretär der USPD. Er gehörte dem linken Flügel dieser Partei, damit deren Minderheit in Regensburg an(4).

Auf dem "Spaltungsparteitag" der USPD in Halle/Saale Ende 1920 gehörte Aenderl zu jenen bayerischen Delegierten, die für den Anschluß an die KPD stimmten. Er stieß also etwa ein 3/4 Jahr nach der Gründung zur Ortsgruppe Regensburg der KPD. Im Herbst 1922 finden wir ihn schon als Sprecher bei einer KPD-Veranstaltung in Nürnberg und natürlich in Regensburg. Er war bereits stellvertretender Bezirkssekretär für Nordbayern geworden(5). Für die KPD-Organisation war Bayern in einen Süd- und einen Nordbezirk unterteilt, wobei die Oberpfalz mit Regensburg zu Nordbayern gehörte.

Es war um die gleiche Zeit, gegen Ende 1922, als es bei einer Zusammenkunft der Regensburger Ortsgruppe, zu der nur acht Mitglieder erschienen waren, zu einem Streit zwischen Aenderl und der Ortsgruppe gekommen war. Daraufhin erklärte dieser seinen Rücktritt als *Ortsvorsitzender*. Diese Funktion ging auf ein Mitglied namens *Pöpp(e)l* über, der das Amt aber auch nur bis Juli 1923 ausübte und dann zurücktrat.

Bei den bayerischen Landtagswahlen am 6.6.1920 erhielt die KPD zwei Sitze. Die beiden MdL waren *Otto Graf* und *F. X. Aenderl*, "beide aus München"(6). Anscheinend hatte er als Dauerwohnsitz München angegeben. Die Tätigkeit bei der kleinen, unbedeutenden Regensburger KPD-Ortsgruppe wird ihn nur mehr

---
1) Die KPD in Bayern war von ihrer Gründung "bis März 1920 faktisch in der Illegalität" MEHRINGER S. 12
2) BROSZAT 1977 205
3) RÖDER Bd. 1, S. 9
4) NEUHÄUßER 53
5) NEUHÄUßER 112f.
6) NEUHÄUßER 155

wenig befriedigt haben. Im Lebenslauf liegt hier ein Widerspruch vor, denn Aenderl soll ja Ende 1920 noch zur USPD gehört haben (s. o.).

Während der Zeit der Illegalität (die KPD war in Bayern vom 11.9.23 bis 26.2.25 verboten) durfte die Partei laut Weimarer Verfassung doch an Wahlen teilnehmen! Aenderl war zudem durch seine Immunität als MdL einigermaßen geschützt. Auch aus diesem Grunde wurde er zum Obmann des Landeswahlkomitees der bayerischen KPD für die Landtagswahl am 6.4.1924 bestimmt. Seine Partei erhielt diesmal neun Sitze. Natürlich wurde auch Aenderl wieder in den Landtag gewählt. Aber noch im gleichen Jahr wurde er wegen Opposition gegen die Ruth-Fischer-Führung der Gesamt-KPD in Deutschland aus der Partei ausgeschlossen(1). Er wechselte zur SPD über, behielt sein Landtagsmandat. 1928 wurde er für die SPD in den Landtag gewählt. Neben seiner politischen Tätigkeit arbeitete er als freier Schriftsteller.

1933 verbrachte man ihn in das KZ Dachau. Nach seiner Entlassung arbeitete er als Taglöhner. 1934 flüchtete er in die CSR. Als Hitlers Macht sich auch dorthin ausbreitete, ging er über Polen und Dänemark nach England. In London gründete er den Bavarian Circle. Er entwickelte sich während der englischen Emigration zu einem bayerischen Föderalisten, der gegen den preußischen Militarismus wetterte. 1943 brachte er in London ein Buch heraus: Bavaria, the Problem of German Federalism. 1942/43 trat er als Sprecher bei katholischen Sendungen der BBC für Bayern auf. Nach dem Krieg kehrte er auf Wunsch des bayerischen Ministerpräsidenten *Wilhelm Hoegner* aus der Emigration nach Bayern zurück. Er wurde Redakteur bei der MZ in seiner Heimatstadt Regensburg. In dieser Zeit betätigte er sich aktiv bei der Bayernpartei. Schließlich verließ er Regensburg wieder, arbeitete als Journalist in Nürnberg und in Kulmbach, wo er 1951 verstarb.

Kehren wir aber noch einmal in die Weimarer Zeit der Regensburger KPD zurück, wie sie ein aktiv Beteiligter, der Schreiner *Konrad Fuß*, noch selber erzählen konnte. Sein Leben verlief noch wesentlich härter als das des Aenderl. Einige Daten aus dem Leben des im Gegensatz zu Aenderl immer der KPD treu ergebenen Fuß mögen einen den Historiker nicht befriedigenden, dafür aber farbigeren Ersatz für eine eigentliche Lokalgeschichte der Partei selber geben.

Der Vater des Fuß stammte als gelernter Schuhmacher aus einem Dorf, arbeitete aber als Hilfsarbeiter in einem Steinbruch des Kalkwerkes Funk im Norden der Stadt Regensburg. Dort fand er bessere Verhältnisse vor, als in seiner dörflichen Heimat. Er war wie viele Einwohner der nördlichen, damals noch selbständigen Vororte von Regensburg aus dem Umland zugezogen. Die Bevölkerung auf dem flachen Land der Oberpfalz und von Niederbayern litt unter dem Mangel an Arbeitsmöglichkeiten bei gleichzeitig hohem Geburtenüberschuß. Man brauchte nicht so viele Knechte wie es junge Männer gab. So zog laufend ein Teil nach Regensburg, vor allem in die Vororte der Stadt, weil dort die Wohnungen billiger und besser waren als im Stadtkern. Im Norden von Regensburg gab es zwei Kalkwerke mit ihren Steinbrüchen, dazu im Osten die Zuckerfabrik, die noch Arbeitskräfte aufnehmen konnten.

So kam der Vater von Konrad Fuß aus Scharmassing bei Obertraubling, die Mutter aus Pettenreuth bei Roßbach/Opf. Von den sieben Kindern wurde Konrad als zweiter Sohn am 16.1.1897 in Schwabelweis geboren. Die Familie wohn-

---
1) RÖDER, Bd. 1

te dann aber in Reinhausen, Holzgartenstraße 222, in der gleichen Straße, wie der später hier vorgestellte *Josef Haas*.

Konrad Fuß lernte bei der Schreinerei Lindermeier, Minoritenweg 6, das Schreinerhandwerk. Der Betrieb beschäftigte drei Gesellen und drei Lehrlinge. Im Jahre 1914 legte Fuß die Gesellenprüfung ab und arbeitete dann zwei Jahre in seinem Beruf in Ingolstadt und Regensburg. Schon im Juli 1914, mit 17 Jahren, trat er dem Deutschen Holzarbeiterverband bei, las marxistische Literatur und ließ sich bereits im Ersten Weltkrieg, im Gegensatz zu den allermeisten der damaligen Generation, nicht von der allgemeinen, nationalen Begeisterung mitreißen. Er hielt schon diesen Ersten Weltkrieg für das Volk für sinnlos: "Dreißigtausend Bayern verloren im Jahre 1812 in Rußland ihr Leben - für Napoleon!(1) Weitere aus unserem Volk im Jahre 1866 *gegen* Preußen und 1870 *für* Preußen. Und nun für wen?" So stand also Fuß schon damals politisch im Lager der Linken innerhalb der damaligen SPD.

Am 1.9.1916 wurde er zu einer Eisenbahnpioniereinheit nach München eingezogen. Mit der Eisenbahn-Betriebskompagnie Nr. 116/117 kam er nach Serbien und Rumänien ins Feld. Ein einziges Mal, im Jahr 1917, durfte er in den Urlaub heim nach Regensburg. Danach gings wieder zurück an die Balkanfront. Im Frühjahr 1918 wurde er mit seiner Einheit nach Cambrai in Frankreich verlegt, danach in die Gegend um Verdun, nach Ramincourt. Dort erlitt er einen Anfall von Malaria, die er sich wohl am Balkan zugezogen hatte. Er verlor sein Bewußtsein, erwachte in einem Lazarett. Kurz vor Kriegsende schickte man ihn schließlich in ein Heimat-Lazarett, in das Klerikalseminar in Regensburg, das im Ersten und Zweiten Weltkrieg mit einer großen Zahl von Verwundeten und Kranken belegt war. Dort wurde er bald von *Freiherrn von Scheben* als wieder kv (kriegsdienstverwendungsfähig) erklärt. So meldete er sich bei seiner Stammeinheit in München, bei der Demob(ilisierungs-)kompagnie seines Eisenbahnbataillons.

In München war aber gerade, am 7. November 1918, die Revolution ausgebrochen. *Kurt Eisner* von der USPD hatte die Regierung übernommen. Fuß wurde von seinen Kameraden in der Kaserne bald als Soldatenrat gewählt. Er war Mitglied bei der USPD geworden. Als Soldatenrat beteiligte er sich an mehreren Sitzungen der Räteorgane im Hofbräuhaus. Nach den Wahlen vom 12.1. 1919, der Ermordung Eisners am 21.2., wurde am 7.4.1919 die Räterepublik ausgerufen, die aber nur drei Wochen dauerte. In den Tagen vom 1. bis 3. Mai eroberten die "Weißen" unter General *Ritter von Epp* die Hauptstadt München. Dabei verloren viele Hunderte, vielleicht tausend Menschen, besonders Arbeiter, ihr Leben. Bei diesen Kämpfen, bzw. bei einem vorausgegangenen Putschversuch der Rechten wurden im April 1919 u. a. Eisenbahnanlagen in Zorneding gesprengt. Die kurz vorher eingesetzte Räteregierung setzte Eisenbahnpioniere, darunter Konrad Fuß, zum Wiederaufbau der Anlagen ein. Seine Leute hatten dabei einen Toten zu beklagen.

Nach dem Sieg der Weißen wurde *Fuß* am 3.5.1919 in einem Militärgefängnis in der Leonrodstraße inhaftiert. Dort hausten sie zu sechst in einer Zelle und erhielten viel zu wenig zu essen. Mehrmals wurde Fuß zu Verhören in das Polizeigefängnis in die Ettstraße gebracht. Er wurde angeschuldigt, Hochverrat begangen zu haben. Dagegen verteidigte er sich mit der Behauptung, nur Befehle ausgeführt zu haben, wie das für ihn als Soldat seine Pflicht gewesen war. Schließlich wurde er am 21.6.1919 entlassen mit der Auflage, sofort

---

1) In München konnte man am Obelisk Brienner/Barerstraße schon 1914 und früher lesen: "... Dreyssig Tausend Bayern, die im russischen Kriege den Tod fanden..."

München zu verlassen. Er erhielt ein Papier "Außer Verfolgung gesetzt. Polizeipräsidium München Ettstraße". Leider kann er heute keine Erinnerungsstücke mehr vorweisen: Alle Dokumente sind ihm später von der Gestapo weggenommen worden.

Fuß meldete sich in Regensburg bei der Gewerkschaft, - bei *Michael Burgau* - und zwar wieder beim Deutschen Holzarbeiterverband. Aus seinen Erfahrungen der verlorenen Revolution, des Mordes an Eisner, der Niederwerfung der Räteregierung durch Militärgewalt, kam Fuß zu der Überzeugung, daß nur eine eindeutig sozialistische Partei in einem kompromißlosen Kampf die Lage der Arbeiter verbessern könne. So wurde er am 20.2.1920 zum Mitbegründer der Regensburger KPD und erlebte dabei - nach seiner ersten Verhaftung in München - gleich die zweite, diesmal in Regensburg. Aber es sollte noch zu viel mehr Festnahmen kommen.

Im Gefolge des Hitlerputsches am 9. November 1923 wurde zwei Tage danach neben der NSDAP in Bayern auch gleich die KPD mitverboten. Im Reich kam das KPD-Verbot erst 12 Tage später. Die Kommunisten hatten mit dem Putsch nicht das geringste zu tun, aber man nutzte die Gelegenheit, um gleich zwei mißliebige Parteien auszuschalten, wobei freilich die bayerische Regierung ohnehin der KPD wesentlich feindlicher gegenüberstand als der NS-Partei. Wenige Tage nach Erlaß dieses Verbotes wurde *Konrad Fuß* wieder verhaftet, zur Kriminalpolizei am Haidplatz und dann in das Gefängnis in der Augustenstraße, die "Augustenburg" verbracht. Sein Vergehen: Zugehörigkeit zur verbotenen KPD und Versuch, die Partei fortzuführen. Beim anschließenden Prozeß wurde er zu sechs Wochen Gefängnis verurteilt, die er in der Augustenburg absaß. Danach führte er die bis Februar 1925 verbotene KPD in Regensburg illegal weiter und wurde deswegen zum viertenmal verhaftet und diesmal zu zwei Monaten verurteilt. In beiden Prozessen wurde er von dem Rechtsanwalt *Dr.Fritz Oettinger* (s. Kap. VIII) verteidigt, der zeitweilig Vorsitzender der jüdischen Gemeinde und Mitglied der Demokratischen Partei war. Bezahlen konnte und mußte Fuß weder dem Rechtsanwalt noch dem Gericht. Oettinger verzichtete öfter auf sein Honorar, wie sein Sohn 1983 erzählte.

Auch nach Aufhebung des Parteiverbots am 26.2.1925 war die KPD bis 1933 in ganz Bayern besonderer geheimpolizeilicher Aufmerksamkeit und besonderer Repression ausgesetzt. Sie befand sich ständig in einem Zustand der Halblegalität.

Bei den Stadtratswahlen am 7.12.1924 - bei denen sich die KPD trotz Parteiverbots beteiligen dürfte - erzielte sie 1 Mandat. Der Rentner *Max Haindl*, Familienvater mit sehr vielen Kindern, zog in das Stadtparlament. Er war der erste kommunistische Stadtrat in Regensburg. Nach zwei Jahren starb Haindl an einem Kehlkopfleiden. Als Ersatzmann rückte Konrad Fuß als Stadtrat nach. Er übte dieses Amt bis 1929 aus. Bei den Gemeindewahlen am 8.12.1929 erzielte die KPD kein Mandat mehr. Diesesmal war die Anzahl der Stadträte von 46 (bzw. 40 vor den Eingemeindungen) auf 30 verringert worden. Dadurch hatten kleinere Parteien keine Chance mehr. Zudem erzielte die KPD nur 943 Stimmen. Neun Monate später, bei den Reichstagswahlen, erhielt sie demgegenüber 2 569 Stimmen(1).

1929/30 wurde Fuß in einem Prozeß wegen Religionsvergehen zu einem Monat Gefängnis verurteilt. Er soll bei dem Begräbnis eines Genossen die Worte

---
1) BACHFISCHER

"Pfaff" und "Schmarrn" gebraucht und am Grab aus der Internationale zitiert haben: "Es rettet uns kein höheres Wesen..." In einem Berufungsverfahren konnte er die Glaubwürdigkeit dieser Denunziation erschüttern. Er wurde im April 1930 freigesprochen.

Fuß war auch Organisationsleiter des "Kampfbundes gegen den Faschismus", der aber 1930 in Regensburg erst 10 bis 15 Mitglieder hatte, dagegen in Großprüfening allein 16.

Im Jahr 1931 heiratete Fuß eine aktive Kommunistin aus Nürnberg. Mit ihr feierte er 1981 das goldene Ehejubiläum. Allgemein geschah es häufig, daß aktive Kommunisten sich mit Gleichgesinnten fürs Leben liierten, ein Zeugnis für die starke Bindung an die KPD, wesentlich stärker als bei anderen politischen Parteien. Aktive Kommunisten bildeten eine soziale Gruppe mit ähnlicher Bindekraft wie etwa religiöse Gruppen.

Frau *Betty Fuß* (geb. Nov. 1894, gest. in Regensburg im Nov. 1982) war als Arbeiterin in einer Spielwarenfabrik Stadträtin der KPD in Nürnberg, Organisationsleiterin des "Kampfbundes gegen den Faschismus" für den Bezirk Nordbayern, seit 1916 bei der USPD und auch Gründungsmitglied der KPD in Nürnberg. Konrad Fuß zog wegen seiner Heirat 1931 nach Nürnberg und kam erst acht Jahre später nach Regensburg zurück. Deswegen und weil er bald überhaupt aus der Volksgemeinschaft ausgeschieden wurde, weiß er nur wenig über Widerstand von Kommunisten in Regensburg zu berichten. Sein Nachfolger als Leiter der Regensburger KPD-Ortsgruppe in den Jahren 1931 bis 33 wurde *Josef Kellner*. Er ist 1980 verstorben. Er war verbittert und wollte nichts mehr erzählen. "Das sind heute die gleichen", sagte er mir.

Auffallend ist die geringe *Mitgliederzahl* der Regensburger KPD im Vergleich mit ihren Wahlergebnissen. *Fuß* als zeitweiliger Vorsitzender erinnerte sich, daß es durchschnittlich nicht mehr als 56 eingeschriebene Mitglieder waren - gegen schätzungsweise 1000 bei der SPD(1). In Bayern hatte die KPD Ende 1932 11 179 Mitglieder(2). Regensburg lag damit, trotzdem es fast schon Großstadt war, mit den KPD-Mitgliedern weit unter dem Durchschnitt in Bayern und das, obwohl in Bayern das große Gewicht der Landbevölkerung den Durchschnitt ohnehin niedrig hielt. Der Prozentanteil an der wahlberechtigten Bevölkerung war in Regensburg nur halb so groß wie für das gesamte Bayern(3). Ganz anders sieht es mit dem *Wahlergebnis* für die KPD in Regensburg aus. Bei den folgenden Reichstagswahlen stimmten in Regensburg für die KPD:

	Sept. 30	Juli 32	Nov. 32	(Mrz. 33)
Stimmen	2569	3879	3868	2790
Prozent	6.2	9.1	9.1	5.8
z. Vgl. SPD	22.7	19.8	19.8	18.1

1) Nach Vereinigung der Ortsgruppen Regensbg. u. Reinhausen im Juni 1923 156 Mitgl., Anfang 1927 74 Mitglieder. Bei der Roten Hilfe waren es 1930 in Regensburg 82, 1932 102 Mitglieder. MEHRINGER 48. Die geringe Mitgliederzahl rührte z. Tl. auch noch daher, daß sich im Herbst 1920 die Mehrzahl der USPD-Mitgl. gegen eine Fusion mit der KPD ausgesprochen hatte. NEUHÄUßER 53; MEHRINGER 15.
2) BROSZAT 1977 205; Fußn. 27
3) HAGMANN S. 5 u. 15. 1932 in Bayern bei 4 964 000 Wahlberechtigten 11 179 Mitglieder. Im gleichen Jahr in Regensburg bei 54 300 Wahlberechtigten nur 56 Mitglieder, anstatt 111 bei gleichem Verhältnis wie in Bayern

Während die SPD etwa 20-mal soviel Wählerstimmen gewinnen konnte als sie Mitglieder zählte, lag dieser Vervielfacher für die KPD in Regensburg bei 50 bis 70, in Bayern nur bei 23 (1932)(1). Das mag daran gelegen haben, daß sehr viele der KPD-Wähler ihre Stimmabgabe für diese Partei einfach als schärfstmöglichen Ausdruck für ihre allgemeine Unzufriedenheit gebrauchten, sich aber gleichzeitig doch scheuten, die wahrscheinlich nicht geheimzuhaltende Mitgliederschaft anzunehmen. In der Tat hatten sie auch Grund zu glauben, daß die Polizei sie registrieren würde. Diese Angst mochte für Regensburg mehr gelten als für Nürnberg, Augsburg und München. Der weitaus größte Teil der KPD-*Wähler* war also alles andere als eine politisch geschulte und für die Partei zuverlässige und aktive Anhängerschaft. Aber auch innerhalb der KPD-*Mitglieder*, häufig Erwerbslose, bestand allgemein in Deutschland eine starke Fluktuation(2). Bei den besonders wenigen eingetragenen Anhängern in Regensburg kann man dagegen eher annehmen, daß es sich um zuverlässige Parteikader handelte.

2. Die "kommunistische" Lehrerin Elly Maldaque

Auch noch in die Zeit der Weimarer Republik fällt das weit über Bayern hinaus bekannt gewordene, tragische Ende einer bemerkenswerten Regensburgerin, nämlich der ledigen Lehrerin *Elly Maldaque* (frz. auszusprechen), über deren Schicksal ebenfalls *Konrad Fuß* aus unmittelbarer Erfahrung erzählen kann.

Sie war ledig, weil sie als Lehrer*in* laut Gesetz zum Zölibat verpflichtet war. Zuletzt lehrte sie in der 2. Klasse der Von-der-Tann-Schule, also siebenjährige Kinder. Sie war die erste evangelische Lehrer*in* in Regensburg. In ihrer Freizeit leistete sie sich etwas besonders für Bayern und ganz besonders für Regensburg Unglaubliches, zumal für eine Frau: Sie wurde Kommunistin - zwar nicht Mitglied, aber, wie man heute sagt, Sympathisantin. Sie war nach langen Glaubenszweifeln und mit Hilfe einer befreundeten Mitstudentin aus ihrer Erlanger Studienzeit, *Irene Neubauer*, für pazifistische und kommunistische Ideen gewonnen worden und nahm Verbindung zu den Regensburger Kommunisten, besonders zu deren Vorsitzenden *K. Fuß*, auf. Für die Regensburger Gruppe des Kommunistischen Jugendverbandes (Leiter war *Heinrich Korndörfer*), die sich regelmäßig im Ersten Stock des Alten Rathauses traf, war sie dann als Gesangslehrerin tätig. Sie leitete dort deren Liederabende, wobei sie am Klavier begleitete. Das letztere erzählte mir Ludwig Z., ein ehemaliger Angehöriger dieser Jugendgruppe. Über K. Fuß ließ sie sich deutschsprachige Schulbücher der Wolgadeutschen aus Berlin besorgen.

Ihr Vater wäre schon als normaler Bürger gegen die Einstellung und die Ansichten seiner Tochter gewesen; er war es aber besonders aus seiner überdurchschnittlichen Religiosität als Anhänger der Adventisten oder Heiligen der letzten Tage. So kam es wegen Elly's Weltanschauung zu Streit mit dem Vater - die Mutter war 1927 gestorben - und Elly verließ 1929 die elterliche Wohnung und zog in die Orleansstraße 4/0. Sie war damals 36 Jahre alt.

Während des erwähnten Prozesses gegen *Fuß*, am 21.3.1930, saß im Zuschauerraum die auch schon erwähnte Freundin der *Maldaque*, die Lehrerin *Irene*

---
1) Landtagswahl Bayern April 1932: KPD 259 000 Stimmen gegen 11 179 Mitglieder. HAGMANN 28; Fußnote 3
2) Bahne Siegfried: Die KPD. In MATTHIAS

Neubauer. Sie wurde aus dem Zuschauerraum verhaftet und am darauffolgenden Tag wurde bei der *Maldaque*, bei der die Neubauer übernachtet hatte, eine Wohnungsdurchsuchung durchgeführt. Dabei wurden u. a. auch die deutschsprachigen Schulbücher aus der Wolgadeutschen Sowjetrepublik gefunden.

Nun war *Elly Maldaque* zwar über die Durchsuchung ihrer Wohnung empört, aber sie fühlte sich dadurch nicht verwarnt, vertraute weiter auf ihr Recht der Gewissens- und Meinungsfreiheit und glaubte nicht, daß ihr etwas passieren konnte. Deswegen kam für sie völlig überraschend, als sie ohne eine behördliche Vorwarnung die amtliche Verfügung erhielt, daß sie fristlos aus dem Schuldienst entlassen sei und auch keinerlei Pensionsansprüche habe. Trotz 17-jähriger Tätigkeit im Schuldienst mit einwandfreier Führung wurde sie von einem Tag auf den andern arbeitslos, von allem bisherigen Leben abgeschnitten, ohne eine Verbindung zu einer Familie: Ihre Mutter vor drei Jahren verstorben, ihr Bruder im Ersten Weltkrieg gefallen, mit ihrem Vater zerstritten. Als eine sehr sensible Frau konnte sie diesen brutalen Stoß in die Nacht nicht ertragen. Sie erlitt einen Nervenzusammenbruch. Gewaltsam wurde sie in die Heil- und Pflegeanstalt Karthaus verbracht, wo sie nach wenigen Tagen starb. Eines der damaligen Mitglieder der Jugendgruppe der KPD erzählt, daß sie glaubten, die Maldaque wäre wegen ihrer kommunistischen Gesinnung ermordet worden, zumal sie bei allen als eine vorher gesunde Frau bekannt war. *Konrad Fuß* wollte sie am 20.7.1930 zusammen mit dem KPD-Landtagsabgeordneten *Friedrich Schaper* in der Karthaus besuchen. Den beiden wurde aber an der Pforte erklärt, daß die Maldaque vor wenigen Stunden gestorben wäre. *Fuß* glaubt sich zu erinnern, daß in der kommunistischen Volkszeitung in München ein Roman veröffentlicht worden war, in dem die Maldaque die Hauptrolle spielte. Der Verfasser sei kein Kommunist gewesen.

Soviel erzählte Fuß aus der Erinnerung seiner vielbewegten 84 Lebensjahre. Nicht ganz zwei Jahre später erschien ein Suhrkamp-Taschenbuch: *Horváths Lehrerin von Regensburg*; der Fall *Elly Maldaque* (SCHRÖDER). Im Vorwort heißt es: Sie war fast ein halbes Jahrhundert vergessen und verschollen. Bis Tübinger Studenten, Teilnehmer eines Horváth-Seminars, die Spur ihres Lebens und Sterbens im Wintersemester 1978/79 wiederentdeckten.

Es handelte sich um ein Seminar, das der Verfasser des Taschenbuches, *Jürgen Schroeder*, Professor für Neuere deutsche Literaturgeschichte, an der Universität Tübingen geleitet hatte. Aus umfangreichem Quellenmaterial ist in dem Buch die Geschichte der unglücklichen Lehrerin im Zusammenhang mit der kulturpolitischen und gesellschaftlichen Situation der Weimarer Endzeit rekonstruiert und dabei das Dramenfragment des zeitkritischen Chronisten *Ödön von Horváth* interpretiert. Die Geschichte mit dem Roman war vielleicht eine ungenaue Erinnerung von Fuß an ein Drama "Lehrerin Elly" von *J. W. Steinbeißer* oder an eine "Ballade der Lehrerin Elly Maldaque" von *Walter Mehring* (1931) gewesen. Für ein eingehenderes Verständnis des Ablaufs im einzelnen sei auf das erwähnte Suhrkamp-Taschenbuch verwiesen. Es enthält eine große Zahl authentischer Dokumente im Wortlaut, aus Maldaques Tagebuch, Briefen, aus Presse-, Polizei-, Krankenhausberichten, Landtagsprotokollen. Nach Horváths Formulierung spiegelt der Fall den "kleinbürgerlichen Präfaschismus der letzten Krisenjahre der Weimarer Republik" wider. Konkreter gesagt: Das Vorgehen gegen die politisch harmlos gewesene Lehrerin war ein Symptom für die vor allem antilinke Tendenz der bayerischen Regierung und ihrer Exekutive, denen die NS-Partei wesentlich weniger gefährlich erschien als die KPD. In ihrem Eifer fragten sie nicht nach der menschlichen Auswirkung ihres Berufsverbotes und richteten dabei ein Leben zugrunde. Der gleiche Polizei-Obersekretär, der die Verhaftung von Maldaques Freundin und die Wohnungsdurchsuchung ausgeführt hatte, der auch schon 1920 die Gründungsmitglieder der Regensburger KPD verhaftete, war bald nach dem Machtantritt Hitlers der NS-Partei beigetreten und von ihr schnell über mehrere Sprossen der Erfolgsleiter 1937 zum Kriminalrat und Leiter der Regensburger Gestapo avanciert.

Schon vier Monate vor der Wohnungsdurchsuchung hatte die zahlenmäßig kleine Regensburger Politische Polizei die geheime Überwachung der Maldaque begonnen, ohne daß diese etwas davon merkte. Zwei "Hakenkreuzler" beobachteten aus einem Fenster gegenüber Maldaques Wohnung und meldeten der Polizei alle Personen, die ein- und ausgingen. Die Polizei sammelte alle Indizien und meldete sie an die Kreisregierung, an das Innenministerium und an die Polizeidirektion München. Es war wie bei der Jagd nach einem gemeingefährlichen Schwerverbrecher. Aus dem bei der Wohnungsdurchsuchung mitgenommenen Tagebuch fotografierte die Polizei ohne Wissen der Maldaque und stellte zwei weit entfernt voneinander stehende Sätze in ihrem Bericht so hintereinander, daß man meinen sollte, die Lehrerin möchte ihre Schulkinder zum Kommunismus verführen. In Wirklichkeit war die Maldaque, wie sich später nachweisen ließ, in dieser Hinsicht völlig unschuldig gewesen. Sie hatte den siebenjährigen Mädchen nichts davon infiltriert.

Aus den Polizeiberichten erfährt man - nicht unbedingt im Zusammenhang mit der Maldaque -, daß es in der Wohnung des Kommunisten *Graf* Vorträge im *"Lenin-Zirkel"* gegeben hat, man erfährt über eine *Leviné*-Feier, über Diskussionsabende in den Wohnungen verschiedener Genossen und über eine am 4.8.1927 von der KPD geplante "Antikriegs-Demonstration", die von der Polizei verboten wurde.

Am 28.6.1930 erhielt *Elly Maldaque* die Entlassungsverfügung. Da sie in den nächsten Tagen Beamtin auf Lebenszeit geworden wäre, beeilte man sich. Denn jetzt konnte man sie noch ohne Angabe von Gründen entlassen. Fairerweise fügte man aber doch eine Begründung an: "... daß Sie Ihrer geistigen Einstellung nach der Bewegung des Kommunismus und Freidenkertums zugehören und wirkendes Mitglied der KPD sind." Weil sie kein Mitglied war, formulierte man die Umschreibung "wirkendes Mitglied".

Die abrupte Entlassung, die ihr jetzt klar gewordene Bespitzelung und geheime Tätigkeit der anonymen Staatsgewalt zerbrachen ihre seelische Gesundheit. Sie litt innerhalb weniger Tage zunehmend an Halluzinationen, sah überall Spitzel und drohende Gestalten, die ihre Freundin und Konrad Fuß umbringen möchten, sie litt an Verfolgungswahn. Elf Tage nach Erhalt der Entlassungsverfügung wurde sie mit Gewalt in die Karthaus verbracht, dort wieder mit Zwang behandelt. Nach weiteren elf Tagen starb sie. Über die Todesursache liegen verschieden lautende Krankheitsberichte vor.(1) Niemand durfte sie im Irrenhaus besuchen, außer ihrem Vater, der gegen sie eingestellt war und mit dessen Zustimmung sie hergebracht worden war.

Nach dem Tod verteilten einige Regensburger Kommunisten vor den Fabriktoren ein Flugblatt, die Maldaque betreffend. Drei Verteiler wurden nach einer Hausdurchsuchung verhaftet und der Staatsanwaltschaft überstellt, die Schreibmaschine beschlagnahmt: *Jakob Semmler, Max Berr* und *Josef Schollerer*.

---
1) Todesursache laut Dr. Korte, Karthaus: Lungenentzündung. Laut dem Prosektor der oberbayer. Heilanstalten: Eine psychisch bedingte Vasomotorenschädigung. SCHRÖDER 130

Der Kaufmann *Black* schrieb als Elternvertreter und Mitglied der Deutschnationalen Volkspartei an deren Fraktionschef im Landtag, *Dr. Hilpert*, einen Brief für die Maldaque, noch zu deren Lebzeiten.

Über die Beerdigung erstattete die politische Abteilung der Regensburger Polizei einen amtlichen Bericht. Er schließt mit: "Anwesend waren auch 15 Kommunisten, darunter *Fuß, Berr, Danner, Schollerer, Trimpl* usw. Sie gingen im Leichenzug hinter der Fahne des Freien Arbeiter-, Turn- und Sportvereins", bei dem die Maldaque Mitglied gewesen war. Einige der hier genannten Kommunisten (*Danner, Semmler, Korndörfer*) erscheinen wieder unter den ersten Schutzhäftlingen im März 33. Sie kamen nach Dachau. Die Polizeilisten aus der Vorhitlerzeit konnten 1933 gleich benutzt werden!

Am 8.8.1930 fand in Regensburg im Karmelitensaal eine öffentliche Protestversammlung statt, einberufen von der "Interessengemeinschaft für Arbeiterkultur". Der Saal war überfüllt. Es sprachen die Freundin der Verstorbenen, die Kommunistin *Irene Neubauer* und der Landtagsabgeordnete *Friedrich Schaper* (KPD).

Im Bayerischen Landtag warf die SPD-Abgeordnete *Elisabeth Kaeser* an Hand einiger Beispiele der Regierung am 22.7.1930 vor, daß die NS-tätigen Lehrer eine völlig andere Behandlung erfahren, als sie die *Maldaque* erfahren hat. Der SPD-Abgeordnete, Oberlehrer a. D. *Rudolf Schlichtinger* (1864 - 1937), Vater des Nachkriegs-Oberbürgermeisters von Regensburg, kritisierte während der gleichen Debatte u. a., daß der Entlassung seiner Kollegin "keine Einvernahme durch die Schulleitung, kein Anhören der Eltern, des Schulrats usw., kein Verhör der Beschuldigten" usw. vorausgegangen waren. Kultusminister *Goldenberger* (BVP) verteidigte alle Beteiligten damit, daß alle nach den Gesetzen einwandfrei vorgegangen waren. Zum Schluß sagte er:

"Die unglückliche Lehrerin Maldaque ist ein Opfer ihres eigenen pflichtwidrigen Verhaltens und im weiteren Sinn ein Opfer des Kommunismus und seiner Agitation geworden."

Hätte sich das traurige Schicksal während der NS-Zeit ereignet, so wäre die Maldaque eines jener Lebensopfer gewesen, deretwegen dieses Buch zustandekam und mancher wird aus dem tödlichen Verlauf des Falles schließen, daß man auch schon vor Hitler sein Leben allein wegen anderer Meinung verlieren konnte. Es bestand aber doch mehr als nur ein quantitativer Unterschied von eins zu tausend oder mehr. Die Maldaque hatte noch eine Chance. Die Eltern ihrer Schülerinnen, Landtagsabgeordnete, ein Teil der Presse, setzten sich öffentlich für sie ein; wogegen ähnliche Dramen im Diktaturstaat von totalem Schweigen begleitet waren. Freilich ist in der Art, wie gegen die Maldaque vorgegangen wurde, schon die Tendenz zur Brutalität zu erkennen. Aber voll entfalten konnte sich die Inhumanität und Intoleranz erst ab 1933. Gemeinsam ist dagegen von der Zeit der Hexenverbrennungen und der Inquisition bis zur Maldaque und über Igl bis zum Domprediger, daß diejenigen, die Morde bewerkstelligten, jedesmal brave, durch und durch anständige Bürger waren, die nur ihre Pflicht erfüllten. Bei der Maldaque konnten Ministerialräte, Regierungsdirektoren und Polizeisekretäre gar nicht anders handeln, um die Menschheit und das Vaterland vor der tödlichen Gefahr des Freidenkertums und Kommunismus zu bewahren - besonders in Regensburg, wo es bereits 56 KPD-Mitglieder gab und siebenjährige Kinder gefährdet erschienen. Man mußte vorsichtig und geheim vorgehen und dann ohne Vorwarnung rasch zuschlagen. In folgendem zeitlichen Ablauf vollzog sich das:

11.11.1929 Erster Bericht der Regensburger Polizei über die Lehrerin an Kreisregierung, Innenministerium, Polizeidirektion München. Weitere Berichte folgten.
22.03.1930 Wohnungsdurchsuchung. Ergebnis: Kein Nachweis einer strafbaren Handlung.
18.06.1930 Maldaque beantragte Urlaub zum Besuch einer internationalen pädagogischen Ausstellung in Leningrad.
28.06.1930 Anstatt einer Antwort Verfügung der fristlosen Entlassung.
09.07.1930 Gewaltsame Einlieferung in die Karthaus.
20.07.1930 Tod.

Eine ähnliche Verfolgung etwa eines nationalsozialistischen Republikgegners oder NS-Sympathisanten während der Weimarer Zeit ist in Regensburg nicht bekannt geworden.

Der Tübinger Literaturwissenschaftler Prof. *Schroeder* erwähnt in "Horváths Lehrerin von Regensburg" ganz kurz in einer Fußnote S. 369, daß *H. und E. Hannover* "einen ähnlichen Regensburger Friedhofs-Fall von Ende 1926" in ihrem Buch über "Politische Justiz 1918 - 1933"(1) überliefert haben. Im betreffenden Kapitel dieses Buches werden Beispiele gebracht, wie die deutsche Justiz schon lange vor 1933 beleidigende Äußerungen gegen die Juden mit der Begründung unbestraft ließ, daß diese Äußerungen nicht gegen die Religion, sondern gegen die Rasse der Juden gerichtet waren und deswegen nicht unter den § 166 StGB fielen, der die *Religion* schützte. Andererseits sei man sehr streng vorgegangen, wenn es um den Schutz der *christlichen* Religion ging. Als Beispiel, wie dabei manchmal sogar die Grenze zum Lächerlichen überschritten worden sei, wird ein Fall aus Regensburg gebracht:

Ein Regensburger Amtsrichter verurteilte am 11.12.1926 die Hilfsarbeiterin *Katharina Schott* zu vier Wochen Gefängnis und Tragung der Kosten des Verfahrens, weil sie am Allerheiligentag 1926 auf dem evangelischen Zentralfriedhof in einem Kranz auf einem Grab eine Tafel mit der Aufschrift "Auf Nimmerwiedersehen!" niederlegte. Dadurch habe sie die christliche Lehre von der Auferstehung der Toten verspottet. Allerdings ist dieses Urteil später auf Einspruch aufgehoben worden.

Was die Verfasser dieser Dokumentation offenbar nicht wußten und nicht veröffentlichten: Die verurteilte Hilfsarbeiterin *Katharina Schott*, damals 30 Jahre alt, war ein der Polizei bekanntes Mitglied der KPD gewesen. Von daher ist einmal ihr zu offenes und ungebührliches Bekenntnis zu verstehen, daß sie nur an ein Diesseits glaube, und zum anderen aber auch das in keinem Verhältnis zur Tat stehende harte Urteil des Regensburger Amtsrichters. Das überzogene Urteil ist mindestens nicht allein aus beleidigtem religiösen Empfinden zu verstehen, wie die Verfasser Hannover es einreihen, sondern gehörte zu dem Kampf von Polizei und Justiz, den diese schon in der Weimarer Zeit gegen Kommunisten führten und im Dritten Reich nur bedeutend härter fortzusetzen brauchten. Auf dem Bild (Abb. 7), das nach einem Prozeß ca. 1924 aufgenommen wurde, ist Frau *Schott* die einzige Frau unter 13 aktiven Regensburger und Maxhütter Kommunisten. Sie ist Schwiegermutter von *Ludwig Zaubzer*, einem Cousin des von den NS ermordeten *Georg Zaubzer*; wieder ein Beispiel für den Gruppenzusammenhalt zwischen Kommunisten, bis hin zu Eheschließungen, allgemein familiären Bindungen.

---

1) HANNOVER 266

3. Regensburger Kommunisten 1933 - 45

Als Pendant zu den sonst zugänglichen Prozeßakten und Polizeiberichten, die das Geschehen von NS-Seite her aufzeigen, sei für einen hier bewußt mehr persönlich gehaltenen Rückblick von der anderen Seite zunächst das weitere Schicksal des *Konrad Fuß* für die Zeit ab 1933 zu Ende erzählt.

Am 10.3.1933, fünf Tage nach den "Wahlen", wurde Fuß zum fünftenmal verhaftet und in das Gefängnis Bärenschanzstraße in Nürnberg verbracht. Bei seiner Festnahme rief er: "Nieder mit der Hitlerdiktatur! Es lebe die Kommunistische Partei!" Mit entsicherter Pistole wurde er zum Schweigen gebracht. Am 13.4. folgte der Abtransport der Nürnberger Kommunisten in drei Lieferwagen in das KZ Dachau, das drei Wochen vorher eröffnet worden war. (Am 25. 4. kamen die Augsburger Kommunisten).

Ab letzter Märzwoche bis in den April hinein wurden 250 Nürnberger Kommunisten nach Dachau verbracht(1). Fuß erzählte, daß sie unterwegs auf dem Transport die Internationale sangen. Im Lager erhielt Fuß die sehr niedrige Häftlingsnummer 323. Er erlebte gleich in den ersten Tagen eine ganze Reihe von Morden an Häftlingen, darunter auch an ihm gut Bekannten aus Nürnberg: An dem jungen Juden *Dr. Rudolf Benario* gleich im April(2), an dem Juden *Karl Lehrburger*, Nürnberg, Sandstraße 6, am 25. Mai, weiter an *Martin Stiebl*, Nürnberg, dem Trauzeugen bei der Hochzeit der Fuß(3). Gleich im April und Mai wurden 12 Häftlinge ermordet. Die Todeskandidaten wurden jeweils zu einem "Verhör" weggeführt, derweilen die anderen ihre Baracken nicht verlassen durften. Danach hieß es, die Betreffenden wurden "auf der Flucht erschossen".

Fuß wurde nach sechs Jahren KZ, bei einer Amnestie zu Hitlers Geburtstag am 20.4.1939, zusammen mit etwa 400 Häftlingen, entlassen. Zunächst ging er nach Nürnberg, hatte dort aber Stadtverbot. So fuhr er nach Augsburg und traf dort nach sechs Jahren der Trennung erstmals seine Frau wieder. Er hatte sich bei der Gestapo zu melden, wo ihm bedeutet wurde, daß es für ihn keine Wohnung in Augsburg gäbe. Da er bis 1931 in Regensburg gelebt hatte, schob man ihn dorthin ab. Natürlich hatte er sich auch hier als erstes bei der Gestapo zu melden. Schließlich erhielt er vom Arbeitsamt sogar eine Arbeit als Schreiner.

Bis 1943 galt Fuß als "wehrunwürdig". Dann aber wurde er doch als Flaksoldat eingezogen. In dieser Eigenschaft kam er im April 1945 in amerikanische Gefangenschaft und wurde von dort im Sommer 1946 entlassen. Der 1983 im Alter von 86 Jahren verstorbene *Konrad Fuß* brachte ungefähr ein Zehntel seines langen Lebens in Gefängnissen, im KZ Dachau und im Kriegsgefangenenlager zu. Seine Haftzeiten verteilen sich auf Weimarer Republik, Drittes Reich und amerikanische Besatzungszeit(4). Von 1952 - 56 wurde Fuß wieder Stadtrat in Regensburg - bis zum abermaligen Verbot der KPD. 1968 war er

---

1) MEHRINGER KPD 74
2) Benario wurde zusammen mit Goldmann und Arthur Kahn am 12.4.33 ermordet (RICHARDI 1)
3) Stiebl ist nicht wie die beiden anderen von Fuß genannten unter den 21 Häftlingen, die laut dem Gedenkwerk "Die Toten von Dachau, Deutsche und Östereicher " (hg. vom Staatskommissariat für rassisch, religiös und politisch Verfolgte in Bayern; München 1947) S. 21 bis 28, bereits im ersten Jahr 1933 ermordet wurden (hier nach BROSZAT 1979 S. 360, Fußnote 48). Vielleicht wurde Stiebl erst 1934 umgebracht.
4) MZ 1982, vom 16./17.1.; dort ein Bild von K. Fuß

wieder Gründungsmitglied der Regensburger DKP-Gruppe.

Während Konrad Fuß schon neun Monate in Haft gewesen war, wurde am 5.12. 1933 seine Frau *Betty Fuß* in Nürnberg verhaftet und zunächst 18 Monate im gleichen Gefängnis in der Bärenschanzstraße wie vorher ihr Mann in Einzelhaft gehalten. Dann kam sie in Frauengefängnisse und KZ-Lager in Fürth, Landshut, Hildesheim, zuletzt in die Lichtenburg in Sachsen. Nach 4 Jahren 7 Monaten wurde sie von dort entlassen. Auch sie konnte nicht nach Nürnberg zurück, hatte dort Stadtverbot. Das Frauen-KZ Lichtenburg verhandelte mit der Gestapo in Nürnberg und erreichte fünf Tage Aufenthaltserlaubnis. Die Wohnung der Fuß war natürlich längst anderweitig besetzt. Der Vater von Frau Fuß hatte die Wohnungseinrichtung notdürftig bei einer Möbelfirma untergebracht. Nach fünf Tagen in Nürnberg wurde Frau Fuß nach Augsburg abgeschoben. Dort stellte ihr ein Sozialdemokrat ein Zimmer zur Verfügung. Im April 1939 traf dann ihr Mann in Augsburg ein.

Bis 1981 wohnten die Eheleute Fuß in einer mehr als bescheidenen, eher abenteuerlichen Mietwohnung in Schwabelweis, noch in der gleichen, die sie nach der Haftentlassung von Konrad Fuß 1939 gefunden hatten (Ähnlich einem Stadel). Um die Jahreswende 1981/82 zogen sie in das Altenheim des Bayerischen Roten Kreuzes in der Rilkestraße, wo Frau Fuß am 15.11.82 mit 88 Jahren und ihr Mann vier Monate später starb.

Mit dieser kleinen Auswahl einiger nüchterner Daten konnte der Leidensweg zweier Menschen nur sehr oberflächlich skizziert werden. Denn dahinter würden erst Einzelbegebenheiten das wirkliche Leben beschreiben, das für beide mit Not, Qualen und Demütigungen angefüllt war, das aber auch reich im Glauben an eine für gut gehaltene Idee gewesen sein muß. Ohne diesen Glauben und ohne eine zähe, physische und seelische Widerstandskraft hätten die beiden kaum die schweren Zeiten überleben und so lange bis weit in ihr neuntes Lebensjahrzehnt noch geistig gesund bleiben können. Zum Charakterbild des Fuß gehört, daß er dafür bekannt war, bei Sammlungen für gemeinnützige Zwecke mindestens das Zehnfache des üblichen zu geben.

Doch nun zu den spärlichen Nachrichten, die neben solchen persönlichen Daten einen Einblick in die Tätigkeit Regensburger Kommunisten im Dritten Reich ahnen lassen.

Nach dem Machtantritt Hitlers am 30.1.33 waren die Kommunisten die ersten, die die Diktatur gnadenlos zu spüren bekamen. Für sie steigerte sich eine vorher "relativ milde" Verfolgung (mit Gefängnis etc.) nun zur völligen Ausschaltung. Schon Tage vorher kündigte sich das Kommende an. So wurde in Regensburg ein für den 27.1.33 angemeldeter Demonstrationszug mit Kundgebung der KPD durch die Polizeidirektion verhindert.(1) Wenige Tage nach dem 30.1. wurde die Wochenzeitung der KPD-Ortsgruppe Regensburg "Der Rote Sender" polizeilich beschlagnahmt und verboten.(2) Das Verbot der SPD-Presse folgte etwa fünf Wochen später. Neben dem *"Roten Sender"* war ein weiteres KPD-Organ, *"Der Erwerbslose"*, in Umlauf gewesen.(3) Die KPD

---

1) WEINMANN
2) WEINMANN; dagegen schreibt N. Frei in BROSZAT 1979: Die KPD besaß in der Bayerischen Ostmark "keine einzige Tageszeitung (Stand Anfang 1933); lediglich ein Wochenblatt, Das Rote Echo, kam in Coburg heraus." Vom Verbot des Roten Sender (in Regensburg) wird z. B. in der "Bayer. Ostwacht" vom 14.2.33 berichtet.
3) "Der Erwerbslose" wurde - laut Angabe K. Fuß - von dem Regensburger KPD-Mitglied Jakob Leykam herausgegeben. Die "Bayer. Ostwacht" erwähnt das Blatt im Febr. 33.

in ganz Deutschland war nach dem Reichstagsbrand, also nach dem 27.2.1933, als illegal betrachtet und behandelt worden, ohne daß ein offizielles Verbot ausgesprochen worden wäre. Ihr gesamtes Vermögen war beschlagnahmt worden.(1) Während die "allgemeine" Schutzhaftwelle erst um den 15.3.1933 anlief, wurden Kommunisten als die ersten bereits im Zusammenhang mit der Reichstagswahl vom 5. März verhaftet. Der Polizeipressebericht von Regensburg meldet unter dem 6.3.: "Wegen Gefährdung der öffentlichen Sicherheit wurden heute in den Morgenstunden sechs kommunistische Funktionäre in Schutzhaft genommen."(2) Aber auch schon vor dem Wahltag wurden "kommunistische Zettel- und Schmierkolonnen" inhaftiert. Das geschah vor allem in *Schwabelweis*, das zusammen mit dem benachbarten *Reinhausen* als die *kommunistische Hochburg Regensburgs* galt. Anschließend wurden kommunistische Festgenommene nicht wie die anderen in der Augustenburg am Ort eingesperrt, sondern "aus räumlichen Gründen" in das Zuchthaus Straubing oder gleich in das KZ Dachau transportiert(3). Nach einer Notiz des "Regensburger Echo" von Ende Mai 1933 (von den NS vorzensiert(4) waren nach vorher bis zu 200 Schutzhäftlingen, nun keine mehr in der Regensburger Augustenburg, nachdem noch (weitere?) 27 Kommunisten in das KZ Dachau abgeschoben worden waren(5). Aber ein gutes Jahr später, im August 1934, saßen doch wieder 119 Schutzhäftlinge in Regensburg ein(6).

Einige Nachrichten über die Widerstandstätigkeit der Kommunisten *in Bayern* sind in den Berichten der Bayerischen Politischen Polizei und in denen der RegPr erhalten geblieben. So schreibt der Regensburger RegPr im Juli 1933 nach München über frühere Angehörige der KPD:(7)

"Die Unbelehrbaren hoffen noch immer auf den endlichen Sieg ihrer Ideen. Die *jeweils alsbald einsetzende Schutzhaft* gibt ihnen Zeit und Gelegenheit, über das Unsinnige ihres Verhaltens nachzudenken."

Ein Vierteljahr später meldet die Bayerische Politische Polizei

"systematische Tätigkeit zahlreicher Parteiinstrukteure, die im Auftrag des illegalen ZK (Zentralkomitees) ganz Deutschland bereisten."

Weiter enthüllt diese Stelle:

"Die illegale Parteiorganisation baut sich grundsätzlich auf dem sogenannten Fünfergruppensystem auf... Verschiedene Ortsgruppen in Bayern haben ihre illegale Tätigkeit in vollem Umfang bereits aufgenommen..."

Dabei war solche Tätigkeit gerade für die KPD am schwierigsten. Sie mußte äußerste Vorsicht gegenüber Spitzeln, darunter möglicherweise Erpreßten oder Umgedrehten aus den eigenen Reihen walten lassen:(8)

---

1) MATTHIAS 696
2) Der Polizeipressebericht vom 6.3. ist abgedruckt in RA 1933, vom 7.3.
3) RA 1933, vom 5.7.
4) Das "Regensburger Echo" stand seit 10.3.33 unter Vorzensur durch die SA. Sämtliche Artikel wurden vor dem Druck überprüft.
5) WEINMANN S. 31
6) Bayer. Ostwacht 1934, vom 14.8.
7) RPB vom 5.7.33
8) Bericht der BPP über die kommunistische Bewegung für März bis Okt. 1933. Zit. nach BROSZAT 1977 216f.

"Aus der Haft zurückgekehrte Genossen werden zunächst automatisch von jeder Parteiarbeit ausgeschlossen. Erst nach längerer Probezeit werden sie wieder zur aktiven Mitarbeit herangezogen."

Für den kommunistischen Widerstand war die schlechte wirtschaftliche Lage eines Teiles der Arbeiterschaft - auch noch in den ersten Jahren des Dritten Reiches! - von großer Bedeutung. Es kamen keineswegs alle Erwerbslosen gleich 1933 wieder in Arbeit und selbst den nun in Arbeit gekommenen ging es wirtschaftlich nicht immer gut. In mehreren RPB werden erstaunlich geringe Verdienste von Arbeitern, besonders in der Bayerischen Ostmark, gemeldet. So verdienten z. B. manche bisher Erwerbslose, denen Notstandsarbeiten zugewiesen worden waren, trotz dieser Arbeiten und trotz langer Ausbleibezeiten von zuhause, nicht mehr, als sie vorher aus der Wohlfahrtsunterstützung bezogen hatten!

Am Ende des zweiten Hitlerjahres meldet der RegPr aus Regensburg(1):

"In stärkerem Maße als bisher sind Bestrebungen staatsfeindlicher Elemente und von Angehörigen der ehemaligen KPD hervorgetreten." "Festgenommen wurde die kommunistische Emigrantin *Irmgard Besier*, geb. 5.6.1902 in Maffersdorf (Sudetengebiet), die Beziehungen zu Kommunisten in Zeitlarn und Regendorf (also am Stadtrand von Regensburg) suchte."

Ähnlich wie für die SPD wurden auch für die KPD Zeitungen, Flugblätter, Broschüren aus der CSR über die grüne Grenze nach Bayern geschmuggelt. Nachrichten darüber speziell für Regensburg liegen nur wenige vor(2). Über das Jahr 1934 wird für Bayern gemeldet(3):

"Durch Festnahmen mehrerer KPD-Funktionäre im Juni 1934 wurde der Erfolg im Aufbau der illegalen Organisationen völlig zunichte gemacht... Daß die illegale KPD in Bayern bisher keine größeren Erfolge... verzeichnen konnte, ist... auch auf den durch den *rücksichtslosen Vollzug der Schutzhaftbestimmungen* eingetretenen und sich äußerst fühlbar machenden Mangel geeigneter und geschulter Funktionäre zurückzuführen."

Jedoch steht der Bericht über das nächste Jahr 1935 im Widerspruch dazu(4):

"Im Aufbau ihrer illegalen Organisation war es der KPD in diesem Jahr in Bayern gelungen... wesentliche Erfolge zu erreichen. ...Neben dem Zentralorgan der KPD, die "Rote Fahne", das im Ausland in einer nach Zehntausenden zählenden Auflage in Kleinformat auf besonders dünnem Papier gedruckt wird, das halbmonatlich erscheint, ...tauchten ...andere Zeitungen, Flugblätter... auf. ...*Im Gegensatz zur KPD bildet die SPD heute keine einheitlich zusammengefaßte Organisation mehr.*"

Trotzdem also die KPD gegenüber der SPD nur einen Bruchteil der Mitgliederzahl aufzuweisen hatte und obwohl sie schon früher und in größerem Umfang dem "rücksichtslosen Vollzug der Schutzhaftbestimmungen" unterlegen hatte, leisteten ihre Reste aktiveren und längeren Widerstand als die SPD. Zu den erwähnten Erschwernissen kam der geringere Rückhalt in der Bevölkerung,

---

1) RPB vom 7.12.34
2) MEHRINGER 212
3) BPP-Bericht für das Jahr 1934; wie Fußn. 2, S. 109
4) BPP-Bericht über das Jahr 1935; wie vor

auf den sich Kommunisten hatten stützen können: "Der Mythos vom bevorstehenden bolschewistischen Umsturz war im Volk und bei den Spitzen der Verwaltung ...subjektiv ehrlich verbreitet... Hitler trug die Attitude des grimmigen Bolschewistenfeindes bewußt zur Schau und gewann damit beträchtliche Sympathien... gerade bei den Institutionen, die mit der unmittelbaren physischen Machtausübung betraut waren". So konnte der RegPr im März 1933 aus Regensburg melden: "Allgemein begrüßt wurde das scharfe Vorgehen gegen die Kommunisten... Vom Volk wurde es... angenehm empfunden(!), daß die kommunistischen Hetzer... unschädlich gemacht sind." "Erleichtert wurde das Vorgehen der BPP durch die Tatsache, daß sie im Grunde nur bereits bestehende Usancen ausweitete, nach denen Angehörige der radikalen Linken traditionellerweise außerhalb der rechtsstaatlichen Normen standen"(1).

Daß trotz dieser Hindernisse Kommunisten weiter aktiven Widerstand leisten konnten, ist außer mit ihrem Idealismus, auch mit dem militärähnlich disziplinierten Verhältnis der wirklichen Anhänger zu ihrer Partei zu erklären. In einer KPD-Versammlung in München im Frühsommer 1933 - also schon längst in der Zeit der Illegalität - bei der u. a. die Möglichkeiten von Widerstandsaktivitäten im bevorstehenden studentischen Pflichtarbeitsdienst besprochen wurden - hörte ich einen Funktionär sagen: "Ein Kommunist frägt nicht warum, er gehorcht!"

Im Jahr 1934 wurden *in Bayern* "wegen Vorbereitung zum Hochverrat" von der BPP 253 Personen... und wegen sonstiger marxistischer Betätigung und Umtriebe 130 P. ... insgesamt 383 P., festgenommen. Darunter finden sich 352 Kommunisten und 31 Sozialdemokraten (!)... Insgesamt wurden in Bayern wegen marxistischer Betätigung 2144 P. festgenommen (anscheinend einschließlich der Festnahmen durch andere Stellen) und beim Bayer. Oberst. Landesgericht 116 Verfahren wegen Vorbereitung zum Hochverrat eingeleitet."(2) Vom März 33 bis November 37 wurden in Bayern 27512 P. in Schutzhaft genommen, davon über 25000 inzwischen wieder entlassen. Am 30.6.1937 waren noch 1487 P. in Schutzhaft, davon 1146 im KZ Dachau(3).

Speziell zu Regensburg könnte Näheres zu Aktionen einzelner Kommunisten aus erhaltenen Akten vor allem des OLG München entnommen werden(4). So kam es dort 1934 zu einem Verfahren gegen den Gärtner *Rupert Danner*, geb. 1876, seinen Sohn, den Tapezierer gleichen Namens, geb. 1906, und den Bäcker *Josef Bumes*, geb. 1907, also gegen drei Handwerker, wegen "Vorbereitung zum Hochverrat", wie man meist politische Delikte von Kommunisten nannte. Die drei wurden zwar freigesprochen, kamen aber ins (oder blieben im) KZ Dachau. Der Vater Danner war schon vorher, am 16.3.33 "in Schutzhaft genommen worden"(5). In Dachau mußte einmal der Sohn zusehen, wie sein Vater auf dem Bock mit Schlägen gezüchtigt wurde. Die beiden Danner konnten das KZ wieder verlassen (unbekannt wann), blieben aber unter Gestapoüberwachung. Danner jun. fiel am 20.9.1943 in Gorizia an der italienischen Front.

Auch der Maurer *Heinrich Christoph* und der Hilfsarbeiter *Adolf Christoph*, beide aus Regensburg, waren 1935 wegen "Vorbereitung zum Hochverrat" an-

---
1) DOMRÖSE 321
2) Wie Fußn. 3, S. 117
3) Bericht der Stapo-Leitstelle München Ende 1937; hier nach BROSZAT 1977 216f.
4) ARCHIVINVENTARE Bd. 7
5) RA 1933, vom 17.3. (Abb. 1)

geklagt. Sie wurden laut Gerichtsbeschluß außer Verfolgung gesetzt. Da aber beide auch schon am 17.3.33 als Kommunisten in Schutzhaft gekommen waren(1), ist mit Sicherheit anzunehmen, daß sie für länger ins KZ kamen.

1937 lief ein Ermittlungsverfahren gegen den Postschaffner *Michael Hahn*, geb. 1912, aus Regensburg, wegen Vorbereitung zum Hochverrat. Das Verfahren wurde eingestellt. Hahn war Schutzhäftling in Dachau und wahrscheinlich blieb er das auch, manchmal gerade wegen Einstellung des Verfahrens.

1940 wurde gegen den Invalidenrentner *Franz Strähuber*, geb. 1879, und seine Ehefrau *Regina*, geb. 1898, beide aus Regensburg, ein Ermittlungsverfahren wegen Vorbereitung zum Hochverrat geführt. Dieses Verfahren wurde ebenfalls eingestellt. Da aber mindestens die Ehefrau bereits am 16.3.33 unter den Kommunisten war, die in Schutzhaft genommen worden waren(2), sind ziemlich sicher beide in ein KZ gekommen.

Da die vorliegende Schrift sich auf die ums Leben gekommenen konzentrieren soll, wurde den Schicksalen dieser und weiterer Regensburger Kommunisten nicht nachgegangen. Sicher ließen sich in den Akten der Sondergerichte Nürnberg und München und des OLG München weitere Einzelbeispiele finden, z. B. aus mehreren "Landesverratsverfahren" gegen Regensburger beim OLG München, auch aus Verfahren beim LG Regensburg (Akten beim Staatsarchiv Amberg). Aus den "Archivinventaren", denen diese wenigen Fälle entnommen wurden, läßt sich nicht die Partei- oder Richtungszugehörigkeit ersehen.

Der RegPr Opf meldete unterm 8.10.1935: "Ein Kommunist aus Furth i. W., der schon über zwei Jahre im KZ Dachau interniert gewesen war, wurde am 26.9.35 festgenommen, weil er im Verdacht steht, einen wegen illegaler Umtriebe verfolgten *Kommunisten von Regensburg* auf der Flucht begünstigt zu haben." Von der gleichen Stelle erfährt man unterm 7.1.1937: "Wegen kommunistischer Betätigung wurden durch die Staatspolizeistelle Regensburg im Bereich der Bezirksämter Grafenau und Passau vom 16. - 21.12.1936 20 P. festgenommen und der Staatsanwaltschaft überstellt. Zwei von ihnen haben sich *im Anschluß an die Vernehmungen* im Gerichtsgefängnis *erhängt* (!?) ... Das Verhalten früherer KPD-Mitglieder zeigt vielfach von *fanatischer Gegnerschaft* und Verbissenheit."

Fast zwei Jahre später (RPB vom 7.10.1938): "... Ein Schlosser aus der Flugzeugfabrik (Regensburg) ließ sich lieber festnehmen, als daß er weiterarbeitete."

Nach einem weiteren Jahr, schon nach Kriegsbeginn (RPB vom 8.11.1939): "Die Zahl der Vergehen gegen das Heimtückegesetz - es erfolgten (im Oktober 39) 157 Anzeigen (für Ndb. u. Opf.) - *meist von Angehörigen der Arbeiterkreise* (ist) wieder recht erheblich."

Gegenüber allen anderen politischen Gruppierungen leisteten die *Kommunisten am meisten Widerstand* und brachten die größten Opfer. Folgende Charakterisierung mag eine Erklärung dafür liefern: "Die kommunistische Lehre vermag den von ihr überzeugten eine Deutung dieser Welt zu geben. Sie stellt das Leben der Menschen in einen bestimmten Sinnzusammenhang, weist ihnen in

---

1) RA 1933, vom 17.3. (Abb.1)
2) Ebenda

der Geschichte eine Aufgabe zu. Sie spricht die Sehnsucht nach idealen Formen menschlicher Gemeinschaft an und verspricht Erfüllung. Sie kann Aktivitäten freisetzen."(1)

Dazu kam, daß Prophezeiungen auf Grund der kommunistischen Lehre sich erfüllt zu haben schienen: Der Faschismus wurde als die letzte Form des Kapitalismus und Imperialismus vor deren gesetzmäßigem Untergang hingestellt. Die kapitalistische Art des Privateigentums an Macht gebenden Produktionsmitteln hatte, nach dieser Lehre, nur noch über die Brachialgewalt einer faschistischen Diktatur aufrechterhalten werden können. Auch wurde von kommunistischer Seite der faschistische Krieg gegen die Sowjetunion vorhergesagt (s.z.B. Kap. I, 3). Im Herbst 1933 klebten Kommunisten in Augsburg an Häuserwände die Warnung: "Die kapitalistische Hitler-Regierung will uns Proletarier in einen Krieg gegen die klassenbewußte Sowjetunion hetzen..."(2) Das Eintreffen dieser Vorhersagen mußte die Anhänger des Kommunismus in ihrem Glauben ungemein bestätigen. Umgekehrt *mußte* Hitler zu allererst die Kommunisten als mögliche Saboteure in dem von ihm geplanten Krieg gegen Rußland radikal ausschalten.

Zum Verständnis des Kampfes hauptsächlich aus Arbeiterkreisen muß daran erinnert werden, daß damals die soziale Lage der Arbeiter - Lohn, Arbeitszeit, Urlaub u. a. - wesentlich schlechter war als heute.

Es wäre Geschichtsfälschung , leugnen oder verschweigen zu wollen, daß die Kommunisten mit Abstand die meisten Opfer des Widerstandes brachten. Es hat manchmal den Anschein, daß eine Scheu vor dieser Tatsache einer der Gründe ist, warum in der BRD der Widerstand gegen den NS weniger Beachtung findet als in der DDR. Man sollte aber ganz vorrangig die menschliche Haltung, den Mut und den Idealismus bewundern, die damals nötig waren, um bei den heute kaum mehr vorstellbaren Einschüchterungen und bei dem ungeheuren Risiko aktiven Widerstand zu leisten. Um dies zu tun, mußte einer von einem heiligen Zorn erfüllt, oder er mußte ein ganz großer Idealist gewesen sein, beides begründet in einer schwer erschütterbaren Welt- und Lebensauffassung, verbunden mit einer festen ethischen oder religiösen Haltung. Demgegenüber erscheint die damalige Zugehörigkeit zu einer bestimmten parteipolitischen oder weltanschaulichen Richtung zwar von großem Interesse, aber die heutige Ablehnung oder Zustimmung einer solchen Richtung gegenüber, sollten nicht zu Wertungen oder Urteilen über die damaligen Widerständler verleiten. Den Widerständlern aus dem Volk ging es ja unmittelbar nicht um dieses oder jenes konkrete parteipolitische Ziel, das noch in ferner Zukunft lag, es ging ihnen in erster Linie um den Kampf *gegen* ein für sie offenkundig verbrecherisches Regime. Insofern folgten sie einem Befehl ihres Gewissens, dem sie gehorchten und der sie zu handeln trieb.

Die vorhergehenden Auszüge aus wenigen NS-Quellen liefern nur schlaglichtartige Andeutungen vereinzelten kommunistischen Widerstandes in Regensburg - für eine zusammenhängende Darstellung fehlen Berichte. Als ein zwar lückenhafter Ersatz, dafür aber aus dem Erleben einzelner besehen, folgen als Beispiele die Biographien von *Franz Enderlein* und von einigen aus der *"Neupfarrplatzgruppe"*, einschließlich der von *Josef Haas*.

---
1) INGENSAND 71
2) HETZER 158

4. Fragmentarischer Bericht aus dem Leben des Franz Enderlein

Wie die meisten der hier behandelten Kommunisten tritt Enderlein wie ein Schatten nur jeweils kurz ins Blickfeld eines etwaigen Biographen. Dazwischen fehlen Nachrichten, die das Leben nachzeichnen ließen. Mit ihm erscheint einer aus dem mehr oder weniger anonymen Volk, kein Abgeordneter, kein Berufspolitiker, keiner, der irgendwie sich in der Öffentlichkeit bemerkbar gemacht hätte. Er war nur einer, der von Anfang an dazu bestimmt war, "unten" zu bleiben. Das ist eben der Grund, warum nur ganz wenig von ihm überliefert ist. Alle, die über ihn hätten mehr erzählen können, sind schon gestorben, oder sind unbekannt. Sein Sohn *Franz Enderlein jun.*, vermochte wohl einiges zu berichten, aber nur lückenhaft. Er war ja 1933 erst 9 oder 10 Jahre alt und wohnte zur fraglichen Zeit beim Bruder seines Vaters.

So ist nicht einmal bekannt, ob *Franz Enderlein sen.* unter den ersten verhafteten Kommunisten Anfang März 1933 gewesen war, wie das für seinen Bruder Fritz, für diesen als den begeisterten Sozialdemokraten, in der damaligen Regensburger Presse berichtet wird. *Fritz Enderlein* kam am 10.3.33 in Schutzhaft, nach seiner Entlassung dann erneut am 24.6.33 und wurde am 7.7.33 von der Augustenburg in das KZ Dachau überstellt. Siche: weiß der Sohn nur, daß sein Vater, *Franz sen.*, *mehr als einmal in Haft* gewesen war.

Franz Enderlein wurde am 12.6.1899 in Regensburg geboren. Auch schon sein Vater *August Enderlein* war gebürtiger Regensburger. Er war in den 1890er Jahren Erster Maschinist bei der Donau-Dampfschiffahrtsgesellschaft in Wien und Preßburg, später Hafenangestellter in Regensburg. Die Mutter *Maria, geb. Achleitner*, war eine Wienerin. *Franz* entstammte als dritter Sohn aus dieser "Donau-"Ehe. Neben den drei Brüdern *Karl, Fritz* und *Franz* gab es noch eine jüngere Schwester *Anna*, die hier später auftauchen wird.

Der hier in Rede stehende *Franz* wurde in einem Waisenhaus in der Ostengasse aufgezogen, an der Stelle der heutigen Skt.-Clara-Schule. Er war wohl deswegen ins Waisenhaus gegeben worden, weil beide Eltern bei der Donauschiffahrt ständig unterwegs waren. Jedenfalls ist die Mutter erst 1926 verstorben und Franz war also kein Waisenkind gewesen. Die Mutter fiel beim Wäschewaschen am Unteren Wöhrd in die Donau, geriet zwischen treibende Eisschollen und ertrank.

Im Waisenhaus war Enderlein mit dem späteren Regensburger Zweiten Bürgermeister (in der Vorhitler- und Hitlerzeit) und Oberbürgermeister (Nachhitlerzeit) *Herrmann* zusammen. Beide zählten zu den begabtesten Insassen und Enderlein sollte deswegen Geistlicher werden. Sein Studium wurde vom Waisenhaus finanziert. Es ist nicht mehr bekannt, in welchem Jahr des Gymnasiums er das Studium aufgab und in Kelheim das Gärtnerhandwerk erlernte, das er mit der Gesellenprüfung abschloß.

Im Ersten Weltkrieg meldete sich *Enderlein* 1916 als 17-jähriger freiwillig zum Kriegsdienst. Er kam an die französische Front, wurde durch Gifteinwirkung feindlichen Kampfgases verwundet und litt seither an einem kranken Magen. Es war dieses Leiden, das dann später, infolge seiner Behandlung im KZ und in der Strafdivision zu seinem Tode führte. Er besaß das Eiserne Kreuz II. Kl. und das Verwundetenabzeichen.

Nach dem Krieg begann für ihn ein ruheloses Leben. Vielleicht fand er keine Arbeit im Gärtnerberuf, jedenfalls verdiente er sich seinen Lebensunterhalt als Hilfsarbeiter am Bau, als Matrose bei der Mainschiffahrt und war an vielen

Abb. 7 Regensburger u. Maxhütter Kommunisten nach einem Prozeß vor dem LG Reg. ca. 1924. Unterbezirkskonferenz. Vorne: Kath. *Schott*, RA *Dietz*, K. *Fuß* (m. Volksztg. München). Über Schott: Franz *Enderlein* 3. v. r. *Danner* sen.

Abb. 8 Drei Brüder *Enderlein*
links Fritz, SPD,
rechts Franz, KPD
unten Karl

anderen Arbeitsplätzen tätig. Die letzte Zeit vor 1933 und wohl auch noch danach war er arbeitslos gewesen.

Seit er im Arbeitsleben stand, war er bei den Freien Gewerkschaften organisiert. Am 20.2.1920 war er dabei, als die Ortsgruppe Regensburg der KPD im Thomaskeller gegründet wurde. Einige Jahre später, ca. 1924, ist er zusammen mit anderen Regensburger KPD-Mitgliedern bei einem Gruppenbild fotografiert (Abb. 7). Als Kriegsinvalide war er für internationale Völkerverständigung, lernte und sprach deswegen z. B. Esperanto. Als konsequenter Anhänger der marxistischen Weltanschauung war er aus der katholischen Kirche ausgetreten. Im Dritten Reich, als die NS den Kirchenaustritt propagierten, kehrte er aus Opposition wieder in die Kirche zurück. Demonstrativ beteiligte er sich nach 1933 an Fronleichnamsprozessionen. Hier konnte er, dank dem Konkordat, noch legal seine Abneigung gegen das Regime kundtun. Er war dabei einer unter mehreren Linken, wie z. B. der bereits vorgestellte Johann Kimpel, die ebenfalls diese Möglichkeit nutzten.

Wahrscheinlich war *Enderlein* schon 1933, mit praktisch allen kommunistischen Funktionären, einige Zeit im KZ Dachau gewesen. Sicher ist, daß er im Jahr 1936 in einem Hochverratsprozeß vor dem OLG München, zusammen mit seiner Schwester, der Hilfsarbeiterin *Anna Enderlein* (geb. 1901), dem Metzger *Penzkofer Karl* aus Straubing (geb. 1908; im Zweiten Weltkrieg gefallen), dem Spengler *Scheuerer Adolf* (geb. 1909) und dessen Ehefrau *Agnes* (geb. 1908) aus Regensburg, angeklagt war(1). Alle waren Kommunisten. Die Anklage lautete auf Vorbereitung zum Hochverrat. Ein Punkt der Anklage war das Abhören von Radio Moskau, was allerdings erst ab 1.9.1939 ausdrücklich in einem Gesetz verboten war. Während der Untersuchungshaft waren sie in der Augustenburg, natürlich in Einzelhaft, festgehalten. Obwohl schließlich der Prozeß im Urteil vom 1.9.36 mit Freispruch endete, wurden die 4 Freigesprochenen unmittelbar im Anschluß an das Urteil, am 2.9.36, der Bayerischen Politischen Polizei übergeben, die sie ins KZ einlieferte. Die drei Männer kamen nach Dachau, die Schwester Anna Enderlein wahrscheinlich in ein Frauen-KZ. Frau Agnes Scheuerer wurde schon vorher, am 4.8.36 "außer Verfolgung gesetzt".

Nach dem Krieg, am 2.7.1946, betraf das erste Spruchkammerverfahren, das überhaupt in Regensburg stattfand, - vor der Spruchkammer II - einen *Ludwig Fichtlscherer*, der die Angeklagten von 1936, darunter Enderlein, bei der Polizei angezeigt hatte und dadurch an deren Verbringung ins KZ schuldig geworden war. Ganz am Anfang der "Entnazifizierung", wie hier 1946, fällten die Spruchkammern - auf Grund des Befreiungsgesetzes - noch harte Urteile. Fichtlscherer wurde, obwohl er nicht NS-Parteimitglied gewesen war, wegen dieser und weiterer Denunzierungen, die er allerdings als Spitzel der Gestapo heimtückisch begangen hatte, zu 3 Jahren Arbeitslager und Einzug von 40 % seines Vermögens verurteilt(2). Die Hinterbliebenen des Franz Enderlein hielten sich bei dem Spruchkammerverfahren völlig heraus, erschienen nicht zur Verhandlung und trugen zum Urteil weder belastend noch entlastend bei. Diese Handlungsweise erlebten die Spruchkammern häufig.

Enderlein war etwa ein Jahr im KZ Dachau. Das OLG-Urteil auf Freispruch hatte nach seiner Entlassung dann doch eine Wirkung: Zwar hatte er KZ-Haft erlitten, aber ihm waren nicht die bürgerlichen Ehrenrechte aberkannt wor-

---
1) ARCHIVINVENTARE 1977 Bd. 7/1, S. 136; Aktenzchn. beim OLG München: OJs 29/36. Diese Akten aber nicht mehr vorhanden. Die wenigen Angaben zum Prozeß stammen aus dem Prozeßregister des OLG.
2) MZ 2. Jg. 1946, Nr. 53 vom 5.7.

den, d. h., er war nicht "wehrunwürdig" geworden, wie das ansonsten bei einschlägigen Strafurteilen üblich gewesen war. So kam es, daß er schon im März 1938 beim Österreicheinmarsch eingezogen wurde und wieder im Herbst 1938 zum Sudeteneinsatz und schließlich im September 1939 zum Polenfeldzug. Auch war er an der russischen Front und erlebte den kalten Winter 1941/42, erhielt dafür den "Gefrierfleischorden". Immer blieb er während der vielen Jahre bei der Wehrmacht ein einfacher Soldat, d. h., er war zuletzt - wie alle Langgedienten, die sich nicht hinaufbefördern ließen, - ein Obergefreiter. Sein Sohn traf ihn im Krieg zufällig einmal in Bordeaux, bei der Bewachung französischer Kriegsgefangener, die aus Nordafrika stammten. Die letzte Nachricht von Enderlein kam aus Wien. Dann erfuhren die Angehörigen erst wieder einige Zeit nach Kriegsende über sein weiteres Schicksal: Er war einer "999-er" Einheit überstellt worden. Das kann wegen seiner kommunistischen Einstellung gewesen sein, die er in dieser immer kritischer werdenden Zeit vielleicht zu erkennen gegeben hatte, es kann auch wegen Disziplinwidrigkeiten geschehen sein, die bei seiner politischen Haltung nichts Unerwartetes gewesen wären. Auf alle Fälle waren seine jeweiligen Kompagniechefs über seine Vergangenheit - seine KZ-Haft - von der Gestapo informiert worden mit der Maßgabe, ihn immer besonders wachsam im Auge zu behalten. Es kann auch sein, daß bei der Aufstellung der Division 999 im Oktober 1942 - auf dem Truppenübungsplatz am Heuberg - oder auch erst nach ihrem Untergang in Tunesien im Mai 43 solche Fälle wie seiner automatisch dieser Straf- und Bewährungstruppe zu überstellen waren.

Möglicherweise kam Enderlein mit solchen "999-ern" Ende 1943 wieder nach Rußland. Dort gab es bei dieser Truppe dann zuviele Überläufer. Sie setzte sich aus Politischen und Kriminellen, zuletzt überwiegend aus solchen zusammen, die sich gegen das Militärstrafrecht vergangen hatten. Man mußte die 999-er aus Rußland abziehen und schickte sie zunächst zum Truppenübungsplatz Baumholder in der Rheinpfalz. Nach Überholung wurden sie schließlich zur Partisanenbekämpfung in Griechenland eingesetzt. Während des Rückzuges der deutschen Truppen aus Griechenland und des sich anschließenden Marsches durch Albanien und Jugoslawien in der Zeit vom Herbst 1944 bis April 45 liefen ganze Einheiten der 999-er zum Gegner über(1).

Dazu ein weiteres Beispiel aus Regensburg. *Michael Kumpfmüller*, der vom Sg Nürnberg wegen Verschenkens von Broten an russische Kriegsgefangene zu 20 Monaten Zuchthaus verurteilt war (s. Kap. VI, Abs. 4), wurde 1944 aus der KZ-Haft heraus einem Bewährungsbataillon (*Strafbataillon 999*) zugeteilt und kam im August 1944 zur Partisanenbekämpfung nach Griechenland. Dort - in Rapsana - desertierte er von seiner Einheit und beteiligte sich anschließend am Kampf der griechischen Freiheitsarmee. Am 24.7.45 wurde er durch die UNRRA (Organisation der Alliierten zur Unterstützung der displaced persons) von Belgrad aus - wie auch *Enderlein* - entlassen. Ab Juni 46 war er stellvertretender Vorsitzender der Spruchkammer III in Regensburg. Er starb ungefähr 1977(2).

---

1) Die Geschichte der "Division 999" bis Mai 43 nach mündl. Mitteilungen von Hans Weber, für die Zeit danach aus Angaben von Franz Mörtl, der ebenso wie sein Bruder Josef die Einsätze dieser Division von Ende 43 ab miterlebt hat. Weitere Angaben aus BURKHARDT.
2) Quellen: K.'s selbstverfaßter Lebenslauf und seine eidesstattliche Erklärung vom 18.10.49 vor dem Beauftragten des Generalanwaltes für rassisch, religiös und politisch Verfolgte in Regensburg, Ernst Herrmann. Sie war nach vorausgehender Belehrung über die strafrechtlichen Folgen und wie vor einem Notar nach Identitätsprüfung durch die Deutsche Kennkarte abgegeben. (Kopie von Kurt Fricke erhalten).

Über die letzten Monate im Leben des *Enderlein* liegt von dem Eisenbahner *Friedrich Urz*, Regensburg (gestorben 1979), folgende schriftliche Äußerung vom 26.1.1949 vor(1):

"Ich erkläre an Eidesstatt, daß Franz Enderlein mir in der Gefangenschaft glaubwürdig erzählte, daß er bei der 999-er Einheit für politisch Unzuverlässige gewesen war. Wir befanden uns gemeinsam in Gefangenschaft in Belgrad, Donaulager 1. Auf Grund seiner politischen Einstellung und als ehemaliger KZ-Häftling wurde Enderlein vom Antifaschistischen Deutschen Kontrollausschuß für Kriegsgefangene in Belgrad als einer der ersten Gefangenen zur Repatriierung in die Heimat vorgesehen, die auch im Februar 1946 erfolgte. Enderlein war schwer magenleidend (wegen dieses Leidens war er Invalide aus dem Ersten Weltkrieg) und befand sich deswegen viel im Gefangenenrevier des Donaulagers 1."

Jeder, der die Härte des Partisanenkrieges in Jugoslawien erlebt hat, mit Grausamkeiten auf beiden Seiten, weiß um die Rachegefühle vieler Südslawen gegen alle Deutschen und weiß, daß sie nicht leicht einen Deutschen als Widerständler anerkennen ließen. Sicher mußte und konnte Enderlein seine Aktivitäten gegen den NS glaubhaft nachweisen.

Jedoch war Enderlein am Ende seiner physischen Kräfte. Unterwegs während des Bahntransports in die Heimat verstarb er. In Seefeld in Tirol, kurz vor der deutschen Grenze, wurde er bestattet. Auf einem Grabstein gegenüber einem Ehrenmal für ermordete Juden ist sein Name festgehalten.

5. Die versteckte Botschaft des Johann Prechtl

Im Jahr 1980 brach man in Heidenheim/Brenz einen vierzig Jahre alten Kachelofen ab. Dabei kam auf der Rückseite einer Kachel eine Eingravierung zum Vorschein, die eine ähnliche Wirkung hatte, wie das Auffischen einer alten Flaschenpost, die Schiffbrüchige einmal ins Meer geworfen hatten. Was die Inschrift ans Tageslicht brachte, war die heimlich hinterlassene Botschaft eines "aus der deutschen Volksgemeinschaft Ausgestoßenen". Der Text auf der nun dem Dachau-Museum leihweise überlassenen Platte(2) lautet:

"Urkunde. Ofen gebaut von dem politischen Dachaugefangenen *Joh. Prechtl*, Hafnerm. in Laaber (Opf.) bei Hemau, geb. 30.12.96 zu *Regensburg*. Heidenheim, den 16.12.1941. In Gefangenschaft seit 28.11.1936. Wie lange noch das weiß der Teufel."

Folgen noch einige Namen, offenbar von weiteren Häftlingen.

Dazu konnte das folgende ermittelt werden(3): Mindestens zwischen 20.10.41 und 26.11.42 bestand in Heidenheim eines der vielen selbständigen Nebenlager des KZ Dachau. In einer Baracke des dortigen Polizeikasernenbereichs waren 50 Häftlinge untergebracht, die u. a. zu einem Schießstandbau herangezogen wurden. Der jetzt dem Namen nach bekannte Kommandoführer und die zwei

---

1) Die eidesstattliche Erklärung ist im Besitz des Sohnes Franz Enderlein jun.
2) Mitteilung von Herrn Eugen Kessler, Lagergemeinschaft Dachau, München 8.3.83
3) Quellen: Ermittlungen des ITS für das Dachau-Museum; Heidenheimer Stadtnachrichten 1983, vom 4.6.; Mitteilg. von Frau Barbara Distel, KZ-Gedenkstätte Dachau, vom 29.8.83

Kapos dieses Nebenlagers fehlten bisher in der Dachaukartei. Erst recht fehlte der Name Prechtl, der sich heimlicherweise auf diese Art verewigt hatte. Durch die Verwaltungsgemeinschaft Laaber konnte ein ehemaliger guter Bekannter des Prechtl, der Kaffee- und Gasthausbesitzer *Karl Zeitler* in Laaber gefunden werden, dessen Bericht (Febr. 1984) im folgenden verwendet ist.

Hans Prechtl hatte Jahrzehnte in seiner Geburtsstadt Regensburg verbracht, als er Anfang der 1930er Jahre als bereits verheirateter Hafnermeister nach Laaber kam. Dort wurde er im vierten Hitlerjahr von der Gestapo verhaftet und ohne Prozeß 1936 in das KZ Dachau eingeliefert. Die kummervolle Frage, die er in die Ofenplatte geritzt hatte - wann er wohl wieder einmal frei kommen würde - wurde für ihn erst nach weiteren drei Jahren und 4 1/2 Monaten beantwortet: Man schenkte ihm keinen Tag; er wurde erst von den Amerikanern im Mai 45 befreit. Ihm war es aber gelungen, so lange körperlich und seelisch durchzuhalten und er lebte danach noch 24 Jahre bis 10.11.1969.

Über die politische Einstellung des Prechtl befragt, wußte Zeitler zu berichten: Er stand wahrscheinlich den Kommunisten nahe, ohne jedoch irgendwo politisch organisiert gewesen zu sein. Er gehörte zumindest seiner Einstellung nach keiner Konfession an. Auch hörte er öfter den Sender Moskau. Er wagte das auch zusammen mit einem oder zwei befreundeten Bekannten, die er bei seinen Vernehmungen nie verriet. Prechtl hatte einen besonders guten Empfänger, zum Teil hatte er ihn selber gebastelt. Viel eindeutiger und vorrangig vor einer bestimmten parteipolitischen Bindung war seine erbitterte Gegnerschaft zu jedem Krieg und damit zum NS. Er war ein Einzelgänger. Keinesfalls war er etwa als Revolutionär oder Verschwörer gefährlich. Er war ein sehr anständiger guter Handwerker, übrigens immer ein Spaßvogel mit viel Humor. Aus den letzten Worten seiner Inschrift - "das weiß der Teufel!" - spricht dieser sein grimmiger Humor, der bekanntlich für viele langjährige Gefangene wichtig für das Überleben gewesen ist. Prechtl war auch tolerant. Seine Frau war gut katholisch, also ganz anders als er. Aber er behinderte sie nie in ihrer Religionsausübung.

Zum Kriegsgegner wurde er - wie viele seiner Zeitgenossen - durch das Erlebnis des Ersten Weltkrieges. Er war mit etwa zwanzig Jahren als einfacher Soldat in die mörderischen Schlachten der Westfront gekommen. Nach einem Trommelfeuer, in dem er mehrere seiner Kameraden hatte sterben sehen, schwor er, nie mehr bei einem solchen Gemetzel mitzumachen. Als man seine Einheit nach drei Tagen der Ruhe wieder nach vorne schickte, verweigerte er den Gehorsam. Offenbar stand damals noch nicht so wie im Zweiten Krieg die Füsilierung auf solches Verhalten. Man brachte ihn zum Leutnant. Hans sagte ihm, es solle doch der Kaiser nach vorne gehen, *der* habe den Krieg zu verantworten, er selber habe damit nichts zu tun. Als der Leutnant ihn auf seine Pflicht dem Vaterland gegenüber verwies, gab es eine heftige Auseinandersetzung, in der beide fast aufeinander losgegangen wären. Der Leutnant ließ ihn abführen. Prechtl kam hinter Gittern, wahrscheinlich in Stadelheim und blieb dort bis zum Kriegsende 1918.

Im Dritten Reich konnte und wollte Prechtl nicht seinen Mund halten. Jungen Leuten riet er für den Fall, daß es zu einem Krieg gegen Rußland käme, auf keinen Fall zu schießen. Verbrüdert euch mit den Russen, forderte er sie auf. Irgendwer denunzierte ihn. So kam es zu seiner Einlieferung ins KZ. Nach etwa einem Jahr ließ man ihn wieder frei. Aber trotz Verwarnungen von gut meinenden Bekannten - auch der Kreisleiter *Raßhofer* von Parsberg verwarnte ihn - konnte er es nicht lassen, hin und wieder doch seine Meinung zu sagen. Er war verheiratet und hatte einen Sohn. Dieser wollte zu einer Hitlerjugendeinheit, zu der er als Minderjähriger die Zustimmung seines Vaters gebraucht hätte. Aber Hans weigerte sich hartnäckig, ihm diese zu geben. Später ist der Sohn, das einzige Kind, in Rußland geblieben. Vermißt. Nach seiner erstmaligen Entlassung aus dem KZ hat Prechtls Freiheit nicht lange gedauert. Ungefähr nach einem halben Jahr wurde er wieder in Dachau eingeliefert. Insgesamt brachte er es auf acht Jahre KZ! Daß er die lange Zeit überstand, verdankte er vor allem seinem handwerklichen Können. Die SS brauchte ihn für mancherlei Arbeiten, so auch für die Anfertigung von Öfen.

Lange bevor man in Heidenheim die Ofenplatte fand, hatte Prechtl nach dem Krieg seinem Freund Zeitler erzählt, daß er mehrmals, so auch in München, in Kacheln von Öfen, die er hergestellt hatte, verdeckte Einritzungen mit einer Häckelnadel gemacht habe. Er hätte sich damals gedacht, sagte er, die von ihm hergestellten Öfen seien so gut, daß sie ganz bestimmt die Nazizeit überdauern würden und kein SS-Mann seine verbotenen Botschaften finden würde. Erst viel später einmal, wenn der ganze Nazizauber längst vorüber sein werde, würde man auf seine Inschriften stoßen und dann sollten sie die Leute zum Nachforschen darüber anregen, was man damals mit den Menschen gemacht hatte. Elf Jahre nach Prechtls Tod wurde eine solche verborgene Anregung gefunden.

Man bedenke aber auch die andere Seite! Sie hatte ihren Willen gehabt und die Gesellschaft acht Jahre lang erfolgreich vor einem gefährlichen Aufklärer bewahrt - bis zum letzten Tag des Krieges! Man kann sie nicht verurteilen, die das taten; sie handelten in guter Absicht: Prechtl hätte die Anstrengungen des Propagandaministeriums gestört und die gläubige Aufnahme ihrer Auslassungen behindert. Man kann auch nicht den Vorwurf machen, daß die Gefangenen Steuergelder gekostet hätten. Sie wurden immer kriegswichtig eingesetzt. Prechtl z. B. ersetzte Ofenbauer, die dafür als Soldaten kämpfen konnten. In Heidenheim arbeitete er für die Wohnung seines SS-Kommandoführers. Wahrscheinlich ging es ihm dafür besser und er konnte durchhalten.

VI. DIE "NEUPFARRPLATZGRUPPE"

Von Oktober 1942 bis Februar 1943 wurden mehr als 36 Regensburger Bürger von der Gestapo verhaftet. In den geheimen monatlichen RPB *meldete der RegPräs. Hermann, Edler von Gäßler* am 9.11.42: Im Oktober 42 wurde *"eine illegale kommunistische Gruppe* von der Gestapo Regensburg nach längerer Überwachung in der Stadt Regensburg aufgedeckt. Wegen dringenden Verdachts der Vorbereitung zum Hochverrat wurden 9 Personen verschiedener Berufe aus der Stadt festgenommen. Weitere Festnahmen stehen bevor."

Im Folgemonat wurden "im Zuge der bereits gemeldeten Aufdeckung... wieder 15 Personen verschiedener Berufe aus der Stadt festgenommen." Für Januar 1943 lautet die Meldung: "Im Zuge der ... gemeldeten Aufdeckung einer kommunistischen Gruppe wurde bis jetzt gegen 31 P. Anzeige erstattet. Die Ermittlungen sind noch nicht abgeschlossen." Am 10.3.43 lautet der Bericht: "Im Zuge der *Aufrollung der illegalen kommunistischen Gruppe in Regensburg* wurde der Arbeitsinvalide *Josef Haas* festgenommen. Die Ermittlungen ...nunmehr vollständig abgeschlossen."

Aus dem Junibericht 1943: "Von der ... gemeldeten kommunistischen Gruppe wurde der Postfacharbeiter *Josef Bollwein* und der Hilfsarbeiter *Johann Kellner* vom 6. Senat des VGH Berlin am 9. und 10.6.43 wegen Vorbereitung eines hochverräterischen Unternehmens, Zersetzung der Wehrkraft und Feindbegünstigung zum Tode ... verurteilt."

Diese Monatsmeldungen geben natürlich das Geschehen wieder, wie es die NS-Seite sah oder sehen wollte. Sie entsprachen in zweierlei Hinsicht nicht dem wirklichen Sachverhalt:

1) Es handelt sich auch nicht im Ansatz um eine "Gruppe", die man sich dem Meldungstext entsprechend als organisiert, oder politisch geführt vorstellt.
2) Die verhafteten Einzelpersonen waren keineswegs alle Kommunisten.

Politische Zugehörigkeit

Von den 36 Verhafteten, die danach angeklagt wurden, konnte aus einem Teil der Unterlagen des OLG München für 18 die politische Zugehörigkeit festgestellt werden. Von ihnen waren nur 7 vor 1933 Mitglieder der KPD, und das zum Teil nur zeitweilig, 4 waren SPD-Mitglieder gewesen, 3 hatten der SPD nahegestanden, 1 war Monarchist und aktives Mitglied der BVP, 1 weiterer hatte der BVP nahegestanden, 2 waren vor 1933 kurze Zeit sogar Mitglieder der NSDAP gewesen. Es war also falsch dargestellt, wenn - in allen diesbezüglichen Monatsberichten - immer wieder von "einer kommunistischen Gruppe" die Rede war. Diese Verbiegung der Fakten rührt davon her, daß der Reg Präs., bzw. die ihn mit Nachrichten versorgenden Polizeistellen, dem allgemeinen, damaligen Trend unterlagen, möglichst alle NS-Gegner als Kommunisten zu deklarieren. Sie fanden damit am ehesten ihre Gewaltmaßnahmen gerechtfertigt. Denn schon lange vor Hitler waren vielen die Kommunisten oder "Bolschewisten" als gefährlich erschienen und sie stimmten deswegen ihrer "Unschädlichmachung" zu oder spürten kein Mitgefühl. Weiter spielt mit, daß die Gestapo gegenüber ihren Auftraggebern eine möglichst kapitale Beute, das hieß eben Kommunisten, apportieren wollte und zu diesem Zweck ihre Erfolgsberichte entsprechend verbog. Zu allen Zeiten und bei allen Völkern, nicht nur während der Jahrhunderte der Ketzer- und Hexenverfolgungen, fanden sich genug Menschen, die sich wie Jagdhunde auf Verteufelte abrichten ließen. Grausam und furchtbar für die Betroffenen war gewesen, daß solche Verbiegungen und Übertreibungen schließlich zu ganz unmenschlichen Strafen führten, die in keinem Verhältnis zur politischen Bedeutung oder zur Schuld nach damaligen Gesetzen gestanden hatten.

"Neupfarrplatzgruppe"

In den RPB fehlt der Begriff "Neupfarrplatzgruppe". Auch die Gestapo und die Justiz verwendeten ihn nur gelegentlich, nicht offiziell. Er taucht aber schon bei den Vernehmungen einiger Verhafteter auf und dann wieder bei den Verhandlungen vor dem OLG München und vor dem VGH. Wenn er hier als Sammelbegriff für die Verhafteten übernommen wurde, so sollte er aber nicht zur Vorstellung einer geschlossenen, irgendwie organisierten *Gruppe* führen – eine solche *gab es nicht*. Auch ist der Begriff insofern nicht ganz korrekt, als zwar die meisten, aber nicht alle der 36 verhafteten Regensburger an den Steh-Diskussionen am Neupfarrplatz selber beteiligt waren. Viele dieser "Gruppe" kannten sich gegenseitig kaum, manche kannten andere nur mit ihrem Vornamen. Berechtigt ist die Bezeichnung vor allem deswegen, weil die allermeisten Verhafteten am Neupfarrplatz verkehrten, oder zumindest Bekannte dort hatten und *deswegen* festgenommen wurden. Die Festnahmen und Verhöre führten zu immer weiteren Ermittlungen von "Staatsfeinden". Der Neupfarrplatz spielte also bei diesem Schlag der Gestapo gegen Regensburger Widerständler eine, alle Einzel-Widerständler verbindende Rolle.

Zur Geschichte des Neupfarrplatzes

Die "Aufrollung" der Neupfarrplatzgruppe ragt aus dem sonstigen Geschehen des Regensburger Widerstandes deutlich heraus, sodaß berechtigt ist, von einem weiteren Kapitel in der politischen Geschichte des Neupfarrplatzes zu sprechen. Bekanntlich hat dieser zentrale Platz der Stadt schon einmal eine traurige Rolle gespielt. Hier wohnten und lebten etwa vier Jahrhunderte lang die Juden von Regensburg in einem von einer Mauer umgebenen Ghetto. Im Todesjahr Kaiser Maximilians I., der die Juden geschützt hatte, im Jahr *1519*, *vertrieben die Regensburger ihre etwa 500 jüdischen Mitbürger* und machten ihr Ghetto-Wohnviertel auf dem heutigen Neupfarrplatz dem Erdboden gleich. Die Synagoge hatten die Juden kurz vor ihrer Vertreibung selber zerstört, um sie vor Entweihung zu bewahren. Als Sühne – leider kaum für ihre eigenen Untaten – errichteten die Regensburger anschließend eine Wallfahrtskirche "Zur Schönen Maria", aus der später die Neupfarrkirche wurde.

Die Baugeschichte des Platzes ist in einem eigenen Büchlein beschrieben(1).

Wenig bekannt ist vom Neupfarrplatz, daß auf diesem Forum am 7.4.1919 der Regensburger Sozialdemokrat *Michael Burgau* (1878 – 1949) vor einer großen Volksmenge die *Räterepublik* ausgerufen hatte(2), also die gleiche Regierungsform, nach der die Sowjet-(Räte)-Union benannt ist, wie sie aber außerhalb davon nur noch in Ungarn und eben in Bayern nach dem Ersten Weltkrieg als ein Versuch begonnen worden war, aber sehr bald danach mit militärischer Gewalt beendet worden war. Die Räterepublik dauerte in Bayern nur kurze Zeit, in Regensburg nur vier Tage.

---

1) Forum Regensburg (Hg.): Der Neupfarrplatz in Regensburg. Würzburg 1980
2) Albrecht Dieter in KRAUS 147f.; Nachruf auf Burgau in ReWo 1. Jg. 1949, Nr. 2

Es war auch am Neupfarrplatz - dort wo heute der Zeitungskiosk steht - wo die NS als spektakuläres Fanal einer Kulturwende Bücher der deutschen und internationalen Literatur und Fahnen aus den Beschlagnahmen bei SPD und KPD in einem *großen Feuer* verbrannten. Die Regensburger taten das am 12.5.1933, zwei Tage später als die Parteigenossen sonst im Reich(1).

Nun aber hatte sich im Dritten Reich auf diesem Regensburger Forum ein Gewohnheits-Stelldichein aus Bürgern der Stadt fortgesetzt, die "staatsfeindlich", d. h. NS-feindlich eingestellt waren. Schon lange vor 1933, sicher schon 1928, aber wahrscheinlich noch früher, pflegten sich vor allem Erwerbslose am Neupfarrplatz zu treffen, um dort sich auszusprechen, zu diskutieren und zu "politisieren". Besonders viele Invaliden des Ersten Weltkrieges kamen zu diesem Plauder-Forum; beruflich Tätige erschienen nach 18 Uhr. Einen guten Einblick in Zusammensetzung und Gesinnung dieser Männer - im Zeitpunkt 1942 - verschafften sich Gestapo, VGH und OLG, durch Vernehmung von über 30 Beteiligten. Der 6. Senat des VGH Berlin, der danach in Regensburg tagte, kam dabei zu folgender "Erkenntnis"(2):

"... Auch nach 1933 setzten dort (am Neupfarrplatz) im wesentlichen die selben Leute (wie vor 1933) ihre Zusammenkünfte fort und weitere kamen hinzu. Im Lauf der Zeit nahmen ihre Gespräche einen staatsfeindlichen Charakter an. Wenn auch die Angehörigen dieser etwa 20 Mann zählenden Gruppe aus verschiedenen Lagern kamen, frühere Kommunisten, Sozialdemokraten oder kirchlich stark gebundene Monarchisten waren, so war ihnen doch *gemeinsam der Haß gegen den NS* und das Dritte Reich und *gab ihnen der Krieg zu dieser ablehnenden Einstellung ständigen Auftrieb*. Auf den Zusammenkünften am Neupfarrplatz, die meistens nach 18 Uhr im Kreise ihrer Gesinnungsgenossen stattfanden, wurden Maßnahmen der Regierung abfällig kritisiert (in einer Diktatur ein schweres Verbrechen) und die *Möglichkeiten* eines Umsturzes besprochen, sowie regelmäßig die Nachrichten der deutschfeindlichen Rundfunkpropaganda besprochen ... *Sie waren Quellen der Hoffnung auf einen Sturz des NS* (Einlassung des Angeklagten *Kellner*, Zeugnis des R. und S.)"(3)

Dazu einige Zahlen über die Arbeitslosen in Regensburg während der ersten Jahre der NS-Zeit: In der Stadt waren bei 82 700 Einwohnern (1933) im
Januar 1933   6 789
Juni 1933   5 220
Januar 1935   3 863 Arbeitslose
beim Arbeitsamt gemeldet(4). Die Arbeitslosen sind also in den ersten zwei Hitlerjahren um 43 % weniger geworden, sind aber keineswegs verschwunden. Neben ihnen waren am Neupfarrplatz besonders die arbeitsunfähigen Invaliden des Ersten Krieges vertreten.

Wichtig ist schon hier festzuhalten, daß die Angeklagten - wie ihre Geständnisse ergaben - zwar auf ein Ende des Regimes und dazu auch *auf einen Umsturz von anderer Seite hofften* und sich dafür bereithalten wollten, daß sie selbst aber viel zu schwach gewesen wären, um etwa eine Verschwörung oder

---
1) Mitteilg. von Franz Enderlein jun., der vieles aus den Erzählungen seines Ziehvaters und Onkels Fritz Enderlein (SPD) weiß
2) Anklageschrift ORA VGH Berlin 23.4.43. Aktenzeichen: ORA 6 J. 11/43 (Kellner)
3) Letzter Klammervermerk ist vom VGH; die vorhergehenden sind dagegen, ebenso wie die Hervorhebungen wie immer in Zitaten, vom Verf.
4) WEINMANN; für Juni 33 aus Regensburger Echo 1933, 3.-13.7.; für Jan. 35 aus Bayer. Ostmark 1935, v. 20.2.

überhaupt ernsthafte, für das Regime wirklich gefährliche Widerstandsmaßnahmen vorzubereiten und durchzuführen.

Ein Zeuge von damals erzählte: Die Leute der Neupfarrplatzgruppe kannten viele Bewohner der Stadt und auch des Landkreises, ja sie hatten auch Bekannte in Prag und in Wien. Sie erzählten sich, daß dieser oder jener verhaftet oder ermordet wurde. So wurde z. B. Anfang 1933 der Mord an dem Sozialdemokraten *Pfauntsch* im fürstlichen Wald am Neupfarrplatz bekannt. Es war auch auf diesem Platz, daß mancher noch rechtzeitig einen Wink erhielt, zu verschwinden. Man hatte gute Beziehungen zur Kriminalpolizei, sogar zur späteren Gestapo, z. B. zum Kriminalkommisar Eisinger, der zur Gestapo übernommen worden war, ohne bedingungsloser NS gewesen zu sein. Er half vielen und "verhielt sich wie ein Vater". Dagegen waren andere umso gefürchtetere Gestapobeamte geworden.

Einer der später vor dem OLG Angeklagten sagte dort aus: "Am Neupfarrplatz kamen Leute aus allen Bevölkerungskreisen zusammen, auch alte Kämpfer (= schon vor 1933 der NS-Partei Beigetretene), Invaliden und Erwerbstätige, die Nachtdienst gehabt hatten. Man tauschte Nachrichten aus" - natürlich nur unter zuverlässigen NS-Gegnern, die offenbar die meisten oder alle dort waren - die man von BBC-London, vom Sender Straßburg, vom "Freiheitssender" oder vom Sender Moskau abgehört hatte. "Aber nur wenige hatten die Sender selber gehört, die mehreren ließen sich nur erzählen."

Übrigens trafen sich etliche *auch am Arnulfsplatz*. Dort wo heute die Omnibushaltestellen konzentriert sind, gab es eine wie bei einem Bürgersteig erhöhte, runde Verkehrsinsel, die man die "Scheib'n" nannte. Der Inselrand wurde auch zum Sitzen benützt. Oft waren die Plätze auf der Scheibn schon am frühen Morgen eingenommen. Auch dort wurde politisiert. Bei der Verhaftungsaktion und bei den Prozessen erscheint aber die Scheibn nicht, man hört dort nur vom Neupfarrplatz. Offenbar war dieser "politisch" doch "wichtiger" gewesen oder dafür gehalten worden.

Der Neupfarrplatz hatte sich vor 1933, in den Jahren der schweren Wirtschaftskrise, schon deswegen zu einem Treffpunkt der Arbeitslosen angeboten, weil im Gebäude der "Alten Wache" an diesem Platz bzw. am unmittelbar benachbarten Kassiansplatz einige Jahre lang das Arbeitsamt untergebracht war, bei dem man "stempeln" mußte. Auch gab es dort damals schon wie heute, einen Zeitungskiosk, an dem man zumindest die Schlagzeilen lesen konnte, so man keine Groschen für den Zeitungskauf selber hatte. Dazu störte noch wenig Autolärm die Unterhaltungen. Die Zahl der Leute, die am Neupfarrplatz "herumstanden", war in der erwähnten Anklageschrift des VGH mit "etwa 20" angegeben. In Wirklichkeit war sie um ein Vielfaches höher. In der schlimmsten Zeit der Arbeitslosigkeit erstreckte sich der Raum für plaudernde Gruppen von der Alten Wache über den ganzen Neupfarrplatz, so wie er heute etwa vom Christkindlmarkt eingenommen wird. Beteiligte von damals erzählen, daß zur Scheibn ausschließlich Arbeiter und Arbeitslose gekommen waren, wogegen am Neupfarrplatz schon eher auch Bürgerliche sich eingefunden hatten. Allerdings waren die meisten harmlos und politisch nicht ernsthaft engagiert. Einige, die Geld hatten, gingen von der Scheibn aus anschließend in eines der drei anliegenden Wirtshäuser, zum Kneitinger, Emslander oder Velodrom. Im letzteren war ein Versammlungssaal, aber auch eine Gaststätte und ein Kino (heutiges Capitol) untergebracht. Im Kino konnte man sich um wenige Zehnerl einen Film anschauen.

Wenn der Neupfarrplatz in Regensburg in mancherlei Hinsicht auch nicht mit dem "Stachus" des Industriestädtchens Penzberg vergleichbar erscheint(1), in anderen Aspekten ist er es durchaus: Er war ein Versammlungsplatz, der auch nach 1933 seine Funktion behalten hatte; an ihm wurden Gerüchte, neueste Nachrichten, sowie politische Meinungen diskutiert, und zwar unter jahrzehntelang einander wohlbekannten Stadtbürgern, bis 1942 relativ gefahrenfrei. Wie in Penzberg auf dem Stachus, so förderte auch in Regensburg die Unmöglichkeit objektiver Information aus der lokalen Presse diesen Meinungs- und Nachrichtenaustausch. Wäre Regensburg eine Großstadt gewesen, dann wäre ein solches regelmäßiges Treffen auf einem öffentlichen Platz unmöglich gewesen. Nur der gute gegenseitige Bekanntheitsgrad verhalf dazu, daß man vor fremden Horchern sicher sein konnte, oder zu sein glaubte.

Verhaftungen, Vernehmungen, KZ Flossenbürg, Prozesse

Ob die erste Verhaftung am 1.10.42 (Bollwein) zu den weiteren Festnahmen geführt hatte, oder zu dieser Zeit die Neupfarrplatzgruppe längst beobachtet worden war, läßt sich nicht sicher ausmachen. Wahrscheinlich war das letztere der Fall gewesen. Die Gestapo soll von der Brüstung der Neupfarrkirche aus unbemerkt die Gruppe(n) beobachtet und fotografiert haben(2).

Nach der ersten Verhaftung folgten noch im gleichen Monat Oktober 1942 einige weitere, besonders viele dann am 3.11. (mindestens 15 an diesem Tag). Auf Grund der Vernehmungen fand die Gestapo Regensburg schließlich immer mehr "Staatsfeinde". Im Zuge dieser "Aufrollung" zogen sich die Festnahmen bis Februar 1943 hin. Insgesamt wurden etwa 40 Personen verhaftet. Nur von einzelnen sind die Umstände bekannt. Im allgemeinen scheint die Gestapo am frühen Morgen, um 6 Uhr, die Betreffenden in ihrer Wohnung festgenommen und gleichzeitig eine Wohnungsdurchsuchung durchgeführt zu haben. Dabei wurden Betten, Schränke, Öfen durchwühlt, Kinder aus den Betten geholt. *Noch am gleichen Tag wurden* zumindest die vielen am 3.11. Verhafteten *in das KZ Flossenbürg* übergeführt. Dieses KZ lag im regionalen Zuständigkeitsgebiet der Stapo-Stelle Regensburg. Vor allem sie, aber auch andere bayerische Stapostellen wiesen in Schutzhaft genommene Personen seit April 1940 direkt in das Lager Flossenbürg ein(3). Im Lager gab es eine eigene Politische Abteilung (Abtlg II), die nicht der Inspektion der KZ, sondern der Gestapo unterstand und als eine in das Lager verlegte, nachgeordnete Stapo-Dienststelle fungierte. Ihre Aufgabe bestand vor allem in der Überprüfung und Vernehmung der Häftlinge(4).

In Flossenbürg kamen die Verhafteten zunächst in Einzelzellen, offenbar in dem berüchtigten Arrestbau, und wurden anscheinend erst dort, oder auch schon vorher in Regensburg am Tag der Verhaftung vor dem Abtransport, jedenfalls von der Gestapo Regensburg, verhört. Dafür wurde allem Anschein nach während der Vernehmungen auch gefoltert. Dafür spricht, daß fünf der am 3.11. Verhafteten, also etwa 1/3 davon, kurz oder sehr bald nach ihrer

---

1) TENFELDE 249f.
2) Ein damaliger Mithäftling, Kraftwagenführer Theodor Frohschammer, geb. 17.10.1877, der am 23.11.43 vom OLG freigesprochen wurde, schrieb am 14.12.1952 für das Landesentschädigungsamt an Eidesstatt, daß die Gestapo den Häftlingen erklärt hatte, sie wären bereits ein Jahr lang beobachtet und auch von der Neupfarrkirche aus fotografiert worden. (Dieses Schreiben bei M. Massinger jun. eingesehen)
3) SIEGERT 1979, 446
4) wie vor; 455

Vernehmung verstarben und ein sechster den Freitod versuchte:

1) *Johann Schindler* endete am Tag nach der Vernehmung, offiziell "durch Freitod". Er war 58 Jahre.
2) *Johann Eibl* starb offiziell 18 Tage danach "durch Freitod". Er war 47 Jahre.
3) *Franz Herzog* kam 8 Wochen danach, angeblich durch eine "Sepsis, verbunden mit allgemeiner Körperschwäche", ebenfalls im KZ ums Leben, mit 60 Jahren.
4) *Johann Janker* (47 Jahre) machte 3 Tage nach der Vernehmung einen Selbstmordversuch durch Erhängen, wurde aber durch Wiederbelebungsversuche gerettet und vier Tage später wegen ärztlich nachgewiesener Haftunfähigkeit – außer dem Nervenschock war er beinamputiert – aus dem KZ Flossenbürg entlassen. Offenbar zu ihrer Rechtfertigung für diesen Gnadenakt vermerkte die Gestapo daß ihm "entsprechende staatspolitische Auflagen erteilt wurden". Weil Janker (geb. 30.5.1895) nicht ums Leben kam und von ihm deswegen hier nicht ausführlicher berichtet wird, sei an dieser Stelle kurz vermerkt, daß er in Hackenberg geboren war, daß sie 10 Geschwister waren, der Vater Steinhauerpolier, er selber in seinem 16. Lebensjahr als Taglöhner in einen Steinbruch in Roßbach kam und dort 2 bis 3 Jahre, bis zu seiner Einberufung zum Wehr- und Kriegsdienst gearbeitet hatte. Im Ersten Weltkrieg wurde er schwerverwundet, sein linkes Bein wurde am Oberschenkel amputiert. 1923 war er kurze Zeit Mitglied der NS-Partei bis zu deren Auflösung nach dem Putsch im November gewesen. In den Kreis am Neupfarrplatz kam er erstmalig 1928/29. "Der Umgang mit den Leuten dort brachte auch mich so weit, daß ich staatsgegnerisch eingestellt wurde ("Geständnisse" mit Formulierungen wie "staatsgegnerisch eingestellt" erfolgten nach entsprechend formulierten Fragen der Gestapo). Ich leugne nicht, daß ich die Maßnahmen der Reichsregierung und den Krieg als "Krampf" bezeichnet habe(1). Kurz nach diesen "Eingeständnissen" versuchte er sich – am 6.11.42 – in seiner Zelle in Flossenbürg zu erhängen.
Diese 3 bekannten Todesfälle, dazu der Freitodversuch, ereigneten sich alle im KZ Flossenbürg.
5) Der vierte Todesfall, sehr wahrscheinlich verursacht durch unmenschliche Behandlung in Flossenbürg, betrifft *Max Massinger*. Von ihm wird hier später ausführlich berichtet.
6) Einem fünften Todesfall wurde hier nicht näher nachgegangen: Der vor dem OLG zusammen mit den anderen angeklagte Rentner *Georg Sonnauer* verstarb am 29.12.42 in Regensburg mit 44 Jahren, keine 2 Monate nach seiner Vernehmung.

Während die Festgenommenen im KZ Flossenbürg – vielleicht auch einige in Regensburg – in Haft waren, schickte die Gestapo Regensburg die mindestens 36 Vernehmungsprotokolle an den ORA des *VGH Berlin*. Dieser wählte zwei der Verhafteten für seine Behandlung aus – er "behielt sich die Strafverfolgung für diese beiden vor" –, was, wie in Tausenden von anderen Fällen, so auch in diesen beiden zur Todesstrafe und Hinrichtung führte. Die anderen wurden beim OLG München angeklagt, wurden aber zunächst zum *Amtsgerichtsgefängnis Nürnberg*, bzw. "Strafgefängnis der Untersuchungshaftanstalt Nürnberg" transportiert. Dort wurden auf Veranlassung des Generalstaatsan-

---

1) Aus den Akten der Gestapo Regensburg, die zwar vernichtet wurden, von denen aber die Vernehmungsprotokolle in Abschriften zum Prozeß beim OLG München vorlagen und dadurch erhalten wurden

waltes München im April 1943 gegen mindestens 15 Beteiligte, Haftbefehle des Amtsgerichts Regensburg vom 28. und 29.1.43 eröffnet. Gleichzeitig wurden die Betreffenden in Nürnberg erneut vernommen, diesmal von der "normalen" Gerichtsbarkeit. Vorher hatten sie sich ungefähr ein halbes Jahr in "Schutzhaft" unter der durch kein Gesetz eingeschränkten Gewalt der SS in Flossenbürg befunden.

Vor den Prozessen beim OLG München - im November und Dezember 1943 - wurden die noch überlebenden Angeklagten im Juli 1943 von Nürnberg in das berüchtigte *Untersuchungsgefängnis Stadelheim* bei München überstellt.

Delikte

Die Anklage lautete entweder auf "Vorbereitung zum Hochverrat", oder "Abhören feindlicher Sender und Verbreitung derer Nachrichten", oder "Wehrkraftzersetzung", oder gleich auf einige dieser Delikte. Was diese "Staatsfeinde" wirklich getan hatten, war das Abhören ausländischer Sender, um dadurch bessere Informationen zu erhalten als aus der ansonsten allein gebotenen, offensichtlich die Wahrheit verdrehenden Propaganda einer Diktatur und war das Austauschen von Meinungen, vor allem über den Fortgang des Krieges, wobei sie alle gegen den NS, damit gegen den damaligen Staat, eingestellt waren. Mehr war es bei den allermeisten nicht. Staatsumwälzende Aktionen hatte keiner durchgeführt. Lediglich einer, der dafür zum Tod verurteilt wurde, hatte auch noch seine Anti-Hitler-Meinung in Form von Parolen an Hauswände geschrieben. Am Anfang der Neuzeit hielten die Mächtigen die Erkenntnis von Wahrheiten auf astronomischem Gebiet für so gefährlich und ihrer Macht abträglich, daß sie dafür z. B. Giordano Bruno hinrichteten. Im 20. Jahrhundert nannte die deutsche Regierung die Erkenntnis der Wahrheit des verlorenen Krieges "Wehrkraftzersetzung" und bestrafte diejenigen, die eine solche Erkenntnis äußerten, wiederum mit dem Tode. Beidemale hielten die Mächtigen fälschlicherweise die Wahrheit als den Interessen der von ihnen beherrschten Menschen für abträglich. So wurde z. B. der christliche Märtyrer *Dietrich Bonhoeffer* wegen eben dieser "Wehrkraftzersetzung" angeklagt und im KZ Flossenbürg ermordet. Wegen des gleichen Deliktes wurde z. B. auch der Regensburger Pater *Gebhard Heyder* zum Tode verurteilt (Kap. XI, 4). In Wirklichkeit hatten beide zum Nutzen des deutschen Volkes die Wahrheit erkannt und geäußert.

Wenn bei den Richtern Vernunft regiert hätte, hätten sie sich sagen müssen, daß wirklich ernsthafte Umstürzler nicht jahrelang auf einem öffentlichen Forum, wie dem Neupfarrplatz, sich getroffen hätten, wo man sie leicht beobachten konnte. Sie wären in Wohnungen zusammengekommen. So aber waren das keine Männer einer gefährlichen Verschwörung, wie die des 20. Juli 1944. Sie planten nie konkrete Akte, etwa der Sabotage. Was sie "schlimmstenfalls" im Auge hatten, war, sich bereitzuhalten für die Zeit, die sie sicher kommen sahen. Ansonsten taten sie das gleiche, was Tausende anderer Bürger der Stadt im stillen und geheimen getan hatten: Sie informierten sich und sie schütteten gegenseitig ihr Herz aus; sie ventilierten ihren angestauten Haß gegen das Regime, dessen Unrechtscharakter sie als unmenschlich und bösartig empfanden. All das wußten natürlich auch die Richter. Diejenigen des VGH hatten dabei von vornherein den Willen, überzogene Urteile zum Zweck der Abschreckung zu fällen. Diejenigen des OLG waren gezwungen, innerhalb der bestehenden Gesetze zu urteilen.

Die Urteile für die 36 Angeklagten lauteten(1):

1) VGH: Todesstrafe in allen 2 Fällen
2) OLG: 6 Jahre Zuchthaus in 1 Fall; 5 Jahre Zuchthaus in 2 Fällen;
(davon 1 Verurteilter danach in Flossenbürg ermordet);
4 1/2 Jahre Zuchthaus in 1 Fall (danach in Flossenbürg ermordet);
3 Jahre Zuchthaus in 2 Fällen; 2 1/2 Jahre Zuchthaus in 1 Fall;
2 Jahre Zuchthaus in 1 Fall; 1 1/2 Jahre Zuchthaus in 1 Fall;
1 1/2 Jahre Gefängnis in 1 Fall; 3/4 Jahre Gefängnis in 1 Fall;
Freispruch in 10 Fällen; Urteil unbekannt in 3 Fällen;
Verfahren eingestellt in 10 Fällen, davon in 5 Fällen, weil die Angeklagten schon vor dem Urteil "starben". Immer muß bei "Freispruch" oder "Verfahren eingestellt" daran erinnert werden, daß dies in vielen Fällen lediglich Rücküberstellung in die Schutzhaft, d. h. unbefristete Haft in einem KZ bedeuten konnte.

Insgesamt wurden also 2 Regensburger zum Tode und weitere 11 bis 14 zu Haftstrafen verurteilt. In Wirklichkeit aber führte die Verhaftung Ende 1942 nicht nur für 2, sondern für mindestens 8 zum gewaltsamen Tod:

    Josef Bollwein, Johann Eibl   Johann Kellner, Max Massinger
    Josef Haas, Franz Herzog   Johann Schindler, Georg Zaubzer

Ein weiterer - Josef Rödl - kam 1945 geisteskrank aus dem KZ und starb nach 14 Jahren Zwangsverwahrung in "der Karthaus". (s. S. 53)

Natürlich wurden vor allem von den Angehörigen Gnadengesuche geschrieben. Manchmal schrieben die Ehefrau oder auch die Söhne von der Front erschütternde Briefe, in denen sie letzte Versuche unternahmen, dem Ehemann oder dem Vater zu helfen. So lautet z. B. ein solcher Brief vom 6.4.1943 an das LG Regensburg, bzw. OLG München:

"... Heute nach 5 Monaten bekam ich die traurige Nachricht, daß sich mein Vater seit Anfang November 1942 im KZ Flossenbürg befindet... *Meine Mutter bekam von einem Herrn der Gestapo den Auftrag, sie möchte mir vorerst nichts davon schreiben.* Ich bin aktiver Soldat und stehe im 8. Dienstjahr. Ich habe an allen Feldzügen teilgenommen und stehe nun wieder seit Beginn des Rußlandfeldzuges an der Ostfront. *Mein Vater selbst war auch Weltkriegsteilnehmer und ist kriegsbeschädigt.* Mein Vater hatte mir auch den Rat gegeben, freiwillig Soldat zu werden. Er hat mir in seinen Briefen an die Front nie ein einziges unrechtes Wort geschrieben. Es ist *für mich unfaßbar und sehr schwer, solche Nachrichten über meinen Vater aus der Heimat zu erhalten*. Ich bitte um baldige Überprüfung und Auskunft sowie um Freilassung meines Vaters.
                              Mit freundlichem Gruß Heil Hitler!
                              J. Z. Sanitätsfeldwebel

Man muß sich vorstellen, wie es auf Frontsoldaten gewirkt haben muß, wenn gesunde, unabkömmlich gemeldete Männer hinten in der Heimat ihre Väter, Invaliden aus dem Ersten Krieg, ins KZ sperrten oder gar ermordeten.

Auf solche Briefe gab das Gericht im allgemeinen, auch im obigen Fall, fol-

---

1) ARCHIVINVENTARE Bd. 7, Tl. 2; Aktenzch. beim OLG: OJs 40/43. Laut RPB für Dez. 43/Jan. 44 wurden nur 10 Regensburger zu Haftstrafen verurteilt, was sicher nicht vollständig ist

gende Antwort: "... teilen mit, daß die Frage der Entlassung Ihres Vaters aus der Untersuchungshaft zur Zeit nicht entschieden werden kann."

Die folgenden zahlenmäßigen Aufschlüsselungen nach Alter, beruflicher Zusammensetzung, Herkunft, Kriegsveteranen, Invaliden, können natürlich nicht ohne weiteres für den Regensburger aktiven Widerstand verallgemeinert werden. Die wenigen Dutzend Fälle sind hier nur deswegen zahlenmäßig ausgewertet worden, weil sie immerhin *die während des Krieges größte, zusammenhängende Verhaftungswelle* in der Stadt Regensburg ausgelöst haben und weil im Anschluß an diese Aktion *allein die Hälfte aller dem Verfasser bekannt gewordenen Todesopfer* des Regensburger Widerstandes zu beklagen waren.

Alter

Um welche staatsgefährliche Personen hat es sich nun gehandelt? Zunächst läßt sich das Alter der 36 Angeklagten angeben(1) (Verhaftete waren es mehr als 36): Nur einer war darunter, der zu Beginn des Dritten Reiches noch nicht erwachsen war. Und auch dieser eine war nur deswegen dabei, weil er zusammen mit seinem Vater "staatsfeindlich" agiert hatte. Die 36 Widerständler waren also praktisch alle in ihrer Jugend noch nicht durch die NS-Schulen gegangen. *35 der 36 Angeklagten hatten die Weimarer Republik längst schon als Erwachsene erlebt.* 27 von den 34 männlichen Angeklagten (2 waren Frauen) hatten den Ersten Weltkrieg noch in einem Alter (mindestens 18) erlebt, in dem sie möglicherweise Soldaten waren. 33 Angeklagte, also fast alle, waren zur Zeit des Prozesses schon 40 oder darüber, 15 waren schon über 50 Jahre alt, 6 schon über 60, 1 über 70. Das stimmt übrigens mit der Feststellung für die Industriearbeiter in Augsburg überein, wie sie in Bd. III der Serie "Bayern in der NS-Zeit" getroffen ist: "Arbeiter der Altersgruppen zwischen 40 und 65 Jahren hatten sich stets weit resistenter gegen NS-Propaganda gezeigt als andere Bevölkerungsteile(2). Freilich ist bei der Verhaftungswelle 1942 in Regensburg auch zu berücksichtigen, daß überhaupt nur diese Altersgruppen bei den Männern in der Heimat noch stärker vertreten waren als jüngere Jahrgänge.

Berufliche Zusammensetzung

27 der 36 Angeklagten waren Arbeiter, wobei hierzu auch 1 "Gehilfe", 1 "Amtsbote", 1 Kraftwagenführer, 1 Packer, 1 Kranführer, 1 Büglerin, 1 Portier, 1 Lokheizer, 1 Hausmeister, 1 Billetdrucker gezählt wurden; d. h., es handelte sich nicht in der Mehrzahl um Industriearbeiter, wie das etwa im Ruhrgebiet oder in Nürnberg oder Augsburg zu erwarten wäre. Regensburg war damals - trotz der Messerschmittwerke - keine Industriestadt.

Mindestens 8 der 27 "Arbeiter" waren bereits Rentner. Mehrere waren auch zu dieser Zeit noch arbeitslos. Dazu kamen Schwerbeschädigte des Ersten Krieges, die noch in Arbeit waren. Von den übrigen 9 "Nichtarbeitern" waren 3 Angestellte der unteren Einkommensstufen, 3 Handwerker, 2 Kaufleute, 1 Beamter (Assistent). Von den 3 Handwerkern war mindestens 1 arbeitslos. Insgesamt waren sie fast alle unselbständige Arbeitnehmer. Der starke Anteil der Rentner erklärt sich aus der allgemeinen Zusammensetzung der im 4.

1) wie Fußnote S. 135
2) HETZER 129

Kriegsjahr noch in der Heimat verbliebenen Männer. Von den gesunden Männern waren die meisten an den vielen Fronten rund um Deutschland, die allermeisten an den russischen Fronten. Natürlich hatten auch mehrere der Verhafteten und Angeklagten eigene Söhne im unmittelbaren Kriegseinsatz. Zu der Erklärung des hohen Rentneranteils unter den NS-Gegnern aus dem allgemein höheren Alter der in der Heimat Verbliebenen kommt aber ein wahrscheinlich noch gewichtigerer Grund hinzu: Diese älteren erinnerten sich noch zu sehr an die schlimmen Erfahrungen mit dem aggressiven, großsprecherischen Nationalismus und seinen Auswirkungen.

Herkunft

Nur von 19 Angeklagten ist hier der Geburtsort bekannt. Von diesen 19 sind lediglich 3 in Regensburg geboren; *alle anderen 16 stammen aus Dörfern oder kleineren Orten der Oberpfalz und Niederbayern*. Die Väter der Angeklagten waren, soweit hier bekannt, in 3 Fällen Hilfsarbeiter in Steinbrüchen, in 2 Fällen Gastwirte auf dem Land, einer Bürstenmacher, einer Schuhmachergehilfe, einer Fabrikarbeiter, einer Kleinlandwirt, einer Bäckermeister. Die allermeisten aus der Neupfarrplatzgruppe stammen also aus dörflichen und überwiegend armen Verhältnissen, was sich noch mehr aus den Kinderzahlen ergibt. Dabei sei bei den folgenden Geschwisterzahlen gleich vermerkt, daß zumeist die im ersten Lebensjahr Verstorbenen - und das waren sehr viele - nicht mitgezählt sind, schon weil niemand mehr an sie dachte. 4 der Angeklagten wuchsen in Familien mit je 10 am Leben gebliebenen Kindern auf. Dabei sind zwei beteiligte Brüder nur einmal gezählt. Ein weiterer Angeklagter lebte in einer 9-, einer in einer 7- und einer in einer 6-Kinder-Familie. Bei 2 Angeklagten waren sich daheim zu viert gewesen und nur bei einem gab es damals schon einen Zwei-Kinder-Haushalt. Zusammengefaßt: Die 10 Familien, von denen die Kinderzahl hier bekannt wurde, hatten miteinander 72 Kinder.

Für einen großen Teil dieser Kinder gab es auf dem Land keine Erwerbs- und Lebensmöglichkeit. So zogen sie - häufig oder fast immer ohne eine Berufsausbildung - in die Stadt Regensburg. Viele davon fanden auch hier nur gelegentlich Arbeit. Sie lebten zumeist auf der untersten sozialen Stufe der damaligen Gesellschaft.

Wenn hier einmal bemerkt wurde, daß die Widerständler oft ganz allein gewesen waren, so trifft das bei den Leuten der Neupfarrplatzgruppe nicht im vollen Sinn des Wortes zu. Meist hatten die hier Verhafteten Kontakt mit Gesinnungsgenossen. Sie trafen sich in den Wohnungen, besuchten sich gegenseitig und bestärkten sich in ihren überkommenen weltanschaulichen und politischen Meinungen. Die vielfachen Querverbindungen treten deutlich bei den Vernehmungen hervor. Sie führten ja auch zu den Verhaftungen. Es bestand also ein zusammenhängendes "Milieu", eine ungefähr ähnliche soziale Position; der Neupfarrplatz fungierte in diesem Fall für das Entstehen oder Fortbestehen der Anti-NS-"Gruppe" als eine äußere Verbindungsklammer.

Zur Charakterisierung der sozialen Zugehörigkeit der Angeklagten hilft auch ein Hinweis darauf, welche Bevölkerungsschichten *nicht* beteiligt waren. Es fehlen vor allem Begüterte, Leute mit höherer Schulbildung, mittlere oder höhere Beamte oder Angestellte, Kaufleute, Selbständige, also gerade der in Regensburg gut vertretene bürgerliche, alteingesessene Teil der Einwohnerschaft. Ein Grund dafür lag natürlich darin, daß die Bürgerlichen eben nicht am Neupfarrplatz verkehrten. Ein anderer Grund war aber doch, daß diese Gesellschaftsschichten zu einem relativ größeren Teil auf Seiten des NS standen als die Arbeiter, besonders als die bis 1933 und auch noch danach arbeitslosen Arbeiter. Schon deswegen reicht die Erklärung oder Rechtfertigung, wie sie häufig von Zeitgenossen für die Tatsache der großen Zahl von NS-Anhängern gegeben wird, nämlich daß die vielen Arbeitslosen die Schuld dafür trügen, nicht aus. Die Arbeitslosen selber, also die am härtesten von der Arbeitslosigkeit betroffen gewesenen, waren ganz überwiegend NS-Gegner gewesen.

Ein weiterer Grund für die geringe Zahl aktiver Widerständler aus dem bürgerlichen Lager mag darin liegen, daß diese bürgerliche Schicht von Haus aus vorsichtiger gewesen ist, auch mehr zu verlieren hatte. Sofern einige in klarer Opposition gestanden hatten und dies äußerten, taten sie dies keinesfalls auf einem öffentlichen Platz.

Teilnehmer am Ersten Weltkrieg

Von den 27, die wegen ihres Geburtsjahrgangs als Soldaten des Ersten Kriegs in Frage kamen, konnte aus den zur Verfügung gestandenen Quellen nur für 15 der Kriegseinsatz festgestellt werden. Für die anderen fehlen Informationen. Wahrscheinlich waren fast alle 27 als Soldaten im Krieg gewesen.

Von den festgestellten 15 Kriegsteilnehmern waren *10 Kriegsinvaliden*, überwiegend Schwerkriegsbeschädigte(1). Die hohe Beteiligung von Invaliden an dieser Widerstands"gruppe" kann nun einfach davon herrühren, daß sie einen großen Prozentsatz aller überhaupt noch in der Heimat verbliebenen Männer ausmachten. Doch genügt dieses Faktum nicht für eine volle Erklärung. Es waren 1942 doch noch erstaunlich viele kv- und gvh- geschriebene Männer in der Heimat, die gesund waren, z. B. bei der Reichsbahn. Auch waren, wie die Vernehmungen ergaben, die Kriegsinvaliden auch schon *vor* dem Zweiten Weltkrieg auf dem Neupfarrplatz stärker vertreten als ansonsten in der Bevölkerung.

Daß gerade so viele Teilnehmer und besonders Invaliden des Ersten Krieges aktiven Widerstand leisteten, liegt wohl daran, daß sie 1914 die Begeisterung und Siegeszuversicht und ebenso die darauf folgende unerbittliche Niederlage erlebt hatten. Dies geht aus vielen Äußerungen der damaligen Generation hervor. Ihnen war die totale Siegessicherheit als Propagandamittel der Staatsautorität bekannt gewesen und ebenso die innere Hohlheit und Schwäche, die dahinter steckten. Sie ließen sich nicht vernebeln, waren im Gegenteil von vornherein mißtrauisch. Ebenso wichtig war ihr Erlebnis der grausamen Realitäten des Krieges, die körperlichen, seelischen und beruflichen Folgen ihrer Kriegsverletzungen und all die Enttäuschungen wirtschaftlicher und sozialer Art, die sie noch immer als Folgen des Krieges erdulden mußten.

Erstaunlich bleibt, daß die Teilnehmer dieser Gesprächsrunden am Neupfarrplatz erst im vierten Kriegsjahr und nicht schon viel früher von der Gestapo verhaftet wurden. Denn die meisten trafen sich dort schon seit langer Zeit und ihre grundsätzliche Einstellung gegen den NS bestand auch schon seit eh und jeh. Dafür gibt es kaum eine andere Erklärung, als daß alle Beteiligten

---

1) 1933 erhielten in Regensburg bei 81 000 Einwohnern 1937 Leute eine Unterstützung als "Kriegsbeschädigte". Davon waren 117, also 6 % zu 100 % beschädigt (RA v. 8.1.33). 1936 gab es 1009 Leichtbeschädigte und 682, das waren 40 % aller Kriegsbeschädigten, Schwerbeschädigte (Bay. Ostmark v. 20.1.36). Hier nach WEINMANN

und sicher ein viel weiterer Kreis von Mitwissern dicht gehalten hatten. Es ist unwahrscheinlich und klingt wie eine Entschuldigung der Gestapo gegenüber ihren Auftraggebern, daß die Gespräche erst "im Laufe der Zeit staatsfeindlichen Charakter angenommen" hätten. Wahrscheinlich ist allerdings, daß diese Tendenz im Lauf des Krieges zugenommen hatte.

Zusammenfassend läßt sich sagen: Die Neupfarrplatzgruppe war nicht repräsentativ für die ganze Regensburger Bevölkerung. Ihre Zusammensetzung war aber charakteristisch für diejenigen aus dem Volk, die die härtesten Opfer im Kampf gegen den NS auf sich genommen hatten.

1. Josef Bollwein

Verbreiter verbotener Wahrheit

Bollwein war *der erste, der aus der "Neupfarrplatzgruppe" verhaftet wurde* und er war *einer der zwei zum Tode verurteilten Widerständler*. Bei seiner Vernehmung durch die Gestapo, wahrscheinlich öfter als einmal, wurde er "so geschlagen, daß er nicht mehr wußte, was er sagte." So konnte er später noch einmal seiner Frau verstohlen mitteilen. Ob seine Verhaftung und seine Aussagen die Festnahmen der anderen auslöste, läßt sich nicht feststellen, ist auch belanglos. Alle in diesen Monaten Verhafteten wurden tagelang verhört. Dabei wußten sie nicht mehr, was sie anfänglich gesagt hatten, verwickelten sich in Widersprüche, die sie klären mußten. Die Gestapo hatte zu dieser Zeit längst erfolgreiche Verhörmethoden entwickelt. Ihre Grundeinstellung war die gleiche wie die des NS überhaupt: Nicht Moral oder "Humanitätsduselei" entscheiden den Sieg, das können allein zielbewußte Gewalt und Terror. Der Zweck heiligte die Mittel.

Richtig ist, daß mit der Verhaftung Bollweins die "Aufrollung der Neupfarrplatzgruppe" ihren Anfang nahm, daß also die Denunzierung durch bedingungslose NS-Anhänger von zunächst einem, zur Verhaftung weiterer und durch weitere Verhöre und Gegenüberstellungen schließlich zur Festnahme von über 36 NS-Gegnern geführt hatte. Richtig ist auch, daß Bollwein trotz des Terrors bei seinem Verhör über viele Angeklagte entlastende Aussagen machte.

Lebenslauf

Der Lebenslauf Josef Bollweins ist ähnlich wie der vieler anderer Opfer, die als einzelne mehr oder weniger Unschuldige unter die Räder der wirtschaftlichen und politischen Geschichte der ersten Hälfte unseres Jahrhunderts gekommen waren.

Sein Vater war Arbeiter in Burgweinting gewesen. Josef wurde als viertes und letztes Kind am *29.6.1904 in Burgweinting geboren*. Er besuchte dort und in Tännesberg bei Weiden die Volks- und Berufsschule. Bereits in seinem 10. Lebensjahr verdiente er als Hütbub bei einem Bauern ein wenig Geld. Ab Februar 1918, demnach mit noch nicht 14 Jahren, erlernte er in Regensburg das Schreinerhandwerk. Nach 2 1/2 Jahren legte er die *Gesellenprüfung* ab und zog bis 1922 als Wanderbursche zu Fuß durch die deutschen Lande, wobei er unterwegs in Schreinerwerkstätten arbeitete, wie das für Handwerksburschen üblich war. Danach erlebte er die Wirtschaftskrisen der Weimarer Zeit, war öfter arbeitslos und verdiente Jahre hindurch seinen Lebensunter-

halt mit Gelegenheitsarbeiten, oder lebte von der Erwerbslosenunterstützung.
1926 fand er dann doch Arbeit in seinem Beruf, verlor seine Stelle aber wieder 1930, als die Weltwirtschaftskrise sich besonders schlimm auf Deutschland
auszuwirken begann. Noch vorher, im Jahr 1929, hatte Bollwein eine Familie
gegründet. Nach nur dreijähriger Ehe starb seine Frau. Nun aber hatte er
ein Kind aus dieser Ehe zu versorgen. Er fand wieder eine Lebenskameradin,
die das gleiche Schicksal wie er, nämlich den Tod des Ehepartners erlitten
hatte. So heiratete er 1933 ein zweites Mal, diesmal die Witwe Mathilde Klein,
die ihrerseits ein Kind in die Ehe brachte. Aus der zweiten Ehe gingen weitere zwei Kinder hervor, so daß die Bollweins vier Kinder zu versorgen hatten. Dabei war aber der Familienvater im wesentlichen bis 1938 arbeitslos
gewesen, d. h. die sechsköpfige Familie litt ständig unter großer Not. Endlich fand Bollwein, im Jahr 1938, bei der Reichspost einen Arbeitsplatz als
Briefzusteller. Im Herbst 1939, bei Ausbruch des Krieges, kam er zur Feldpost und ab Februar 1940 zum Fahrdienst, wo er bis zu seiner Verhaftung
auf der Bahnstrecke Nürnberg - Regensburg - Passau und auf der Walhallabahn Regensburg - Wörth im Bahnpostwagen die darin beförderten Briefe und
Pakete zu betreuen hatte. Vorwurfsvoll bemerkt später der VGH zu dieser
seiner Tätigkeit im öffentlichen Dienst: "Als Postfacharbeiter wurde er auf
den Führer vereidigt." Das wurde damals jeder im öffentlichen Dienst Tätige.
Man stelle sich vor, er hätte diesen Eid verweigert!

Verhaftung

Am Donnerstag, 1.10.1942, wurde Bollwein aus dem Bahnpostwagen heraus
verhaftet. Am Abend des gleichen Tages erschienen zwei Gestapobeamte bei
der Ehefrau, teilten die Verhaftung mit und durchsuchten die Wohnung. Bollwein hatte kurz zuvor das Verhängnis geahnt und hatte sich auf dem Dultplatz am Protzenweiher gegenüber seinen beiden Töchtern, damals 8 und 9
Jahre alt, entsprechend geäußert. Er wußte, daß er öfter Kollegen bei der
Post seine Anti-NS-Einstellung zu erkennen gegeben hatte und fürchtete nun
mit Recht, daß nicht alle still halten würden. Die Witwe erzählt, daß ein
Kollege vom andern gesagt hatte(1): "Wenn du ihn nicht anzeigst, dann tue
ich es." Denunziation war vaterländische Pflicht gewesen und derjenige hatte
schwere Strafen zu befürchten, der einen NS-Gegner nicht verraten hätte.

Nun wurde Bollwein von der Gestapo Regensburg in der Augustenburg mehrmals verhört und wahrscheinlich dabei geschlagen oder in anderer Weise gefoltert. Eine Putzfrau erzählte, daß sie die Blutspuren von einer solchen
Behandlung gesehen hätte. Die Ehefrau durfte ihren Mann im Monat einmal im
Regensburger Gefängnis (Oktober 42, bzw. Anfang 43) besuchen. Es war ihr
nicht erlaubt, dabei eines der vier Kinder mitzubringen. Bei den Besuchen
gelang es der Ehefrau, ihrem Mann einen Zettel zuzustecken und auch umgekehrt. Sie sagte, er soll ihr sein altes Taschentuch geben, dabei konnte er
ihr unbemerkt vom anwesenden Wachtmeister einen Zettel zuschmuggeln. Im
November 1942, wahrscheinlich am 3.11., gleichzeitig mit den ca. 15 Männern
von der "Neupfarrplatzgruppe", die an diesem Tag verhaftet worden waren,
wurde Bollwein in das *KZ Flossenbürg* überführt. Noch im Oktober liefen Verhöre weiterer Festgenommener, wobei die Gestapo versuchte, aus den Verhafteten gegenseitige Belastungen zu erreichen. Um glaubhaft zu erscheinen,
gaben die unter Druck stehenden relativ harmlos scheinende Delikte zu, die
aber zusammengefügt das Bild von unverbesserlichen und gefährlichen NS-

---
1) Die beiden leben nicht mehr. Einer davon wählte nach dem Krieg den Freitod

Gegnern lieferten. Die Vernehmungsprotokolle wurden offenbar alle dem VGH Berlin übersandt. Dieser entschied anschließend, daß er sich zwei Fälle, nämlich den von Bollwein und den von Kellner zur Strafverfolgung vorbehalte, während die anderen am 23.3.43 dem OLG München abgegeben wurden.

Interessanterweise ist ein Schreiben des ORA beim VGH Berlin vom 31.5.43 an den Generalstaatsanwalt München von *Rothaug* im Auftrag unterzeichnet, bei dem es sich wohl um den berüchtigten Vorsitzenden des Sondergerichts Nürnberg handelt (s. BEER 1976). Es ist nicht bekannt, ob Rothaug damals zum VGH versetzt, oder ob er nur vorübergehend dort tätig war.

Die Entscheidung des VGH, den Fall Bollwein selbst zu behandeln, kam schon fast einem Todesurteil gleich. Etwa um die Jahreswende 42/43 wurde Bollwein von Flossenbürg als Untersuchungshäftling in das Landgerichtsgefängnis Regensburg überstellt.

Aus dem Strafprozeß des VGH Berlin

Die wichtigsten Zeugen für den Strafprozeß waren selbst Angeklagte und Häftlinge aus der Neupfarrplatzgruppe. Daneben trugen etwa die Hälfte der insgesamt 20 Zeugen als Bollweins Arbeitskollegen von der Post einiges Belastende bei. Insgesamt brachten nur einige wenige dieser Zeugen Geschehnisse vor, die damals allerdings strafwürdig waren.

Zwei Regensburger Rechtsanwälte fungierten als Verteidiger, hatten aber offensichtlich keinerlei Einfluß auf das Urteil. Einige Beispiele von Zeugenaussagen mögen zeigen, was der VGH herausfinden konnte, was ihm zu dem auch nach damaligem Recht weit überzogenen Urteil reichte.

Ein später zu 3 Jahren Zuchthaus Verurteilter antwortete auf entsprechende Fragen: "Folgende Leute von der "Gruppe Neupfarrplatz" sind mir bekannt: Kellner, einer mit Vornamen Simon, B., Bollwein, ein Invalide, der in einem sogenannten Krankenwagen sitzt, der von einem Hund gezogen wird (das war der später hier vorgestellte Haas)." Auf die Frage, wer die Gefährlichsten waren, nannte er weder Bollwein noch Kellner.

Ein anderer selbst Angeklagter sagte aus: "Im Wartesaal in Passau (am Ende einer Dienstfahrt), als nach den Nachrichten und einer Siegesmeldung im Radio die nationalen Lieder gespielt wurden (das Deutschland- und das SA-lied), waren Bollwein und ein anderer zunächst nicht aufgestanden, erst nachdem sie zur Rede gestellt wurden..."

Wieder ein anderer selbst angeklagter Maschinist am Hafen, aus dessen Frau die Gestapo herausgeholt hatte, daß er früher Mitglied der KPD gewesen war, äußerte über Bollwein, er habe ein Notizbuch gehabt, in das er Namen von schlimmen Nazis eingetragen habe, für den Tag, an dem einmal die Abrechnung kommen würde. Zu vielen anderen Fragen der Gestapo antwortete er standhaft, daß er darüber nichts wisse, z. B. ob Bollwein ein Kommunist gewesen wäre. Zu einem Vorwurf gegen ihn selbst antwortete dieser oder ein anderer Angeklagter: "Ich gebe zu, daß ich Reste meines Frühstücks an russische Gefangene, die im Hafen beschäftigt sind, abtrat. Die Brotstücke legte ich nicht an einen Platz, sondern warf sie vom Führerstand meines Krans aus hinunter." Darauf standen schwere Strafen! Zum gleichen Delikt, das einigen aus der Neupfarrplatzgruppe vorgeworfen wurde, verteidigte sich ein weiterer Betroffener: "Es ist nicht richtig, daß ich russischen Kriegsgefangenen im

Hafen Brot gegeben hatte. Richtig ist: *Wenn uns Arbeitern Brot übrig blieb, legten wir es einfach weg. Die Russen holten es sich dann schon."* Diese Aussagen stehen in den Protokollen neben den Fragen und Antworten über *Bollwein*, haben unmittelbar nichts mit ihm zu tun, geben aber Zeugnis über Formen des Widerstandes beim "kleinen Mann".

Mit wie harten Strafen Barmherzigkeit oder Mitleid mit Gefangenen bestraft wurden, zeigt das folgende Beispiel des *Michael Kumpfmüller*, geboren 1907 in Wolfsegg (ca. 10 km nnw. von Regensburg), der als gelernter Schmied von 1937 bis 41 bei einer Firma als Monteur tätig war, von der aus er laufend bei der Reichsbahn in Regensburg arbeitete. Da er dabei mit dem Elend der dort beschäftigten Kriegsgefangenen bekannt wurde, sammelte er bei NS-Gegnern Lebensmittel und steckte sie den Gefangenen zu. 1941 wurde er verhaftet und vom Sg. Nürnberg *zu 20 Monaten Zuchthaus verurteilt*. (Siehe auch Kap. V, 4)

In der erhaltenen Anklageschrift des Sg vom 16.12.41 (Az 1b Sg 1385/1941) heißt es, daß K. seit 2.12.41 in Polizei-, seit 8.12.41 in Untersuchungshaft im Gerichtsgefängnis Regensburg sich befand und daß er hinreichend verdächtig ist, "fortgesetzt in einem schweren Fall vorsätzlich mit einem Kriegsgefangenen in einer das gesunde Volksempfinden gröblich verletzenden Weise Umgang gepflogen zu haben."

"Der Angeschuldigte war früher ein fanatischer Anhänger der KPD. Er hat diese Gesinnung bis heute noch nicht abgelegt." Und nun wird mit einem Satz näher erläutert, inwiefern er das gesunde Volks- (= NS-) empfinden gröblich verletzt hatte: "Als er an seiner Arbeitsstelle in Regensburg in der Zeit vom Oktober bis Dezember 1941 in die Nähe russischer Kriegsgefangener kam, *schenkte er ihnen mehrmals Butter- und Schinkenbrote*. Er tat dies, weil er die russischen Kriegsgefangenen für Gesinnungsgenossen hielt." "Wesentliches Ergebnis der Ermittlungen: Der Angeschuldigte gibt den Sachverhalt zu. Er will lediglich aus Mitleid die Tat begangen haben."

Für Skeptiker sei vermerkt, daß im obigen Auszug aus der Anklageschrift *alles* Wichtige *vollständig* wiedergegeben ist. Kumpfmüller hatte wirklich durch nichts anderes das gesunde Volksempfinden gröblich verletzt, als durch Nachahmung von Christi Gleichnis über den volksfremden Samariter, der nicht vorüberging (Lukas 10 - 30f). Man kann spekulieren, welche Logik den Ankläger leitete. Sicher setzte er das "Volks-" dem "NS-Empfinden" gleich, für das als höchster Wert das deutsche Blut gelten sollte, woraus wieder folgte, daß ein Umgang mit Russen, also mit Minderwertigeren, - nicht nur wegen ihrer momentanen Gefangenschaft! - widerwärtig erscheinen mußte oder sollte.

Nach diesem Exkurs in die NS-Denkweise, die christlicher oder humaner Ethik konträr gegenüber stand, zurück zur tragischen Geschichte des *Bollwein*:

Ein Postassistent, der mit Bollwein Dienstfahrten gemacht hatte, sagte aus: In meiner Gegenwart hat er nie staatsabträgliche Äußerungen gebraucht. Nur vom Hörensagen weiß ich, daß er in einer Gaststätte in Wörth staatsabträglich geredet hat." "Zu mir sagte er nicht, daß er Kommunist ist oder kommunistisch eingestellt war. *Aber das ist doch leicht aus seinem ganzen Verhalten zu entnehmen.*" Man erinnert sich: Auch Hexen oder vom Teufel Besessene wurden von den Prozeßbeteiligten vor 300 Jahren "an ihrem ganzen Verhalten erkannt".

Eine Frau, die Bollwein gegenübergestellt wurde, brachte kaum Belastendes gegen ihn vor. Aber über eine andere Frau erzählte sie ein bezeichnendes Detail: Die M. Anna sang oft ein Lied, das gegen das Dritte Reich gerichtet war. Es fing an: SA marschiert, Kinder laufen in zerrissenen Schuhen herum, haben nichts zu essen... Die Melodie war nach dem Horst-Wessel-Lied."

Politische Zugehörigkeit

Ein Zeuge aus der Neupfarrplatzgruppe gab an: "Bollwein habe ich 1931 am Neupfarrplatz kennengelernt. In dieser Zeit war er ein *Anhänger der SPD*. Er trug eine Nadel hinter dem Rockaufschlag mit rotem Glasknopf. Er sagte mir nicht, daß er Kommunist war oder ist, aber man muß seinen Reden nach auf diese Ansicht kommen." Daß er eine Nadel mit rotem Knopf in der Hitlerzeit trug, erzählten auch andere. Die Gestapo konnte jedoch nicht nachweisen, daß sie für mehrere ein Erkennungszeichen gewesen wäre.

Der Hafenarbeiter *Ludwig Riedelsheimer*, ehemaliges SPD-Mitglied, der vom OLG im folgenden Prozeß die höchste Strafe, nämlich 6 Jahre Zuchthaus erhielt - seine Ehefrau 2 Jahre Zuchthaus - sagte aus: "Bollwein hat sich mir gegenüber noch nie in kommunistischem Sinn geäußert." Riedelsheimer war übrigens unter den 5 Sozialdemokraten, - neben *Georg Daschner, Franz Kobl, Georg Pesahl* und *Heinrich Eckert* -, die am 21.6.1933 in der SS-Kaserne in der Greflingerstraße bewußtlos geschlagen worden waren(1). (z. a. Kap. VI, 7)

Laut einem weiteren Zeugen soll Bollwein seinen Zuhörern am Neupfarrplatz erzählt haben, daß er im Radio gehört habe, der englische *Außenminister Eden habe über die Bildung einer Österreich und Bayern umfassenden Donaumonarchie* gesprochen.

Über Bollweins politische Aktivitäten schreibt der VGH in der *Anklageschrift (Berlin, 27.4.1943)*(2), offenbar gemäß den Aussagen des Angeklagten: Er war 1921 vorübergehend beim Verband der Arbeiterjugendvereine Deutschlands Mitglied gewesen. Während seiner Wanderzeit als Tischlergeselle und auch als Arbeiter in Regensburg war er "mehrfach marxistisch organisiert", d. h., daß er Mitglied bei den Freien Gewerkschaften war. *"Einer marxistischen Partei gehörte er nicht an."* Als Arbeitsloser trat er 1930 oder 31 der NS-Partei bei, mußte aber - angeblich wegen Nichtzahlung eines Beitrages - nach einigen Monaten *wieder austreten.* Die Witwe erzählt, daß sie ihn damals gedrängt hatte, auszutreten.

Die *Hauptverhandlung des 6. Senats des VGH Berlin fand am 9.6.43 in Regensburg* statt(2). Sie war öffentlich. Die "Öffentlichkeit" ging aber nicht so weit, daß etwa in der Ortspresse - diese bestand nur noch aus dem "Regensburger Kurier" - die Verhandlung oder auch nur die Anwesenheit des VGH in Regensburg erwähnt worden wäre. Die Ehefrau ging nicht hin, weil sie glaubte, mit ihren Nerven nicht durchhalten zu können. Die heute nicht mehr lebende Schwägerin war dort gewesen. Als Richter fungierten:

Volksgerichtsrat *Hartmann* als Vorsitzer; Landgerichtsdirektor *Dr. Lorenz*; Generalmajor der Landespolizei a. D. *Meißner*; SA-Gruppenführer *Köglmaier*; Oberstudienrat *Heinlein*; als Vertreter des ORA: Landgerichtsrat *Dölz*.

---

1) MZ 1. Jg. 1945, Nr. 6 vom 9.11.
2) Az ORA 6 J 13/43 (Bollwein). Abschrift beim OLG München unter OJs 40/43

Das Urteil mit Datum der Hauptverhandlung lautete: "... hat den kommunistischen Hochverrat vorbereitet ... hat den Willen des deutschen Volkes zur wehrhaften Selbstbehauptung zu zersetzen gesucht und die Feinde des Reiches begünstigt. Der Angeklagte wird daher *zum Tode und zu lebenslangem Ehrverlust verurteilt.* Das Rundfunkempfangsgerät und die Walter PPK-Pistole werden eingezogen. Der Angeklagte trägt die Kosten des Verfahrens." Als Gründe werden außer den oben in den Zeugenaussagen bereits angegebenen genannt:

Von einer *Reise ins Rheinland 1942* brachte er Abbildungen mit und zeigte sie Bekannten mit den Worten: "Da seht ihr, wie es bei uns zugeht. Unser Radio bringt immer, die Bomben fielen auf freies Feld und verursachen keinen Schaden!" Sein Dienstvorgesetzter, der Zeuge N.N., hatte ihn von dieser Reise abzubringen versucht, weil er voraussah, daß der Angeklagte seine Beobachtungen (der von Bomben angerichteten Schäden) im staatsfeindlichen Sinn auswerten würde und als er sah, daß Bollwein bei seiner Absicht blieb, ihn ermahnt, nichts weiterzuerzählen (!). Gleichwohl verhielt er sich in der festgestellten Weise (und erzählte die Wahrheit!)

Ein weiterer Punkt der Anklage lautete, daß Bollwein "absichtlich ausländische Sender abgehört und Nachrichten ... verbreitet hatte."

Laut Angaben ganz weniger, wenn nicht bloß eines einzigen Zeugen, soll Bollwein gehört haben: London, Moskau, Österreichischer Freiheitssender, Sender der SA.

Der Moskauer Sender gab laufend *Mitteilungen über in russische Gefangenschaft geratene deutsche Soldaten*, welche ursprünglich von den deutschen Wehrmachtstellen als Vermißte gemeldet waren. Er nannte dabei die Anschriften der Angehörigen in Deutschland und forderte dazu auf, diese zu verständigen und ihnen mitzuteilen, daß es diesen Gefangenen gut sehe. In der Anklageschrift heißt es dazu: "... B. hatte im März 1942 an eine Frau in Bremen anonym geschrieben, ihr Ehemann befinde sich in russischer Gefangenschaft, er sei gesund und es ginge ihm gut. Er gab der Frau eine postlagernde Chiffre-Anschrift in Regensburg bekannt. Als diese daraufhin an diese Anschrift schrieb, bestätigte ihr B. nochmals, daß sich ihr Mann in russischer Gefangenschaft befinde." Es kann sein, daß die Gestapo den Empfänger eines im Krieg natürlich verdächtigen postlagernden Chiffre-Briefes feststellte, es kann auch sein, daß die Frau in Bremen schon vorher gewollt oder ungewollt die Gestapo auf die Chiffre-Anschrift aufmerksam machte. Bollwein verteidigte sich damit, daß er sagte, er wollte mit diesem einmaligen Schreiben lediglich herausfinden, ob solche Namensnennungen des Moskauer Senders stimmen oder nicht. Auf den Moskauer Sender sei er dieses eine Mal durch Zufall gestoßen. Natürlich waren es viele, die solche Gefangenenadressen weitergaben. Auch ich hatte es getan. Es erschien ungefährlich, denn die Gestapo hatte kaum eine Möglichkeit, den Absender zu ermitteln. B.'s Angabe einer postlagernden Chiffre-Adresse war allerdings so leichtsinnig, daß man auch daraus wieder seine Ungefährlichkeit hätte erkennen können. Eigentlich gibt es keine andere Erklärung für diesen Fehler, als diejenige, die er zu seiner Verteidigung vorbrachte.

Wieso Bollwein gerade *"kommunistischen"* Hochverrat vorbereitet haben sollte - dies war offenbar einer der Hauptgründe für das Todesurteil - ist aus den Zeugenaussagen in keiner Weise zu erkennen. Auch für den VGH war offenbar jede NS-feindliche Tätigkeit von vornherein möglichst kommunistisch. Natürlich hätte kein Rechtsanwalt damals die Richter darüber befragen können.

Wenn es einer getan hätte, hätten sie vielleicht auf B.'s Geständnis verwiesen, daß er "im Besitz einiger (es waren zwei) *russischer Flugblätter* gewesen war, sogenannter *Passierscheine*, die er von einem unbekannten deutschen Soldaten bekommen haben will." Damit wurden bekanntlich deutsche Soldaten zu überreden versucht, sich in Gefangenschaft zu begeben.

Daß Bollwein *kein gefährlicher Verschwörer oder Saboteur* war, hatten die Richter beim VGH leicht erkennen können. In ihrer Urteilsbegründung gaben sie an: "Er *gebrauchte nie den deutschen Gruß*", er verkehrte in aller Öffentlichkeit am Neupfarrplatz, er stand im Passauer Gasthaus bei den zwei Nationalhymnen nicht auf. Alle diese *offenen Bekundungen seiner Anti-NS-Haltung* passen zu einem *unvorsichtigen Hasser des NS-Regimes*, aber *nicht zu einem Verschwörer oder Hochverräter*. Wäre er das gewesen, hätte er in allen diesen Fällen entgegengesetzt gehandelt, hätte immer den deutschen Gruß angewandt, hätte sich nicht am Neupfarrplatz sehen lassen, wäre bei den NS-Hymnen immer aufgestanden.

Als schwer belastend betrachtete es der ORA, daß B. "jahrelang kommunistische Hetzpropaganda getrieben" habe, "namentlich im Kreise seiner Arbeitskameraden bei der Bahnpost, die er ständig davon zu überzeugen suchte, *daß Deutschland den Krieg verlieren würde.*" Offenbar mußte die letztere Überzeugung immer kommunistisch sein. Die Äußerungen der Wahrheit - wie bei seinen Berichten aus dem Rheinland - trugen wesentlich zum Todesurteil bei.

Als ein weiteres Beweisstück für die "Vorbereitung des kommunistischen Hochverrates" wurde ferner gewertet, daß bei B. eine Pistole gefunden wurde, die er sich angeblich vorsorglich für die Zeit des kommenden Bürgerkrieges am Ende beschafft haben soll.

Zum Ausmaß und Motiv des Widerstandes

Im wesentlichen war alles was Bollwein verbrochen hatte, daß er geredet hatte, nicht zu Tausenden, sondern zu ganz wenigen in Bahnpostwagen, auf dem Neupfarrplatz. Soll man deswegen den Widerstand gering einschätzen? Der NS-Staat hielt ihn offenbar für so gefährlich und wirksam, daß er dafür die Todesstrafe für angemessen hielt. Möglicherweise war B. auch ein gegen den Staat allgemein Verbitterter, der immer wieder, besonders während der Wirtschaftskrise und eben auch noch in der NS-Zeit arbeitslos gewesen war. Wahrscheinlich aber hatte er in den Kreisen , in denen er verkehrte, viel Unrecht gesehen und von vielem gehört, hatte die Unwahrheiten der NS-Propaganda durchschaut, besonders seit das Regime den Krieg begonnen hatte. Er haßte die Tyrannei, versuchte, sich illegal zu informieren, andere aufzuklären und sich bereitzuhalten für das bittere Ende, das er sicher kommen sah. Er nahm dabei große Gefahren auf sich, in völlig uneigennütziger Weise. Wenn er mehr Möglichkeiten gehabt hätte, wäre er wahrscheinlich zu einem aktiveren Widerstandskämpfer geworden. Diese Möglichkeit machte ihn für das Regime gefährlich.

Das Ende

Vier Wochen nach der Verhandlung wurde Bollwein ins Untersuchungsgefängnis, bzw. Vollstreckungsgefängnis *München Stadelheim* überstellt. Seine Frau konnte ihn dort noch zweimal besuchen. Während der Besuche waren mehrere Häftlinge gleichzeitig im Besucherraum, neben jedem ein Bewacher. Über die bevorstehende Hinrichtung wurde dabei nicht gesprochen. B. wollte vor allem Brot. Er war völlig ausgehungert. Das mitgebrachte Brot aß er mit Heißhunger.

Am *12.8.1943*, also 2 Monate nach der Verurteilung, wurde Bollwein zusammen mit *Josef Kellner*, Regensburg, in Stadelheim *hingerichtet*. Die Ehefrau erhielt seine Habseligkeiten zugesandt, gab jedoch alles gleich weg oder vernichtete es. Sie wollte durch nichts an das Furchtbare erinnert werden. Sie sperrte sich in ihrer Wohnung ein - sie konnte und wollte keinen Nazi mehr sehen. Sie war nun allein mit vier Kindern zwischen 8 und 17 Jahren. Ihr Sohn (17) war zum Zeitpunkt des Todes von Bollwein gerade beim Reichsarbeitsdienst und kam kurz darauf an die Ostfront. Nur 3 Monate nach dem für die Familie so schrecklichen Ereignis traf eine zweite Hiobsbotschaft ein. Der Sohn wurde an der russischen Front schwerverwundet. Er verlor beide Augen und beide Hände. Die Mutter besuchte ihn wenig später in einem Lazarett in Schwerin. - Ob später Geborene oder Außenstehende sich solche Schicksale vorstellen können?

Immer und überall aber gab es in der NS-Zeit auch gute Menschen, Helfer in der Not, und es gab Freundschaften und Zuneigung. Der Schwerverwundete heiratete eine Krankenschwester, die ihn im Lazarett betreut hatte. Die Ehe hielt, wurde zu einer kleinen Familie. Einem Kind, das der Ehe entstammte, galt die gemeinsame Sorge für eine bessere Zukunft.

Das Schicksal des Sohnes an der russischen Front ist ein erschütterndes Beispiel für ungezählte Soldaten, die gezwungen wurden, für den verhaßten Führer und seine NS-Unmoral ihr Leben zu opfern oder ihre Gesundheit für immer zu verlieren. Auch er wußte, ebenso wie sein Stiefvater, von den Lügen der NS-Propaganda. Auch er hatte, zusammen mit Bollwein, ausländische Sender gehört, als er noch daheim in Regensburg gewesen war. Eine Zeugin sagte im Prozeß aus, daß bei den Besuchen an Sonntagen in der Wohnung ihrer Familie, bei denen auch ausländische Sender gehört wurden, Bollwein auch einmal seinen Sohn mitgebracht hatte. Sicher war der junge Soldat danach keiner von den auch vorhanden gewesenen bedingungslos Gläubigen geworden, sondern wußte um die Fragwürdigkeit der angeblichen "Verteidigung des Vaterlandes" in einem Angriffskrieg, so weit vom Vaterland entfernt, so tief in einem fremden Land.

2. Johann Kellner:

"Wir müßten etwas tun!"

Bei der Durchsicht der Vernehmungsprotokolle der Gestapo Regensburg behielt sich der ORA beim VGH Berlin außer dem Fall Bollwein auch den des Johann Kellner "für die eigene Strafverfolgung vor". Was dies für die beiden von vornherein bedeutete, mögen folgende Angaben über die Häufigkeit der *Todesurteile beim Volksgerichtshof und allgemein im NS-Staat* ersichtlich machen(1).

Im Krieg kommt es immer zu mehr Todesurteilen - für Verräter, Spione, Saboteure usw. - als im Frieden. Daß aber der NS-Staat dabei weit über die Praxis bei anderen Regimes oder Staaten hinausging - entsprechend seiner

---

1) WEINKAUF 1968-74/3. Bd. 802/803

grundsätzlichen Unmoral - erhellen zwei Vergleiche, einmal mit unserem eigenen, aber monarchistischen Deutschland im Ersten Weltkrieg und zum andern mit dem, ebenfalls wie der NS-Staat diktatorisch regierten Italien im gleichen Zweiten Weltkrieg.

1) Während der vier (!) Kriegsjahre 1914 - 18 wurden im deutschen Kaiserreich von allen Gerichten, einschließlich der Kriegsgerichte, 291 Todesurteile gefällt, wovon 142 vollstreckt wurden.
2) Im faschistischen Italien wurden von 1931 bis 1944, darunter also auch in vier Jahren des Zweiten Weltkriegs, 156 Todesurteile gefällt, wovon 88 vollstreckt wurden. Diese Statistik hört mit dem 10.8.44 auf, dem Tag der Abschaffung der Todesstrafe.
3) Demgegenüber wurden nach den Akten des Reichsjustizministeriums allein in dem einzigen Jahr 1944 im NS-Deutschland die Todesurteile in 5764 Fällen vollstreckt. Die wirkliche Zahl ist noch höher, weil in den besagten Akten die Daten von den Hinrichtungsstätten Torgau, Spandau und Tegel nicht enthalten sind. Der VGH allein hat bis 31.12.44 5214 Angeklagte zum Tode verurteilt.

Das waren ungefähr 1/3 der von anderen deutschen Gerichten während der NS-Zeit gefällten Todesurteile. Wenn man demnach von etwa 15 000 Hingerichteten ausgeht, schickte der NS-Staat über seine Justiz weit mehr als hundertmal soviele Menschen in den Tod als das Kaiserreich während des Ersten Weltkriegs. Ebenso wurden im NS-Staat sicher weit mehr als hundertmal soviele Todesurteile vollstreckt als zur gleichen Kriegszeit in Italien.

Im fraglichen Jahr 1943, in dem die beiden Regensburger vom VGH abgeurteilt wurden, hat dieser von 3 338 Angeklagten, rund die Hälfte, nämlich 1 662, zum Tode verurteilt. Daraus wird ersichtlich, wie wahrscheinlich für Bollwein und Kellner von vornherein die Todesstrafe gewesen war, als sich der VGH ihre Strafverfolgung vorbehielt.

Lebenslauf

Kellner war um eine Generation, um gut 20 Jahre, älter als Bollwein. Er war deswegen anders als dieser, ein Zeuge und Mitbeteiligter schon am Ersten Weltkrieg gewesen.

Auch er stammt aus dem dörflichen Umland von Regensburg. Er wurde am 5.12.1882 in Scharmassing, Gemeinde Oberhinkofen, nur wenige km außerhalb Regensburgs, geboren. Bei seiner Hinrichtung war er 59 oder 60 Jahre alt(1).

Im Alter von 6 Jahren verlor er seinen Vater und wuchs dann in einem reinen Frauenhaushalt zusammen mit 6 Schwestern auf. Nach dem Besuch der Volks- und Feiertagsschule und auch schon während des Schulbesuchs arbeitete er bis zu seinem 20. Lebensjahr in der kleinen elterlichen Landwirtschaft. Danach verdiente er sich 4 Jahre lang als Knecht bei Bauern in der Umgebung von Regensburg seinen Lebensunterhalt. Spät kam er danach noch zu einer Berufsausbildung: Er erlernte das Metzgerhandwerk. Wahrscheinlich war das früher aus finanziellen Gründen nicht möglich gewesen. In seinem Beruf arbeitete er bei verschiedenen Metzgereibetrieben in Regensburg und München.

---

1) laut anderen Angaben war Kellner am 6.12.1883 geboren (ORA 6 J. 11/43)

Dieses Leben wurde durch den Ersten Weltkrieg unterbrochen. Von 1914 bis 18 diente er bei einem Feldartillerieregiment, davon 2 Jahre an der Front. Nach seiner Heimkehr geriet er in die Mühlen der allgemeinen Wirtschaftsnot. Er kam nicht mehr in seinem Beruf unter. So arbeitete er bei verschiedenen Firmen als Hilfsarbeiter und war zwischendurch immer wieder arbeitslos, wie so viele in der damaligen Zeit. Ab 1933 hatte er dann allerdings immer Arbeit. Zuletzt war er bei den Messerschmitt-Flugzeugwerken in Regensburg beschäftigt.

1922 hatte Kellner geheiratet. Aus der Ehe ging ein Kind hervor.

Am gleichen Tag wie die große Gruppe von Verhafteten aus dem Neupfarrplatzkreis, am 3.11.1942, wurde Kellner festgenommen und in das KZ Flossenbürg überstellt. Nach einiger Zeit in diesem Lager kam er in das Landgerichtsgefängnis Regensburg in Untersuchungshaft.

Politische Vergangenheit

Vor 1933 war Kellner kurze Zeit Mitglied der KPD und der ihr zugehörigen Gewerkschaft, der RGO, gewesen. Zeitweise, - so gab er bei seiner Vernehmung an - hatte er mit der SPD sympathisiert und war 1922 bis 24 "marxistisch organisiert", d. h. er war Mitglied bei den Freien Gewerkschaften gewesen.

Er gehörte schon vor 1933 dem Kreis am Neupfarrplatz an. Bei seiner Vernehmung erpreßte die Gestapo durch physische oder psychische Folter von ihm folgende Selbstbelastung: "... wollte ich klar und unmißverständlich zum Ausdruck bringen, daß im Fall eines Umsturzes nur die KPD an die Macht kommen würde und daß die den NS ablösende Macht scharfe Maßnahmen ergreifen müßte. Dabei würden natürlich führende NS dran glauben müssen. Es ist ganz klar, daß ich mich an einer kommenden Revolution selbst beteiligen würde." Es hatte noch gefehlt, daß er gesagt hätte: Ihr könnt meine Beteiligung an der kommenden Revolution gegen euch nur durch meine Hinrichtung verhindern, - bitte!

Dem Zeugen S. erklärte er, er habe "eine *Wut auf England, weil es bei der Saarabstimmung und der Rheinlandbesetzung durch die deutsche Wehrmacht nicht sofort in das Deutsche Reich eingerückt sei, da andernfalls die Militarisierung Deutschlands und der jetzige Krieg verhindert worden wären.*" Man hört heute oft sagen, daß solche Erkenntnisse erst jetzt im nachhinein möglich seien. Kellner und viele andere, besonders im Inland, hatten sie schon damals und konnten nicht verstehen, wie das Ausland so lange den Kriegsvorbereitungen Hitlers untätig hatte zusehen können.

Daneben werden aus den Aussagen von einem oder zwei Zeugen, die selbst angeklagt waren und zu dieser Zeit im Strafgefängnis Nürnberg einsaßen, die schlimmsten, todbringenden "Beweise" zusammengestückelt und zurechtgemacht. So sagte ein solcher Zeuge aus, K. habe geäußert: "In anderen Städten ist man schon weiter. Man *müßte auch in Regensburg etwas organisieren.*" Mit diesem Wunsch ist die maximale Situation des Widerstandes in Regensburg beschrieben. K. soll dazu weiter gesagt haben: "Man *müßte sich mit den russischen Kriegsgefangenen verständigen und sie bewaffnen ...*" Nirgendwo bei allen 36 Angeklagten wurde ersichtlich, daß konkrete Schritte auch nur vorbereitet wurden. Eben nur: "Man müßte ..."

Am schlimmsten wurde im Falle Kellner bewertet, daß er hitlerfeindliche Parolen an Häuser geschrieben hatte. Das berichtete ein selbst angeklagter Zeuge, dem es Kellner erzählt haben soll. In einer Nacht im September 1942 habe K. in der Nähe der Wohnung des Oberbürgermeisters Anschriften angebracht. In Stadtamhof, Hauptstraße 1, soll K. an einen Schaufensterladen geschrieben haben: "Nieder mit den Hitlerverbrechern! Es lebe Pfaffenberger!" *Franz Pfaffenberger* war einige Tage zuvor vom Sondergericht Nürnberg, das in Regensburg getagt hatte, wegen "Wehrkraftzersetzung" zum Tode verurteilt worden. Er war einer der zwei Rechtsanwälte in Kelheim und vor 1933 Funktionär der SPD gewesen. Manchmal, nicht immer, waren solche Vorkommnisse in der Presse zu lesen; diesesmal in der NS-parteiamtlichen und damals einzigen Regensburger Tageszeitung, dem "Regensburger Kurier" vom 4.9.1942. Auch wurde ein Abdruck des Urteils in Regensburg öffentlich angeschlagen(1). Mehr über Pfaffenberger wird hier zum Fall Krug berichtet.

Einem Zeugen hatte *Kellner* erklärt, daß man (durch solche Anschriften an Häusern) *den Leuten zeigen müsse, "daß wir noch da sind"*, was ja auch der Fall *Pfaffenberger* durch seine Veröffentlichung bewirkt hatte. Kellner wußte natürlich, daß viele das Regime ebenso haßten wie er, daß ihnen aber von der Propaganda ständig vorgemacht wurde, sie seien vollkommen allein und hoffnungslos isoliert. Er wollte den Vorbeikommenden Mut machen und ihnen kundtun, daß auch noch ein anderes Deutschland lebt. Durch sein damaliges todesmutige und selbstlose Tun gibt er über die Zeit hinweg auch uns heutigen zu wissen, daß sie da waren und daß es sie trieb, ihren Zorn hinauszuschreien. Aber trotz Vorsicht wurden ihre Äußerungen grausam unterdrückt.

In Passau war der Arzt *Dr. Geiger* ein hellwacher Gegner des Regimes. "Er litt unter der Zerstörung der Freiheit und des Geistes." "Jetzt müssen wir ein Zeichen setzen!" äußerte er ähnlich wie Kellner. Er wurde am 25.8.43 verhaftet, am 8.9.43 vom VGH zum Tode verurteilt und am 1.11.43 in Berlin enthauptet(2).

Einige der Vorwürfe hatte Kellner bei seiner ersten Vernehmung - offenbar nach Folterung - zugegeben. Bei der richterlichen Vernehmung hatte er später seine Geständnisse zurückgenommen. Niemand hätte Kellner das Anschreiben der Parolen nachweisen können, wenn er jedermann gegenüber darüber geschwiegen hätte. Daß er es einem Gesinnungsfreund anvertraut hatte, wurde ihm zum Verhängnis, als dieser selbst verhaftet und durch die Vernehmungsmethoden der Gestapo überfordert wurde.

Die *Hauptverhandlung war am 10.6.1943*, einen Tag nach der gegen Bollwein, um 9 Uhr im Justizgebäude Regensburg, Kumpfmühlerstraße 4(3). Wieder tagte der 6. Senat des VGH Berlin, mit der gleichen Zusammensetzung wie bei Bollwein. Mindestens bis Ende April 1943, also während mindestens einem halben Jahr der Haft war Kellner ohne Verteidiger gewesen(4) Die Regensburger Rechtsanwälte wurden offenbar erst sehr kurz vor der Hauptverhandlung bestellt.

Die Begründung des Todesurteils lautete sehr ähnlich wie bei Bollwein: "...

---
1) ETTELT 71-76
2) Teichtweier Gg. auf der Tagung der Kathol. Akad. in München 12./13.3.83
3) 14 Tage vorher hatte der gleiche 6. Senat des VGH in Innsbruck Wager, Augsburg, und Frieb, München, zum Tod verurteilt. HETZER 204
4) Vermerk ORA Berlin 23.4.43: "Bisher ohne Verteidiger".

kommunistischen Hochverrat vorbereitet ... im Herbst 42 in Regensburg an Häusern Schmierparolen angebracht, in denen er zur Tötung des Führers und die Soldaten zur Ermordung der Offiziere aufforderte." Er soll an 3 Fensterläden des Hauses Weiße Hahnengasse 2 mit Kreide angeschrieben haben: "Adolf Hitler, der Kriegshetzer, Verbrecher, Bandit! Erschlagt ihn!" Weiter: "Die Kriegsnachrichten sind lauter Schwindel und Betrug","Soldaten, Kameraden, erschießt alle Offiziere!"

Mit den "Schmierparolen" hatte Kellner im Herbst 1942 im wesentlichen das gleiche getan, was wenige Monate später die Münchener Gruppe der Weißen Rose tat. Am 15.2.43 brachten die Geschwister Scholl, weiter Schmorell und Graf, an Häusern der Ludwigstraße in München zahlreiche Inschriften an mit den Losungen "Nieder mit Hitler!", "Hitler, der Massenmörder!"(1) Auch sie wurden bekanntlich vom VGH Berlin, der 7 Tage danach, am 22.2.43 in München unter Roland Freisler tagte, zum Tode verurteilt.

Kellner bestritt, daß er Schmierparolen angebracht hätte. Das Gericht befand aber, daß er durch einen Zeugen überführt worden war, "abgesehen davon, daß er vor der Polizei die festgestellte Schuld in vollem Umfang zugegeben hat"(!)

Zwei ähnliche Fälle wie Bollwein und Kellner werden aus dem Widerstand in Augsburg berichtet(2). Dort wurden ebenfalls - im wesentlichen wegen Mundpropaganda - zwei Einzelgänger vom VGH zum Tode verurteilt. Zum Vergleich die Daten:

Name	Wohnort	verhaftet	Urteil	Hinrichtg.	in
Josef Graf	Augsburg	4.42	Sommer 42	20.11.42	München
Jos. Bollwein	Regensburg	1.10.42	9.6.43	12.08.43	München
Joh. Kellner	Regensburg	3.11.42	10.6.43	12.08.43	München
Josef Eder	Augsburg	?	14.7.43	21.09.43	Plötzensee

Die *Hinrichtung* Kellners fand am gleichen Tag wie die von Bollwein in München-Stadelheim statt(3), laut einer Pressenotiz aus der Zeit nach dem Krieg(4), durch Erhängen. Am gleichen Tag wurden an der gleichen Stelle die Sozialdemokraten *Josef Wager*, Augsburg, und *Hermann Frieb*, München, enthauptet(5). Die letztere Todesart wird eher richtig sein. Die beiden genannten waren wesentlich aktivere und für das Regime gefährlichere Widerstandskämpfer gewesen als die beiden Regensburger. Hermann Frieb lernte ich noch Anfang 1933 kurz kennen, als er Vorsitzender der Sozialistischen Studenten in München gewesen war. Er machte damals gar nicht den Eindruck eines radikalen Revolutionärs, eher war er besonders ruhig und besonnen gewesen. Ihm war es aber - wohl gerade wegen seiner Besonnenheit - gelungen, neun Jahre lang aktiven Widerstand im Inland zu organisieren. Aus seinen

---

1) WEINKAUF 1974 3. Bd. 202f.
2) HETZER 176
3) Der "Regensburger Kurier", amtl. Tageszeitg. des Gaues Bayreuth der NSDAP, meldete in seiner Stadt- und Landausgabe für Regensburg am 16.8. 43 nur die Hinrichtung von Kellner, nicht die von Bollwein. Bestand eine Anordnung, nur immer einen Teil der Hinrichtungen zu melden?
4) MZ 1947, vom 7.11.
5) HETZER 204

Tätigkeiten hier nur soviel: Im Winter 1940/42 entwickelte er in "Das Rollkommando" detaillierte Vorstellungen für den bewaffneten Kampf gegen den NS und vorbereitend hatte er eine umfangreiche Sammlung von Pistolen angelegt.

Im gleichen Gefängnis Stadelheim waren dreißig Tage vor Bollwein, Kellner, Wager, Frieb die zur Geschwister-Scholl-Gruppe gehörigen *Alexander Schmorell* und *Professor Kurt Huber* hingerichtet worden und genau 2 Monate später *Willi Graf* von der gleichen Gruppe. Die beiden Regensburger erwarteten demnach zeitweilig zusammen mit den Widerständlern der Weißen Rose ihren Tod. An den *Geschwistern Scholl* selber und *Christoph Probst* waren die Todesurteile schon am 22.2.43 vollstreckt worden.

3. Max Massinger:

"Daß ihr das nicht wieder erleben müßt!"

Es war im vierten Kriegsjahr, Ende 1942, als der älteste Sohn der Familie Massinger, der damals 22-jährige Max jun., gerade von der russischen Front auf Urlaub heim nach Regensburg zu seinen Eltern kam. Als er die elterliche Wohnung betrat, hatte er - für kurze Zeit - einen Kameraden mitgebracht. Nur die Mutter war anwesend. "Wo ist Vater?" "Er ist gerade weg auf Montage", antwortete die Mutter. Erst als der Kamerad sich verabschiedet hatte, berichtete sie aufgeregt dem Ältesten, was sie sich gescheut hatte, vorher, in Anwesenheit des Kameraden, zu sagen: Der Vater war wenige Tage vorher, am Dienstag, 3.11.42, in der Früh um 6 Uhr, von der Gestapo verhaftet worden. Anschließend, so berichtete die Mutter, nahmen die Gestapobeamten bei der Wohnungsdurchsuchung u. a. den Radio und eine Leica-Kamera des Sohnes mit. Der Sohn war bestürzt und empört. Er ging gleich zum Staatsanwalt in der Augustenstraße, natürlich in seiner Uniform, und fragte, wo sein Vater jetzt wäre. Es wurde ihm nicht gesagt. Warum man seine, des Sohnes Leica mitgenommen hätte? Darauf kam die Gegenfrage, woher er denn diese teure Kamera hätte. Der Sohn erklärte, daß er sie zu einem günstigen Preis im Fotohaus Graggo gekauft hätte. "Wo ist mein Vater jetzt?" Wieder wurde geantwortet, das wisse man nicht.

Sein Vater, Max Massinger sen., war zu diesem Zeitpunkt im KZ Flossenbürg. Er war gleich am Tag der Verhaftung, zusammen mit mindestens 14 weiteren Schicksalsgefährten von Regensburg aus nach Flossenbürg transportiert worden.

Lebenslauf

Max Massinger war als jüngstes, zehntes Kind der Gastwirtseheleute Florian und Maria am 28.12.1884 in Sallern geboren. Sallern schließt nördlich an Reinhausen an, war damals eine selbständige Gemeinde, ist inzwischen längst Teil der Stadtgemeinde Regensburg geworden. Schon in seinem vierten Lebensjahr verstarb sein Vater. Die Eltern hatten in Sallern eine Gastwirtschaft zusammen mit einer Landwirtschaft betrieben. Das Gasthaus ist noch heute unter dem Namen "Gaststätte Massinger" bekannt. Nach dem Besuch der Schule in Sallern lernte Max zwei Jahre beim Metzgermeister Vilsmeier in Regensburg und schloß diese Lehre mit der Gesellenprüfung ab. Einer seiner Brüder hatte den elterlichen Betrieb übernommen. Nach zwei Jahren als Geselle bei seinem Lehrmeister und dann bei anderen Metzgereibetrieben in Regensburg leistete er 1906 bis 1908 seine Militärdienstpflicht beim 11. Infanterieregiment in Regensburg. Danach arbeitete er vier Jahre in München bei zwei Metzgereien und zwei Jahre bei der Wurstfabrik Sieber in München. Mindestens einer dieser Betriebe war sehr bekannt gewesen und hatte für Massinger großen Wert für seine berufliche Weiterbildung.

1914 pachtete M. die Gastwirtschaft "Zum Einhorn" am Unteren Wöhrd in Regensburg und im gleichen Jahr, also mit 30 Jahren heiratete er. Aber schon kurze Zeit nach diesem Start in einen neuen beruflichen und familiären Lebensabschnitt wurde er - im Mai 1916 - zum 11. Infanterieregiment einberufen und kam bald an die verlustreichste Front im Westen bei Verdun oder an die Somme. Sein Regiment gehörte zur 6. bayerischen Infanterie-Division, die allein in der Schlacht an der Somme vom 6. bis 28. Sept. 1916 3 962 Mann verlor, etwa 36 % ihrer Gesamtstärke. Insgesamt betrugen die Verluste der bayerischen Truppenteile während der Schlacht an der Somme vom 24.6. bis 26.11.1916 59 246 Tote, Verwundete und Kranke(1).

Während dieser Zeit, wahrscheinlich an dieser schlimmsten Front, wurde Massinger am 15.11.16 schwerverwundet. Granatsplitter streiften seinen Kopf und durchschlugen den rechten Ellenbogen. Er kam ins Lazarett nach Landau/ Pfalz. Nach 6 bis 8 Wochen wurde er von dort zur Genesendenkompanie nach Ingolstadt geholt und im Frühjahr 1917 fand er sich wieder in den Vogesen, beim 13. Ersatz-Infanterieregiment. Dort erlitt er einen Bruch des Bauchfells und wurde am 15.1.1917 in einem Feldlazarett operiert. Anschließend verbrachte man ihn in ein Lazarett nach Stuttgart. Sobald man ihn dort gesund schrieb, wurde er erneut, zum dritten Mal, - Frühjahr 1918 - zu seiner Kompanie ins Feld zurückgeschickt. Im gleichen Jahr starb - weit entfernt von ihm - seine Frau in Regensburg.

Nach dem Ersten Krieg mußte Massinger wieder ganz von vorn anfangen. Er pachtete die Gastwirtschaft "Malzfabrik Hermann" in Stadtamhof. Im Juni 1919 heiratete er zum zweitenmal. Aus dieser Ehe gingen vier Söhne hervor; einer davon starb früh. 1920 pachtete er die Gastwirtschaft "Zur Steinernen Brücke" und betrieb sie 3 Jahre. 1923 verlor er durch die Inflation sein ganzes Vermögen, das zusammen mit dem seiner Frau den für damals hohen Betrag von 39 000 RM betragen hatte. Er konnte die Gastwirtschaft nicht mehr halten und war schließlich auf Wohlfahrtsunterstützung (heute "Sozialfürsorge") angewiesen. 1928 machte er einen weiteren Versuch. Er pachtete die "Kelheimer Weißbierhalle" in der Pfarrergasse, mußte aber nach kurzer Zeit wieder aufgeben. Danach war er bis 1935, also auch noch während der ersten 3 Hitlerjahre, arbeitslos und bezog Wohlfahrtsunterstützung. 1935 fand er schließlich einen Arbeitsplatz bei der Zuckerfabrik und behielt ihn bis zu seiner Verhaftung im November 1942.

Manches in Massingers Leben verlief ähnlich wie bei Kellner. Beide kamen aus dem Regensburger Umland, beide waren gelernte Metzger, fanden aber offenbar nach dem Krieg keine dauerhafte Arbeitsmöglichkeit mehr in diesem Beruf.

Zwei Einflüsse von außen bestimmten einen unglücklichen Verlauf seines Lebens: Die große Kinderzahl nicht nur seiner Eltern, sondern im ganzen Umland der Stadt Regensburg, ließen es für viele dieser Generation schwer werden, Arbeits- und Verdienstmöglichkeiten zu finden. Vielleicht hätte er 1914

---

1) MZ 1981, v. 14./15.11.; Gert Soltau: Wie soll man das jungen Menschen heute erklären? Die Schlacht an der Somme.

Abb. 9 Postkarte aus dem Feld
                              Vogesen, 2.10.1916
    An Frau Maria Massinger
        Gastwirtsgattin
        Stadtamhof
        Hauptstraße 14

                            Von Deinem Mann auf ein
                                gutes Wiedersehen
                                        Max

        Bayr.Ers.Inf.Regt.N.5, II.Battl. 8.Komp.

diese Schwierigkeiten überwunden gehabt. Aber dann kamen die Einflüsse von "oben", von der oder den Regierungen, vom Staat: Der Weltkrieg nahm ihm die Gesundheit, machte ihn zum Invaliden, zerstörte seinen ersten Anlauf zu einer selbständigen, beruflichen Existenz; die Inflation nahm ihm allen finanziellen Rückhalt. Die allgemeine, schlechte wirtschaftliche Lage, die Weltwirtschaftskrise, ließen ihn nicht mehr Fuß fassen. Er war schließlich viele Jahre lang mit seiner 5- bis 6-köpfigen Familie auf Unterstützung angewiesen, d. h. er mußte mit einem Existenzminimum leben, das wesentlich unter dem Niveau dessen lag, was man heute darunter versteht. Man müßte sich wundern, wenn alle diese Erfahrungen nicht zu Verbitterung und zu Mißtrauen dem Staat gegenüber geführt hätten.

Politische Vergangenheit

Bei seiner Vernehmung durch die Gestapo gab Massinger auf entsprechende Fragen an: Bis 1933 Anhänger, aber nicht Mitglied der SPD. Seit 1918 war er beim "Krieger-Stammverein Regensburg". Das war schon alles.

Die Erfahrungen "führten bei mir *zwangsläufig* zu einer *Abneigung gegen den Krieg und den Militarismus*". "Dadurch wurde ich auch Anhänger der SPD." "Schon während meiner Arbeitslosigkeit war ich manchmal am Neupfarrplatz... Bis zum Krieg *drehte sich die Unterhaltung dort meist um die Frage, ob es wieder zum Krieg kommt.*" Später war er als Berufstätiger nur Samstag nachmittags am Neupfarrplatz. Ansonsten leugnete M. alle Anklagepunkte, die in der Hauptsache das Abhören ausländischer Sender und das "Diskutieren von deren Nachrichten in größerem Kreis" betrafen.

Die drei Söhne waren zur Zeit der Verhaftung des Vaters 22, 19 und 14 Jahre alt. Die zwei älteren waren zur Wehrmacht eingezogen. Die Mutter erhielt nach Verhaftung des Ehemannes und Familienoberhaupts für die ganze Familie 75 RM monatlich.

Heute erinnern sich die Söhne, daß der Vater nie bei einer Partei gewesen, daß er allerdings immer entschiedener Kriegsgegner gewesen war. Er erzählte - wie die meisten der Veteranen des Ersten Weltkrieges - sehr selten etwas aus seinem Kriegserleben. Wenn er es doch einmal tat, dann sagte er zu seinen Söhnen: "Hoffentlich müßt ihr nicht das erleben, was ich erlebt habe." Die hier geäußerte Hauptsorge, die aus seinen wahrlich bitteren Erfahrungen stammte, bestimmte in Gesprächen im Familienkreis primär sein politisches Interesse. Das stimmt mit seinen Aussagen gegenüber der Gestapo überein.

KZ Flossenbürg und das Ende

Ein Mithäftling im KZ, der zurückkam, aber heute schon verstorben ist, erzählte der Familie die folgende Begebenheit:

Einer der drei Söhne Massingers sandte an den Vater nach Flossenbürg eine Fotografie von sich in Soldatenuniform. Auf der Rückseite des Bildes schrieb er einen Gruß an den Vater. Diese Post kam an. Ein SS-Mann zeigte dem Häftling Massinger die Fotografie mit der Frage: "Kennst du den?" Der Vater antwortete "Nein". Es kann sein, daß er seinen Sohn in der ungewohnten Uniform wirklich nicht erkannt hatte, es kann aber auch sein, daß er bei solchen Fragen Schläge gewohnt war und wieder Schlimmes befürchtete und deswegen reflexartig verneinte. Da drehte der SS-Mann die Karte um und zeigte die Handschrift des Sohnes mit der Widmung an den Vater. Nun bejahte Massinger, daß es sein Sohn sei. Daraufhin schlug der SS-Mann auf ihn ein und brüllte: "Dein Sohn kämpft an der Front für unseren Führer und du bist so ein Schweinehund!"

In den wenigen Briefen, die Massinger aus Flossenbürg heimschreiben durfte, bat er vor allem, daß ihm warme Sachen geschickt würden. Natürlich schickte die Ehefrau, was sie konnte. Aber es kam nicht alles an.

Da die Leute der Neupfarrplatzgruppe ein Verfahren wegen Vorbereitung zum Hochverrat vor einem normalen Strafgericht, einem OLG erwartete, wurden sie in das Strafgefängnis Nürnberg, Zellenstraße, überstellt, wo sie in Einzelzellen als Untersuchungshäftlinge gehalten wurden. Die Anzeige an den Generalstaatsanwalt in München ist von der Gestapo Regensburg am 21.1.43, also 3 Monate nach der Verhaftung, erstattet worden. Als die Ehefrau erfuhr, daß ihr Mann in Nürnberg war, bemühte sie sich, hinzukommen. Nach großen Schwierigkeiten erhielt sie die Erlaubnis für einen Besuch. Am 7.4.43 fuhr sie nach Nürnberg.

Im Gefängnis brachte man ihren Mann auf einer Tragbahre. Seine Hände waren blau, wie erfroren. Natürlich durfte er nicht erzählen. Sein Zustand, so glaubte die 1961 verstorbene Ehefrau, rührte davon her, daß er ohne genügend warme Kleidung und ohne genügend Nahrung bei großer Kälte im Winter 42/43 hatte im Freien arbeiten müssen. Dazu der Bericht eines Flossenbürg-Häftlings vor amerikanischen Vernehmungsoffizieren im Juni 1945: "Die Häftlinge mußten bei 25 Grad Kälte ohne Strümpfe und Handschuhe im Freien arbeiten. Die Folgen waren erfrorene Finger, Hände und Füße... Amputationen von erfrorenen Fingern, Händen und Füßen wurden vorgenommen und hatten häufig tödliche Folgen... Bei 20 Grad Kälte hatten die Gefangenen ihr Essen während der Arbeitspause im Freien einzunehmen. Das Essen war damals sehr armselig, die Häftlinge aßen oft die Kartoffelschalen mit..."(1)

Man weiß heute, daß die Behandlung der Häftlinge im KZ Flossenbürg unmenschlich und grausam war. Warum aber gab man im Nürnberger Gefängnis einen aus Flossenbürg überstellten sterbenskranken Mann nicht in ein Häftlingskrankenhaus? Durfte nicht sein, daß Ärzte dann gesehen hätten, wie man die Leute in Flossenbürg zugerichtet hatte?

In den Gerichtsakten(2) findet sich ein Brief der Ehefrau Massingers vom 10.4.43, den sie 3 Tage nach ihrem Besuch im Nürnberger Gefängnis an das Gericht geschrieben hatte und mit dem sie in einem letzten Versuch ihren totkranken Mann retten wollte:

"Mein Mann wurde am 3.11.42 ganz plötzlich, als er von seiner Nachtschicht (bei der Zuckerfabrik) kam, verhaftet. Warum, darüber habe ich bis heute noch keinen Bescheid. Wir sind seit 24 Jahren verheiratet. Aus unserer Ehe kamen vier Söhne, davon war einer gestorben. Zwei sind Frontkämpfer, einer im Osten, der andere im Westen und der jüngere ist 14 Jahre und bei mir zuhause.

Mein Mann war noch nie bei einer Partei und hat noch nie Politik getrieben. Er ist Frontkämpfer 1914/18 und hat sich das EK II erworben. Jetzt ist er Mitglied der Arbeitsfront und beim Kriegerstammverein, bei letzterem schon 25 Jahre... Unsere drei Söhne waren bei der HJ und dann kamen sie zum Arbeitsdienst und zur Wehrmacht. Mein älterer Sohn hat sich mit 19 für 12 Jahre Militär verpflichtet. Er wurde voriges Jahr wegen Tapferkeit vor dem Feind im Osten am Ilmensee zum Unteroffizier befördert und dort auch verwundet, bekam die Ostmedaille, das EK II und das Verwundetenabzeichen.

Am Mittwoch 7.4.43 war ich in Nürnberg im Justizgebäude und *konnte meinen Mann zum erstenmal seit seiner Verhaftung sehen* und sprechen. Ich erschrak zutiefst, als ich seinen schlechten Gesundheitszustand sah. *Er konnte nicht einmal stehen, seine Hände sind ganz blau angelaufen und*

---
1) SIEGERT 1979 442
2) OLG München OJs 40/43: Josef Rödl und Genossen; Rödl erhielt 3 J. Zuchthaus. Nach seiner Befreiung 1945 wurde er geisteskrank und blieb es bis zu seinem Tod 1959

kalt, ein Bein hat er sich erfroren. Ich bitte Sie inständigst, meinen Mann doch in ein Krankenhaus einliefern zu lassen, damit er uns erhalten bleibt. Ich weiß mir gar nicht mehr zu helfen. Auf der einen Seite drücken mich die Sorgen wegen meiner Söhne an der Front, auf der anderen Seite sehe ich, daß mein Mann zugrundegeht und ich habe bis heute noch keinen Bescheid, warum mein Mann überhaupt verhaftet wurde ... Heil Hitler! Therese Massinger."

Einen Tag nach diesem Brief, am 11.4.43, 18.45 Uhr starb Massinger im Zellengefängnis Nürnberg!! Offenbar wurde keine ärztliche Hilfe, geschweige denn Krankenhausbehandlung gewährt.

Wieder mit großen Schwierigkeiten und als eine besondere Ausnahme erreichte die Ehefrau die Freigabe der Leiche für die Beerdigung am Waldfriedhof in Nürnberg. Die anwesenden Angehörigen - Ehefrau und Sohn - durften nichts erzählen. Ein Oberstaatsanwalt schärfte den Angehörigen immer wieder ein, ja niemandem zu erzählen, daß die Leiche zur Beerdigung überlassen wurde, denn das wäre nicht zulässig gewesen.

Nach den Aussagen einiger Angeklagter bei den Verhören war Massinger auf keinen Fall ein "Hauptbeteiligter" am Neupfarrplatz gewesen. Sein Fall wäre Ende 1943 in München verhandelt worden. Dazu kam es nicht. Das Verfahren gegen ihn wurde eingestellt, weil er, wie mindestens 4 weitere Angeklagte, während der kurzen Zeit zwischen Festnahme und Verhandlung schon "verstorben" war. Massinger war an den Folgen seiner Behandlung im KZ Flossenbürg umgekommen.

4. Johann Schindler

Der Monarchist

Auch Johann Schindler wurde im Zuge der zahlreichen Verhaftungen *am Dienstag, 3.11.1942, 6 Uhr früh*, von der Gestapo Regensburg *festgenommen*. Auch bei ihm kam es, wie bei Massinger, zu keiner Gerichtsverhandlung mehr. Denn nur einen Tag nach seiner Verhaftung, Einlieferung in das KZ Flossenbürg und Einvernahme durch die Gestapo *machte er seinem Leben am 4.11.42 ein Ende*. Er war 58 Jahre alt. Wegen seines Todes wurde das Verfahren vor dem OLG München am 10.8.43 eingestellt.

Lebenslauf

Johann Schindler wurde am 12.2.1884 - im gleichen Jahr wie Massinger - als dritter von neun Söhnen der Gastwirtseheleute Schindler in *Dietersweg* bei Regensburg geboren. Von 12 Geschwistern, die er gehabt hätte, starben 4 im ersten Lebensjahr. Johann wuchs mit sechs Brüdern und einer Schwester auf.

Im Gegensatz zu den drei vorher vorgestellten Bollwein, Kellner und Massinger, war er nie arbeitslos gewesen, sondern hatte einen festen Arbeitsplatz ab 2.1.1904 bei der Straßenbahn, später als Hausmeister und Kassensekretär bei der Stadtsparkasse Regensburg. Im Januar 1932 feierte er sein 25-jähriges Dienstjubiläum bei der Stadt Regensburg. Wegen dieser besseren Stellung gehörte er sehr wahrscheinlich einem etwas anderen Bekanntenkreis an, jedenfalls einer anderen politischen Richtung, wie wir sehen werden.

Ebenso wie Massinger leistete er zwei Jahre - vom Oktober 1904 bis September 1906 - seine Militärdienstpflicht ab, ebenfalls bei der Infanterie. Vom 3.8.1914 bis 16.11.1918 - also während des ganzen Krieges - war er im Feld, beim 11. und 17. Infanterieregiment. Er schied als Gefreiter aus, wie z. B. auch Hitler, hatte das EK II und weitere Auszeichnungen erhalten. Er wurde siebenmal leicht verwundet, war aber später kein Kriegsinvalide. Laut seinem noch vorhandenen Militärpaß hatte er vom 8. - 14.7.1918 am den Stellungskämpfen bei Reims teilgenommen und gleich anschließend vom 15. - 17.7 an der "Angriffsschlacht an der Marne und in der Champagne". Am 16.11.18 wurde er "infolge Demobilmachung" aus dem Militärdienst entlassen.

Verhältnis zur Neupfarrplatzgruppe

Sowohl Schindlers Arbeitsstelle, die Städtische Sparkasse, als auch seine Wohnung Am Spielhof 1, befanden sich direkt am Rand des Neupfarrplatzes. Wenn vorher von einem etwas anderen Bekanntenkreis die Rede war, so hatte dieser Kreis - über den Bankangestellten *Paul Herrler*, geboren 1892 in Schweigersdorf bei Beilngries, Schwerkriegsbeschädigter(1) und den ehemaligen Bäckermeister *Franz Herzog* (s. u.) - doch offenbar durch längere Zeit hindurch Verbindung zu den Männern, die sich mehr oder weniger regelmäßig am Neupfarrplatz trafen. Aus den Aussagen bei den Vernehmungen läßt sich jedenfalls schließen, daß auch Schindler zu dem losen Gesprächskreis der "Neupfarrplatzgruppe" gehörte. So sagte R., der selbst zu drei Jahren Zuchthaus verurteilt wurde, am 22.10.42 aus, daß S., ein anderer Angeklagter, seine Kenntnisse von Schindler habe, der ausländische Sender höre. L., der ebenfalls zu drei Jahren Zuchthaus verurteilt wurde, gab lange nach dem Tod Schindlers, am 28.4.43 an, daß dieser verschiedene Male Neuigkeiten erzählt habe. "Ich habe aber nicht gewußt, daß diese Neuigkeiten von ausländischen Sendern stammen. Das war auf dem Neupfarrplatz."

Politische Einstellung

Die Anklage gegen Schindler enthielt *lediglich "das Abhören und Verbreiten von Nachrichten ausländischer Sender."* Bei der Wohnungsdurchsuchung unmittelbar bei der Verhaftung wurden beschlagnahmt: Ein Rundfunkgerät, ein anonymer Brief an Schindler, in dem der Schreiber ihn "staatsfeindlicher Wühlarbeit" bezichtigte und 11 Bände des Jahrbuches *"Der Oberpfälzer"*(2). Dieses Jahrbuch wurde vom *Kreisverband Oberpfalz und Regensburg der BVP* herausgegeben und bei Gebrüder Habbel gedruckt. Es wurde allen Mitgliedern der BVP zugestellt. Da es 1927 zum erstenmal und 1933 zum letztenmal erschienen war, gab es insgesamt nur 7 Bände dieses Jahrbuchs. Die Beschlagnahme von 11 Bänden bei Schindler kann nur bedeuten, daß er von einem oder mehreren Jahrgängen, offenbar zum Weiterverteilen, mehrere Exemplare besaß. Er war nicht nur Mitglied bei der BVP, sondern auch *aktiv für diese Partei tätig gewesen*. So war er bei der letzten Stadtratswahl - der letzten für mindestens 17 Jahre - am 8.12.1929 als Kandidat der BVP aufgestellt gewesen(3).

---

1) Herrler, ein Freund Schindlers und ebenso katholisch gesinnt wie dieser, erhielt 2 1/2 Jahre Zuchthaus
2) Vernehmungsprotokoll Gestapo Regensburg v. 3.11.42
3) Mitteilung der Tochter Betty Lehner, Pähl bei Weilheim

Abb. 10 Hans *Schindler* im Kreis seiner Familie

Im Zusammenhang mit diesem parteioffiziellen Jahrbuch der oberpfälzischen BVP sind für die kritischen letzten Jahre vor der Machtübergabe an Hitler die *Geleitworte* interessant, die der erste Kreisvorsitzende jeweils einleitend diesen Bänden mit auf den Weg gab. Für 1932 schrieb er: "In schwerer Zeit kommt der "Oberpfälzer" ... es sind Zeiten von historischer Bedeutung, die wir durchleben ... Kommunismus und Bolschewismus mit ihren alles zerstörenden und vernichtenden Kräften bedrohen die Seele des deutschen Volkes und rütteln an den Toren der christlichen Kultur." Eine NS-Broschüre hätte zu dieser Zeit kaum anders formuliert. Die Gefahr für das Christentum, die von Seiten des NS drohte, ist in dieser Einleitung mit keinem Wort erwähnt. Sogar im Jahrbuch für das Jahr der Machtübergabe 1933 schrieb der Erste Kreisvorsitzende in seinem Geleitwort wiederum ausschließlich von der bolschewistischen Gefahr und verlor kein Wort über eine et-

Abb. 11 Letzte Aufnahme

waige Gefahr durch den NS. Er ahnte noch nicht, daß dieses Jahrbuch das letzte sein würde. Wörtlich schrieb er: "Es geht um den Bestand des Reiches, um die Selbständigkeit unseres geliebten Bayerlandes, es geht um die Abwehr des Bolschewismus und um die Erhaltung der christlichen Kultur. Es geht um die Wahrung der fundamentalsten Volksrechte." Für dieses Vorwort war Ende 1932 Redaktionsschluß gewesen. Es war also noch kein Verbergen oder Verhüllen der wirklichen Meinung nötig gewesen. Man hätte die wirkliche Gefahr beim Namen nennen dürfen. Oder war es doch schon Angst? Wahrscheinlicher wird sein, daß einfach die Gewohnheit seit Bestehen der BVP fortgesetzt wurde, den Feind ausschließlich links zu sehen, obwohl kein schärferer Gegensatz zur christlichen Grundhaltung dieser Partei denkbar war, als die Rassenlehre und der aggressive Militarismus des NS. Auch von den realen Machtverhältnissen her war 1932 die Gefahr von rechts ungleich deutlicher gewesen als die von links. Trotzdem diese von heute her gesehen unglaubliche Blindheit.

Auch noch im Wahlkampf für den 5.3.33 merkten viele Redner der BVP noch nicht die für ihre Partei und deren Ziele tödliche Gefahr von Seiten des NS. So kommt eine Untersuchung im Fall Passau zu dem Schluß:

"Bei einer Analyse dieses Reichstagswahlkampfes (zum 5.3.1933) der BVP fällt vor allem auf, daß in den verschiedenen Versammlungsreden in Passau der Reichstagsbrand vom 28.2.33 und seine Folgeerscheinungen überhaupt keine Rolle spielten. Die BVP war wohl viel zu sehr um ihr eigenes Heil besorgt, als die Gefahr, die sich daraus für alle Parteien ergab, zu erkennen."(1)

Martin Niemöller sagte einmal: Als die Nazis die Kommunisten holten, habe ich geschwiegen; ich war ja kein Kommunist. Als sie die Sozialdemokraten einsperrten, habe ich geschwiegen; ich war ja kein Sozialdemokrat. Als sie die Katholiken holten, habe ich nicht protestiert; ich war ja kein Katholik. Als sie mich holten, war niemand mehr da, der protestieren konnte(2).

Hitlers äußerst simple Taktik bewährte sich innen-, wie außenpolitisch erstaunlich weitgehend und viele Jahre lang: *Einen nach den anderen.*

Schindler war als ehemaliges aktives Mitglied der BVP, die ebenso wie die Kirche als Feind Nummer eins die Kommunisten sah, ein entschiedener Gegner der KPD gewesen. Ein Zeuge E., auch ein Verhafteter, sagte über ihn aus: "Nach seinen Äußerungen war er schon Staats (NS-)gegner, aber kein Kommunist. Er war *Monarchist* und *erstrebte eine Verbindung Bayerns mit Österreich.*" Ein anderer Verhafteter folgerte "aus den Äußerungen des S.", daß Schindler monarchistisch eingestellt ist und "daß er den Wunsch hegt, daß Bayern vom Reich abgetrennt werde und mit Österreich ein Staatsgebilde unter kirchlicher Oberhoheit sein solle." Daß Schindler ein Anhänger des bayerischen Königshauses war, weiß auch die damals bereits erwachsene Tochter(3).

Zum monarchistischen Gedanken in Teilen des bayerischen Volkes schreibt *Karl Otmar von Aretin*(4): "Die monarchistische Grundhaltung war ein Motiv unter vielen gewesen, das zur Gründung einer vom Zentrum getrennten eigenen Partei (BVP) geführt hatte... In Bayern ist die Monarchie von Anfang

---

1) OBERMEIER 224. Hier nach ROSMUS-WENNINGER 37
2) Aus Nürnberger Nachrichten Sonderdruck 1983 über "Schicksale in den Jahren 1933 - 45"
3) Mitteilung der Tochter Betty Lehner, Pähl bei Weilheim
4) ARETIN 517

der Weimarer Republik an ein Thema gewesen, das breite Volksschichten bewegt hat... Kardinal *Faulhaber* sprach vielen Bayern aus dem Herzen, als er auf dem Katholikentag in München am 27.8.1922 sagte: 'Die Revolution war Meineid und Hochverrat und bleibt in der Geschichte erblich belastet und mit dem Kainsmal des Verrates gezeichnet.' Der Präsident des Katholikentages, Dr. *Konrad Adenauer* (Zentrum), widersprach sofort den Ausführungen des streitbaren Münchener Kardinals, dem diese Ansprache reichliches Ärger einbrachte..." Der *Bayerische Heimat- und Königsbund*, gegründet 1923, löste sich erzwungenermaßen am 31.7.1933 auf. Er hatte 1932 160 000 Mitglieder.

Auch in Augsburg war bei einer Gruppe, die wegen gemeinsamen Abhörens ausländischer Sender zu schweren Freiheitsstrafen verurteilt wurde, neben Kommunisten ein gut katholisches Ehepaar mitbeteiligt. das der BVP nahegestanden hatte(1).

Ein wohl noch wichtigerer Grund für die Ablehnung des NS-Regimes war bei Schindler die *katholische Haltung* von ihm und *seiner ganzen Familie*. So war sein damals 15-jähriger Sohn Mitglied der katholischen Jugendorganisation *Neudeutschland* gewesen. Dieser Jugendbund war seit 1938, also schon seit 4 Jahren verboten gewesen, ehemalige Mitglieder kamen aber in ihren Wohnungen und zu gemeinsamen Wanderungen noch viele Jahre nach dem Verbot zusammen.

Daß Schindler seit 1.5.35 Mitglied der NS-Partei gewesen war, ist für einen Beamten fast unumgänglich gewesen, besonders und gerade wenn er Widerstand leisten wollte (mehr darüber im Kapitel IX, zu Krug).

Das Ende

Über den Freitod schrieben die Verantwortlichen in Flossenbürg folgenden Vermerk: "Der Polizeihäftling Johann Schindler, geb. ..., hat sich am 4.11.1942 um 16 Uhr (Verhaftung 3.11.) im Polizeigefängnis des KL Flossenbürg mit einem Taschentuch an der Dampfheizung seiner Arrestzelle erhängt. Die sofort angestellten Wiederbelebungsversuche waren erfolglos. Durch den beigezogenen Lagerarzt wurde der Tod festgestellt."

Unterzeichnet ist dieser Vermerk von einem Kriminalsekretär und einem Kriminalassistenten, die im KZ als Beamte der Gestapo fungierten und Leiter der Politischen Abteilung des KZ waren. Dazu liegt weiter der Attest des Lagerarztes vor: "*Polizeihäftling Nr. 138 Johann Schindler. Freitod durch Erhängen. Dr. Schnabel, SS-Sturmbannführer.*" Schnabel war von 1943 bis etwa September 1944 der SS-Standortarzt in Flossenbürg(2). Die Motive für den Freitod, wahrscheinlich Folterung beim Verhör zusammen mit gezieltem, psychischen "Fertigmachen" gleich am ersten Tag im KZ, waren dem Arzt und SS- Offizier etwas lange Gewohntes, sie interessierten nicht.

Das im Vermerk der Polizei erwähnte "Polizeigefängnis" könnte der 1940 eröffnete Arrestbau gewesen sein, der 40 Zellen besaß und in dem später die zur Exekution vorgesehenen Eingewiesenen untergebracht wurden. Er besaß eine Dampfheizung(3).

---

1) HETZER 176
2) SIEGERT 1979 471
3) wie vor; 477

Die Ehefrau suchte gleich nach der Verhaftung ihres Mannes nach dessen Verbleib. Sie erfuhr, daß er noch am gleichen Tag von Regensburg in das KZ Flossenbürg verbracht worden war. Sofort fuhr sie dorthin. Sie wurde erstaunlicherweise vorgelassen. Man sagte ihr aber gleich, daß ihr Mann bereits tot sei. Es wurde ihr dann sogar erlaubt, die Leiche zu sehen. Sie konnte keine Spuren der angeblichen Selbst-Erdrosselung erkennen. Nun bat sie um Erlaubnis, ihren Mann nach Regensburg überführen zu lassen. Man antwortete: "Wenn Sie die Leiche auf Ihrem Buckel nach Regensburg tragen können, dann können Sie sie mitnehmen."

In den Gerichtsakten ist vermerkt: "Die Leiche wurde durch die Staatsanwaltschaft Weiden freigegeben."

Im KZ Flossenbürg gab es seit Juni 1940 ein eigenes Krematorium, in dem die Leichen der im Lager Verstorbenen oder Ermordeten verbrannt wurden.

Die Familie erhielt die Urne mit der Asche übersandt und mußte die Kosten dafür bezahlen.

Domvikar Böhm führte die kirchliche Bestattung der Urne in Regensburg durch. Dabei machte er eine Ausnahme von der damaligen Regel, daß Selbstmörder nicht kirchlich beerdigt wurden. Er begründete sein Handeln damit, daß im Falle Schindlers die Umstände bei dem angeblichen Selbstmord fragwürdig wären. Die Beerdigung mußte in aller Stille erfolgen. Die Gestapo hatte einen Aufpasser entsandt.

Die Ehefrau war von dem furchtbaren Geschehen zutiefst erschüttert. Sie erkrankte unmittelbar danach und starb wenig später an einem Magenkarzinom. Ärzte mögen beurteilen, ob Krankheit und Tod psychisch beeinflußt waren.

5. Franz Herzog
KZ-Opfer aus der BVP

Franz Herzog gehört ebenfalls zu den am *3.11.1942 verhafteten* Männern der "Neupfarrplatzgruppe", die kurz danach ihr Leben verloren.

Lebenslauf

Wie die meisten Opfer des Widerstandes in der Stadt Regensburg ist auch er nicht hier, sondern in einem Dorf geboren. Bei ihm war es die Gemeinde *Heideck bei Hilpoltstein*, wo er am *5.3.1882* als zweites der vier Kinder des Bäckermeisters Herzog und dessen Ehefrau zur Welt kam. Bei seinem Vater lernte er die Bäckerei. Nach der Gesellenprüfung arbeitete er bei der Bäckerei Schneller in Eichstätt, dann wieder bei seinem Vater. In den Jahren 1902 bis 05 diente er - 3 Jahre! - beim 2. Ulanenregiment in Ansbach. Ins zivile Leben zurückgekehrt war er als Bäckergehilfe in Chemnitz und in Ansbach tätig. 1911 kehrte er endgültig in den Betrieb des Vaters zurück und legte 1912 die *Meisterprüfung* ab. Im Dezember 1913 wurde ihm das väterliche Anwesen mit der Bäckerei zugeschrieben und wenige Monate später gründete er dort eine Familie. Alles schien bestens bestellt für ein zufriedenes Leben.

Aber wieder nur wenige Monate später griffen politische oder geschichtliche

Mächte in dieses private Dasein ein und machten dem bescheidenen Glück ein jähes Ende. Es kam der Erste Weltkrieg. Herzog machte ihn vom Anfang bis zum bitteren Ende mit, vom *3.8.1914 bis 28.11.1918*. U.a. war er bei einer leichten Munitionskolonne. Er schied - wie offenbar die meisten - als Gefreiter aus, erhielt eine Auszeichnung für neunjährigen Militärdienst (Kriegsjahre zum Teil doppelt gezählt) und das Ehrenkreuz für Frontkämpfer. Mit dem Krieg hörten aber die Eingriffe von außen in sein Leben nicht auf. Es folgten die allgemeinen wirtschaftlichen Schwierigkeiten, denen er mit seinen kaufmännischen Fähigkeiten nicht gewachsen war. Die Gemeinde Heideck mit 800 Einwohnern war zu klein für 5 Bäckereien, die es inzwischen dort gab. Deswegen verkaufte Herzog seinen Betrieb und zog nach Hausham/Obbay., wo er ein Anwesen mit Kolonialwarengeschäft erwarb. Nun wollte seine Frau in dem kleinen Ort in Oberbayern nicht bleiben. So veräußerte er wieder, zog nach Regensburg und kaufte hier in der Engelburgergasse für 34 000 RM eine Bäckerei. Er zahlte 10 000 RM an, für den Rest erhielt er einen Kredit mit 5 % Zinsen. Für einen Umbau des Hauses mußte er 14 000 RM aufbringen. Er hatte sich nun finanziell überfordert. Im Januar 1933, immer noch im Tief der Weltwirtschaftskrise, pachtete er die Gastwirtschaft "Zur Krone" in der Keplerstraße, mußte aber nach einem Jahr aufgeben. Dann übernahm er eine Kunstmühle in Beilngries, zusammen mit einer Vertretung. Schließlich aber war er froh, als Nichtselbständiger eine Arbeit zu finden. Das gelang durch die Wiederaufrüstung Deutschlands. Er arbeitete 1938 in der Bäckerei des Heeresverpflegungsamtes in Regensburg und dann als Kammerarbeiter beim 10. Artillerieregiment in dieser Stadt. Nun aber - 1939 - wurde er krank, verlor einen Teil seines Gehörs.

Verhaftung und Ende

Als er im November 1942 - im Alter von 60 1/2 Jahren - festgenommen wurde, war er als Arbeiter bei der Bekleidungsstelle der Polizeidirektion Regensburg tätig gewesen.

Zu seinem Verhör vermerkte die Gestapo: "Er ist ein alter, verbitterter Mann. Die Vernehmung war durch seine Schwerhörigkeit erschwert."

Ihm wurde vorgeworfen, er habe in den Jahren 1941 - 42 zu Leuten der Neupfarrplatzgruppe *"staatsabträgliche Äußerungen* gemacht." Über seine politische Vergangenheit erzählte er der Gestapo lediglich, daß er *immer die BVP gewählt* habe.

Zum Strafprozeß vor dem OLG München ist es nicht mehr gekommen. Herzog war zusammen mit den anderen Mithäftlingen noch am Tag der Festnahme in Regensburg in das *KZ Flossenbürg* eingeliefert worden und ist dort nach nicht ganz 2 Monaten "an Blutvergiftung verstorben."

Der Lagerarzt des KZ schrieb dazu: "Polizeihäftling Nr. 197 Herzog: Am 1.1.43 11.15 Uhr verstarb im Häftlingskrankenhaus des KL Flossenbürg der vom Schutzhaftlagerführer des KL anerkannte Polizeihäftling an Herzschwäche bei Sepsis.

Nach einer eitrig-phlegmonösen Entzündung am linken Mittel- und Ringfinger, mit welcher er sich am 11.12.42 im Häftlingskrankenbau meldete, entwickelte sich bei einer *allgemeinen starken Körperschwäche* (siehe Massinger!) ein ausgedehnter, entzündlich-eitriger Prozeß unter der Muskulatur der linken Brust sowie des linken Oberarmes. Es wurde der linke

Mittelfinger amputiert. Mit einer breiten Gummidrainage wurde eine Kommunikation zum Abfluß des Eiters von der Oberarmmuskulatur geschaffen (nicht ganz leserlich). Trotz Verabreichung herzstärkender Mittel *kam aber die allgemeine Schwäche bei der Sepsis hinzu* und der Patient starb."

Woher die Entzündung an den Fingern kam, ist nicht ersichtlich. Offenbar war sie 5 Wochen nach der Vernehmung durch die Gestapo so weit, daß Herzog in den Krankenbau durfte.

Herzog hinterließ bei seinem Tod einen 21-jährigen Sohn, der gerade als Soldat an der Ostfront in Rußland war, und eine 20-jährige Tochter.

6. Johann Eibl

Marineveteran aus zwei Kriegen, endete im KZ

Der Lebensweg des Johann Eibl gibt ein weiteres Beispiel, wie ein einzelner nahezu ohnmächtig unter den Einflüssen der Geschichte oder Politik - des Ersten Weltkrieges, der Wirtschaftskrisen, des Dritten Reiches - scheiterte und grausam endete, weil er dem NS den Gehorsam verweigerte. Bei ihm und anderen Leidensgenossen erscheint der Weg durch Not und Armut bis zum vorzeitigen Tod wie ein unausweichliches Schicksal, erlitten durch höhere Gewalt, nicht anders als wenn Menschen unter den Auswirkungen von Naturkatastrophen zugrundegehen. Und doch - so meint man wohl zu Recht - hätte das nicht sein müssen, wenn bei den Führern etwas mehr Menschenachtung oder gar Menschenliebe als "heroisches Denken" lebendig gewesen wären.

Auch Eibl kam vom Land in die Stadt Regensburg. Er wurde am 27.9.1895 in Viehhausen, unweit von Regensburg, als zweitältester von vier Brüdern geboren. Sein Vater war Bürstenmacher. Nach 7 Jahren Volksschule war er bei seinem Firmpaten in Untermassing in der Landwirtschaft tätig. Während dieser Zeit - vom 14. bis 16. Lebensjahr - besuchte er die Fortbildungsschule. Vom 16. bis zum 20. Lebensjahr, nämlich bis zu seiner Einberufung zum Militär- und Kriegsdienst, verdiente er seinen Lebensunterhalt als Hilfsarbeiter u.a. bei der Zuckerfabrik und bei der Schiffswerft. Eingezogen wurde er im Oktober 1915 zur *Marineartillerie nach Kiel.* Den Ersten Weltkrieg machte er also zur See mit, bis zu seiner Entlassung als Matrosenartillerist im Frühjahr 1919. Dabei hatte er sich Gesundheitsschäden zugezogen und bezog deswegen eine sehr kleine Invalidenrente.

Nach dem Ersten Krieg zog Eibl nach Regensburg und kam zunächst als Helfer bei der Post unter. Dort mußten aber bevorzugt Schwerkriegsbeschädigte untergebracht werden, zu denen er nicht zählte. Dadurch verlor er seinen Posten wieder. Er war danach als Hilfsarbeiter bei Regensburger Malerbetrieben beschäftigt, zwischendurch hin und wieder arbeitslos, aber doch nie für längere Zeit. Im April 1939 stellte das Wasserstraßenamt Regensburg Eibl als *Vorarbeiter* ein. Aber seine Tätigkeit war dort bald wieder vorläufig zu Ende: Zum zweitenmal wurde Eibl in einen Weltkrieg geholt, *wieder zur Marine.* Gleich bei Beginn des Krieges zog man ihn nach Emden ein. Nach über 10 Monaten Dienst wurde er wegen Krankheit entlassen. Bald danach konnte er daheim seine Beschäftigung beim Wasserstraßenamt für ganz kurze Zeit fortsetzen. Schon Ende 1940 war sein Gesundheitszustand so, daß er als nicht mehr arbeitsfähig invalidisiert wurde. Er bezog nun eine *Rente* von monatlich 29,20 RM, dazu vom Wohlfahrtsamt eine Unterstützung von mtl. 25,30 RM.

Eibl wurde am gleichen 3. November 1942, wie die meisten anderen vom Neupfarrplatz verhaftet und mit ihnen am selben Tag noch in das *KZ Flossenbürg* eingeliefert. Ihm wurde zur Last gelegt, daß er *ausländische Sender abgehört* und das dort Gehörte im *größeren Kreis, eben am Neupfarrplatz*, diskutiert hätte.

Zu seiner *politischen Vergangenheit* gab Eibl bei der Vernehmung durch die Gestapo an, daß er früher zwar *Sozialdemokrat* aber kein Mitglied dieser Partei gewesen wäre. Auch gab er zu, daß er öfter am Neupfarrplatz gewesen war und sich dabei die am Kiosk ausgestellten Zeitungen und Zeitschriften angesehen hätte. Dieser Darstellung zu seiner Verteidigung widerspricht, was der RA vom 27.6.1933 berichtet. Dort findet sich *Johann Eibls* Name unter den 45 "*Funktionären* der SPD und KPD", die zwischen dem 24. und 26.6.33 in Schutzhaft genommen worden waren.

Auch für Eibl wurde - am 10.8.43 - das Strafverfahren vor dem OLG München eingestellt, weil er *am 21.11.1942 seinem Leben im KZ Flossenbürg ein Ende gesetzt hatte*. Wenigstens steht das so in den Akten. Er war unverheiratet gewesen und so rührte sich nach der Befreiung offenbar niemand, um etwa eine Entschädigung zu erbitten. Das Landesentschädigungsamt kennt seinen Namen nicht.

Sofern man den Angaben der SS für diese Todesart glauben kann, hätten sich *Schindler* und *Eibl* in ihrer Zelle erhängt, *Schindler* einen Tag nach seiner Einlieferung in das KZ, *Eibl* 18 Tage danach. Auch für ihn gingen die peinigenden Verhörmethoden der Gestapo und die menschenunwürdige Behandlung im KZ offenbar über seine Kräfte. (?)

7. Georg Zaubzer

Freigeist, Kommunist und "wie ein Bruder"

Unter den Namen der 36 Verhafteten tauchen einige ganz wenige schon bei den allerersten Meldungen über die Inschutzhaftnahme am Anfang des Dritten Reiches auf. Unter denen aus der Neupfarrplatzgruppe, die im Zuge dieser NS-Maßnahmen ihr Leben verloren - soweit sie hier bekannt wurden - ist Georg Zaubzer der einzige. Sein Name erscheint gleich im *März 1933* im Polizeipressebericht unter den 21 "Kommunisten", die "bis dahin" (bis 15. oder 16.3.33) in Regensburg *in Schutzhaft* genommen wurden(1). Zaubzer hatte sich also schon vor 1933 politisch bemerkbar gemacht. (s. a. 6. Eibl)

Nun waren die allerersten Schutzhäftlinge wirklich Kommunisten, deretwegen am Tage nach dem Brand des Reichstagsgebäudes die "Schutzhaft" durch die Reichstagsbrandverordnung am 28.2.33 eingeführt worden war. Den Namen für diese Haftart hatte es schon gegeben, aber der Zweck und die gegen alles Rechtsempfinden verstoßenden Einzelheiten dazu, waren in Deutschland neu. Die Begründung für die also neue Haftart war gleich am Anfang des Verordnungstextes gegeben worden: "Zur Abwehr *kommunistischer* staatsgefährdender Gewaltakte wird verordnet: ..." Allerdings wandte man die Schutzhaft nur ganz wenige Tage lang gemäß der heuchlerischen Begründung ausschließlich auf Kommunisten an. Schnell folgten den kommunistischen Häftlingen sozialdemokratische und dann auch Mitglieder oder Anhänger der christlichen

---
1) RA 1933; Nr. 76 vom 17.3. (Stadtanzeiger) (Abb. 1)

oder anderer Parteien, Juden u. a., kurz aller dem NS mißbliebiger Personen. Zynisch wurde nun eine andere Begründung gegeben. Man sperrte Tausende nun vorgeblich "zu ihrer eigenen Sicherheit" ins Gefängnis oder bald vor allem in eines der vielen KZ, ohne die Möglichkeit einer Verteidigung, ohne zeitliche Begrenzung, usw. Ein Beispiel von unzähligen möglichen - nur weil gerade zur Hand - ist dafür der Domprediger Saal von Würzburg und andere mit ihm, die am 18. und 20.9.1935 "zu ihrer eigenen Sicherheit" in Schutzhaft genommen wurden(1).

Zaubzer aus Regensburg war aber wirklich *kommunistischer* Schutzhäftling gewesen.

Lebenslauf

Zaubzer wurde am *29.9.1895 in Regensburg* geboren. Sein Vater war Schuhmachergehilfe. Mehrere Kinder starben im Säuglingsalter. Wahrscheinlich mit diesen zusammen waren sie sieben Geschwister. Das Einkommen reichte für die kinderreiche Familie bei weitem nicht. Der kleine Georg hatte von daheim aus keine guten Startbedingungen für ein späteres zufriedenes bürgerliches Dasein. Der Vater war ein leidenschaftlicher Wilderer, beschaffte Fleisch für die Seinen auf diesem Weg und war deswegen mehrmals vorbestraft. Manchmal gaben die Eltern den Georg als Kostkind zu anderen Familien. Die Schule besuchte er in Reinhausen. Einen Beruf konnte oder durfte er danach nicht lernen. Er wurde also *Hilfsarbeiter*. Mit 16 oder 17 Jahren, ab 1912, begab sich Georg Zaubzer auf Wanderschaft. Einigemal erhielt er während dieser Zeit kleine Strafen wegen Bettelns. Daß es wirklich nur kleine waren, zeigt das "Nicht vorbestraft", das die Justiz ihm zubilligte.

Im März 1915 wurde er zum 16. Reserve-Infanterieregiment eingezogen. Mit dem 13. Infanterieregiment kam er nach Mazedonien, später in das berüchtigte Kampfgebiet vor Verdun. Dreimal wurde er verwundet. Auch das EK II wurde ihm verliehen.

Nach dem Krieg war er 1919 - 21 städtischer Arbeiter in Regensburg, 1922 - 23 Warenhauspförtner. Seit diesem Jahr 1923 war er aber wegen eines Magen- und Darmleidens, das er sich im Krieg zugezogen hatte, Invalide. Er mußte mit einem künstlichen Magenausgang leben. Ihm wurden deswegen *70 % Kriegsinvalidität* zuerkannt und er erhielt monatlich 102 RM Rente. Durch gelegentliches Musizieren mit einer Harmonika verdiente er noch etwa 20 RM monatlich dazu.

Nach allem was man über sein Leben erfahren kann, war Zaubzer das Gegenteil eines Konformisten. Das begann wohl schon bei seiner dreijährigen Wanderschaft. Nach dem Krieg lebte er damals schon - wie das heute viel mehr tun - mit einer Lebensgefährtin zusammen, ohne verheiratet zu sein. Natürlich erregte das zur damaligen Zeit viel mehr Ärgernis als heute. Für seine "Frau" wirkte sich das bei seiner Verhaftung vorteilhaft aus, da Zaubzer diesen Teil seiner Lebensverhältnisse bei der Vernehmung durch Gestapo und Gericht verschwiegen hatte. Im Vernehmungskatalog war keine entsprechende Frage vorgesehen. Er konnte sich also unwidersprochen als "ledig" angeben. Das hatte zur Folge, daß seine "Frau" überhaupt nicht belästigt und nicht vernommen wurde. Leider konnte aber aus dem gleichen Grund nun nicht

---

1) "Bayer. Anzeiger; Regensburger Anzeiger" 1935, v. 23.9.

mehr Wissenswertes über Zaubzers Leben erfragt werden, da ein Kind aus dieser Lebensgemeinschaft unauffindbar ist: Es trägt den Namen der Mutter, der aber nicht bekannt ist. Außerdem lebt dieser Sohn in München. Beim Landesentschädigungsamt hat aus dem gleichen Grund kein Angehöriger sich wegen einer Entschädigung für den politischen Mord an Zaubzer gemeldet.

Politische Einstellung

Über das politische "Vorleben" erfährt man aus der späteren Urteilsbegründung, also aus NS-Sicht und NS-Verständnis:

1922 gehörte Zaubzer kurze Zeit dem Fabrikarbeiterverband Deutschlands an. Besonders seit seiner Invalidität, also bald nach dem Ersten Krieg beschäftigte er sich "mit der Lektüre wissenschaftlicher Bücher, insbesondere mit marxistischen Schriften und mit Religionsphilosphie." Er äußerte: "Die Natur ist auch meine Religion."(1) und bezeichnete sich als *"freireligiös"*. *"Entsprechende Bücher wurden bei ihm gefunden."*

U. a. hatte die Gestapo bei der Wohnungsdurchsuchung - am Tag seiner Verhaftung - das bekannte philosophische Hauptwerk des Anarchisten *Max Stirner* (alias Kaspar Schmidt 1806 - 56) *"Der Einzige und sein Eigentum"* beschlagnahmt. Wenn Zaubzer der Philosophie Max Stirners angehangen haben sollte, der einen radikalen Individualismus lehrte, so wäre er das Gegenteil eines Kommunisten gewesen und die Justiz hätte ihn nicht dieserhalb verteufeln dürfen. Natürlich kann man aber aus dem Besitz dieses einen anarchistischen Buches nicht viel schließen, wiewohl andererseits zu bedenken bleibt, daß Z. sich Bücher buchstäblich vom Mund absparen mußte und daß er Bücherkäufe sich reiflich überlegt haben muß. Möglicherweise hatte aber Stirners Werk bei Zaubzer mit den *Anarcho-Syndikalisten* zu tun, deren Auftreten in Regensburg während der ersten Halbzeit der Weimarer Republik von einigen der Neupfarrplatzgruppe bezeugt wird. So gehörte z. b. *Ludwig Riedelsheimer*, geb. 8.10.1891, (s. a. S. 143) von 1924 - 26 der *FAU* an (*Freie Arbeiter-Union Deutschlands - Anarcho-Syndikalisten*). Er war Gründungsmitglied der *Regensburger Ortsgruppe der FAU* und mindestens *seit 1921 Mitglied der Regensburger KPD*. Die FAU lehnte jede Herrschaftsform als Vergewaltigung ab und erstrebte den freiwilligen, föderativen Zusammenschluß der menschlichen Gesellschaft. Sie setzte Ideen *Stirners* und anderer in ein politisches Programm um. Bei *Riedelsheimer* wurden anläßlich einer politischen Wohnungsdurchsuchung 1927 Druckschriften der FAU beschlagnahmt. Später war dann Riedelsheimer - ab 1930 - aktives Mitglied der SPD. Mit 6 Jahren Zuchthaus erhielt er die schwerste Haftstrafe, die das OLG München über Beteiligte der Neupfarrplatzgruppe verhängte. Auch *Josef Haas* (s. u.) war aktives Mitglied der Regensburger Ortsgruppe der FAU gewesen.

Man kann annehmen, daß die beschlagnahmenden Gestapobeamten nichts über die politische Bedeutung Max Stirners und auch nichts über die Anarcho-Syndikalisten wußten. Für sie galten alle Linken - wenn nicht manchmal sogar alle Nicht-NS - mehr oder weniger als Kommunisten, ähnlich wie im Mittelalter und zu Beginn der Neuzeit alle Abweichler als "Ketzer" galten. Auch die Richter am OLG München, also akademisch gebildete Juristen, beurteilten die Anarcho-Syndikalisten einfach als "eine noch radikalere" Vereinigung als die Kommunisten(2). Wahrscheinlich wurde das gefundene Werk Stirners von der

---
1) Urteilsbegründung zu Zaubzer; OLG Mü. OJs 40/43, Band VII
2) Urteilsbegründung zu Haas; OLG Mü. OJs 40/43, Band VII

Gestapo oder von den Richtern nur deswegen als besondere aus den anderen beschlagnahmten Schriften genannt, weil doch aus einem Lexikon gefunden wurde, daß es sich um ein anarchistisches, also ganz schlimmes und belastendes Buch gehandelt hat. Für eine Darstellung der Interessen und Gedanken Zaubzers wären womöglich andere Schriften aus dem Besitz Zaubzers wichtiger gewesen. Aber darüber wird nur noch erwähnt, daß man mit Schreibmaschine gefertigte Abschriften von drei Abhandlungen aus anderen Büchern beschlagnahmt hatte, die er sich offenbar ausgeliehen gehabt hatte, nicht kaufen konnte, aber deren Inhalt er bewahren wollte.

Dem Gericht standen aber weitere Beweise für die verteufelnde Abstempelung Zaubzers als Kommunist zur Verfügung: Er war ab 1932 Mitglied der *"Kommunistischen Erwerbslosen-Einheitsfront Deutschlands" (EED) und ab 11.5.1932 Mitglied der KPD und der Roten Hilfe* gewesen. Ungefähr 8 Wochen lang war er Stadtteilleiter der KPD in Regensburg, war also ein "Funktionär". Von seinen diesbezüglichen Geständnissen wurde festgehalten: *"Ich habe immer die kommunistische Weltverbrüderung im Auge gehabt."* Nicht unmittelbar ideengeschichtlich, aber im Sinn von Blochs Hoffnungsphilosophie fällt einem dazu Schillers Ode an die Freude mit Beethovens Neunter ein: Seid umschlungen Millionen - Alle Menschen werden Brüder! Die "Ideologien" der damaligen Ärmsten der Gesellschaft waren nach ihrem Kriegserlebnis von ähnlichen Gedanken und Hoffnungen getragen.

Eben wegen dieser weltanschaulichen Gesinnung seit mindestens 1918 war Zaubzer schon gleich 1933 für sechs Wochen, vom 15.3. bis 1.5. als "Schutzhäftling" eingesperrt gewesen. Aber diese erste Terrormaßnahme hatte bei ihm nicht den bezweckten Schock hinterlassen. Er verkehrte trotzdem weiter mit den "staatsfeindlichen Elementen auf dem Neupfarrplatz".

"Zaubzer ist auch nach 1933 ein begeisterter Anhänger des Kommunismus geblieben. Er hörte den Moskauer Sender... Er vertrat am Neupfarrplatz auch die Ansicht, daß Deutschland den Krieg verliere und daß dann der Kommunismus käme." (1)

Am *16.12.1942*, sechs Wochen später als die meisten der Neupfarrplatzgruppe, wurde Zaubzer *verhaftet*. Ob er, so wie die anderen, auch zunächst nach Flossenbürg kam, ist nicht bekannt. Erst fünf Wochen nach der Verhaftung folgte die Anzeige durch die Gestapo wegen "Vorbereitung zum Hochverrat u. a." Der Haftbefehl des Amtsgerichts Regensburg trägt das Datum *29.1.43*. Er bedeutet die *Übergabe des Häftlings von der Schutzhaft in die Untersuchungshaft* der normalen Justiz. Bis dahin war Z. wahrscheinlich auch in Flossenbürg. Als Untersuchungshäftling kam er anscheinend nicht nach Nürnberg, wie die meisten anderen, sondern zunächst ins Landgerichtsgefängnis Regensburg, dann ins Untersuchungsgefängnis München-Stadelheim.

Die *Hauptverhandlung* gegen den "Rentner Georg Zaubzer" vor dem OLG München mit der Urteilsverkündung fand am *14.12.1943* statt. Bei diesem Termin wurde gleichzeitig gegen vier weitere Angeklagte aus der Neupfarrplatzgruppe verhandelt. Die Öffentlichkeit wurde "wegen Gefährdung der Staatssicherheit" ausgeschlossen.

Für die fünf Angeklagten wurden durch Verfügung des Vorsitzenden des 1. Strafsenats zwei Münchener Rechtsanwälte als Pflichtverteidiger bestellt.

---

1) Urteilsbegründung zu Zaubzer; OLG Mü. OJs 40/43 Bd. VII

Für Z. wirkte sich zusätzlich belastend aus, daß bei ihm außer den Büchern auch eine angeblich russische Propagandaschrift "15 Eiserne Schritte" samt Eintragungen von Z. gefunden wurde.

Urteil: "Der (Erste) Senat hält ...*die Todesstrafe nicht für nötig*..." Seine Kriegsinvalidität wirkte sich strafmildernd aus. Er wurde verurteilt

"wegen Vorbereitung zum Hochverrat in Verbindung mit Abhören ausländischer Sender und mit Verbreitung von Nachrichten ausländischer Sender zu 4 *Jahren 6 Monaten Zuchthaus*, auf welche 11 (von 12) Monate erlittene Haft angerechnet werden (die Schutzhaft nach dem 16.12.42 wurde nicht angerechnet) und zu 5 Jahren Ehrverlust."

Zaubzer war ein guter Freund - politisch, weltanschaulich und menschlich - des hier nachfolgend behandelten *Josef Haas*, und zwar schon von seiner Schulzeit her, die beide in Reinhausen verbrachten. Er schob oft den Haas in dessen Invalidenwagen, wenn dieser ohne seinen Hund ausfuhr und besuchte ihn in seiner Wohnung. Er war zu ihm wie ein Bruder, - erinnert sich der Vetter von Zaubzer.

Es ist nun nicht geklärt, warum Z. nach seiner Verurteilung durch das OLG München nicht in ein normales Zuchthaus, etwa Straubing oder Amberg überstellt, sondern wieder der Gestapo, bzw. der SS übergeben und in das *KZ Flossenbürg* eingewiesen wurde. Dort ist er, wie im Lauf der Zeit mindestens 30 000 andere Häftlinge(1), *ermordet* worden. Das soll am gleichen Tag wie bei seinem Freund *Haas*, und zwar ebenfalls durch Genickschuß, geschehen sein(2). Demnach wäre Z. am *18.4.1944* ums Leben gekommen. Die meisten Lagerakten des KZ Flossenbürg wurden kurz vor Kriegsende von der Lagerkommandantur verbrannt. Der Internationale Suchdienst (ITS) in Arolsen besitzt rund 90 Ordner mit Akten über dieses KZ, darunter auch Reste der Zweitschrift des lagereigenen Standesamtes, jedoch nur über eine bestimmte Zeit, nicht für 1944. Von Arolsen wurde deswegen eine Anfrage wegen Zaubzer negativ beantwortet.

Die letzte Zeit von Zaubzers Leben wird wohl nie mehr im einzelnen aufzuklären sein. Der Tod im KZ Flossenbürg unterliegt aber keinem Zweifel. Ansonsten ist dieser Regensburger lautlos und stumm, ohne Worte und Nachricht für Hinterbliebene und ohne Wirkung etwa als Märtyrer, aber doch als solcher für seine Idee gestorben. Er gehört zu denen, die als Kämpfer gegen den Raubkrieg ein Denkmal verdient hätten.

---

1) SIEGERT 1979 492
2) MZ 1947, vom 7.11. und Mitteilg. des Vetters, Herrn Ludwig Zaubzer und dessen Schwiegermutter, Frau Katharina Schott (s. Abb. 7) im März 1980

VII. JOSEF HAAS, EIN HIOB UNSERER ZEIT

Das OLG München hatte ursprünglich den Fall Haas zusammen mit einigen anderen aus der Neupfarrplatzgruppe verhandeln wollen. Es entschied sich aber für eine abgetrennte, eigene Sitzung - unter Ausschluß der Öffentlichkeit -, auf der nur und allein der Angeklagte Josef Haas aus Regensburg-Reinhausen vorgenommen und abgeurteilt werden sollte. Aus den gleichen Gründen, wie sie damals für das Gericht maßgebend waren, wird auch hier ein eigenes Kapitel an das der Neupfarrplatzgruppe angefügt. Das Gericht meinte, daß ein Bekanntwerden des Schicksals dieses Mannes "die öffentliche Ordnung gefährden würde". Auch heute noch wird dieses Leben eines Menschen in unserem 20. Jahrhundert das Herz eines jeden zutiefst berühren, es wird immer noch die Ordnung und Ruhe in unserem Denken gefährden.

Lebenslauf 1. Teil

Josef Haas war *das älteste von elf Kindern*. Der Vater (geb. ca. 1879) hieß Josef und nannte nach Tradition und Sitte seinen Ältesten wieder Josef. Die Eltern waren christliche Leute aus der katholischen Oberpfalz. Sie hielten sich noch an die bestehenden Sitten. Besonders *die Mutter Anna, geb. Eichstätter*, geboren 1882, war gut katholisch. Ein Bruder der Mutter war kurze Zeit Landtagsabgeordneter des katholischen Zentrums oder nach 1918, der BVP. Er war ein persönlicher Freund von *Dr. Heim* gewesen. Da das erste Kind also Josef hieß, gab man dem zweiten, einer Tochter, den Namen Maria. Nach Josef und Maria folgten, vom 20. bis zum 35. Lebensjahr der Mutter, Johann, Alois,... Anton, zusammen noch *weitere neun Kinder*. Trotz ihres schweren Lebens mit besonders schlimmen Sorgen und Erfahrungen wurde die Mutter 73 Jahre alt. Sie starb 1955.

Der Vater arbeitete als Hilfsarbeiter im Steinbruch des Brandl am Sandberg in Reinhausen. In den Akten wird sein Beruf als "Steinschläger" angegeben. "Er war ein christlicher Mann, aber bei Wahlen entschied er sich doch für die SPD", so erzählt sein jüngster Sohn *Anton* (geb. 1916). Der Vater hielt also die damaligen Verhältnisse für ungerecht und änderungsbedürftig. Man muß hinzufügen, daß die damalige, die SPD vor dem Ersten Weltkrieg, für die Zeitgenossen viel radikaler erschien und es auch war, als es etwa die heutige SPD ist. Sie war eine ausgesprochene Proletarier-Kampfpartei. Wer sie wählte, war ein "Sozi", was etwa soviel bedeutete wie heute "Kommunist". Von daher scheint wahrscheinlich, daß der älteste Sohn *Josef* auch schon ein wenig vom Vater mitbekommen hatte, als er ein Anhänger der Linken wurde. Der Vater starb 1934 oder 35 in Reinhausen, *schon mit 55 Jahren*. Von seiner Arbeit im Steinbruch hatte er eine Staublunge bekommen. Gestorben ist er aber wegen eines Magenleidens.

Mit dem was der Vater im Steinbruch verdiente, konnte die große Familie nur bei einer heute kaum vorstellbaren Genügsamkeit leben. Nach heutigen Begriffen lebten die Haas, wie allerdings Tausende in der "guten, alten Zeit" weit unter dem Existenzminimum. Es gab nicht genug zu essen. Zwei Mädchen (nicht "Töchter") starben früh an Krankheiten, die auf mangelnde Ernährung zurückzuführen waren. Der bereits erwähnte *Anton Haas* erinnert sich, wie er als Kind in den Höfen und Scheunen benachbarter Bauern sich herumtrieb, um dort Eier zu finden und sie auszutrinken und was es für ihn bedeutete, als eine Bäuerin ihm manchmal für Besorgungen ein Stück Brot gab. Das schmeckte noch besser als für heutige Kinder Schokolade oder Eis.

Josef Haas wurde in diese Verhältnisse *am 7.2.1899 in Reinhausen geboren*. Ihm folgten 7 Brüder und 3 Schwestern nach. Der jüngste Bruder kam zur Welt, als Josef 17 Jahre alt war. Nach der Volksschule konnte der damals 13 oder 14 Jahre alte Josef nicht wie andere einen Beruf lernen. Dazu hätte der Vater einem Lehrherrn ein Lehrgeld zahlen müssen. Das konnte er nicht. Sein Lohn reichte ja kaum zum Allernotwendigsten, zu dem eine Lehre nicht gehörte. Vordringlich war vielmehr, daß endlich ein weiteres Mitglied der Familie mitverdiente. Josef konnte also gar nichts anderes werden als das was sein Vater war: Hilfsarbeiter. Als solcher war er *ab seinem 15. Lebensjahr* bei Regensburger Baufirmen tätig, später 1 1/2 Jahre in einer Schuhfabrik in München.

Solche erste Erfahrungen, zusammen mit dem was der Jugendliche von den älteren Arbeitskollegen hörte, formen einen Menschen anders als etwa heute die Lebensverhältnisse eines Gymnasiasten oder Studenten, der fünf oder zehn Jahre länger als Haas vom Vater sein Auskommen erhält. Zu dieser ersten harten Schule kam für Haas sehr bald das Erlebnis des Weltkriegs hinzu. Im vierten Kriegsjahr, *mit 18 Jahren, wurde er zum Militärdienst eingezogen* und war schon ab Januar 1918 bis zum Kriegsende an der Westfront. Dort machte er gerade noch den zermürbenden und verlustreichen Stellungskrieg in Frankreich mit. Durch die eingesetzten chemischen Waffen erlitt er eine *Gasvergiftung*.

Haas vernahm noch die anfeuernden Hinhalteparolen der damaligen Autoritäten und erfuhr dann auch, daß alles falsch gewesen war. Er war als junger Mensch - mit 19 Jahren - Zeuge des Zusammenbruchs und der Revolution vom November 1918. Einige Monate nach dem Krieg verbrachte er in Frankfurt am Main, bis er 1919 nach Reinhausen-Regensburg zurückkehrte.

Politische Vergangenheit

Haas hatte die Armut und soziale Ungerechtigkeit von Kind an im Elternhaus, bei seinem "beruflichen Werdegang" und im Krieg am eigenen Leib erfahren. Bei seiner Intelligenz und seiner kraftstrotzenden Jugendlichkeit und Zuversicht war es nur folgerichtig, daß er sich jenen zuwandte, die die Befreiung der Arbeitsklasse zu ihrem Ziel erklärt hatten.

Da sein jüngster Bruder fast schon einer anderen Generation angehört, weiß er natürlich nur Bruchstücke aus dem Leben des ältesten der vielen Geschwister. Manches kann er nur mit Vorbehalt und ungefähr berichten. So weiß er z. B. nicht, ob Josef schon als Soldat oder erst in Frankfurt oder Regensburg Mitglied der USPD oder der KPD wurde. Letztere wurde in Regensburg erst am 20.2.1920 gegründet. Jedenfalls gehörte *Josef Haas* dann in dieser Stadt zu den wenigen, z. B. 1930 nur 59 Mitgliedern der KPD-Ortsgruppe.

Nach seinen eigenen späteren Angaben bei den Vernehmungen hatte Haas bereits 1919 und dann bis 1922 der KPD angehört, *scheint also bereits in Frankfurt Mitglied geworden zu sein*. Wie mehrere Regensburger, war er anschließend, 1923, zur *"Freien Arbeiter-Union Deutschlands"*, zu den Anarcho-Syndikalisten, übergetreten und war dort Mitglied bis 1926. Eineinhalb Jahre übte er das Amt eines Kassiers bei der FAUD aus. Da er inzwischen - wie später ausgeführt wird - Zivilinvalide geworden war, schloß er sich 1926 dem "Deutschen Invalidenbund" an, mit dem er bei der Gleichschaltung 1933 automatisch in die DAF, Deutsche Arbeitsfront, übernommen wurde. Diese seine Angabe gehörte aber sicher nur zu Mitteilungen an die NS-Justiz, die

seine Loyalität dem NS-Staat gegenüber belegen sollten, oder war nur der
Vollständigkeit halber beim mündlichen "Ausfüllen des politischen Fragebogens" gemacht worden.

Vom gleichen Jahr 1926 an, in dem sein schweres Leiden bereits begonnen
hatte, wurde Haas Mitglied des "Verbandes der proletarischen Freidenker
Deutschlands", beschäftigte sich also nicht nur mit politischen, sondern auch
mit weltanschaulichen Fragen, die ihm zusammen ein einheitliches Weltbild
gaben.

Natürlich gehörte er als Kommunist auch der "Roten Hilfe" an (1929 - 32),
einer Selbsthilfeorganisation der KPD, die vor allem die Angehörigen von
inhaftierten Genossen unterstützte. Freilich war es kein großer finanzieller
Beitrag, den Haas bei seinen 160 RM Monatsrente all diesen Organisationen
zukommen lassen konnte.

Lebenslauf 2. Teil

Nach Rückkehr aus dem Krieg nach Regensburg arbeitete Haas zuerst im
gleichen Steinbruch wie sein Vater. Da er überaus kräftig und gesund war
und sich gut zum Schleppen schwerer Lasten eignete, wechselte er den Arbeitsplatz und wurde Hafenarbeiter. Später erhielt er eine Stelle als Hilfsarbeiter in der damaligen Zellstoffabrik bei der Leopoldkaserne. Dort avancierte er zum Vorarbeiter.

Eines Tages, im Jahre 1923, verletzte er sich bei der Arbeit durch einen
eisernen Schlegel, der ihm auf den Fuß fiel. Er meldete sich beim Arzt.
Dieser äußerte etwas von Simulanten, die nur der Arbeit aus dem Weg gehen
möchten. Das erboste Haas dermaßen - vermutlich sah er in diesem Arzt nur
einen Gehilfen der "Ausbeuter" -, daß er mit einer Ohrfeige antwortete. Das
wiederum brachte dem Josef Haas sechs Wochen Gefängnis ein. Wahrscheinlich
hat dieser Denkzettel seine Auffassung über Ausbeuter und Ausgebeutete in
keiner Weise verändert. Er blieb Kommunist.

Die Fußverletzung aus dem Arbeitsunfall hatte aber viel schlimmere Folgen.
Aus ihr entwickelte sich eine furchtbare Krankheit. Zuerst mußten ihm drei
Zehen amputiert werden, dann die Mittelfußknochen, dann der ganze linke
Fuß. Das war im Juni 1926, also etwa 3 Jahre nachdem das alles begonnen
hatte. Es war in dem Jahr, in dem er dem Freidenkerverband beigetreten
war.

Nachdem die Krankheit einige Zeit ruhig geblieben war, begann sie aufs neue.
Immer weitere Amputationen wurden notwendig. Im Verlauf von vielen Jahren
wurden ihm in 16 Operationen beide Beine bis zum Rumpf, der rechte Unterarm (ungefähr 1937) und die linke Hand amputiert. Diese Operationen wurden
zuerst in dem heute nicht mehr bestehenden Greflinger Krankenhaus und
dann im Krankenhaus der Barmherzigen Brüder ausgeführt. Der weithin bekannt gewordene dortige Chefarzt Dr. Ritter hatte Josef Haas selbst behandelt, hatte ihn gut kennengelernt und mit ihm nach 1933 als Gegner der NS
manche verbotenen Meinungen ausgetauscht. Leider sind die Krankengeschichten aus den Jahren vor 1948 nicht mehr vorhanden und niemand kann mehr
Auskunft darüber geben, an welcher Krankheit Haas gelitten hatte. Möglicherweise handelte es sich um eine Gefäßerkrankung, bei der es auch heute
keine andere Therapie als Amputationen gibt, vielleicht verbunden mit Diabetes. Ob die Gasvergiftung im Krieg mit im Spiele war? Haas selbst gab bei

seiner späteren Vernehmung an, daß "verschiedene hinzugetretene Embolien" die Amputationen notwendig machten.

Das grausame Geschick in diesem Leben aus Not und Entbehrungen war umso tragischer, als Haas vor seiner Krankheit ein besonders aktiver und begeisterter Sportler gewesen war. Er war ein hervorragender Sportschwimmer gewesen und er spielte in der Fußballmannschaft seines Arbeitersportvereins, bei dem er Mitglied war. Nun war aus einem vordem kerngesunden Athleten das Gegenteil geworden, ein auf die Hilfe anderer angewiesener "Krüppel", wie man das nannte. In dieser Lage hatte ihn - schon 1935 - auch seine Frau verlassen, mit der er seit 1919 verheiratet gewesen war. Einige Jahre später kam sie zusammen mit hunderten anderen Zivilpersonen beim Fliegerangriff auf die Messerschmittwerke am 17.8,43 ums Leben.

Haas konnte sich nun nicht mehr allein kleiden, waschen, rasieren, konnte nicht mehr selber essen, nicht mehr allein zur Toilette oder zu Bett "gehen". Er erhielt im Juni 36 eine Pflegerin, auf die er nun angewiesen war. Diese erste Pflegerin heiratete im November 1937, zog also weg und Haas erhielt erst im Januar 1938 eine zweite, die ihrerseits herz- und lungenkrank war und im Mai 1941 starb. Nach ihrem Tod half ihre Tochter im Alltag des Haas bis zum August 1942. Dann blieb als letzte Hilfe nur noch die vielgeplagte Mutter. Sie führte schließlich den Haushalt.

Haas konnte zu diesem seinem Haushalt mit seiner Invalidenrente beitragen, die nach allen Steigerungen zuletzt 160 RM monatlich betrug. Davon hatte er auch jeweils seine Pflegerinnen bezahlt.

Haas muß eine außerordentlich widerstandsfähige Persönlichkeit gewesen sein. Er ließ sich durch sein grausames Schicksal nicht zur Verzweiflung treiben. Er lernte und übte mit einer erstaunlichen Ausdauer, wie man auch bei einer so schweren Behinderung weiterleben kann. Weil sich der Bruder gerade daran erinnert, erzählte er als kleines Beispiel dazu, daß Josef gelernt hatte, mit seinen Armprothesen und seinem Mund sich Zigaretten zu drehen, aus Papier und Tabak, wie das viele heute noch aus Kriegs- und Nachkriegszeit kennen. Aus drei Rädern, die von Fahrrädern stammten, wurde für ihn ein Wägelchen montiert, das von einem starken Hund gezogen wurde. Über einen armlangen Stift konnte Haas den Hund dirigieren. Mit diesem Gefährt ließ er sich hinaus in den Wald ziehen. Er wollte ja weiterleben und er liebte die Natur. Welchen Sinn und Wert aber konnte er seinem Leben noch geben? Was ihm verblieben war, war sein ungebrochener Kampfgeist gegen Unterdrückung und Ausbeutung und vor allem gegen das größte Verbrechen, das an Menschen zu begehen ist, gegen den Krieg. Außer seinem Denk-, Seh- und Hörvermögen war ihm auch noch ein Mund verbleiben. Mit diesem Mund stellte er dahein an seinem Volksempfänger ausländische Sender ein: BBC London, Radio Moskau... Dann ließ er sich von seinem Hund in umliegende Dörfer ziehen, z. B. nach Donaustauf. Die Leute auf dem Land waren vor allem wegen ihres katholischen Glaubens und ihrer konservativen Haltung alles andere als fanatische Nazis, viele von ihnen hielten den NS für ein antichristliches Regime. So wagte er es dort draußen mit den Leuten frei zu sprechen. Ihnen konnte er vertrauen. Sie haben ihn nie verraten. Bei den Leuten dort verwandte er den ihm verbliebenen Mund für die nach seiner Sicht wichtigste Aufgabe, nämlich für die Aufklärung über das Verbrechen des Krieges, der zu dieser Zeit schon wieder über die Menschheit hereingebrochen war. Vor allem wandte sich Haas dabei an die Jugend, die gerade laufend zum Wehr- und Kriegsdienst eingezogen wurde und die nach seiner Ansicht genau wie

Abb. 12 Josef *Haas* in gesunden Tagen ca. 1923

Abb. 13 Er fuhr mit Hund und Wagen aus und redete gegen den Krieg

damals, als er jung gewesen war, als Kanonenfutter für imperialistische Ziele, für die Eroberung von Rohstoffbasen und Absatzmärkten geopfert werden sollte. Er glaubte, daß man dabei war, jetzt wieder die Jugend zu verführen.

"Mörder und Banditen" nannte er den Leuten gegenüber die Nazis. Das waren für ihn nicht unbedachte Schimpfworte. Er hielt nach seinen Erfahrungen diese Ausdrücke für wohlbegründet. Für Haas war wie für viele Soldaten des Ersten Weltkrieges, z. B. für meinen Vater, eben dieses Kriegserlebnis die Basis für ihre Ablehnung des NS, der ihrem Glauben nach wieder zu dem gleichen Kriegswahnsinn und auch zu dem gleichen Ende führen mußte. Zudem erhielt er seine Sicht der Zeitgeschichte von den ausländischen Sendern, besonders von Moskau, bestätigt und bestärkt. Ich höre noch den Ausdruck "Räuberbande! Räuberbande!", den die Volksmenge in München auf der Pestalozzistraße in Sprechchören schrie, als im März 1933 das Gewerkschaftshaus mit Brachialgewalt den Eigentümern genommen wurde. Viele gewaltsame Enteignungen folgten dieser ersten und vielen Einzelmorden folgte gleich im zweiten Hitlerjahr der vom Führer selbst befohlene Massenmord gelegentlich der Röhmaffäre. Der größte Massenmord der Weltgeschichte wurde schließlich 1939 begonnen. Haas brauchte keinen Zweifel an der Berechtigung seiner harten Worte hegen, seine Überzeugung war ihm ernst.

Oft hatten ihn wohlwollende Freunde oder die Geschwister gewarnt: "Sepp, hör auf! Wir leben in einer Diktatur! Da nimmt man auch auf einen Invaliden keine Rücksicht, da geht man über Leichen!" Er aber ließ sich nicht abbringen. Sein Sinn für Gerechtigkeit und sein Glaube an diesen seinen letzten Wert trieben ihn immer wieder hinaus auf die Straßen und auf die Dörfer der Umgebung, manchmal auch zur Versammlungsstelle ähnlich gesinnter, auf den Neupfarrplatz. Wenn ihn sein Hund gerade nicht ziehen konnte, dann zog sein Freund und Gesinnungsgenosse Zaubzer das Gefährt. Dieser besuchte Haas auch oft in seiner Wohnung.

Verhaftung und U-Haft

Es kam wie es kommen mußte. Die Beteiligten der vorher behandelten "Gruppe Neupfarrplatz" waren während der Monate von Oktober bis Dezember 1942 verhaftet worden. Bei den zahlreichen Vernehmungen im KZ Flossenbürg durch die Gestapo Regensburg wurde diese natürlich auch auf Haas gebracht, der mit seinem Hundegefährt manchmal auch am Neupfarrplatz gewesen war. Seine Erscheinung war dann immer so auffallend gewesen, daß sie im Gedächtnis geblieben war. Es half nichts, daß sein Besuch dort "in den letzten Jahren allerdings seltener geworden war."

Die Gestapo *verhaftete Haas am 24.2.1943*. Im RPB über den Februar 1943 wurde diese einzelne Verhaftung eigens erwähnt: "Im Zuge der Aufrollung der illegalen kommunistischen Gruppe in Regensburg wurde der Arbeitsinvalide Josef Haas festgenommen. Die Ermittlungen sind ... nunmehr vollständig abgeschlossen." Natürlich führte die Gestapo sofort ein Verhör durch und schickte die Akten darüber an den VGH in Berlin. Mit einem Rotkreuzauto wurde Haas von der Waldmünchener Straße 19 in Reinhausen zum Bahnhof Regensburg und per Eisenbahn nach Nürnberg in das dortige Gerichtsgefängnis transportiert. Dort verbrachte er 4 1/2 Monate in einer Einzelzelle. Zusammen mit anderen aus der Neupfarrplatzgruppe überstellte man ihn am 7.7.43 in das Untersuchungsgefängnis München-Stadelheim. Wie Haas zuerst in Nürnberg und dann - ebenso in Einzelzelle - in dem berüchtigten Stadelheimer Gefängnis hatte existieren können, ohne Pflegerin, ohne seine ihn zuletzt betreuende

Mutter, ist schwer vorzustellen. Niemand kann das heute mehr erzählen. Wie ein Blinder, so hatte er nach den radikalen Amputationen allmählich gelernt gehabt, sich in seiner gewohnten Umgebung soviel wie möglich selber zu behelfen. Dieser zuletzt zurückgewonnene Teil seiner Umwelt und seines Zurechtfindens in ihr, war nun auch noch verloren gegangen. Es gab für ihn keinen Radio mehr und keine Zeitung. Als letzte Hoffnung war vielleicht noch das Mitfühlen der Gefängniswärter geblieben, ihnen war er restlos ausgeliefert. Einmal besuchte ihn seine Mutter in Stadelheim und brachte ihm Brot und Äpfel. Über das Gespräch zwischen der Mutter und ihrem Sohn Josef ist nichts mehr überliefert, als daß er zu ihr sagte: "Mutter, niemand kann mir mehr helfen, es ist alles umsonst, die bringen mich so und so um!" Der aufsichtsführende Gefängniswärter beendete bald ihr kurzes und letztes Gespräch.

Der Prozeß

Haas war zusammen mit weiteren 33 Regensburgern vor dem OLG München angeklagt(1). Sie wurden jeweils in Gruppen von etwa fünf in einem oder zwei Verhandlungstagen abgeurteilt. Die Hauptverhandlung gegen *Haas, Janker, Winzinger, Deiser* und *Seidl* wurde für den 21. und 22.12.43 im Justizpalast München, Prielmayerstraße, angesetzt. Im Verlauf des ersten Verhandlungstages wurde dann *das Verfahren gegen Haas abgetrennt* und als Termin dafür der Donnerstag, 6.1.44 bestimmt. Erst auf diese Abtrennung hin wagte man für den 2. Verhandlungstag am 22.12. die Öffentlichkeit wiederherzustellen, die für den ersten Tag wegen der Anwesenheit von Haas nicht genehmigt war. *Sein Fall hätte die "öffentliche Ordnung gefährdet"!* Die Sonder-Hauptverhandlung gegen Haas allein, am 6.1, also am Feiertag "Dreikönig", erfolgte dann unter Ausschluß der Öffentlichkeit bis zur Verkündung des Urteils.

Haas hatte im Oktober 43, also relativ kurz vor dem Prozeß, den gleichen Justizrat N. S. als "Wahlverteidiger" zugeteilt erhalten, der für einige weitere Angeklagte als Pflichtverteidiger eingesetzt war. Für dessen Verteidigungsvollmacht unterschrieb Haas ein Papier, natürlich mit auffallend unbeholfener Schrift. Dazu vermerkte der Verteidiger am 14.10.43: "... Die fast unleserliche Unterschrift ist darauf zurückzuführen, daß die Angeklagte seine Unterarme verloren hat und die Unterschrift nur mit Hilfe seine Zähne leisten konnte."

Der Rechtsanwalt brachte unter dem 10.12.43 folgende Beweisanträge zugunsten seines Mandanten ein:

"Haas behauptet, er habe nie den Moskauer Sender gehört. Er habe auch stets den Führer gewählt. Er habe ja den Stimmzettel wegen seiner körperlichen Behinderung nicht selbst ausfüllen können. Immer habe ihm jemand dabei helfen müssen. Beim erstenmal half ein gewisser L. und beim letztenmal ein gewisser S. Ich beantrage deswegen:

1. Den Volksempfänger des Haas prüfen zu lassen, ob damit überhaupt der Moskauer Sender hergebracht werden kann.
2. Als Zeugen zu laden: L. und S.

---
1) ARCHIVINVENTARE Bd. 7, Tl. 2: 1941-45 VGH Berlin: ORA 6 J. 4/43. OLG München: OJs 40/43; Haas Bd. VII, S. 228f. RPB vom 10.3.1943 und vom 8.3.1944

Zu 1.: Der Volksempfänger war 1933 geschaffen worden(1). Er kostete nur 76 M. 1933/34 wurden über eine Million Stück gekauft. Er war für breite Schichten der Bevölkerung gedacht, für die der Empfang des Reichs- (Propaganda-) Senders für ausreichend, die Information von wo anders her aber für schädlich gehalten wurde. Später wußten dann aber viele, daß man mit dem Volksempfänger sehr wohl auch Radio Moskau hören konnte und zwar auf Langwelle gleich neben dem Deutschlandsender. Es ist möglich, daß der Rechtsanwalt das nicht wußte - jedenfalls hätte er es nicht wissen dürfen. Dem Gericht war aber vielleicht bekannt, daß dies ein vergeblicher Verteidigungsversuch gewesen war. Jedenfalls hat es dem Antrag nicht stattgegeben.

Zu 2.: Auch dem zweiten Antrag wurde nicht stattgegeben. Die gewünschten Zeugen wurden nicht geladen. Dagegen wurden geladen: *Johann Schindler*, die Eheleute N. und ein vierter Zeuge W. Jedoch war Schindler damals bereits vor über einem Jahr durch "Freitod" nach seiner Gestapovernehmung aus dem Leben geschieden! Wie konnte dem Gericht entgangen sein, daß ein im gleichen Verfahren - gegen die Neupfarrplatzgruppe - Angeklagter schon so lange tot gewesen war?

Das Urteil und seine Begründung

Am Ende der Hauptverhandlung wurde Haas zu *fünf Jahren* Zuchthaus verurteilt, auf die 10 Monate der erlittenen Haft angerechnet wurden, sowie zu 5 Jahren Ehrverlust.

Zur Begründung führte das Gericht aus: Haas blieb auch nach 1933 überzeugter und fanatischer Kommunist. Er verkehrte, in den letzten Jahren allerdings seltener, am Neupfarrplatz in einem Kreis ihm gesinnungsverwandter, staatsfeindlicher Elemente, die sich dort häufig zwanglos zur Unterhaltung trafen, hochverräterische Gespräche führten und Feindnachrichten austauschten und besprachen. Von dort her kannte Haas auch den Arbeiter *Zaubzer*, einen begeisterten Kommunisten, der viel auf dem Neupfarrplatz zu treffen war. Zaubzer wurde inzwischen u. a. wegen Vorbereitung zum Hochrat zu Zuchthaus verurteilt. Von Zaubzer wurde Haas in den letzten Jahren, besonders im Winter, auch häufig in der Wohnung besucht. Neben Zaubzer besuchten auch andere Männer Haas viel in dessen Wohnung ...

Die Beschuldigung des Abhörens ausländischer Sender ... konnte nicht sicher nachgewiesen werden.

... Vor Beginn des Krieges (!) äußerte er gegenüber S., in Bezug auf einen etwa ausbrechenden Krieg, daß die deutschen Soldaten nie durchhalten würden.

Andere Äußerungen, von Zeugen gegen Haas behauptet: "Er könne die Zeit noch erwarten, ... wo die Kommunisten über den Keilberg hereinmarschierten. Dann müsse man ihm ein Messer an seinen Armstumpf schnallen und er werde allen NS die Gurgel abschneiden ..." Solche Rachegedanken waren nicht so primitiv, wie sie von heute erscheinen. Auch die ethisch zu hochstehenden Geschwister Scholl und ihr Kreis, die Weiße Rose in München, dachten an blutige Rache und forderten auf, sich die Namen zu merken. In einem ihrer Flugblätter, die sie im Sommer 1942 bis Februar 43 verbreiteten,

---

1) PREIS 50

also zur gleichen Zeit der größten Aktivitäten auch der Neupfarrplatzgruppe, schrieben sie: "... Aber aus Liebe zu kommenden Generationen muß nach Beendigung des Krieges ein Exempel statuiert werden, daß niemand auch nur die geringste Lust verspüren sollte, ähnliches aufs neue zu versuchen. Vergeßt auch nicht die kleinen Schurken dieses Systems, merkt euch die Namen, auf daß keiner entkomme! Es soll ihnen nicht gelingen, in letzter Minute noch nach diesen Scheußlichkeiten dann zu wechseln und so zu tun, als ob nichts gewesen wäre!"(1) Tausende von Deutschen empfanden ein Gefühl der ohnmächtigen Wut gegenüber den Herrschenden, die das Volk in unermeßliches Leid und in Schande führten.

Im Jahre 1939 soll Haas gegenüber einem Zeugen nach dem Polenfeldzug geäußert haben: "Diesen Krieg hätten wir nicht gebraucht. *Wenn wir nicht in Polen einmarschiert wären, wäre der Krieg nicht ausgebrochen!*" Eine solche Äußerung, also zu zeigen, daß man die Propaganda von der deutschen Unschuld nicht glaubte, war allein schon Landesverrat. Sie ist genau in dieser Form als belastend in der Urteilsbegründung festgehalten.

Haas erhielt im Sommer 1936 einen Volksempfänger als Geschenk. "Mit diesem hörte er in seiner Wohnung mindestens in den Jahren 36 und 37 häufig ... die deutschsprachigen kommunistischen Werbevorträge des Moskauer Senders absichtlich ab, um sich selbst in seiner umstürzlerischen Gesinnung zu bestärken." Sicher würde man viele ganz entsprechende Passagen in den Texten der Inquisitionsverhandlungen und zahlloser ähnlicher Gesinnungs- und Glaubensprozesse finden, bei denen es auch darum ging, die strafbare Gesinnung und den Informationsweg herauszufinden, über den diese Gesinnung bestärkt worden war.

Haas verteidigte sich damit, daß er leugnete, noch ab 1939 ausländische Sender gehört zu haben. Er wußte offenbar, daß erst ab dieser Zeit das Hören von Feindsendern offiziell strafbar wurde. Dieser Anklagepunkt wurde denn auch fallengelassen.

"Schließlich konnte nicht sicher festgestellt werden, ob Haas nach Kriegsbeginn Äußerungen des Inhaltes tat, daß der *Krieg wieder wie 1918 enden würde* ..."

Wie verwickelt die Denunziationen vor dem Gericht sich manchmal anhörten, möge folgendes Beispiel aus der Urteilsbegründung zeigen:

"Nach einem von N. N. als damaligem Block- oder Zellenleiter der Partei erstatteten schriftlichen Bericht vom 27.7.41 hat allerdings einmal die bei N. N. als Putzfrau beschäftigt gewesene Frau ... dem N. N. erzählt, sie habe von ihrem Ehemann erfahren, daß der Angeklagte auf der Straße im Kreise von Bekannten die Äußerung getan habe, *daß wir den Krieg nicht gewinnen können*. Einwandfreie Feststellungen (nicht über das Kriegsende, sondern ob Haas diese furchtbare Äußerung wirklich und wahrhaftig gemacht habe) ließen sich aber in der Hauptverhandlung nicht treffen."

"Der Kommunismus, wie auch Sowjetrußland, erstreben im Wege des Umsturzes die gewaltsame Änderung der Verfassung des Reiches ... Der Angeklagte, der dies wußte, hat als Kommunist diese Bestrebungen dadurch bewußt gefördert, daß er einerseits zur eigenen Schulung ... den Moskauer Sender abhörte und andererseits zur Werbung ... gegenüber seinen Bekannten die festge-

---
1) SCHOLL 151

stellten Hetzäußerungen tat. Er hat damit in hinreichender ... Weise zur Herbeiführung eines gewaltsamen Umsturzes beigetragen und somit ein Verbrechen der *Vorbereitung zum Hochverrat* begangen." Hier gibt das NS-Gericht eine Definition des heute viel diskutierten Begriffes Widerstand. Nach seiner Auffassung leistete jemand Widerstand, und zwar mit der Wertung als Verbrechen der Vorbereitung zum Hochverrat, indem er ausländische Sender abhörte und gegenüber Bekannten entsprechende Äußerungen tat. Damit hatte man zu einer gewaltsamen Beendigung des herrschenden Systems "hinreichend" beigetragen.

Noch mehr als Haas hätte das Gericht allerdings den Führer selber des Hochverrates bezichtigen müssen. Denn dieser hatte nicht nur wie Haas passiv den Moskauer Sender gehört und damit bewußt die "Bestrebungen Sowjetrußlands gefördert", unsere Verfassung gewaltsam zu ändern, er hatte darüber hinaus auch mit diesem unserem Feind für sehr dubiose Zwecke paktiert (23./24.8. 1939). Freilich hätte sich Haas keinesfalls damit entschuldigen dürfen. Das wäre straferschwerend als Führerbeleidigung bewertet worden. Denn der Führer hatte ja inzwischen - am 22.6.1941 - diesen Nichtangriffspakt durch seinen Angriff "rückgängig gemacht". Die Richter hätten damals als selbstverständlich angesehen, daß ein anständiger Deutscher solchen Umstellungen der Politik des Führers geistig und mit dem Herzen zu folgen hat.

Wenn man von den unmenschlichen Gesetzen des NS-Staates absieht, macht das Verfahren vor dem OLG München einen durchaus formal rechtmäßigen Eindruck. Das Gericht bemühte sich, nach damaligen Gesetzen Recht zu sprechen, wobei das OLG München auch in seinen Urteilen milder als z. B. das entsprechende Gericht in Nürnberg war(1). Zeugen hatten ausgesagt, daß Haas "wehrkraftzersetzende" Äußerungen gemacht hatte. Er hatte gegen die §§ 80, 83 des StGB, gegen §§ 1,2 RdfVO vom 1.9.39 (Tag des Kriegsbeginns) und gegen § 5 KSStVO vom 17.8.38 verstoßen. Soweit war das innerhalb der NS- Gesetze gewesen.

Zur Begründung der Strafzumessung führte das Gericht aus: "... Seine Äußerungen bekamen noch ein besonderes Gewicht durch seine schwere Verstümmelung, die das Mitleid seiner ganzen Umgebung hervorrief, sodaß seine Hetzereien *eine besondere staatsgefährdende Wirkung* hatten. Außerdem setzte er sein Treiben jahrelang fort... All das mußte strafverschärfend wirken. ... Strafmildernd: ... ist schwer verstümmelt und hierdurch körperlich völlig hilflos und zur Untätigkeit verurteilt. Es ist nicht zu verkennen, daß dies im Laufe der Jahre eine schwere seelische Belastung bewirkte. Es kann wohl angenommen werden, daß letztere zu einem erheblichen Teil dazu beigetragen hat, ihn zum verbohrten Grübler zu machen und die an sich bei ihm vorhanden gewesene ablehnende Haltung gegenüber dem heutigen Staat zu erhalten und sie insbesondere zu der verbitterten und verbissenen Haßeinstellung zu steigern, wie sie zum Teil in seinen Äußerungen zutage trat. Die Straftaten liegen zeitlich weit zurück, im wesentlichen fallen sie bereits in die Jahre 1936-37. Schließlich mußte zugute gehalten werden, daß er am Ersten Weltkrieg als Frontkämpfer teilgenommen und damals auch eine Gasvergiftung erlitten hat... Der Senat hielt eine Zuchthausstrafe von 5 Jahren als schuldangemessen ..."

Die Zuchthausstrafe von 5 Jahren hätte nicht einmal mehr 1 1/2 Jahre gedauert - dann war das 12-jährige Reich am Ende - wenn sie nicht in der damali-

---

1) BEER

gen Zeit in vielen Fällen, auch im Fall Haas, gleichbedeutend mit der Todesstrafe gewesen wäre. Ob das die Richter, besonders im Fall Haas, sehr wohl gewußt haben, aber eben für den weiteren Verlauf einfach nicht mehr zuständig waren?

Die letzten sieben Monate bis zur Ermordung

Haas wurde zur Strafverbüßung in das Zuchthaus Amberg überstellt. Über die Zeit dort wissen wir nur indirekt eine einzige Begebenheit aus der späteren Spruchkammerverhandlung gegen den damaligen Regensburger *Polizeidirektor Fritz Popp*(1). Daraus ergibt sich, daß Direktor und Arzt des Amberger Zuchthauses die Entlassung des Haas beantragt hatten. "Was sollten sie auch mit diesem unglücklichen Körperstumpf anfangen!" erzählte entweder der Polizeidirektor *Popp* oder formulierte der Berichter der Regensburger Woche. Nun war einer der Belastungspunkte im Entnazifizierungsverfahren gegen Popp, er habe die bereits verfügte Entlassung des Haas verhindert und sei dadurch mitschuldig an dem späteren Tod des Haas geworden. Der Betroffene Popp verteidigte sich damit, daß sein bei den Spruchkammerakten befindliches Schreiben an die Zuchthausdirektion Amberg nur das Ziel verfolgt hätte, die Entlassung um einige Tage aufzuschieben und nicht, sie zu verhindern. Er wollte nur eine Aufschiebung bewirken, bis die Haftentlassungserlaubnis vom Büro des Reichsführer-SS Himmler aus Berlin eingetroffen wäre. Ein ehemaliger Mitarbeiter von Popp, der damalige Kriminalsekretär *Simon Wittl*, der selbst vorher in seinem Spruchkammerverfahren als Hauptschuldiger (Gruppe 1 des bayerischen Entnazifizierungsgesetzes) eingestuft worden war, sagte als Zeuge für seinen ehemaligen Chef Popp entlastend aus. So konnten sich viele Nazis gegenseitig helfen.

Der zur Zeit dieser Spruchkammerverhandlung amtierende Polizeidirektor von Regensburg, *Dr. Alfons Heiß*, war als Zeuge geladen, wohl um als Nachfolger des Popp u. a. auch über den Fall Haas Sachdienliches beisteuern zu können. Er äußerte dazu aber nur: Man hat später keine Akten mehr über Haas gefunden ... Die Gestapo hat (mit der Vernichtung aller sie belastenden Akten) gründlich gearbeitet.

Nebenbei: Popp wurde bei 30 Entlastungszeugen und mehr als 100 eidesstattlichen Erklärungen, die er für sich entlastend gesammelt hatte, in Gruppe 2 der 5 Gruppen des Entnazifizierungsgesetzes eingestuft, also nicht als Hauptschuldiger, sondern lediglich als "Aktivist".

Über das weitere Schicksal des Haas ist nur bekannt, daß dieser vom Zuchthaus Amberg in das KZ Flossenbürg überstellt wurde. Möglicherweise gründete sich diese Abschiebung auf das berüchtigte Abkommen zwischen dem 1942 neu berufenen Reichsjustizminister *Thierack* und *Himmler*, nach dem deutsche Häftlinge in Zuchthäusern und Gefängnissen den KZ überstellt werden konnten oder sollten, also damit der SS übergeben wurden, wahrscheinlich weil sie in den KZ noch rationeller für die kriegswichtige Produktion ausgenutzt werden konnten. Im Fall von Haas konnte aber natürlich nicht dies der Grund gewesen sein. Er war absolut arbeitsunfähig, war im Gegenteil nur eine Belastung. *Seine Überstellung nach Flossenbürg konnte nur deswegen erfolgt sein, weil man dort längst die Einrichtungen geschaffen hatte*, um viele Unerwünschte schnell und unbemerkt von der Öffentlichkeit töten und gleich

---
1) ReWo 1. Jg. 1949, Nr. 1; 8.-14.1.

anschließend verbrennen zu können.

Das KZ Flossenbürg war noch um eine Kategorie schlimmer als Dachau(1). Für einen Pflegefall wie Haas war in Flossenbürg kein Platz. Dieses Lager diente in erster Linie als Arbeitslager. Natürlich wußten das diejenigen, die Haas dorthin schickten.

Wahrscheinlich wurde dem Haas im Zuchthaus Amberg gesagt, daß man versucht habe, ihn nach Regensburg zurückzubringen, daß man dieserhalb dorthin an den Polizeichef geschrieben habe, daß aber niemand da draußen in der Welt ihn mehr haben möchte. - Sicher ist, daß wohl selten ein Mensch sich so einsam und von allen verlassen gefühlt haben muß, wie *Josef Haas* bei seinem Transport zum berüchtigten und gefürchteten Lager Flossenbürg.

Das Datum der Überstellung oder besser Auslieferung aus den Händen der Justiz in die der SS ist nicht bekannt. Wenn Haas in Flossenbürg noch einige Zeit gelebt hatte, dann kann das nur möglich gewesen sein, weil Mithäftlinge ihm geholfen hatten. Mindestens einer muß seine Hand über ihn gehalten haben. Man weiß ja gerade aus Flossenbürg, daß mehrmals kleine Gruppen politischer Häftlinge, die nach diesem Lager zum Zwecke der Exekution gebracht wurden, dort von grünen (kriminellen) Kapos vor der Hinrichtung bewahrt wurden(2). Bekannt ist auch, daß besonders die kommunistischen Häftlinge sich gegenseitig oft halfen. Im Fall Haas war sein kommunistischer Gesinnungsgenosse und "Bruder" Georg Zaubzer zur gleichen Zeit im KZ Flossenbürg. Wahrscheinlich haben sich die beiden dort wiedergefunden.

Genauere Informationen gibt es keine aus dieser Zeit in Flossenbürg. Nur die eine vom Ende des Josef Haas: Ein SS-Mann aus seiner Heimatstadt Regensburg, der bis vor wenigen Jahren hier noch gelebt hatte, trug den arm- und beinlosen Haas zur Hinrichtungsstätte des Flossenbürger Lagers, - er brauchte ihn nicht fesseln - wo er niedergeschossen wurde. Seine Leiche wurde verbrannt. Gleichzeitig mit ihm soll auch *sein Freund Zaubzer* durch Genickschuß ermordet worden sein(3). Von der KZ-Verwaltung wurde ordnungshalber an das OLG München geschrieben und dort in den Akten vermerkt: "Haas starb am 18.8.1944".

In Flossenbürg wurden nach neuesten Untersuchungen(4) mindestens 30 000 Häftlinge ermordet. Wir wissen nicht, was sie gedacht und gesprochen hatten, als sie zur Richtstätte gebracht wurden. Eines ist sehr wahrscheinlich. Die allermeisten waren in diesen letzten Kriegsjahren fest überzeugt, daß die Welt sehr bald den Teufel besiegt haben würde - zum Teil kamen sie ja wegen dieser Überzeugung ins KZ - und daß dann die Menschen ihrer gedenken würden, ihrer Einsamkeit, ihres Leidens und ihres Lebensopfers für den Frieden in der Welt. Vielleicht haben manche noch geschrieen, zu Gott, zu ihrer Mutter, wenn es auch nur die Henker hören konnten. Vielleicht waren viele nach den Martern und Qualen so apathisch geworden, daß sie den Tod ruhig hinnahmen. Wir wissen es nicht. Es gibt kein Lied, wie das über Andreas Hofer, und keinen Bericht über ihr Ende. Einige der Mörder leben noch und könnten erzählen. Sie schweigen ebenso wie ihre Freunde. Papst *Johann Paul II* sprach bei seinem Besuch 1979 in Auschwitz von den Leiden dieser Menschen

---

1) SIEGERT 1979 490
2) wie vor; 459
3) S. Fußn. 2 zu S. 168
4) SIEGERT 1979

als von einem "Golgatha unserer Zeit". Josef Haas mußte zuerst die 16 Amputationen erdulden. Sie waren ihm von einer kalten, mitleidlosen Natur angetan worden. Über sie war er Herr geworden und hatte die Kraft zu weiterem Leben sich erhalten. Aber dann erlebte er das Leid, das ihm Menschen antaten, Menschen, die sehen und denken und eigentlich mitleiden konnten, die aus seinem eigenen Volk kamen und denen er helfen wollte. Aber: *"Niemand will dich mehr haben!"* Das hat man ihm wahrscheinlich so gesagt, das hat er wohl glauben müssen. Hat er es ausgesprochen, denken mußte er es sicher: "Warum, warum habt ihr mich alle verlassen?" Nach der Verurteilung soll, wohl vom Zuchthaus Amberg oder von der Polizeidirektion Regensburg, eine Anfrage nach einer Pflegerin für Haas gekommen sein. Zur Mutter kam das Schreiben zu spät. Man fand keine mehr, die Haas pflegen wollte oder konnte. "Niemand will dich mehr!" hat man ihm wohl sagen müssen.

Haben wir sie nicht auch heute noch verlassen? Bei dem in der Bundesrepublik relativ geringen Interesse für die damaligen Märtyrer und Opfer der Tyrannei muß man so fragen. Wer denkt an die Opferung ihres Lebens für uns? Mag es noch Pharisäer geben, die die Nase rümpfen ob eines Kommunisten - nach allem was der Gekreuzigte auf Golgatha uns hinterlassen hat, dürfen wir sicher sein: Er hätte ihn aufgenommen in sein Reich.

Auswirkungen auf die Familie

Im totalitären Staat wirkte sich die bei der Gestapo bekannte Einstellung des Josef Haas und seine schon lange beobachtete Tätigkeit auf die ganze Familie aus. Einmal warf eine SS-Streife bei Fliegeralarm der Mutter vor, sie habe nicht total genug die Wohnung verdunkelt. "Wenn das nicht sofort abgestellt wird, dann kommen Sie dorthin, wohin Ihr Sohn gekommen ist!" Die Mutter hatte begründete Angst. Sie vernichtete alle Dokumente, die ihren unglücklichen Sohn Josef betreffen. Niemand in der Familie besitzt noch irgendetwas, was mehr als das hier Erzählte überliefern könnte. Lediglich die zwei Fotos, das eine aus der Zeit vor und das andere aus der Zeit nach der Erkrankung vermitteln eine sicher nur recht zufällige Vorstellung von Josef Haas. Es gibt keine Bildauswahl wie ansonsten von Personen, die öffentlich interessieren. Sein jüngster Bruder Anton ist immer Mitglied der SPD gewesen. Den Zweiten Weltkrieg erlebte er als Soldat in Polen, Rußland und Griechenland. In seinen Papieren war vermerkt: Politisch unzuverlässig. Anfangs im Krieg wechselte er noch Briefe mit seiner Mutter. Aber dann merkten sie, daß ihre Korrespondenz unter besonderer Überwachung stand. Offenbar wurde die ganze Familie von der Gestapo überwacht. Bei einem Urlaub in der Heimat vereinbarte er daraufhin mit seiner Mutter, daß sie sich unter diesen Umständen gar nicht mehr schreiben. Deswegen erfuhr er vom Schicksal seines Bruders Josef erst als er aus Griechenland auf einen kurzen Urlaub heimkam. Beim Betreten der Wohnung sah er, daß die Mutter um das Wandbild von Josef einen Trauerflor gehängt hatte. Da wußte er ohne Worte, was geschehen war.

Gab es wenigstens eine *Entschädigung* für die alte Mutter? Ein Verfahren lief. Aber die Bearbeitung dauerte lang. Schließlich war entschieden, daß sie eine kleine Rente bekommen sollte. Das war im November 1954, 9 Jahre nach der Befreiung. Da war die Mutter mit 73 Jahren verstorben. Für Haas mußte keinerlei Haftentschädigung oder dergleichen ausbezahlt werden.

Der Weg der Information

Man sagt der Bevölkerung in der Bundesrepublik nach, sie zeige wenig Interesse für die Opfer des Widerstandes. Dazu als Beispiel die kurze Geschichte, auf welchem Weg überhaupt Josef Haas als einer der Regensburger "aufgefunden" wurde, die ihr Leben im Widerstand verloren. Das Beispiel zeigt, wie anfangs - kurz nach 1945 - noch mehr Interesse bestanden hatte, danach weniger. Zunächst ist es wahr, daß sich später viele aus Reinhausen meldeten, die sich an den Invaliden mit seinem Hund und seinem Wagen heute noch erinnern und auch an seine zu offen bekundete Anti-NS-Einstellung. Viele wußten dies, aber die meisten Regensburger hatten es bis dato nie gehört. Es waren zu wenige, die darüber erzählten. Das also war nicht der Weg der Information gewesen. Vielmehr stand in einer sehr alten Nummer der Mittelbayerischen Zeitung, nämlich vom November 1947(1), eine ganz klein gedruckte Notiz, unterzeichnet - mm -, in der beklagt wurde, daß mehrere, während der NS-Zeit begangene Morde an Bürgern der Stadt Regensburg immer noch nicht gesühnt wären, "obgleich das Material schon längst der Kriminalpolizei und der Staatsanwaltschaft übergeben wurde." Als solche ungesühnt Ermordete wurden dann *Johann Kellner, Georg Zaubzer* und *"der Invalide Georg Haß"* genannt, der "in Flossenbürg hingerichtet wurde, weil er versuchte, die Hitler-Jugend über die Sinnlosigkeit des Krieges aufzuklären. Wie im Fall des Dompredigers Maier fordert die Mittelbayerische Zeitung auch hier den Tatbestand durch ein Gerichtsverfahren aufzuklären und die Schuldigen zur Rechenschaft zu ziehen." Nun hatte die Strafverfolgung gegen die Mörder von Flossenbürg - nicht gerade wegen Haas, aber wegen Tausender anderer - damals die US-Besatzung übernommen. Zur Aufklärung wären natürlich zu jener Zeit noch ungleich mehr zuverlässige Zeugen am Leben gewesen. Die Notiz von 1947 erschien mir damals bemerkenswert und ich hob sie auf. 32 Jahre später nannte ich anläßlich Holocaust in einem Leserbrief an die MZ(2) die Namen von vier Regensburgern, die außer Domprediger Dr. Maier, Zirkl und Lottner ihr Leben im Widerstand opferten, darunter den "Invaliden Georg Haß", so wie die MZ 1947 den Namen geschrieben hatte. Daraufhin rief mich Herr *Anton Haas* an, ob ich damit wohl seinen Bruder gemeint hätte. Dann wären allerdings Vorname und Familienname falsch wiedergegeben, auch die "Hinrichtung" stimme nicht. Auf meine Bitte, mehr zu erzählen, war er gern dazu bereit und so verdanke ich die meisten Informationen über Haas dem erst vor wenigen Jahren in Ruhestand gegangenen, langjährigen Hausmeister der St.-Wolfgang-Schule, Herrn *Anton Haas*.

Es bestand jetzt die letzte Möglichkeit, das Schicksal dieses Hiob aus der Stadt Regensburg für die Nachwelt festzuhalten. Manchem Nachdenklichen mag der Bericht wertvoll erscheinen, manchem vermag im Leiden Kraft und Trost aus dem Gedanken an den Josef Haas erwachsen, der sich seinem grausamen Schicksal mit einem schier unvorstellbaren Lebensmut entgegenstellte und der seinen Kampf gegen Unrecht und Krieg trotz Gewalt und Terror bis zuletzt fortgesetzt hatte. Das muß auch der anerkennen, der nicht der gleichen politischen oder weltanschaulichen Richtung anhängt.

---

1) MZ 3. Jg. 1947, vom 7.11.
2) MZ 1979, vom 3./4.2.

VIII. DIE JUDEN

Ein Bericht über das Schicksal der Regensburger Juden paßt nicht in den Rahmen der Biographien von Widerständlern. Ein etwa "passendes" Lebensbild eines Regensburger jüdischen Kämpfers gegen die NS-Gewalt war nicht zu bekommen. Der Grund dafür scheint leicht einzusehen zu sein: Es konnte kaum jüdischen Widerstand geben - so möchte man jedenfalls zunächst meinen -, denn jede Form von Widerstand gegen das einmal etablierte NS-System war für jüdische Deutsche ungleich schwieriger als für "arische" Deutsche. Er wäre noch viel mehr einem Selbstmord, oder noch schlimmer, einem Mord an der ganzen eigenen Familie gleichgekommen. Als Jude stand man von Anfang an im besonderen Blickfeld der Gestapo und vieler NS-gläubiger, fanatisch gesinnter Nachbarn. Vor allem aber wäre die gewünschte Wirkung, nämlich eine Schwächung des NS-Regimes, durch jüdischen Widerstand noch weniger zu erreichen gewesen, als durch "arischen". Die NS-Organe hätten im Gegenteil bei Aufdeckung eines solchen Falles, diesen für eigene, antisemitische Propaganda umfunktioniert.

Trotz dieser besonderen Schwierigkeiten, trotzdem es fast unmöglich und sinnlos war, gab es aber doch Widerstand von Seiten jüdischer Deutscher. Der Grund, warum darüber aus Regensburg nicht berichtet werden kann, ist einfach: Es gibt keine überlebenden Angehörigen der damaligen Regensburger jüdischen Gemeinde mehr, die die fragliche Zeit als Erwachsene erlebt haben und darüber erzählen könnten. Es kam fast niemand mehr zurück. Die NS vernichteten nicht nur einzelne Juden, so wie einzelne Widerständler, - sie ermordeten auch deren Familien, ja deren ganze Sippe, sofern und soweit ihnen das technisch möglich war. Sie verwischten auf diese Weise die Spuren und beseitigten die Zeugen ihrer Verbrechen, soviel sie das nur konnten.

Es gab jüdischen Widerstand

Für die Art möglichen jüdischen Widerstandes innerhalb des NS-Machtbereichs mögen die Erfahrungen oder Schicksale zweier Männer ein Bild geben, die einzigen, die mir direkt oder indirekt begegneten. Der bereits (S. 26) erwähnte Polarforscher Prof. *Dr. Fritz Loewe* nannte sich stolz einen "Volljuden", wie die NS jene bezeichneten, deren beide Elternteile Juden waren. Er entstammte einer alten deutsch-jüdischen Familie in Posen und war, was für seine Generation von Juden (er war 1896 geboren) sehr häufig vorkam, ausgesprochen national-deutsch gesinnt. Er sang mir in der Gletscherwelt des Himalaya (1958) deutsche vaterländische Lieder vor und deklamierte ebensolche Gedichte aus der deutschen Literatur. Im Ersten Weltkrieg war er mit dem Eisernen Kreuz Erster Klasse ausgezeichnet worden. Eine solche patriotische Haltung war nicht etwa außergewöhnlich gewesen. Im Ersten Weltkrieg gaben 10 623 jüdische Bürger des Deutschen Reiches ihr Leben für dieses ihr Vaterland, davon aus Bayern allein 1085, was 15 % der jüdischen Frontsoldaten entsprach(1).

Im Verlauf der 1933er Ereignisse war *Loewe* erschüttert und bestürzt über das ihm unfaßbare Unrecht, das seinen Glaubensbrüdern zugefügt wurde und er sprach darüber in ohnmächtigem Zorn, erzählte seinem Freund konkrete Einzelheiten. Natürlich war er NS-Gegner und wollte wenigstens durch Weitererzählen gegen diese Verbrechen wirken. Aber schon beim Erwähnen solcher

---

1) REICHSBUND und ECKSTEIN; hier aus MZ 1948, vom 27.4., S. 3 und 4

wahrer Vorkommnisse wurde sein "Widerstand" gestoppt und er - in Berlin - in ein Gefängnis gesteckt. Die NS-Gewaltigen griffen bei Juden, die sich derartiges zuschulden kommen ließen, noch schneller zu als bei "Deutschblütigen". Nach mehreren ausgesprochen harten Wochen im Gefängnis wußte der so Geschlagene und Gottseidank Belehrte, daß Juden trotz aller Verdienste um ihre Heimat nicht hier bleiben konnten. Er emigrierte und schuf sich eine neue Existenz in Australien.

Auch Loewes Schwager *Rudolf Mosse*, Neffe des bekannten, gleichnamigen Verlegers (das Berliner Tagblatt wurde ursprünglich im Mosse-Haus verlegt), konnte aus der gleichen, lebenslang empfundenen und gelebten Verbindung mit dem deutschen Volk und seiner Kultur nicht an das Furchtbare glauben, das damals begann. Er war Offizier in einem bayerischen Regiment gewesen - in Preußen durften Juden keine Offiziere werden! -, hatte nach sechsmaliger Verwundung das Goldene Verwundetenabzeichen verliehen erhalten. Über die antisemitischen Ausschreitungen ziemlich am Anfang des Dritten Reiches war er so empört und erschüttert, daß er einmal äußerte, er möchte sich opfern, um die Menschen auf das schreiende Unrecht aufmerksam zu machen. Als er schließlich noch 1933 selber verhaftet wurde und ins KZ Oranienburg eingeliefert werden sollte, entriß er sich auf dem Potsdamer Platz den Gestapobeamten und ließ sich vor den Augen vieler Passanten von einem Auto überfahren.

Natürlich kämpften Juden *vor* 1933, als es noch am wirksamsten geschehen konnte, gegen eine Machtergreifung Hitlers. In Regensburg tat dies der angesehene Rechtsanwalt *Dr. Fritz Oettinger*. Er stammte ähnlich wie Loewe aus einer alten deutschen Familie, wie schon sein Name erkennen läßt(1). Seine Eltern waren ebenso wie er selber (1885) in Regensburg geboren. Im Ersten Weltkrieg hatte er als Hauptmann hohe Tapferkeitsauszeichnungen erhalten. Er war immer ein glühender deutscher Patriot gewesen. Den NS bekämpfte er dadurch, daß er in einer positiv zur Weimarer Verfassung stehenden und damit in einer ausgesprochenen Anti-NS-Partei, der Deutschen Demokratischen Partei, tätig war. Er vertrat diese Partei als gewählter Stadtrat von Dezember 1924 an(2). Natürlich war dazu das Vertrauen vieler nichtjüdischer Mitbürger notwendig, denn er brauchte dazu ungefähr sechsmal soviele Stimmen, als die Regensburger Juden allein ihm hätten geben können. Ein Stadtrat traf damals statistisch auf etwa 2700 Einwohner(3).

Im März 1933 wurde Oettinger in Schutzhaft genommen. Nach 1938 verließen er und seine Familie die deutsche Heimat. Daß sie dies taten und dadurch dem Massenmord entkamen, verdanken sie dem Attentäter in Paris und der folgenden Reichspogromnacht, durch die ihnen endgültig die Augen geöffnet wurden, wie der Sohn *Paul Oettinger* betont.

Eine Form des Widerstandes während der NS-Herrschaft, der letzten, die Juden offen war, ist - wie schon oben im Fall des Rudolf Mosse geschildert - schließlich nur noch der Freitod gewesen. So vergifteten sich z. B. in Niederbayerns Hauptstadt *Landshut* am 2.4.42 fünf Juden - zwei Männer und drei Frauen - unmittelbar vor ihrer Deportation. Sie entzogen sich so dem

---

1) Es gibt einen "öttingisch-spielbergischen Judenschutzbrief" von 1785 GROSSMANN 483
2) Der Sohn Paul Oettinger, der gleiche, der nach der "Reichskristallnacht" 1938 - als 15-jähriger! - die Tafel "Auszug der Juden" dem Elendszug vorantragen mußte, in einem Vortrag in Regensburg am 10.11.83
3) Bei der Gemeindewahl am 8.12.29 entfielen auf rund 82 000 Einwohner 30 Mandate

"Abschieben nach dem Osten" in eines der Vernichtungslager(1). Insgesamt gingen um diese Zeit in Ndb/Opf neun Juden, bzw. Jüdinnen in den Freitod. In *Nürnberg* nahm sich der hochangesehene Stadtschularzt *Dr. Mainzer*, der in den Zwanziger Jahren auf eigene Kosten einen Sonderkindergarten für psychisch geschädigte Kinder errichtet hatte (man bedenke, wie so etwas auf NS- Ideologen wirken mußte!), bei Beginn der Deportationen selbst das Leben. Schon vorher, in der "Reichskristallnacht", bei der neun Nürnberger Juden einen gewaltsamen Tod erlitten, waren weitere zehn in den Freitod gegangen(2). Die Gestapo *Würzburg meldete, daß sechs Juden aus der Liste der im September 1942 nach Theresienstadt abzutransportierenden aus Aschaffenburg* "wegen Selbstmordversuchs" gestrichen werden(3). In *Amberg* vergiftete sich im Februar 39 die jüdische Ehefrau eines Arztes.

Das *Regensburger* Ehepaar *Albert* (81 J.!) und *Gertrud Levy* wurde am 23.9. 42 in den Tod deportiert. Eine der drei Töchter, eine Professorin, die in Berlin mit einem *Kaue* verheiratet war, hatte kurz vorher ihre greisen Eltern in dem Abschiebe-Altersheim in der Weißenburgstraße in Regensburg besucht. Als sie in ihre kleine Untermietwohnung in Berlin zurückkam, noch erschüttert von dem elenden Leben ihrer Eltern in dem "Altenheim", erfuhr sie, daß sie von der Gestapo abgeholt werden sollte. Am anderen Morgen fanden die zwei Stapoleute nur noch eine Leiche vor(4).

Der Freitod war als eine Verweigerung und als letztmöglicher Protest auch Widerstand. Er war es in ähnlicher Weise, wie der von den Juden selbst herbeigeführte Tod von fast tausend jüdischen Männern, Frauen und Kindern auf dem Berg *Massada* im Jahre 73, vor der Erstürmung durch die römische Übermacht (Bericht des jüdischen Historikers *Josephus Flavius*). Es ließen sich Beispiele einer großen Zahl deutscher Juden finden, die der NS-Übermacht gegenüber ebenso handelten.

Einen Kampf gegen den NS während dessen Herrschaft in Deutschland führten natürlich Emigranten, wie z. B. *Albert Einstein*, der erst durch die Verfolgungen in seiner Heimat sich seines Judentums bewußt wurde. Ihm ging es dabei so, wie manchen liberalen jüdischen Persönlichkeiten in Deutschland, z. B. dem Göttinger Atomphysiker *Max Born*, der am 2.6.33 aus Südtirol an Einstein schrieb: "... Ich selbst habe mich ja auch nie besonders als Jude gefühlt. Jetzt tue ich es natürlich sehr stark, nicht weil man mich und die meinen dazu rechnet, sondern weil Unterdrückung und Ungerechtigkeit mich zu Zorn und Widerstand reizen ..."(5)

In dieser Schrift wurde schon (S. 114) der Nürnberger *Dr. Rudolf Benario* erwähnt, ein Jude, der schon am 6.4.33 zusammen mit anderen kommunistischen NS-Gegnern in das KZ Dachau eingeliefert und eine Woche später dort ermordet wurde(6). Ein weiteres Beispiel aus Bayern ist das des jüdischen "Arbeiterarztes" *Dr. Erich Braun*, Coburg, der als Sozialdemokrat den NS bekämpfte und sehr früh in das KZ Dachau kam(7). Oder: Der Jude *Felix Fechenbach*, der sich besonders als Pazifist und Bekämpfer des NS in München

---

1) RPB vom 8.5.1942; zwei Fälle berichtet KERSHAW 295
2) FRITZSCH 84 und 100
3) SCHULTHEIS
4) Mitteilung einer Bekannten der Familie (Herbst 1983)
5) BORN 162
6) STEINBERG und mündl. Mittlg. von K. Fuß
7) SZ 1982, vom 9.7., S. 16

und später in Lippe hervorgetan hatte, wurde schon auf dem Transport in das KZ Dachau am 7.8.33 von SA ermordet(1).

Es gab sogar Juden, die ihren Widerstand noch im KZ fortsetzten: Die Brüder Leo und *Heinrich Zeilberger* aus Coburg hatten sich schon 1922 gegen die damaligen NS betätigt. Sie wurden bereits am 12.3.33 verhaftet und am 17.5.33 in das KZ Dachau überstellt. Im Juni 1934 teilte der Politische Polizeikommandeur auf eine Anfrage der Bayerischen Staatskanzlei wegen der noch zu erwartenden Haftdauer der Brüder mit(2): "Im Oktober 33 wurde im KL Dachau die Herstellung von Kassibern durch Schutzhaftgefangene zur Verbreitung von Greuelnachrichten aufgedeckt. Bei der Kassiberverschiebung haben auch *die Juden Zeilberger eifrig im Geheimen mitgewirkt*. Es muß mit Bestimmtheit angenommen werden, daß diese bei ihrer Entlassung versuchen, ins Ausland zu kommen, um von dort die gemeinsten Greuelnachrichten über das KL Dachau zu verbreiten ..." Man mußte also mit weiterem Widerstand dieser beiden Juden rechnen und sie im KZ behalten.

Während des Zweiten Weltkrieges kämpften viele Juden innerhalb der alliierten Truppenverbände und sogar in ganzen jüdischen Einheiten gegen Hitlers Wehrmacht. Allgemein bekannt ist der todesmutige Widerstand der Juden im *Warschauer Ghetto* im April 1942. Auch im Vernichtungslager *Sobibor* unternahmen 400 jüdische Häftlinge am 14.10.43 einen Aufstand. Von ihnen überlebten 30, kamen durch und fanden Anschluß an Partisanenverbände(3).

In der *Holocaust-Gedenkstätte Yad Vashem* in Jerusalem ist eine öffentliche Bekanntmachung ausgestellt, auf der verkündet wurde, daß fünf männliche und vier weibliche Juden, alle im Alter zwischen 20 und 23 Jahren, wegen Untergrund-Widerstandes am 4.3.1943 hingerichtet wurden. Sie waren am 10.12.42 vom VGH zum Tod verurteilt worden. Letztes Beispiel aus der NS-Zeitung "Regensburger Kurier" vom 7.9.1943: "Die Pressestelle des VGH teilt mit: Der 62-jährige *Siegmund* Israel (befohlener Vorname) *Amarant* aus Paris, den der VGH zum Tod verurteilt hat, ist am 2.9.1943 hingerichtet worden. Der Verurteilte hat sich vom Ausland her (aber innerhalb des deutschen Machtbereichs) hochverräterisch gegen das Großdeutsche Reich und die in Böhmen und Mähren geschaffene Ordnung betätigt und den Feind begünstigt."

Es gab mehr Fälle jüdischen Widerstandes, als man zunächst glauben möchte - das Thema ist auch Gegenstand eines Buches(4) - und es ist deswegen anzunehmen, daß auch in Regensburg Juden Widerstand leisteten, soweit das überhaupt möglich war. Wie eingangs erwähnt, endeten aber solche Versuche in der Emigration in viele Länder oder überhaupt im Tod und alle Erinnerung daran ist verloren.

Eines der Motive des Judenhasses der NS ist gewesen, daß auffallend viele Juden konträr zur NS-Weltanschauung und Lebenseinstellung der Brutalität und der bewußten Anti-Humanität auftraten, nämlich auffallend viele für die Minderheiten jeder Art, für die Schwachen und Entrechteten, für Sozialismus und Pazifismus, für Liberalität kämpften und damit Widerstand gegen die NS-

---

1) Fernsehsend. Bay. Regionalprogr. 22.12.83 "Publizist 1933 auf Flucht erschossen"
2) GROSSMANN 473; dort aus Akten Bay. Landesentsch. Amt
3) NOVITCH
4) Steinberg Lucien: Der Anteil der Juden am Widerstand in Deutschland. In: Studien und Berichte aus dem Forschungsinstitut der Friedrich-Ebert-Stiftung. Bad Godesberg 1965. Vom gleichen Verf.: La Revolte des Justes. Les Juifs contre Hitler 1933 - 45. Paris 1970

Ideologie leisteten. Die NS spürten in ihren primitiven Instinkten diese Andersartigkeit, sie wußten um sie und empfanden sie als zu bekämpfenden Widerstand. Insofern ist das traurige Schicksal der Juden im NS-Machtbereich auch als Folge ihrer anderen Geisteshaltung zu verstehen, die dem NS ein Greuel war. Äußerlich sichtbar wurde dieser Kampf zwischen dem "Ungeist" vieler Juden - wie die NS ihn nannten - und dem des NS, in der öffentlichen Verbrennung zahlreicher Bücher jüdischer Autoren. So gesehen *dürfen die jüdischen Opfer in einer Schrift, die den Widerstand und dessen Opfer zum Gegenstand hat, nicht fehlen.*

Das Schicksal der jüdischen Bürger, die nicht rechtzeitig aus dem deutschen Machtbereich fliehen konnten, war aber auch ohne sichtbaren, individuellen Widerstand schlimmer als das von nichtjüdischen Widerständlern. Denn sie wurden, ohne daß überhaupt Gründe vorgebracht wurden, "hingerichtet", auch ihre Frauen, auch ihre Kinder. Niemand kann mehr erzählen. Deswegen ist es im Fall der Juden besonders schwierig, sowohl ihren Widerstand im einzelnen, als auch die Zahl ihrer Opfer zu ermitteln. Wie weit man damit kommt, zeigt der folgende Versuch mit den Juden aus Regensburg:

Zum Schicksal der Regensburger Juden 1933 - 45

Laut Volkszählung vom 16.6.1933 lebten in Regensburg unter 81 106 Einwohnern 427 Angehörige des jüdischen Bekenntnisses. Da damals schon fünf Monate NS-Herrschaft mit ersten antisemitischen Maßnahmen doch einigen wenigen die Gefahr bewußt gemacht und zur Auswanderung veranlaßt haben mochten, muß man die Zahl zu Beginn des Dritten Reiches wohl geringfügig höher ansetzen.

Der jüdische Bevölkerungsanteil war in Regensburg mit 0.5 % ebenso gering, wie für ganz Bayern(1). Diese Übereinstimmung mit dem Landesdurchschnitt hat damit zu tun, daß Regensburg als mittelgroße Stadt nicht den wesentlich höheren Anteil an Juden wie Großstädte hatte und andererseits auch nicht so wenig, wie Kleinstädte oder Dörfer. So betrug der jüdische Bevölkerungsanteil in(2)

    München 1,3 % Niederbayern 0,04 %
    Nürnberg 1,8 % Oberpfalz 0,15 %

Zu den bei der Volkszählung allein erfaßten Glaubensjuden kamen allgemein in Deutschland noch weitere ca 10 % "Rassejuden" im NS-Sinn hinzu, die einer anderen oder keiner Konfession angehörten.

Die Auswanderung

Gleich im ersten Hitlerjahr 1933 verließen 112 Gemeindemitglieder die Stadt. Diffamierungs- und Unterdrückungsmaßnahmen, wie Verhaftung und Geschäftsboykotte, hatten ja schon früh begonnen und manche zum Wegzug veranlaßt. So wurden in Regensburg schon nach zwei Monaten der Hitlerregierung, am 30. März, 107 jüdische Geschäftsleute und Handwerker in das Gerichtsgefängnis, bzw. - weil dort nicht mehr so viele Zellen frei waren - in

---
1) OPHIR S. 14
2) KERSHAW 288; dort aus Zs. Bay. Statist. Landesamt 1938; 447, 451

die angrenzende Turnhalle der Augustenschule gesperrt, zwei Tage danach Geschäfte boykottiert. Eine lange Reihe von Schikanen folgte. Es war eine Kette des Leids, die von 1933 an zum November 1938 führte und mit der Totalvernichtung von 1942/44 endete.

Obwohl, wie erwähnt, 112 allein im Jahr 1933 abgewandert waren, hatte sich die Zahl der Juden in der Stadt vom Juni 33 bis 1.1.1936 nur um 91 vermindert. Es gibt mehrere Gründe für diesen scheinbaren Widerspruch: Einige Juden waren mittlerweile vom Land vorübergehend in die Stadt gekommen, wo sie sich in der größeren Gemeinde eher geschützt glaubten. Weiter waren wahrscheinlich einige schon vor dem Juni 33 weggezogen, die in der Ausgangszahl 427 fehlen. Für die letztere Vermutung spricht, daß sich die Zahl der Juden in Regensburg schon am 16.6.33 um 51 gegenüber der Volkszählung von 1925 verringert hatte(1). Allerdings kann an dieser Verminderung neben Abwanderung 1933 auch ein Sterbeüberschuß 1925/33 Anteil gehabt haben.

Wie sich schon hier zeigt, bereitet für die Verfolgung des Schicksals der 1933 in Regensburg ansässig gewesenen Juden die starke Fluktuation Schwierigkeiten, die gleich vom Anfang der NS-Herrschaft an einsetzte. Bekannt ist wieder, daß bis Ende 1938 268 Gemeindemitglieder, also über die Hälfte, die Stadt verlassen hatten. Für den ganzen Regierungsbezirk Ndb/Opf waren es ca. 500, nicht ganz die Hälfte(2). Von den 268 waren 101 in andere Städte innerhalb des Deutschen Reiches gezogen, davon allein 20 nach München. Den anderen 167 Regensburger Juden war die Auswanderung gelungen: 93 waren nach Palästina emigriert, 20 in die USA, 14 nach Holland, 8 in die CSR, die restlichen 32 in wieder andere Länder der Welt(3). Weitere 66 wanderten noch die nächsten Jahre aus, die allermeisten davon im Jahre 1939. Die letzten 7 konnten Deutschland noch im Mai 1941 verlassen(4). Insgesamt gelang 233 Regensburger Juden die Auswanderung(3). Mit gut der Hälfte der etwa 450 Gemeindemitglieder, die Anfang 1933 in Regensburg gelebt hatten, ist das ein größerer Anteil als sonst in Deutschland: Bis 1.10.1941 hatte ziemlich genau ein Drittel der deutschen Juden ihr Heimatland verlassen(5), aus Bayern 36 % der am 16.6.33 noch hier lebenden Juden, also ebenfalls ein Drittel der jüdischen Bevölkerung von Anfang 1933.

Zur Zeit der "Reichskristallnacht", im November 1938, lebten noch ca 290 Juden in Regensburg. Am Tage nach der Schreckensnacht, in der die Synagoge niedergebrannt wurde, also am 10.11.1938, wurde ein Teil der männlichen Juden, nämlich 30 Personen, in das KZ Dachau verschleppt(3). Die Mehrzahl davon wurde noch im gleichen Jahr 1938 wieder freigelassen. Ein anderer Teil der am 9./10. November aus den Wohnungen Geholten wurde im

---

1) Auch in Bayern war der Anteil der Israeliten an der Gesamtbevölkerung zwischen den Volkszählungen vom 16.6.25 und 16.6.33 von 0.66 % auf 0.46 % (von 49 145 auf 35 452) zurückgegangen. In München waren am 1.2.33 10 737 Juden polizeilich gemeldet, dagegen erfaßte die Volkszählung vom 16.6.33 nur 9 005 Glaubensjuden (KERSHAW 288), also um 19 % weniger
2) Toni Siegert im Bayer. Rdfk 2. Progr. 13.11.83; MZ 1983 vom 12./13 Nov.
3) OPHIR 86f. "160" Regensburger Juden im Nov. 38 muß ein Druckfehler sein - widerspräche 310 für 1.1.37 und 226 für 17.5.39. In Bayern war die Zahl vom 1.10.38 um 32.5 % niedriger als im Juni 33; dazu paßt die Zahl 290 für Regensburg viel eher als die bei OPHIR angegebenen 160. KERSHAW 319
4) RPB für Mai 1941
5) INFORMATIONEN 1968 - 1/S. 15

Gefängnis festgehalten. Insgesamt wurden an diesem Tag aus Regensburg und Umgebung 244 Juden in die Augustenburg eingeliefert. Davon wurden 170 unter der Bedingung freigelassen, daß sie Deutschland sofort verließen.

Die Ermordung

Am 20.1.1942 informierte Heydrich in der "Wannseekonferenz" die zur Durchführung benötigten Stellen über die "Endlösung der Judenfrage", d. h. über die endgültige Vernichtung der Juden in Europa. Beschlossen war diese Maßnahme schon einige Monate vorher. Aus der Teilnehmerliste geht hervor, daß viele zentrale Dienststellen von dem vorgesehenen Massenmord unterrichtet wurden. Der Plan sah vor, daß die Juden Zug um Zug zunächst in Durchgangsghettos im Osten verbracht und von dort weitertransportiert werden sollten. Die arbeitsfähigen Juden sollten in großen Kolonnen unter Trennung der Geschlechter straßenbauend in diese Ostgebiete verschleppt werden, "wobei zweifellos ein Großteil durch natürliche Verminderung ausfallen wird. Der allfällig endlich verbleibende Restbestand wird entsprechend behandelt werden müssen." So der Wortlaut der protokollierten Ausführungen des Vollstreckers der von Hitler befohlenen Endlösung, des Chefs des Reichssicherheitshauptamtes Reinhard Heydrich.

Zwei Monate später begannen auch für Regensburg die Deportationen gemäß diesen Beschlüssen der Wannseekonferenz.

Nach dem Krieg, am 28.8.1947, erstellte die Kriminaluntersuchungsabteilung der Stadtverwaltung eine *Liste mit den Namen* und Geburtsdaten jener Mitglieder der einstigen jüdischen Gemeinde, die im Zuge dieser "Endlösung" aus Regensburg deportiert wurden. Sie hängt heute im neuen Gotteshaus der jetzt viel kleineren jüdischen Gemeinde, der keine der damaligen erwachsenen Regensburger Juden mehr angehören. Die Gemeinde umfaßt gegenwärtig (1982) 110 Mitglieder und setzt sich überwiegend aus Überlebenden (und deren Nachkommen) aus KZ-Lagern im Osten zusammen. Die restlichen Häftlinge dieser Lager waren kurz vor Herannahen der Alliierten in Todesmärschen entlang den Straßen getrieben worden. Viele waren zwischen Cham und Straubing in Freiheit gekommen und fanden zunächst Unterschlupf bei Bauern. Da es in Regensburg noch am ehesten Wohnraum gab, ließen sich hier zeitweilig bis zu 3 000 jüdische Verschleppte nieder, die der Massenschlächterei entkommen waren. Da es in Regensburg aber keine Arbeit gab, verließen die allermeisten die Stadt wieder, vor allem in Richtung Ausland.

Am *2.4.1942* wurden 213 Juden aus Ndb/Opf(1), davon 106 aus Regensburg(2) "nach dem Osten abgeschoben". Es waren fast alle noch hier lebenden Juden mit einem Alter bis 65. Unter ihnen waren mehrere Familien mit ihren minderjährigen Kindern, z. B. *Brandis Karl* und *Alice*, geb. *Holzinger*, mit vier Kindern im Alter zwischen 13 und 18 Jahren. Auch noch nicht schulpflichtige Kinder wurden deportiert und später ermordet. Von Familie *Bayer*, Schäffnerstraße 22, der 4-jährige Sohn Ernst, von Familie *Forchheimer*, Dechbettener

---

1) RPB für April 1942
2) Die Deportiertenliste der Stadt von 1947 nennt 106 Regensburger, die am 2.4., 5, die am 15.7., 39, die am 23.9.42, 1, die am 25.11.43 und 6, die am 12.2.45 deportiert wurden. Die Liste ist nicht ganz vollständig, z. B. fehlt Charlotte Sabatier, die am 23.9.42 nach Theresienstadt verschleppt wurde.

Straße 13, die 6-jährige Inge und von Familie *Haymann*, Wilhelmstraße 3, die 6-jährige Ursula und der 5-jährige Norbert. Aller Besitz wurde enteignet. Die Verhafteten wurden unter unmenschlichen Bedingungen über München nach *Piaski bei Lublin*, in die Nähe der deutsch-sowjetischen Demarkationslinie transportiert. Im weiteren Verlauf wurden diese über hundert Regensburger Juden sehr wahrscheinlich alle ermordet. Die große Mehrheit wurde vermutlich zwischen April und Juni 1943 zusammen mit vielen Tausenden deportierter Juden aus Deutschland, Österreich und der CSR in den Gaskammern von *Belzec* und *Sobibor* getötet(1). Die arbeitsfähigen unter den Männern wurden zur Zwangsarbeit in ein Lager bei *Trawniki* eingewiesen, wo die meisten binnen kurzer Zeit starben und die letzten im November 1943 erschossen wurden.

Piaski war eine von mehreren kleinen Städten des Distrikts Lublin, in die zwischen März und Juli 1942 mindestens 50 000 deutsche, österreichische und tschechoslowakische Juden verschickt worden waren. Für die zahlreichen, dort vorher ansässig gewesenen Juden hatte man am 16.3.1942 im Vernichtungslager Belzec den Mordbetrieb eröffnet(2). Auf diese Weise konnten im Bezirk Lublin Durchgangsplätze für die tausende aus dem Westen antransportierten Juden freigemacht werden, bis dann diese auch nach Belzec in die Vernichtung weitergeschickt werden konnten.

Am *15.7.1942* wurden weitere 8(3), oder laut Namensliste 5 Juden aus Regensburg deportiert, wahrscheinlich unmittelbar in das Vernichtungslager *Auschwitz*.

Am *23.9.1942* wurden laut RPB "die letzten noch in Regensburg untergebrachten *117 Juden nach Theresienstadt* überstellt." In dieses privilegierte Riesen-Ghetto Theresienstadt in Nordböhmen, an der Eger, kamen von den etwa 180 000 Juden, die nach der Wannseekonferenz aus Deutschland deportiert wurden, allein mehr als 100 000. Davon verloren 60 000 ihr Leben, meist nach Weitertransport in eines der Vernichtungslager. 40 000 überlebten, davon auch einige ganz wenige Regensburger. Unter den im September deportierten 117 Juden aus Regensburg waren 90, die erst zwischen 1939 und 1941 nach Regensburg gezogen, bzw. zwangsweise dort in zwei Häuser - Sammellager - verbracht worden waren(3). Die 1947 aufgestellte Namensliste rechnet *39 der bei diesem zweiten großen Schub* Deportierten als zur Regensburger jüdischen Gemeinde gehörig. Von den zwei Häusern war eines das in der Weißenburger Straße 31, das im Jahre 1938 von der jüdischen Gemeinde als Altersheim für diejenigen Gemeindemitglieder eingerichtet worden war, deren jüngere Angehörige inzwischen weggezogen waren. Aus den Geburtsdaten der Liste ersieht man, daß die allermeisten der 39 im September 1942 deportierten Regensburger über 65 Jahre waren und aus dem Altersheim in der Weißenburger Straße abtransportiert wurden. Ein alter Mann starb dabei vor der Verladung. Der älteste war 88 Jahre alt. Es handelte sich nur noch um jene alten Männer und Frauen, die beim ersten Schub im April des gleichen Jahres entsprechend dem Organisationsplan nach der Wannseekonferenz ausgespart worden waren.

Vieles war anders, einiges aber doch ähnlich wie bei der Judenaustreibung aus Regensburg im Jahre 1519(4). Über dieses Ereignis berichtet *Carl Theo-*

---

1) OPHIR S. 29
2) REITLINGER 50f.
3) OPHIR
4) Über die Juden in Regensburg vor Hitler siehe u. a. bei SCHLICHTING

dor Gemeiner in seiner Regensburgischen Chronik 1821: "Die Juden mußten auf Schiffe. Alte, unvermögende sieche Menschen wurden unter erbärmlichen Wehklagen hinaus auf die Schiffe getragen. Zwei Kindbetterinnen, die auch dahin gebracht worden, und der rauhen Witterung ausgesetzt waren, sollen diesen schrecklichen Tag nicht überlebt haben. Bey dem herzbrechenden Anblick so großen menschlichen Jammers schien in vielen das Gefühl der Menschlichkeit die Oberhand gewinnen zu wollen. Durch Wunderzeichen, die von allen Orten her angezeigt worden waren und durch die Bekanntmachung neuer in Erfahrung gebrachter Beweise von Schandthaten und von jüdischem Wucher suchte man aber das rege gewordene Mitleiden zu unterdrücken..."
Auch über das Pogrom vom 9./10. November 1938 berichtete der Regierungspräsident: "... ließen die Vorkommnisse unnötigerweise in Stadt und Land Mitleid mit den Juden aufkommen."

Auch "Judenknechte", wie sie die NS im 20. Jh. nannten, gab es schon im 16. Jh.: "... Einige reiche Juden waren rechtzeitig vorher emigriert ... Man vermutete, daß *Smaller* sie verständigt hatte. Smaller wurde also gütlich und peinlich befragt und als ein alter erlebter Mann, der die Marter zu überstehen nicht vermocht hatte, wurde er bald zu verschiedenen Geständnissen gebracht, u. a. auch, daß er einige Juden heimlich gewarnt hatte. Auf Fürsprache vieler Edelleute wurde das erste Urteil, nämlich daß Smaller auf einen Tisch gelegt, geviertheilt werden sollte, gemildert dahin, daß er am 4.4.1519" - 6 Wochen nach der Austreibung - "mit dem Schwerdt hingerichtet werden solle, was dann auch geschah."

Doch zurück zu den "Austreibungen" und der systematischen Vernichtung, wie sie die Transportmöglichkeiten, Massenorganisation und Chemie des 20. Jh. ermöglichten. Aus Regensburg wurde nach 1942 noch ein "Einzelschub" am 25.11.1943, nämlich der von Frau *Alice Heiß* nach Auschwitz durchgeführt; weiter wurden am 10.1.44 drei Regensburger und am 12. oder 14.2.1945 acht oder zehn Juden, bzw. Jüdinnen, die in Mischehe lebten, nach Theresienstadt deportiert(1). Von den letzteren kehrten alle zurück, elf sind in einer nicht ganz zuverlässigen "Rückkehrerliste" aufgeführt.

Insgesamt wurden etwa *242 Juden aus Regensburg deportiert(2)*. Davon waren aber mindestens 90 erst nach 1933 - oft auf der Flucht aus anderen Orten in Deutschland - nach Regensburg gekommen, die also nicht zu den "anfänglichen Regensburgern" zu zählen sind. Als Differenz dieser beiden letzten Zahlen ist wahrscheinlich die Angabe von *152 ermordeten Regensburger Juden* gerechnet, wie sie z. B. in der MZ vom 9.11.1945 zu finden ist.

Amtlich wurden viele der im April 1942 nach Piaski deportierten und umgekommenen Regensburger Juden in der Einwohnerkartei nach "rechtskräftigen Beschlüssen des Amtsgerichtes Regensburg" aus den Jahren 1948 bis 68 - meist für bestimmte Tage im Jahr 1942 - für tot erklärt. In einigen Fällen trug das Einwohneramt auch Toterklärungen - laut Mitteilung des Sonderstandesamtes Arolsen (Internationaler Suchdienst) für im September 1942 nach Theresienstadt deportierte Regensburger ein (Toterklärungen zum Januar, bzw. Februar 43). In einem Fall wurde der rechtskräftige Toterklärungsbeschluß des Amtsgerichts gelöscht und durch ein anderes von Arolsen gemel-

---

1) Laut RPB waren es 13, nach OPHIR 14 aus Ndb/Opf. 14.2. laut OPHIR, 12.2. laut Deportiertenliste. Laut einer "Rückkehrerliste" wurden aus Reg. am 10.1.44 3 und am 12.2.45 8 Personen deportiert.

2) Laut Deportiertenliste und OPHIR 86f.

detes Todesdatum ersetzt.

Den mindestens 11 zurückgekehrten Deportierten stehen aber viele jener mehr als 130 jüdischen Bürger gegenüber, die aus Regensburg in andere deutsche Orte oder Nachbarländer ausgewichen waren, dort aber dann auch nicht den Einlieferungen in KZ und besonders in die Vernichtungslager entgingen. So wurde z. B. *David Rosenblatt*, ehemaliges Vorstandsmitglied der Regensburger jüdischen Gemeinde und von 1912 bis 19 Stadtrat, nach seiner Auswanderung nach Amsterdam dort verhaftet und in das KZ Dachau verschleppt(1). Er hatte sich im August 1933 nach Frankfurt/Main abgemeldet. Nach Verlassen des Reiches wurde er mit der "Reichsfluchtsteuer" belegt, sein Vermögen eingezogen. Er wurde in der Fahndungsliste ausgeschrieben und in Abwesenheit zu 6 Monaten Gefängnis verurteilt(2). Beim Einmarsch der Deutschen in Holland ereilte ihn sein Schicksal.

Rechnet man für diese nicht weit genug Geflüchteten mit einer Verlustquote von 50 %, wie sie für die Juden in allen von Deutschland besetzt gewesenen Ländern von Bearbeitern der Zeitgeschichte ermittelt wurde(3), so kommen zu den obigen 152 noch 65 alteingesessene Regensburger Juden hinzu, die ihr Leben verloren. Die nüchterne Statistik führt also auf eine Zahl *zwischen 150 und 200* von den 427 oder vielleicht 480 (Anfang 1933) Mitgliedern der jüdischen Gemeinde von 1933, die durch Organe und auf Veranlassung der NS-Partei, bzw. der deutschen Regierung, als Zivilisten, unabhängig von Kriegsmaßnahmen, ermordet wurden. Aus Ndb/Opf waren es 387 von knapp 1300 Juden(4).

Es bleibt aber die Frage, ob die erst nach 1933 in die Stadt gekommenen Juden, die vielleicht mehrere Jahre hier zubrachten, nicht doch auch als Regensburger gelten und mitgezählt werden müssen. Die gleiche Frage entstand ja bei der versuchten Abschätzung der Zahl der im Krieg gefallenen "Regensburger", bei der man auch die Angehörigen der Flüchtlinge hinzurechnen muß und bei den Fliegertoten, zu denen wohl auch die im Massengrab an der Irler Höhe verscharrten Gefangenen mindestens zum Teil gehören. Auch sie hatten lange Zeit in dieser Stadt "gewohnt". Im 20. Jh. ist es nicht mehr möglich, "einen jeglichen" dort zu zählen, wo er geboren wurde, wie das bei der Volkszählung noch gewesen war, zu der einst Joseph und Maria unterwegs waren. Man könnte und müßte alle diese Neubürger weglassen, wenn sie an anderer Stelle berücksichtigt würden. Dies aber ist gar nicht sicher, wie denn auch andererseits eine deutsche Stadt wie Regensburg nicht allen ihren Bürgern nachgehen konnte, die im Krieg irgendwo außerhalb umkamen.

In diesem Zusammenhang muß weiterer etwa 150 Juden gedacht werden, die ungefähr einen Monat oder auch erheblich länger in Regensburg "wohnten": Es bestand nämlich von Mitte März 1944(5) oder 1945 bis 22.4.45 im Gasthof Colosseum in Stadtamhof ein Arbeitslager – als *Außenkommando des KZ Flossenbürg*, mit etwa 400 Häftlingen. Darunter befanden sich *etwa 150 Juden aus verschiedenen europäischen Ländern*, vorwiegend aus Polen. Dieses Lager

---

1) MZ 1945, vom 9.11.
2) Einwohnerkartei, Stadtarchiv
3) Von 10.3 Mill. Juden in Europa (1937) verloren 4.2 bis 5.1 Mill. ihr Leben/(INFORMATIONEN 1968-2) S. 20
4) Toni Siegert im Bayer. Rdfk 2. Progr. 13.11.83; MZ 1983 vom 12./13. Nov.
5) OPHIR 92; Herbst 1944 laut Angaben von Zeitzeugen KLASSE 11 a. Wahrscheinlich ab Mitte März 45

wurde einen Tag vor der Frauendemonstration, am 22.4.45, geschlossen. Alle Häftlinge, mit Ausnahme von 27 Kranken und einem Toten, wurden an diesem Tag zum Außenkommando Landshut des KZ Dachau in Marsch gesetzt. Von den zurückgelassenen Kranken starben anschließend noch 10 im Klerikalseminar im Schottenkloster, das als Hilfslazarett diente. Um diese Zeit waren vom Hauptlager Flossenbürg selbst und von dessen über 90 Außenlagern mehrere Elendsmärsche mit Tausenden von Häftlingen in Richtung Süden nach Dachau unterwegs(1). Von den 25 bis 30 000 Häftlingen, die so zwischen dem 16. und 23.4.45 in Marsch gesetzt worden waren, erreichten nur 6 638 ihren Bestimmungsort Dachau. Von den anderen 20 000 ist der größere Teil von den Amerikanern befreit worden, sehr viele konnten aber in diesen letzten Tagen wegen Entkräftung nicht mehr weitergehen, sie brachen zusammen und wurden von den SS-Begleitposten erschossen. Wieviele von jenen letzten 150 Juden in Regensburg dieses Schicksal erlitten, ist nicht bekannt. Aber schon vor dem Elendsmarsch waren 50 oder mehr der 400 Häftlinge verhungert oder an Krankheiten verstorben(2)!

Einzelschicksale

Nur von wenigen Einzelschicksalen Regensburger Juden können hier Beispiele berichtet werden.

Vorweg ein "kleines" Vorkommnis, das eine Vorstellung von der rechtlosen Ausnahmesituation gibt, in der die Juden lebten. Sie waren der Willkür der NS schon gleich zu Beginn des Dritten Reiches schutzlos ausgesetzt.

Heinrich Kahn, Sohn des jüdischen Inhabers der Weingroßhandlung Lehmann in der Ludwigstraße, saß zusammen mit seiner Schwester oder einer Bekannten an einem Tag im August 1933 im Kaffeehaus Fürstenhof (später war Juden das Betreten öffentlicher Lokale verboten). Da betrat, aus Dachau kommend, der SS-Führer *Michael Lippert* (geb. 1897 in Schönwald bei Selb) zusammen mit anderen SS-Männern das Lokal. Er sah Kahn unter dem Bild des Führers sitzen, nach NS-Version sah er das Mädchen eine Zigarette rauchen. Jedenfalls pöbelte Lippert den jungen Kahn an, verprügelte ihn, und nahm ihn kurzerhand mit in das KZ Dachau(3). Der Mann Lippert hatte allerdings zu dieser Zeit die Macht, so zu handeln. Er war 1933 Leiter der SS-Hilfspolizei in Regensburg und dann Führer der Dachauer Wachtruppe. Er und *Eicke* erschossen am 1.7.1934 auf Befehl Hitlers den obersten SA-Führer *Röhm*(4). Nach damaligem "Recht" wurde Kahn von Lippert "in Schutzhaft genommen" und konnte in der Haftanstalt (im KZ) beliebig lange festgehalten werden. Wenn die SS in Dachau das wollte, konnte sie ihn dort quälen und foltern. Alle KZ standen außerhalb des Einflusses der normalen Rechtsorgane. Nichts und niemand konnte dem Kahn helfen, wiewohl er keinerlei Rechtswidrigkeit begangen hatte. Das einzige, was gegen ihn vorlag: Er war Jude. Kahn wanderte – vielleicht eingedenk dieses Erlebnisses – im Oktober 1939 nach Palästina aus.

In der Lokalpresse konnten noch – kurz nach Kriegsende – die Berichte eini-

---

1) SIEGERT 1979 484 und Vortrag T. Siegert in Regensburg 3.11.83. Er wird in einem Buch über Flossenbürg darüber berichten
2) KLASSE 11 a; Gräberliste
3) Bayer. Ostwacht 1933, vom 8.8. und 26.8. Hier nach WEINMANN 221. ReWo 1949 vom 29.4. – 5.5.
4) KIMMEL 364

ger weniger Überlebender ausgewertet werden(1):

Am Neupfarrplatz 15 wohnte *Nathan Jacob*, Angehöriger einer seit Jahrzehnten in Regensburg ansässigen Familie. Er hatte im Von-der-Tann-Regiment als Soldat gedient und im Ersten Weltkrieg hohe Tapferkeitsauszeichnungen erhalten (EK, Verdienstkreuz und Hausorden). Bei nichtjüdischen Freunden hatten die Juden durch den Rundfunk von dem Anschlag gegen den Gesandtschaftssekretär vom Rath in Paris gehört und mit banger Sorge erwarteten sie Rachemaßnahmen der NS. Die Juden selbst durften damals (1938) schon seit langem keine Radioapparate mehr besitzen.

In der bereits erwähnten Nacht vom 9. auf 10.11.1938 kamen SA-Leute die Haustreppe herauf, schlugen an Jacobs Tür und holten ihn vom Bett seiner sterbenskranken Frau. Gleichzeitig wurde die Wohnung demoliert und ausgeplündert. Wertvolle Gegenstände wurden sinnlos zerstört.

Jacob teilte nun das Schicksal der meisten männlichen jüdischen Bewohner Regensburgs: Sie mußten auf einem regennassen, lehmigen Acker bei der Motorsportschule "exerzieren", damit sie dreckig wurden und anschließend wurden sie so durch die Straßen Regensburgs getrieben, bewacht von SA, NSKK (NS-Kraftfahrkorps) und von "Hoheitsträgern" der Partei. Der damals 15-jährige Sohn *Paul* des oben genannten Rechtsanwalts *Oettinger* mußte dem gespenstischen Zug ein Schild vorantragen mit der Aufschrift "Auszug der Juden". Die Ereignisse ähnelten auffallend den Etappen des Leidensweges Jesu: Die Verspottung und Erniedrigung, das Verhalten des begleitenden Mobs, besonders in der Maxstraße und die "letztendliche" Ermordung ab 1942. Wie kurz sind doch 2000 Jahre für eine etwaige Weiterentwicklung des Menschen! Die Urtriebe, wie die Aggressivität gegen Andersstämmige (Revierverteidigung), Andersgläubige, überhaupt gegen andere, sind noch die gleichen und können jederzeit wieder, z. B. bei der Ausländerfeindlichkeit zum Durchbruch kommen.

Nathan Jacob wurde zunächst in das KZ Dachau eingeliefert. Später sind er, seine Frau, sein Sohn und seine Schwiegertochter in einem Judenlager im Osten ermordet worden.

Der damals 68-jährige *Adolf Naß*, Inhaber eines Herrenkonfektionsgeschäftes in der Kramgasse, wurde in der gleichen "Reichskristallnacht" aus seiner Wohnung geholt, die gleichzeitig von der SA zerstört wurde. Er wurde in der kalten Novembernacht, nur mit einem Hemd bekleidet, abgeführt und zum Neupfarrplatz gezerrt. Von hier wurde er zunächst wieder zurückgebracht, damit er sich wenigstens mit einem Mantel bekleiden konnte. Seine herzkranke Frau ist an den Folgen dieses schaurigen Terros gestorben(2). Adolf Naß kam später nach Theresienstadt und von dort soll er nach Auschwitz transportiert worden sein(3), falls er nicht schon im Lager Theresienstadt umgekommen ist (laut Toterklärung von 1957).

Der damals 69-jährige, bereits kranke Schuhkaufmann *Josef Lilienfeld* hatte am Neupfarrplatz Geschäft und Wohnung. Bei der Festnahme während der "Kri-

---

1) MZ 1947, vom 7.11.
2) LANGER S. 142 hält diese Nachricht für zweifelhaft, da Frau Naß im Friedhofsregister 1938 fehlt. Frau Rosa Naß starb 13.12.40 in Reg., also 2 Jahre danach. Die Zeitzeugen erinnerten sich, daß ihr Herzleiden sich verschlimmert hatte.
3) MZ 1947, vom 7.11.

stallnacht" wurde er brutal verprügelt(1). Er starb am 7.9.1942, im gleichen Jahr, in dem vorher sein Sohn *Paul*, seine Tochter *Hilde*, deren Ehemann *Ernst Bock*, seine Enkelin *Erika Bock* (12 Jahre) und kurz nach seinem Tod seine Ehefrau *Ida* deportiert wurden(2).

Der knapp 66-jährige Tabakhändler *Joel Lilienthal(3)*, Glockengasse 5^2, litt an einer Nierenerkrankung. Durch die kalte Nacht in der Motorsportschule am 10.11.1938 und die erlittenen Schläge starb er wenige Tage später. Den Zug der Verhafteten durch die Stadt hatte er am Schluß der langen Reihe, in einem Leiterwagen sitzend, mitzumachen. Ein Großteil der Festgenommenen, darunter auch Lilienthal, wurde in das Gerichtsgefängnis eingeliefert, die anderen 30 unmittelbar anschließend per Bus vom Bahnhofsplatz aus in das KZ Dachau abtransportiert. Im Gefängnis wagte es der Landgerichtsarzt *Dr. Max Bunz*, dessen Patient Lilienthal gewesen war, diesen sofort als nicht haftfähig aus dem Elendszug herauszunehmen und freizulassen(4). Aber Lilienthals Leben endete fünf Tage später, am 15.11.1938 im Krankenhaus der Barmherzigen Brüder.

Vom Schicksal vieler weiterer Mitbürger, z. B. der damals bekanntesten, wie Frau *Gisela Holzinger*, Familie *Brandis mit vier Kindern*, Justizrat *Dr. Adolf Bloch* und seine Angehörigen, *Senta Gutmann*, war schon 1947 nichts mehr bekannt. Sie waren unter den 106 Juden, die im April 1942 zunächst nach Piaski bei Lublin verschleppt worden waren. Ein *Brandis*, Ehemann der *Alice Holzinger*, besaß mehrere Tapferkeitsauszeichnungen aus dem Ersten Weltkrieg(5).

Über *Holzinger* erzählte mir im Februar 1981 eine damals in Regensburg wohnhaft gewesene Frau Link doch etwas mehr als in der MZ von 1945 und 1947(6) enthalten ist: Das Ehepaar Holzinger, wohnhaft gewesen in der Weißenburgerstraße, betrieb das Handarbeitsgeschäft Ecke Max-/Königstraße. Es ist ums Leben gekommen. Die zwei Töchter und ein Sohn überlebten und wanderten nach Israel aus. Zuerst hatten die Holzinger Regensburg verlassen und hatten Unterschlupf bei einer Familie *Hackinger* in Hengstenberg/Ndb gefunden. Aber dann wurden sie doch dort aufgestöbert und verschleppt. Frau Holzinger entstammte der jüdischen Familie *Neupert*. Diese besaß die Ziegelei Daffner.

Ein Einzelfall: Frau *Frieda Schottig*, geb. Prell, war, vermutlich wegen ihrer Ehe mit dem jüdischen Max Schottig, eine zum jüdischen Glauben übergetretene "Deutschblütige". Sie wurde mit 56 Jahren am 23. September 1942 aus dem jüdischen Altenheim in der Weißenburgerstraße nicht nach Theresienstadt, sondern in das Frauen-KZ Ravensbrück verschleppt.

---

1) MZ 1947, vom 7.11.
2) Laut Grabsteininschrift im jüdischen Friedhof Westseite Stadtpark Regensburg. Bock Ernst und Hilde und deren Töchterchen Erika fehlen auf der Deportiertenliste, da sie 1942 nicht in Regensburg gewohnt hatten
3) OPHIR S. 86f. und RATHSAM 1981 S. 13 schreiben Jakob Lilienthal; laut MZ 1951 vom 16.4. und laut Einwohnerbuch war der Vorname wohl richtig Joel. Der Name Julius auf dem Grabstein ist vielleicht eine - nicht richtige? - Eindeutschung von Joel.
4) RATHSAM 1981 13
5) Ebenda, S. 14
6) MZ 1945, vom 9.11. und MZ 1947, vom 7.11.

Nach dreijähriger Haft, bzw. Zwangsarbeit, wurde sie 1945 befreit. Sie wanderte nach Israel aus(1). Ihren Mann sah sie nie wieder. Er war ungefähr zur Zeit ihrer Befreiung, am 7.5.45, laut Einwohnerkartei, in Berlin (?) verstorben.

Charlotte Sabatier und ihre Kinder

Auf dem gegenwärtigen jüdischen Friedhof an der Westseite des Regensburger Stadtparks finden sich Hinweise auf Einzelschicksale. So steht z. B. auf einem Grabstein:

Charlotte Sabatier, gestorben im 85. Lebensjahr am 12.10.1955.
In Auschwitz ermordet:
Hermann Neumann, im 47. Lebensjahr
Victoria Neumann, geb. Sabatier, im 36. Lebensjahr
und deren Kind **Edith** im 6. Lebensjahr.

Familien-Übersicht Sabatier

("volljüdische" Familienmitglieder in Fettdruck, "halbjüdische" einfach unterstrichen; Religionszugehörigkeit in Klammern)

Turmuhrenmacher Gottlieb Sabatier (evangel.) 1856 Reg. - 1912 Reg. verheiratet in 2. Ehe mit **Charlotte, geb. Kasmacher**, geb. 1871 in Mähren, gest. 1955 in Reg. (israelit.). Letztere in Theresienstadt 23.9.42 (oder 10.1.44?) - 11.5.45; weil volljüdische Witwe aus ehemal. Mischehe

Kinder aus dieser "Mischehe"

1. Elsa (israel.) 1894 Brünn - 1975 Reg.
Theresienstadt 12.2. - 11.5.45, weil Halbjüdin in Mischehe mit Fritz Heinrichmeyer, geb. 1897 (nichtisrael.). Dieser weil "jüdisch versippt" Zwangsarbeit Rositz Oktober 44 - April 45
2. Wilhelmine, geb. 1905 Brünn; vor der Judenverfolgung in München als Frau Wagenthaler verstorben
3. **Viktoria** (israel.) 1907 Wien; seit 1937 verheiratet in Berlin mit **Hermann Neumann**, geb. ca 1897 (israel.). Beide zusammen mit ihrem 5-jährigen Töchterchen **Edith** 1943 in Auschwitz ermordet.
4. Wilhelm (nichtisrael.), geb. 1908. Als Halbjude Zwangsarbeit in Bergwerk. Nach 1945 verheiratet mit Lissy Sabatier, Reg. Gest. 1972 in Reg.

Das Schicksal dieser Frau Charlotte Sabatier und das ihrer Kinder spiegelt einen guten Teil von dem wider, was Juden, Halbjuden oder "jüdisch Versippten" widerfuhr. Eine Schwiegertochter und ein Schwiegersohn von *Charlotte Sabatier* konnten darüber noch berichten:

---

1) Handschriftlicher Nachtrag auf der Deportiertenliste der Stadt und MZ 1945 vom 9.11. Nach einer "Rückkehrerliste" wäre Frau Schottig erst am 10.1.44 verschickt worden. Diese Liste nennt übrigens 11 Rückkehrer(innen) mit Namen.

Sie hatte sich als Jüdin, aus Mähren und dann aus Niederösterreich stammend, namens *Kasmacher*, lange vor dem Ersten Weltkrieg mit dem *Turmuhrenmacher Sabatier* verheiratet. Sie gehörte zu den vielleicht 10 % der Juden, die nicht dem Brauch ihrer Gemeinschaft gefolgt sind und eine Mischehe eingingen. Ihr Mann war evangelisch. Sie lebten zusammen in Regensburg und hatten vier Kinder. Zwei davon wurden evangelisch, zwei jüdisch. Alle vier Kinder wuchsen in Regensburg auf und gingen hier zur Schule.

Laut Grabinschrift starb die Mutter im 85. Lebensjahr lange nach dem Zweiten Weltkrieg und man könnte deswegen meinen, ihr sei nichts geschehen. In der Tat wurde auch nach der Wannsee-Endlösungs-Konferenz Anfang 1942 die Weisung ausgegeben, die in Mischehe lebenden Juden zunächst unbehelligt zu lassen. Sie wurden 1942 noch nicht deportiert, brauchten nicht den Judenstern tragen und erhielten Lebensmittelkarten für Normalverbraucher. Aber Charlotte Sabatier genoß diesen Schutz nicht mehr, weil im fraglichen Jahr 1942 ihr arischer Mann schon lange (1912) verstorben, sie also Witwe gewesen war. Und obwohl sie zu dieser Zeit vorübergehend evangelisch geworden war, wurde sie doch mit dem *Transport vom 23.9.1942* in das Ghetto *Theresienstadt* verschleppt. In der Deportiertenliste der Stadt ist sie nicht aufgeführt, wahrscheinlich weil sie damals nicht zur jüdischen Gemeinde gehörte und nicht im Altersheim in der Weißenburgstraße wohnte. Trotzdem sie bei ihrer Einlieferung in Theresienstadt schon 71 Jahre alt war, überstand sie die fürchterlichen 2 3/4 Jahre, bis das Riesenlager mit zuletzt noch 32 000 Insassen (allein 1942 waren 87 000 in die kleine Stadt eingepfercht worden) am 11.5.1945 den russischen Truppen übergeben wurde(1). Danach lebte Frau Sabatier noch 10 Jahre in Regensburg.

Von ihren oben erwähnten Kindern waren Elsa und Viktoria jüdischen, und Wilhelm und Wilhelmine evangelischen Glaubens. Alle vier waren aber nach der NS-Sprachregelung "Halbjuden". *Wilhelmine* starb noch vor den Verfolgungen.

Wilhelm Sabatier (geb. 1908) war zunächst als Halbjude gar nicht aufgefallen. Er wurde als Soldat in die Wehrmacht eingezogen und kam im Zweiten Weltkrieg an die Front. Dort wurde er verwundet. Nach einem Lazarettaufenthalt kehrte er zu seiner Einheit zurück. Da traf ein Schreiben aus Regensburg - von der Gestapo? - ein, in dem darauf aufmerksam gemacht wurde, daß Wilhelm S. Halbjude und deswegen in der Wehrmacht untragbar wäre. Auf der Schreibstube wollten seine Kameraden zunächst dieses Schreiben verschwinden lassen. Aber die Weitergabe mußte sein. So wurde Wilhelm aus der Wehrmacht entlassen und konnte sogar kurze Zeit in München arbeiten. Aber dann wurde er doch zur *Zwangsarbeit in ein Salzbergwerk* in Mitteldeutschland kommandiert. Von dort gelang ihm während des Durcheinanders bei einem Fliegerangriff die Flucht und zwar noch geraume Zeit vor Kriegsende. Er konnte bei Bekannten in München und Regensburg sich verbergen, in Regensburg bei der Familie seiner Verlobten. Letztere durfte er *wegen der Nürnberger Rassengesetze nicht heiraten*. Nach der Befreiung im Mai 1945 holte er mit einem Kraftfahrzeug *seine Mutter Charlotte Sabatier* und die Frauen *Helene Fritz, Helene Kappelmeier* und *Ida Lilienfeld* aus Theresienstadt nach Regensburg. Auch konnte er die Heirat nun nachholen.

Von den beiden jüdisch erzogenen Töchtern heiratete *Elsa* wieder einen Nichtjuden, nämlich Herrn *Fritz Heinrichmeyer* in Regensburg. Sie genoß dadurch

---
1) REITLINGER 185

den Schutz der in Mischehe lebenden Juden und Halbjuden und wurde erst
mit dem Schub im Februar 1945 nach Theresienstadt verschleppt. Dort traf sie
ihre Mutter, als diese schon 2 1/2 Jahre dort eingesperrt war. Zur Zeit der
Befreiung - nach 12 Wochen ihres Aufenthaltes - war Frau Heinrichmeyer
schwer krank und wog nur noch 30 kg. Sie wurde zunächst in einem russischen Lazarett behandelt, bis auch sie nach Regensburg zurückkehren konnte.

Das schlimmste Schicksal erlitt die andere Tochter *Viktoria*. Sie hatte wieder
einen Juden, nämlich *Hermann Neumann*, geheiratet und lebte mit diesem in
Berlin. Von dort wurden beide Ehegatten und ihr fünf Jahre altes Töchterchen *Edith* "nach dem Osten" deportiert und alle drei erlitten 1942 in Auschwitz-Birkenau einen grausamen Tod. Herr Heinrichmeyer besitzt ein größeres Farbbild seiner Schwägerin Viktoria, zusammen mit deren Tochter, das
nicht lange vor der Einlieferung zum Massenmord entstanden war. Er hatte
Bedenken und hielt für pietätlos, das Bild zu veröffentlichen. Es ist gut zu
verstehen, wenn ein Betroffener sich scheut, das Bild ermordeter Angehöriger womöglich auch denen zu zeigen, die heute noch die damaligen Verbrechen trotz deren mehrfachen und eindeutigen Nachweises verduschen oder
verharmlosen möchten.

Damit ist aber das Schicksal der Kinder der Charlotte Sabatier noch nicht zu
Ende erzählt. Denn die heute schwer verständliche Ideologie und Praxis des
NS ließ auch den Schwiegersohn *Heinrichmeyer* den animalischen Judenhaß
Hitlers spüren, obwohl H. selber weder der "Rasse", noch der Religion nach
zum Judentum gehörte. Aber er war wegen seiner Ehe mit einer Halbjüdin
"jüdisch versippt". Wegen dieses "Verbrechens" wurde er - sogar früher als
seine Ehefrau, nämlich als diese noch auf freiem Fuß war - seiner Freiheit
beraubt und in ein Zwangsarbeitslager eingewiesen. Herr P. Oettinger vertritt
die Ansicht, daß ein in Mischehe lebender "Arier", der sich nicht scheiden
ließ, damit schon Widerstand leistete. Denn normalerweise waren auch die
arischen Ehepartner Schikanen und dem Druck ausgesetzt, sich vom jüdischen
Partner zu trennen. Heinrichmeyer dachte während der langen Jahre nie an
so etwas wie Scheidung. Auch er bekam schließlich massive Auswirkungen der
vom Staat vertretenen Ideologie des Antisemitismus zu spüren. Er hatte bis
dahin als Schreinermeister bei der Hitzlerwerft gearbeitet. Im Oktober 1944
erhielt er plötzlich eine Vorladung zum Arbeitsamt. Dort fanden sich zusammen mit ihm 20 bis 25 Männer aus Regensburg ein. Sie alle wurden in das
Kohlenbergwerk Rositz bei Altenburg in Thüringen verbracht. Offiziell nannte
man das *"staatspolizeilichen Sondereinsatz bei der OT* (Organisation Todt)".
Die anderen mit ihm waren teils auch "jüdisch Versippte", teils Halbjuden.
Letztere waren solche, von denen *ein* Elternteil jüdisch war. In Stuttgart
lebten z. B. im Jahr 1939 2413 "Rassejuden", wovon 191 nichtjüdischen Glaubens waren; dazu 507 "Mischlinge 1. Grades" (Halbjuden) und 260 "Mischlinge
2. Grades" (Vierteljuden)(1). Aus Regensburg waren z. B. zwei Söhne vom
Inhaber des Kaufhauses *Fischl* als "Halbjuden" bei dieser Zwangsverschickung
nach Rositz dabei.

Das Arbeitslager Rositz bestand aus mehreren Teillagern, in denen einige
Tausende Zwangsarbeit leisten mußten. Unter ihnen waren Juden, Halbjuden,
jüdisch Versippte, Schauspieler, Ärzte, Offiziere des Ersten und auch schon
des Zweiten Weltkrieges, viele Ausländer, vor allem aus Polen. Es handelte
sich nicht um ein KZ. Verwaltungsmäßig unterstand das Lager der OT, in der

---
1) ZELZER 503

Kanzlei war SS, auch Bewachung stellte die SS, Kapos aber waren von der OT. Wer nicht "spurte", kam in das nahe gelegene KZ Buchenwald.

Anfang Februar 1945 schrieb *Elsa Heinrichmeyer* ihrem Mann nach Rositz, daß sie ahne oder fürchte, auch bald abtransportiert zu werden. Daraufhin bestach dieser einen maßgebenden Mann im Lager mit dem Versprechen, er würde aus Regensburg eine Kiste mit Nägeln besorgen können. Er erhielt damit eine Art Urlaubsgenehmigung und kam halblegal für zwei Tage nach Regensburg, eben als seine Frau eine Vorladung zur Polizeidirektion erhalten hatte. Er begleitete sie dorthin. Aber da wurde gerade Fliegeralarm gegeben, sodaß der Abtransport noch einmal verschoben werden mußte. Am 12. oder 14.2.1945 war es dann aber so weit und Elsa H. wurde nach Theresienstadt verschleppt.

Nachzutragen ist, daß *Fritz Heinrichmeyer* schon im Juni 1933 zusammen mit den SPD-Funktionären *Martin Ernst, Josef Rothammer* u. a. in Schutzhaft gekommen war(1). Der Grund war gewesen, daß er während eines Jahres Vorsitzender der Regensburger "Naturfreunde", und damit "marxistischer Funktionär" gewesen war. Er gehörte damals nicht zu jenen, die weiter in das KZ Dachau verbracht wurden, vor allem weil er in dem wichtigen, später kriegswichtigen Betrieb der Hitzlerwerft arbeitete, die Tankkähne für Öltransporte aus Rumänien baute. Damals spielte das Judentum seiner Frau noch keine Rolle. Nur wenige wußten oder beachteten, daß seine Frau Jüdin, genauer Halbjüdin, war. Die Polizei, die die Leute befehlsgemäß in Schutzhaft nehmen mußte, darunter sehr wohl auch schon Juden, kümmerte sich in seinem Fall nicht darum. Judenhaß mußte von der Partei allmählich durch ständige Propaganda in die Bevölkerung getragen werden. Das dauerte Jahre.

Alice Heiß,

eine Jüdin, die durch Widerstand ihr Leben verlor

Etwas mehr als über das Schicksal der vielen anderen ermordeten Regensburger Juden wissen wir über *Alice Heiß*, geb. *Heidecker*, Gattin des nichtjüdischen, katholischen Rechtsanwalts *Dr. Alfons Heiß*.

In der Liste der Deportierten, wie sie die Stadt 1947 zusammenstellen ließ, ist ihr Abtransport als "Einzelschub" unter dem 25.11.1943 aufgeführt: "Verschubt nach KZ Auschwitz, dort ermordet am 3.1.1944."

Wäre nicht eine "Widerstandshandlung" von Herrn und Frau Heiß aufgeflogen, wären diese nämlich nicht wegen mehrfachen Abhörens ausländischer Sender verhaftet worden, so hätte Alice Heiß wie die anderen damals in Mischehe lebenden Jüdinnen noch weit über ein Jahr in "Freiheit" sein können. Sie wäre erst im Februar 1945 nach Theresienstadt "verschubt" und aller Wahrscheinlichkeit nach zusammen mit den anderen gerettet worden.

Freilich bewahrte die Mischehe nicht davor, daß Frau Heiß und damit auch ihr arischer Mann ab 9.11.1938 (Reichskristallnacht) zur *Vermögensabgabe* aller deutschen Juden von 1 Milliarde RM mit herangezogen wurden. Die Heiß mußten mehrere Raten zu je 2200.- RM (entsprechen heute etwa je 15 000.- DM)

---

1) Ein Ferdinand Sabatier unter den Schutzhäftlingen vom 16.3.33 war ein Cousin der Geschwister Sabatier, von denen hier berichtet wird.

an das Finanzamt zahlen. Schon vorher mußten alle Juden bis 30.6.38 eine genaue Aufstellung ihres gesamten Vermögens abgeben, andernfalls ihnen schwere Strafen ("Geldstrafe, Gefängnis, Zuchthaus, Einziehung ihres Vermögens", heißt es im Formblatt) angedroht wurden. Die einschlägige VO stammte vom 26.4.38. Man sah bei der Reichsregierung damals schon den Mord in Paris und die "Sühne"-kristallnacht voraus. Es liegt noch ein Gesuch des RA Heiß an das Finanzamt vor, in dem er um Erlaß der vierten Rate bittet. In vorsichtiger Form begründet er sein Gesuch u. a. damit, daß er praktisch keine Einnahmen mehr hatte, weil keine Klienten mehr zu ihm kamen!

Auch verhinderte die Mischehe nicht, daß Alice Heiß den Zusatz-Vornamen Sara - laut VO vom 17.8.38, also auch schon vor der angeblichen Sühne für den Mord an von Rath - annehmen und bei Androhung schwerer Strafe stets angeben mußte(1).

Das grausame Ende von Alice Heiß in einem der Vernichtungslager ist also der Aufdeckung, d. h. der Denunzierung einer kleinen Gruppe von NS-Gegnern zuzuschreiben, zu der ihr Mann und auch sie selber gehörten. Insofern ist sie *eine von den Regensburgern, die als Widerständler ihr Leben verloren.*

In seinem Bericht über den Monat September 1943 meldete der RegPr von Ndb/Opf nach München (die Ergänzungen in Klammern sind wie immer vom Verfasser):

"...Ein Elektroingenieur (*Wilhelm Herrmann*), ein Prokurist (*Fritz Bräu*) und ein Rechtsanwalt (*Alfons Heiß*) aus Regensburg wurden festgenommen. Sie hörten gemeinschaftlich wiederholt den Londoner Sender und unterhielten sich darüber. Der Elektroingenieur ist ehemaliger marxistischer Gewerkschaftler und wegen Beihilfe zum Hochverrat im Jahre 1920 vom Volksgericht in München zu 15 Monaten Festung verurteilt worden. Während der Räteregierung in Bayern war er Führer einer durch die marxistischen Gewerkschaften errichteten Sicherheitswehr, bereits vor Beginn des jetzigen Krieges hörte er die sozialpolitischen Vorträge des Moskauer Senders und während des Krieges, neben dem Londoner Sender auch die Sender "Freies Österreich" und "Atlantic". Der Rechtsanwalt, namens Heiß, war 8 Jahre Mitglied der "Schlaraffia" in Regensburg (mitgliederstärkste Freimaurerloge), sympathisierte mit der BVP und ist *mit einer Jüdin verheiratet...*"

Drei Monate später meldete der RegPr:

"...Wegen Abhörens ausländischer Sender wurde der Prokurist *Bräu* aus Regensburg vom Sondergericht Nürnberg zu 4 Jahren Zuchthaus und 4 Jahren Ehrverlust, der Rechtanwalt *Heiß* zu 1 1/2 Jahren Zuchthaus und 2 Jahren Ehrverlust, der Zahnarzt *Dr. Meyer*, Stabsarzt in Regensburg, vom *Gericht der Division 473*, Zweigstelle Regensburg, zu 4 Jahren Zuchthaus, 3 Jahren Ehrverlust, Degradierung und Ausstoßung aus der Wehrmacht verurteilt."

Der zuletzt genannte Zahnarzt der Garnison Regensburg hat mit den zuvor erwähnten drei Verhafteten nichts zu tun. Der Fall des Elektroingenieurs *Herrmann* (geb. 5.8.1885), der im Monatsbericht für Dezember unter den Verurteilten fehlt, wurde nicht vor dem *Sondergericht Nürnberg in Regens-*

---

1) S. 3 der Liste der Regensburger Juden, die dem Befehl, sich für diese Namensänderung zu melden, nachgekommen waren.

burg verhandelt, sondern als noch schlimmerer Fall an das *OLG München* verwiesen. Mit den vier oben Genannten befaßten sich also - wegen des gleichen Deliktes! - drei verschiedene Gerichte: Ein Beispiel für die große Zahl von Juristen und Nichtjuristen, die alle vor dem Fronteinsatz bewahrt waren, vielmehr im Kampf an der "inneren Front" gegen eigene Landsleute ihren Mann gestanden hatten. Herrmanns Verfahren zog sich dann in München - wegen der ständig zunehmenden Zahl an Prozessen - so in die Länge, daß es bei Kriegsende noch nicht abgewickelt war(1). Herrmann war also von etwa Januar 1944 bis Mai 1945 im Gefängnis Stadelheim in U-Haft gewesen.

Von den verbleibenden zwei Verhafteten, die in Regensburg vom Sondergericht Nürnberg am 3.12.1943 verurteilt wurden, erhielt Bräu eine wesentlich höhere Strafe als Heiß. Das Gericht hielt ihn gegenüber Heiß für den Verführer. Weil das Schicksal der Jüdin *Alice Heiß* mit seinem Fall eng zu tun hat, soll zunächst über Bräu etwas mehr berichtet werden.

Fritz Bräu, geboren am 27.10.1899 in Weiden, lebte von Kindheit an in Regensburg. Er war Kriegsfreiwilliger im Ersten Weltkrieg, wurde mit 18 Jahren schwerverwundet. Ihm wurde in vielen Operationen ein Oberschenkel amputiert. Er war vor und nach 1933 politisch nicht organisiert, war aber immer ein scharfer Gegner des NS. Diese Gegnerschaft war in seiner Empörung über das Gewalt- und Unrechtssystem begründet, besonders auch über die Judenverfolgungen, die er als brutal und unmenschlich ablehnte. Er war Prokurist bei einer Firma, deren Zentrale in Berlin war. Von dort wurde ihm bedeutet, er könnte Direktor werden, müßte aber vorher Parteimitglied sein. Er lehnte ab.

Zwischen den Familien Bräu und Heiß bestand eine alte Freundschaft. In ihrem Kreis war *Alice Heiß* als ein ausgesprochen fröhlicher Mensch die Seele der gegenseitigen Beziehungen. Das Ehepaar Heiß versuchte, dem immer bedrohlicher werdenden Antisemitismus dadurch zu entgehen, daß Frau Heiß zum katholischen Glauben konvertierte. Bei ihrer Taufe, die zusammen mit der Firmung gespendet wurde (laut vorhandenem "Geburts- und Taufzeugnis" wurde sie am 18.11.1934 in der Hauskapelle des Dompfarrhofes getauft), war Frau Bräu Tauf- und Firmpatin(2). Alice nahm bei der Taufe den christlichen Namen Elisabeth an. In den Augen der NS blieb sie aber trotz allem "Rasse-Jüdin" und sie verlor deswegen immer mehr den Kontakt zu alten Bekannten. Diese wagten immer weniger, mit ihr gesehen zu werden. So kam es, daß die Bräu zuletzt zu den sehr wenigen zählten, mit denen sich die beiden Heiß noch regelmäßig trafen. Das geschah vor allem im Haus der Bräu in der Ligasiedlung. In der Wohnung der Heiß wäre das - wegen der Jüdin Alice - viel zu gefährlich gewesen. Nebenbei: Bevor die Bräu in die Ligasiedlung zogen, wohnten sie - bis 1936 - im Haus des *Zirkl* in der Richard-Wagner-Straße, des gleichen *Josef Zirkl*, der zusammen mit dem Dompfarrer Herrmann gehängt wurde. Die drei Männer Bräu, Herrmann und Heiß und auch ihre Frauen trafen sich also in der Wohnung des Bräu und manchmal auch in der von Herrmann und hörten dort ausländische Sender, besonders BBC London. Wahrscheinlich war aber Herrmann wegen seines "marxistischen Vorlebens" schon im Blickfeld der Gestapo gewesen und diese beobachtete die Zusammenkünfte, sicher wurde sie zuletzt durch Denunziation unterrichtet.

---

1) Archivinventare 1977 Bd. 7, Teil 2; ORA 4J 39/44;
2) Laut Familienbogen, Stadtarchiv, ist Alice Heiß allerdings schon "1931 ausgetreten" (aus jüdischer Gemde?) Frau Selma Heiß behauptet, sie sei schon 1927 bei der Eheschließung aus Liebe zu ihrem Mann katholisch geworden.

Im September 1943 wurde zuerst Herrmann und wurden kurz danach, am 23.9., Bräu und am 28.9. die *beiden* Heiß verhaftet. Leugnen half wenig. Im Kreuzverhör und bei der Gegenüberstellung, nachdem Herrmann schon einiges zugegeben hatte, konnte auch Bräu nicht mehr alles abstreiten. Er nahm schließlich die Schuld überwiegend auf sich, vor allem um die am meisten gefährdete Jüdin Heiß zu retten. Er erklärte, daß die Ehefrauen, also auch Frau Heiß, nie beteiligt waren. Daraufhin wurden denn auch weder Frau Bräu noch Frau Heiß angeklagt.

Anfang Dezember 1943 wurden von den drei Männern nur Bräu und Heiß vor dem Sondergericht Nürnberg verhandelt, das in Regensburg tagte. Das geschah unter der Leitung des berüchtigten *Oswald Rothaug*. Näheres über ihn und seinen Nachfolger wird im nächsten Kapitel "*Krug*" mitgeteilt. Rothaug empfing Bräu mit den Worten: "Ein Verteidiger hat für Sie keinen Sinn; Sie tragen den Kopf so oder so unter dem Arm!" Es gab dann wohl einen Verteidiger, aber mit wenig Wirkung. Auf die vier Jahre für Bräu und die eineinhalb Jahre für Heiß wurden die zwei Monate U-Haft in der Augustenburg angerechnet. Kurz vor Weihnachten 43 wurden beide in das Zuchthaus Amberg verlegt.

Am 25.2.1944, ziemlich genau ein halbes Jahr nach dem ersten schweren Fliegerangriff auf die Messerschmittwerke, folgte die zweite Bombardierung dieser Werke. Diesesmal fielen die Bomben nicht so präzis beschränkt auf die Fabrik in der Prüfeninger Straße. Der Angriff kostete 16 Menschen das Leben. Auch das Haus der *Bräu* wurde getroffen und konnte nicht mehr bewohnt werden. Wegen dieser besonderen Notlage erreichte Frau Bräu die Erlaubnis, ihren Mann in Amberg zu besuchen. Das war der einzige Besuch während des eineinhalbjährigen Zuchthausaufenthaltes. Sie traf ihren Mann furchtbar abgemagert an. Außerdem hatte er sich bei der Arbeit im Zuchthaus am Finger verletzt, es kam zu einer Blutvergiftung, im Krankenhaus Amberg wurde ihm der Finger amputiert. Fast hätte er die ganze Hand verloren. Das erinnert an den Fall des Flossenbürger KZ-Häftlings *Herzog* (s. o.), bei dem eine ganz ähnliche Fingerverletzung sehr schnell zum Tod geführt hatte. Bräu wurde noch von Amberg nach Bayreuth verlegt. Immerhin überlebte er die beiden Zuchthäuser, kam nach Regensburg zurück und starb - erst 62-jährig - am 26.1.1962. Das schrecklichste während der Haft war die ständige Angst und Sorge, ob man überleben würde. Wahrscheinlich wußte er von der Verfügung des Reichsjustizministers, daß Häftlinge jederzeit aus den "normalen" Haftanstalten in ein KZ überführt werden konnten (siehe den Fall Haas!) und dann bestand besonders begründete Sorge um das Überleben.

Bei ähnlichen Fällen litt immer die Familie mit. So auch im Fall *Bräu*. Das Konto des Mannes, also des Ernährers der Familie wurde gesperrt. Die Familie wäre ohne Einkommen gewesen, hätte nicht schon die eine Tochter ein wenig verdient. Des öfteren mußten die Frau und die Kinder sich sagen lassen, sie seien die Familie eines Hochverräters. Nach der erwähnten Zerstörung des Wohnhauses erhielten die Frau und ihre zwei Kinder zusammen ein kleines Zimmer im damaligen Lazarett im Prüfeninger Schloß (Chefarzt *Dr. Ritter*), wo die Frau schließlich als Wäschenäherin eingesetzt war. Dort durften sie nicht den normalen Luftschutzkeller benutzen, sondern mußten bei Alarm in einen zweiten, der für russische Gefangene diente.

Zuletzt sei zum Fall *Bräu* noch aus einem Brief zitiert, der von deutsch-französischer Freundschaft kündet, die sich lange vor Adenauer und de Gaulle gebildet und bewährt hatte. Zum Ableben von Bräu erhielten 1962 die Angehörigen einen Brief des französischen Abbé *R. David*, Chapelain Episcopal,

Curé, aus Vessey, der zusammen mit Bräu in den Zuchthäusern Amberg und Bayreuth inhaftiert gewesen war. Darin schrieb David (in französisch):

"...Er war der einzige Kamerad deutscher Nationalität, mit dem mich eine offenherzige Freundschaft während unserer gemeinsamen Haft verbunden hatte und auch meine französischen Kameraden hatten eine große Achtung vor ihm und seiner Hilfsbereitschaft, welche er bei jeder Gelegenheit ihnen erwies. Für mich war er ein wahrer Freund. Wir sprachen nicht die gleiche Sprache und ich hatte Mühe, ihn zu verstehen. Aber wenn es sich darum handelte, uns zu ermutigen und zu trösten, verstanden wir uns ...*Wir litten wegen der selben Sache*... Ich kann nicht vergessen, wie er mehrere Male, als er mich erschöpft sah, mir einige Scheiben Brot zuschob, die er sich selbst versagt hatte... Bei der Befreiung versuchte ich alles, ihn wiederzufinden... während der Erniedrigung im Gefängnis *blieb er stark ...in der Erwartung des Sieges der Kraft des Guten über das Böse*, das der Nazismus entfesselt hatte. Ich verstehe gut, daß er ein stilles Begräbnis wünschte: Im großen Schweigen des Kerkers hat sein Leben seinen vollen Wert erhalten... Ich werde die Heilige Messe nach seiner Meinung feiern... und im Juli werde ich es mir zur Pflicht machen, an sein Grab zu kommen..."

Nach dem dankbaren Gefühl der Befreiung in der ersten Zeit hatte sich Bräu dann weitgehend zurückgezogen und zeigte sich schwer enttäuscht darüber, daß die Hoffnung auf einen totalen Gesinnungswandel in seinem Volk, die sie während der langen Zeit der Unterdrückung immer genährt hatten, sich danach nicht erfüllte.

Doch zurück zum Lebenslauf der Jüdin *Alice Heiß*. Sie wurde am 15.5.1899 in Regensburg geboren. Vater war der angesehene Justizrat und Rechtsanwalt *Dr. David Heidecker*. Er war während des Ersten Weltkrieges und danach bis 1920 Vorstand der jüdischen Gemeinde in Regensburg gewesen. Er starb am 19.9.1930, erlebte also die furchtbarste Tragödie des deutschen Judentums nicht mehr. Die Mutter *Meta Heidecker*, geb. Wollner, war schon bei der Hochzeit ihrer Tochter Alice 1927 nicht mehr am Leben. Als Alice am 12.8. 1927 mit dem Nichtjuden Alfons Heiß eine Mischehe einging, war ihr Vater schwer getroffen. Er soll sogar zunächst seine Tochter enterbt haben. Aber spätestens bei der Geburt des ersten (und einzigen) Kindes aus dieser Ehe, der Helene Meta, am 26.7.1929, versöhnte sich Heidecker mit seiner Tochter und schenkte speziell seinem Schwiegersohn und Rechtsanwaltskollegen, einem begeisterten Pianisten, einen teuren Steinway-Flügel, den er aus New York einfliegen ließ. Die Heideckers waren sehr vermögend gewesen. In Nürnberg hatten die Eltern Wollner der Frau Heidecker eine Pinselfabrik betrieben. Öfters war das Ehepaar Heiß während des Dritten Reiches in der Schweiz gewesen. Dabei hätte die Möglichkeit bestanden, dort zu bleiben. Einmal, am 1.9.39, also am Tag des Kriegsbeginns, fuhren die beiden Eheleute mit der Absicht über die Grenze, nicht mehr zurückzukehren. Sie hatten dazu ihr ganzes Geldvermögen mitgenommen. Aber schließlich schrak Frau Heiß doch davor zurück. Sie brachte es nicht übers Herz, ihre Heimat Regensburg zu verlassen und glaubte sich genügend sicher, daß ihr nichts passieren würde, weil sie ja Katholikin und mit einem Arier verheiratet wäre. Sie hätte ja auch insofern recht gehabt, als die meisten oder alle in Mischehen lebenden Jüdinnen am Ende überlebten. Aber nun wurde sie zusammen mit ihrem Mann *Alfons Heiß* (geb. am 2.9.1897 in Lohberg, Lkr. Kötzting, als Lehrerssohn) von der Gestapo verhaftet(1).

---

1) MZ 1946 vom 23.7.

Schon am Tag nach der Festnahme wurde ihr Haus Hans-Huber-Straße 5 im vornehmen Westenviertel, von der Gestapo geplündert. In großer Zahl wurden wertvolle Bücher und Schallplatten (Heiß war begeisterter Musiker), natürlich auch das Rundfunkgerät mitgenommen. Später wurden fremde Leute aus Regensburg ins Haus einquartiert.

In der Folge wurde nun nicht nur der Ehemann angeklagt und verurteilt. Lange vor dem Urteil (dieses am 3.12.) verfügte der Reichsjustizminister noch am 11.10.43 das *Berufsverbot* als Rechtsanwalt, woraufhin Heiß in den RA-Listen des Amtsgerichts und des Landgerichts Regensburg gestrichen wurde.

Es folgten immer mehr Schikanen. Ein kleines Beispiel: Am 3.1.1944 schrieb "der Oberbürgermeister der Stadt Regensburg an den RA Alfons Heiß, zur Zeit Gerichtsgefängnis Regensburg (in Wirklichkeit bereits im Zuchthaus Amberg) gegen Nachweis: *Ordnungsstrafbescheid*. Sie haben nach den Angaben Ihrer Ehefrau (diese wurde gerade am Tag dieses Schreibens in Auschwitz vergast) in letzter Zeit wiederholt von Personen, die eine Rechtsauskunft bei Ihnen einholten, als Entschädigung frische, ungestempelte Hühnereier angenommen und einkonserviert. Sie haben also bezugsbeschränkte Erzeugnisse ohne Bezugsberechtigung erworben ... setze ich gegen Sie eine Ordnungsstrafe in Höhe von 50,-- RM (etwa 400,--DM) fest ... binnen einer Woche einzuzahlen ...   Ernährungsamt Abt. B
                                    Stadtrechtsrat ... unleserlich."

Nach 8 Monaten der Haft erhielt Heiß eine *Kostenrechnung* der Gerichtskasse Nürnberg, datiert vom 10.6.1944, adressiert an den früheren RA ..., z. Zt. im Zuchthaus Amberg (Az: Sg 726/43):

Gebühren für die Verf. des Urteils (1 Jahr 6 Mon. Zuchth.)   100,-- RM
Gebühr für die Einziehung des Rundfunkgerätes   30,-- RM
Haftkosten v. 28.9. bis 2.12.43 = 66 Tage à 1.50   99,-- RM
Vollstreckungskosten v. 3.12.43 mit 24.3.45 = 478 Tage ...
(die Hafttage waren also schon im voraus zu bezahlen!)   717,-- RM
Reisekosten des (Sonder-)Gerichts anläßlich der Tagung in
Regensburg   5,56 RM
Reisekosten des Staatsanwalts Dr. Schmidt   12,47 RM
Postgebühren für Zeugenladung   0,12 RM
                                                         ─────────────
                                                  Summe   964,10 RM

Dieser Summe mögen heute etwa 8000,-- DM entsprechen.

Heiß verbüßte die verhängte Strafe bis zum letzten Tag. Er wurde am 24.3. 1945 aus dem Zuchthaus entlassen. Nach Regensburg zurückzukehren wagte er nicht. Die Zeit des Ehrverlustes (zwei Jahre) lief ja noch und er fürchtete, in ein KZ eingeliefert zu werden. So hielt er sich bis zum Kriegsende bei einem guten Bekannten in einer Ziegelei in Hagelstadt auf.

Wenige Tage nach dem Einmarsch der Amerikaner, am 4.5.45, betraute ihn die Militärregierung mit der Führung der Polizeidirektion und am 18.3.46 ernannte sie ihn zum kommissarischen Oberbürgermeister. Nach den Stadtratswahlen vom 26.5.46 wurde er auch vom Stadtrat am 20.7.46 zum Stadtoberhaupt gewählt. Er hatte dieses höchste kommunale Amt zwei Jahre inne. Nach den nächsten Gemeindewahlen vom 30.5.48 wurde *Georg Zitzler* neuer OB. Dabei fühlte sich Heiß in der entscheidenden Fraktionssitzung der CSU überrumpelt. Jedenfalls war nun die Zeit der politisch Verfolgten für eine so einflußreiche

Stelle vorbei (vor Heiß war der politisch Verfolgte *Titze OB* gewesen). In schnellen Schritten kehrte die Regensburger Gesellschaft in ihre alten Positionen zurück. Die Entnazifizierung war geschafft. Niemand brauchte mehr zu befürchten, daß der "unglückliche Kriegsausgang" etwa eine Revolution mit Racheakten im Gefolge haben könnte.

Auch die Tochter, *Helene Meta Heiß*, damals 14 Jahre alt, wurde schikaniert, mehrfach von der Gestapo verhört, aus der Schule ausgestoßen und in eine wenig beliebte Pflichtjahrstelle, in eine Metzgerei, gesteckt. Im Februar 1945 sollte auch sie als Halbjüdin in ein Lager in Mitteldeutschland eingeliefert werden. Da sie noch keine 16 Jahre alt war, sah die Gestapo von der Zwangsverschickung ab(1). Nach dem Krieg heiratete sie Norbert A. Shepanek aus Chicago, der jetzt im diplomatischen Dienst in Washington D.C. tätig ist.

Bei Frau *Alice Heiß* wurde gar nicht erst nachgeforscht, ob sie sich beim Abhören von BBC London beteiligt hatte. Ihre Eigenschaft als Jüdin war ja viel schlimmer. Sie kam gleichzeitig mit ihrem Mann zunächst in die Augustenburg, natürlich völlig getrennt von ihm in eine andere Zelle in einem anderen Stockwerk. Beide durften während der zwei Monate gemeinsamer Haft nicht miteinander sprechen und einander nicht schreiben. Nun gab es aber damals mindestens eine Gefängnisaufseherin, nämlich Fräulein *Friederike Menauer*, die man den Engel der Augustenburg nennen konnte. Sie war katholisch motivierte NS-Gegnerin. Weil sie ein sensibles Rechtsempfinden hatte und den Terror haßte, brachte sie den unglaublichen Mut auf, Nachrichten zwischen den politischen Häftlingen und ihren Angehörigen aus den und in die Zellen zu schmuggeln. Die beiden Gefängnisgeistlichen, Kooperator Seitz von der Katholischen und Köppel von der evangelischen Kirche, halfen dabei mit. Gleichzeitig mit dem Ehepaar Heiß war auch *Josef Eder* in politischer Haft gewesen. Er war von der selbstlosen und tapferen Gefangenenhilfe der Friederike Menauer so tief und nachhaltig beeindruckt, daß er sie nach der Befreiung zu seiner Frau gemacht hat.

Josef Eder war einer von 72 Widerständlern, die 1939 in Österreich verhaftet und in die Augustenburg nach Regensburg verbracht wurden. Sie waren hier vier Jahre in U-Haft oder Schutzhaft, bis ihnen der VGH Berlin in Regensburg den Prozeß machte und sie verurteilte oder freisprach. Zwei erhielten die Todesstrafe, wurden nach München-Stadelheim verbracht und dort enthauptet: Der Schriftsteller und Philosoph *Hebra*, von dem der Gefängnisgeistliche Seitz erzählte, daß er bis zum Tode geistlichen Beistand ausschlug, und ein gewisser *Burjahn*. Eder erhielt Zuchthausstrafe, ("Vorbereitung zum Hochverrat") die er dann in Straubing verbüßte. Kurz vor dem Todesmarsch gelang ihm die Flucht. Er versteckte sich im Keller von Möbel-Röhrl in Regensburg, bis ihn die Amerikaner befreiten.

Auch zwischen dem Ehepaar Heiß in den beiden Stockwerken und hinaus aus der Haftanstalt zur Tochter schmuggelte Fräulein Menauer Kassiber mit Briefzetteln. Sie sind heute noch vorhanden. Diese letzten von Alice Heiß geschriebenen Zeilen handeln vor allem von den Sorgen um die Tochter, die ja nun wie eine Vollwaise allein und schutzlos (als Halbjüdin!) leben mußte, z. B. um deren Bleibe, um den Einzug fremder Leute ins Haus, usw.

Am 37. Hafttag, am 3.11., schrieb sie ihrem Mann am Schluß ihres Briefs

---

1) MZ 1946 vom 23.7.

nebenbei: "... Ich arbeite in der Nähzelle, flicke Wäsche oder stricke für die Beamten ..."

Alfons Heiß versuchte, sich für die Rettung seiner Frau einzusetzen. Er schrieb ein Gesuch an die Gestapo. Darüber in einem illegalen Schreiben an seine Tochter: Es ist "unerklärlich, wieso sie da verdächtigt wird (Alice verdächtigt wird, mitgehört zu haben). Sie ist in Wirklichkeit nur wegen Geburt da. Ich begründe nun das Gesuch damit, daß für *meine* Tat nicht nur Alice, sondern vor allem *du* leiden mußt. Man soll dir (die Mutter) ... wiedergeben .. Daß Alice nur wegen ... (er schrieb drei Punkte, wo er nicht schreiben wollte "wegen ihrer jüdischen Geburt", - so schrecklich klang das damals!) hier ist, ..."

Man frägt sich heute, wie weit die Eingekerkerten wissen oder hoffen konnten, daß ihre Zeit des Elends mit Hilfe unserer "Feinde" bald vorüber sein würde. Dazu äußert Alfons Heiß in einem aus dem Gefängnis geschmuggelten, ganz eng beschriebenen Zettel vom 18.11.1943 an seine Tochter, in dem er ansonsten um Verschiedenes bittet:

"... Heute Beginn der 9. Woche unserer Leidenszeit. Parole 43, d. h., ich rechne ab 23.9., dem Tag der Verhaftung, 1 Jahr Kriegsdauer = 52 Wochen. 52 - 9 = 43. Also schon etwas - wenn Dauer nicht so lang, dann umso besser! ... Brief niemand zeigen und bald vernichten!!"

Für Alice wären 43 Wochen viel zu lang gewesen. Sie lebte keine 7 Wochen mehr.

Übrigens schrieb auch sie am gleichen Tag, Donnerstag 18.11., - genau 1 Woche vor ihrem Abtransport - einen Zettel an ihren Mann im gleichen Haus, vom zweiten in den ersten Stock (siehe Abb. 14, S. 207):

"Liebster! Was wird aus uns werden? Fast hätte ich gestern einen Blick von Dir erhascht. Du wirst mich schon gesehen haben, denn ich war im Hellen ... Heute in den Hof geschaut, warst aber nicht dabei. Es war das erstemal, daß es mir möglich war ... Mit wie wenig man auskommen kann, sieht man jetzt. Alles darf verloren sein, wenn nur wir wieder beisammen sind. Ich bete Tag und Nacht für uns alle drei ... Für mich habe ich wenig Hoffnung. Nur Du kannst vielleicht etwas machen ... Kannst Du erreichen, daß wir uns sprechen dürfen? ..."

Am Donnerstag, 25.11.1943, war es so weit. Alice Heiß wurde aus dem Gefängnis in Regensburg abtransportiert nach Auschwitz und dort am 3.1.44 ermordet(1). Das Lager Auschwitz II - Birkenau "arbeitete" damals ja mit seinen Installationen zur Massenvernichtung bereits seit zwei Jahren.

Als *Alice Heiß* noch in der Augustenburg einsaß - bis man von Auschwitz die Aufnahmebereitschaft in Händen hatte - war der damalige Kooperator von St. Emmeram, *Theodor Seitz*, dort Gefängnisgeistlicher gewesen. Er war wohl der letzte, der sie vor ihrem langen Weg in den Tod gesprochen hat und darüber erzählen konnte. Er hatte sie mehrmals als Seelsorger betreut gehabt und als er von ihrer kurz bevorstehenden Verschickung nach dem Osten erfuhr, suchte er sie in ihrer Zelle auf und riet ihr zur Beichte und Kommunion.

---

1) Deportiertenliste von 1947 und Sterbeurkunde

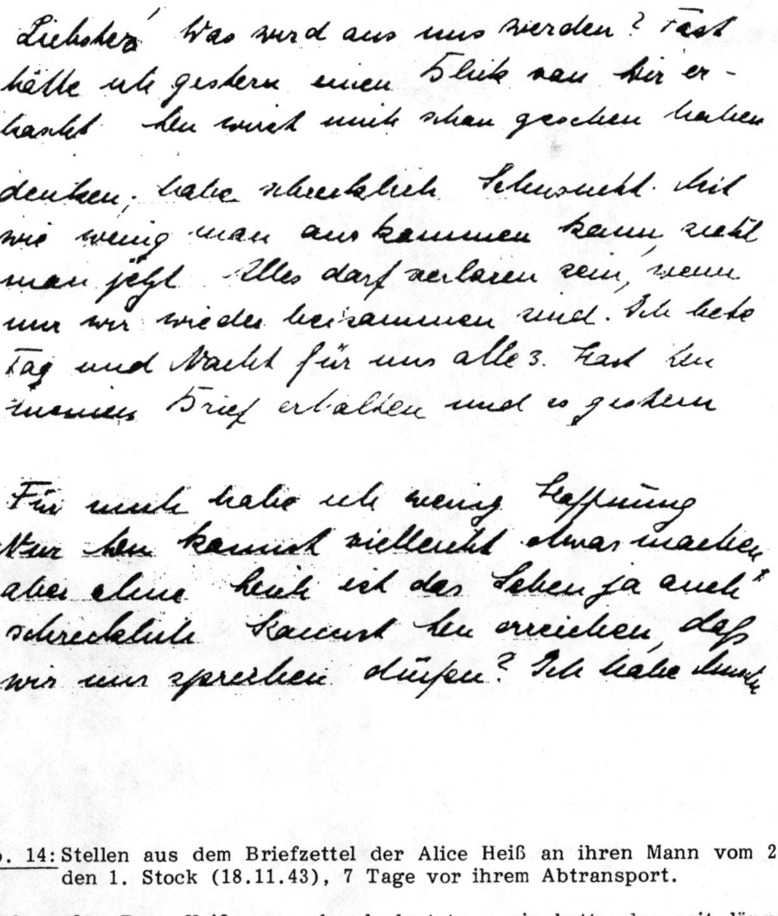

Abb. 14: Stellen aus dem Briefzettel der Alice Heiß an ihren Mann vom 2. in den 1. Stock (18.11.43), 7 Tage vor ihrem Abtransport.

Gleich wußte Frau Heiß, was das bedeutete - sie hatte das seit längerem erwartet - sie fragte: "Bin ich jetzt dran?"

Stadtpfarrer i. R. Seitz erzählte (1979) mit größter Achtung von dieser bemerkenswerten Frau. Sie war, so sagte er, ein ungemein edler, hochstehender und selten guter Mensch gewesen. Sie trug ihr Schicksal, das sie nun kommen sah, mit einer bewundernswerten Tapferkeit und Fassung. Zum Abschied entledigte sie sich eines silbernen Rosenkranzes und gab ihn Seitz mit der Bitte, er möge ihn ihrer geliebten Tochter weitergeben und diese möge ihre Mutter nicht vergessen.

Eines Tages Anfang 1944 wurde der Häftling Heiß im Zuchthaus Amberg gerufen und es wurde ihm eine amtliche Mitteilung aus Auschwitz ausgehändigt,

Abb. 15: Ehepaar Heidecker mit Tochter Alice; Regensburg 1905

Abb. 16: Das Kind Alice Heidecker

Abb. 17: Paßbild der Alice Heiß

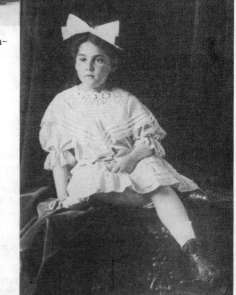

G 1, G 2

Sterbeurkunde

(Standesamt II Auschwitz Nr.)

Die Alice Sara Heiss geborene Heidecker

katholisch früher mosaisch,

wohnhaft Regensburg, Hans-Huberstrasse Nr. 5,

ist am 3. Januar 1944 um 11 Uhr 55 Minuten

in Auschwitz, Kasernenstrasse verstorben.

Die Verstorbene war geboren am 15. Mai 1899

in Regensburg

(Standesamt Nr.)

Vater: David Heidecker

Mutter: Meta Heidecker geborene Wollner

Die Verstorbene war ~~nicht~~ verheiratet mit Alfons Heiss

Auschwitz, den 1. Februar 1944

Der Standesbeamte
In Vertretung

(Siegel)

Der Standesbeamte des Standesamts II Auschwitz, Kreis Bielitz

Br.

C 251, C 252. Sterbeurkunde (mit Elternangabe bezw. ohne Elternangabe).
Verlag für Standesamtswesen G. m. b. H., Berlin SW 61, Gitschiner Straße 109.
Verlag für kommunales Schrifttum und Vordrucke Kurt Gruber, Kattowitz. B/0262

C 251 | C 252

Abb. 18: Sterbeurkunde Standesamt II Auschwitz. Alice Sara Heiß am 3.1. 1944 11 Uhr 55 Minuten in Auschwitz, Kasernenstraße, verstorben.

nach der seine Gattin dort am 3.1.44 "an Lungenentzündung" verstorben sei. Öfter erzählte er später seiner Frau, wie man ihm bei der Übermittlung dieser schockierenden Nachricht keine Minute Zeit gelassen hatte, um sich zu fassen, wie man ihm vielmehr sofort zur Fortsetzung seiner Arbeit befahl, wegzutreten.

Später kann dann eine mit dem Dienstsiegel des Standesbeamten versehene *"Sterbeurkunde"* vom "Standesamt II Auschwitz, Kreis Biehtz": "Die Alice Sara (der befohlene Zwangsname) Heiss, geborene Heidecker, katholisch früher mosaisch, wohnhaft in Reg. ... ist am 3.1.1944 um 11 Uhr 55 Minuten in Auschwitz, Kasernenstraße verstorben. ... geb. am ... in ... Vater ... Mutter ... verheiratet mit ... Auschwitz, den 1.2.1944" (Abb. 18)

Der Witwer Heiß heiratete zweieinhalb Jahre später, im August 1946, die in Regensburg aufgewachsene *Selma Speth*. Sie war über ihren Vater, namens *vom Rath* (aus dem Rheinland), in zweiter Linie mit dem bei der deutschen Botschaft in Paris tätigen Legationsrat *Ernst vom Rath* verwandt, der 1938 von dem jungen Juden *Herschel Grynspan* ermordet wurde. Allgemein wird als Motiv angegeben, daß Grynspan über die kurz vorher erfolgte Ausweisung von aus Polen stammenden Juden nach Polen, darunter auch die seiner Eltern, so empört gewesen war. Der Vater von Selma Heiß hätte ihr demgegenüber glaubwürdig erzählt, daß Grynspan nicht politisch, sondern durch Eifersucht motiviert gewesen wäre: Vom Rath hätte ein Verhältnis mit der Frau des Grynspan gehabt, sei in dessen Ehe "eingebrochen", und dieser hätte ihn daraufhin im Affekt niedergeschossen. Der Wahrheitsgehalt dieser Geschichte bedarf natürlich erst eines anderen Nachweises. Falls es wirklich so gewesen sein sollte, würde die Reichspogromnacht noch dunkler erscheinen, sofern deren Finsternis überhaupt noch überboten werden könnte. Denn die Ereignisse des 9.11.1938 waren längst vorbereitet und man wartete nur auf diesen oder einen ähnlichen Anlaß. Die Pariser Kriminalpolizei konnte ihre Ermittlungen nur in Abwesenheit des Täters durchführen, da dieser in die Schweiz geflüchtet war und von deutscher SS unter Grenzverletzung ins Reich geholt worden war. Immerhin hatte die Pogromnacht und damit die Tat des Grynspan den Effekt gehabt, daß den letzten Juden in Deutschland die Augen geöffnet wurden und vielen noch die Emigration gelang.

Ende 1946 wurden Herr und Frau Heiß von zwei Männern (Juden?) aus Norddeutschland aufgesucht, die behaupteten, sie hätten Alice Heiß in Auschwitz gekannt und wollten damals mit ihr zusammen aus dem Lager fliehen. Sie lehnte jedoch ab, weil sie körperlich nicht hätte mithalten können und die beiden anderen nur gefährdet hätte. Aber sie bat die Männer, ihre Armbanduhr mitzunehmen und sie, sollte die Flucht gelingen, ihrem Mann als Gruß seiner todgeweihten Frau zu übergeben. Die beiden kamen wirklich durch. Sie überbrachten tatsächlich die Uhr, die Herr Heiß natürlich wiedererkannte. Sie ist noch vorhanden, so wie sie 1946 die Fremden aus ihrer Tasche holten, mit einseitig abgerissenem Armband, so als wäre sie damals in größter Eile vom Handgelenk genommen worden. Daß gelungene Fluchtversuche aus dem KL Auschwitz vorkamen, ist in der Literatur belegt. Vermutlich war Frau Heiß im Lager Auschwitz II, Birkenau, in dem es Frauenblocks gab. Vielleicht von daher das "Standesamt II Auschwitz"?

Offenbar hat Alice Heiß die grausame Behandlung im Lager nur wenige Tage ertragen können und wurde als nicht mehr arbeitsfähig in die Gaskammer geschickt. Sie, die bis zum Beginn der antisemitischen Exzesse so viele frohe und glückliche Tage gesehen hatte und liebe Menschen erleben durfte, mußte nun das Infamste erfahren, das sich je in der Menschheitsgeschichte - in diesem Ausmaß und mit solcher Berechnung - zugetragen hat.

Warum?

Zuerst ist wohl der Frage nachzugehen, warum es in der Bevölkerung Antisemitismus gab. Eine andere Frage ist dann, warum es zu den in jeder Hinsicht verbrecherischen Judenverfolgungen kam.

Zunächst muß der Verfasser aus seinem (beengten) Gesichtskreis feststellen: Bei der Mehrheit der Bevölkerung gab es keinen Antisemitismus. Allerdings wuchs der Verfasser bis zu seinem 18. Lebensjahr in kleinen Städten Bayerns auf, wo er nie mit Juden zusammentraf und wohl deswegen auch nie Antisemitismus kennenlernte. Der erste Jude, den er traf, war der Student Heinz Lerchental aus Nürnberg, der ihm die Beteiligung bei der Sozialistischen Arbeitsgemeinschaft der Studenten Münchens vermittelte.

Aber schon in etwas größeren Städten, wie z. B. in Regensburg, gab es einige hundert Juden. Wenn man hier nach rationalen Gründen für einen Antisemitismus während der Weimarer Republik sucht, mögen die Gedanken eine Vorstellung geben, wie sie der Regensburger Bischof *Dr. Michael Buchberger* in seiner Schrift "Gibt es noch eine Rettung?" (Verlag Pustet 1931) niederlegte. Wohlgemerkt geschah das zu einer Zeit, in der kaum jemand eine Ahnung von den kommenden Verbrechen haben konnte. Buchberger gesteht in dem Kapitel über den NS zunächst dem Antisemitismus in dieser Partei eine beschränkte Berechtigung zu: "... Es gibt wirklich nicht bloß einen Antisemitismus, sondern auch einen Antichristianismus. Die Presse, die ununterbrochen das religiöse und sittliche Leben des Volkes unterwühlt, die zum Teil förmlich vom Kampf gegen christlichen Glauben und christliche Sitte lebt, ist zum guten Teil in ihren (den jüdischen) Händen. Viele jüdische Federn versündigten und versündigen sich ... Durch eine seichte, antireligiöse und antichristliche Literatur, die an dem sittlichen Mark unseres Volkes ... nagt. Mit schamlosem Zynismus bekämpfen jüdische Männer die christliche Sitte ... Ein übermächtiges jüdisches Kapital beherrscht das wirtschaftliche Leben und besonders den Handel ... In allen Städten ziehen große jüdische Warenhäuser Geschäft und Umsatz an sich. ... Es muß ganz offen ausgesprochen werden, daß dies ein Unrecht am Volksganzen bedeutet ... tausende von Existenzen zerstört ... Gegen diese Auswüchse sich in rechter und maßvoller Weise zu wehren, ist eine Art gerechter Notwehr."

Dann aber spricht Buchberger allgemein gültige ethische Normen von der Würde und den Rechten aller Menschen an, die ja nach jüdischer und christlicher Lehre Ebenbilder Gottes sind. Er fährt nämlich fort:

"Aber Unrecht und unchristlich ist es, wegen der Fehler und Sünden eines Teiles der Judenschaft den Kampf gegen das Judentum überhaupt zu proklamieren und in zuweilen recht häßlicher Weise zu führen. Unchristlich ist es, den wirtschaftlichen Kampf in einen Rassen- und Religionskampf ausarten zu lassen ..."

Es gab also viele, die die Ursprünge der politischen, wirtschaftlichen und sittlichen Krisen der Weimarer Republik bei den oder bei einzelnen Juden suchten, die noch nicht lange emanzipiert waren, es gab auch viele die nicht mit der Inanspruchnahme von legalen Geschäftsmöglichkeiten durch Juden einverstanden waren, z. B. mit der Führung von Warenhäusern. Aber die angesprochenen Mißstände auf dem Gebiet des Handels oder der Literatur und Presse hatten oder haben nichts mit einer bestimmten, der jüdischen Religion oder "Rasse" zu tun, sondern betreffen Probleme der wirtschaftlichen oder der Pressegesetzgebung. *Für die Antisemiten waren sie auch nur ein Vor-*

wand.

Die Realität der Judenverfolgung im Dritten Reich ist heute kaum faßbar. Wie konnte der Mann Hitler - ähnlich wie ein pathologischer Sektierer - seine sadistische Wahnidee, die Ausrottung der Juden in Europa, so weitgehend verwirklichen und wie konnte er dafür tausende oder Millionen Helfer finden? Im Mittelalter und in der Neuzeit bis heute hat man den Juden und übrigens auch seit mindestens der Zeit um 1500 den Zigeunern(1) Kindermord und Kannibalismus, den Juden dazu noch Hostienschändung (Deggendorfer Wallfahrt!) angedichtet, um den atavistischen Trieben gegen Minderheiten eine rationale oder gar moralische Rechtfertigung zu verschaffen. In unserem Jahrhundert wurde Hitlers Rassenideologie von dem Chefpropagandisten Julius Streicher in seiner Wochenzeitschrift Stürmer in ganz ähnlicher Weise dem Volk annehmbar zu machen versucht: Mit faustdicken Lügen über Ritualmorde und ähnlichem Unsinn. In Wirklichkeit wurden Mord und Kindermord im Mittelalter tausendfach und in unserem Jahrhundert millionenfach an Juden und Zigeunern immer nur vom Wirtsvolk an seinen Minderheiten begangen, nie umgekehrt! Immer gaben die Täter den von ihnen Mißhandelten die Schuld! Schon die Verschiedenheit der scheinbar rationalen Begründungen - "christliche Gründe" im Mittelalter, "Rassengründe" im 20. Jahrhundert - und Verwendung der *gleichen* Schauermärchen gegenüber *verschiedenen* Minderheiten - Juden und Zigeunern - machen deutlich, daß man jeweils nach Gründen suchte, um den wirklichen Motiven, irrationalen Trieben, tierischen Überresten im Menschen, ein rationales Mäntelchen umzuhängen. Es gibt keine andere Hilfe und keine andere Hoffnung, als das Bewußtmachen, als den Versuch, es unseren Kindern zu sagen.

---

1) Ein sehr aufschlußreicher Bericht über geistigen Stumpfsinn und moralische Trägheit bei den Zigeunerverfolgungen in Ungarn - und nicht nur dort - bis ins 19. Jh. in Münster Thomas: Zum Galgen begnadigt. In Merianheft Bd. 23, Heft 8, Ungarn; S. 79 - 81; Hamburg 1970. S. a. Hohmann J. S.: Geschichte der Zigeunerverfolgung in Deutschland; Frankfurt am Main, 1982

IX. ALOIS KRUG. WIDERSTANDSBEISPIEL EINES BEAMTEN

Der Fall Krug ist in vielem exemplarisch für die damalige Lage und das Verhalten NS-gegnerischer Beamter - wenn auch das bittere Ende im KZ nicht zum exemplarischen Teil gehört. Hierbei ist Krug einer von denen, die als einzelne herausgegriffen wurden. Sein Schicksal wird auch deswegen eingehender dargestellt, weil dafür außergewöhnlich gute und zuverlässige Quellen vorliegen: Neben Sondergerichts- und Spruchkammerakten belegen die Aussagen der Familienangehörigen, Verwandten und Bekannten das Geschehen. Ein wenig kam ich auch selber mit Krug in Kontakt. 1937/38 arbeitete ich fast ein Jahr beim Vermessungsamt Regensburg, bei dem Krug als Inspektor tätig war. Es dauerte nicht lange, bis er mich als jungen Neuankömmling in sein Vertrauen zog und dabei seine Gesinnung klar zum Ausdruck brachte. Ich glaube, es war gleich beim ersten solchen Gespräch, daß er auch seine Erlebnisse aus dem ersten Weltkrieg miterzählte. Das war damals so etwas wie eine Rechtfertigung. Denn die nationalistisch-kämpferische Einstellung des NS führte seine Anhänger dazu, in den Gegnern, wenn nicht Bolschewisten, dann vor allem Schwächlinge, Ängstliche, Drückeberger, im Krieg dazu "Defätisten" und "Miesmacher" zu sehen. Diesem Ruf entgegen wiesen "bürgerliche" NS-Gegner gerade auf ihre Bewährung als Frontkämpfer des Ersten Weltkrieges hin. Auch wollten sie damit zeigen, daß nicht nur die NS das Vaterland liebten. So ließ z. B. meine Mutter auf den Grabstein des Vaters - wie aus einem Trotz heraus - den ansonsten längst vergessenen "Leutnant d. Res." schreiben. Und Krug erzählte - als er seine Abneigung gegen die NS-Macht und ihren Militarismus zu erkennen gab - auch von seinen Erlebnissen als Soldat an der Westfront im Ersten Krieg: Wie er aus dem französischen Gefangenenlager ausbrach und sich dann allein - immer nachts unterwegs - bis zur französisch-schweizer Grenze durchschlug und diese auf Schleichwegen überwand.

Sieben Jahre hatte ich dann keine Verbindung mehr zu Krug, dachte aber oft an diesen tapferen Beamten, dessen Gewissen ihm nicht erlaubte zu schweigen. Erste Ende 1945, nach Rückkehr aus dem Krieg, erfuhr ich von seinem tragischen Tod, dem er über keine Grenze mehr hatte entkommen können. In *deutscher* Gefangenschaft, im KZ Dachau, endete er im Alter von 54 Jahren.

Einige wichtigen Fakten aus dem Lebensweg gleichen denen der meisten anderen Regensburger, die ihr Leben im Widerstand gegen den NS gaben: Wie diese, so stammt auch Krug aus einem Dorf und kam erst als Erwachsener in die Stadt; wie sie genoß auch er keine höhere Schul- oder gar Universitätsausbildung; wie sie war er Soldat des Ersten Krieges.

Alois Krug wurde am 15.6.1890 in Leinach geboren, das damals zum Bezirksamt Königshofen in Unterfranken gehörte. Dort kam er als uneheliches Kind zur Welt. Der evangelische Oberforstverwalter Schletz aus Schweinfurt erkannte zwar die Vaterschaft an, aber den Familiennamen und die Konfession erhielt Alois von der katholischen Mutter Amalie Krug. Deren Vater war Taglöhner und Schuhmacher in Leinach. Die Startbedingungen fürs Leben waren nicht die besten. Er erhielt einen Pflegevater namens Pius Ganß und in Königshofen war ein Vormundschaftsgericht für ihn zuständig.

Seiner großen Begabung besonders im Zeichnen und dem treu sorgenden Pflegevater hatte er es zu verdanken, daß er schon während der Fortbildungsschule, also nach 7 Klassen Volksschule, mit 14 Jahren, an das Messungsamt Neustadt/Saale als Meß- und Zeichnungsgehilfe kam. Nach erfolgreichem

Abschluß der 4-jährigen Lehre wurde er 1909 zur Ableistung der 2 Jahre
Militärdienstpflicht zum 9. Infanterieregiment nach Würzburg einberufen.
Danach setzte er seinen Zivilberuf an den Messungsämtern Weiden und Hemau
fort. In Hemau lernte er seine spätere Gattin Regina Gloßner kennen.

Nun aber griff die "große" Politik, der Erste Weltkrieg, in sein Leben. Vom
ersten Tag an bis zum bitteren Ende - vom 31.7. oder 4.8.1914 bis 3.8.1919 -
war Krug als Soldat an der Westfront, bzw. in Gefangenschaft. Er war bei
der 12. Infanteriebrigade, Ersatzbataillon, 3. Kompanie. Wegen seiner Beteiligung an Gefechten in den Vogesen, an der Schlacht von Nancy-Epinal und
an den folgenden Stellungskämpfen im mittleren Teil der Vogesenfront, erhielt
er das EK und das Ehrenkreuz mit Schwertern für Frontkämpfer. Schon nach
7 Wochen Fronteinsatz, am 20.9.1914, geriet er in französische Gefangenschaft. Zwei Fluchtversuche mißlangen. Erst am 14.7.1919 gelang es ihm
schließlich, in die Schweiz zu entkommen.

Ende 1919 kehrte er in seinen Zivilberuf nach Hemau zurück. 1930 wurde er
an das Vermessungsamt Regensburg versetzt.

Politische Einstellung

Das politische "Vorleben" von Krug - als linker Liberaler - war für die ihn
später vernehmende Gestapo ziemlich anstößig. Es war für ihn wichtig, möglichst viel zu verschweigen. Die Akten zur Vernehmung liefern also wahrscheinlich nur unvollständige Informationen. Er sagte nur aus, was schon
bekannt und nicht zu leugnen war und spielte auch dies als möglichst harmlos
herunter:

"Durch den Vorsitzenden der Ortsgruppe Regensburg der *Deutschen
Demokratischen Partei* (später *"Deutsche Staatspartei"*), dem damaligen
Oberlehrer *Karl Staudinger*, trat ich am 1.5.1930 dieser Partei bei, um
eine Wohnung zu bekommen."

1932 stand Krug auf der Liste 8 (Deutsche Staatspartei) für den Wahlkreis
Ndb/Opf unter Nr. 7. Als Redner dieser Partei führte er im Juli 1932 Wahlversammlungen mindestens in Hemau und Breitenbrunn durch. Sein Denunziant gab bei der Gestapo an, daß Krug ihm von Wahlversammlungen vor 1933
bekannt war, in denen er vor allem gegen die "Bewegung" agierte. Krug gab
an, er wäre noch 1932 wieder aus der Staatspartei ausgetreten.

In Wirklichkeit hatte er - wie mir einer seiner Söhne schrieb -

"politisch im Liberalismus seine Heimat gefunden und hatte aus dieser
Einstellung und seiner tief religiösen Weltanschauung die Gefahren des NS
sehr früh erkannt und *die Hitlerpartei vor 1933 in vielen Wahlversammlungen energisch bekämpft.* Der politische Weitblick meines Vaters hat mich
schon als Kind beeindruckt. So blieb mir der 30.1.1933 auf andere Art als
den meisten meiner Altersgenossen (Jahrgang 1921) unvergessen. Ich hatte
in der Schule erfahren, was sich in Berlin ereignet hatte und war sofort
in das Büro meines Vaters geeilt, um ihn darüber zu informieren. Mein
Vater wußte noch nichts von der "Machtübernahme"; er wurde leichenblaß
und sagte nur zu mir: 'Mein Junge, *das bedeutet spätestens in fünf Jahren einen neuen Krieg*!' Tief berührt ging ich damals nachhause, denn
mein Vater hatte mir schon oft die Schrecken und den Wahnsinn eines
Krieges aus seinen eigenen Erlebnissen geschildert."

Krug gehörte damit zu den wenigen, die die Bedeutung des 30.1. 1933 sofort richtig beurteilten. Wie wenige das waren, machte z. B. eine Umfrage bei bekannten Zeitzeugen zum 50. Jahrestag deutlich(1). Nicht nur den Tag der Machtübergabe schätzte er richtig ein. Er gehörte auch zu der wesentlich größeren Zahl jener, die mit Hitler etwas ähnlich Schreckhaftes und kaum Glaubliches assoziierten, wie wir heute mit dem atomaren Holocaust. Konnten "einfache" Leute den "einfachen" Hitler eher begreifen als Intellektuelle?

Daß Krugs Mitgliedschaft bei den Liberalen nicht nur so nominell und nebensächlich war, wie er der Gestapo glauben machen mußte, wird auch daraus wahrscheinlich, daß sein Schwager, der Lehrer *Gloßner* in München, mit dem Krug vor und während der Hitlerzeit familiär und politisch verbunden blieb, ebenfalls Mitglied der Demokratischen und dann Staatspartei war.

Abb. 19: Alois *Krug* mit Schleife des EK

Krug war während der Weimarer Republik auch berufspolitisch eine aktive Persönlichkeit gewesen. Seine Kollegen vom mittleren Vermessungsdienst in Bayern hatten ihn zu ihrem Landesvorsitzenden gewählt. 1933 wurde diese Organisation, die innerhalb des bayerischen Staatstechnikerverbandes bestand, aufgelöst.

Die entschiedene Gegnerschaft gegen den NS hatte sich bei Krug nie, auch nicht zur Zeit der größten Siege geändert. Trotzdem trat er am 8.5.1935 dieser Partei bei (Mitgliedsnummer 3 613 947). Wie konnte es bei diesem Mann - und bei tausenden anderen mit der gleichen Gesinnung - zu einem solchen scheinbaren Bruch in dem ansonsten geradlinigen Leben kommen?

Um den Parteibeitritt auch von gegnerisch eingestellten Beamten zu verstehen, muß *die besondere Lage der Beamten im NS-Staat* berücksichtigt werden. Auf die Beamten wurde von Anfang des Dritten Reiches an besonderer Druck ausgeübt. Regional und von Behörde zu Behörde war dieser Druck nicht gleich stark. Aber er war überall und immer vorhanden und nur ganz ganz wenigen NS-Gegnern aus dem höheren und gehobenen Dienst - im einfachen Dienst war es etwas leichter - ist es gelungen, sich der Mitgliedschaft bei der Partei oder einer ihrer Gliederungen zu enthalten. Diese Differenzierung ist aus den sehr verschiedenen Prozentsätzen der Entlassungen

---

1) Wochenzeitg. Die Zeit 1983; Nr. 5 v. 28.1.; Dossier 39

nach dem Krieg zu ersehen. Manchen gelang es, sich auch nominell fernzuhalten, z. B. dadurch, daß sie häufig in andere Orte versetzt wurden.

Gesetzes- und Verordnungstexte allein liefern noch kein richtiges Bild. Die Praxis ging oft voraus, Gesetze kamen hinterher. Ihr Wortlaut wurde so formuliert, daß manche Beamte, die man nicht entbehren konnte, auch noch ohne Mitgliedschaft gehalten werden konnten.

Am 7.4.1933 wurde das "*Gesetz zur Wiederherstellung des Berufsbeamtentums* (GWB)" erlassen. Man begründete es u. a. damit, daß es während der Weimarer Republik zuviele Parteibuchbeamte gegeben habe und führte aber nun erst ein nahezu totales Parteibeamtentum ein. § 1 enthielt: "Entlassungen zur Wiederherstellung eines nationalen Berufsbeamtentums und zur Vereinfachung der Verwaltung" sind möglich, auch "wenn die nach dem geltenden Recht hierfür erforderlichen Voraussetzungen nicht vorliegen." Mit dem Gesetz wurden zahlreiche, schon im Februar und März 1933 durchgeführte Entlassungen von politisch mißliebigen Beamten nachträglich legalisiert und fortan weitere Entlassungen z. B. kommunistischer, sozialdemokratischer, jüdischer Beamter und solcher, die "nicht die Gewähr dafür bieten, daß sie rückhaltslos für den nationalen Staat eintreten", ermöglicht.

Nach einer ersten Welle von Beitritten zur Partei oder zu einer ihrer Gliederungen gleich im März 1933, den sogenannten "Märzgefallenen", folgte eine Aufnahmesperre. Inzwischen wurden die Beamten mit Beispielen von Entlassungen, mit harten Formulierungen in Verordnungen und in der Presse, mit Appellen und Drohungen eingeschüchtert. Als am 1.5.1935 speziell für den Gau Bayerische Ostmark, zu dem Regensburg gehörte, die Partei wieder für Neuaufnahmen geöffnet wurde, fürchteten viele Beamte, durch Ausschlagung der gebotenen Möglichkeit einer wenigstens nominellen Mitgliedschaft, damit den NS-Stellen den Nachweis an die Hand zu geben, daß sie "nicht die Gewähr böten ..." und damit künftig für untragbar bezeichnet werden könnten. Man wußte ja nicht, was noch alles kommen würde.

Eine offizielle Pflicht zum Parteibeitritt bestand für diejenigen, die bereits Beamte waren, nie. Es wäre aber falsch, allen Beamten, die damals nominelle Parteimitglieder wurden, zu unterstellen, sie wollten nur bei Beförderungen nicht übergangen werden. So könnte man meinen, wenn man z. B. die "Reichsgrundsätze über Einstellung, Anstellung und Beförderung der Reichs- und Landesbeamten" vom 14.10.1936 liest, in denen lediglich geregelt war, daß als Voraussetzung für eine Beförderung der Beamte "die unbedingte Gewähr dafür bieten" müsse "und seit dem 30.1.1933 bewiesen haben" müsse, "daß er jederzeit rückhaltslos für den NS-Staat eintritt und ihn wirksam vertritt" (§ 8a). Nichtbeförderung hätten viele noch hingenommen. Das wichtigste Argument und eine Gewissensberuhigung war nach meiner Erinnerung, daß sich viele sagten, es wisse schließlich jedermann im In- und Ausland, daß der Parteibeitritt eines Beamten kein freiwilliges Bekenntnis darstelle, ebensowenig wie der tägliche Hitlergruß oder die Vereidigung auf den Führer, daß man also lediglich mit ziemlich geringen Monatsbeiträgen Belästigungen vermeide.

Die besondere Lage der Beamten im NS-Staat war auch im Ausland, z. B. dem Papst, bekannt. In seiner Enzyklika "Mit brennender Sorge" (Frühjahr 1937) - an alle Bischöfe in der Welt - weist er eigens auf den Druck hin, dem katholische *Beamte* in Deutschland ausgesetzt sind.

Einige der folgenden Verlautbarungen stammen zwar aus späterer Zeit - sie sind dem Verfasser zufällig zur Hand -, aber der Druck auf die Beamten erzeugte eine begründete Angst von 1933 an.

In einem Kommentar zum *Deutschen Beamtengesetz vom 26.1.1937* heißt es S. 105: "Daß für die Partei und ihre Ziele jeder Beamte auch aktiv tätig sein muß" (Mitgliedschaft allein war selbstverständlich), "bedarf keiner Erläuterung". S. 107: "Der Beamte muß in der Partei oder ihren Gliederungen aktiv mitarbeiten."(1)

Seit 28.2.1939 war zur Anstellung im Staatsdienst auch offiziell die Mitgliedschaft bei Partei oder Gliederung vorgeschrieben(2).

Ein gewichtigeres Motiv als etwa die Sorge, nicht befördert zu werden, war die Angst - eine sehr wohl begründete Angst.

Eine Gerichtsentscheidung mag zeigen, wie generell von Beamten wesentlich mehr gefordert wurde, als von anderen Bürgern(3): Der Badische Verwaltungsgerichtshof stellte fest,

"daß ein Verkehr mit Juden *für einen Beamten* so unmöglich ist, daß der Beamte damit *sein Amt verwirkt hat* ... Unzulässig *für Beamte* sind: Mündliche Unterhaltungen nichtdienstlichen Inhalts, freundschaftlicher Briefwechsel, Besuche, gemeinsame Ausflüge, Vermietung von ... Zimmer an Juden, Wohnen bei Juden, Einkäufe in jüdischen Geschäften, Inanspruchnahme jüdischer Ärzte ... Das gleiche gilt auch für die Familie und die Angehörigen und für Hausangestellte ... Durch Duldung eines derartigen Verkehrs macht sich der Beamte dienststrafrechtlich ebenso strafbar, wie wenn er selbst solchen Verkehr unterhielte ..."

Auch das Nürnberger Rassengesetz vom 15.9.1935, nach dem Eheschließungen und außerehelicher Verkehr zwischen Juden und Staatsangehörigen deutschen oder artverwandten Blutes verboten und mit Zuchthaus bestraft wurden (gelegentlich auch mit Todesstrafe, z. B. im Fall *Katzenberger*, Vorstand der israelitischen Kultusgemeinde Nürnberg, 23.3.1942)(4), wurde auf die Ehen von Beamten rigoroser angewendet: Ein Beamter, der eine Ehe, z. B. wie der Verfasser mit einer Ungarin zu schließen gedachte, mußte seinen Vorgesetzten alle Vorfahren der Braut nachweisen, die nach 1800 geboren waren. Das mußte mit Taufurkunden geschehen, denn nur sie sollten die nichtjüdische Abstammung beweisen. Obwohl nach Monaten alle diese Urkunden beigebracht werden konnten, wagte mein Chef in München nicht, eine Entscheidung darüber zu fällen, ob diese Ungarin "deutschen oder artverwandten Blutes" sei. Er gab die Angelegenheit an die nächsthöhere Behörde, das Bayerische Finanzministerium, weiter. Auch dort wagte man nach anfangs gutem Willen - nach vielen Wochen - nicht, die Ehe zu genehmigen. Vielmehr wurden die Akten an die höchste Instanz, an das "Reichsamt für Sippenforschung" in Berlin weitergereicht. Das Reichsamt forderte schließlich Porträtfotos der Braut - frontal und von der Seite - und erst die nichtjüdische Nasenform verhalf dann zur Ehegenehmigung. Das war in den Jahren 1938/39.

Für viele Beamte war das Risiko, die Stellung zu verlieren, deswegen beson-

---

1) Dr. Brand: Kommentar zum Dtsch. Beamtenges. v. 26.1.37; 4. Aufl. Berlin 1942
2) VO der Reichsreg. über die Vorbildg. u. die Laufbahnen der deutschen Beamten; vom 28.2.39
3) Prof. Dr. O. Zschucke in der NS-Beamtenzeitg. 1937, Nr. 18, zitiert diese Gerichtsentscheidung
4) "Schicksale in den Jahren 1933-45" Sonderdr. Nürnb. Nachr. 1983, S. 14

ders schlimm, weil ihre Tätigkeit, z. B. bei Bahn und Post, anderswo nicht gefragt war. So gab es damals z. B. Vermessungstätigkeit in Bayern nur im Staatsdienst. Ein weiterer Grund gerade für solche Beamte, die entschiedene Gegner waren, lag darin, daß durch ein Ausschlagen der 1935 und nochmal 1937 angebotenen Möglichkeit der Mitgliedschaft, der Vertrauensmann und die Gestapo spätestens von da an ein besonderes Auge auf diesen Fall haben mußten. Diejenigen, die standhaft blieben und nicht beitraten, waren meist besonders charaktervolle, offene und mutige Beamte, aber nicht unbedingt *aktive* Gegner, im Sinn von etwa konspirativer und gezielt agitatorischer Tätigkeit gegen den NS. Ein Beamter mit solchen Absichten mußte zur Tarnung Mitglied werden, wollte er nicht von vornherein in das argwöhnische Blickfeld der Aufpasser kommen.

Es gibt viele Beispiele von Widerstand, ausgeführt von Beamten, die Parteimitglieder waren. Krug ist ein solches Beispiel. Ein weiteres aus Regensburg:

Gegen Ende 1943 äußerte *Josef Greil* (geb. 1890), Eisenbahnbeamter, u. a.: "Der NS ist verschleierter Bolschewismus ... Hitler geht über Leichen ... Der Krieg ist verloren." Er wurde am 5.9.1944 vom OLG München zu 2 1/2 Jahren Zuchthaus verurteilt. Auch dieser gegnerische Beamte war Parteimitglied gewesen(1).

Wie auch andere NS-Gegner, so versuchte Krug der Mitgliedschaft zunächst dadurch zu entgehen, daß er im Sommer 1933 dem damals noch bestehenden *Stahlhelm* beitrat(2). Im Tagebuch eines sehr aufmerksamen Zeitbeobachters liest man(3):

"Der Stahlhelm war (1933) an vielen Orten zu einem Sammelbecken aller Gegner des NS geworden, von den Deutschnationalen bis zur SPD"(4).

Wie alle Mitglieder des Stahlhelms wurde Krug dann automatisch *in die SA übernommen*. Von dort *gelang es ihm, wieder auszuscheiden*, mit der Begründung, daß er als Zuckerkranker nicht an den (paramilitärischen) Übungen teilnehmen könnte. Als 1935 Tausende der Partei beitraten, machte Krug dies aus den oben erwähnten Gründen mit, machte Mitteilung seiner Schwägerin auch seiner drei Kinder wegen, um diesen Repressalien zu ersparen. Sein Schwager dagegen, der erwähnte Lehrer in München, brachte es fertig, nie Mitglied zu werden. Das konnte dieser, so seine noch lebende Frau, nur verantworten, weil er keine Kinder hatte.

<u>Verhalten des Beamten und "Parteigenossen" Krug im Dritten Reich</u>

Im Dezember 1941 wurde beim Kreisgericht der NSDAP Regensburg, Kammer II, ein Verfahren gegen Krug eröffnet, wegen Verleumdung des Kreisleiters *Raßhofer* von Parsberg. Bei der Hauptverhandlung am 2.1.1942 konnte Krug Entlastungszeugen namhaft machen. Das Verfahren wurde später eingestellt. Näheres ist nicht bekannt; lediglich, daß die "Verleumdung" mit der Entfer-

---
1) ARCHIVINVENTARE 1977 Bd. 7, Teil 2; OLG Mü. O Js 156/44
2) Vernehmungsprotokoll der Gestapo v. 4.11.43
3) Aus Heberle Rudolf: Zur Soziologie der NS-Revolution. Notizen aus 1934. Vj. f. Zeitgesch. 13 (1965) (aus dem Tagebuch eines nicht genannten, der 1929 bis 1938 Privatdozent an der Univ. Kiel gewesen war)
4) Vgl. auch MEHRINGER SPD 420 und SCHÖNHOVEN 592 f.

nung der Kruzifixe aus den Schulen zusammenhing, die im Oktober 1941 zu
großer Erregung und zu Protesten aus der Bevölkerung geführt hatte.

Im Zusammenhang mit einer später hier behandelten konkreten Anzeige meldete
ein Denunziant - den wir hinfort D. nennen - am 1.9.1943 der Gestapo Regensburg:

"Krug verstand es immer, in zynischer Weise *die Maßnahmen des NS-Staates
verächtlich zu machen*", d. h. nach damaliger Sprachregelung, er war ein
"Kritikaster", einer der es wagte, Kritik auszusprechen.

"Er hat auf den Deutschen Gruß des Amtsboten hin vorerst überhaupt
nicht reagiert und dann mit spöttischer Miene geantwortet: "Ja so! Heil
Hitler." Vor dem Krieg ist Krug gelegentlich einer Gemeinschaftsveranstaltung beim Absingen des Deutschlandliedes dadurch aufgefallen, daß er
ruhig sitzen geblieben ist und nicht grüßte ..."

Über die Bedeutung des Deutschen Grußes bei Beamten ist z. B. im Nachrichtendienst des Deutschen Gemeindetages vom 21.9.1935 zu lesen: Beamte
und Angestellte einer staatlichen Behörde, die den Deutschen Gruß verweigern, können fristlos entlassen werden(1).

Bei der 2. Vorsprache des D. meldete er der Gestapo:

"Ich hatte Kenntnis, daß Krug die Nachricht über die Berufung Himmlers
zum Reichsinnenminister bereits vor der offiziellen Meldung erzählt hatte.
Er konnte diese Nachricht nur im *Feindsender gehört* haben."(2)

Vor der Berufungsspruchkammer (D. hatte gegen seine erste Einstufung Berufung eingelegt) erklärte der Zeuge *Sebastian Ranner*, ehemaliger Gestapobeamter in Regensburg, am 25.11.1955, unter Eid:

"Krug galt als nicht zuverlässiges Mitglied der NSDAP, gegen das bereits
einige präzise Vorgänge vorgelegen hatten ... Er war *bei der Gestapo in
einer Kartei geführt*, in der die politisch nicht zuverlässigen Personen,
auch Mitglieder der NSDAP, aufgenommen waren. Es handelte sich dabei
um Personen, gegen die der Verdacht der Staatsgegnerschaft bestand.
Diese Personen, unter ihnen auch Krug, *wurden allgemein überwacht.* Im
Zuge dieser Überwachung wurden 1943 auch gegen Krug Ermittlungen beim
Vermessungsamt vorgenommen ..."

Trotzdem Ranner dies unter Eid ausgesagt hatte, glaubte die Berufungskammer in München, daß Ranner damit lediglich seinen ehemaligen Parteifreund,
den hier verhandelten D. entlasten wollte. D. versuchte nämlich - erfolglos -
seine Rolle als Initiator der politischen Verfolgung Krugs zu leugnen und sich
lediglich als damaligen passiven Zeugen für die schon vorher ermittelnde
Gestapo auszugeben. Das stand aber in Widerspruch zu den Gestapoprotokollen, die im Fall Krug erst damit beginnen, daß D. "am 1.9.43 auf der Dienststelle der Gestapo erschien und" die hier später behandelte Anzeige vortrug.
Ranner wußte natürlich, daß die Akten der Gestapo Regensburg, vor allem
die besagte Kartei, vernichtet worden waren, daß also seine Aussage, Krug
sei schon vor der Denunzierung überwacht worden, nicht mehr nachzuprüfen

---
1) WEINMANN 58
2) D. sagte vor der Spruchkammer am 1.4.49, daß er damals so der Gestapo gemeldet hätte

war. Lediglich die Anzeigen und Vernehmungsprotokolle waren im Fall Krug
erhalten, weil sie dem Sondergericht Nürnberg weitergegeben worden waren(1). Die Aussagen des Ranner entsprachen im Hinblick auf die Existenz
einer Kartei und die Überwachung von Staatsgegnern natürlich der Wahrheit,
wenn sie auch nicht unbedingt beweisen, daß Krug bereits vor seiner Denunzierung dort geführt wurde.

Über die *Bedeutung des Hitlergrußes als Gesinnungstest* und über das *Verhalten von NS-gegnerischen Beamten* könnte es keine bezeichnendere Aussage
geben, als die folgende des NS-gläubigen D., während eines weiteren Termins
bei der Gestapo am 4.11.1943:

*"Krug hat den Gruß Heil Hitler in einer Weise erwidert, die zu Bedenken
Anlaß gab.* Er hat wohl mit diesem Gruß gedankt, aber *nicht in einwandfreier Form.* Es ist zwar richtig, daß Krug mit Heil Hitler grüßt, insbesondere dann, wenn er sich beobachtet fühlt. Ich habe den bestimmten
Eindruck, daß er sich dieses Grußes *nicht bedient, wenn er mit Leuten
zusammentrifft, die nicht völlig dem NS zugetan sind."* Weiter: *"Bei Krug
handelt es sich um einen politisch nicht einwandfreien Menschen,* der
geistig und politisch sehr rege ist und nur zu gut *beurteilen kann,* welche
Redensarten und Gebärden ihm von Nachteil sein können. Er ist *sehr
vorsichtig* und gerade bei solchen Menschen ist es sehr schwierig, eindeutiges und zur Überführung ausreichendes Material herbeizuschaffen."
Nun aber war D. dies gelungen. "Fest steht für mich, daß er *kein staatsbejahender Beamter ist."*

Das letztere war aber das Entscheidende. Eine falsche Gesinnung war ein
strafwürdiges Verbrechen. Eine sekundäre Angelegenheit war es für die
Gestapo, einen konkreten Anlaß zu finden, um den Andersgläubigen auch dem
Buchstaben des Gesetzes entsprechend überführen zu können. Hitler und sein
Krieg brauchten NS-gläubige Menschen. Mit Leuten, die eine Gesinnung wie
Krug hatten, konnte man keinen Krieg führen. Und ein solcher Ketzer konnte
andere anstecken.

Wie einer zum Denunzianten wurde

Wie und warum konnte es soviele geben, die andere durch Denunziation oft in
den Tod schicken konnten? Der vorliegende Fall ist dafür ebenso exemplarisch, wie der von Krug auf der anderen Seite.

Natürlich wußten die meisten Kollegen und Bekannten des Krug, daß dieser
ein ausgesprochener Gegner war. Die meisten hätten dafür genug Äußerungen
und andere Hinweise melden können. Aber niemand hat in den zehn Jahren
bis 1943 den Krug denunziert. Der ehemalige Chef sagte bei der Spruchkammerverhandlung gegen D. 1949 aus: "Es ist mir bekannt gewesen, daß Krug
ein Gegner der Partei war." Für heutige Leser muß dazu wieder erinnert
werden, daß die eben zitierte Aussage von kaum jemand als Widerspruch zur
Parteimitgliedschaft gesehen wurde. Aber an jenem 1.9.1943 siegte schließlich
doch das "System" über die Humanität und zwar bei einem eigens dafür Beauftragten, der, wie er später zu seiner Rechtfertigung vorbrachte, gar nicht
anders konnte. Sein Lebensweg macht seine Handlungsweise zu einem guten

---

1) Die Sg-akten befinden sich beim Oberstaatsanwalt beim LG Nürnberg (bei dessen Registratur in
Fürth) Aktenzch. Sg 126/44 und 1 b Sg 781/43

Teil verständlich.

D. war Jahrgang 1898 und lebte vor 1933 als gelernter Korbmacher mehr schlecht als recht. In der Zeit wirtschaftlicher Depression glaubte er an eine bessere Zukunft durch die Hitlerbewegung. 1930 trat er der NS-Partei und der SA bei, gehörte also dann im Dritten Reich zur privilegierten Klasse der "Alten Kämpfer". Die Partei verschaffte solchen Alt-Parteigenossen - konträr ihrer Devise "Abschaffung des Parteibuchbeamtentums" - möglichst bald gute Stellungen, auch als Beamte. So wurde D. an das Vermessungsamt Regensburg verbracht, um dort verbeamtet zu werden. Dazu war eine Eignungsprüfung erforderlich. Damit D. sie bestand, hatte ausgerechnet Krug entscheidend geholfen. Beide verstanden sich anfangs gut miteinander. Erst allmählich verschlechterte sich das Verhältnis. D. avancierte in der SA über den Rottenführer, Scharführer, Sturmführer zum Sturmbannführer, war also so etwas wie ein Offizier geworden und erschien am Vermessungsamt immer öfter in seiner blitzsauberen, respektheischenden Uniform. 1936/37 trat er als überzeugter NS aus der katholischen Kirche aus. 1939 wurde er Beamter auf Lebenszeit und 1942 beförderte man ihn zum Vermessungssekretär.

Nun war damals wie für jeden Häuserblock ein Blockwart, so auch für jeden Betrieb und jede Behörde ein "Vertrauensmann" aufgestellt, der die anderen überwachen und helfen mußte, irgendwo entstehende gegnerische Regungen durch Meldung an die Gestapo im Keim zu ersticken. Für das Vermessungsamt Regensburg war D. der bestgeeignete Mann. Er wurde zum Vertrauensmann des Reichsbeamtenbundes und damit der Partei bestimmt. Immer öfter stellte er nun den Krug wegen seines zweideutigen Verhaltens zur Rede: Daß dieser bei einer der üblichen nationalen Feiern das Deutschlandlied zwar stehend mitgesungen, beim anschließenden SA-(Horst-Wessel-)Lied aber den Raum verlassen hatte. Krug entschuldigte sich dann, daß er aus gesundheitlichen Gründen nicht so lange hatte stehen können. Des weiteren stellte D. den Krug zur Rede, weil dieser öfter auf "Heil Hitler!" mit "Grüß Gott!" geantwortet hatte. Krug hatte einmal dazu den Mut zu erklären: "Wissen Sie, mir steht Gott näher als Hitler!" So entstand ein immer gespannteres Verhältnis zwischen den beiden. Einmal, während eines Wortgefechts, erinnerte Krug an seine entscheidende Hilfe am Anfang von D.'s Beamtenlaufbahn: "Wenn ich nicht gewesen wäre, dann wären Sie gar nicht hier!" Darauf der Sekretär zum Inspektor: "Sie meinen, Sie stehen höher als ich! Aber ich sage Ihnen, Sie werden noch soo klein werden!" Um die gleiche Zeit war es, daß D. die verhängnisvolle Anzeige bei der Gestapo machte.

Zwei Umstände führten zur Überwindung etwaiger humaner Bedenken: Der großartige Aufstieg, den D. dem NS zu verdanken hatte, dem er Dankbarkeit schuldete und dazu aber auch persönliche Kränkungen, wie sie vor allem in der geschilderten Auseinandersetzung ihren Ausdruck fanden. Dazu kam zuletzt noch ein besonderer Anlaß, der vermeintlich gar nichts anderes übrig ließ, wollte D. sich nicht selbst großer Gefahr aussetzen. Es wußten von dem folgenden Vorgang schon zwei Personen und wenn aufgekommen wäre, daß D. nicht anzeigte, hätte er schwere Strafe zu gewärtigen gehabt. Dies brachte D. nach dem Krieg zu seiner Rechtfertigung vor. Sein Rechtsanwalt behauptete sogar, D. hätte laut StGB § 139 mit dem Tod bestraft werden können.

Später als der ganze Spuk vorbei war und die "Schuldigen" bestraft werden sollten, stand auch D. vor der Spruchkammer. Das war allerdings erst vier Jahre nach dem Krieg, im Februar/April 1949. Viele Zeugen sagten aus, aber niemand wollte einem ehemaligen Nationalsozialisten mehr wehe tun. Die Schwägerin riet der Witwe Klug: Sag möglichst wenig gegen den D., Du kannst

Deinen Mann doch nicht mehr lebendig machen! Und so verhielt sich auch Frau Klug. Sie erzählte lediglich die Daten der Verhaftung, der Gerichtsverhandlung, der Einlieferung ins KZ und das Datum des Todes. Viele Zeugen wußten angeblich nichts mehr. So wurde D. in die Gruppe 2 "Aktivisten" eingereiht. Er verlor seinen Beamtenposten. Seine Berufung vor der Berufungskammer in München im November 1955 - 10 Jahre nach dem Krieg! - brachte keine wesentliche Änderung des Spruches der ersten Instanz.

Der letzte Anlaß zu Krugs Verhaftung

Krug fertigte einmal heimlich in der Kanzlei des Vermessungsamtes eine Abschrift mit Durchschlag vom "Möldersbrief" und von einer "Spott-Führerrede, gehalten 1955". Er vergaß danach, das verwendete Kohle-Durchschlagpapier zu vernichten. Dieses wurde entweder vom Schreibfräulein an D. übergeben, oder D. fand es im Papierkorb. D. stellte das in seiner Anzeige bei der Gestapo anders dar, als nach dem Krieg vor der Spruchkammer. Die damalige Kanzleikraft verweigerte bei der Spruchkammerverhandlung die Aussage, wollte vermutlich den D. nicht weiter belasten.

Der Gestapobeamte *Ranner*, der gleiche, der Domprediger *Dr. Maier* noch vor der Standgerichtsverhandlung vernahm(1), verfaßte über den entscheidenden Schritt *am 1.9.43* das folgende Protokoll:

"Auf der Dienststelle (der Gestapo Regensburg) erschien heute SA-Sturmbannführer D. und gab an: ..., daß Krug ein politisch gehaltenes Schriftstück mit Durchschlag in der Schreibmaschine hatte ..." Von den zwei Durchschlagpapieren wurden "das eine benutzt, um eine Abschrift des bekannten *Möldersbriefes* zu fertigen, während das zweite eine *Spott-Führerrede*, gehalten im Jahre 1955, enthielt. Der Möldersbrief kann ohne weiteres auf dem Blaublatt gelesen werden; die Führerrede habe ich mit Hilfe einer Lupe rekonstruiert. Ich übergebe die beiden Blaublätter und meine Niederschrift über die Rekonstruktion der Führerrede hiermit *und bitte, daß Krug, dem ich eine staatsfeindliche Betätigung ohne weiteres zutraue, überwacht wird, damit eventuell gegen ihn vorgegangen werden kann.*"(2)

5 Tage nach der ersten Anzeige meldete D. zusätzlich der Gestapo, daß Krug wahrscheinlich *Feindsender hörte*. Einen Monat später, am 8.10.1943, wurde Krug um 6 Uhr, als er noch schlief, in seiner Wohnung durch die Gestapo verhaftet. Gleichzeitig wurde die Wohnung durchsucht. Im weiteren Verlauf wurde Krug soo klein gemacht, wie D. prophezeit hatte, bis er schließlich zugrunde ging.

Der Möldersbrief

Der "Möldersbrief" kursierte seit Januar 1942 überall in Deutschland und wurde von NS-Gegnern tausendemale abgeschrieben und weitergegeben. Natürlich fielen Abschreiber wie Krug immer wieder der Gestapo in die Hände und es kam zu vielen Maßregelungen. Das Auftauchen des Briefes gehörte z.

---
1) R80; S. 20
2) Das Verhalten von D. war typisch für geförderte Altparteigenossen; siehe z. B. für Augsburg bei HETZER 88

B. auch zu denjenigen Fakten, die die Regierungspräsidenten monatlich zu ihren Berichten über die Stimmung in der Bevölkerung lieferten.

Der Inspekteur der Jagdflieger und Oberst *Werner Mölders* war dem ganzen deutschen Volk durch seine Hunderte von Abschüssen feindlicher Flieger im Luftkampf bekannt gewesen. Er war mit hohen Auszeichnungen bedacht worden. Die NS-Propaganda hatte ihn zu einem Heldenidol, ähnlich wie *Udet* aufgebaut. Am 22.11.1941 stürzte er bei Breslau ab. Ca. 2 Monate später tauchte jener Brief auf, den er kurz vor seinem Tod an den katholischen Probst von Stettin geschrieben haben sollte. In ihm bekannte sich Mölders zum katholischen Glauben und erwähnte, daß dieser ihm Hilfe im Kampfe sei. Die Gestapo erklärte den Brief für gefälscht und konnte das auch beweisen. Sie machte Jagd auf Exemplare und Verteiler. Da viele der NS-Propaganda längst nicht mehr trauten, glaubten sie auch in diesem Fall dem illegal kursierenden Brief mehr und hielten ihn für echt. Ebenso hielt sich das Gerücht, Mölders sei ebenso wie der Jagdflieger Udet, von eigener Seite ermordet worden. Der Wahrheit entsprach, daß Mölders aus der katholischen Jugendbewegung gekommen war, daß er die katholische Jugendorganisation "Neudeutschland" in Brandenburg geleitet hatte und daß er als praktizierender Katholik bekannt war(1).

Sefton Delmer hat in seiner Autobiographie(2) nach dem Krieg aufgeklärt, daß er einen wirklich existierenden Brief Mölders an den katholischen Geistlichen Klawitter veränderte: Im Original hatte es geheißen, daß Mölders tiefgläubiger Katholik war, daß er aber (wohl gerade deswegen) "weiter seine Pflicht tun" werde. Er gehörte offenbar zur Mehrheit der Katholiken, die es für ihre Pflicht hielten, der von Gott eingesetzten Obrigkeit zu gehorchen.

Beispiele zur Verbreitung des Möldersbriefes im bayerischen und Regensburger Raum:

Viele Geistliche beider christlichen Bekenntnisse in ganz Deutschland haben den Brief von der Kanzel aus verlesen. Die Gestapo Nürnberg-Fürth ermittelte im April 1942 in ihrem Bereich 11 katholische und 7 evangelische Geistliche und 19 katholische und 7 evangelische Laien, die den Brief beim Gottesdienst verlasen, bzw. ihn weiterverbreiteten(3).

Auch der Rechtsanwalt *Franz Pfaffenberger*, Kelheim, (geb. 1888 in Gundelfingen) wurde der Gestapo denunziert, weil er im Besitz des Möldersbriefes war und eine Abschrift gefertigt hatte. Auch bei ihm war dies wie bei *Krug* Anlaß zur Aufrollung seiner NS-Gegnerschaft. Die Sache kam vor das Sondergericht Nürnberg, das in Regensburg unter dem berüchtigten Richter *Dr. Oswald Rothaug*(4) tagte. *Pfaffenberger* wurde, vor allem wegen eines Briefes, den er an seinen Neffen an die Front geschrieben hatte, wegen Wehrkraftzersetzung *zum Tode verurteilt*. Das Urteil wurde in den Zeitungen veröffentlicht und in Regensburg öffentlich angeschlagen(5) (siehe hier bei *Kellner* S. 149).

---
1) WITETSCHEK
2) Sefton Delmer: Die Deutschen und ich. Hamburg 1962; 547. Hier zit. n. WITETSCHEK
3) ARCHIVINVENTARE 1975 Bd. 2; 267 und WITETSCHEK
4) Rothaug wurde im Dez. 47 vom Intern. Militärtribunal in Nbg. zu lebenslanger Haft verurteilt (wegen Verbrechen gegen die Menschlichkeit). Weihnachten 56 wurde er freigelassen. 67 in Köln gest. Seinen schlimmsten Justizmord beging er bei seinem Todesurteil gegen den Juden Katzenberger, Nbg. Aus: Sonderdruck Nürnberger Nachr. 1983 "Schicksale 1933-45" Mrz. 1984; S. 14
5) Regensburger Kurier 1942, vom 4.9.

Pfaffenberger war seit 1918 Mitglied der SPD gewesen und war von dieser Partei 1929 in Kelheim als Bürgermeisterkandidat aufgestellt. Er war einer der zwei Rechtsanwälte in Kelheim. Im Gegensatz zu den NS-Honoratioren in Kelheim, *Dr. Donderer* (Kreisleiter), *Dr. Sommer* und dem Apotheker *Schafbeck* gehörte er schon als Student keiner der schlagenden Verbindungen an(1).

Die Frau des *Pfaffenberger* stammte aus Bayreuth und war mit der Familie *Wagner* früher in Verbindung gestanden. Sie wendete sich in ihrer Verzweiflung an Frau *Winifred Wagner*. Diese erreichte von *Hitler*, daß die Todesstrafe in eine 8-jährige Zuchthausstrafe umgewandelt wurde. Aus dem Zuchthaus Straubing teilte *Pfaffenberger* noch im März 1945 mit, daß er gesund war. Kurze Zeit darauf war er "am 2.4.1945 an einer Rippenfellentzündung gestorben". Die genauen Umstände seines Todes konnten nie aufgeklärt werden. *Pfaffenberger* war seit seiner Studentenzeit politisch anders eingestellt als die Mehrheit der deutschen Akademiker, die nationalkonservativ dachten und dadurch der NS-Ideologie leichter verfielen.

Zum Inhalt des Möldersbriefes

Der Brief, wie ihn *Krug* 20 Monate nach dessen erstem Auftauchen abschrieb, war erstaunlicherweise im Wortlaut noch ganz der gleiche wie von Anfang an. Keiner der vielen heimlichen Abschreiber hatte an dem Wortlaut etwas geändert, wiewohl ein NS-Gegner leicht hätte dazu neigen können, den Inhalt "schärfer" zu formulieren. Die Fälschung durch den englischen Geheimdienst bestand im wesentlichen darin, daß anstatt "Ich werde weiterhin meine Pflicht tun", *Delmer* einfügte: "Wenn ich eines Tages mein Leben für die Nation hingeben muß ..." Ansonsten empfindet man von heute aus auch den gefälschten Brief als ziemlich harmlos. So wie *Krug* ihn abschrieb, lautete der Brief (ohne Ort und Datum) mit wenigen unwichtigen Auslassungen:

"... Inzwischen sind wieder viele meiner Kameraden gefallen. Aber die Angst vor dem Tode haben wir verlernt, denn was ist der Tod anders als eine kurze Trennung, dann ein besseres Wiedersehen im Jenseits. Viele der sogenannten "Lebensbejahenden", die uns noch am Anfang der großen Schlachten verlachten und verspotteten, holen sich bei den "lebensverneinenden Katholiken" Mut und Kraft. Sie beneiden uns, daß wir über dies irdische Leben leichter hinwegkommen als sie, an dem sie mit allen Fasern ihres Herzens hingen. Sie haben den Spott und den Hohn im Angesicht unserer seelischen Stärke, die wir allein unserem Glauben verdanken, verlernt. Viele sind bekehrt und setzen das Ideal jetzt höher als alle irdischen Schätze und Verlockungen. Und ich glaube, daß hierin ein tiefer Sinn dieses Krieges liegt. Es ist an der Zeit, daß die Menschen wieder glauben und beten lernen. Ich freue mich, Ihnen sagen zu können, daß wir durch unser katholisches Beispiel viele besser und glücklicher gemacht haben ... Es gibt nichts Schöneres, als wenn sich ein Mensch durch allen Schlamm hindurch gerungen hat zum Erkennen, zum Licht, zum wahren Glauben. Um mich brauchen Sie sich keine Sorge machen. Wenn ich eines Tages mein Leben für die Nation hingeben muß, die Gewißheit kann ich Ihnen geben, ich falle im alten Glauben, gestärkt durch die Sakramente der Kirche. Wenn auch auf dem letzten Gang mein Priester nicht mehr dabei sein kann, so verlasse ich diese Erde im Bewußtsein, in Gott einen gnädigen Richter zu finden. Noch aber habe ich die Hoffnung, daß sich

---
1) ETTELT 71 f.

alles zum Guten wenden wird.

Schreiben Sie bald wieder und gedenken Sie im Gebet

Ihres gez. *Werner Mölders*."

Man kann eigentlich kaum erkennen, warum der Inhalt "staatsgegnerisch" oder gar "wehrkraftzersetzend" empfunden werden konnte. Anstatt die Wehrkraft zu zersetzen, stärkte er sie eher. Es ist erstaunlich, daß sich der Engländer *Delmer* eine Schwächung der militärischen Widerstandskraft davon versprach. Der Brief förderte z. B. in keiner Weise das Gerücht, *Mölders* sei - etwa durch eine Zeitbombe in seinem Flugzeug - von SS getötet worden. Oder glaubte *Delmer*, er müsse den Brief so harmlos formulieren, damit er möglichst gefahrlos weit verbreitet werden konnte? Die einzige etwa gewollte Wirkung des Briefes dürfte eine Stärkung der katholischen gegenüber der NS-Weltanschauung gewesen sein, was - besonders dem Kriegsende zu - von kampfschwächender Bedeutung sein konnte.

Gleichzeitig hatte *Krug* eine *"Spott-Führerrede, gehalten im Jahre 1955"* also ein Dutzend Jahre später, ab- und durchgeschrieben. Ihr Wortlaut(1):

"Nachdem nun England und Irland als Protektorat des Großdeutschen Reiches der Reichsgewalt unterstehen und mein alter Kampfgenosse *Hermann Göring* zum Zaren von Rußland ausgerufen wurde, hat sich *Roosevelt* bereit erklärt, mir Amerika als deutsche Kolonie anzubieten. Ebenso hat Frankreich ins Reich heimgefunden. Da nun auch vor geraumer Zeit von unseren japanischen Freunden die deutsch-japanische Grenze festgelegt wurde, kann der Schlußstrich gezogen werden.

Es gibt keine europäische Politik mehr. Die Überraschungen in Europa sind vorüber. Ich möchte nicht vergessen, jener Männer zu gedenken, die sich in uneigennütziger Weise in den Dienst der Sache gestellt haben. Es sind dies der Obersturmführer *Pétain*, der SA-Oberbrigadeführer *Churchill*, und was man nicht für möglich gehalten hat, der zur Zeit auf der Ordensburg Sonthofen zur Vorschulung befindliche SS-Untersturmführer *Stalin*. Mein besonderer Dank gebührt vor allem dem Oberhaupt der katholischen Kirche, meinem lieben Freund, Parteigenossen *Rosenberg*, jetzt Papst Pius XXV. Zum Gedenken an den kürzlich verstorbenen Gauleiter Pg. *Gandhi*, bitte ich Sie, sich von Ihren Sitzen zu erheben. Ich danke Ihnen.

Der Großmufti von Jerusalem, Pg. *Goebbels*, sendet zu dieser Tagung treue Grüße der arabischen Völker. In dankbarer Würdigung ernenne ich gleichzeitig Pg. *Goebbels* zum Oberrabiner für die Bezirke Palästina und Transjordanien. Dabei gebe ich bekannt, daß auf Vereinbarung mit dem Zaren von Rußland, Pg. *Göring*, und nach Rücksprache mit dem Heiligen Vater in Rom, Pg. *Rosenberg*, das Winterhilfswerk in diesem Jahr bereits am 1. Mai beginnt, damit die Volksgenossen in Sibirien rechtzeitig ihre Pakete erhalten."

"Achtung! Achtung! Hier ist der Weltgroßsender Berlin. Sie hörten soeben einen Ausschnitt aus der Führerrede an die Völker. Der Führer sprach aus Chile, wo er zur Zeit bei seinen Truppen weilt. Die Rede wird heute abend um 23 Uhr von Obersturmführer *Pétain* auf französisch und von

---
1) Die beiden von Krug gefertigten Schriften sind in den Sg-Akten enthalten

Untersturmführer *Stalin* auf russisch wiederholt."

Auch diese Rede erscheint einem heutigen Leser ziemlich harmlos. Allerdings sollte sie den Größenwahnsinn *Hitlers* lächerlich machen, und konnte dadurch im Krieg "wehrkraftzersetzend" wirken. In der Tat waren aber die Träume und Ziele *Hitlers* wirklich fantastisch und schon psychopathisch gewesen und die Spottrede geht nicht weit an solchen Träumen des Führers vorbei. Die Wiederherstellung von Deutschlands Größe vor dem Vertrag von Versailles war nach *Hitlers* eigenen Worten als Programm für deutsche Politik *"völlig unzulänglich"*. Denn damit wären nur 70 000 km² Territorium zurückgewonnen worden. Das deutsche Volk brauche aber 500 000 km², *die es für den Anfang zu gewinnen gelte*(1).

Nach der Besetzung großer Landmassen im Osten und deren Entvölkerung und Wiederbevölkerung mit germanischen Siedlern konnte nur die Beherrschung der Erde folgen, um Stabilität für die nächsten tausend Jahre zu erreichen. Es ist nachgewiesen, daß *Hitler* solche Ideen hatte(2). In Sekundärliteratur(3) las ich, daß *Hitler* in "Mein Kampf" geschrieben habe, daß Deutschland *"eines Tages zum Herrn der Erde"* werde. Das klingt so fantastisch und unglaubwürdig, daß ich in "Mein Kampf" die Stelle nachschlug. Tatsächlich schrieb *Hitler* auf der letzten Seite in einem Schlußwort zu seinem zweibändigen Werk(4):

"Ein Staat, der im Zeitalter der Rassenvergiftung sich der Pflege seiner besten rassischen Elemente widmet, *muß eines Tages zum Herrn der Erde werden. Das mögen die Anhänger unserer Bewegung nie vergessen*, wenn je die Größe der Opfer zum bangen Vergleich mit dem möglichen Erfolg verleiten sollte."

Die Spott-Führerrede verzerrte die Ideen *Hitlers* gar nicht *so* sehr, wie der Autor und die Weiterverbreiter damals wohl selber glaubten. Um das Gedankenspiel *Hitlers* zu begreifen, sei eine weitere Stelle aus "Mein Kampf" S. 475 zitiert:

"Sicher aber geht diese Welt einer großen Umwälzung entgegen und es kann nur die eine Frage sein, ob sie zum Heil der arischen Menschheit oder zum Nutzen des ewigen Juden ausschlägt. Der völkische Staat wird dafür sorgen müssen, durch eine passende Erziehung der Jugend dereinst das für *die letzten und größten Entscheidungen auf diesem Erdball* reife Geschlecht zu erhalten. *Das Volk aber, das diesen Weg zuerst betritt, wird siegen*."

Im Januar 1942 notierte ich einen Spott-Wehrmachtsbericht, der offenbar mit der obigen Spott-Führerrede zusammenhängt:

"Wehrmachtsbericht *1955* (das gleiche Jahr wie bei Krug!):
Achtung, Achtung, Sondermeldung: Deutsche und japanische Truppen begegneten sich siegreich am Mississippi. La Valetta auf Malta wurde erneut mit Bomben belegt."

---

1) WEINBERG S. 6
2) MOLTMANN
3) LEUSCHNER Fußn. S. 60
4) Hitler Adolf: Mein Kampf. 209. u. 210. Aufl. München 1936; 782

Der letzte Satz war damals fast in jedem OKW-Bericht enthalten.

Bei der erwähnten *Wohnungsdurchsuchung* war für *Krug* wichtig, daß ein Rundfunkgerät nicht vorgefunden wurde. Dagegen belastete ein vorgefundener Brief eines *K. Mett* aus Lübeck (s. u.). Bei der anschließenden Durchsuchung von Krugs Arbeitstisch im Vermessungsamt wurden sichergestellt:

1 Blatt mit Auszügen aus *Hitlers* Mein Kampf; 1 Bl. mit einem Gedicht von *Fallersleben*; die Broschüre "Der Weg der nationalen Demokratie".

Hitlers Mein Kampf wurde trotz seiner millionenfachen Verbreitung relativ wenig gelesen. Häufig kannten Gegner dieses Buch besser als die Anhänger. Gegner suchten daraus Material, das *gegen Hitler* sprach. Dafür ist *Krug* ein Beispiel. Die Gestapo fand folgende Auszüge, die sich Krug gemacht hatte:

"Dem politischen Führer haben religiöse Lehren und Einrichtungen seines Volkes immer unantastbar zu sein, sonst darf er nicht Politiker sein, sondern soll Reformator werden ... Eine andere Haltung würde vor allem in Deutschland zu einer Katastrophe führen. Mein Kampf, S. 127"

Ganz offenbar wollte *Krug* dabei auf den Widerspruch zwischen dieser Aussage und der kirchenfeindlichen Praxis aufmerksam machen.

Weiter: "Wenn wir aber heute in Europa von *neuem Grund und Boden* reden, können wir in erster Linie *nur an Rußland* und die ihm unterthanen Randstaaten denken. Mein Kampf, 2. Bd. S. 742".

Viele im deutschen Volk *kannten damals sehr wohl Hitlers Kriegsziel* im Rahmen seiner "Lebensraum"- Politik. Daß *Krug* auch schon vor dem Krieg die Eroberung russischen Bodens für das wichtigste Ziel *Hitlers* hielt, weiß ich aus seinen Gesprächen mit mir. Daß *Krug* diese Stelle als eine der wichtigsten aus den 782 Seiten von Mein Kampf sich notiert hatte, widerlegt die Meinung sehr vieler heutiger Zeitgenossen, die als selbstverständlich behaupten, daß niemand die Kriegsabsicht oder gar das Kriegsziel erkennen konnte.

Das bei Krug gefundene Gedicht von *Hofmann von Fallersleben* aus 1848 (2. Strophe):

Euch muß das bißchen Leben so gründlich sein verhaßt,
Daß ihr es weg wollt geben, wie eine Qual und Last.
Dann, vielleicht dann, erwacht in euch ein anderer Geist,
Der Geist, der über Nacht noch, euch hin zur Freiheit reißt.

Vermutlich wünschte sich hier *Krug* den deutschen Widerstandsgeist und Willen zur Freiheit, so wie Fallersleben gedichtet hatte.

Der von der Gestapo gefundene Brief von *K. Mett* vom 2.1.1943 hat folgenden Wortlaut:

"Mein lieber Herr *Krug!* ... Bedauerlicherweise sind Sie ja auch schlimmer dran, weil Sie *nicht abseits stehen können. Daß Ihre Temperatur manchmal den Siedepunkt erreichet, kann ich begreifen".

Es war so etwas wie ein heiliger Zorn, den die Ungerechtigkeiten und Grausamkeiten des Hitlerregimes in vielen Deutschen entfacht hatten und von dem offenbar vorher *Krug* an *Mett* geschrieben hatte.

"... Aber auch das wird einmal anders sein. Man darf heute nur nicht fragen, wann. Bestimmt ja aber, wenn *das gewaltige Rußland von unserer genialen Führung kaputt gesiegt wird*, wie schon einmal ... Aus Wilhelm Schäfer "Die dreizehn Bücher der deutschen Seel": Nur wer seine Existenz sittlich, d. h. nicht nur im Verhältnis zum Nebenmenschen, sondern im Grund aller Dinge verantwortlich fühlt, - mag er ihn Gott oder die ewige Notwendigkeit nennen - nur der lebt sich und der Welt wertvoll. Zwischen den Forderungen des Christentums und der Vaterlandspflicht gab es für das naive Gefühl nur ein bedenkliches Übereinkommen und wenn die Kirchenglocken Sieg läuteten, geschah etwas schlechthin Unbegreifliches (soweit aus *Schäfer*)(1).

... Aus Ihrem Brief ersehe ich, daß auch Ihr Sohn sich jetzt in Rußland befindet. Mögen alle Götter ihn behüten ... Ich frage mich täglich, wofür und warum? ..."

Die Bekanntschaft Krugs mit dem Kunstmaler *Karl Mett*, Lübeck geht auf den Juni 1940 zurück, als sich die beiden in dem Sanatorium Wartenberg bei Moosburg/Obbay. kennengelernt hatten. Krug war dorthin wegen seiner Zuckerkrankheit eingewiesen worden. Die Gestapo Regensburg schrieb gleich am Tag nach der Entdeckung des Briefes von Mett an die Gestapo Kiel. Von dort antwortete man am 9.11.1943 u. a.:

"... Karl Mett, geb. 1899 in Lübeck, ist kein Mitglied der Partei oder einer Gliederung. Bei Sammlungen gibt er nur -.50 RM (Die Gestapo ließ verdächtige Personen auf die Höhe der Spenden bei den wöchentlichen Sammlungen - als Gesinnungstest - beobachten. Offensichtlich war Mett auch in einer Kartei geführt, obwohl keine konkrete Anzeige gegen ihn vorlag). ... Evangelisch. Verheiratet, zwei Kinder. 1919-21 Graphische Akademie für bildende Künste und Buchgewerbe. Studierte München und Berlin. Seit 1922 selbständiger Kunstmaler in Lübeck. Zur Zeit ohne Einkommen. Seit 1931 SPD. Er hat verkrüppelte Füße und lebt in ärmlichen Verhältnissen. Wegen seines körperlichen Gebrechens haben wir von einer Festnahme Abstand genommen und es wurde ihm erlaubt, wieder zu seiner Familie nach Prilliots zurückzukehren."

Die Gestapo fand in der Wohnung von Mett auch nur einen einzigen Brief von Krug. Dieser hatte am 6.12.1942 offensichtlich zynisch geschrieben:

"... Ich stimme mit Herrn Goebbels überein, der im "Reich" schreibt, daß er in gar keiner anderen Zeit leben möchte ... Ich wettete im Februar 41 mit einem Bekannten 20 RM, daß wir bis Ende Mai, spätestens Ende Juni den Krieg mit Rußland bekommen würden und daß dies einen Weltkrieg bedeuten würde, der nicht wie der 1. Weltkrieg enden würde, sondern mit einer totalen Niederlage der einen oder der anderen Seite ... ratsam, nicht darüber zu sprechen ... Da ich jede Unterhaltung mit den zur Unaufrichtigkeit erzogenen Menschen meide, freuen mich Ihre lieben Zeilen umsomehr ... Ich sehe am Ende ein furchtbares Erwachen ..."

Krug hegte, wie viele Deutsche, nie Zweifel am schrecklichen Ende.

Krug kam am 8.10.1943 in "Polizeihaft" in das Gefängnis Regensburg. Aber

---

1) "Die dreizehn Bücher der deutschen Seel", aus denen Mett zitierte, ist das Hauptwerk des rheinischen Dichters Wilhelm Schäfer (1868 - 1952)

schon am ersten Tag entschied der Gefängnisarzt, daß er hier wegen seiner Zuckerkrankheit *nicht haftfähig* sei und veranlaßte seine Verlegung in das damalige "Hilfskrankenhaus Klerikalseminar" in der Schottenstraße. Dieser Gefängnisarzt war offenbar ein mutiger Mann.

Während der 10-monatigen Haft im ehemaligen Schottenkloster traf sich die Schwägerin, Frau Gloßner aus München mehrmals illegalerweise in der Jakobskirche mit dem Häftling. Zur Kirche bestand vom Klostergebäude her ein Zugang. Die Schwestern des Lazaretts waren dafür verantwortlich, daß Krug nicht flüchtete und daß er keine Besuche empfing. Besuche waren verboten. Die Schwestern hielten aber zu Krug und ließen ihn in die unmittelbar benachbarte Kirche, damit er dort beten konnte. Einmal wurde Krug auch ein Treffen mit seiner Frau im Garten des Klerikalseminars ermöglicht.

Krug war der einzige Häftling im Klerikalseminar. Weihbischof *Hiltl* als damaliger Regens im Seminar gab Krug viel Kraft und Trost.

Rettungsversuche

Das Ehepaar Gloßner in München versuchte mehrmals, Krug freizubekommen. Herr Gloßner war ein Schulkamerad des Regensburger Kreisleiters *Wolfgang Weigert* gewesen, stand aber selber bei der Partei in schlechtem Ruf (Nichtmitglied, obwohl Lehrer!). Mit Empfehlung vom Schulkameraden wagte sich Frau Gloßner in das Gebäude der Partei-Kreisleitung in Regensburg. Vorher übte sie vor dem Spiegel das "Heil Hitler!" ein, damit es glatt und glaubhaft vonstatten ging. Sie schien Glück zu haben. Weigert war anwesend. Ihr wurde ein Warteplatz angewiesen. Sie wartete weit über eine Stunde. Schließlich kam nicht Weigert, sondern sein Stellvertreter. "Sie wollen sich für diesen Staatsfeind Krug einsetzen?!" "... ist kein Staatsfeind, ... ist Frontkämpfer, hat das EK ..." "Eineinhalb Jahre haben wir das ganze Vermessungsamt beobachtet, vor allem Krug! Nicht *ein* Delikt allein ließ uns *seine Einstellung* (!) erkennen, vielmehr *lauter einzelne Steinchen fügen sich bei ihm zu einem Mosaik, das seine staatsfeindliche Einstellung klar erkennen läßt."*

Es war kaum ein konkretes Vergehen, es war die geistige "Einstellung", die ihn strafwürdig machte. "Weswegen wird er denn angeklagt?" *"Wegen Defaitismus."* "Bedeutet das ein Todesurteil?" Der Stellvertreter zuckte mit den Schultern: "Er hat *das Recht auf Leben in der Volksgemeinschaft verwirkt."*

Bezeichnend ist dazu, daß von der bereits achtjährigen Parteimitgliedschaft überhaupt keine Rede war. Jedermann wußte, daß sie über die wirkliche "Einstellung" nichts aussagen konnte. Sie war - besonders für einen Beamten - fast so etwas ähnliches wie die Staatsbürgerschaft.

Schließlich wurde ein Bruder von Frau Krug, der eine hohe Stellung im NS-Juristenbund bekleidete, gebeten, seine Beziehungen nach Berlin einzusetzen. Seine Antwort:

> "Man hat mir bedeutet, wenn mir meine Stellung und das Wohlergehen meiner Familie lieb ist, dann soll ich meine Finger davon lassen."

Einer von Krugs Söhnen, damals schon zwei Jahre an der Ostfront, schrieb am 20.1.1944 an das Sondergericht und bat um Entlassung seiner Vaters aus der Haft. Er verwies u. a. darauf, daß sein Vater schon einmal Jahre in der Gefangenschaft gewesen war.

"Sollte meine Bitte unbeachtet bleiben, so muß ich mich als Soldat an eine Stelle wenden, wo ich Gehör und Verständnis finden werde."

Auch die vorgesetzte Behörde von Krug, das Bayerische Staatsministerium der Finanzen, unternahm einen zaghaften Rettungsversuch. Es schrieb am 14.9. 1944 - nachdem Krug schon fast 1 Monat im KZ war - an den Oberstaatsanwalt beim Landgericht Nürnberg: Die Hauptvermessungsabteilung XIII (das jetzige Landesvermessungsamt in München) braucht für operativen Zwecken der Wehrmacht dienende, dringendste Arbeiten kartographisch und vermessungstechnisch vorgebildete Hilfskräfte. Zu diesen Hilfskräften zählt auch der seit 6.12.1943 in Untersuchungshaft befindliche Krug ... bitte ich um Auskunft, ob noch mit einer längeren Dauer der Haft zu rechnen ist. Gez. *Ringelmann*

Erst vom 6.12.43 datierte der Haftbefehl des Amtsgerichts Regensburg und damit der Beginn der U-Haft (vorher Polizeihaft). Am 14.12.43 schickt die Gestapo Regensburg (*Ranner*) die Akten an den Oberstaatsanwalt beim *Sondergericht Nürnberg* mit der "Bitte, den Beschuldigten einer schnellen und strengen Bestrafung zuzuführen".

Zum Sondergericht

Wenn gesagt wurde, daß das OLG schwerere Delikte als das Sondergericht und der Volksgerichtshof die schwersten behandelte, so bedeutet das nicht, daß nicht auch die Sondergerichte die schlimmsten Strafen, auch die Todesstrafe, verhängten. Im "Regensburger Kurier" vom 16.8.1943 werden unter der Überschrift "Sondergericht, das Gericht der Zeit" folgende Vorteile dieser Einrichtung erwähnt:

"... schnelle Sühne für Verbrechen ... Zuständigkeit fast unbegrenzt ... Diebe, Urkundenfälscher, Hehler und Betrüger ... kommen vor das Sondergericht, weil ihre Vergehen ... in Verbindung mit einem Verbrechen gegen die Volksschädlingsverordnung, die Kriegswirtschaftsverordnung, die Preisstopverordnung ..."

stehen können. Der Regensburger Kurier meldete des öfteren *Todesurteile*, die das für Regensburg zuständige und dann hier tagende Sondergericht Nürnberg verhängte, z. B. am 26.8.42, am 4.9.42 der 54-jährige Pfaffenberger (s. o.), am 23.10. und 23.11.42 je ein(e) Regensburger(in). Weitere Todesurteile: 23.1., 24.9., 23.10., 16.11.43. Zum letzten Datum gleich 2 Todesurteile, darunter gegen eine Kriegerwitwe wegen des Versuchs, ihr eigenes Kind zu töten.

Im Dritten Reich wurden kriminelle und politische Straftaten bewußt vom gleichen Gericht behandelt und die Täter in den gleichen Haftanstalten oder KZ gefangen gehalten. Dem braven Bürger sollte damit suggeriert werden, daß politische Gegner ebenso zu bewerten seien, wie Diebe oder Betrüger. In den KZ sollte die Mischung der Politischen mit den Kriminellen die psychische Standfestigkeit der NS-Gegner brechen. Die kriminellen Fälle, die das Sg mit dem Tode oder mit hohen Zuchthausstrafen ahndete, würden normalerweise mit Geldbußen bestraft werden. Insofern müssen die damals unmenschlich hart bestraften Kriminellen als Opfer der NS-Justiz gelten.

Krug war wegen Verbrechens nach § 4 der Rundfunkverordnung (Abhörens feindlicher Sender) vor dem Sondergericht angeklagt. Er hatte sich gut auf seine Verteidigung vorbereitet, führte sie im wesentlichen selbst und war über den Ausgang des Prozesses optimistisch. Die *Hauptverhandlung war am 25.5.1944* im Landgerichtsgebäude in Regensburg. Vorsitzender des Sondergerichts war *Rudolf Oeschey*, Nachfolger von *Oswald Rothaug*. Über die beiden(1):

"So perverse und unmenschliche Typen, wie es etwa die Vorsitzenden des Sg Nürnberg, Rothaug und Oeschey, gewesen sind, wird es nicht allzuviele (in der deutschen Justiz) gegeben haben."

Dieses Urteil wird im Rahmen einer Untersuchung über die NS-Justiz im ganzen Deutschen Reich gefällt, nicht etwa nur über Bayern!

Während der Verhandlung verteidigte sich Krug ruhig und bestimmt und wußte auf jeden Vorwurf eine passende Antwort. So erzählt die während der öffentlichen Verhandlung anwesende Schwägerin. Oeschey schrie daraufhin und tobte. Er fragte Krug, ob er etwa "jesuitisch erzogen" worden sei, was man später auch dem Domprediger vorwarf. Als Krug verneinte: "Aber Ihre Art, sich hier zu verteidigen, ist jesuitisch!" Zuletzt brüllte Oeschey: "Sie gehören vor den Volksgerichtshof!" Oeschey kam übrigens zusammen mit Rothaug und weiteren 13 Juristen vor ein amerikanisches Gericht (Juristenprozeß) in Nürnberg (Februar 1947).

Da bei Krug kein Rundfunkgerät gefunden worden war, konnte die Anklage wegen § 4 Rundfunkverordnung nicht aufrecht erhalten werden. Daß Krug regelmäßig zu seinem Freund *Cremer* gegangen war und dort mit ihm Auslandssender gehört hatte, kam nicht auf. Es ist ein hohes Lied der Kameradschaft und spricht für den Geist von Krugs Kollegen und Bekannten, daß fast alle Zeugen entlastend für Krug aussagten, daß also fast alle keine Angst hatten. Denn der Vertrauensmann D. konnte soviele Fakten vorbringen, die die Aussagen der meisten Zeugen als lückenhaft oder gar falsch und damit als gegen die Interessen der Staatssicherheit gerichtet hätten erweisen können. Es ist auch ein Zeichen dafür, wie wenig begeistert die Bevölkerung etwa der Partei helfen wollte, einen Gegner dingfest zu machen. Denn es ist sicher, daß die allermeisten, wenn nicht alle Zeugen, wußten, daß Krug ein klarer Gegner war und dies, wann immer er konnte, auch gezeigt hatte.

Ergebnis der Hauptverhandlung:

"Die Hauptverhandlung wird zur Vornahme weiterer Erhebungen *ausgesetzt*, da sich auf Grund der Hauptverhandlung der *dringende Verdacht ergeben hat, daß der Angeklagte versucht hat, den Willen zur wehrhaften Selbstbehauptung des deutschen Volkes zu zersetzen.*"

Offenbar wegen dieser Aussetzung der Verhandlung wurde Jahre später beim Spruchkammerverfahren gegen D. völlig falsch, aber "amtlich" zweifelsfrei behauptet, Krug sei "mit Urteil vom 25.5.1944 freigesprochen" worden. Dies ist ein warnendes Beispiel: Wenn als Quelle allein die Spruchkammerakten gedient hätten, würde der Freispruch als erwiesen gelten. Auch Zeugen der damaligen Vorgänge erzählten, Krug sei freigesprochen worden und auf freiem Fuß gewesen bis zu seiner Einlieferung ins KZ. In Wirklichkeit war Krug vom ersten Tag seiner Verhaftung an bis zu seinem Tod ununterbrochen in Haft gewesen.

---

1) WEINKAUF Bd. 1; 170

Der Fall von Krug war - gegenüber dem gerade tobenden Weltkrieg - harmlos gewesen. Bemerkenswert ist deswegen, wieviele Instanzen mitten im Krieg mit so einem Fall befaßt wurden und in den Akten aufscheinen: Amtsgericht und Gestapo Regensburg, Generalstaatsanwalt und Sondergericht Nürnberg, Reichsjustizminister in Berlin und wieder Oberstaatsanwalt in Regensburg.

Einweisung in das KZ Dachau

In einem totalitären Staat ist es wie im Krieg: Was zunächst gut erscheint, kann morgen sich äußerst schlecht auswirken. Die gute Verteidigung von Krug wurde ihm zum Verhängnis. Wäre er nämlich gleich bei der Verhandlung zu einigen Jahren Zuchthaus verurteilt worden, so hätte er wahrscheinlich die letzten 12 Monate bis Kriegsende in einer "normalen Haftanstalt" überlebt. So aber kam es zu keiner Verurteilung, er wurde ins KZ eingeliefert, was ihm den Tod brachte.

Am 10.8.1944 erließ das Reichssicherheitshauptamt in Berlin mit Schreiben an die Gestapo Regensburg Schutzhaftbefehl gegen Krug und ordnete dessen Einweisung in das KZ Dachau an.

Natürlich handelte das RSHA auf Betreiben der Regensburger bzw. Nürnberger Stellen. Schon unter dem 30.6.1944 vermerkte wahrscheinlich der Oberstaatsanwalt:

"Da der Herr Vorsitzer des Sondergerichts wegen Beweisschwierigkeiten eine Verurteilung für zweifelhaft hält, hat er bei einer persönlichen Rücksprache mit dem Beamten der Gestapo (Regensburg) angeregt, gleichzeitig zu prüfen, ob der Angeklagte *in ein Konzentrationslager* eingewiesen werden soll, *falls* nach Abschluß der Ermittlungen *eine Verurteilung nicht zu erwarten ist.*"

Am 18.8.1944 berichtet wahrscheinlich(1) der Oberstaatsanwalt in Nürnberg an den Herrn Generalstaatsanwalt in Nürnberg:

"Nach dem Ergebnis der Hauptverhandlung vom 25.5.44 ist der Nachweis eines Rundfunkverbrechens voraussichtlich nicht zu führen. Die weiteren Ermittlungen, ob Wehrkraftzersetzung nachweisbar ist, haben auch dafür keine genügenden Anhaltspunkte erbracht. Das Gesamtergebnis der Erhebungen rechtfertigt jedoch den *Verdacht,* daß der Angeklagte *Zersetzungsmaterial"* (aus Hitlers Mein Kampf!) *"planmäßig gesammelt* hat, um damit bei Gelegenheit Zersetzungsversuche zu betreiben. Da bei dieser Persönlichkeitsbewertung eine Freilassung unangemessen wäre, hat das Reichssicherheitshauptamt am 18.8.44 gegen den Angeklagten Schutzhaftbefehl erlassen und seine Einweisung in das Konzentrationslager Dachau angeordnet. Ich beabsichtige, die Anklage zurückzunehmen, *um einen Freispruch zu vermeiden.* Die Klagerücknahme widerspricht zwar dem § 156 StVO, in ähnlich gelagerten Fällen wurde jedoch *schon wiederholt unbeanstandet* beim Sondergericht Nürnberg in dieser Weise verfahren."

So mußte alles seine Ordnung haben, was sich besonders für die Zeit danach (für die evtl. Ahndung von NS-Ungesetzlichkeiten) als wichtig erwies.

---
1) Der genaue Absender ist in der vorliegenden Abschrift nicht erkennbar

Das Gericht rechtfertigt hier gewissermaßen die Durchführung einer Anordnung der SS (RSHA).

Am *19.8.1944* wurde Krug *in das KZ Dachau* eingeliefert. Das RSHA und die Gestapo Regensburg wußten sehr wohl, daß Krug laut Zeugnis des Gefängnisarztes wegen seinem Diabetes nicht haftfähig war - sie kümmerten sich nicht darum. Nach nicht ganz 5 Monaten in Dachau verstarb Krug dort im Alter von 54 Jahren. Todesursache war der nicht behandelte Diabetes. Das KZ-eigene "Standesamt Dachau II" teilte mit, daß "Alois Krug ... *am 8.1.1945* um 6.30 Uhr *in Dachau verstorben*" war. Eine Todesursache war nicht angegeben.

Eine Ahnung von den Zuständen in Dachau besonders während der letzten Kriegsmonate gibt folgende Statistik: Im Januar 1945, dem Sterbemonat Krugs, kamen 2 888 Häftlinge in Dachau ums Leben(1). Insgesamt rechnet der Internationale Suchdienst in Arolsen (ITS) mit rund 32 000 Todesfällen in Dachau, davon also fast 10 % in dem einen Monat. Der "Lagerbestand" betrug 67 664 Häftlinge im April 1945(2). Soweit man aus den Gefangenennummern schließen kann, durchliefen insgesamt 199 471 Häftlinge das Lager. Innerhalb der 2. Nummernserie, die am 1.4.1940 begann und bis 161 896 reichte, hatte Krug die Gefangenennummer 92 472 gehabt.

Im KZ waren keine Besuche gestattet. Trotzdem erhielt Krug *ein einziges Mal Besuch* von einem Kriegskameraden seines Sohnes, dem jetzigen Prof. Dr. med. A. Rummel, Würzburg. Dieser ging in seiner Uniform als Feldunterarzt zum KZ und gab vor, er müsse Krug die letzten Grüße seines Sohnes überbringen, der in Italien gefallen sei. "Ich bekam tatsächlich Erlaubnis, mit ihm zu sprechen, allerdings nur im Beisein von 2 Gestapobeamten." Rummel gab Krug mit den Augen ein Zeichen, daß er jetzt lüge.

"Ich sehe Herrn Krug heute noch in seiner Sträflingskleidung vor mir sitzen ... Er verstand sofort, daß die Botschaft nur fingiert war. Er bat mich um Besorgung von Insulin und um warme Kleidung und warme Decken ... Krug machte einen leidenden, aber gefaßten Eindruck ..."

Bei den Menschenmassen, die damals im KZ waren - mindestens 50 000 - ist es ein Wunder, daß Stadtpfarrer a. D. *Ludwig Spießl*, der vom 14.12.1940 bis 29.3.1945 als Häftling im Pfarrerblock des KZ Dachau zubrachte, den Krug getroffen hat und davon erzählen kann:

Spießl arbeitete zeitweilig im Stubendienst und kam als Reiniger auch auf die Schreibstube, auf der nur Häftlinge beschäftigt waren. Dort erzählte ihm ein Schreiber eines Tages, daß vor kurzem ein Regensburger eingeliefert worden war, dessen Sohn Theologie studierte. Daraufhin machte Spießl diesen Krug aus und ließ ihm Nachricht zukommen, er möge sich einmal bei Spießl im Pfarrerblock sehen lassen. Krug erschien dann an einem Sonntag und sprach mit Spießl. Dieser erinnert sich natürlich nicht mehr an alle Einzelheiten, aber es blieb ihm im Gedächtnis, wie Krug vor allem bedauerte, daß in seinem Block 4, Stube 1, ein rüder Ton herrschte, ein psychisch schwer erträgliches Milieu, wogegen es bei den Pfarrern viel friedlicher und harmonischer zuging. Ein Block hatte 4 Stuben. Die Stube war in einen Schlaf- und einen Tagesraum unterteilt. Es gab viel zuwenig sanitäre Einrichtungen. In einer Stube lebten anfänglich 50 Häftlinge; mit der Zeit wurden es immer mehr, schließlich

---
1) KIMMEL 385
2) wie vor; 374

über 200! Das gilt für die Blocks mit den Deutschen. Besonders Polen und Russen mußten in noch viel schlimmerer Enge hausen. Die Lebensbedingungen standen im Zeichen grenzenloser Not, maßlosen Terrors und schlimmer Korruption. Nur psychisch und physisch robuste Naturen konnten vor allem die letzten Monate überleben.

Krug hätte Insulin gebraucht. Aber Medikamente gab es zu dieser Zeit fast gar keine mehr. Ins Revier kam man nur nach dem Abend-Zählappell. Auch wenn einer morgens 40° Fieber hatte, mußte er hinaus zur Arbeit und konnte erst am Abend sich krank melden. Nach dem Abendappell mußten die Kranken vortreten. Das waren jeweils 50 bis 100. Sie kamen zunächst in eine Dusche. Danach mußten sie, manchmal noch im Hemd, vor dem Revier Schlange stehen, im Winter bei Temperaturen bis -15°.

Wenn übrigens heute von damaligen Zeitgenossen allen Ernstes behauptet wird, sie hätten nichts von KZ gewußt, so ist das entweder gelogen, oder es handelt sich um psychopathisches Vergessen. Schon die Eröffnung z. B. des KZ Dachau wurde ausführlich im Völkischen Beobachter und in allen Tageszeitungen bekanntgegeben. Überhaupt war es nicht die Absicht der NS, die KZ zu verheimlichen, sondern im Gegenteil, erkannte das Regime den wichtigen Nutzen der KZ in ihrer psychologischen Abschreckwirkung. Allgemein war eine oft gehörte Warnung: "Wenn Sie nicht Ihren Mund halten, kommen Sie ins KZ!" Es ist unmöglich, daß ein damals in Deutschland lebender Erwachsener, soweit er zurechnungsfähig war, nichts von KZ gehört hätte.

Von Krug selbst geschrieben existiert noch eine kurze Notiz vom Transport nach Dachau. Sie ist in Blei auf die letzte (leere) Seite in sein Gebetbuch geschrieben. Nach den wichtigsten Daten von Verhaftung, Hauptverhandlung usw. notierte er dort:

"... Donnerstag, 17.8.44 11.30 Uhr Abholung zur Gestapo" (vom Klerikalseminar)[1], "dort bis 5 Uhr nachmittag, dann Einlieferung ins Gefängnis. Zelle 93[II]. - Samstag 19.8. Früh 1/2 4 plötzlich Wecken mit den Worten: Fertigmachen zum Transport! Auf meine Frage, wohin ich komme, keine Antwort - 4 Uhr zur Bahn - Richtung Ingolstadt - der mich begleitende Wachtmeister (sehr nett)" - es war Hauptwachtmeister Neumeyer aus Stadtamhof - "sagte mir, daß ich nach Dachau käme. Nun ja, in Gottesnamen. 6.20 früh geschrieben auf der Bahn. Ich schließe in der Hoffnung, daß wir uns doch bald wiedersehen ..."

Im Fall von Krug ist es wegen seiner vorhandenen Briefe möglich, den im KZ Verstorbenen selbst noch zu Wort kommen zu lassen. Dabei mußte der Schreiber freilich in jedem Satz auf die SS-Zensur Rücksicht nehmen. Es ist nicht leicht, dies ständig im Auge zu behalten. Auch ist zu berücksichtigen, daß alles in schwerer physischer und psychischer Not geschrieben wurde.

Für die Briefe aus dem KZ waren Formulare vorgedruckt:

"Konzentrationslager Dachau 3K"(1). "Folgende Anordnungen ... sind zu beachten. Jeder Schutzhaftgefangene darf im Monat zwei Briefe ... von seinen Angehörigen empfangen und an sie absenden ... dürfen nur 15 Zei-

---

1) Die 3 hat nichts mit der Einteilung der KZ in drei Härtestufen zu tun, bei der Dachau zur 1. Kategorie gehörte, Flossenbürg zur 2., Mauthausen zur 3. (mit den geringsten Überlebenschancen).

len auf einer Seite enthalten ... Entlassungsgesuche sind zwecklos ... Besuche sind grundsätzlich nicht gestattet ... Der Lagerkommandant."

Selbstverständlich schrieb Krug pünktlich alle 14 Tage den erlaubten Brief: Alle 9 Briefe aus dem KZ sind erhalten.

Am 9.9.44: "... Beruhige Dich und lasse Dir keine Märchen aufbinden über Dachau und glaube mir, wenn ich Dir sage, daß es mir den Verhältnissen entsprechend gut geht ... Brot, wenn Du übrig hast, könnte ich brauchen ..."

Am 10.12.44: "Macht Euch keine Sorgen um mich. Ich halte die Ohren steif und bin jeden Morgen aufs neue gewillt, mit allem was kommt, fertig zu werden ... Sei tapfer, vor allem unserer lieben Kinder wegen" (Es waren drei Kinder, eines davon an der Front) "Emil hat schwere Wochen hinter sich und noch schwerere stehen ihm bevor. Er ahnt es, sein Brief spricht eine deutliche Sprache ... Daß seine besten Freunde gefallen sind, ist wohl der härteste Schlag, der ihn bis jetzt im Leben getroffen hat. Ich kann es ihm nachfühlen aus eigener Erfahrung ..."

Immer wieder erwähnt er, daß die Zuckerkrankheit ihm am meisten zu schaffen machte. Er bittet um Insulin. Im letzten Brief bittet er auch um ein "wirksames Mittel gegen Läuse". Er weiß, daß er durchstehen sollte:

"Man muß mit allen Kräften dagegen (gegen die Verzweiflung) ankämpfen, wenn man nicht untergehen will und ich will nicht, unserer lieben Kinder wegen nicht ..." Am 11.11.44: "Du schreibst, daß es noch liebe Menschen gibt, die meiner gedenken. Oh ja, ich empfinde das besonders wohltuend in meiner Lage, die nur der verstehen kann, der sie erlebt ... " Aus dem letzten Brief vom 10.12.44: "... nur der Zucker macht mir zu schaffen ... man müßte eben gesund und 20 Jahre jünger sein ... wirst Du wohl Insulin aufgetrieben haben? ..." Der Schlußsatz läßt die große Einsamkeit ahnen, die über ihn gekommen war und die Aussichtslosigkeit einer Hilfe: "... *Grüße alle jene, die noch ein Interesse an mir haben! ...*"

Danach kam keine Nachricht mehr von ihm, nur die von seinem Tod am 8.1.1945.

Krug gehörte zu den Zehntausenden oder mehr Deutschen, also zu den immerhin wenigen unter 80 Millionen, die fast ganz auf sich allein gestellt nicht nur das durch intensivste Propaganda verschleierte Unrecht, vor allem im wohlvorbereiteten Angriffskrieg und in der Judenverfolgung erkannten, sondern auch versuchten, soviel wie möglich dagegen zu tun.

Entnazifizierung

Bemerkenswert für das Vorgehen bei der Entnazifizierung nach dem Krieg ist die Behandlung der Witwe Krug. Zunächst erhielt sie durch den frühen Tod ihres Mannes eine verminderte Pension. Anstatt gleich nach der Befreiung etwa an eine Wiedergutmachung zu denken, stellte man ab 1.7.1947 die Pensionszahlung überhaupt ein! Begründung: Der Fall ihres im KZ verstorbenen Mannes müsse politisch auf NS-Belastung überprüft werden! Denn Krug war seit 1935 Parteimitglied gewesen.

Meine Anschrift:	
Name:	Alois Krug
geboren am:	15.6.1890
Gef.-Nr. 92472	Block H/i

Absender:

(13b) Dachau 3 K

Konzentrationslager
Dachau 3K

Folgende Anordnungen sind beim Schriftverkehr mit Gefangenen zu beachten:

1.) Jeder Schutzhaftgefangene darf im Monat zwei Briefe oder zwei Karten von seinen Angehörigen empfangen und an sie absenden. Die Briefe an die Gefangenen müssen gut lesbar mit T i n t e geschrieben sein und dürfen nur 15 Zeilen auf einer Seite enthalten. Gestattet ist nur ein Briefbogen normaler Größe. Briefumschläge müssen ungefüttert sein. In einem Briefe dürfen nur 5 Briefmarken à 12 Pfg. beigelegt werden. Alles andere ist verboten und unterliegt der Beschlagnahme. Postkarten haben 10 Zeilen. Lichtbilder dürfen als Postkarten nicht verwendet werden.

2.) Geldsendungen auf Postanweisungen sind gestattet, doch sind dabei genau Namen und Vornamen, Geburtsdatum und Gefangenennummer anzugeben.

3.) Zeitungen sind gestattet, dürfen aber nur durch die Poststelle des K. L. Dachau 3 K bestellt werden.

4. Pakete dürfen durch die Post in beschränktem Maße gesandt werden.

5.) Entlassungsgesuche aus der Schutzhaft an die Lagerleitung sind zwecklos.

6.) Sprecherlaubnis und Besuche von Gefangenen im Konzentrations-Lager sind grundsätzlich nicht gestattet.

Alle Post, die diesen Anforderungen nicht entspricht, wird vernichtet.

Der Lagerkommandant.

Frau

Regina Krug

(13a) Regensburg

Admiral Scheer Str. 4

Raum für Zensurstempel:	Kontrollzeichen des Blockführers:

Abb. 20 Briefkopf der letzten Nachricht aus dem KZ vom 10.12.1944 (9. Brief), Zensurstempel am Ende des Brieftextes.

Da es aus der Beamtenschaft wenig Nichtmitglieder und gleichzeitig aktive Gegner gab, waren die Beamten in den Spruchkammern wenig oder nicht vertreten. Jedenfalls scheint man dort kein Verständnis für die Lage der Beamten im Dritten Reich gehabt zu haben. Sie selber hatten, sofern sie NS-Gegner waren, den Druck ihres Dienstherrn auf mindestens formellen Beitritt naturgemäß besser gekannt. Sie glaubten fälschlich, daß das jedermann genau so wisse wie sie. Nach dem Krieg zeigte sich aber, daß das nicht der Fall war.

Frau Krug war also nach dem Krieg viele Monate "strafweise" ohne einen Pfennig Einkommen. Sie mußte einen langen Kampf um die Witwenpension führen, dazu einen Rechtsanwalt nehmen und entwürdigende Bettelgesuche um Unterstützung einreichen. Ein Schreiben gibt eine schlaglichtartige Vorstellung:

Der Rechtsanwalt *Dr. Dr. Josef Held* (geb. 1902 in Regensburg, gest. 1964 in Regensburg, Sohn des ehemaligen bayerischen Ministerpräsidenten) schrieb am 19.1.1948 an den Oberfinanzpräsidenten München, Zweigstelle Landshut:

> "Ich habe mich am 22.12.47 an die Regierung von Ndb/Opf gewendet, um Frau Krug hinsichtlich ihrer Pensionsbezüge behilflich zu sein. Die Regierung verweist mich an Sie ..."

Dabei besaß Frau Krug bereits die Ausweiskarte für politisch Verfolgte. Der Fall erinnert an den hier bereits geschilderten von Johann Kimpel. Die Frage liegt nahe, ob mit solchem Vorgehen die ganze Entnazifizierung diskriminiert werden sollte. Wahrscheinlich aber lag die Ursache darin, daß für die Auswahl der Leute, die das Gesetz zur Befreiung vom Nationalsozialismus durchführen sollten, nur wenige zur Verfügung standen.

X. JOHANN IGL: SAG ES UNSEREN KINDERN!

Die meisten Regensburger kennen nur die drei letzten jener NS-Gegner, die ihre Haltung mit dem Leben bezahlten, und von diesen vor allem den Domprediger Dr. Johann Maier. Die Erinnerung an diese drei letzten wird durch ein kleines Denkmal am Dachauplatz wachgehalten. Als nächster im Bekanntheitsgrad, aber mit weitem Abstand, folgt der "Mesner von St. Emmeram", Johann Igl. Dabei hatten auch bei ihm nur einige wenige Worte den gleichen grausamen Tod durch Erhängen zur Folge gehabt, wie nur zwei Tage und sieben Stunden später für Dr. Maier und Zirkl.

Eine ganze Einheit der Regensburger Luftschutzpolizei bestehend aus 54 Unterführern und Männern, war im Karree im Garten des Gerichtsgebäudes - mit Stahlhelm und Koppelschloß - aufgestellt und mußte bei der Hinrichtung ihres Kameraden zuschauen. Sehr viele wußten und wissen also davon.

Natürlich war das furchtbare Schauspiel gerade in den letzten Tagen zur Abschreckung veranstaltet. Wahrscheinlich erfuhr auch der Domprediger von diesem für Regensburg im ganzen Dritten Reich einmaligen Geschehen und war sich auch deswegen des hohen Risikos bewußt, als er sich zu seinem gefährlichen Gang zur Frauendemonstration aufmachte. Erfahren konnte er es vom Gefängnisgeistlichen haben, der den todgeweihten Igl zur Richtstätte begleitet hatte und mit dem Dr. Maier nur zwei Tage nach der Hinrichtung Igls ein Telefongespräch geführt hatte, - allerdings letzteres schon wegen der kurz bevorstehenden Demonstration zur Freigabe der Stadt. Es kann also sein, daß in diesem Gespräch die Hinrichtung schon nicht mehr vorkam: Zu schnell folgten die für die Bevölkerung der Stadt viel eindrucksvolleren Ereignisse der allerletzten, turbulenten Tage und verdrängten den Heldentod von Johann Igl aus dem Gedächtnis, oder ließen ihn erst gar nicht bewußt werden.

Dabei verdient sein Leben, das er in heiligem Zorn gegen die Tyrannei riskiert und hingegeben hat, eine eingehende Würdigung.

Igl war mit 32 Jahren der jüngste unter den 16 hier ermittelten Regensburger Toten des Widerstandes. Wie konnte es kommen, daß ein relativ junger Mann gegenüber dem 1933 entfachten Massenwahn immun geblieben war und das Verbrecherische des NS-Regimes hatte erkennen können? Wie konnte es kommen, daß sein Rechtsempfinden sich so empört hatte, daß er sich zu gefährlichem Reden hatte hinreißen lassen? Da er nie politisch engagiert war, dürfte die Erklärung, wie wir sehen werden, in seiner katholischen Weltanschauung und noch mehr in seiner Persönlichkeit zu suchen sein. Konnten sich auf dem Land Aufgewachsene wie er und die allermeisten der Regensburger Toten des Widerstandes, nicht so leicht dreinfinden und waren sie nicht so leicht bereit, die Augen zu verschließen und den Mund zu halten, wie die schon immer mehr in der Menge Angepaßten?

Aus der Lebensgeschichte

Johann *Igl* wurde am 28.11.1912 in Schirndorf, Landkreis Burglengenfeld, geboren. Seine Mutter, ein Bauernmädchen, war damals 21 Jahre alt und bei reichen Leuten außerhalb ihres Heimatortes "in Stellung", d. h. sie diente bei "Herrschaften" als Dienstmädchen. Man munkelte, daß der Herr des Hauses und damit Herr über die Dienstboten, der Vater gewesen und die Mutter mit 4000 Mark abgefunden haben sollte, damit sie ja nichts verrate. Die ledige

Mutter gab als Vater ihres Kindes einen Xaver *Dechant* an. Ein oder zwei Jahre später heiratete sie einen anderen Mann, verlor ihn aber sehr bald wieder ans Vaterland. Er fiel im Ersten Weltkrieg. Und aus dem Zweiten Weltkrieg kehrte dann auch noch einer der zwei Söhne aus dieser kurzen Ehe nicht mehr zurück. Sie gab also zwei ihrer drei Söhne "dem Führer".

Johann *Igl* wuchs also ohne Vater - als "lediges Kind" auf. Auch sonst war ihm von Anfang an ein karges Leben bestimmt. Ab 1918 besuchte er sechs Jahre die Volksschule in Kallmünz. Danach kam er mit 12 Jahren als Hirtbub nach Dinau zu einem Bauern bis zum Schulabschluß. Im Alter von vierzehn begann er eine Schreinerlehre in Regensburg, mußte diesen Beruf aber nach zwei oder drei Jahren wegen eines Herzfehlers aufgeben. Er sattelte auf Schneider um, trat aber nach etwa einem halben Jahr der Lehre, im Alter von 17 Jahren, als Laienbruder zunächst in das Kloster der Barmherzigen Brüder in Schweinspoint bei Rain am Lech und dann für einundeinhalb Jahre in das Karmelitenkloster in Regensburg ein. Dorthin soll er auf Betreiben seiner Mutter gegangen sein. Er fühlte sich aber nicht für ein ganzes Leben im Kloster berufen, setzte außerhalb doch wieder die Schneiderlehre bis zum Abschluß mit der Gesellenprüfung fort. Dann arbeitete er ungefähr fünf Jahre bei verschiedenen Schneidermeistern. Dabei wohnte er bei seiner Mutter Babette *Stöckerl* in Regensburg, die also Kriegerswitwe aus dem Ersten Weltkrieg war. Manchmal war er auch zeitweilig arbeitslos. Aber dann machte er privat selber Schneiderarbeiten daheim und verdiente ein wenig für sich und seine Mutter.

Bald nach Kriegsbeginn kam er zur Wehrmacht an einen Ort bei Berlin, wurde aber, weil er nicht kv (kriegsdienstverwendungsfähig) war, nach drei Wochen wieder entlassen. Dafür holte man ihn am 1.7.1940 zu einem Ersatzdienst, nämlich zur Luftschutzpolizei (im weiteren hier abgekürzt LSPol), bzw. zum SHD (Sicherheits- und Hilfsdienst). Er und seine Kollegen aus dieser uniformierten Polizeieinheit waren kaserniert, zunächst im Klerikalseminar, dann in einer Unterkunft ihm ehemaligen Weinrestaurant "Pfau" in der Pfauengasse, dessen Räume heute im Hortenbau untergegangen sind. Nur alle zehn Tage erhielten sie einen Tag frei und konnten dann daheim wohnen. Seinen Dienst übte Igl die erste und längste Zeit auf dem Turm der St. Emmeramskirche als "Beobachter" aus, wo er zusammen mit zwei Kollegen Luftschutz- und Feuerwache zu halten hatte. Natürlich war er auch für die vorschriftsmäßige Verdunkelung der Häuser verantwortlich. Da er auch als Sanitäter ausgebildet war, kam er ab 1.4.1943 zur Sanitätsbereitschaft 1 der LSPol in die erwähnte Unterkunft in der Pfauengasse. Dort war er zuletzt "Rottwachtmeister", wie mehrere der 13 Kameraden in dieser Unterkunft. Andere waren "Zug-", oder auch "Oberwachtmeister".

Igl hatte mehrfache Verbindung zur Pfarrei St. Emmeram. Er gehörte wegen der Lage seiner und seiner Mutter Wohnung dazu, er versah den LS-Beobachterdienst auf dem Turm der Pfarrkirche und da der Hauptmesner eine Stellung als Beamter bei der Polizei bekommen hatte, wurde Igl schon seit Kriegsbeginn nebenbei auch noch als Hilfsmesner in der gleichen Kirche tätig. Von seinem früheren Klosteraufenthalt her war ihm dies eine vertraute Tätigkeit gewesen. Natürlich war seine Aushilfe in der Emmeramskirche neben seiner Haupttätigkeit bei der LSPol nur eine Nebenbeschäftigung, eben nur als "Hilfsmesner". Insoweit trifft es also nur halb das Richtige, wenn vom "Mesner von St. Emmeram" erzählt wird. Richtig ist, daß er aus allen erwähnten Verbindungen zur Pfarrei mit den Geistlichen von St. Emmeram gut bekannt wurde, besonders mit dem Stadtpfarrer *Kraus*. Dieser vollzog auch seine *Trauung* mit der Regensburgerin Pauline *Auburger* am 15.7.1942.

Abb. 21 Johann Igl bei der Hochzeit

Für sein zweites Töchterchen, dessen Geburt Igl schon nicht mehr in Freiheit erlebte, hatte er sich einen Namen aus der Kirche von St. Emmeram ausgesucht. Dort befindet sich auf einem Sarkophag das künstlerisch bedeutende Steinrelief der seligen Aurelia. Den Namen dieser legendären Frau wünschte sich Igl für das zweite Kind und als es ein Mädchen wurde, taufte man es auch so. Aber das junge Familienglück dauerte nicht einmal ganze zwei Jahre und auch während dieser Zeit konnte der Vater - wegen seiner Kasernierung - immer nur kurz daheim sein.

Insgesamt hatte Igl von Kindheit an ein außergewöhnlich hartes und entbehrungsreiches Leben durchgemacht.

Politische Vergangenheit

Igl war nie politisch tätig gewesen. Den NS hat er immer abgelehnt, soviel erkennbar, hauptsächlich aus seiner katholischen Einstellung heraus. Einige wenige Fakten liefern dafür Hinweise.

Igl war Mitglied bei der *Kolpingsfamilie St. Emmeram*(1). Er erfuhr also z. B. von den Vorgängen beim *Deutschen Gesellentag in München vom 8. bis 11.6. 1933*, bei dem NS-Staatsorgane (SA-Hilfspolizei) den teilweise von weither,

---

1) Mitteilung von Stadtpfarrer a. D. Theodor Seitz

z. B. von Siebenbürgen und von Südtirol angereisten Kolpingsbrüdern die orangefarbenen Hemden vom Leibe rissen und ihre Fahnen am Boden zertrampelten, wie ich das selber sah.

Die Witwe erinnert sich, daß er einmal eine Predigt des Bischofs Graf von Galen abgeschrieben hat. Es könnte sich z. B. um dessen brisanteste Predigt gehandelt haben, die dieser am 13.7.1941 in Münster gehalten hat und in der er auf Ungerechtigkeiten und Gewaltmethoden des NS-Staates hingewiesen hatte(1).

Einmal hatte *Igl* von einem der Schneidermeister, bei denen er gearbeitet hatte, eine Ohrfeige erhalten, weil er abfällig über Hitler gesprochen hatte. Des öfteren hat er im Kreis seiner Kollegen von der LSPol gefährliche Äußerungen getan, die seine Gegnerschaft erkennen ließen. *Zunächst* denunzierte aber keiner den anderen. Als die Alliierten ihre Invasion in Nordfrankreich begannen und dies im Wehrmachtsbericht im Radio bekanntgegeben wurde, klatschte er in die Hände und die dabei anwesend gewesenen Kameraden in der Unterkunft "hatten den Eindruck, daß er sich freute, weil er glaubte, daß nun die Engländer und Amerikaner kommen und wir den Krieg verlieren müssen"(2). Diese Freudenäußerung Igls wurde später gegen ihn vor Gericht vorgebracht. Ein Kollege von der LSPol erinnerte sich wieder daran. Man mußte also doch auch unter gut Bekannten vorsichtig sein, auch wenn sie zunächst nicht denunzierten.

Der ehemalige Kooperator von St. Emmeram erzählt, daß Igl auch in der Sakristei dieser Kirche gefährliche Äußerungen gegen den NS gemacht hatte. Auf gut gemeinte Warnungen hin, daß harte Strafen auf solches Reden drohten, hatte er geantwortet: "Das *ist mir gleich, was mir geschieht! - Wir sollten alle mehr Mut haben!"*

Als Luftschutzpolizist und wegen seiner Ausbildung als Sanitäter beteiligte er sich auch an den ersten Hilfsmaßnahmen nach Fliegerangriffen. So grub er nach der Bombardierung der Messerschmittwerke noch Lebende aus den Trümmern. Als er heimkam, hatte er noch blutverschmierte Hände von den Grab- und Aufräumarbeiten. Er sah viel Elend. Von all den Opfern wußte oder glaubte er, daß sie sinnlos waren. Er war längst überzeugt, daß der Krieg verloren war. Eine Äußerung dieser seiner Meinung, also Glaubenszweifel, gehörten zu den "Verbrechen", die ihm bei dem späteren Prozeß angelastet wurden.

Einige der späteren Zeugen sagten aus und in dem zusammenfassenden Vernehmungsprotokoll der Gestapo wurde formuliert: Igl war *"konfessionell stark gebunden."*

Der Zeuge, der auch die entscheidende Belastung bei der Gestapo vortrug, gab an, daß ihm Igl erzählt habe, daß er früher Geldverwalter eines katholischen Gesellenvereins gewesen wäre und daß

> "die Staatspolizei die Gelder dieses Vereins beschlagnahmen wollte und an ihn herantrat ... Igl will über den Verwahrungsort Stillschweigen bewahrt haben und er sei deshalb inhaftiert gewesen."

---
1) INFORMATIONEN 1974 Nr. 160; S. 11
2) ReWO 1955; 7. Jg. Nr. 18, vom 29.4. und Akt Igl des SS-Ger Nbg, Az.: StL I 377/44, demnächst verwahrt beim Staatsarchiv Amberg

Ob die im folgenden erwähnte Zeit einer Schutzhaft damit zusammenhängt, ist nicht ersichtlich. Die Gestapo Regensburg erwähnt in ihrem Schlußbericht vom 1.7.1944: "1937 war gegen ihn ein Ermittlungsverfahren bei der Sonderstaatsanwaltschaft in Koblenz anhängig." Dieses Verfahren stand offenbar im Zusammenhang mit dem im NS-Staat mehrfach geführten diskriminierenden Angriffen gegen Insassen von Klöstern.

In seinem Lebenslauf schrieb er für die Gestapo: "1937 wurde ich *sieben Monate in Schutzhaft* gehalten wegen des Klosters, wurde dann 1938 entlassen."

Bei seinen Kameraden von der LSPol stand er in seiner Ablehnung des NS nicht allein. Mehrere dachten ähnlich wie er. Einige Fakten belegen es: So wurde der Oberwachtmeister *Max Deiser*, auch von der LSPol Regensburg und dort auch im Sanitätsdienst, lange bevor Igl verhaftet wurde, vom OLG München, im Zusammenhang mit der Neupfarrplatzgruppe, wegen Abhörens ausländischer Sender zu 9 Monaten Gefängnis verurteilt. Des weiteren wurde am gleichen Tag wie Igl ebenfalls ein Angehöriger der LSPol Regensburg, namens *Krön*, vor dem gleichen Gericht verhandelt. Er hatte Hitler in einem Brief an seinen Sohn indirekt einen Luzifer genannt.

Zusammenfassend: Igl kam wie die allermeisten der ums Leben gekommenen Widerständler der Bezirkshauptstadt Regensburg aus einem Dorf des weiteren Umlandes. Er hatte eine harte Jugend hinter sich. Er war auf keiner höheren Schule gewesen, war nie politisch organisiert. Seiner Weltanschauung nach war er katholisch, war Mitglied beim katholischen Gesellenverein. Das Motiv für seine Gegnerschaft war die Empörung über die ihm bekannten Maßnahmen des NS-Regimes gegen die katholische Kirche, über die Ungerechtigkeiten und Gewaltmethoden dieses Regimes, besonders über den verbrecherischen Krieg. Diesen hielt er für sinnlos und für verloren. Er gehörte zu jener großen Zahl katholisch motivierter Gegner, die sich nicht gleichschalten ließen und zu jener viel kleineren Zahl, die darüber hinaus ihrem Gewissensbedürfnis nachgaben, auch etwas zu tun, zumindest anderen gegenüber ihrer Empörung Ausdruck zu geben, auch wenn das äußerst gefährlich war. Er konnte nicht schweigen. Als ich den ehemaligen Kooperator von St. Emmeram fragte, ob so etwas wie ein heiliger Zorn in diesem Igl war, antwortete er bekräftigend: Das ist genau die Formulierung, die Igls Haltung richtig wiedergibt.

Das Verhängnis

Es war im Frühjahr 1944. Nach einem nächtlichen Fliegeralarm, auf dem Rückweg zu seiner Dienstunterkunft, äußerte Igl, angeblich zu zwei seiner Kameraden von der LSPol, voller Zorn über das Furchtbare, das Hitler über uns alle gebracht hatte, dem Sinn nach: *Findet sich denn keiner, der ihn beseitigt*(1)!

Einer der angeblich zwei Zuhörer war offenbar ein gläubiger NS und außerdem war ihm Igl nicht sympathisch. Er erzählte von dieser Äußerung den anderen Kameraden, die zusammen in der Unterkunft wohnten. Das waren insgesamt 13. Schließlich wurde das Vorkommnis, möglicherweise anonym, der Gestapo zugetragen. Wer dies tat, geht aus den Akten nicht hervor. Igl gab

---
1) Der Hauptbelastungszeuge behauptete: Findet sich denn keiner, der ihm das Messer reinrennt. Dagegen der Zeuge, der es vom ersteren erfahren haben will: Es ist mein höchster Feiertag, wenn der Führer den Kopf verliert.

später in einer illegal aus der Haft in Dachau geschmuggelten Nachricht den nach seiner Ansicht Schuldigen an. Er wäre längst verstorben.

Je mehr Menschen damals die Überzeugung gewannen, daß der Krieg verloren war, desto fanatischer und gefährlicher wurden diejenigen anderen, die sich ganz auf den Führer und seinen NS eingeschworen hatten. Es gab viele, die von der Propaganda und von den täglichen NS-Riten - ständigem Heil-Hitler-Gruß, Hitlerbild in allen Amtsstuben, Friseurgeschäften, auf Briefmarken usw. - und den vielen Feiern, Aufmärschen, Reden, Gesängen, Fahnen, so verblendet waren, daß sie Hitler wie ein übermenschliches Wesen verehrten und Äußerungen gegen ihn wie ein Sakrileg empfanden. Solche total Eingefangene zögerten nicht, zu denunzieren.

Als bei meiner Luftwaffeneinheit nach dem Attentatsversuch vom 20.7.1944 die Nachricht eintraf, daß die Revolte fehlgeschlagen und Hitler wohlbehalten war, hielt unser Kommandeur eine Ansprache an seine Soldaten. Darin erwähnte er die Vorsehung, die wieder einmal den Führer für unser Volk und für den Sieg gerettet hätte. Da konnte ein Obergefreiter, ein Bauer aus Niederösterreich, ein kurzes Lächeln nicht verbergen. Der Major hatte das bemerkt und reagierte wie ein Wahnsinniger. Er brüllte und gestikulierte, er war in seinen heiligsten Gefühlen tief getroffen. Für ihn war der Führer wie ein Gott oder doch ein von der Vorsehung Gesandter. Er gab ein unvergeßliches Schauspiel über die Gewalt und Gefährlichkeit von Emotionen eines vom Glauben Besessenen. Er wollte sofort den Bauern vors Kriegsgericht bringen, tat es dann aber doch nicht.

Igl hatte seinen ohnmächtigen Wunsch nach Befreiung von diesem Führergott etwa ein Vierteljahr vor dem 20.7.1944 geäußert. Auch damals schon war er nicht der einzige, sondern gab nur die Gedanken von Millionen im deutschen Volk wieder. Was Staufenberg und die Männer um ihn dann versuchten, war die Durchführung eines Wunsches von sehr sehr vielen. Wenn der Befreiungsversuch gelungen wäre, hätten Igl und Hunderttausende oder Millionen andere nicht mehr sterben brauchen. So aber hat der mißglückte Attentatsversuch vom 20.7. sehr wahrscheinlich dazu beigetragen, daß die NS danach besonders brutal gegen Igl und viele andere vorgingen und daß sein Gnadengesuch abgelehnt wurde.

Um die Äußerung Igls "Findet sich denn keiner, ..." aus der damals weit verbreiteten Stimmung in großen Teilen der Bevölkerung zu verstehen, wird im folgenden aus dem vertraulichen Monatsbericht des RegPr in Regensburg, also aus einem Bericht von NS-Seite, über den August 1944, das war für die Zeit nur sechs Wochen nach der Verhaftung Igls, zitiert:

"Der Glaube an den Sieg ist nur noch bei wenigen Volksgenossen fest und unerschütterlich. Insgesamt wird die Kriegslage für sehr ungünstig, wenn nicht für hoffnungslos gehalten ..."

Schon *ein Jahr vor Igls Äußerung* schrieben die Geschwister *Hans* und *Sophie Scholl* in ihrem letzten Flugblatt (18.2.1943):

"Auch dem dümmsten Deutschen hat das furchtbare Blutbad die Augen geöffnet, das sie (Hitler und seine Genossen) im Namen der Freiheit und Ehre der deutschen Nation in ganz Europa angerichtet haben und täglich neu anrichten. Der deutsche Name bleibt für immer geschändet, wenn nicht die deutsche Jugend endlich aufsteht, rächt und sühnt zugleich, ihre Peiniger zerschmettert ..."

Vorausgegangen war damals die Katastrophe von Stalingrad, bei der nach dem Tod von rund 200 000 deutschen und ungarischen Soldaten, zuletzt, vom 31.1. bis 2.2.1943, die übriggebliebenen 90 000 Mann in die russische Gefangenschaft kamen. Darauf schrieben die *Scholl*:

"Es gärt im deutschen Volk. Wollen wir weiter einem Dilettanten das Schicksal unserer Armeen anvertrauen? Wollen wir den niederen Machtinstinkten einer Parteiclique den Rest der deutschen Jugend opfern? ... Der Tag der Abrechnung ist gekommen, der Abrechnung der deutschen Jugend mit der verabscheuungswürdigsten Tyrannei, die unser Volk je erduldet hat."(1)

Es verging ein weiteres Jahr bis Igl seinen Ausspruch tat, ein Jahr weiterer Verschlechterung der Kriegslage für NS-Deutschland, in dem das Verbrechen der Fortführung eines aussichtslosen Krieges noch offenkundiger geworden war. Bei Igl waren Zorn und Empörung so gewachsen, daß er es für seine moralische Pflicht hielt, nicht immer nur zu schweigen. Sein ohnmächtiges Empfinden war: Wir sollten mehr Mut haben! Jeder sollte es, vor allem ich selber!

Verhaftung - Prozeß - Verurteilung

Am 27.6.1944 begehrten zwei Männer von der Gestapo Einlaß in die Wohnung der jungen Familie des Igl. Sie durchsuchten alle Räume. Igl war gerade in der Uniform der LSPol. Er mußte sie ausziehen und Zivil anlegen. Besonders einer der beiden Gestapobeamten benahm sich furchterregend. Die Ehefrau zittert noch heute, wenn sie davon erzählt. Sie erwartete in einem Monat die Geburt ihres zweiten Kindes, der Aurelia. Nach Durchstöberung der ganzen Wohnung wurde ihr Mann mitgenommen - er kam nie mehr zurück.

Vorausgegangen war eine wahrscheinlich anonyme Anzeige bei der Gestapo. Letztere hatte jedenfalls kein Protokoll über Aussagen eines etwa bei ihr Erschienenen. Sie selber schrieb über das auslösende Ereignis: "Auf eine vertrauliche Anzeige hin ..." Nirgends ist aus den Akten die Person ersichtlich, die angezeigt hatte; wohl aber befand sich dann unter den von der Gestapo Vorgeladenen *ein* eindeutiger Belastungszeuge. Drei Tage vor der Verhaftung hatte die Gestapo nämlich schon neun Kameraden Igls von der LSPol vorgeladen und vernommen. Sie wurden verpflichtet, absolutes Stillschweigen zu bewahren. Bei diesen Vernehmungen verriet *einer* die entscheidende Äußerung Igls, die er auf dem Rückweg in die gemeinsame Unterkunft nach einem nächtlichen Fliegeralarm gegenüber *zwei* Begleitern von der LSPol gemacht haben sollte. Den zweiten Kameraden, der das auch gehört haben sollte, konnte aber dieser eine nicht mehr angeben. Die Gestapo versuchte vergeblich, ihn zu ermitteln. Der einzige Zeuge für die Äußerung nannte zwar einen, der es vielleicht gewesen sein konnte. Dieser aber antwortete auf Befragen, nichts von einer derartigen Äußerung je gehört zu haben. Auch die Vorladung von fünf weiteren in Frage kommenden Kollegen von der LSPol förderte den gesuchten zweiten Zeugen für jene entscheidenden Worte Igls nicht zutage.

Während der einzelnen Vernehmungen fand sich noch *ein* weiterer Kamerad, der angab, der besagte Belastungszeuge NN hätte ihm in der Unterkunft er-

---

1) SCHOLL und INFORMATIONEN 160 S. 20

zählt, daß Igl geäußert hätte: *"Es sei sein höchster Feiertag, wenn der Führer den Kopf verlöre."* Später bei der Urteilsbegründung meinte das Gericht dazu:

"Dieser Wortlaut widerspricht der Bekundung des Wortlauts durch den Zeugen NN. Anscheinend stammt er von dem anderen Kameraden, dessen Person nicht mehr festgestellt werden konnte."

Dieser Vermutung widerspricht aber, daß der zweite Zeuge ausdrücklich den NN als seine Quelle nannte.

Die große Mehrzahl der Vernommenen deckte offensichtlich ihren Kameraden Igl und sagte aus, daß sie von ihm nie etwas Abträgliches gegen den NS gehört hätte. Lediglich gaben zwei an, daß sie den Eindruck hätten, Igl sei ein NS-Gegner; aber sie brachten keine beweisenden Tatsachen vor, nur Äußerungen, die auf seine Zweifel am Sieg schließen ließen. Davon wird später beim Bericht über die Gerichtsverhandlung die Rede sein.

Am Tag der Verhaftung wurde Igl sogleich eingehend vernommen. Er bestritt alles, vor allem bestritt er, je einen derartigen Satz gegen Hitler geäußert zu haben. Aber nach drei Tagen Haft und wahrscheinlich entsprechender physischer und psychischer Behandlung trat eine auffallende Wendung ein: Bei der Gegenüberstellung mit seinem entscheidenden Belastungszeugen NN gestand Igl auf einmal alles ein. Im Protokoll der Gestapo ist das so wiedergegeben:

"Ich habe nach meiner Vernehmung *im Gefängnis nachgedacht*, ob ich die Äußerung. 'Findet sich denn da keiner, der ...' getan habe. Mir ist dann eingefallen und nachdem mir NN noch die Einzelheiten jetzt vorhielt, daß ich mich so über den Führer ausgelassen habe. Ich habe gesagt: "Ist denn da niemand da, der dem Führer das Messer reinrennt!" ..."

Offenbar hatte man von ihm verlangt, den genauen Wortlaut wiederzugeben. Und dieser war ihm also nun genau wieder so eingefallen, wie NN ihn behauptet hatte. Und auch wie dieser konnte er sich an die Person des weiteren damaligen Begleiters nicht mehr erinnern!?

Anschließend versuchte die Gestapo, Igl zu Aussagen gegen die Geistlichen von St. Emmeram zu bewegen, so als hätten sie ihn verhetzt. Igl gab sich aber nicht dazu her. Er sagte im Gegenteil positiv für den Stadtpfarrer aus. Im Protokoll der Gestapo heißt es dazu:

Vorhalt: "Sind Sie in Ihrer staatsfeindlichen Einstellung von jemand gestärkt worden?

Igl: Nein

Vorhalt: Sie verkehren mit dem Stadtpfarrer *Kraus*.

Igl: *Kraus* ist ein ehemaliger Offizier. Ich habe mich mit ihm über politische Dinge nicht unterhalten. Soviel ich weiß, bejaht er den NS-Staat. Er hielt mich an, bei Sammlungen des NS-Staates meinen Teil beizutragen und nicht abseits zu stehen. *Igl* nahm also alles allein auf sich.

Es folgten nun Polizei- und U-Haft von über drei Monaten, nämlich vom 27.6. bis 3.10.1944. Die Ehefrau durfte ihren Mann im Regensburger Landgerichtsgefängnis alle 4 bis 6 Wochen einmal besuchen. Er sah entsetzlich aus, total abgemagert. Wahrscheinlich ist er gefoltert worden. Natürlich war stets ein Gestapomann während des Besuchs dabei. Beim erstenmal wußte die Frau noch nicht, daß es verboten war, Kinder mitzubringen. Sie hatte das einjährige Töchterchen Maria mitgebracht. Ihr Mann lief darauf zu und wollte es in seine Arme nehmen. Da stieß ihn der Aufsichtsführende grob zurück und belehrte Frau Igl, daß sie nie mehr Kinder mitbringen dürfte.

Am 39. Hafttag des Vaters, am 4.8., wurde die zweite Tochter geboren.

Am 20.9.1944 kam es in der gleichen "Augustenburg" in Regensburg zur *Hauptverhandlung*. Das Gericht bestand im wesentlichen aus SS-Leuten und hatte seinen Sitz in Nürnberg. Es nannte sich *"SS- und Polizeigericht XXV Nürnberg"* (im folgenden abgekürzt SS-Ger Nbg). Der Leser mag sich fragen, warum für den NS-Gegner Igl ausgerechnet ein Gericht zuständig war, das vor allem SS-Leute aburteilen sollte. Wie kam es, daß er unter die Gewalt des Reichsführers-SS *Himmler* geraten war? Aber das was hieran nicht zusammenzupassen scheint, war ein durchaus "in Ordnung gehendes" Geschehen im totalitären Führerstaat:

Schon am 17.6.1933 übertrug Hitler dem "Reichsführer-SS" Heinrich *Himmler* zusätzlich zu dessen Führung der SS auch noch die oberste Leitung der deutschen Polizei. Die LSPol gehörte allerdings damals noch nicht dazu. Nun wurden bald nach Beginn des Zweiten Weltkrieges, mit VO vom 17.10.1939, neben den Kriegsgerichten der Wehrmacht weitere Sondergerichte eingerichtet, die Straftaten von SS-Leuten und von Angehörigen der "Polizeiverbände bei besonderem Einsatz" zu behandeln hatten. Im Verlauf des Krieges wurden weitere Personengruppen, darunter die gesamte Ordnungspolizei, dieser SS-Gerichtsbarkeit unterworfen, zuletzt auch die Angehörigen der Feuerwehren und der LSPol, sofern sie Straftaten in Bezug auf den Dienst oder in Uniform begangen hatten(1).

In Bayern wurde in München und in Nürnberg je ein solches "SS- und Polizeigericht" geschaffen. Diese regionalen Gerichte galten gegenüber dem "Obersten SS- und Polizeigericht" als *"Feldgerichte"*. Gegen Urteile dieser Gerichte gab es *keine Berufung*.

Träger dieser *SS-Gerichtsbarkeit* waren die Gerichtsherren und die Richter. Die ersteren ordneten die Ermittlungsverfahren an, verfügten die Anklage, beriefen das Gericht und entschieden über die Bestätigung der Urteile. Gerichtsherr war der Höhere SS- und Polizeiführer (HSSPF) in seinem Führungsbereich. Die Richter sollten zum Richteramt befähigte SS-Leute sein; sie sollten der Waffen-SS angehören. Nach Einführung dieser SS-Gerichtsbarkeit wurde beim "Hauptamt SS-Gerichte" in München eine große Zahl von SS-Justizführern herangebildet. Das alles gibt nur eine kleine Vorstellung von den Unmengen von Partei- und SS-Leuten, die weit hinter der Front eingesetzt werden mußten, um dort die Ordnung aufrechtzuerhalten, die aber dem eigentlichen Kriegsdienst entzogen waren und natürlich in größerer Zahl für den Nachkriegs-Staat überlebten als die Männer an den Fronten.

Die LSPol, zu der Igl einberufen wurde, war bei Kriegsbeginn noch eine private Einrichtung unter der Fachaufsicht des Reichsluftschutzbundes. Nach dem Krieg gegen Polen wurde sie in eine halbamtliche Stelle umgewandelt. Ein Jahr später wurde der gesamte Reichsluftschutzbund dem Reichsminister der

---
1) BUCHHEIM 157

Luftfahrt und Oberbefehlshaber der Luftwaffe, also Hermann *Göring*, unterstellt. Erst *nach den Bombenangriffen auf Köln vom 30.5.1942 erhielt Himmler die Befehlsgewalt auch über die LSPol*(1).

Der für das SS-Ger Nbg zuständige *Gerichtsherr* war der vormalige Polizeipräsident von Nürnberg-Fürth (Okt. 1934 - Dez. 1942), SS-Obergruppenführer und Generalleutnant der Polizei *Dr. Benno Martin*. Er war am 17.12.1942 von Hitler zum Höheren SS- und Polizeiführer (HSSPF) des Wehrkreises XIII ernannt worden(2).

Zur *Hauptverhandlung* gegen Igl *am 20.9.44* in Regensburg berief der Gerichtsherr *Martin* zusammen mit dem damaligen Vorsitzenden des SS-Ger Nbg SS-Sturmbannführer *Dr. Fritz Neukam* am 8.9.44 folgende drei Personen als Richter:

1) Als Vorsitzenden (Verhandlungsleiter) den SS-Obersturmführer (Ostuf entsprach bei der Wehrmacht Oberleutnant), SS-Richter der Reserve, *Zilch*(3).

2) Als Beisitzer den kurz nach der Sache Igl, noch im Jahr 1944 zum Major beförderten, damaligen Polizeihauptmann *Karl Richter* bei der Polizeidirektion Regensburg. Er wurde Beisitzer in seiner Eigenschaft als Kommandeur der LSPol Regensburg und damit als Vorgesetzter des Igl(4);

3) als weiteren Beisitzer (Kameradenbeisitzer) den Wachtmeister der LSPol *Karl Münch*.

Als Vertreter der Anklage fungierte der "Grenadier *Dr. A. Kuhnlein*, richterlicher SS-Bearbeiter". Ein Pflichtverteidiger aus Regensburg war auch bestellt. Er erreichte aber nicht das geringste.

Der Vorsitzende Zilch hatte sehr wenig Erfahrung als Richter. Er war vorher Verwaltungsjurist gewesen und war erst seit kurzer Zeit beim SS-Ger Nbg. Vorher war er bei der Waffen-SS, zu der er im Januar 1940 eingezogen worden war, weil er Mitglied bei der allgemeinen SS gewesen war.

Die Hauptverhandlung war öffentlich. Sie begann um 10.20 Uhr, nachdem vorher gegen *Krön*, auch von der LSPol Reg verhandelt worden war. Unter den Zuhörern befand sich auch Frau Igl.

In der *Beweisaufnahme* wurden von den neun damals von der Gestapo Vernommenen wieder die gleichen acht angehört, die Kollegen des Igl waren. Auf die Einvernahme des damaligen neunten, des Hauptmesners von St. Emmeram, wurde verzichtet, da er angeblich zur in Frage stehenden Anklage nichts beigetragen hätte. Alle wiederholten im wesentlichen ihre damaligen ersten Aussagen. Von diesen sollen die vorher übergangenen, weil zweitrangigen Belastungen jetzt nachgeholt werden:

Zwei Zeugen gaben an, daß Igl sich öfter darin geäußert habe, daß der Krieg

---

1) Mitteilg. Staatsarchiv Nürnberg. Dort benützte Quelle: Supreme Headquarters Allied Expeditionary Force; Evaluation and Dissemination Section: The German Police. April 1945. S. 32
2) GRIESER
3) ReWo 1955; s. Fußn. 2, S. 241
4) ReWo 1950; 2. Jg. Nr. 12 vom 24.3., Nr. 13 vom 31.3. und Nr. 14 vom 7.4.

nicht gewonnen werden könne. Das hat er sogar begründet (!):

"Weil die anderen soviele Flugzeuge haben und weil Amerika ungestört produzieren kann und weil dagegen unsere Produktionsstätten kaputt sind."

Der eine Zeuge, der diese Äußerung erzählte, fügte schnell hinzu: Wir haben ihn (natürlich) überhaupt nicht ernst genommen. Er wollte damit versichern, *wir* waren immer rechtgläubig, *wir* gehorchten immer der Parole "Führer befiehl, wir folgen Dir!" Selbstverständlich glauben *wir* unerschütterlich an den Sieg! Man vergleiche dazu die Stimmungsschilderung durch den RegPr für die gleiche Zeit (nur einen Monat vor den Zeugenaussagen):

"Der Glaube an den Sieg ist nur noch bei wenigen Volksgenossen fest und unerschütterlich. Insgesamt wird die Kriegslage für sehr ungünstig, wenn nicht für hoffnungslos gehalten."

Die Zeugen und ein Großteil der damals über Igl zu Gericht Sitzenden spielten ein scheinheiliges Spiel mit dem Siegglauben, motiviert durch Angst und Befehl. Einige setzten dieses Spiel auch nach dem Krieg noch fort, weil sie glaubten, dadurch werde ihnen damalige "Verblendung" zuerkannt und im demokratischen Staat dadurch Straffreiheit geschenkt.

Der Hilfsmesner von St. Emmeram aber war ein Ketzer, einer der nicht nur - wie die Mehrzahl der Volksgenossen - am Sieg zweifelte, sondern darüber hinaus auch den Mund nicht halten konnte und wollte. Er benutzte seinen Verstand und nicht nur das. Er glaubte, daß die deutschen Flieger die amerikanischen Produktionsstätten nicht zerstören können, aber umgekehrt die Alliierten die unseren schon weitgehend zerstört hatten. Ob er das alles von ausländischen Sendern her wußte? Oder mit eigenen Augen aus der Landkarte und bei den Messerschmittwerken in Regensburg gesehen hatte? Die Gestapobeamten hatten nach der Wohnungsdurchsuchung geschrieben: "In der Küche befand sich ein Rundfunkgerät. Der Zeiger der Skala wies auf die Station München." Man konnte ihm das Abhören von Feindsendern nicht nachweisen.

Zwei weitere Äußerungen Igls wurden vorgebracht, die seine Zweifel am Sieg erkennen ließen: Bei der Radiomeldung von der Invasion der Alliierten in Nordfrankreich soll Igl in seine Hände geklatscht haben. Ein anderer Zeuge sagte dazu:

"Man hat aber das Klatschen nicht gehört; aber man hatte den festen Eindruck, er freute sich, daß nun die Angloamerikaner vielleicht zu einem Sieg kämen."

Einmal zeigte Igl auf der Karte von den Kriegsschauplätzen, die in der Unterkunft hing, auf Minsk, wo seine beiden Brüder gerade waren. Dabei soll er geäußert haben, bald werden sie weiter zurück sein.

Schließlich *wurde Igl gefragt*, was er auf die Beschuldigungen erwidern wolle. Er gab daraufhin nichts zu.

"Als die Invasion einsetzte, habe ich mich gefreut und in die Hände geklatscht, weil die Feinde wieder einmal einen Haufen Schiffe verloren haben."

Zum Hauptpunkt der Anklage, seinem angeblich ausgesprochenen Wunsch, jemand möge den Führer töten, erklärte er:

"Ich kann mich nicht erinnern, die Äußerung gegen den Führer gemacht zu haben. Ich muß da schon schlaftrunken gewesen sein, denn ich kann mich darauf absolut nicht erinnern. Ich habe vorher nichts getrunken und kann mir nicht vorstellen, diese Äußerung je getan zu haben."

Er widerrief damit also ausdrücklich sein Geständnis gegenüber der Gestapo, das er nach drei Tagen Haft und entsprechender physischer und psychischer Verfassung gemacht hatte. Normalerweise müßte nun das Gericht noch einmal die damals verhörenden Polizeibeamten befragen. Das geschah nicht. Man erinnere sich bei der später folgenden Begründung zum Todesurteil an diesen ausdrücklichen Widerruf seines Geständnisses!

Nach der Beweisaufnahme *beantragte der Ankläger die Todesstrafe.* Der *Verteidiger* versuchte zu erreichen, daß das Gericht nach dem milderen Heimtückegesetz urteilt und nicht Wehrkraftzersetzung unterstellt und wenn doch, daß es dann einen "minder schweren Fall" zugesteht und demgemäß eine langjährige Haftstrafe verhängt.

Igl schloß sich den Worten seines Verteidigers an und bat zu berücksichtigen, daß er jung verheiratet sei, zwei kleine Kinder habe, daß sein Bruder und auch sein Stiefbruder an der Ostfront stehen und auch er immer seine Pflicht getan habe.

Am Ende der nicht ganz vierstündigen Verhandlung wurde Igl gemäß § 5 Abs. 1 Ziffer 1 der KSStVO *zum Tode verurteilt.* Diese Entscheidung wurde offiziell "Feldurteil" genannt. Seine Äußerung gegen den Führer wurde als "Zersetzung der Wehrkraft" angesehen. Sie sei öffentlich gemacht worden, was zum Strafmaß Todesstrafe Voraussetzung war. Ob für "öffentlich" genügte, daß ein einziger bezeugte, die Äußerung gehört zu haben?

In der Urteilsbegründung heißt es: *"Der Angeklagte hat nicht bestritten, daß er sich in dem erwähnten Sinn über den Führer geäußert habe." Dieser Satz ist eine glatte Lüge gewesen,* wie aus der oben zitierten Stellungnahme Igls hervorgeht. Er hatte ausdrücklich und in aller Form diese Äußerung bestritten: "Kann mir nicht vorstellen, diese Äußerung je getan zu haben!" Auch konnte trotz größter Bemühungen der zweite Zeuge nicht ermittelt werden, der die Äußerung gehört haben sollte. Als genügender Beweis wurde außer der falschen Behauptung, der Angeklagte habe nicht bestritten, noch bewertet, daß über die fragliche Äußerung in der Unterkunft hinterher geredet worden war. Aber auch das wurde nur von einem einzigen berichtet. Alle anderen wußten nichts davon! Der einzige Zeuge für die entscheidende Äußerung wurde nicht vereidigt. Man hielt ihn "auch so für glaubwürdig." Nach etwaigen Entlastungszeugen wurde Igl nicht gefragt.

Der ganze Prozeßverlauf zeigt, daß die Richter bei nur ein wenig gutem Willen oder bei nur ein wenig Menschlichkeit, den Absatz 2 des § 5 KSStVO hätten anwenden und den "minder schweren Fall" zugestehen können, zumal die Zeugenvernehmung ergab, daß die eine Äußerung, sofern man sie überhaupt für erwiesen hielt, keine "wehrkraftzersetzende" Wirkung auf die andern gehabt hatte, diese vielmehr versicherten, daß sie Igl nicht für ernst genommen hatten. Hätten die Richter soviel Gerechtigkeitsempfinden aufgebracht, dann würde Igl wahrscheinlich heute noch leben, so wie mindestens zwei seiner damaligen drei Richter, zumal er jünger war als sie.

Das Gericht hatte

"bei der Strafzumessung erwogen, ob die Bekundungen der Kameraden, daß sie den Angeklagten niemals für voll genommen haben, eine mildere Beurteilung zulassen könnte".

Die meisten seiner Kameraden hatten versucht, Igl dadurch zu retten, daß sie seine Äußerungen als nicht ernst gemeint hinstellten.

"Dies *konnte aber nicht zu einer milderen Beurteilung führen.* Wenn *ein Mensch* (!) es fertig bringt, über den Führer, dessen ganzes Leben und Handeln *nur dem deutschen Volk* gehört, eine derartige Äußerung zu machen, dann zeigt er eine derart niedere Gesinnung, *daß allein diese Äußerung nur mit der Todesstrafe gesühnt werden kann*".

Dies ist der letzte Satz in der Urteilsbegründung. Hauptsächlich die Gesinnung, weniger die Wehrkraftzersetzung, wie das nach der KSStVO hätte sein sollen, war für das Strafmaß bestimmend. Was Igl mit seiner Äußerung getan hatte, war Führerlästerung, war ein Sakrileg.

Nach Verkündung des Todesurteils "belehrte der Vorsitzer den Angeklagten über die Unzulässigkeit eines Rechtsmittels und befragte ihn gemäß § 78 KSStVO". Igl erklärte dazu: Ich bitte um Bewährungsmöglichkeit.

Im Prozeß ging es offenkundig um die Gesinnung und den rechten Glauben des Igl, ganz ähnlich wie bei den Prozessen der Inquisition. Schon die Polizeidirektion (Gestapo) Regensburg faßte nach ihren Ermittlungen zusammen:

"Es ist ihm zu unterstellen, daß die Äußerung ein Ausdruck seiner *inneren, gegensätzlichen Einstellung zum NS-Staat* und ein Ausbruch seines Hasses gegen den Führer ist."

Das Gericht kam zu der Erkenntnis, daß er *"konfessionell stark gebunden"* war. Über die Wohnungsdurchsuchung am Tag der Verhaftung protokollierten die zwei Gestapobeamten:

"Auffallend waren die zahlreichen Heiligenbilder und gerahmten Sprüche religiöser Art. *Ein Führerbild oder sonstige NS-Symbole waren nicht vorhanden* ... *aber zahlreiche Bücher und Broschüren mit religiösem Inhalt* ..."

Alles wies daraufhin, daß er nicht den in einem totalitären Staat vorgeschriebenen richtigen, sondern einen falschen, ketzerischen Glauben hatte. Wenn die Richter in diesem Fall "konfessionell stark gebunden" konstatierten, galt ihnen das - mit Recht - als ein wichtiger Hinweis für eine NS-gegnerische *Gesinnung*, was straferschwerend, wenn nicht allein schon strafauslösend empfunden wurde. Dazu kam dann bei Igl auch noch *Äußerung* dieser Gesinnung dazu. Nicht nur die SS-Richter, jedermann wußte damals um diese passive Resistenz der wirklichen Katholiken, die in Einzelfällen auch aktive Formen annehmen konnte.

Der folgende enorme Unterschied bestand zwischen dem Strafmaß vor und dem während des Krieges für das an sich gleiche Delikt: Ein vor dem Sondergericht München Angeklagter erhielt wegen der gleichen Äußerung wie der von Igl, nämlich "Hitler gehört der Kopf runtergehaut!", nur vier Monate Gefängnis. In einem anderen, ähnlichen Fall verhängte das gleiche Sondergericht sogar nur zwei Monate(1). Das war vor 1939 und gemäß dem Heimtückegesetz. Nun aber - im Fall Igl -, obwohl die Lage, oder eben weil sie noch viel mehr eine solche Äußerung nahelegte, wurde die KSStVO von 1938 angewandt, deren Formulierung wegen ihrer unbestimmten Form bei jedem entsprechenden Richter zum Todesurteil führen *konnte*. Aber am gleichen Vormittag, an dem das Todesurteil gegen Igl erging, wurde vom gleichen Gericht, auch mit dem Vorsitzenden Zilch, ein Kamerad Igls von der LSPol Regensburg, namens *Krön*, nur zu einem Jahr Gefängnis verurteilt und zwar auch wegen wehrkraftzersetzender Äußerungen in einem Brief an seinen Sohn, der in amerikanischer Gefangenschaft war. In dem Brief war auf Luzifers Geist hingewiesen und zwar in nicht zu verkennender Anspielung auf Hitler. Das Gericht hatte hier einen minderschweren Fall anerkannt.

Bezeichnend für die besondere Grausamkeit gerade im Fall Igl ist die Tatsache, daß das SS-Ger Nbg während der ganzen Zeit seiner Existenz *nur dieses einzige Todesurteil* ausgesprochen hatte(2). Bisher ist kein zweites bekannt geworden.

Gleich nach Ende der Hauptverhandlung wurden von den drei Richtern, ziemlich schnell mit Handschrift, Stellungnahmen zu einem, offenbar erwarteten Gnadengesuch niedergelegt. *Zwei der Richter traten für eine Begnadigung ein* und begründeten dies. Dagegen schrieb *der dritte* eine Begründung dafür, daß "nur die Todesstrafe als Sühne in Frage kommt" und äußerte sich damit *gegen eine Begnadigung*.

Bestätigung des Urteils

Nachdem das SS-Ger Nbg beim Inspektionsrichter *Hoffmann* (SS-Obersturmbannführer, was einem Oberstleutnant entsprach) im Inspektionsbereich J Stuttgart (H. war zugleich Chef des SS-Ger Stg) ein Rechtsgutachten erbeten hatte und dieser in seinem Gutachten dann vorschlug, das Urteil zu bestätigen, tat dies der Gerichtsherr *Dr. Benno Martin* am 31.10.44.

KZ Dachau/SS-Straflager - Zweite Regensburger Haft

Einige Tage nach dem Todesurteil, am 3.10.1944, wurde Igl auf Veranlassung des SS-Ger Nbg in das KZ Dachau eingeliefert. Solche Transporte wurden gewöhnlich während der Nacht durchgeführt. So wurde auch Igl noch vor Tagesanbruch, um 3.30 Uhr in Dachau "abgeliefert". Dort kam er nicht in das allgemeine KZ, sondern in die Abteilung Z des *"SS-Straflagers Dachau"*, das abgetrennt, aber räumlich anschließend an das allgemeine KZ eingerichtet war. Es diente für straffällig gewordene SS-Leute und Polizeiangehörige. Diese wurden besonders streng behandelt. *Prälat Spießl*, der vier Jahre im KZ Dachau inhaftiert war, erzählt: Wir im Pfarrerblock nannten die Leute in diesem Straflager "die gefallenen Engel". Sie wurden untertags besonders geschunden.

Zwei Mithäftlinge, die 1945 befreit wurden, besuchten bald danach Frau Igl und erzählten ihr, daß ihr Mann im Straflager öfter Ohnmachtsanfälle infolge

---
1) HÜTTENBERGER 456
2) GRIESER 244 - 246. Dessen Quelle: Protokoll Spruchkammerverfahren Nürnberg Juni 1950 gegen Dr. B. Martin und in diesem Zusammenhang gefertigter Ermittlungsbericht

von Unterernährung hatte. Trotzdem hätte er aber die Weihnachtsplatzln, die sie ihm geschickt hatte, mit ihnen geteilt.

Aus dem vorgedruckten Kopf des erhalten gebliebenen ersten Briefes an Gattin und Kinder vom 16.10.1944 sind die Post- und andere Bestimmungen zu entnehmen:

> "SS-Straflager Dachau. Jeder Gefangene darf nur alle sechs Wochen einen kurzgefaßten Privatbrief schreiben und von den Angehörigen empfangen ... Privatbesuche sind untersagt ... Pakete dürfen grundsätzlich nicht geschickt werden ..."

Zum Vergleich: *Die Gefangenen im "Konzentrationslager Dachau 3 K" konnten dreimal so oft Post schicken* und empfangen. Ihnen war auch der Empfang von Geld- und Paketsendungen erlaubt.

Igl schrieb in seinem vorher erwähnten *ersten Brief aus Dachau* an seine Frau:

> "... Mache Dir nur keine Sorge um mich, es wird alles wieder ein glückliches Ende nehmen, bis jetzt hatte sich noch nichts geändert... Schwer war die Abschiedsstunde von Dir. Aber auch diese Zeit wird vergehen, denn ich werde mir niemals etwas zuschulden kommen lassen, meine Pflicht treu erfüllen, wie es eines deutschen Mannes Art ist ... Schreibe mir, wieviel Gnadengesuche gemacht worden sind ..."

Der Satz von der Pflichttreue wurde hier zitiert, weil dieser Gedanke bei seinem letzten Gang noch einmal laut wurde. Es kann sein, daß Igl diesen Satz für die zensierenden Peiniger geschrieben hat, es kann aber auch sein, daß ihm die Idee der Pflichterfüllung besonders viel bedeutete, vielleicht weil man im KZ versuchte, die Gefangenen an sich selbst irre zu machen und ihnen vorsprach, daß sie treulose Vaterlandsverräter wären ohne Pflichtgefühl ...

Auf das Todesurteil hin waren drei Gnadengesuche eingereicht worden: Von der Gattin, von der Mutter und von ihm selbst. Der Gerichtsherr hatte am 31.10.1944 gleichzeitig mit der Urteilsbestätigung verfügt:

> "Die Vollstreckung wird bis zur Entscheidung über einen Gnadenerweis aufgeschoben. Der jeweils zuständige Gerichtsherr wird zur Änderung dieser Verfügung ermächtigt."

Vier Monate später, am 7.3.1945 erging ein Funkspruch eines SS-Sturmbannführers (entsprach einem Major) und SS-Richters der Reserve *Dr. Wehser* aus dem Amt des Reichsführers-SS Himmler, Berlin, an das SS-Ger XXV:

> "RFSS hat Gnadenerweis abgelehnt. *Das Urteil ist sofort durch Erhängen zu vollstrecken.* Die Vollstreckung hat vor der angetretenen Einheit zu erfolgen. Akten folgen über Hauptamt SS-Richter bei RFSS."

Der Adressat, das SS-Ger XXV, war inzwischen, weil in Nürnberg ausgebombt, am 2.1.45 nach Hersbruck, und am 23.1.45 nach Bamberg umgezogen. Als die Front dort näherkam, setzte sich das Gericht nach Straubing ab.

Es ging nun um Tage. Es war ein Wettlauf mit der Zeit. Jeder vom NS nicht Hypnotisierte konnte absehen, daß bald der Tag der Befreiung kommen wür-

SS-Straflager Dachau

1. Jeder Gefangene darf nur alle 6 Wochen einen kurzgefaßten Privatbrief schreiben und von den Angehörigen empfangen. Die Briefe müssen mit Tinte und gut lesbar geschrieben sein und dürfen nicht mehr als 4 Seiten mit je 15 Zeilen enthalten. Briefe, die diesen Bestimmungen nicht entsprechen, werden dem Gefangenen nicht ausgehändigt.
2. Privatsachen sind untersagt; nur in unbedingt notwendigen Fällen kann eine kurze Sprecherlaubnis ausnahmsweise zugelassen werden.
3. Pakete dürfen grundsätzl. nicht geschickt werden.
4. Geldsendungen bis zu RM 5.— monatlich sind gestattet.

Der Leiter des SS-Straflagers

Besuchs- und Sprecherlaubnis kann nur in Ausnahmefällen, nach vorheriger schriftl. Anfrage genehmigt werden.

Dem Antwortschreiben ist ein Briefumschlag mit aufgeklebter Briefmarke beizufügen.

Dachau 3/k, den 26. Oktober 1944

Name des Briefschreibers:

Johann Igl

Abb. 22 Erster Brief Igls aus dem SS-Straflager Dachau

de. Später behaupteten die SS-Akteure von dieser Zeit, daß sie alle die Hinrichtung Igls nicht gewollt hätten und diese durch Verzögerung zu verhindern suchten.

Zwei Tage nach dem Funkspruch aus Berlin schrieb für das SS-Ger XXV, nun in Bamberg, der SS-Obersturmführer (entsprach einem Oberleutnant) und SS-Richter der Res. *Woellmer*, an das SS- und Polizeigericht I, München, die Bitte,

> "die sofortige Vollstreckung des Todesurteils durch Erhängen im Wege der Rechtshilfe zu übernehmen ... Eine Vollstreckung vor der angetretenen Einheit ... kann bei der gegebenen Sachlage, unter den augenblicklichen Verkehrsverhältnissen leider nicht erfolgen, *da sonst zuviel Zeit verloren ginge.*"

Er ließ dieses Schreiben über einen Polizeimajor in Nürnberg durch einen Kurier nach München bringen. Dem Major schrieb er u. a.: Es handelt sich bei dem Schreiben um einen besonders wichtigen Vorgang, nämlich "um die Vollstreckung eines Todesurteils ... *durch Erhängen im KL Dachau.*"

Wenige Tage später, am 19.3.45, hatten Frau Igl und der Rechtsanwalt *ein weiteres Gnadengesuch* unmittelbar an den Führer, zu dessen Geburtstag am 20.4., gerichtet. Darin war u. a. erwähnt, daß zwei Brüder Igls an der russischen Front stehen und ebenso ein Bruder von Frau Igl, daß ein naher Verwandter Ritterkreuzträger sei und daß Igl stets seine Pflicht als Deutscher getan hätte. Unter dieses Gesuch vermerkte Woellmer vom SS-Ger, nun in Straubing, laut Nachkriegsaussage angeblich auf höhere Weisung: *Behandlung des Gnadengesuchs erübrigt sich*, da früheres Gnadengesuch bei gleicher Sach- und Rechtslage bereits durch RFSS abgelehnt wurde. Dieses zweite Gesuch wurde also überhaupt nicht weitergegeben(1).

Nun stieß der Inspektionsrichter im Wehrkreis XIII, *Thorbeck*, anläßlich eines Inspektionsbesuches im KZ Dachau, dort auf die Akte Igl und veranlaßte dessen Rücküberstellung *nach Regensburg, damit dort die Vollstreckung* durchgeführt würde. Die Weisungen des SS-Ger mußten also geändert werden: Am 23.3. schrieb der Chef des SS-Ger Bamberg, der inzwischen dazu ernannte SS-Hauptsturmführer und SS-Richter *Cavael*, an das

> "Kommando der Schutzpolizei - Gerichtsoffizier - Regensburg": "Erbitte die Überstellung des Igl zu seiner Einheit sofort zu veranlassen und Meldung zu machen, sobald Igl in Regensburg eingetroffen ist. Die Vollstreckung soll vor seiner Einheit erfolgen. Nähere Weisung ergeht noch."

Auch dieses Schreiben wurde wegen der Eile und wegen der "Verkehrsverhältnisse" durch Kurier befördert.

Eine merkwürdige Episode erzählt Frau Igl: Sie durfte ihrem Mann nie Bilder, etwa von seinen Kindern schicken. Aber einmal verlangte die Polizei in Regensburg Familienbilder von ihr. Kurz nach dem Krieg erhielt sie von jemand aus Straubing diese Bilder zurück. Es war auch in Straubing, daß nach dem Krieg der Akt Igl gefunden wurde. Aus diesem Akt klärt sich auf: Am 27.9. 44 schickte das Kommando der Schutzpolizei Regensburg Leumundszeugnisse für Igl, seine Ehefrau und seine Mutter, und Lichtbilder der Eheleute Igl,

---

1) Zum Akt Igl SS-Ger (Fußn. 2, S. 241) existiert ein eigenes "Gnadenheft"

des ersten Kindes (ein Jahr alt), der Mutter, sowie der Eltern der Ehefrau, an das SS-Ger Nbg. Mit dem Akt Igl waren die Bilder nach Straubing gekommen. Offenbar hatte man eine Anordnung befolgt, nach der bei politischen Straftätern auch die Verwandten "durchleuchtet" werden sollten. Möglicherweise hing dies mit den Maßnahmen nach dem 20.7.44 zusammen, bei denen auch Ehefrauen und Kinder von Beteiligten am Verschwörerkreis in Lager verbracht wurden.

Nach sechs Monaten der KZ-Haft, am 1.4.1945, wurde Igl von Dachau nach Regensburg transportiert und dort wieder in das Gerichtsgefängnis eingeliefert. Auch das geschah während der Nacht. Um 4.00 Uhr traf er im Gefängnis ein. Seine Gattin und er glaubten daraus zu erkennen, daß nun doch die Gnadengesuche Erfolg hatten und daß er nun bald frei käme.

Zur Zeit der zweiten Haft Igls in der Augustenburg waren die alliierten Truppen von allen Seiten weit nach Deutschland eingerückt. Jeder Tag konnte das Ende bringen. Auch Igl und seine Gattin konnten nun hoffen. Anders als während der sechs Monate in Dachau - mit Besuchsverbot - konnte sie nun wieder ihren Mann im Gefängnis besuchen. Das gelang zweimal. Vom zweiten und letzten Besuch wird unten die Rede sein. Natürlich war auch jetzt kein Gespräch unter vier Augen gestattet. Mehrmals versuchte die Ehefrau während dieser zweiten Regensburger Haft, den Polizeimajor *Richter* in der Polizeidirektion zu sprechen, um nochmals um Gnade zu bitten. Aber dieser war für sie nicht zu erreichen. Sie und ihr Mann wußten ja nichts über die Anordnungen, die zwischen den noch maßgeblichen SS-Offizieren gelaufen waren. Für sie mußte es wie für jedermann höchst eigenartig und eben hoffnungsvoll erscheinen, daß das Todesurteil nicht im KZ Dachau vollstreckt worden war. Das dortige KZ war ein besser geeigneter Ort dafür gewesen als Regensburg. In Dachau wurden z. B. Massenexekutionen von russischen Kriegsgefangenen vollzogen. Dies geschah sowohl auf dem SS-Schießplatz in Hebertshausen bei Dachau, als auch im Hof des Lagerkrematoriums. Das KZ Dachau war auch ständige Exekutionsstätte für die Gestapodienststellen in Süddeutschland und einem Teil Österreichs. Auch im Lager inhaftierte Gefangene wurden dort hingerichtet(1). Andererseits wurden Todeskandidaten zur Vollstreckung des Urteils sonst immer in die entgegengesetzte Richtung wie Igl, *von* Regensburg *nach* München, transportiert. Das geschah in den hier berichteten Fällen von Bollwein und Kellner, die in Regensburg zum Tode verurteilt, aber in München-Stadelheim hingerichtet wurden. Der Gefängnisgeistliche, Stadtpfarrer a. D. *Seitz*, erzählte von einem weiteren derartigen Fall: 1938 oder 1939 waren mehrere Österreicher im Regensburger Gerichtsgefängnis in Haft gewesen. Einer davon, ein Philosophieprofessor, wurde zum Tode verurteilt; zur Hinrichtung wurde er nach München überstellt (2 Fälle: Hebra und Burjan). *Am Ort Regensburg ist während des ganzen Dritten Reiches kein einziger Fall von Hinrichtung bekannt:* Die Exekutionen von Igl, Dr. Maier und Zirkl in den allerletzten Kriegstagen sind die einzigen Ausnahmen gewesen. Es war schließlich nur wegen der abschreckenden Wirkung gerade für diese letzten Tage, daß Igl in Regensburg vor den Augen seiner Kameraden gehängt und dazu von Dachau nach Regensburg überstellt werden sollte. Die noch Herrschenden wollten zuletzt Angst und Schrecken verbreiten, wie ein wildes Tier, das in eine ausweglose Enge getrieben wird. Wahrscheinlich war bei vielen von ihnen, so wie bei Hitler, eine Verachtung für das deutsche Volk entstanden, das für den Sieg nicht würdig gewesen war. Aus Verachtung wurde Zorn. Dieses Volk sollte büßen. Noch fällige Hinrich-

---

1) KIMMEL 405 f.

tungen sollten schnell vollzogen werden, "da sonst *zuviel Zeit verloren ginge*", was bedeutete, daß man *dann nicht mehr hinrichten könnte.*

Die Hinrichtung

Zwei Tage nach der Einlieferung Igls in Regensburg schrieb K. Richter auftragsgemäß an das SS-Ger in Bamberg: "... Igl wurde nach Regensburg überführt ... Ich bitte um nähere Anweisung bezüglich der Strafvollstreckung." Auf diesem Schreiben vermerkte der Chef des SS-Ger, damals Cavael, am 10.4.: "An Woellmer zur weiteren Veranlassung und Durchführung der Vollstreckung." Woellmer erschien schließlich bei Richter in Regensburg und befahl diesem, die nötigen Einzelheiten zu regeln, vor allem die Henker zu bestimmen. Für Richter war es dann nicht leicht, solche Leute zu finden. Er glaubte, dem Befehlswortlaut aus Berlin gemäß, einen Kameraden des Igl dafür einsetzen zu müssen. Er trat dazu über den Amtsarzt, der für den Sanitätsdienst der LSPol zuständig war, an den Dienstältesten der Sanitätseinheit von Igl, namens *Niklas*, heran. Dieser weigerte sich. Er erhielt ein zweitesmal die Aufforderung, wobei ihm gesagt wurde, daß eine abermalige Weigerung für ihn die allerschlimmsten Folgen haben könne. Aber Niklas weigerte sich abermals(1). Ein weiterer Kollege Igls, namens *Gittfried*, der ebenfalls den Auftrag erhalten hatte, weigerte sich gleichfalls. Er wurde daraufhin von seinem Chef, K. Richter, belehrt, daß "die Sache sehr schnell ginge, der Strick ist frisch geölt."(2) Schließlich erinnerte man sich, daß in Stadtamhof ein Außenlager des KZ Flossenbürg bestand, in dem doch entsprechend geübte und abgehärtete SS-Leute als Aufsichtsführende vorhanden sein mußten. Dort ließ nun Woellmer, unterwegs nach Regenstauf zum Gerichtsherrn Dr. Martin, zwei SS-Leute zur Exekution abstellen. Das funktionierte schließlich. Flossenbürger SS war mindestens ebenso geübt, wie ihre Kollegen in Dachau. Der eine der beiden, *Erich Liedtke*, war erst kurz vom Unterzum Oberscharführer der SS befördert worden. Er ist der gleiche aus der SS-Wachmannschaft des Akdo (Außenkommandos), der die KZ-Häftlinge von Stadtamhof aus zu ihren Arbeiten bei Messerschmitt und zum Bahngelände als Treiber führte(3).

Am Samstag, 21.4.1945, wurde der Ehefrau um 18.30 Uhr mitgeteilt, sie solle sofort zum Gerichtsgefängnis kommen. Auf ihre bange Frage erfuhr sie, daß Major *Richter* sie dort erwarte, um ihr Aufklärung zu geben. Sie traf ihn aber dann im Gefängnis nicht, wurde vielmehr gleich zu ihrem Mann vorgelassen. Dieser war kurz vorher von Major Richter in seiner Zelle verständigt worden, daß er noch am gleichen Abend gehängt würde. Richter äußerte sich nach dem Krieg darüber:

"Igl nahm die Mitteilung gefaßt und nahezu wortlos entgegen. Als ich ihn fragte, ob ich noch etwas für ihn tun könnte, äußerte er den Wunsch, daß sein *Pfarrer Kraus* ihm noch Beistand leisten möge."

Richter suchte angeblich daraufhin den Stadtpfarrer Kraus (gest. 1979) persönlich auf. Dieser beauftragte den Gefängnisgeistlichen *Seitz* mit diesem Dienst.

---

1) Aus der Spruchkammerverhandlung gegen Richter
2) MZ 1947 vom 24.6.
3) HEIGL. Laut KLASSE 11a war Liedtke Leiter des Akdo

Anders erzählt es die damalige Gefängnisaufseherin *Friederike Menauer* (s. S. 205): Sie hörte zufällig in der Gefängniskanzlei wie die Hinrichtung Igls an diesem Tag angeordnet wurde. Sofort lief sie in die Kirche St. Emmeram, traf dort den Kooperator Seitz im Beichtstuhl und bat ihn, gleich zu kommen. Diese Version, in allen Einzelheiten erzählt, klang glaubwürdiger.

Während der letzten Stunde vor der Hinrichtung wurden also die Ehefrau und auch die Mutter Igls hintereinander in die Zelle gelassen. Auch der Gefängnisgeistliche war schon anwesend und wartete inzwischen auf dem Gang. Selbstverständlich war beim Gespräch mit Frau und Mutter - nicht beim Geistlichen - eine Gestapoaufsicht anwesend. Frau Igl erzählt, daß ihr Mann nach Mitteilung der kurz bevorstehenden Hinrichtung ihr ungefähr folgendes sagte:

"Denk Dir, Paula, sie wollen mich hängen! - Wie einen Verbrecher! - Aber Du weißt es und es muß Dir ein Trost sein, daß ich kein Verbrecher bin ... *Wenn aber einmal unsere Kinder größer sind, dann sage ihnen das auch!*"

Von den Kindern war die erste Tochter noch nicht ganz zwei Jahre, die zweite acht Monate alt. Schon in seinem ersten Brief aus dem KZ hatte sich Igl eigens bekräftigt, daß er immer seine Pflicht erfüllen würde. Das muß ihn viel beschäftigt haben. Seinen letzten Worten darf man entnehmen, daß er sich gegen die Meinung der Obrigkeit samt deren Propaganda, gegen die scheinbar vorherrschende öffentliche Meinung, auch gegen die offiziellen kirchlichen Verlautbarungen, die zur Pflichterfüllung Hitler gegenüber aufforderten, zu der Einsicht durchgerungen hatte, daß er sich keine Vorwürfe machen brauchte, daß er kein Verbrecher war. Daß seine Kinder, wenn sie einmal erwachsen wären, über ihren Vater gerecht denken möchten, das war sein letzter Wunsch. Diesen Wunsch möchte man auf die ganze damalige Kindergeneration unseres Volkes übertragen: Sagt ihnen, daß das aktive Eintreten für Frieden, Freiheit und Gerechtigkeit - gegen die Obrigkeit, in einer Situation wie der damaligen, kein Verbrechen war, nicht so, wie man wieder und wieder dem Igl vorgesagt hatte und wie - durch Nachwirkungen jahrzehntelanger Propaganda - manch einer noch heute glaubt.

Es war die notwendige Folge unmoralischer politischer Ziele des NS-Staates, daß die besten unseres Volkes, diejenigen, die gegen den Raubkrieg, gegen die Entrechtung der Juden, ihre Beraubung und Ermordung, gegen Meinungszwang, eintraten, daß diese Mutigsten und ethisch Wertvollsten, als Verbrecher hingestellt wurden. Ihnen suchte man weiszumachen, sie wären Verräter ... Das Andenken solcher einzelner Widerstrebender gilt es zu bewahren und ihr Verhalten zu bedenken. Es bleibt immer aktuell, auch wenn die Zeitverhältnisse nie in gleicher Weise wiederkehren. Damals herrschten von Anfang an, von 1933 an, eine totale Staatsführung, eine einzige Partei, ein radikaler Militarismus, eine Erziehung zum Haß gegen andere Völker und zum Krieg, eine Unterdrückung jeder abweichenden Meinung, eine gleichgeschaltete Presse; es gab Konzentrationslager mit Abertausenden von inhaftierten Andersdenkenden, es gab einen jedem bekannten Massenmord bei der Röhmaffäre 1934, offenkundigen Kampf gegen christlich-ethische Prinzipien, in Gesetzen veröffentlichte Entrechtungsmaßnahmen gegen unsere jüdischen Mitbürger ... - es konnte keiner zweifeln, sofern er nicht schon als Kind von diesem Staat manipuliert worden war. Es bestehen also Unterschiede zwischen den Zeiten. Aber es bleibt für dauernd beachtens- und bedenkenswert, wie damals einzelne zusätzlich zu ihrer Erkenntnis und der aus ihrem Gewissen folgenden Ablehnung auch den Mut zu gegnerischem Handeln fanden. Sie verdienen unsere größte Hochachtung.

Während der Minuten des letzten Beisammenseins mit seiner Gattin bekümmerte sich Igl im weiteren Gespräch um die Zukunft seiner Familie:

"Ein wenig Erspartes für die nächste Zeit hast Du noch und später werden Dir auch die Kinder etwas zum Leben geben. Und den Herrgott werde ich bitten, daß er Euch schützen soll ..."

Der zu geistlichem Beistand gesandte Gefängnisgeistliche *Theodor Seitz* war zufällig zugleich hauptamtlich Kooperator oder Kaplan in Igls Pfarrgemeinde St. Emmeram. Die beiden kannten sich also sehr gut. Als Seitz zu Igl in die Zelle kam, war dieser sehr erbittert und gar nicht ruhig, wie Richter erzählte. Man hatte ihm ein braunes Hemd angezogen. Igl wollte es ausziehen und zerreißen. Seitz beruhigte ihn. Er nahm ihm die Beichte ab und spendete die Kommunion. Bald betrat ein Mann die Zelle und rief Igl zu: "Es ist so weit! Kommen Sie mit!" Seitz ging neben Igl und betete laut das Vaterunser. Im Garten des Landgerichts hing von einem Baum das Seil und ein Stuhl war darunter. Auf dem Weg dorthin fuhr ein SS-Mann den Geistlichen an: "Was tun *Sie* denn hier?!" Seitz erklärte, daß er hier ständiger Gefängnisgeistlicher und seine heutige Anwesenheit genehmigt wäre. Schließlich verlas ein dem SS-Ger angehöriger SS-Mann das Todesurteil. Igl wurde gefragt, ob er noch etwas zu sagen habe. Daraufhin, so erzählte Seitz, sagte er dem Sinne nach: Ich hab meine Pflicht getan - tut ihr auch eure Pflicht!

Es war wieder die für sich erkämpfte Überzeugung, daß er kein Verbrecher war, sondern im Gegenteil einer, der seine Pflicht getan hatte - wie sie hätten mehr tun sollen! Igls Worte waren nicht unvorbereitet. Kurz vorher, bei der Beichte, hatte er ja sein Gewissen erforscht.

Laut MZ vom 23.9.1947 bat er "noch aufrecht vom Galgen aus seine Kameraden, seine Frau und seine Kinder und alle Freunde nochmal herzlich zu grüßen."

Der bei der Hinrichtung anwesende Richter Woellmer und der Vorgesetzte Igls, Richter, sagten später aus, daß er "ruhig und deutlich" sich bei seinen Kameraden bedankte, die ihn hierher gebracht hatten.

Unmittelbar nach der Hinrichtung wurde unter der Firma "SS-Gericht Straubing" eine bürokratisch-korrekte Niederschrift gefertigt, die das blutige Geschehen von "amtlicher Sicht" aus wiedergibt. Der die Exekution leitende Woellmer ließ darin alle Anwesenden aufführen:

1. Vorgeführt der Verurteilte
2. Als SS-Richter SS-Ostuf *Woellmer*
3. Der Kommandeur der LSPol Regensburg, Major *Richter*
4. Ein Exekutionskommando, bestehend aus den SS-Oberscharführern *Plagge* und *Erich Liedtke*, beide SS-T.Stuba (= Sturmbann), KL Flossenbürg
5. Als Arzt Abtlgsführer der LSPol Regensburg, Obermedizinalrat *Dr. Scharf*
6. Als Geistlicher Gefängnisgeistlicher Kooperator *Seitz*
7. Die gesamte angetretene Einheit des Verurteilten, bestehend aus 54 *Unterführern und Männern*.

Weiter heißt es in der Niederschrift:
Der richterliche SS-Führer verlas gemäß § ... die Formel des Urteils vom ... und die Urteilsbegründung. Er gab dem Verurteilten bekannt, daß der RFSS

auf sein Gnadengesuch vom 24.9.44 durch Entscheidung vom 26.2.45 einen Gnadenerweis abgelehnt und die Vollstreckung durch den Strang angeordnet hat.

Darauf wurde der Verurteilte dem Exekutionskommando zur Vollstreckung übergeben. Der Vollzug erfolgte gemäß § 19 WStV um 20.10 Uhr.

Der Arzt stellte um 20.20 Uhr den Tod des Verurteilten fest.
Geschlossen: Woellmer

Handschriftlich ist unter dieser Niederschrift vermerkt:
Wiedervorlegen 1.7.45.

Nach Fertigung dieser Niederschrift begab sich Woellmer mit den Akten nach Straubing zu seiner Dienststelle, dem SS-Ger.

Maßgeblich an der Hinrichtung beteiligt waren also nur zwei: Woellmer und Richter. Für ihr Henkergeschäft, das wir heute als Mord empfinden, und vorher beim Todesurteil, war alles "bestens geordnet": Für die Richter war alles im Reichsgesetzblatt "gesetzlich geregelt", für die Henker war "der Strick frisch geölt" und ein "ordentlicher" Befehl erteilt ... Keiner brauchte Gewissensbisse darüber zu spüren, daß ein Mensch wegen eines einzigen ausgesprochenen Satzes gehängt wurde, eines Satzes, der zudem Millionen damals aus dem Herzen gesprochen war. Sie glaubten alle, schuldlos zu sein. Manche bis heute.

Etwa am Tag der Befreiung Regensburgs, also am 27.4.1945, wurde Igl auf dem Oberen Katholischen Friedhof bestattet. Der damalige Kooperator Seitz war anwesend. Der Notsarg wurde umgekippt, die Leiche kam ohne Sarg in das Grab. Zweieinhalb Jahre später schrieb die MZ(1):

"Kein Grabstein zeigt die Stelle, wo Igl zur letzten Ruhe gebettet ist; denn die Rente für die Witwe langt kaum zum Leben. Eine Schande für eine Stadt wie Regensburg, deren Frauendemonstration sie einst weltberühmt machte."

Die *Sterbeurkunde* des Standesamts Regensburg I lautet: "Der Schneider Johann Igl, wohnhaft in Regensburg, Augustenstraße 4, verstorben ... War geb. am ... verh. mit ...
Regensburg, den 5. Mai 1945"

Das darunter angebrachte Dienstsiegel enthält - neun Tage nach der Befreiung - noch das Hakenkreuz. Noch niemand hatte "von oben" die Entfernung angeordnet. Und ohne Anordnung? Die Umstellung war nicht leicht!

"..., daß ich kein Verbrecher bin"

Was an dem Schicksal des Igl besonders erschüttert, ist dessen Beteuerung, daß er kein Verbrecher war und daß er mit solchen Schuldgedanken in den Tod gehen mußte. Diese seine Sorge beschäftigte offenbar mehrere der Widerstandsopfer des NS-Reiches. Sie läßt uns die Denkweise und geistige Not vieler Widerständler ahnen. Deswegen dazu ein weiteres Beispiel.

---
1) Bericht von Willi Mathes in MZ 1947, Nr. 76 vom 23.9. MZ 1947 Nr. 80 vom 7.10. und Mttlg. Frau P. Igl

Aus der gleichen Gegend wie Igl, nämlich aus dem Umkreis Burglengenfeld, stammte *Josef Bräu*, der am 5.5.1944 in Stadelheim enthauptet wurde. Ihm wurde geistlicher Beistand gewährt (vom Geistlichen erfuhren die Angehörigen die Art der Hinrichtung), er erhielt jedoch - anders als Igl - in den Stunden vor seinem Tod keinen Besuch seiner Familie mehr. Aber er durfte noch einen letzten Brief schreiben, der erhalten ist (Abb. 23).

In seinen Abschiedszeilen schreibt er außer Grüßen an seine Lieben fast nur wieder die gleiche Beteuerung, wie sie Igl seiner Frau - sag es einmal unseren Kindern! - ans Herz gelegt hatte als seinen letzten Willen:

"Es ist nicht meine Schuld, daß ich Euch diesen Schmerz bereiten muß. Ihr wißt genau, *daß ich kein Verbrecher bin* ..."

Wir können heute nur vermuten, was Menschen damals im Angesicht ihres Todes empfanden und dachten. Sie hatten die letzten Jahre inmitten von lauter echten oder scheinbaren NS-Anhängern gelebt, nichts anderes mehr gehört, gelesen, gesehen. Jeder Widerstand wurde als Verbrechen, als Verrat hingestellt. Sie waren einzelne, nicht Mitglieder einer Gruppe. Sie waren allein in ihrer Not. Sie starben nicht wie Freiheitskämpfer unterdrückter Völker, die sich als Teil einer großen Gemeinschaft wußten. Das Heldentum dieser deutschen Widerstandskämpfer ist deswegen noch höher zu stellen, es war noch schwerer, menschlich noch größer. Umso mehr steht die Nachwelt in Schuld!

Sehr wohl wußten sie selber und waren in ihrem Gewissen klar. Aber sie wußten auch, daß sehr sehr viele ihrer Bekannten, vor allem die Staatsmacht, der von ihr befohlene öffentliche Glaube, sie zu Verbrechern machte. Sie wußten, daß ein doch erheblicher Teil der Menge schreien würde: "Kreuziget ihn!" und daß viele nicht klar sehen werden - auch heute sehen noch manche keineswegs klar! Sie wußten, daß ihre Angehörigen, Ehefrau, Kinder und Eltern, nach ihrem Tod von den Machthabern, aber auch von lieben Nachbarn, schief angesehen werden: Ihr Mann, ihr Vater, ihr Sohn sei ein Verbrecher gewesen.

Über das Leben des *Josef Bräu* wußten sein Bruder und seine Kusine zu erzählen(1):

Er wurde als ältester von drei Söhnen am 3.6.1914 in Verau bei Maxhütte-Haidhof geboren, hatte das Mechanikerhandwerk gelernt und war bei den Messerschmitt-Flugzeugwerken in Augsburg als Gruppenleiter beschäftigt. Der Vater war Betriebsratsvorsitzender bei der Maxhütte und, wie viele in der "roten Hochburg" der südlichen Oberpfalz, Kommunist gewesen. Er war also radikaler Gegner des NS und das waren auch seine drei Söhne. Man schaute deswegen im Dritten Reich von vornherein - auch beim Militär - mit Argwohn und Mißtrauen auf die drei Brüder. Nachdem die Eltern im Jahre 1943 den zweiten Sohn im Krieg verloren hatten, erreichte sie ein Jahr später die grausame Nachricht, daß der erste Sohn von den eigenen Landsleuten ermordet werden sollte. Josef hatte unter seinen Kollegen im Augsburger Werk die Meinung geäußert, daß der Krieg verloren sei, weil die andern die Luftüberlegenheit hätten. Hitler sei größenwahnsinnig, weiterkämpfen zu lassen. Einer hatte ihn denunziert. Er kam vor den VGH, der ihn zum Tode verurteilte. In Berlin-Moabit war er in Fesseln eingekerkert. Vor der Verhandlung sagte ihm

---

1) Mittlg. des Bruders Xaver Bräu, Burglengenfeld (Rappenbügl) und der Kusine Frau Theresita Tausendpfund, Regensburg

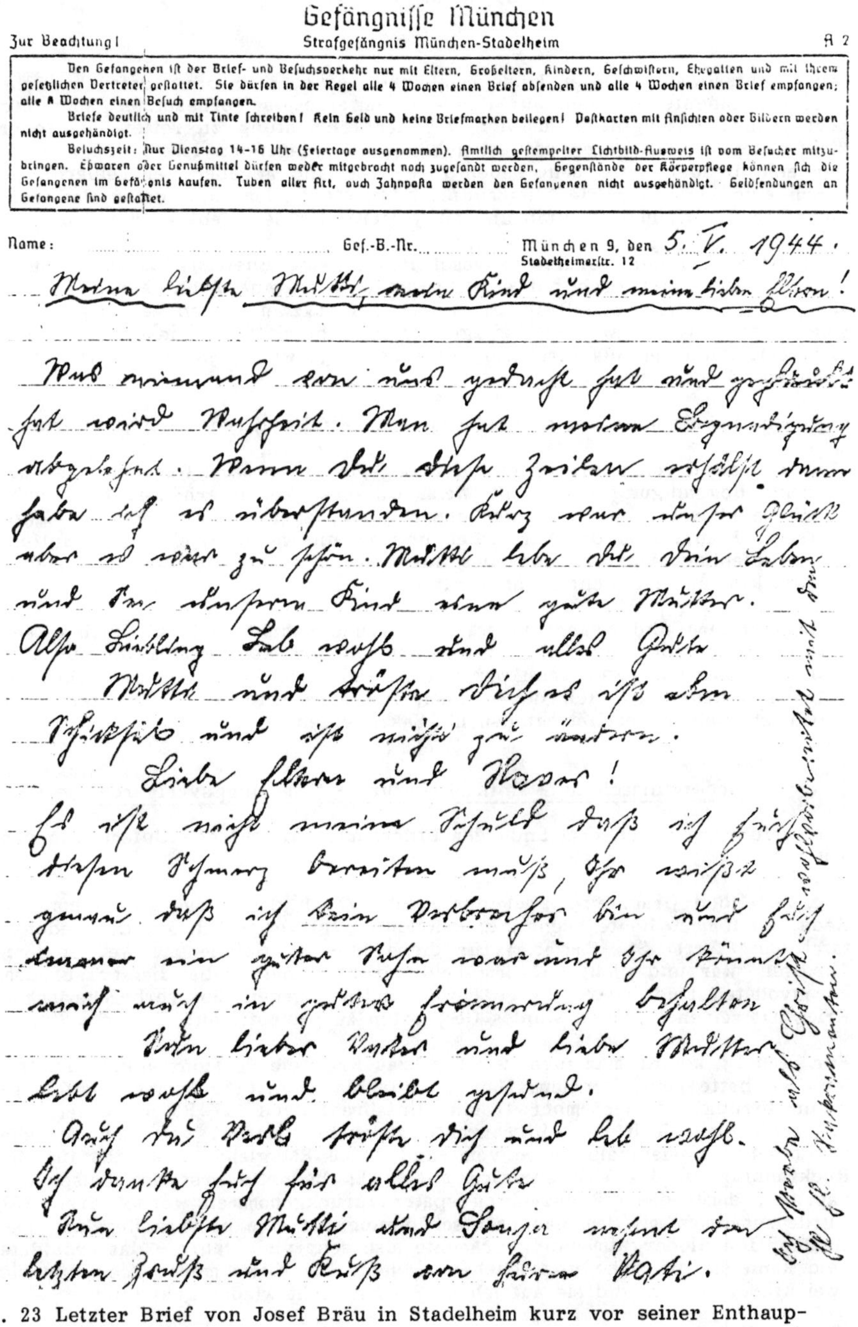

Gefängnisse München

Zur Beachtung! Strafgefängnis München-Stadelheim A 2

Den Gefangenen ist der Brief- und Besuchsverkehr nur mit Eltern, Großeltern, Kindern, Geschwistern, Ehegatten und mit ihrem gesetzlichen Vertreter gestattet. Sie dürfen in der Regel alle 4 Wochen einen Brief absenden und alle 4 Wochen einen Brief empfangen; alle 4 Wochen einen Besuch empfangen.
Briefe deutlich und mit Tinte schreiben! Kein Geld und keine Briefmarken beilegen! Postkarten mit Ansichten oder Bildern werden nicht ausgehändigt.
Besuchszeit: Nur Dienstag 14-16 Uhr (Feiertage ausgenommen). Amtlich gestempelter Lichtbild-Ausweis ist vom Besucher mitzubringen. Eßwaren oder Genußmittel dürfen weder mitgebracht noch zugesandt werden. Gegenstände der Körperpflege können sich die Gefangenen im Gefängnis kaufen. Tuben aller Art, auch Zahnpasta werden den Gefangenen nicht ausgehändigt. Geldsendungen an Gefangene sind gestattet.

Name: _____ Gef.-B.-Nr. _____ München 9, den 5. V. 1944.
Stadelheimerstr. 12

[handwritten letter]

Abb. 23 Letzter Brief von Josef Bräu in Stadelheim kurz vor seiner Enthauptung

sein Rechtsanwalt, daß er keine Möglichkeit sähe, die Todesstrafe abzuwenden; man könnte lediglich auf Gnade hoffen. Josefs Vorgesetzte gaben ihm beste Leumundszeugnisse, um ihn vor der Hinrichtung zu retten; das oder die Gnadengesuche waren mit scheinbar schwerwiegenden Fakten begründet: Der eine Bruder hatte sein Leben fürs Vaterland gegeben, er selber hatte durch eine Erfindung die Flugzeugproduktion gefördert und dafür das Verdienstkreuz verliehen erhalten und ein weiterer Bruder steht an der Front.

So hofften also der Verurteilte Josef Bräu, seine Ehefrau, seine elterliche Familie, bis zuletzt doch auf eine Umwandlung in eine Zuchthausstrafe. Wie Johann Igl, so war auch Bräu erst seit ungefähr zwei Jahren verheiratet und eine Tochter, Sonja, war wie bei Igl erst ein Jahr alt (heute in den USA verheiratet). Dann kam die furchtbare Entscheidung, wie er sie in seinem letzten Brief vom 5.5.44 mitteilt:

"Meine liebste Mutti (seine Ehefrau), mein Kind und meine lieben Eltern!

Was niemand von uns gedacht hat und geglaubt hat wird Wahrheit. Man hat meine Begnadigung abgelehnt. Wenn Du diese Zeilen erhältst, dann habe ich es überstanden. Kurz war unser Glück, aber es war zu schön. Mutti (seine Frau), lebe Du Dein Leben und sei unserm Kind eine gute Mutter! Also Liebling, leb wohl und alles Gute, Mutti, und tröste Dich, es ist eben Schicksal und ist nicht zu ändern.

Liebe Eltern und Xaver! Es ist nicht meine Schuld, daß ich Euch diesen Schmerz bereiten muß. Ihr wißt genau, *daß ich kein Verbrecher bin* und Euch immer ein guter Sohn war und Ihr könnt mich auch in guter Erinnerung behalten ... Ich danke Euch für alles Gute! ... Ich sterbe als Christ, wohlvorbereitet mit den hl. Sakramenten."

Wiedergutmachung - Entnazifizierung - Ermittlungsverfahren

Wie verfuhr man nach dem Ende der Hitlerherrschaft mit den Opfern und den Tätern?

Vom fehlenden Grabstein, zweieinhalb Jahre nach dem Krieg war schon die Rede. Auch noch heute sucht man den Namen Igl vergeblich auf der Gedenktafel der Pfarrei St. Emmeram für die 1939 - 45 Gefallenen. Weil er kein "Krieger" war und nicht auf dem Feld der Ehre fiel? Dabei fiel er auf dem ehrenvollsten Feld jener, die es gewagt hatten, gegen den verbrecherischen Krieg mit seinen Millionen sinnlos Geopferten zu protestieren!

Für Frau Igl konnte man nicht wie für Frau Krug die Pensionszahlung einstellen: Sie hatte keine Pension. Man gab ihr bis August 1947 eine Wohlfahrtsunterstützung, ab September 47 eine Unfallrente von 117 RM im Monat. Als ihr schließlich doch eine Witwenrente zuerkannt wurde, zog man für die verflossenen zweieinhalb Jahre von rund 3 200 RM gleich 2 600 RM für die Rückzahlung an das Wohlfahrtsamt ab(1). Es bedurfte erst der Einsprüche dagegen, damit diese Rückzahlung später zurückgenommen wurde. Erst 1957 wurde zusammen mit dem Landesentschädigungsamt eine bessere Regelung getroffen. Die Wiedergutmachung brauchte also sehr viele Jahre - das erduldete Leid kann sie nie mehr ungeschehen machen. Die Witwe mußte allein für die zwei Kinder sorgen und sie aufziehen. Sie hat nicht wieder geheiratet.

---
1) wie Fußn. S. 259; MZ 1947

Nachfolgende Generationen werden fragen, warum das deutsche Volk seine Peiniger, die Schuldigen an all dem Elend, nach seiner Befreiung nicht alle umgebracht hat. Aber in Deutschland war es vor und nach dem furchtbaren Ende der NS-Herrschaft zu keiner Revolution und im Gegensatz zu anderen Ländern, z. B. Frankreich, zu keinen massenhaften Racheakten gekommen. Hitler siegte insoweit, als sein Wille durchging, das deutsche Volk bis zum letzten Dorf und bis zur letzten Stunde kämpfen zu lassen. Die Alliierten blieben weitgehend ohne die Mithilfe der deutschen Bevölkerung und mußten sich bis zum letzten Winkel durchkämpfen. Trotzdem überließen sie sehr bald nach ihrem Sieg - nach einem Anfang mit Kriegsverbrecherprozessen in Nürnberg - dem deutschen Volk selber die Aufgabe einer Reinigung vom Faschismus, d. h. einer Bestrafung der Schuldigen und einer Ausschaltung ihres Einflusses. Damit war aber das deutsche Volk, besonders seine Justiz, ganz offenbar überfordert.

Durch zwei Maßnahmen wurde nach dem Krieg versucht, die ungeheure moralische Hinterlassenschaft auf eine geordnete Weise zu bewältigen: In Entnazifizierungsverfahren und durch die Strafverfolgung von NS-Verbrechen.

Die Entnazifizierung

Die Aufgabe sollte von den Ländern der BRD gelöst werden. Sie schufen dazu eigene Entnazifizierungsgesetze, so das Land Bayern das "Gesetz zur Befreiung von NS und Militarismus" vom 5.3.1946. Das Gesetz war gut gemeint, aber bei seiner Durchführung stellten sich bald Mängel verschiedener Art ein. Die große Masse der Mitglieder der NS-Partei und ihrer Gliederungen und auch ausgesprochener Aktivisten versuchte nun nachzuweisen, daß sie immer dagegen war. Sie brachte eine Unzahl von "Persilscheinen", nämlich eidesstattlich beglaubigte Zeugnisse über ihre Unschuld und über NS-gegnerische Taten. Natürlich waren die meisten normale, anständige Menschen und hatten viele Freunde. Die aus der Kirche Ausgetretenen kehrten schnell wieder zurück. Vor allem die Geistlichen wurden bedrängt, Persilscheine auszustellen. Wer aber wollte schon braven Menschen nicht helfen! Dazu kam, daß die Spruchkammern zu lange brauchten, um alle anstehenden Fälle zu bearbeiten. So wurde nach einiger Zeit auf einen Abschluß gedrängt. Je später jemand behandelt wurde, desto besser für ihn, denn die Urteile wurden zunehmend milder. Die Mehrzahl wurde ohnehin in Massenverfahren als "Mitläufer" eingestuft, was die meisten der Betroffenen zu erreichen suchten. Zum Verständnis des folgenden sei noch erwähnt, daß in Bayern die "Betroffenen" in fünf Schuldstufen ("Gruppen") eingereiht wurden: 1) Hauptschuldige 2) Aktivisten 3) Minderbelastete 4) Mitläufer 5) Entlastete. "Vom Gesetz nicht betroffen" war, wer nicht Mitglied der Partei oder einer Gliederung gewesen war und sich auch sonst nicht im Sinn des NS betätigt hatte.

Als aber dann der "Kalte Krieg" zwischen den zwei Supermächten ausbrach, wünschten die USA die Wiederbewaffnung der westlichen Teile Deutschlands. Dazu paßte nicht die Fortsetzung der Entnazifizierung und der Kriegsverbrecherprozesse. Präsident Eisenhower veranlaßte entsprechende Maßnahmen. Daraufhin gab es fast zwölf Jahre keine Verfahren gegen NS-Verbrechen mehr. Erst 1960 begann wieder eine intensive Ermittlungstätigkeit[1].

Mit dem "Gesetz zum Abschluß der politischen Befreiung" vom 27.7.1950 wur-

---

1) RÜCKERL 1979

den Entnazifizierungsverfahren ganz eingestellt und viele vorher zu Sühneleistungen Verurteilte wurden nun amnestiert, so z. B. der ehemalige Regensburger Gestapochef Alfons Hartl, der ursprünglich als Hauptschuldiger in Gruppe 1 eingestuft worden war(1).

An Hand des *Nachkriegsschicksals der an der Tötung des "Mesners von St. Emmeram" entscheidend Beteiligten* soll im folgenden ein Beispiel für die Praxis der Entnazifizierung und der Strafverfolgung gegeben werden. Dabei geht es hier nicht um die Berechtigung oder Nichtberechtigung der milden Behandlung *im einzelnen*. Wahrscheinlich wurden einzelne zu Recht freigesprochen. Bemerkenswert ist aber, daß sie *alle* frei ausgingen. Dieses Phänomen einer erstaunlich milden Behandlung ist nicht auf Regensburg beschränkt, es wird vielmehr allgemein für die ganze Bundesrepublik festgestellt. An den folgenden Beispielen werden Fakten gezeigt und zu begründen versucht.

Der einzige, der sowohl beim Todesurteil als auch bei der Hinrichtung wesentlich beteiligt war, ist der ehemalige Polizeimajor *Karl Richter* gewesen. Er wurde im Juni 1947 zwar zunächst in Gruppe 3 (Minderbelastete) eingestuft und zu 2 700 RM einmaliger Sühne verurteilt(2). Er und der Ankläger legten Berufung ein. Daraufhin wurde er im August 1949 durch einen Vermerk als "nicht vom Befreiungsgesetz betroffen" erklärt(3). Die Begründung war, daß er kein Mitglied bei der Partei gewesen war. Nun durfte oder damals kein Beamter befördert werden, wenn er nicht zuverlässige NS-Gesinnung bewiesen hatte (s. S. 216 f.); und Richter wurde 1944 zum Polizeimajor befördert. Auch konnte er ein so hohes Polizeiamt nur erhalten haben, wenn er von der Partei als zuverlässiger und aktiver NS erklärt worden war. Wie dem auch sei, Richter wurde jedenfalls bei der Entnazifizierung für vollkommen unschuldig und unbeteiligt am NS-Regime befunden.

Ein eigenes Erlebnis mag zeigen, welche schwer glaubbare, eigenartige Verhältnisse im Dritten Reich möglich waren: 1934 und 35 arbeitete ich bei der Bayerischen Zugspitzbahn. Mein unmittelbarer Chef war der Betriebsingenieur der Bahn, namens *Kilian*. Jedermann hielt ihn damals für den aktivsten NS weit und breit. Er stammte aus Graz und war vor allem antiklerikal motivierter Verehrer Rosenbergs und dessen "Mythos des 20. Jahrhunderts". Er unterstützte den Untergrundkampf österreichischer SS gegen das damalige Regime in Österreich, indem er Sprengstoff (Dynamitpatronen) über die Grenze schaffte. In Österreich wurden SS-Leute damit versorgt, die Brücken sprengten oder den Bundeskanzler Dollfuß ermordeten. Mit einigen dieser Patronen sprengten wir Holzstrünke und Felsen für die Skiabfahrt Riffelriß-Eibsee. Auch half Kilian aktiv bei der ersten Unterstützung von aus Österreich über die Grenze gekommenen SS-Flüchtigen mit. Nach dem Krieg dachte ich, daß es ihm nun schlimm ergehen würde. Bei meinem ersten Besuch in Garmisch erzählte er aber: "Sie werden lachen, aber ich bin vom Gesetz nicht betroffen - ich war kein Mitglied!" Dr. Rückerl schrieb mir dazu: "Die Mehrzahl der Polizeiangehörigen - darunter viele Gestapoleute - war nicht Mitglied. Die Unterschiede waren in den einzelnen Bereichen zu groß."

Zwar hatte Kilian seine Stellung bei der Zugspitzbahn verloren, aber er hatte ein privates Ingenieurbüro eröffnet und hatte ziemlich als erster wieder die

---

1) SCHRÖDER 134
2) MZ 1947, von 24.6.
3) ReWo 1950, Nr. 13 vom 31.3.

Erlaubnis zum Grenzübertritt erhalten und konnte dadurch seinen Arbeitsbereich auf drüben und herüben erstrecken. Er war dabei vor anderen bevorzugt, eben weil er "nicht betroffen" war. Die Spruchkammer hatte seinen Fall überhaupt nicht untersucht, da er nicht Mitglied gewesen war und niemand ihn angezeigt hatte. Das gab es also wirklich im Dritten Reich und es kann deswegen auch im Fall Richter ähnlich gewesen sein. Aber solche Fälle waren seltene Ausnahmen.

Dr. *August Kuhnlein*, der als Vertreter der Anklage das Todesurteil beantragt hatte, wurde von der Berufungskammer Nürnberg im Oktober 1949 als *Mitläufer* eingestuft.

SS-Obersturmführer *Herbert Woellmer*, der die Hinrichtung geleitet hatte, wurde 1948 als *Mitläufer* eingestuft. Er war spätestens 1953 schon wieder Amtsgerichtsrat.

Der damalige Inspektionsrichter *Thorbeck*, der während seines Inspektionsbesuchs im KZ Dachau die Überstellung Igls nach Regensburg, zwecks dortiger Hinrichtung veranlaßt hatte, war spätestens 1953 schon wieder als Rechtsanwalt tätig.

In dem Spruchkammerverfahren im Juni 1950 in Nürnberg gegen den damals für mehrere SS-Gerichte als Gerichtsherr zuständigen Dr. *Benno Martin*, wurde diesem unter anderem die Bestätigung des Todesurteils gegen Igl und die Nichtweiterleitung der Gnadengesuche vorgeworfen. Der Verteidiger Martins, Dr. *Horn*, behauptete aber, daß sein Mandant das Urteil nach Eingang des Rechtsgutachtens vom Inspektionsrichter in Stuttgart gemäß den damaligen Weisungen bestätigen *mußte*. Auch hätte die Vollstreckung nach der damaligen Lage nach dem 20.7.44 nicht mehr von Martins Bestätigung oder Nichtbestätigung abgehangen. Doch blieb der Vorwurf bestehen, daß Martin während der fast sechs Monate nach dem Urteil sich nicht für eine Begnadigung eingesetzt hätte, obwohl der Verlauf der Hauptverhandlung dies dringend nahegelegt hätte. Erst als fünf Monate später das Urteil vollstreckt werden sollte, ganz offenbar um den immer bedrohlicher werdenden Zersetzungserscheinungen mit Abschreckung zu begegnen, intervenierte Martin durch Fernspruch bei Himmler, bekam aber keine Antwort. Dies brachte er zu seiner Verteidigung bei der Spruchkammer vor(1). Irgendwelche Belege für diesen Fernspruch gibt es m. W. nicht. Die nach Berufung endgültige Spruchkammereinstufung ist hier nicht bekannt. Wichtiger war das Ergebnis mehrerer Gerichtsverfahren gegen Martin, die schließlich *mit Freispruch endeten*. Darüber später mehr.

Nach solchen Entscheidungen gibt es zwei mögliche Schlüsse: Wenn die Spruchkammern gemäß dem Befreiungsgesetz entschieden hatten, dann gab es im Dritten Reich so wenige wirkliche NS, wie sich die Welt kaum je vorgestellt hat. Bis hinauf zu hohen SS- und Polizeirängen gab es Leute, die durch Zufall, durch den Automatismus im NS-Regime, in solche Stellungen gekommen waren und in Wirklichkeit dem NS gegenüber kein inneres Verhältnis hatten. Man frägt sich dann allerdings, wie ein solches Regime so lange, bis zum letzten Tag, funktionieren konnte. Die andere Möglichkeit ist, daß die Spruchkammern nicht im Sinne des Gesetzes entschieden, vielmehr wenig persönliches "Fehlverhalten" bei den im allgemeinen anständigen Betroffenen fanden und in großem Umfang - aus welchen Gründen auch immer - die ehemaligen NS begünstigten. Die Betroffenen konnten zumeist wesentlich mehr Entlastungszeugnisse beibringen, als andere Mitbürger etwa Belastungen meldeten.

---

1) wie Fußn. 2, S. 251

Ermittlungsverfahren, Strafprozesse

Die Entnazifizierungsspruchkammern entschieden nicht über Verbrechen nach dem StGB. Dazu waren die Gerichte, vor allem die Staatsanwaltschaften da.

Wegen eines eventuellen Mordes an Johann Igl begann die Staatsanwaltschaft Regensburg im September 1947 ein *erstes Ermittlungsverfahren* gegen *Karl Richter*. Die MZ hatte unter der Überschrift "Noch ein Nazijustizmord in Regensburg" am 23.9.1947 geschrieben:

> *"Erst die Anzeige der Witwe des Ermordeten, die die im Straubinger Gerichtsgefängnis durch die Wachsamkeit eines dortigen Aufsehers aufgefundenen Originalakten ihres Mannes beibringen konnte, kommt nun dieser Fall in Gang."*

Sonst hätte sich anscheinend niemand darum gekümmert und wenn, dann hätte man womöglich damals schon, wie beim dritten Ermittlungsverfahren 1982, die Einstellung fälschlich damit begründet, daß man wegen des Verlustes der Akten nichts Genaues mehr feststellen kann. Die MZ schrieb, der Fall gehöre nicht vor die Spruchkammer, sondern sei Angelegenheit des Staatsanwaltes. Der Artikel brachte das erste Verfahren in Gang. Dieses wurde dann am 21.12.1948 mit der Begründung eingestellt, daß die Staatsgewalt des Deutschen Reiches erst am 8.5.1945 geendet hätte, was auch vom Internationalen Militärgerichtshof vertreten worden wäre. Die Maßnahmen bis zu diesem Zeitpunkt wären also gesetzlich und somit nicht rechtswidrig gewesen:

> *"Da die Hinrichtung keine rechtswidrige Handlung war, kann* gegen Richter und die übrigen bei der Exekution Beteiligten *nicht strafrechtlich eingeschritten werden."*(1)

1952, also vier Jahre später, erhielt der ehemalige Polizeiwachtmeister *Bucher*, der bis Kriegsende dem Polizeimajor Richter unterstanden hatte, 150.- DM Geldstrafe, weil er Richter ein Scheusal genannt hatte. Bucher glaubte sich im Recht, meinte, daß die Nazizeit vorbei wäre und verlangte eine neuerliche Untersuchung. Daraufhin wurde das *Ermittlungsverfahren am 23.10.1953 wiederaufgenommen*(2). Diesesmal wurde u. a. der damals die Hinrichtung leitende SS-Obersturmführer und SS-Richter der Res. *Woellmer* vernommen, der zum Vernehmungszeitpunkt wieder Amtgerichtsrat in Nürnberg war. Er gab an, daß er versucht hatte, die Exekution hinauszuzögern und dadurch zu verhindern. Es wäre sein damaliger Chef gewesen, der Vorsitzende des SS-Ger, SS-Hauptsturmführer (entsprach Hauptmann) *Cavael*, der Woellmer angewiesen hätte, das zweite Gnadengesuch nicht weiterzuleiten. Cavael wäre es auch gewesen, der ihm am 18.4.1945 den Befehl gab, bei der Hinrichtung die Verlesung des Urteils zu übernehmen. Er hätte ihn angewiesen, mit mehreren Akten zum Gerichtsherrn *Dr. Martin* zum Vortrag zu fahren, der sich damals in Regenstauf aufhielt und auf der Hin- oder Rückfahrt von Straubing nach Regenstauf

> *"bei der Exekution zugegen zu sein. Ich habe mich nicht als Leiter der Hinrichtung betrachtet: Die Festsetzung des Termins, das Antreten der Einheit, die Gestellung der Exekutionspersonen ist Sache des Gerichtsoffiziers (K. Richter) gewesen."*

---
1) Ermittlungsakt Staatsanwaltschaft LG Regensburg, Az.: I 1 Js 2849/53. Demnächst verwahrt beim Staatsarchiv Amberg
2) ReWo 1955; siehe Fußn. 2, S. 241

Weiter wurde im zweiten Ermittlungsverfahren der damalige Ankläger, *Dr. August Kuhnlein*, vernommen. Er gab an, daß er erst im August 1944 zum SS-Ger Nbg gekommen, vorher an der Front bei der Waffen-SS gewesen war. Ihm hatte auch sein Chef, der zu dieser Zeit amtierende Vorsitzende des SS-Ger, SS-Strumbannführer (entsprach Major) *Dr. Pinder*, die Weisung gegeben, bei der Hauptverhandlung gegen Igl als Ankläger die Todesstrafe zu beantragen.

Das SS-Ger XXV hatte vom Herbst 1944 bis Kriegsende der Reihe nach mindestens die SS-Offiziere *Dr. Fritz Neukam*, *Dr. Pinder* und ab Oktober 44 *Cavael* als jeweiligen Chef. Seinen Sitz hatte es bis 2.1.1945 in Nürnberg, dann in Hersbruck, ab ca. 23.1.45 in Bamberg, schließlich in Straubing.

Die Staatsanwaltschaft Regensburg vernahm dann im Dezember 1953 *Karl Münch*, der sich damals für eine Begnadigung geäußert hatte und relativ am wenigsten belastet war. Im Januar 1954 wurde der damalige Leiter der Hauptverhandlung, *Zilch*, vernommen. Er behauptete, daß er nach dem Urteil die Vollstreckung hinauszögern und damit verhindern wollte - wie auch später Woellmer. Das Schreiben an RFSS nach Berlin wäre ein Mittel dazu gewesen. Ohne den damit erreichten Aufschub wäre sofort vollstreckt worden.

Schließlich wurde auch wieder K. Richter verhört. Er verteidigte sich natürlich auch mit Befehlen, die er als Gerichtsoffizier durchzuführen hatte. Zu seiner ablehnenden Stellungnahme zu einem Gnadengesuch brachte er vor: Nach der Hauptverhandlung am 20.9.1944 hatte es sehr geeilt. Zilch mußte zu seinem Nachtzug nach Nürnberg. In aller Eile sagte er: Moment, meine Herren! Ich brauche noch Ihre Stellungnahmen! Diese Bemerkung verstand ich dahin, daß Zilch noch eine schriftliche Festlegung von uns haben wollte, aus welchen Gründen es zur Todesstrafe gekommen war. Mir ist nicht der leiseste Gedanke gekommen, daß es sich dabei um die Gnadenfrage handelte. So weit K. Richter. Wenn das so war, dann bestand ein eigenartiger Umgang mit Niederschriften, die über ein Menschenleben entschieden!

Zu dem ihm vorgeworfenen "saloppen" Benehmen vor der Hinrichtung - seiner dem Kameraden von Igl gegenüber gebrauchten Äußerung "... geht sehr schnell; der Strick ist frisch geölt!" - verteidigte er sich damit, daß er damals sagen wollte, es sei alles getan worden, daß die Hinrichtung so wenig qualvoll wie möglich gestaltet werde. Ähnlich wie 1519, als man Smaller aus Gnade nicht geviertailt, sondern nur mit dem Schwert gerichtet hatte.

Für die Exekution selbst schoben sich die zwei einzigen daran maßgeblich Beteiligten, Woellmer und Richter, gegenseitig die Rolle als damalige Leiter zu.

Schließlich gab Richter zu seiner Verteidigung an, daß der Krieg damals noch nicht zu Ende war, daß die Festung Alpenraum noch bestand und daß vor allem neue technische Waffen überraschend eingesetzt werden sollten. Er war der Überzeugung, daß noch jeden Tag ein Umschwung zum besseren (!?) erfolgen konnte. Aus der letzteren Formulierung, neun Jahre nach Kriegsende, darf man schließen, daß diese Darstellung seiner Überzeugung nicht nur eine Schutzbehauptung für eine günstigere strafrechtliche Würdigung sein sollte. Es gab damals wirklich noch eine Minderheit von meist fanatisch NS-Gläubigen, die immer noch an den von Hitler versprochenen Endsieg glaubte. Die Geschichte des *Gerichtsaktes Igl* mag auch dafür zeugen. Denn die letzten SS-Leute vom SS-Ger XXV hätten möglicherweise den Akt nicht in Straubing zurückgelassen, wenn sie nicht an eine baldige Rückkehr geglaubt hätten. Sie hätten ihn eher beiseitegeschafft. So aber fand man sogar einen handschriftlichen Vermerk auf dem Umschlagdeckel: Wiedervorlegen am 1.7.1945. Jedenfalls kann man es einen glücklichen Umstand nennen, daß der Gerichtsakt weder durch Bombenangriff noch durch rechtzeitiges Beiseiteschaffen vernichtet worden war. Während eines Fliegerangriffes war nämlich die Polizeidirektion Nürnberg-Fürth schwer getroffen worden und die gesamte Registratur war zugrunde gegangen. Die Akten des SS-Ger Nbg müßten dort verwahrt gewesen und deswegen verloren sein, schrieb irrtümlich das Staatsarchiv Nürnberg(1). Wahrscheinlich wurden sie aber nicht nur im Fall Igl doch noch rechtzeitig von Nürnberg über Hersbruck und Bamberg nach Straubing mitgenommen, zumal diese letzten SS-Leute anscheinend noch mit einem Sieg rechneten.

Auch das zweite Ermittlungsverfahren wurde schließlich *wieder eingestellt*, hauptsächlich mit der Begründung, daß alle gemäß dem damals geltenden Recht gehandelt hatten. Zu einer richterlichen Entscheidung ist es also gar nicht erst gekommen.

Schließlich wäre noch über das Nachkriegsschicksal der sicher mächtigsten unter den an der Tötung Igls damals mitwirkenden Personen zu berichten, nämlich über das des Gerichtsherrn *Dr. Benno Martin*(2). Ihm war es zumindest theoretisch anheim gegeben, das Todesurteil zu bestätigen oder in eine lebenslange Haftstrafe umzuwandeln. Nachdem ihm in einem Rechtsgutachten des Inspektionsrichters in Stuttgart das erstere empfohlen worden war, bestätigte er das Urteil. Über seine Rechtfertigung dazu wurde bereits berichtet.

Martin war am 17.12.1942 vom RFSS Himmler zum "HSSPF" ernannt worden. Diese Abkürzung steht für folgenden vollen Titel:

> "Der Höhere SS- und Polizeiführer beim Bayerischen Staatsminister des Innern und bei den Reichsstatthaltern in Baden, im Sudetengau, in Thüringen und in Württemberg im Wehrkreis XIII."

Im ganzen Großdeutschen Reich gab es 17 derartige HSSPF. Ab Februar 1944 war Dr. Martin nach einer Umorganisation als "HSSPF Main" für die Parteigaue Mainfranken, Franken und Bayreuth zuständig. Regensburg gehörte zum Gau Bayreuth. In dieser Eigenschaft war Martin für seinen Bereich Generalbevollmächtigter und persönlicher Vertreter des RFSS Himmler. Als SS-Offizier bekleidete er zuletzt den Rang eines Obergruppenführers, was einem Kommandierenden General entsprach.

Dabei war Martin erst im Mai 1933 der Partei beigetreten und hatte sich erst 1934 in die SS aufnehmen lassen. Trotzdem er also gar kein Alter Kämpfer war, durchlief er eine rasante NS-Karriere. Er war ursprünglich katholisch, dann evangelisch gewesen, trat im Dritten Reich aus der Kirche aus und wurde "gottgläubig". Nach dem Krieg kehrte er in die katholische Kirche zurück. Aber seine Persönlichkeit hatte viele Seiten. Sein politischer Biograph Utho Grieser charakterisiert ihn so:

> "Er lehnte den Terror des NS-Regimes ab. Aber nachdem er sich einmal vom System so weit nach oben hatte tragen lassen, bringt er dann nicht die Kraft auf, die Konsequenzen aus dieser Ablehnung zu ziehen."

---

1) Mttlg. Staatsarchiv Nürnbg vom 22.4.80
2) die folgenden Angaben nach GRIESER

Martin konnte nach dem Krieg auch auf manche guten Taten verweisen. So half er der Familie Stauffenberg. Als letzte Amtshandlung hatte er noch fünf Polizeiangehörige vor dem Standgericht des Gauleiters *Ruckdeschel* gerettet, des gleichen Gauleiters, von dem im Kapitel Dr. Maier die Rede sein wird. Zur wichtigsten seiner positiven Taten darf man die *Rettung Bambergs* vor der beabsichtigten Verteidigung "bis zum letzten" rechnen. Martin verhinderte zusammen mit dem Bamberger Weihbischof *Dr. Landgraf*, entgegen dem allgemeinen Führerbefehl, die vorgesehene Verteidigung dieser Stadt. Bei Kriegsende kam Martin in amerikanische Gefangenschaft und wurde in Lagern für NS-Verantwortliche verwahrt. Im August 1948 wurde er den deutschen Behörden übergeben, die ihn bis November 1949 in Haft hielten. Mehrfach wurde er vor Gericht und Spruchkammer gestellt, aber schließlich endgültig *freigesprochen*. Das Bamberger Metropolitankapitel bat am 20.6.1951 den Bayerischen Ministerpräsidenten um die "vollständige Rehabilitierung" Martins.

Dr. Martin und K. Richter konnten eine große Zahl eidesstattlicher Zeugnisse zu ihren Gunsten beibringen. Und sie konnten sich auf höheren Befehl berufen, letztlich auf den Befehl des Führers. Darüber hinaus konnten sie glaubhaft machen, daß sie damals der Meinung waren, manchmal auch heute noch sind, mit der Durchführung und Vollstreckung unmenschlicher Gesetze ihrem lieben Vaterland gedient zu haben. Den uns überkommenen Instinkt der Verteidigung des eigenen Nestes - Familie, Sippe, Volk - in eine zeitgemäßere, humanere Denkweise zu überführen, wie Jesus mit dem Samaritergleichnis anregte, fällt immer schwer. Auf einer Rede vor höheren SS-Offizieren in Posen am 4.10.1943 formulierte das Himmler so:

"Insgesamt aber können wir sagen, daß wir diese schwerste Aufgabe (in diesem Fall meinte er die Judenvernichtung) in Liebe zu unserem Volk erfüllt haben. Und wir haben keinen Schaden in unserem Innern, in unserer Seele, in unserem Charakter dabei genommen."(1)

Ein halbes Dutzend Leute hätten in diesem Tötungsverfahren in das Räderwerk eingreifen und hätte die Tötung verhindern können. Angeblich, so verteidigten sie sich nach dem Krieg, hätten manche den Willen dazu gehabt. M. E. war der Grund, warum dieser ihr angeblicher Wille sich nicht auswirkte, nicht etwa das hohe Risiko für ihr eigenes Wohl und Wehe. Der Grund war vielmehr die Scheu, als Schwächlinge zu gelten. Es gehörte zum Wesen des NS und wohl jeder Form von Faschismus, bei den Mitteln für ein "hohes" Ziel nicht zimperlich, sondern hart und unerbittlich und mitleidlos zu sein. Jemand hat das "männlichen Chauvinismus" genannt. Der Führer formulierte das so: "Wer ein Volk retten will, kann nur heroisch denken." Heroisch und nicht feig und schwach zu sein, das wollte jeder dieser NS-Funktionäre dem andern beweisen. Besonders nach dem 20.7.1944. Diese Härte gegenüber anderen Menschen fiel nicht allzu schwer, zumal fast alle das Opfer gar nicht persönlich kannten. Nicht einmal K. Richter kannte, wie er nach dem Krieg angab, den ihm unterstellten LS-Pol Johann Igl vor dessen Verhaftung persönlich.

---

1) Internat. Militärtribunal Bd. 29, 110 f. Hier nach GRIESER 303 f.

Zusammenfassung der Nachkriegs-"Strafverfahren"

Am Todesurteil war ein Ankläger und waren drei Richter beteiligt, an der Hinrichtung mehr oder weniger leitend zwei Personen, wovon eine mit einem der drei Richter identisch ist. Insgesamt waren es also nur fünf Personen, die unmittelbar am Ort Regensburg die Tötung Igls durch ihr Urteil, bzw. dessen Durchführung zu verantworten haben. Die anderen Mitwirkenden agierten aus der Ferne als "Schreibtischtäter". *Gegen alle diese fünf Verantwortlichen wurde die Strafverfolgung schon im Stadium der Ermittlungsverfahren eingestellt, sie wurden in keinem Strafprozeß je belangt.* Diese auffallende Milde wird allgemein in der BRD bei der Verfolgung von NS-Verbrechen beobachtet. Sie hat wahrscheinlich die gleichen Ursachen, wie die merkwürdige jahrzehntelange Übergehung der NS-Zeit im Geschichtsunterricht. Igls letzter Wunsch, - "Sag es einmal unseren Kindern!" - ist nur halbherzig und widerwillig erfüllt worden. Man sagte es den Kindern manchmal überhaupt nicht und manchmal sogar immer noch durch eine braun gefärbte Brille. Daß dem so ist, erfährt man weniger aus der veröffentlichten Meinung, mehr durch Herumhören bei der Bevölkerung. Gründe für dieses Verhalten, das während der NS-Zeit kaum jemand zu prophezeien gewagt hätte, mögen die fehlende Revolution und die realpolitischen Ziele im Kalten Krieg gewesen sein. Sei führten dazu, daß in großem Umfang die gleichen Menschen an verantwortlichen Stellen von Politik, Wirtschaft, Justiz und Verwaltung weiter agierten wie während der NS-Zeit.

Zuletzt steuerte der Fall Igl noch *ein Beispiel aus der Praxis der Verfolgung von NS-Verbrechen* bei:

Auf der Suche nach dem Akt des SS-Ger Nbg schrieb ich u. a. an das Institut für Zeitgeschichte, an Berlin Document Center, an die Staatsarchive in München und Nürnberg, an das Bundesarchiv, an die Gedenkstätte Dachau und im Januar 1980 auch an die Zentralstelle zur Verfolgung von NS-Verbrechen in Ludwigsburg. Während jede der genannten Stellen mit Fehlanzeige antwortete, schrieb Ludwigsburg am 25.2.80, daß man dort zwar keine Unterlagen besäße, daß man aber eine Überprüfung veranlaßt hätte. Zwei Jahre später, am 5.5.82, erhielt ich die Abschrift der Einstellung von Ermittlungen wegen Mordes und zwar von der Staatsanwaltschaft Nürnberg-Fürth(1). Ludwigsburg hatte mein Schreiben nach dort weitergeleitet und irrtümlicherweise kam es so zu einem *dritten Ermittlungsverfahren*.

Dieses Verfahren liefert ein Beispiel zu den Ausführungen, wie sie zu dem allgemeinen Thema "Nachkriegs-Strafverfolgung" u. a. etwa in einer Sendung des Zweiten Deutschen Fernsehens am 9.11.82 mit dem Titel "Holocaust. Die Tat und die Täter. Kritische Anmerkungen zu Gerichtsurteilen gegen NS-Verbrecher" gebracht wurden:

Die Strafverfolgung ruhte praktisch während der Zeit des Kalten Krieges von 1948 - 60 im Interesse einer vom Volk mitzutragenden Wiederaufrüstung. 1958 wurde im Gefolge des Ulmer Einsatzgruppenprozesses die Zentralstelle in Ludwigsburg geschaffen. Aber sie ermittelt jeweils nicht selber, sondern muß ihre Erkenntnisse zur Weiterbehandlung an die zuständigen Staatsanwaltschaften geben. Dort bleiben aber diese Anzeigen oft liegen oder die doch eröffneten Verfahren werden wieder eingestellt. Das letztere geschah denn auch bei dem dritten Ermittlungsverfahren wegen Mordes an Igl. Das wäre also an sich

---

1) Einstellungsbeschluß Staatsanwaltschaft beim LG Nürnberg-Fürth vom 22.2. 1982

nicht sonderbar gewesen, wenn nicht erstaunliche Flüchtigkeits- oder andere Fehler bei der Einstellungsbegründung unterlaufen wären.

Zunächst merkten weder Ludwigsburg noch die Staatsanwaltschaft Nürnberg-Fürth, daß bereits in der gleichen Sache frühere Ermittlungen eingestellt worden waren(1). Andernfalls hätte man sich natürlich die Arbeit gleich gespart. Es ermittelten also zwei Staatsanwaltschaften zeitlich hintereinander wegen Mordes, ohne voneinander zu wissen. Die Untersuchungen liefen diesesmal überhaupt nur gegen die drei Richter, die zum Tod verurteilten, nicht gegen die Henker, die einer strafbaren Handlung mehr verdächtig wären. Nun hat aber eine Ermittlung wegen NS-Verbrechen heute überhaupt nur noch Sinn, wenn Verdacht auf Mord vorliegt, denn Totschlag wäre seit 1960 verjährt. Mord aber käme nur in Frage, wenn niedrige Beweggründe bewiesen werden könnten (§ 211 StGB). Sie alle hatten aber keine niedrigen Beweggründe - nur NS-Gesinnung! Wozu also überhaupt noch eine "Ermittlung"?

So aber führte man - wie ich meine, unnötigerweise - eine ganze Reihe von Gründen für die Einstellung des Verfahrens an, die aber zum großen Teil irrtümlich behauptet wurden! So heißt es z. B. im Einstellungsbeschluß: Es gibt keine Zeugen mehr für die Hauptverhandlung, also kann man nicht wissen,... In Wirklichkeit wäre aber allein schon die Witwe des Hingerichteten als Zeugin zur Verfügung gestanden. Weiter wisse man heute nicht mehr, welcher Sachverhalt auf Grund welcher Beweismittel in der Hauptverhandlung 1944 festgestellt worden ist, da keine schriftlichen Beweisgründe vorliegen... Man unterstellte demnach als selbstverständlich, daß der Gerichtsakt nicht mehr existiere. In Wirklichkeit lag der Akt in Regensburg, man fragte nur nicht nach. Die Beweisgründe liegen schriftlich sehr wohl vor. Man übersah weiter, die vorhandenen Spruchkammerakten der Beschuldigten vorzunehmen, bei Zeugen nachzufragen... Die Staatsanwaltschaft schrieb zwar routinemäßig an die gleichen Stellen, die eingangs erwähnt sind, erhielt aber kaum Informationen. Als den wichtigsten der drei Richter, den Verhandlungsleiter, fand sie eine falsche Person heraus und da diese schon verstorben war, entging der Richtige überhaupt jeglicher Ermittlung. Immerhin fand sie die Namen der beiden Beisitzer. Da diese aber schon über 80 und gesundheitlich nicht mehr verhandlungsfähig waren, konnte man auch deswegen aufhören. Als ich dann - nach der Einstellung des Verfahrens - die Staatsanwaltschaft unterrichtete, daß es schon frühere Verfahren gegeben hatte und diese auch eingestellt worden waren, freute man sich vermutlich, einen weiteren "Grund" nachgeliefert erhalten zu haben. Die Tätigkeit des Staatsanwalts richtete sich vor allem darauf, die Nichtverfolgbarkeit der Tat zu beweisen - allerdings auch das mit untauglichen Mitteln.

Damit soll der Staatsanwaltschaft kein schlechter Wille unterstellt werden. Offenbar hatte den Fall ein jüngerer Jurist bearbeitet, für den das Dritte Reich nur noch ferne Geschichte ist und der deswegen als selbstverständlich annahm und von vornherein als zweifelsfrei, aber eben doch irrtümlich, davon ausging, daß aus der Hitlervergangenheit heute weder Zeugen noch Akten existieren.

---

1) Dr. Rückerl, Leiter der Zentralstelle in Ludwigsburg (seit 1984 im Ruhestand) teilte am 10.1.1983 mit: BMdJ veranlaßte Ende 64 Meldung aller seit 45 wegen NS-Verbrechen geführten Verfahren auf einem Formblatt. In letzterem sind Verfahrensgegenstand und Beschuldigte genannt, aber nicht die Opfer. So war der Name Igl nicht aufzufinden und Ludwigsburg übersah, daß bereits Verfahren gelaufen waren

XI. KIRCHENKAMPF UND GEGENWEHR

Weil unter den drei letzten Widerstandsopfern der Domprediger die herausragende Rolle spielt und weil das traurige Schicksal von Dr. Maier, Zirkl und Lottner unmittelbar mit der Regensburger Frauendemonstration verbunden ist, die vorwiegend von Frauen aus der katholischen Volksopposition getragen war, wird erst zu diesen letzten Biographien versucht, ein allgemeines Bild vom Verhältnis der katholischen Kirche und des Kirchenvolkes zum NS zu zeichnen. Es ist aber ganz natürlich, daß bei der großen Bedeutung, die der BVP und dem "katholischen Milieu" für das politische Leben in Regensburg zukam, deren Einfluß schon bei den bisherigen Lebensbildern von drei oder vier der Widerstandsopfer zum Vorschein kam, nämlich bei *Johann Schindler, Franz Herzog, Johann Igl* und *Alois Krug*.

1. BVP, katholische Kirche und Kirchenvolk in ihrer Stellung zum NS bis 1933

Die dominierende Rolle, die der BVP gerade in Regensburg für das politische Leben bis 1933 zukam, wurde schon in Kap. II, 1 zahlenmäßig verdeutlicht. Anders als heute CSU und CDU verstand sich diese Partei - ebenso wie außerhalb Bayerns das Zentrum - bewußt als "katholische Weltanschauungspartei". Mit diesem Attribut warb z. B. der damalige Spitzenkandidat der BVP für die Oberpfalz, der Regensburger 2. Bürgermeister *Hans Herrmann* für seine Liste während des Wahlkampfes für die letzte Wahl am 5.3.1933(1). Anders als heute war der Klerus unmittelbar in der Parteipolitik tätig und zwar auch in führenden Positionen. Die Kirche hatte dadurch erheblichen Einfluß auf den "politischen Katholizismus". So stand an der Spitze der Zentrumspartei im Reich der Prälat *Ludwig Kaas*, die Fraktion der BVP im Reichstag wurde von dem Dompropst von Bamberg, dem Prälaten *Johann Leicht*, angeführt. Ihr gehörte u. a. der Geistliche *Meixner*, oder von Regensburg Kooperator *Schlittenbauer*(2) an. Der Dompropst von Eichstätt, Prälat *Georg Wohlmuth*, leitete die BVP-Fraktion im Bayerischen Landtag. Auch weitere Parlamentarier waren Klerikar gewesen, z. B. vertrat der Prälat *Anton Scharnagl* als BVP-Abgeordneter seinen Bezirk Freising. Unter den im Juni 1933 in Bayern verhafteten BVP-Funktionären waren ca. hundert Geistliche(3).

Nun beschäftigen sich seit bald vier Jahrzehnten zahlreiche Historiker mit dem Verhältnis zwischen katholischer Kirche und NS und immer noch bezeichnete z. B. Dr. Franz Henrich in der Einladung zu zwei Tagungen der Katholischen Akademie in Bayern, bei denen eben dieses Thema diskutiert wurde (Dezember 82 und März 83), dieses Kapitel der Kirchen- und Zeitgeschichte als "besonders umstritten"(4). Im folgenden Vorspann zu den drei Lebensgeschichten kann also nur mit allem Vorbehalt versucht werden, das Verhalten der Regensburger Katholiken, einer großen Mehrheit dieser Stadt, aus der allgemeinen Haltung der Kirche und BVP verstehbar zu machen.

---

1) G. Norgall in MZ-Sonderbeilage 1983, vom 30.1. "Nicht nur Weltanschauungspartei" RA 1933; v. 3.3.
2) Bei Schl. im Juni 33 Hausdurchsuchung (Bay. Ostwacht 1933, vom 23.6.)
3) W. Ziegler auf der Tagung der Kathol. Akad. in München 12.3.83
4) "Kirche in der NS-Zeit"; in der Zeitschr. "zur debatte" der Kathol. Akad. in Bay.; 13 (1983) Nr. 2 München

Wie sich die Beziehungen 1920 - 45 mehrmals änderten, zeigen folgende Fakten zunächst aus der Geschichte der BVP und der von ihr geführten bayerischen Regierung: Am Anfang begünstigte und schützte die BVP den in München entstandenen NS mitsamt verwandten konservativen Gegnern der Weimarer Republik. U. a. ließ der 1881 in Regensburg geborene und hier aufgewachsene *Dr. Franz Gürtner* als bayerischer Justizminister dem NS-Führer Hitler vor und nach dessen Putschversuch im November 1923 entscheidende Hilfen zukommen(1). Gürtner gehörte zwar nicht der BVP, sondern der DNVP an, war aber ununterbrochen vom 4.8.1922 bis 1.6.1932 - bis ihn Papen und dann Hitler ins Reichskabinett holten - der Justizminister der bayerischen Regierung gewesen, am längsten unter dem 1924 bis 1933 amtierenden Ministerpräsidenten *Dr. Heinrich Held* (BVP). Regierungspartei war die BVP in Bayern ohne Unterbrechung von 1919 bis 1933 gewesen.

Die BVP lehnte am 18.7.1922 zusammen mit den Kommunisten im Reichstag das *Republikschutzgesetz* ab(2), wie das auch NS-Abgeordnete getan hätten, wenn es sie schon gegeben hätte.

Das Gesetz wurde trotzdem mit Zweidrittelmehrheit beschlossen. Der von der bayerischen Regierung ernannte Generalstaatskommissar *Gustav von Kahr* hatte dann dieses Republikschutzgesetz für Bayern außer Vollzug gesetzt. Hätte Bayern diesem Reichsgesetz Folge geleistet, hätte Hitler nach seinem Putsch des Landes verwiesen werden müssen. Die mehrheitlich von der BVP geführte bayerische Regierung *ließ ihn aber im Land und schenkte ihm vier Jahre* von den verhängten fünf Jahren Festungshaft. Dr. Held, ein eng mit Regensburg verbundener Politiker der BVP - 1918 ihr Mitbegründer - war sicher kein Freund der NS-Partei. Aber er war der erste deutsche Ministerpräsident und Bayern war das erste Land im Deutschen Reich, die Hitler wieder die Möglichkeit gaben, seine nach dem Putsch verboten gewesene NS-Partei - ab Februar 1925 - weiterzuführen.

Bei der *Reichspräsidentenwahl 1925* sorgte die BVP entscheidend dafür, daß nicht der katholische Abgeordnete *Wilhelm Marx* von der mehr republikfreundlichen Schwesterpartei, dem Zentrum, sondern der Protestant, aber dafür Generalfeldmarschall *Paul von Hindenburg*, ein alter Monarchist, den Sieg davon trug. Die Folgen sind bekannt.

Im Wahlaufruf der BVP zur Reichstagswahl am 6.11.1932 heißt es:

"Die BVP bekennt sich eindeutig zur demokratischen Grundlage des Staates... Eine prinzipielle Ablehnung des monarchischen Staatsgedankens und ein grundsätzliches *Bekenntnis zur Republik* sind darin *nicht* enthalten ..."(3).

Eine Begebenheit am Ende der Weimarer Republik mag die Einstellung der BVP charakterisieren. Am 2.2.1933 brachte Held die Frage der Wiedererrichtung der Monarchie im Landesausschuß der BVP zur Sprache. Zur Idee, für Bayern das Amt eines Staatspräsidenten zu schaffen (zur evtl. Abwehr eines damals schon befürchteten Reichskommissars), äußerte er:

"Damit würden wir nur das demokratische System festigen und uns den

---
1) SIEGERT 199
2) WERNER 115
3) RA 1932, vom 29.10.

Weg zur Erreichung des Zieles (der Monarchie) verbauen, welches doch das Ziel jedes guten Bayern ist."(1)

Am 23.3. 1933 stimmten die BVP und das Zentrum zusammen mit den anderen bürgerlichen Parteien dem *Ermächtigungsgesetz* zu, das Hitler die Vollmacht gab, vier Jahre ohne Parlament zu regieren und dabei auch wichtige Artikel der Verfassung außer Kraft zu setzen. Ohne die beiden katholischen Parteien hätte Hitler nicht die notwendige verfassungsändernde Mehrheit erreicht. Er hätte zwar auch dann seine "Revolution" durchgesetzt, aber es wäre ihm auch der Schein einer Legalität versagt geblieben. Der Sprecher der BVP, *Hans Ritter von Lex*, begründete die Zustimmung seiner Partei u. a. mit folgenden Worten:

"Die BVP als Partei der christlich-nationalen Weltanschauung ... hat nach der schmachvollen (!) Revolution von 1918 in vorderster Linie für die Erhaltung und Wiedergewinnung nationaler Gesinnung ... gekämpft ... Es ist selbstverständlich, daß eine Partei, die von solcher Einstellung beseelt ist, auch in der geschichtlichen Wende dieser Tage *zur tatkräftigen Mitarbeit am nationalen Aufbauwerk entschieden bereit ist* ... Wir geben jedoch der Hoffnung Ausdruck, daß die Durchführung ... des Gesetzes sich in den Schranken des christlichen Sittengesetzes hält..."(2)

Auch dem bayerischen Ermächtigungsgesetz vom 29.4. stimmte die BVP-Fraktion einstimmig zu. Ihr Vorsitzender Hans Müller sprach dazu von dem für BVP und NS-Partei "gemeinsamen Kampfziel", die "Volksgefahr" des "materialistischen Sozialismus" auszuschalten(3).

Die Kirche hielt den Kommunismus für ihren gefährlichsten und vorrangig zu bekämpfenden Feind. Das tat aber auch der Faschismus in allen seinen Ausbildungen, auch in der deutschen. Aus diesem gleichen Feindverständnis ist ein Gutteil des Verhaltens von Kirche und politischem Katholizismus gegenüber dem NS zu verstehen, das sich nicht immer so eindeutig gegnerisch darstellt, wie man sich das heute wünschen möchte. Andererseits erkannte die Kirche sehr wohl, daß sich NS-Weltanschauung und christliche Lehre gegenseitig ausschließen.

Der Regensburger Bischof *Buchberger* schrieb 1931(4):

"... So wie sich der NS in einem großen Teil seiner Presse und in der Einstellung eines Teiles seiner Wortführer zeigt, ist *der NS mit der katholischen Kirche nicht vereinbar.*"

Nach Sozialismus und Kommunismus behandelt er auf 14 Seiten den NS. Ebenso wie die Mehrheit der damaligen Zeit - keine zwei Jahre vor der Machtübergabe - sieht er nicht die Kriegsgefahr, die mit Lehre und Programm des NS verbunden war. Zu dessen Anspruch als großer deutscher Freiheitsbewegung nach außen hin bemerkt er, daß

"heute alle Voraussetzungen dafür fehlen, kann man das noch so sehr be-

---

1) von Aretin, Karl Otmar: Der Schwindel vom 9.3.33. In SZ 1983, vom 5.3., S. 115
2) Deutsche Parlamentsdebatten. Bd. II 1919 - 33; Frankfurt/M. 1971. 260 f. Hier nach SZ-Leserbrief 1982, vom 4.12. und RA 1933, vom 24.3.
3) SCHÖNHOVEN 551
4) BUCHBERGER 93 - 107

dauern, aber man kann es nicht leugnen. Wir leben nicht mehr in der Zeit eines Andreas Hofer und der deutschen Freiheitskriege, sondern in der Zeit der Luftgeschwader und Tanks, in der Zeit, wo die ganze Welt in Waffen starrt und Deutschland entwaffnet und völlig isoliert ist. Der Freiheitstraum würde wohl schon an einem einzigen Tag ausgeträumt sein."

Er erwähnt die realpolitische Unmöglichkeit, aber nicht das Verbrecherische eines Krieges.

Dem NS-"Kampf gegen Rom" stellt er entgegen:

"Wenige Jahre nach dem Krieg, ..., wo die katholischen Theologen die relativ größten Blutopfer brachten, müssen wir uns wieder als unzuverlässige Fremdlinge, ultramontane 'Römlinge' beschimpfen lassen."

Es war etwa Ende der 1920-er Jahre, als der Religionslehrer meiner Schulklasse, der katholische Stadtpfarrer einer nordbayerischen Kleinstadt, der spätere Geistliche Rat Stuber, uns Schülern eine Begebenheit aus dem Leben Hitlers erzählte, wobei hier ohne Belang bleibt, ob sie wahr oder nicht wahr gewesen ist. Er erzählte uns, daß Hitler als junger Bursche einmal nach der Heiligen Kommunion die Hostie ausgespuckt habe, daß er also ein religionsfeindlicher Frevler wäre. So ablehnend war die Einstellung dieses Geistlichen gegen den mit Recht für einen Gegner des Christentums gehaltenen Hitler, der zu dieser Zeit schon zu einer im ganzen bayerischen Volk bekannten, vielleicht zur meist bekannten politischen Figur geworden war.

Das bischöfliche Ordinariat in Mainz gab 1930 die Weisung heraus, daß *Mitglieder der NS-Partei vom Empfang der Sakramente auszuschließen* seien(1). Andere katholische Bischöfe hielten dieses Vorgehen für zu scharf. So wiesen im Februar 1931 die bayerischen Bischöfe ihren Klerus an, die Zulassung von NS-Mitgliedern zu den Sakramenten von Fall zu Fall zu prüfen. Sie warnten

"vor dem NS, solange und *soweit er kulturpolitische* Auffassungen kundgibt, die mit der katholischen Lehre nicht vereinbar sind."

Wie aus Äußerungen in der damaligen katholischen Presse hervorgeht, rechnete die Kirche besonders die Rassenideologie zu diesen zu bekämpfenden kulturpolitischen Auffassungen des NS. In einer Analyse der Haltung der Regensburger Kirchenzeitung bis zu den Märzwahlen 1933 kommt der Historiker *Chrobak* zu dem Ergebnis: Die Zeitung stand in eindeutiger Abwehr gegen den NS.

"Über die möglichen Konsequenzen einer NS-Machtergreifung herrschte eine erstaunlich klare Vorstellung."(2)

Es gab also beides: Die katholische BVP förderte zumindest am Anfang den NS als *politische* Kraft, vor allem weil er in sympathischer Gegnerschaft zur Weimarer Republik und zum Kommunismus stand, und andererseits zeigte die Kirche und mit ihr auch die BVP der NS-*Weltanschauung* gegenüber eine klar ablehnende Haltung. Die letztere wirkte sich in ganz Deutschland so aus, daß die NS-Erfolge bei den Wahlen jeweils dort umso geringer blieben, je höher der Anteil der Katholiken in den Wahlkreisen war. So zeigt sich z. B. bei

---

1) SCHOLDER 167
2) CHROBAK 1981

den *Reichtstagswahlen im Juli 1932* folgende Relation(1):

Anteil der Katholiken in den Wahlkreisen in %	0 - 20	20 - 40	40 - 60	60 - 80	80 - 100
Anteil der NS-Wähler in %	42.1	39.4	32.9	27.8	24.3

Regensburgs Bevölkerung war zu 90 % katholisch. Die BVP besaß hier bis 1933 weit über ihrem Durchschnitt in Bayern einen treuen Wählerstamm. Der NS-Partei gelang hier in den entscheidenden Jahren vor 1933 bei weitem kein solcher Einbruch wie sonst in Deutschland oder in Bayern. Sie stieß auf die Ablehnung jener, deren politische Meinung katholisch und deswegen bis 1933 gegen den NS festgelegt war. Wie sehr übrigens die Bevölkerung einer Stadt wie Regensburg ihre Mentalität behält, - auch nach 12 Jahren Diktatur und trotz Veränderung ihrer Struktur durch den Zustrom von Flüchtlingen - zeigt z. B. das Wahlergebnis bei den Bundestagswahlen am 6.3.83, fast ganz genau ein halbes Jahrhundert nach den letzten noch halbfreien Wahlen vor der Diktatur. Die CSU, die heute, natürlich mit mancherlei Einschränkungen, die Stelle der damaligen BVP einnimmt, erzielte in der Stadt Regensburg mit 58.5 % "wie in den vergangen Jahren *wiederum das höchste Stimmenergebnis für die Union in einer deutschen Großstadt.*"(2) Konnte diese Haltung, die so auffallend vor und nach Hitler als eine Besonderheit der Stadt Regensburg sich in den Wahlen manifestiert, während der zwölf Jahre ganz untergegangen sein? Das ist schwer glaubhaft und es war auch sicher nicht der Fall(3).

2. Der Umschwung 1933

Etwa Zweidrittel der engagierten Katholiken - engagierte oder praktizierende waren wieder etwa zweidrittel aller Katholiken(4) - verhielten sich also bei allen Wahlen, auch noch bei der letzten am 5.3.33, ausgesprochen ablehnend gegenüber dem NS. Sie machten in Deutschland etwa 12 % der Wähler, in Bayern natürlich viel mehr, in Regensburg 40 % aus. Umso enttäuschter waren viele der Gläubigen, als die Amtskirche und ungefähr gleichzeitig die katholischen Parteien ziemlich plötzlich ihren offenen Widerstand aufgaben und die Bischöfe das Kirchenvolk zur Loyalität gegenüber dem neuen, dem NS-Staat, aufforderten. Beeindruckt von der versöhnlichen Regierungserklärung Hitlers am 23.3. gab der deutsche Episkopat nach der *Fuldaer Bischofskonferenz am 28.3.33* folgende Weisung an die Gläubigen heraus:

"Im gegenwärtigen Zeitpunkt bedarf es für den katholischen Christen keiner besonderen Mahnung zur *Treue gegenüber der rechtmäßigen Obrigkeit* und zur gewissenhaften Erfüllung der staatsbürgerlichen Pflichten unter *grundsätzlicher Ablehnung allen rechtswidrigen und umstürzlerischen*

---

1) Berechnet von J. Klasen, Geogr. Inst. Univ. Regsbg. aus den Zahlen in Tab. 2 von Striefler Heinr.: Deutsche Wahlen in Bildern u. Zahlen, eine soziolog. Studie über die Reichtstagswahlen der Weimarer Republik. Wende-Verlag W. Hagemann; Düsseldorf 1946
2) MZ 1983, vom 10.3
3) zum Thema auch herangezogen: BACHFISCHER
4) Diese Schätzung findet sich u. a. in KOLPINGWERK S. 28

Verhaltens... Ohne die in unseren Maßnahmen liegende Verurteilung bestimmter religiös-sittlicher Irrtümer aufzugeben, glaubt daher der Episkopat das Vertrauen hegen zu können, daß die vorbezeichneten allgemeinen Verbote und *Warnungen nicht mehr als notwendig* betrachtet zu werden brauchen."(1)

Die katholische Kirche lehnt demnach zwar die Gleichschaltung auf religiöskulturellem Gebiet, ebenso ausdrücklich aber auch *jeden Widerstand gegen den als rechtmäßig betrachteten NS-Staat ab*. Wie sehr eine solche für die Kirche in der vorliegenden Situation realpolitisch zweckmäßige, aber gleichzeitig auch dem NS förderliche Politik bei konsequenten Katholiken auf Unverständnis stieß, läßt ein Artikel ahnen, den schon lange vorher der Staatsarchivrat *Dr. Fritz Gerlich* in seinem *"Geradem Weg"* (1930 - Febr. 33) am 11.9.1932 zu damals (erfolglos) geführten Koalitionsverhandlungen zwischen dem Zentrum und der NS-Partei schrieb,

"zu der von uns für zerstörend erachteten neuen politischen Richtung der heutigen Führer des Zentrums und der BVP. (Diese Politik) vermögen wir weder der Logik, noch der politischen Erfahrung, *noch erst recht den katholischen Grundsätzen nach* zu verstehen ... Wir (F. Gerlich) sind ein Mann, der mit 48 Jahren im Katholizismus das Glück seines Lebens gefunden hat (G. konvertierte 1931 nach seinen Eindrücken bei der "Resl von Konnersreuth") und der freudig bekennt, daß er trotz der *Brüning* (Ztr.), *Schäffer* (BVP) und der sonstigen Führung der katholischen Parteien ... nie an seiner Überzeugung irre geworden ist ..., (daß aber) die heutige Politik ... der Führung der katholischen Parteien *mit wahrem katholischem Christentum auch nicht das geringste mehr zu tun hat*."

In der gleichen Nummer des Geraden Weg schreibt ein katholischer Kaplan:

"... können Hakenkreuz und Christenkreuz wirklich Frieden miteinander schließen? ... So spricht der Mann mit dem einfachen, gesunden Menschenverstand: Zuerst hat man uns gesagt, daß man nimmer beichten und kommunizieren darf, wenn man ein Nazi ist ... und jetzt sitzen der Hitler und der Brüning wie Brüder beieinander."

Solche konsequenten Katholiken mußten im Verlauf der nächsten Monate vom Ermächtigungsgesetz über den Hirtenbrief vom 28.3.33 bis zum Konkordat noch viel mehr Enttäuschung erleben. So war denn auch Gerlich fassungslos, als er vom Konkordat erfuhr, erzählte *von Aretin*(2). Freilich muß zu diesem Zitat aus dem Geraden Weg ergänzt werden, daß diese Wochenzeitung in ihrem kompromißlosen Kampf gegen den NS eine herausragende Einzelerscheinung innerhalb der katholischen Presse gewesen ist. Noch zur Zeit der BVP-Herrschaft wurde der Gerade Weg - am 4.8.32 - für vier Wochen verboten!

Nach der Machtübergabe an Hitler im Januar 1933 änderte sich - für manche zu abrupt - die Haltung der Kirche und der beiden katholischen Parteien. Seit der bereits erwähnten programmatischen Erklärung der deutschen Bischöfe zum Beginn des Dritten Reiches kam es in der Folgezeit zu Zustimmungserklärungen, Glückwünschen und Gebeten für den Führer von Seiten der Amtskirche. Am Anfang war das damit zu entschuldigen, daß man, wie viele im In- und Ausland, von Hitler über dessen wahre Absichten getäuscht worden war.

---

1) INFORMATIONEN 160 S. 10
2) von Aretin auf der Tagung der Kathol. Akad. München 12./13.3.83

Aber nach fünf Jahren seiner Machtausübung, zur Zeit des Einmarsches in Oesterreich, gab es diese Entschuldigung nicht mehr. Die energisch betriebene Wiederaufrüstung, die Ausschaltung aller Andersdenkender, die Ermordung zahlreicher Menschen bei der "Röhmaffäre" und die des österreichischen Bundeskanzlers Dollfuß, die KZ, die Judenverfolgung, die ständige Verletzung elementarer Menschenrechte, waren inzwischen öffentlich bekannt und sichtbar geworden. Allein vom 1.1.36 bis 1.4.37 waren 2877 Strafverfahren gegen einzelne katholische Geistliche in Deutschland eingeleitet worden(1). Aus dieser Situation ist die "feierliche Erklärung" aller österreichischen Bischöfe unter Führung von *Kardinal Innitzer* vom 18.3.1938 nur mehr schwer zu verstehen, in der "aus innerster Überzeugung und mit freiem Willen" die NS-Bewegung gelobt wird, u. a. weil durch sie "der alles zerstörende, gottlose Bolschewismus abgewehrt wurde" und in der "die Bischöfe dieses Wirken (des NS) ... mit ihren besten Segenswünschen begleiten und auch die Gläubigen in diesem Sinn ermahnen." In der gleichen Erklärung fordern die Bischöfe die Gläubigen auf, "am Tage der Volksabstimmung sich als Deutsche zum Deutschen Reich zu bekennen", was unabweisbar mit der Förderung des Triumphes von Hitler und seiner NS-Bewegung verbunden war.

In Deutschland 1933 und in Oesterreich 1938 bekundeten nach diesem Umschwung katholische Gläubige ihr Mißfallen mit der plötzlichen Wendung der Kirche und der katholischen Parteien. So schrieben z. B. 14 Freiburger Mitglieder der Zentrumspartei an den Parteivorsitzenden Prälat *Ludwig Kaas* am 20.2.1933:

"... Wir sind peinlich davon überrascht, daß (führende Männer des Ztr.) ... eine Haltung eingenommen haben, die sicher unter den selbständig denkenden katholischen Volkskreisen als schwächlicher Rückzug aufgefaßt wird...Man hätte den Mut haben müssen, in Berlin auch ein mehrtägiges Verbot der gesamten Zentrumspresse auf sich zu nehmen, da dadurch der latente Kulturkampf zum offenen Ausbruch gekommen wäre und der gesamte katholische Volksteil zu erhöhter Einigkeit und grundsatzfester Haltung aufgerüttelt worden wäre."(2)

Die katholische Schriftstellerin *Luise Rinser*, selbst Verfolgte des NS-Regimes, erhebt in ihrer Autobiographie mit dem Titel *"Den Wolf umarmen"* schwere Vorwürfe gegen das damalige Verhalten der Kirche. Sie wirft ihr die Geburtstagstelegramme an den Führer vor und "gar ein Glückwunschtelegramm zu Hitlers Einmarsch in den Sudetengau", wie es der Breslauer *Kardinal Bertram* im Auftrag der Deutschen Bischofskonferenz sandte.

Auch österreichische Katholiken berichteten z. B. in der Diskussion während der Tagung der Katholischen Akademie in München 1982/83 über die schwere Enttäuschung, die sie 1938 empfanden.

Aber selbst wenn die Kirche gewollt hätte, einen offenen Kampf hätte sie kaum verantworten können. Tausende treuer Katholiken, die sich dadurch zu Widerstand hätten hinreißen lassen, hätten daraufhin Freiheit und Leben verlieren können. Hitler hatte viele Geiseln in seiner Hand.

Es ist unmöglich, durch wenige Zitate ein umfassendes Bild etwa über den

---
1) Reichskirchenminister Kerrl in einem Schr. an den Vorsitzenden der Dtsch. Bischofskonferenz v. 7.4.37 GRIMM 83
2) BECKER 83

Willen zum Kampf und in welchen Bereichen, zu zeichnen. Von dem Regensburger *Bischof Dr. Michael Buchberger* liegt eine Äußerung - zur Frage eines offenen Kampfes - vor. Er zeigte sich darin besorgt um die Kirche und ihre Wirkungsmöglichkeit und befürchtete in einem Brief an Kardinal Bertram vom 23.6.1935, daß im Ernstfall die "kirchliche Treue weitester Kreise einer Prüfung kaum standhalten" könne(1).

Wie begründet andererseits eine Sorge der verantwortlichen Kirchenleitung um das Schicksal jener treuen Gläubigen - und deren Familien! - gewesen wäre, die im Falle offener Kampfstellung der Kirche Verfolgungen ausgesetzt worden wären, lehrten die dann folgenden Leiden vieler einzelner katholischer Laien und Priester, die sogar trotz des zum NS-Staat loyalen Verhaltens der Amtskirche, Stellung, Freiheit und Leben riskierten und verloren.

Über den Regensburger Bischof kann hier nur ganz summarisch berichtet werden, daß er innerhalb des deutschen Episkopates zu jener Majorität gehörte, die grundsätzlich mehr von Klugheit und Geduld ("prudentia et patientia" nach seinen Worten) gegenüber dem mächtigen NS-Staat hielt, als von offenem Kampf(2). An diese grundsätzliche Einstellung des Bischofs wird zu erinnern sein, wenn die tapfere, weitgehend allein gefällte Entscheidung des Dompredigers zur Sprache kommt.

Hitler hatte als Fernziel - nach dem gewonnenen Kampf - die Zerstörung des Christentums überhaupt im Auge. *Hermann Rauschning* berichtet in seinen "Gesprächen mit Hitler", die er allerdings erst 1939 aus Gedächtnisnotizen niederschrieb, die aber durchaus glaubhaft zur ansonsten bekannten Weltanschauung Hitlers passen, daß dieser sich am 6.5.33 in engstem Kreis so äußerte: Ich werde meinen Frieden mit der Kirche machen; aber das wird mich nicht abhalten, das Christentum in Deutschland mit Stumpf und Stiel, mit allen seinen Wurzeln und Fasern auszurotten. An die Stelle des "jüdischen Schwindels" werde er die Religion des "reinen Blutes unseres Volkes" setzen(3).

Joseph Goebbels notierte einmal(4):

"Wir (NS) müssen uns als die wahren Christen deklarieren. *(Positives)* "*Christentum*" heißt die Parole zur Vernichtung der Pfaffen, wie einstmals "Sozialismus" zur Vernichtung der Bonzen."

Der letztere Teil mit dem "Sozialismus" stimmt übrigens mit dem überein, was Goebbels schon im Februar 1931 während einer gemeinsamen Bahnfahrt zu dem damaligen NS, späteren Kommunisten *Richard Scheringer* gesagt hatte: "Mein lieber Scheringer, der Sozialismus ist in unserem Programm nur der Leim, um damit die Vögel zu fangen"(5)

Auf eine *psychologische Ursachenkomponente für den Haß auf die katholische Kirche* mögen zwei Fakten hinweisen: Den NS imponierte der hierarchische Aufbau - das Führerprinzip - der katholischen Kirche; Formation und Ausbil-

---

1) STAWIESKI 198
2) Teilweise auch aus BRAUN und WEINMANN
3) Nach Bedürftig Friedemann in einer Buchbesprechung in "Die Zeit" 1983, vom 8.4.
4) REPGEN; dort ohne Quellenangabe
5) "Scheringer"; Bericht vom 2. Hochverratsprozeß vor dem Reichsgericht Leipzig im April 1932. Verlag "Aufbruch", Berlin ca. 1932

dung der SS lehnten sich beispielsweise eng an jene des Jesuitenordens an, den die NS immer wieder in besonders gehässiger Weise angriffen (siehe z. B. hier die Prozesse gegen Krug und Dr. Maier!) Zweitens: Die meisten NS-Spitzenpolitiker waren Bayern oder Österreicher, oder begannen hier ihre Karriere. Dementsprechend war die Mehrheit davon im Elternhaus und in der Konfessionsschule katholisch erzogen worden. Das traf z. B. bei *Adolf Hitler* und *Heinrich Himmler* zu, aber auch bei *Julius Streicher, Adolf Eichmann* und *Rudolf Höß*. Der Rheinländer *Joseph Goebbels* war in seiner Jugend im katholischen Verband Neu-Deutschland aktiv gewesen(1). Es fiel auf, daß viele gerade der österreichischen NS von einem Antiklerikalismus her politisch motiviert waren. Manchmal mag eine unbewältigte Loslösung vom Kinderglauben mit Haß verbunden gewesen sein. Hitler selber stimmte mit Sicherheit nicht einmal mit den wesentlichsten Glaubenssätzen der katholischen Kirche überein, gehörte ihr aber bis zu seinem Ende als Mitglied an. Er dachte sich z. B. nichts dabei, ohne das Sakrament der Ehe mit *Eva Braun* zusammenzuleben - soweit er dafür Zeit hatte. Der österreichische linkskatholische Schriftsteller *Friedrich Heer* bezeichnete in seiner Biographie Hitlers diesen als einen "katholischen Atheisten"(2).

Gerade wegen dieser bekannten christentumsfeindlichen Einstellung des Führers Hitler und besonders seines für Kultur zuständigen Jüngers *Alfred Rosenberg* und damit der NS-Partei, die nun die Macht in Händen hatte, hielt die katholische Kirche die Vorteile eines *Konkordates* für wichtiger als die Nachteile. Am 22.7.1933 wurde es von *Franz von Papen* und dem Staatssekretär des Papstes Pius XI., *Eugenio Pacelli*, (ab 1939 als Pius XII. selber Papst) unterzeichnet. Vorteil war die staatsrechtliche Absicherung des kirchlich-religiösen Lebens und Wirkens, einschließlich dem der katholischen Verbände, Nachteil zunächst die Propagandawirkung für den neuen NS-Staat nach innen und außen und - für die ganze Dauer des Dritten Reiches - ein Rückzug der Kirche aus allen *politischen* Einwirkungsmöglichkeiten, Ausschaltung des Klerus aus der Politik (Artikel 32 des Konkordats: Geistliche und Ordensleute dürfen nicht mehr Mitglieder der politischen Parteien sein), Selbstauflösung der beiden katholischen Parteien(3) - was alles sich Hitler allerdings auch ohne die Zustimmung der Kirche erzwungen hätte. Die BVP löste sich am 4.7., das Zentrum am 5.7.33 selbst auf. Damit *verzichteten die Kirche und die katholischen Parteien von Anfang an auf jeden eventuellen Widerstand gegen die Politik* des NS, mit Ausnahme des kirchlichen und des religiös-weltanschaulichen Bereichs, der durch das Konkordat abgesichert erschien. Dieser Rückzug aus der "Politik" bewirkte naturgemäß eine Lähmung auch jeden Widerstandes aus der großen Masse der Gläubigen. Wir begegnen den Auswirkungen bis zum letzten Tag noch bei *Dr. Maier*, der sich durch seine Gehorsamspflicht gegenüber der von Gott eingesetzten Obrigkeit gebunden fühlte und auf keinen Fall Widerstand leisten, vielmehr nur bitten wollte.

Mit dem Konkordat verbunden war strenge Neutralität des Vatikans, also Nichteinmischung, innerhalb Deutschlands loyale Einstellung der Kirche zum neuen Staat(4). Gemäß dieser Haltung hielt die Kirche ihre Gläubigen an, sich

---

1) KOLPINGSWERK S. 27
2) Heer Friedrich: Gottes erste Liebe. 2000 Jahre Judentum und Christentum. Genesis des österreichischen Katholiken Adolf Hitler. München 1967; 390
3) INFORMATIONEN 1968 S. 9: "Die Katholiken, die um des Konkordates willen ihre politische Partei preisgegeben hatten" (Heute ist umstritten, ob das Ende von Ztr. u. BVP mit dem Konkordat direkt oder nur indirekt zu tun hatte).
4) Aretin in KATHOL. AKAD. S. 10

der nun legalen Obrigkeit, also dem Führer, "zu unterwerfen"(1), was für Hitler mit seinen Kriegsabsichten im Hinblick auf die Millionen Gläubigen unabdingbar erscheinen mußte.

Der *Regensburger Bischof* äußerte im Januar 1937 im Amtsblatt der Diözese - angesichts der damals längst offenkundig gewordenen NS-Angriffe gegen die Kirche - :

> "Wer seinem Gott und seiner Kirche treu bleibt trotz aller Anfeindungen, Nachteile und Opfer, auf dessen Treue kann sich auch das Vaterland verlassen. Und man wird diese im Feuer erprobte Treue *vielleicht noch recht notwendig brauchen.*"(2) Die Verantwortlichen des Dritten Reiches wurden damit gewarnt: Bei einer Fortsetzung des Kirchenkampfes würden sie Schwierigkeiten in einem vielleicht möglichen Krieg zu erwarten haben.

Für den Islam, der Religion unserer Nachbarn im Süden und Südosten Europas, besteht keine grundsätzliche Trennung zwischen Religion, Politik und Krieg. Dagegen können sich Christen bei einem Heraushalten aus der Politik auf Jesu' Worte berufen: Gebt dem Kaiser, was des Kaisers ist! Damals war das die Antwort auf eine Fangfrage gewesen, die sich auf die Zahlung von Steuern und damit auf den Gehorsam gegenüber der Besatzungsmacht bezog. Ob Jesus auch einen eventuellen Kriegsdienst für den heidnischen Kaiser bejaht hätte? Die Frage war nicht gestellt(3) und sähe unter heutigen Aspekten auch anders aus. Das Kriegführen war durch die Jahrhunderte besonders für den Untertan ebenso unbeeinflußbar wie Erdbeben oder Pest.

Otto Dibelius, der bekannte evangelische Kirchenführer, schrieb 1930 dazu(4):

> "... der *Krieg eine natürliche Lebensordnung* der Völker! Auch die Religion erhebt dagegen nicht Protest. Auch das Christentum nicht."

Auch *Faulhaber* fand im Evangelium keinen Erweis "eines unbedingten Unrechtes des Krieges"(5).

Die katholische Kirche hat das Problem, ob ein Christ dem heidnischen und christfeindlichen Kaiser Hitler auch in dessen Kriegen bis zum Tode dienen müsse, nicht nur neutral mit "Gebt dem Kaiser ..." abgetan, also die im Konkordat dem NS zugestandene Nichteinmischung in "Parteipolitik" eingehalten, sondern darüber hinaus auch zur opferwilligen Pflichterfüllung ermahnt. Kurz nach Kriegsbeginn drückten die deutschen Bischöfe in einem gemeinsamen Hirtenbrief ihre Absicht aus,

> "in dieser entscheidungsvollen Stunde ... unsere katholischen Soldaten zu ermuntern und zu ermahnen, im Gehorsam gegen den Führer, opferwillig, unter Hingabe ihrer ganzen Persönlichkeit ihre Pflicht zu tun."(6)

---

1) Hirtenbrief der deutschen Bischöfe v. 11.6.33; STAWIESKI 239-248
2) Im RPB für Jan. 37 wurde das Amtsbl. zitiert, also für wichtig gehalten. Hervorhebg. im Zitat stammt immer vom Verfasser! RPB-Text aus ZIEGLER (in den folgenden Fußnoten abgekürzt Z.) 115
3) schon weil der römische Staat die Juden vom Militärdienst befreit hatte (diesen war er durch ihr jüdisches Gesetz verboten). Grundmann Walter: Jesus von Nazareth. Göttingen 1975; S. 27
4) Dibelius Otto: Frieden auf Erden? ... Berlin 1930, S. 57; hier aus DEIST 59
5) APOLD 89
6) APOLD 115; ZAHN 97; LEWY 249

Zwar besteht nach einem Kriegsausbruch für niemand mehr innerhalb eines kriegführenden Landes die Möglichkeit zu Neutralität - ob aber eine so eindringliche Ermunterung nötig war?

Gemäß Art. 27 des Reichskonkordats war 1938 ein Feldbischof bestellt worden, dem alle - über 500(1) - katholischen Militärgeistlichen unterstanden. Diesem Amt oblag die geistliche Betreuung der deutschen katholischen Soldaten. Im Einvernehmen mit der deutschen Regierung ernannte der Vatikan den bereits seit 1929 für die Wehrmachtsseelsorge beauftragten *Franz Justus Rarkowski* zum Feldbischof. Am 20.2.1938 fand in Berlin die feierliche Bischofsinvestitur statt, wobei der päpstliche Nuntius *Cesare Orsenigo* den Gottesdienst zelebrierte und die Bischöfe *von Galen* und *von Preysing* (Berlin) assistierten(2).

So wie Rarkowski hat kein anderer deutscher Bischof versucht, den Krieg mit der christlichen Lehre zu begründen. In seinen Hirtenbriefen an die Wehrmachtsgeistlichen und die katholischen Soldaten schrieb er vom "Kampf um die gottgewollten Lebensrechte unseres deutschen Volkes", kurz, er führte die deutsche Sache auf Gottes Willen zurück.

Einmal, am 6.10.40, äußerte sich dazu der den Jesuiten anvertraute Vatikansender. Aus dem Sendetext, wie ihn der "Vatikanspiegel" wiedergab, der die vom RSHA abgehörten Sendungen des Vatikansenders für einen begrenzten Personenkreis als "Geheim" veröffentlichte(3):

"... Der (katholische Armee-)Bischof beschränkt sich nämlich keineswegs auf die Ermahnung an unsere Soldaten, ... tapfer ihren Mann zu stehen, sondern hält sich auch für berufen und berechtigt, die Frage der Schuld an diesem Krieg in seinem Hirtenschreiben zu entscheiden ... weiteste Kreise des katholischen Volkes teilen ... durchaus nicht die ... Ansicht des Armeebischofs, sondern sind ... der Überzeugung, daß *dieser Hitlerkrieg* durchaus *kein gerechter Krieg* ist, ... Ja, es gibt sehr viele Katholiken ..., die in Hitler und dem NS Deutschlands wahre Feinde erblicken..."

Schließlich soll es in der Vatikansendung geheißen haben: "Es sieht also fast so aus, als ob der Armeebischof sich manchmal den Nazis (!) leichter gleichschaltet, als seiner Kirche."

Der deutsche Botschafter beim Vatikan protestierte gegen diese Sendung, worauf ihm geantwortet wurde, sie habe nicht stattgefunden und der Text existiere nicht.

Sofern die Himmlerleute den Sendetext nicht übertrieben NS-feindlich wiedergaben, hätte der Ausdruck Nazi eine eindeutig gehässige Haltung bedeutet, nicht im Einklang mit der streng eingehaltenen Neutralität des Papstes. Noch bedenklicher wäre gewesen, daß weiteste Kreise des katholischen Volkes der Überzeugung seien, "daß dieser Hitlerkrieg durchaus kein gerechter Krieg ist." Denn diese Überzeugung hätte nach katholischer Lehre über gerechte und ungerechte Kriege bedeutet, daß der deutsche Episkopat mit seinen Pflichtappellen Unrecht gehabt hätte.

---

1) KRINGELS-KEMEN 92
2) GATZ 594
3) ALBRECHT 1969 102

Rarkowski fuhr daraufhin im gleichen Ton seiner Hirtenbriefe fort. Er erklärte den *Krieg gegen Rußland als einen europäischen Kreuzzug* und verglich die katholischen Soldaten mit den Ordensrittern(1).

Ein von Rarkowski verfaßtes Gebet im katholischen Militärgebetbuch mußte jeder Militärgeistliche im Anschluß an seine Predigt sprechen:

"... Laß uns alle unter seiner (des Führers und Obersten Befehlshabers) Führung in der Hingabe an Volk und Vaterland eine heilige Aufgabe sehen, damit wir durch Glauben, Gehorsam und Treue die ewige Heimat erlangen im Reich Deines Lichtes und Deines Friedens."(2)

In seinem Weihnachts-Hirtenbrief 1942 faßte er zusammen: "... Das höchste und edelste, was es geben kann: Heimat, Freiheit, Vaterland und *Lebensraum* für unser Volk!"

Rarkowski ist der umstrittendste aller katholischen Bischöfe im Dritten Reich. Er nahm im deutschen Episkopat eine Sonderstellung schon insofern ein, als er nicht bei der Fuldaer Bischofskonferenz zugelassen war. Aber auf die Soldaten wirkte er als die für sie zuständige kirchliche Autorität. Sofern ein katholischer Soldat an eine offene oder versteckte Befehlsverweigerung dachte, befand er sich außerhalb der kirchlichen Lehre.

Freilich werden viele Soldaten die Äußerungen ihres Bischofs nie zu Gesicht bekommen haben. Ich kann mich z. B. nicht erinnern, während allerdings nur drei Jahren Soldatenzeit bei der Luftwaffe mit der Militärseelsorge in Berührung gekommen zu sein.

Übrigens steht im deutschen Episkopat dem Militärbischof der Berliner Bischof *von Preysing* gegenüber, der als ausgesprochener NS-Gegner z. B. nach der mehrmaligen Geburtstagsgratulation für den Führer durch *Kardinal Bertram* - im Namen aller Bischöfe! - 1940 sogar den Rücktritt von seinem Amt erwog und dies dem Papst mitteilte. Dieser bat ihn dann in einem Brief vom 12.6.40, dies doch nicht zu tun(3).

Kriege waren für die großen christlichen Kirchen in Deutschland, Frankreich, Rußland - anders als etwa für die Zeugen Jehovas - , aber ebenso wie für die meisten Menschen, ein Elend, das wie ein nationales Schicksal hereinbricht, auferlegt von Gott, dem "Lenker aller Schlachten", uns prüfend oder strafend, und dessen Gewalt man nur betend und gottvertrauend gegenüberstand. Die orthodoxen Priester segneten die Waffen im Vaterländischen Krieg, ebenso wie die christlichen Amtsbrüder auf der anderen Seite für den Kampf und Sieg ihrer Soldaten beteten. Dabei standen die Kirchen in Rußland und Deutschland - anders als im Ersten Krieg - den offiziellen Weltanschauungen ihrer Staatslenker ablehnend gegenüber! Die Kirchen ließen für den Frieden beten, unternahmen auch Vermittlungsversuche; durch die Seelsorge für die Soldaten erhielten sie deren Kampfgeist.

Das geistige Klima war allgemein - nicht nur im Krieg - anders als heute. Vor 2100 Jahren meinte der 85-jährige Cato in einem Prozeß gegen ihn: "Es ist schwer, wenn man in einer Zeit gelebt hat, sich in einer anderen zu verteidi-

---

1) ZAHN 213
2) Kathol. Militär-Gebet- u. Gesangbuch, S. 100. Zit. n. APOLD 115
3) SCHNEIDER 74

gen." Aber doch ist einiges bis heute verblieben, so die Verachtung und Verdächtigung der Pazifisten. Sie galten und gelten als weltfremde Träumer, wenn nicht gar als Verräter. Ebenso, wie Menschen früherer Zeiten gegolten hätten, wenn sie Stadtmauern für überflüssig und deren Abbruch prophezeit und befürwortet hätten. Weil aber jahrtausendelange Denkweisen sich nur langsam ändern, können wir doch auch heute noch die damalige Einstellung der meisten im Volk und auch die der Kirchen nachvollziehen, die sich kaum gegen die Kriegspolitik Hitlers engagiert und während des Kriegsverlaufs dann schon gar nicht an einen Widerstand gedacht hatten.

Heute - seit dem Zweiten Vatikanischen Konzil - fordert die Kirche eine absolute Achtung des Krieges, erwähnt nicht mehr "gerechte" und "ungerechte" Kriege, und verlangt eine weltweite Aktion zur Kriegsverhinderung.

Ein selbsterlebtes Beispiel aus dem Kriegswinter 1944/45 mag eine Vorstellung davon geben, wie unkritisch damals an Schicksal oder Vorsehung, wie wenig an eine eigene Einwirkungsmöglichkeit gedacht wurde, wenn es um Krieg oder Kriegshandlungen ging. Ein Major der Fallschirmarmee, noch Offizier aus dem Ersten Krieg, nahm mich als Obergefreiten zu einer Erkundung einer neuen Stellung mit. An einem Waldrand hatten wir kaum den Kübelwagen auf wenige Meter verlassen, als bei einem Feuerüberfall der feindlichen Ari in nächster Nähe Granaten einschlugen. Ich warf mich deckungsuchend zu Boden, der Major blieb stehen. Danach belehrte er mich väterlich: "Ob Sie sich hinlegen oder nicht - unser Leben ist nicht in unserer, sondern in Gottes Hand." Neben uns im Wagen hatten Granatteile die Karosserie durchschlagen und es hätte uns erwischt, wären wir nicht kurz vorher weggegangen. In seinem Nachtlager im Erdbunker des Reichswaldes hatte der Major stets ein Gebetbuch neben seiner Schlafstätte liegen. Es ist sicher, daß er den ganzen Krieg als Fügung Gottes und nicht Hitlers betrachtete und es für unsere christliche und vaterländische Pflicht hielt, zu gehorchen, ganz gleich, auf welcher Seite wir standen.

Hitler hätte sich schwer getan, seinen Krieg vorzubereiten, wenn es zu einem offenen Kampf mit den christlichen Kirchen gekommen wäre. Er hatte begründete Angst davor. Ebenso hatte aber auch die Kirche Angst. Auch sie war bestrebt, wie das z. B. im Briefwechsel zwischen dem Regensburger Bischof *Buchberger* und Kardinal *Faulhaber* zum Ausdruck kommt, die sich immer mehr häufenden Auseinandersetzungen mit dem NS-Staat nicht zu einem offenen Kampf ausarten zu lassen. Außerdem erleichterte die klare Haltung Hitlers gegen den Bolschewismus die Nichteinmischung, etwa bei Kardinalstaatssekretär *Pacelli*(1). Auf der anderen Seite erlag dieser später als Papst *Pius XII.* keinen Augenblick der Versuchung - im Gegensatz zu Rarkowski - , den Überfall Hitlers auf die Sowjetunion als Kreuzzug abzusegnen.

Aber nicht nur mit dem Anti-Kommunismus, auch mit der *Lebensraum-Ideologie* des NS als Rechtfertigung für den Krieg, gingen viele Katholiken einig; möglicherweise beeinflußt durch das populäre Buch Grimms vom "Volk ohne Raum", oder von der zunächst gar nicht NS-freundlichen, aber rechts stehenden "vaterländischen" Presse der Weimarer Zeit, oder dann von der Propaganda des totalitären Staates. So schrieb das *Passauer Bistumsblatt* unter der

---

1) Aretin in KATHOL. AKAD. S. 10, Fußn. 3 und mündl. Ausführungen von Aretins auf der Tagg. der Kath. Ak. 1983. Gegen diese Darst. steht: Leiber Robert S. J.: Pius XII. In GRIMM, besonders S. 61

Verantwortung des Geistlichen *Dr. Emil Janik* im dritten Kriegsjahr(1):

"... Weil unserem deutschen Volk sein wohlbegründeter Anspruch auf ausreichenden *Lebensraum* (in den Kolonien) *unerfüllt blieb, darum steht es heute im Krieg* ... Unser deutsches Volk *kämpft heute um sein Wachstum und seinen Lebensraum* ... Dieser Kampf um ein *gottgewolltes Recht* gibt jedem Deutschen an der Front und in der Heimat den Ansporn, ... durchzustehen, bis dem Recht auf der Welt der Sieg beschieden wird."

Manchmal *mußten* die Bistumsblätter ähnliche Artikel drucken, wenn sie nicht ihr endgültiges Verbot riskieren wollten. Wahrscheinlich gehören die folgenden im *Regensburger Bistumsblatt* dazu(2):

Ein *Edmund Kroneberger* schrieb dort am 5.11.39 eine Rechtfertigung des Krieges:

"Das deutsche Volk ist in einen ... entscheidungsvollen Kampf getreten. Es ist ein Kampf um Lebensrecht und *Lebensraum*, um Freiheit und *Ehre* unseres Volkes (Hervorhebungen immer vom Verf.), um eine Neugründung der Ordnung im alten Europa".

Am 5.5.40 erschien ebenfalls im Regensburger Bistumsblatt ein Artikel mit der Überschrift "Das Vaterland muß uns über Vater und Mutter stehen". Der Text enthält dann ein Zitat aus der katholischen Zeitschrift "Schönere Zukunft" Nr. 25/26:

"Die Feindmächte können mit der Behauptung, sie führen den Krieg zur Sicherung der von Deutschland bedrohten christlichen Kultur so lange keinen Eindruck machen, als sie selbst gerade *in der Lebensraumfrage der Völker* christliches Verhalten verweigern (gemeint war, daß die Feindmächte uns Kolonien verweigern) ... Augustinus erklärte: ... An erster Stelle mögen für dich Vater und Mutter stehen, aber über ihnen hat noch das Vaterland zu stehen."

Die Verfasser und der Bischof als verantwortlicher Herausgeber waren sich wahrscheinlich gar nicht bewußt geworden, daß die angegebenen Kriegsziele - Lebensraum, Ehre (im Sinn von Stolz und Kraft), Neuordnung Europas - im Gegensatz zur offiziellen Version von dem uns aufgezwungenen Verteidigungskrieg ("ab heute morgen wird zurückgeschossen") standen und den 1939 eröffneten Krieg als einen Angriffskrieg (mit "berechtigten" *Zielen*) bloßlegten! Ein Angriffskrieg war aber viel schwerer als ein "gerechter Krieg" im Sinn der christlichen Morallehre zu rechtfertigen(3).

Am 1.9.40 schrieb ein *F. A. Walter-Kottenkamp* im Regensburger Bistumsblatt:

"... Gott war mit uns (gegen Polen und Frankreich): Das ist die gläubige Zuversicht, die an diesem Jahrestag des Kriegsbeginns alle deutschen Herzen erfüllt und jeden gottzugewandten Christen auf die Knie zwingt.

---
1) 1941, Nr. 4; Janik bis 1938 Chefred., dann weiter maßgebl. Mitarbeiter beim Pass. Bistumsbl. ROSM.-WENN. 103
2) Über Regensb. Bistumsbl. siehe CHROBAK 1981 428
3) Schon im Hirtenbrief aller deutschen Bischöfe v. 8.6.33 erscheint der Lebensraum: "... verlangen nur Gerechtigkeit und Lebensraum im Interesse des allgemeinen Friedens..." (Müller Hans: Kathol. Kirche und NS. Dokumente 1930-35. München 1963. S. 152 f.

Es sind Gottes ewige Gedanken und Pläne, die in diesem ersten Kriegsjahr verwirklicht worden sind und uns Deutschen ist es beschieden gewesen, ihnen dienstbar zu sein."

Auch weitere solche anfeuernden Kriegsartikel sind vermutlich von der NS-Reichspressekammer über die zwei Verfasser Kroneberger und Walter-Kottenkamp ins Bistumsblatt lanziert worden. Dafür spricht die Tatsache, daß die beiden Verfasser im Schematismus der Jahre 1940 und 41 nicht als Geistliche der Diözese Regensburg verzeichnet sind und die weitere, daß beide ausschließlich solche und nie rein religiöse Themen behandelten. Wahrscheinlich darf man allerdings auch annehmen, daß z. B. der *Regensburger Bischof* als Verantwortlicher für das Bistumsblatt (seit 1935) keine Bedenken gegen Aufforderungen zu Tapferkeit und Siegeszuversicht hatte, da es ihm mit der Überzeugung ernst gewesen sein wird, daß auch der Krieg - ebenso wie das historische Ereignis des NS - ein von Gott den Christen zugemutetes Opfer sei und daß, als nun schon Krieg war, keiner mehr ausweichen durfte, sondern jeder in treuer Kameradschaft und Pflichterfüllung sein Bestes geben mußte, so wie er das als Feldgeistlicher vom Ersten Krieg her gekannt und eindringlich erlebt hatte.

In einem Hirtenwort sagte *Buchberger*(1):

"... Der Krieg ist eine Prüfung und Heimsuchung, aber auch eine eindringliche und ernste Mahnung Gottes. Im Krieg mahnt Gott die Völker zur Gewissenserforschung, zur Glaubensvertiefung und sittlichen Erneuerung."

Zum 1.6.41 mußten alle Bistumsblätter "wegen kriegsbedingter Papierknappheit" ihr Erscheinen einstellen. Sie waren trotz mancher Loyalitätsbeiträge den NS schon lange ein Dorn im Auge, weil sie sehr wohl in religiös-weltanschaulichen Fragen ihre Gegnerschaft zur NS-Ideologie und zu den entsprechenden Maßnahmen des NS-Staates zum Ausdruck brachten und dadurch den Gläubigen im Widerstand oder in der *"Resistenz" gegen die totale Vereinnahmung* den Rücken stärkten. NS-gegnerisch eingestellte Leser hatten hinter den "NS-Artikeln" ohnehin gewußt, oder geglaubt, daß es sich nicht um freie Äußerungen der Kirche gehandelt hatte. Andererseits erhielten sie auf keinen Fall einen Beistand in ihrer etwaigen kriegsgegnerischen Meinung, wie sie z. B. der Vatikansender vielen deutschen Katholiken attestierte (s. o.).

3. Der NS blieb auch ab 1933 christentums- und kirchenfeindlich

Trotzdem sich die Kirche gegenüber dem NS-Staat loyal verhielt, führte dieser von Anfang an einen *"Kirchenkampf"* gegen die Kirche. Diese ihrerseits griff grundsätzlich nicht an, sondern beschränkte sich auf die Verteidigung ihrer Rechte aus dem Konkordat. Um dies immer guten Gewissens tun zu können, war sie streng darauf bedacht, selber das Konkordat einzuhalten und dem Vertragspartner Staat keine Gelegenheit zu bieten, ihr Einmischung in die Politik vorwerfen zu können.

Aus diesem Grund schwieg die Kirche in der Öffentlichkeit - mit wenigen Ausnahmen - zu Verletzungen des Sittengesetzes durch den NS-Staat, z. B. zu den Freiheitsberaubungen vieler tausend unschuldiger Menschen und deren Verbringung in die KZ, zu Verboten anderer Religionsgemeinschaften und

---

1) Regensb. Bistumsbl. 1940, Nr. 5, vom 10.11.

Verfolgung von deren Mitgliedern, wie der Freireligiösen Gemeinden, die bald nach Hitlers Machtantritt verboten wurden (so z. B. die Freireligiöse Gemeinde Hannover mit 8000 Mitgliedern(1), oder der Zeugen Jehovas (gleich Ernste Bibelforscher). Da die letzteren Kriegsdienst und Eid verweigern, kam es bei ihnen zu vielen Märtyrern in den KZ und zu Hinrichtungen. Viele Bibelforscher wurden gleich im April 1933 in die KZ verbracht, allgemein in Bayern ab Juni 1935(2). In Regensburg kam es 1936 zu Maßnahmen gegen die Bibelforscher(3).

Die Kirche schwieg auch zu den Judenverfolgungen. Den Judenboykott gleich am 1.4.1933 begleitete das Regensburger Bistumsblatt sogar mit positiven Kommentaren, die ganz der NS-Presse entnommen erscheinen. Nicht einmal zur Verbrennung der jüdischen Gotteshäuser, überhaupt zur "Reichskristallnacht" findet sich eine Äußerung.

Sie schwieg auch oder mußte schweigen zu den über 80 Morden, die der Reichskanzler vom 30.6. bis 2.7.1934 an ihm unerwünschten Personen, darunter auch an Konservativen und an Persönlichkeiten des politischen Katholizismus, ausführen ließ, z. B. an dem ehemaligen bayerischen Ministerpräsidenten *Gustav von Kahr*, an dem Vorsitzenden der Katholischen Aktion im Bistum Berlin, *Erich Klausener*, an dem "Reichsführer" der katholischen Sportorganisation Deutsche Jugendkraft, *Adalbert Probst* (die DJK war auch in Regensburg tätig), an zwei Mitarbeitern des Vizekanzlers *von Papen*(4), an dem bereits erwähnten katholischen Journalisten *Dr. Fritz Gerlich* usw.

In Regensburg verlautete von Seiten der Kirche auch nichts zur Ermordung von 600 Kranken aus dem hiesigen Nervenkrankenhaus; ganz zu schweigen davon, daß die Kirche zur Vorbereitung und Durchführung des Krieges glaubte sich neutral, d. h. schweigsam verhalten zu müssen, ja die Beteiligung während des Krieges zur christlichen Pflicht erklärte. Es gibt sogar zwei Fälle, in denen konsequenterweise Geistliche katholischen Kriegsdienstverweigerern vor deren Hinrichtung zunächst die Sakramente vorenthalten wollten, weil sie sich gegen die Gehorsamspflicht gegenüber der Obrigkeit vergangen hätten(5). Wie weit die Loyalität der Kirchenleitung gegenüber dem NS-Staat und dessen Politik doch auch von der großen Masse des Kirchenvolkes hinsichtlich der Beteiligung am Krieg mitgemacht wurde, zeigt die Tatsache, daß unter den Millionen deutscher katholischer Soldaten nur fünf Märtyrer waren, die sich lieber hinrichten ließen, als dem Krieg in der kämpfenden Truppe zu dienen. Mehr öffentlich bekanntgewordene Fälle konnten die Historiker nicht finden. Daß diese geringe Zahl nicht etwa selbstverständlich ist, zeigen die um ein Vielfaches mehr Friedensmärtyrer bei der kleinen Gruppe der Bibelforscher.

In einigen Ausnahmefällen kam es allerdings doch zu öffentlichen Stellungnahmen der Kirchen zu Verletzungen des Sittengesetzes, also zur "Einmischung": Ein Hirtenbrief vom 1.2.1934 wandte sich gegen das am 14.7.33 erlassene Sterilisationsgesetz, ein anderer befaßte sich mit den Menschenrechten und im "Dekalog-Hirtenbrief" von 1943 wurde die Regierung vor allem auf das fünfte Gebot hingewiesen: "Auch die Obrigkeit darf nur todeswürdige Verbrechen mit dem Tode bestrafen." Das war der äußerste Grad an Deutlichkeit, mit dem z. B. gegen Mord durch den NS-Staat öffentlich protestiert wurde. Auf die

---

1) Hannov. Allg. Ztg. 1983, vom 1.3.
2) RPB über Febr. 1936; Z. 77. Siehe auch bei KAMMERBAUER
3) ZIEGLER Bd. IV, 77 f.
4) KRITZER 99
5) ZAHN 31; KRINGELS-KEMEN 96

mutige Predigt des Bischofs von Münster kommen wir später zu sprechen. Auch der Berliner Domprobst *Bernhard Lichtenberg* war eine Ausnahme, der am Abend des 9.11.38 seine Gemeinde in der Hedwigskirche zum Gebet für die Verfolgten nichtarischen Christen und für die Juden aufrief und der hinzufügte: "... Draußen brennt der Tempel - das ist auch ein Gotteshaus!"(1) In den Akten Kardinal *Faulhaber*s fand sich der *Entwurf* eines gemeinsamen Hirtenbriefes der Bischöfe Deutschlands(2), dessen Verlesung von allen Kanzeln - vorgesehen für 7.12.1941 - dann aber durch die Paderborner Konferenz abgesetzt wurde. Darin wäre nach bitteren Klagen und Protesten zum Kirchenkampf der Reichsregierung - dem umfangreicheren Teil dieses Hirtenwortes - auch deutlich und klar auf die Verletzungen des "naturgesetzlichen Rechts auf persönliche Freiheit ... und auf Leben" hingewiesen worden:

"Tausende von Männern und Frauen schmachten in den Sammellagern der Geheimen Staatspolizei, ohne jemals vor einem unabhängigen Richter einer Schuld überführt zu sein ... Ebenso ... kann jeder ohne Schuld und ohne Richter Gesundheit und Leben verlieren ... Niemand hindert die Geheime Staatspolizei, nach Belieben über Tod und Leben zu verfügen ... Tausende von Geisteskranken wurden im Zuge sogenannter planwirtschaftlicher Maßnahmen des Staates getötet. Tötung von Geisteskranken, gleichviel aus welchem Grund, ist und bleibt Mord..."

Der Regensburger Bischof *Buchberger* plädierte dazu in einem Brief an Faulhaber vom 26.11.41 für ein Verschieben oder Absetzen dieses Hirtenschreibens(3):

"... Was mich beunruhigt, ist der Zeitpunkt, an welchem das Hirtenwort verlesen werden soll. Das deutsche Volk sieht in Bangen dem derzeitigen furchtbaren Ringen im Osten und in Afrika zu. Es hat das Bewußtsein: Hier wird um eine Entscheidung gerungen, die für das deutsche Volk Sein oder Nichtsein bedeutet. In diesem Augenblick ist ... die Verlesung ... von unberechenbarer Bedeutung auch für den Fortgang und Ausgang des Krieges ... Darum sage ich nochmals: Wenn schon überhaupt, dann doch nicht jetzt..."

Schon über vier Jahre früher hatte eine klare und deutliche Verlautbarung des Papstes großes Aufsehen erregt. Die *Enzyklika "Mit brennender Sorge"* vom März 1937 war *an alle Bischöfe in der Welt* (!) gerichtet. Sie befaßte sich mit der "Lage der katholischen Kirche im Deutschen Reich." Einige Stichworte daraus im Telegrammstil(4):

"Mit brennender Sorge und steigendem Befremden beobachten Wir ... den Leidensweg der Kirche, die wachsende Bedrängnis der ... ihr treu bleibenden Bekenner ... Der gesamten christlichen Welt die Wirklichkeit in ihrer ganzen Schwere vor Augen zu stellen ... Trotz mancher schwerer Bedenken haben Wir Uns damals den Entschluß abgerungen, Unsere Zustimmung (zum Konkordat) nicht zu versagen. Wir wollten Unseren treuen Söhnen und Töchtern in Deutschland ... die Spannungen und Leiden ersparen, die andernfalls unter den damaligen Verhältnissen mit Gewißheit zu erwarten gewesen wären. ... Niemand wird heute sagen können, die

---

1) KRINGELS-KEMEN 70
2) VOLK 834
3) VOLK 854
4) Auszüge n. d. Text in ALBRECHT 1965 Bd. I, 404 - 443

Schuld dafür (daß das Konkordat nicht die erwarteten Früchte getragen hat), liege auf Seiten der Kirche... Der Anschauungsunterricht der vergangenen Jahre ... enthüllt die Machenschaften, die *von Anfang an kein anderes Ziel kannten, als den Vernichtungskampf.* ... am Horizont Deutschlands die Wetterwolke zersetzender Religionskämpfe sichtbar ist... Die *Kirche war treu dem Konkordat* ... Dagegen die andere Seite ... Vertrauensverletzung... In dieser Stunde .. wo der Mangel an wahrheitsgetreuer Unterrichtung und normaler Verteidigungsmöglichkeit schwer auf ihnen (den deutschen Katholiken) lastet..."

Es folgen Ausführungen gegen die "Gottgläubigen", gegen das Neuheidentum...

"Wer die Rasse, oder das Volk, oder den Staat ... zur höchsten Norm aller ... Werte macht und sie mit Götzendienst vergöttert... der Irrlehre von einem nationalen Gott ... dem sogenannten Mythos von Blut und Rasse... Wer irgendeinen Sterblichen, und *wäre er der größte aller Zeiten*, neben Christus zu stellen wagt (hier wird deutlich der NS-Führerkult angesprochen) ... ist ein Wahnprophet. Die von dem Erlöser gestiftete Kirche ist es *für alle Völker und Nationen* (richtet sich gegen den NS-Hypernationalismus und wohl auch gegen den Antisemitismus). Mit verhüllten und sichtbaren Zwangsmaßnahmen, Einschüchterungen, ... wird die Glaubenstreue der Katholiken und insbesondere gewisser Klassen katholischer Beamter unter einen Druck gesetzt ... Menschliche Gesetze, die mit dem Naturrecht in unlösbarem Widerspruch stehen, ... Die These "Recht ist, was dem Volke nützt" ... würde den ewigen Kriegszustand zwischen den verschiedenen Nationen bedeuten ..."

Mit den letzten Worten wird auf die Kriegsgefahr hingewiesen, wie sie aus dem amoralischen Nationalismus des NS folgt.

"Jedes Wort dieses Sendschreibens haben Wir abgewogen ... weder wollten Wir *durch unzeitgemäßes Schweigen mitschuldig* werden an der mangelnden Aufklärung, noch durch unnötige Strenge an der Herzensverhärtung irgendeines von denen, die unserer Hirtenverantwortung unterstehen ... Dann wird der Tag kommen, wo an Stelle verfrühter Siegeslieder der Christusfeinde, aus den Herzen und von den Lippen der Christustreuen das TeDeum der Befreiung zum Himmel steigen darf ..."

(Daraus werden manche Katholiken ihre Hoffnung auf die Niederlage des NS-Regimes bestärkt gesehen haben)

"... Erteilen Wir... *als Stärkung im Kampf* (Kirchenkampf!), *als Trost im Leid* ... nicht zuletzt den Kranken und *Gefangenen* (mit diesen Gefangenen zwei Jahre vor Kriegsbeginn waren wohl in erster Linie die politischen Häftlinge des NS-Terrors gemeint) ... den apostolischen Segen ..."

Das neue, bisher "unerhörte Faktum war, daß der Papst vor der Weltöffentlichkeit ausrief: Die Kirche in Deutschland kämpft um Leben und Tod; deutsche Katholiken, die ihr verfolgt werdet, laßt euch nicht irremachen, ich stehe hinter euch."(1)

Das Rundschreiben "Mit brennender Sorge" wurde am 21.3.1937 als Hirten-

---
1) ISERLOH S. 3

brief *in den 11 500 Pfarrkirchen verlesen und in hoher Auflage gedruckt verteilt.* Der NS-Staat griff daraufhin zu Vergeltungsmaßnahmen, u. a. durch Wiederaufnahme der "Sittlichkeitsprozesse" gegen katholische Ordensleute und Priester. Er versuchte, einen Keil zwischen das Kirchenvolk und seine kirchliche Führung zu treiben, was aber im ganzen ohne Erfolg blieb. Gegen diese Rache hatten auch nicht die gleichzeitig erlassene Enzyklika "Über den atheistischen Kommunismus" genützt, in welcher der Papst zur Bekämpfung des Kommunismus aufforderte, wobei der christliche Staat die geistige Aufgabe der Kirche mit den ihm eigenen Mitteln unterstützen soll.

Am bekanntesten und wirksamsten wurde ein Protest des Bischofs von Münster, *Clemens August Graf von Galen*, den dieser am 3.8.1941 von der Kanzel der Lambertikirche in Münster aus gegen die Ermordung Kranker richtete. Er erreichte damit einen Führerbefehl vom 24.8.41, nach dem diese Massentötungen in ganz Deutschland eingestellt werden mußten. Diese positive Folge eines Protestes war aber eine Ausnahme. Ansonsten machten Papst und Bischöfe gegenteilige Erfahrungen: Hitler reagierte mit Gegenmaßnahmen, öffentliche Proteste schadeten mehr als sie nützten. Dies war ein wichtiger Grund dafür, daß der Papst sich auf humanitäre Hilfsmaßnahmen für Verfolgte beschränkte und sich ansonsten zum Schweigen zwingen mußte, wo er lieber protestieren wollte. Auch war die Kirche voll damit beschäftigt, gegen die andauernden Verstöße gegen das Konkordat ihre Stimme zu erheben und damit die eigenen seelsorglichen Belange und den letzten Freiraum zu verteidigen und diesen nicht auch noch durch (vergebliche) Einmischung in die Politik des NS-Staates zu gefährden.

La Juna Batalanto,

ein katholisches Anti-NS-Organ, kam noch mindestens ein Jahr lang aus der Emigration ins Reich.

Anders als für die aktiven Anhänger von KPD und SPD gab es für eventuelle Widerständler von katholischer Seite keine organisierte Emigration mit einer Exilleitung, die zu *aktivem* Widerstand oder überhaupt zu *politischer* Opposition aufgefordert hätte. Sehr wohl aber gab es auch katholische Emigranten und in bescheidenem Maß auch eine aus dem Ausland importierte NS-gegnerische Presse. Einige katholische Politiker und Journalisten entzogen sich ihrer Verfolgung durch Flucht ins Ausland, so z. B. Pater *Ingbert Naab*, Eichstätt, zweiter Schriftleiter des Geraden Weg, dem es gelang, in die Schweiz zu entkommen. Und immerhin gelangten u. a. noch katholische Zeitschriften aus Oesterreich in das Reich, oder mindestens ein Jahr lang wurde die Esperanto-Zeitschrift *"La Juna Batalanto"* (Der junge Kämpfer), das internationale Organ der *"Katholischen Weltjugendliga"*, aus dem Exil ihrer Herausgeber in Luxemburg nach Deutschland, auch nach Regensburg, geliefert. Allerdings geschah das in beiden Fällen auf legalem Weg, wobei La Juna Batalanto sicher nur noch deswegen hereingelassen wurde, weil die Zensur kein Esperanto verstand.

Über diese pazifistische, also ausgesprochen NS-gegnerische, katholische Zweimonatsschrift scheint wenig bekannt zu sein. Dabei vermittelt der Inhalt der Hefte wegen seiner zeitnahen Niederschrift eine besonders lebendige Vorstellung von der damaligen Lage und Stimmung im Reich. Das letzte der mir verbliebenen Hefte trägt das Datum Februar 1934. Es kann aber durchaus sein, daß noch eines oder zwei weitere Hefte die Zensur passierten, die aber bei den Umzügen verloren gingen. Jedenfalls wurde die Einfuhr im Lauf des

Jahres 1934 gestoppt. Die hier - nach einer kurzen Geschichte der Zeitschrift - folgenden Auszüge lassen schon staunen, daß die "Staatsfeindlichkeit" des Inhalts den Überwachungsstellen so lange entgangen war.

La Juna Batalanto erschien - nach Vorläufern - seit Februar 1926 in Honnef, dann in Köln. Zusätzlich kam in deutscher Sprache für die deutschen Sektionen der Weltjugendliga auch zweimonatlich ein kleineres Blatt, die "*Erwachende Jugend*" in Köln, bzw. Werl (Kreis Soest) heraus. Es mag bezeichnend sein, daß der Sitz dieses pazifistischen Jugendbundes im Rheinland war, dessen Katholiken schon wegen ihres stärkeren Arbeiteranteiles weniger konservativ und dadurch noch weniger NS-anfällig waren als die bayerischen Katholiken. Darauf mag auch folgender Vergleich hinweisen: Bei der Reichstagswahl vom 5.3.1933 erzielte die NS-Partei im Reich 43,9 %, in Bayern 41,9, in den Reichswahlkreisen Niederbayern 39,2, Düsseldorf 36,1, Westfalen 34,3, in Köln-Aachen aber nur 30,1 %. Köln-Aachen widerstand am meisten unter allen deutschen Wahlkreisen.

Im November 1930 schrieb *Roger Sillard*, Frankreich, in der "Erwachenden Jugend", also für die deutschen Leser, einen Artikel "Und wieder kommt der Krieg!" Er nennt darin zwar nicht eigens den NS, vielleicht aus Höflichkeit gegenüber den deutschen Lesern, aber er weist natürlich auf das Erstarken militaristischer Kräfte und gehässigen Denkens hin.

La Juna Batalanto wurde 1926 bis 34 von *Dr. Wilhelm Solzbacher*, Köln, redigiert, der auch die internationale Geschäftsstelle der Katholischen Weltjugendliga leitete. Diese Liga hatte Mitglieder in 40, und Leser ihres Esperanto-Organs in 45 Ländern. Von der kirchlichen Hierarchie hatte der Bischof von Siebenbürgen, *Dr. Majldth*, Alba Julia (Rumänien), das Protektorat übernommen.

Der Ursprung dieser Weltjugendliga geht auf den Weltfriedensbund vom Weißen Kreuz zurück, der 1917 in Graz gegründet wurde. Finanziert wurde die Bewegung allein "durch opferfreudige, aber arme Mitglieder", wenn man von gelegentlichen, kleineren Spenden von Bischöfen absieht. Zu allen Tagungen, die gemeinsam mit der Internationalen Katholischen Liga abgehalten wurden, sandte der Papst Gruß- und Segenstelegramm. Dagegen ignorierten die deutschen Bischöfe während der gesamten Zwanziger Jahre auch schon die Reichstagungen des Friedensbundes deutscher Katholiken, der natürlich viel größeren pazifistischen Vereinigung. Der deutsche Episkopat stand pazifistischen Positionen von jeher skeptisch bis ablehnend gegenüber(1).

Am 1.4.1933 mußte die Geschäftsstelle der Katholischen Weltjugendliga Köln verlassen. Sie emigrierte nach Luxemburg und auch La Juna Batalanto erschien dann von dort. Schon im Maiheft 1933 meldet die Zeitschrift, daß *August Günther*, der Redakteur der MOKA- (Mondjunularo *Katolika* - Katholische Weltjugendliga) Zeitschrift "Erwachende Jugend" sich in Haft befindet, daß manche deutsche Freunde in rätselhaften Andeutungen an die Redaktion schreiben und fügt erklärend hinzu: In Deutschland besteht *Briefzensur*. Das Juliheft 1933 enthält einen Artikel "*Die Tragödie der deutschen Katholiken*". In ihm wird u. a. von der *Tagung des Deutschen Gesellenvereins in München* berichtet (8. - 11.6.33; am 10.6. von SA gewaltsam abgebrochen), bei der die Kolpingsbrüder "brutal von Hitleristen angegriffen wurden", weiter, daß der *Friedensbund Deutscher Katholiken* (am 1.7.) aufgelöst wurde, daß Zen-

---

1) DEIST 68

trum und BVP aufgehört haben zu bestehen usw., daß man durch das Konkordat zu retten sucht, was man noch retten kann.

"Wir vergessen unsere Brüder nicht, die sich in der Unfreiheit befinden und nicht diejenigen, die ihre Stellungen verloren ... und wir beten für die Verfolgten, damit sie ihren Mut nicht verlieren und in ihrer Seele stark bleiben, und für die Verfolger, daß Gott sie auf den Weg der Gerechtigkeit und Liebe führen möge." Unter P. S. wird u. a. gemeldet, daß "unser Freund Pater *Francescus Maria Stratmann O. P.* ... Vizepräsident des *Friedensbundes Deutscher Katholiken*, am 6.7.33 verhaftet wurde."

Das gleiche Heft veröffentlicht einen Artikel von Pater *John Robinson*, S. J., Spokane, Wash. USA, mit dem Titel *"Nazis und der Nazarener"*. Er beginnt mit dem

"deutschen Rassenkampf gegen die Juden, bei dem sich die Katholiken von Berlin bis San Francisco daran erinnern, daß Jesus Christus ein Jude war."

Er zitiert Stellen aus dem Neuen Testament, nach denen Jesus der größte Pionier für die Rechte aller Rassen war. Die Nachrichten aus der Esperanto-Bewegung enthalten einen langen Artikel über Esperanto in Deutschland:

"... die nazistische Revolution verändert auch die Situation für die Esperanto-Bewegung. Sofort beendeten alle Radiosender ihre Esperantoprogramme, Kurse, Diskussionen und Programmankündigungen. Die deutsche Esperanto-Vereinigung ... wurde unter NS-Kommando gestellt, wurde "samdirektigi" (gleichgeschaltet) ... Sie empfiehlt jetzt ihren Gruppen, die Esperanto-Ausgaben der *Broschüren aus der deutschen Kriegspropaganda* zu kaufen ..."

Nebenbei: Später wurde Esperanto im Dritten Reich überhaupt verboten, ebenso wie in der russischen Besatzungszone am 12.1.1949 (dagegen nicht ansonsten im Ostblock).

Im Novemberheft 1933 (Doppelheft für vier Monate) wird daran erinnert, daß vor 12 Jahren der katholische Minister *Matthias Erzberger* durch zwölf Kugeln der Nationalisten Schulz und Tillessen ermordet wurde. Die Mörder flüchteten ins Ausland,

"das NS-Deutschland erlaubt ihnen zurückzukehren und empfängt sie mit Triumph ... Wir erinnern daran, daß Erzberger *einer der wenigen Förderer der katholischen Friedensbewegung* gewesen war."

Im gleichen Heft wird gemeldet, daß die neugegründete NS-Esperanto-Liga - gegründet von bisher völlig unbekannten Esperantisten - als ihr Ziel den Kampf gegen die jüdisch marxistische Greuelpropaganda in ihren Statuten festgelegt hat. Weiter: Das Ländersekretariat der MOKA in Deutschland beendete seine Funktionen am 1.4.1933. Friedensbewegungen jeder Art mußten von Hitler am dringlichsten ausgemerzt werden.

Das nächste und letzte mir zugegangene Heft, die Februarnummer 1934 enthält einen Artikel mit dem Titel: "Wir vergessen sie nicht!" Darin heißt es (übersetzt aus dem Esperanto):

"... Die Katholiken der ganzen Welt blicken mit besonderer Sorge auf

Deutschland, in dem die katholische Jugend sich anstrengt, ihre Existenz zu verteidigen. Trotz des Konkordats werden fast überall die katholischen Jugendverbände systematisch schikaniert. Man verbietet den Mitgliedern, Uniformen und Abzeichen zu tragen, öffentliche Zusammenkünfte zu halten, auf den Straßen zu marschieren, man verbietet öffentliche Kundgebungen und die Presse. In einem Fall in Köln verbot man dem Bund Neudeutschland sich im Freien zu treffen ... *entgegen den feierlichen Garantien im Konkordat erklärt man die Hitlerjugend zur einzigen Jugendbewegung* ... Keine Woche vergeht, in der nicht einige Priester verhaftet werden. Wir können eine lange Liste mit Namen geben. Man zwingt die katholische Presse Angriffe gegen die katholische Jugendbewegung zu veröffentlichen ... So zwang man die bayerischen katholischen Zeitungen, die Angriffe des Ministers *Esser* gegen Kardinal *Faulhaber* abzudrucken. In der Nacht nach diesem Angriff des Ministers blieben zwei Schüsse gegen die Wohnung des Kardinals glücklicherweise ohne Folgen."

Die Zeitschrift berichtet auch über andere Jugendbewegungen, auch über die sozialistische und kommunistische:

"... Der Kommunistische Jugendverband von Deutschland, der nun illegal arbeitet, veranstaltete im August (1933) eine Zusammenkunft seines Zentralkomitees in Bayreuth."

Weiter erfährt man: *August Günther* (s. o.) war einige Wochen in einem KZ festgehalten worden; er ist jetzt frei und befindet sich in England. Über *Stratmann* (s. o.): Er verbrachte vier Monate in "Schutzhaft". Nun ist er glücklicherweise in Rom. *Paulus Lenz*, Chefsekretär der Friedensliga, war 20 Wochen in Haft, ist nun frei.

Zwischen Loyalität und Gegnerschaft

In der Stellung zum Krieg folgte die Kirche der für legal gehaltenen NS-Obrigkeit. So äußerte z. B. der Regensburger Bischof *Buchberger* in seinem Fastenhirtenbrief 1942:

"Wir müssen alles tun, opfern und leiden, daß uns nicht ein zweitesmal das bittere Los der Besiegten trifft. Die Heimat muß einig und geschlossen hinter der Front stehen. Im Krieg, wo alles ein Herz und eine Seele sein muß, darf es keinen inneren Krieg und Unfrieden in der Heimat geben (wie ihn der Kirchenkampf des NS-Staates provoziert). Wir wollen auch keine Mißstimmung und Mutlosigkeit aufkommen lassen. Denn das schwächt unsere Kraft und nützt dem Feind."(1)

Die katholische Kirche und mit ihr die Gläubigen verweigerten die gewünschte weltanschauliche Anpassung, sie leisteten aber keinen Widerstand in dem Sinn, daß sie die politische oder gar die militärische Macht des NS-Staates, die zum Kriege drängte und ihn dann durchführte, irgendwie zu schwächen versuchten. Eher ist das Gegenteil der Fall. Die Verlautbarungen und Proteste der Kirche gegen die dem Christentum feindlichen und entgegengesetzten Auffassungen des NS und gegen dessen entsprechende Maßnahmen (Euthanasie, germanischer Gottglauben, Verbot christlicher Organisationen) waren fast immer mit Loyalitätsbeteuerungen gegenüber dem Staat verbunden.

1) MAI 1981

Das Schlußwort einer *Erklärung des Bischofs von Regensburg zur Reichstags-"wahl"* am 29.3.1936 im Amtsblatt der Diözese mag das kurz kennzeichnen:

> "... So fassen die Katholiken *ihre Ja-Stimme* am 29.3. auf (es gab nur die Wahl zwischen Ja und Nein; das Ja der Katholiken war selbstverständlich), *nicht aber* als die Billigung von Maßnahmen oder Schriften, die gegen Glauben und Gewissen sind"(1).

Von NS-Seite her beleuchtet folgendes Schreiben des Regensburger Oberbürgermeisters *Dr. Schottenheim* im Januar 1937 an den RegPr Ndb/Opf die Haltung der Katholiken:

> "Bei den Kreisen, welche kirchlich eingestellt sind ... werden die Führer und die Einrichtungen des Dritten Reiches dankbar anerkannt und die Anordnungen freudig befolgt; nur ... die breite Masse des Volkes, wenigstens in unserer Gegend, ist *mehr denn je* kirchlich fanatisiert, lehnt jede Kampfstellung gegen die Kirche ab."(2)

Die Anordnungen des Staates werden willig und freudig befolgt; so formulierte das Schottenheim leicht übertrieben vor dem Krieg. Im Krieg galt dieses Folgen eher noch mehr. Für den Preis der Loyalität gegenüber der Politik des NS-Staates konnten sich die beiden christlichen Großkirchen auf der anderen Seite doch als einzige große, intakt gebliebene Organisationen erhalten, die nicht "gleichgeschaltet" werden konnten. Dadurch behinderten und blockierten sie die vom NS angestrebte totale Macht auf einem von der Partei für ungemein wichtig gehaltenen Teilbereich, dem der Weltanschauung. Sie leisteten damit einen vom NS sehr ernst genommenen und wirksamen Widerstand, der von Historikern in eine zweite von vier Stufen des Widerstandes gereiht wird, der "mit Sachverhalten wie Resistenz, Nichtanpassung, Selbstbewahrung, zu verbinden ist."(3)

Die politische Loyalität, bzw. das ursprünglich beabsichtigte Heraushalten der Kirche aus der Politik ist nicht mit der Neutralität der Schweiz vergleichbar. Aber hinsichtlich der Wirkung in den Alltag der Bürger lassen sich Ähnlichkeiten feststellen: Nicht nur, daß einzelnen Verfolgten des NS geholfen wurde, die hinter dem Schild der konkordatsgeschützten Kirche in Deckung gehen konnten; allgemein wichtiger war die Rolle der Kirchen als letzter noch offener Freiraum des täglichen Lebens, in dem nicht wie rundum überall aufdringliche NS-Propaganda einhämmerte, sondern weitgehend unabhängig vom sonst allmächtigen Staat noch eine andere Seite menschlicher Existenz erfahren und gelebt werden konnte. Wer damals nach der staatspolitischen Grenzkontrolle die Schweiz, oder das vor 1938 noch freie Österreich betrat, empfand ein Gefühl der Freiheit und der Befreiung, ebenso wie beim Betreten einer Kirche innerhalb des Reiches. Man wurde sich aufatmend bewußt, daß draußen im Ausland und drinnen innerhalb der Kirche auch noch eine andere Welt existierte.

Bis zu einem gewissen Maß konnte der NS-Staat einen solchen Blick über seine physischen und geistigen Grenzen hinaus erschweren. Um nach Österreich zu kommen, mußte man 1000 RM bezahlen, das hieß, man konnte nur auf Schleichwegen, im Rücken patrouillierender SS-Posten hinübergelangen. Hitler

---

1) Z. 80
2) RPB über Jan. 1937; Z. 112
3) Gotto K. u. a.: NS-Herausforderung und kirchliche Antwort. Eine Bilanz. In GOTTO 122 - 138

hatte für eine Zeitlang mit diesem Wirtschaftsboykott den Anschluß erzwingen wollen. Auch bei einem Grenzübertritt in die Schweiz konnten Schwierigkeiten auftreten, die heute kaum jemand bekannt sind. Pfingsten 1934 fuhr ich als Student allein per Fahrrad von München nach Zürich. Unterwegs in Lindau löste ich eine Karte für das Schiff nach Romanshorn. Aber trotz meines gültigen Passes ließ mich der deutsche Grenzpolizist nicht auf das Schiff. "Was wollen Sie in der Schweiz?" "Warum radeln Sie nicht in Deutschland?" Schließlich zählte er das Geld nach, das ich bei mir hatte, fand es zu wenig und verweigerte mit diesem Vorwand den Grenzübertritt. Kurz danach wurde amtlich verordnet, daß man nicht *zuviel* Geld ins Ausland mitführen durfte, also ein Höchst-, kein Mindestbetrag festgesetzt.

Nach der erfahrenen Willkür des im NS-Geist handelnden Lindauer Grenzbeamten nahm ich mein Rad und fuhr den ganzen Bodensee entlang nach Konstanz, wo es dann keine Schwierigkeiten gab. In Zürich besorgte ich Anti-NS-Zeitungen, den "Kämpfer" und die "Volksstimme", und schmuggelte sie im Schlafsack nach Deutschland.

Zu dem was Kirchen in ähnlicher Weise wie neutrales Ausland bedeuten konnten, ein Erlebnis aus dem Krieg.

An einem Sonntagmorgen - 17. oder 24.9.1944 - hielt ein NS-Führungsoffizier vor versammelten Einheiten der Fallschirmarmee in Lüdenscheid so etwas wie eine Ersatz-Sonntagspredigt über das Thema Pessimismus und Optimismus. Zur Stärkung der optimistischen Siegeszuversicht. Am Ende seiner leidenschaftlichen Rede ließ er Fragen zu. Als einziger stellte ich eine Frage: Ob ein Fallschirmjäger zum Sonntagsgottesdienst weggelassen würde? Zunächst war der Redner verdutzt ob dieser deplazierten und wohl als frech empfundenen Frage. Aber nach einer Denkpause fing er sich und meinte: Wenn er seinen Einheitsführer bittet, wird dieser ihm Erlaubnis geben. Gleich nach der Veranstaltung meldete sich der Obergefreite zum Rapport beim Hauptmann, und bat unter Berufung auf den Führungsoffizier um umgehende Dienstbefreiung, damit er noch rechtzeitig zum Gottesdienst käme. Der Hauptmann fragte nach meinem Beruf und als er erfuhr, daß ich ein Studierter bin, rief er erstaunt: "Und da glauben Sie!?" "Jawoll, Herr Hauptmann!" "Treten Sie weg und gehen Sie!"

Ich besuchte darauf eine katholische und eine evangelische Kirche und empfand in diesen Inseln des Friedens wohltuenden Trost und ein Gefühl der Freiheit. In beiden Kirchen noch einmal anderes zu sehen und zu hören, eine andere als eine NS-Predigt, und inmitten von Menschen stehen zu können, die als Gottesdienstbesucher kaum Hundertprozentige sein konnten, war wie ein Übertreten geistiger Grenzen des totalitären Reiches gewesen und so empfunden worden.

Die NS-Predigt vorher über die Siegesgewißheit war ja nicht von ungefähr gehalten worden. Nach der kurz vorher gelungenen Invasion der Westalliierten in Frankreich bestand ein großer Mangel an Zuversicht. Für die Fallschirmarmee als Elitetruppe konnten nicht mehr genügend NS-Fanatiker gefunden werden. Auch hatten viele Angst um Leben und Gesundheit für sich selber und für ihre Familien. Gegner und Skeptiker glaubten, daß es zwar nicht mehr lange dauern könnte - unterschätzten das übrigens - waren sich aber auch sicher, daß schwere und verlustreiche Kämpfe bevorstanden.

Als ich mittag in die Kaserne zurückkam, war Alarmstufe eins; alles war in einem überstürzten Aufbruch begriffen, wir mußten sofort abrücken. Ich war

mit Packen in Verzug geraten. In kürzester Zeit rollten wir auf Lkw's an die
holländische Grenze, wurden gegen kanadische Luftlandetruppen bei Nijmwegen eingesetzt und bezogen im Reichswald Stellung.

Die Rückkehr von den friedlichen Kirchen in den Aufbruchstrubel und die
Kommandoschreie der Kaserne war dann wieder die umgekehrte Grenzüberschreitung in die andere, freilich sehr reale Welt der zumeist freiwilligen,
NS-gläubigen, zum Teil fanatisierten und dadurch gefährlichen Soldaten dieser
besonderen Truppe, die nach der Gefangennahme wie SS behandelt wurde.

Je weiter die NS-Zeit in die Vergangenheit entrückt, umso mehr wird bewußt,
wie unangemessen es wäre, die Menschen von damals, besonders jene, die für
andere Verantwortung trugen, in gute und böse einteilen, also richten zu
wollen. Sie waren damals im wesentlichen die gleichen wie heute und immer.
Aber sie hatten andere Erfahrungen, eine andere Erziehung hinter sich und
die Umstände und Bedrohungen ihrer Zeit, das politische und geistige Milieu,
führten sie zu den Gedanken und Taten, wie sie die Geschichte uns überliefert. Im Hinblick auf die Kirchen wird das dadurch deutlich, daß die evangelische sich ziemlich ähnlich (nicht gleich!) verhielt wie die katholische. Am
Anfang loyales, ja freudiges Mitmachen: In einer Botschaft des Landeskirchenrates von Bayern unter Führung des Landesbischofs D. *Hans Meiser*, an
den NS-Staat heißt es, dieser könne "der freudigen und tätigen Mitarbeit der
Kirche sicher sein." Erst auf den Kirchenkampf hin, erst als eine gewaltsame
Eingliederung in eine Reichskirche versucht wurde, kam es zu einem, in diesem Punkt schließlich erfolgreichen *kirchen*politischen Widerstand. Jedoch
lehnte Bischof Meiser "*politischen*" Widerstand auf das schärfste ab(1).

Diese offenbar weitgehende Zwangsläufigkeit des Verhaltens berechtigt uns
aber nicht, der Frage auszuweichen, was damals falsch gesehen und gedacht
wurde, auch nicht, danach zu fragen, warum und wie weit naturrechtlich
unmoralische Politik, vor allem der Raubkrieg und die Vernichtung ganzer
Menschengruppen, nicht öffentlich und deutlich als Unrecht angesprochen
wurden. *Ein* Grund mag der gewesen sein, daß damals noch mehr Menschen
als heute Krieg für unvermeidlich, für Gottes- oder Naturschicksal hinnahmen
und deswegen gar nicht erst ein Verschulden suchten. Daß Krieg grundsätzlich ein Verbrechen sei, entsprach nicht allgemeiner christlicher Lehre, die ja
auch seit Augustinus und später Thomas von Aquin den "gerechten Krieg" bis
hin zu Kreuzzugsvorstellungen kannte. Erst das Zweite Vatikanische Konzil
strich 1965 den Begriff des "gerechten Krieges" aus seinen Beschlüssen.

Der NS-Staat glaubte für seine "großen weltgeschichtlichen Jahrtausendziele"
die *totale* Zustimmung und Mitarbeit, d. h. die politische und weltanschauliche
Gleichschaltung aller Glieder des Volkes erzwingen zu müssen, also auch der
Mitglieder der beiden christlichen Kirchen. Mit vielen Einzelschritten versuchte er zu diesem Ziel, den Einfluß der Kirchen immer mehr auszuschalten.
Einige davon, die Bayern betrafen waren:

Zeitweilige, schließlich dauernde Verbote katholischer Presseorgane; Betätigungsverbote für katholische Vereine; Verbot öffentlicher, konfessioneller
Aufzüge; Uniform- und Sportverbote für konfessionelle Jugendverbände; ab
Frühjahr 1935 Devisenprozesse, 1936/37 Sittlichkeitsprozesse gegen Ordensleute, um damit die Kirche zu diskriminieren; ab Frühjahr 1936 Abbau klösterlicher Lehrkräfte; 1937/38 Abschaffung der Konfessionsschulen; 31.1.1938 Ver-

---

1) FRITZSCH 34 - 37

bot der letzten noch bestehenden konfessionellen Jugendverbände; 1939 Einschränkung des Religionsunterrichtes; Schließung klösterlicher Schulen; 23.4.41 Entfernung der Kruzifixe aus den Schulen; Abschaffung des Schulgebetes; Aufhebung von Klöstern, usw. Mit jeder solchen Maßnahme brach Hitler das Konkordat. Die meist internen Proteste der Kirche halfen wenig oder nichts.

Die katholisch gesinnte Bevölkerung sah und erlebte, ebenso wie der Klerus, die nur als feindlich zu verstehenden Maßnahmen des NS-Staates sehr hautnah und geriet dadurch in eine gegnerische Einstellung zum NS, auch ohne eigens etwa durch die Leitung der Kirche dazu ermuntert zu werden. Ohne daß die Kirche das gewollt oder gefördert hätte, entstand durch den Kirchenkampf bei den engagierten Katholiken auch eine *allgemein* NS-feindliche Haltung, die sich nicht auf Teilbereiche der NS-Politik beschränkte. Über die Geistlichen urteilte z. B. der Bürgermeister von Schwandorf im November 1939: Sie

> "treten zumindest nicht aktiv für den deutschen Kampf ein und zeigen keinerlei Anzeichen, daß sie ihre mehr oder minder *ablehnende Haltung gegen den NS-Staat* geändert hätten"(1)

Pfarrer Kleber von Wiefelsdorf

Der Bürgermeister von Schwandorf hatte in seiner eben zitierten Beurteilung sicher u. a. das Beispiel eines nahe bei seinen Stadtgrenzen in der Pfarrei Wiefelsdorf/Strießendorf von 1920 bis 37 amtierenden außergewöhnlichen Pfarrers, des *Johann Nepomuk Kleber* (1886 - 1969) vor Augen, dessen öffentliche Attacken gegen den NS (bis 33 war er aktiv bei der BVP gewesen) und die entsprechenden Verfolgungsmaßnahmen, darunter zweimalige Schutzhaft in Schwandorf, 1 Jahr 4 Monate Gefängnis, (anschließend Versetzung aus der Pfarrei) ein ganzes Buch füllen würden. Kleber war furchtlos und geradeheraus. Er wußte die Landbevölkerung seiner Pfarrei auf seiner Seite. Da sieben Geschwister meines Vaters mit ihren Familien - mit zusammen 75 Kindern - im Pfarrbezirk Wiefelsdorf lebten und meine elterliche Familie oft dorthin zu Besuch kam, lernte ich, von Büchelkühn aus nach romantischen Zillenfahrten über die Naab hinüber zum Gottesdienst in Wiefelsdorf den volkstümlichen Pfarrer Kleber kennen und erlebte die Wertschätzung und Hochachtung der Bevölkerung für ihren Pfarrer und für dessen mutiges Engagement gegen den NS.

Es gibt zahlreiche wahre Anekdoten über den wenig respektvollen Umgang dieses Bauernpfarrers mit den NS-Machthabern. Prälat *Ludwig Spießl*, Hemau, der nach seiner Entlassung aus über fünf Jahren KZ-Haft ab 1.4.1945 25 Jahre lang als ein Nachfolger Klebers die Pfarrei Wiefelsdorf betreute, stellte eine hektographierte Sammlung solcher Kleber-Anekdoten zusammen.

Zwei Beispiele daraus: Als Pfarrer *Kleber* aufgefordert wurde, bei festlichen Anlässen endlich auch die Hakenkreuz-Staatsflagge zu hissen, bat er bei seiner Sonntagspredigt die Gemeindemitglieder um Spenden für eine solche Fahne, weil man die haben muß. Am nächsten Sonntag erklärte er in seiner Predigt: Meine lieben Pfarrkinder! Ihr habt mich mit der Sammlung schwer enttäuscht! ... Für die eingegangenen Spenden von zusammen RM 2,14 bekomme ich nur eine Fahne, sicher nicht größer als mein Schneuztuch und da-

---

1) RPB über Nov. 1939; Z. 220

bei müßt ich sie noch beim Juden kaufen. - Bei der nächsten Gelegenheit mit vorgeschriebener Flaggenhissung hängte Kleber eine ganz kleine, rote Hakenkreuzfahne aus dem kleinen Abortfenster des Pfarrhauses. Daraufhin erschien wieder einmal eine Abordnung der NS-Partei aus Schwandorf, die Kleber Verhöhnung des NS-Staates vorwarf. Dieser verteidigte sich: Meine Herren! Wenn ich dieses Minifähnchen am Kirchturm aufgehängt hätte, dann hätten Sie recht. Nun habe ich aber nach dem Gesetz der Verhältnismäßigkeit das dazu passende kleinste Fenster ausgesucht.

Öfter bemerkte Pfarrer *Kleber* Parteispitzel aus Schwandorf, die seiner Predigt zuhörten. Einmal, als er wieder zwei dieser Herren in seiner Kirche sah, hielt er das vorbereitete Predigtthema für zu gefährlich. Da wurde seine Predigt kurz:

"Meine lieben Pfarrkinder! Heute wollen wir uns die Sonntagspredigt schenken. Dafür beten wir ein Vaterunser für zwei verirrte Schäflein!"

In seiner Rückschau auf seine "80 Jährchen" schrieb Kleber (in Neufahrn/ Ndb. 3.4.1966):

"*Ich hatte halt nicht gefolgt* und allerhand Akrobatenstücke produziert, mit der Begründung: *Ich brauche doch nicht dem Teufel zu folgen!* ... Der Bauerndoktor *Heim* hatte ... (Hitler) einen teuflisch besessenen Verbrecher bezeichnet und hatte, genau wie ich, prophezeit: *Er wird einen Krieg anfangen und ihn verlieren!* ..."

In diesen Worten Klebers liegt der Kern des Widerspruchs zur Theologie des Bischofs und des Dompredigers, die der von Gott eingesetzten Obrigkeit gehorchen zu müssen glaubten. Kleber hätte vielleicht dazu gekontert, Gott hat auch einmal den Teufel in die Welt gesetzt und trotzdem müsse man Gott mehr gehorchen als einem Geschöpf, dem Teufel, auch wenn dieser wie Hitler als Obrigkeit auftritt.

Die wenigen Proben aus dem Wirken des Wiefelsdorfer Pfarrers Kleber gehören schon deswegen zum Hauptthema dieser Schrift, weil der *Domprediger Dr. Maier gerade in Klebers Pfarrei zum erstenmal praktisch-seelsorgerisch tätig geworden war*(1). Er hatte dabei 1935 Kleber vertreten, der gerade in den USA gewesen war(2).

Zahlreiche Konfliktfälle von Geistlichen

Bei vielen Geistlichen staute sich ebenso wie beim gläubigen Kirchenvolk die Ablehnung zu einem solchen Zorn auf, daß sie wegen manchmal nicht beherrschter Äußerungen ständig gefährdet waren. Besonders als das traurige Ende immer deutlicher wurde, erweiterte sich die Motivation bei vielen aus der Bevölkerung auch auf andere als rein kirchlich-religiöse Gründe und die anfänglich nur passive Ablehnung wurde zur Widerstandsbereitschaft. Dabei standen sie meist allein: Die Kirchenleitung, etwa die Bischöfe, konnten Klerikern und Laien keine offene Hilfe leisten.

---
1) Mündl. Mittlg. von Prälat L. Spießl
2) Dr. Foerstl J. N.: Dr. Maier, wie ich ihn sah. In HABBEL. In der Biographie Dr. Maiers in WEIKL fehlt die Zeit in Wiefelsdorf

Bisher sind in zwei Umfrageaktionen die *Konfliktfälle nur der Geistlichen* – noch nicht die der katholischen Laien – gezählt worden. Es ergab sich, daß in Bayern 47 % *aller Weltgeistlichen* mindestens einmal in Konflikt mit dem NS-Staat gekommen waren. Dabei wurden alle Fälle berücksichtigt, in denen der Staat mit Haussuchungen, Verwarnungen, Geldstrafen, Unterrichts- oder Aufenthaltsverbot, Gefängnis, KZ, Todesurteil, Hinrichtung, vorgegangen war. Im einzelnen wurden folgende Fälle politisch-religiöser Verfolgung von Klerikern zusammengetragen:

In Bayern wurden insgesamt 11 katholische Geistliche zum Tod verurteilt; drei davon starben vor der Vollstreckung, acht wurden hingerichtet(1). Aus der Diözese Regensburg wurden zwei Geistliche hingerichtet (Domprediger *Dr. Maier* und *Josef Losch*, Pfarrer in Miesbrunn), ein weiterer Ordensgeistlicher zum Tod verurteilt (*Gebhard Heyder*, s. u.), ein Geistlicher, *Augustin Wagner*, am 28.4.45 in Ebrantshausen wegen Hissens einer weißen Fahne vor dem Einmarsch der Amerikaner erschossen; zwei verstarben während der Haft (*Max Frammelsberger*, Pfarrer in Oberglaim, vor Anklageerhebung vor dem VGH am 16.4.44 in der Haft in Berlin verstorben; *Karl Kramer*, Pfarrer in Schnaittenbach, am 27.3.45 im Gefängnis Landsberg verstorben). Sechs erhielten Zuchthaus-, 20 Gefängnisstrafen, acht kamen ins KZ. Von diesen acht verloren drei im KZ ihr Leben: *Karl Mangold* OFM, Mährisch-Trübau, in Dachau am 6.6.1941(2); *Johann Nießl*, Pfarrer, am 18.8.40 im KZ Sachsenhausen und *Heinrich Stieglbauer*, Kooperator in Pullenreuth, am 14.2.43 in Dachau. Dazu kommen weitere 11 Priester aus dem Sudetenland, das nach der Inbesitznahme durch das Reich zum Administrationsbereich des Regensburger Bischofs gehörte, bzw. Heimatvertriebene im Dienst der Diözese Regensburg, die im KZ Dachau inhaftiert waren. Zusammen waren also 19 Geistliche aus dem zeitweilig vergrößerten Bistum Regensburg in KZ-Haft. Demgegenüber kamen aus ganz Bayern nur 14 evangelische Geistliche ins Gefängnis und nur ein einziger ins KZ(3). Von den erwähnten 11 Sudetendeutschen in Dachau haben alle überlebt(4). Nach der noch unvollständigen Liste im Bistumsblatt 1979 lebten von den 164 Geistlichen, die aus der Diözese mit dem NS-Staat in Konflikt gekommen waren, nur sechs in Regensburg: *Dr. A. Döberl, Dr. J. Maier, J. Pongratz, M. Prem, A. Salat* und *A. Weigl*(5). Hierbei fehlen aber noch mindestens die zwei in Regensburg amtierenden Stadtpfarrer *Johann Hösl* und *Jakob Wagner*, die beide in Haft waren. Die NS-Zeitung "Bayerische Ostwacht" teilte am 19.3.1933 der Regensburger Bevölkerung folgenden Unsinn über die in Schutzhaft genommenen Pfarrer *Hösl* (von Sankt Anton), bzw. *Wagner* (Stadtamhof) mit:

"... soll Mitglied des Gottlosenverbandes geworden sein ..., soll vor der Wahl (5.3.) rote Fähnchen mit den drei Pfeilen (der "Eisernen Front") an Kinder und andere verteilt haben."

Bei der Eigenart der NS-Strafjustiz kann man nicht ohne weiteres aus Anzahl und Höhe der Strafen auf das Ausmaß des Widerstandes schließen. Die Strafen richteten sich oft weniger nach objektiven *Straftaten*, sondern nach der subjektiven Einschätzung der *Gesinnung* des Angeklagten. Ein heute "amüsan-

---

1) Ziegler W.: Deutsch oder katholisch. In KATHOL. AKAD. S. 7. Offenbar ist bei den 11 Todesurteilen das gegen P. Heyder nicht mitgezählt, weil er Ordens- und nicht Weltgeistlicher ist
2) lt. STAATSKOM. S. 56 gest. im KZ Dachau 18.7.42.
3) FRITZSCH 54. In Bayern etwa 72 % kathol. u. 26 % evangel. Bevölkerung (1950)
4) Mai Paul in KATHOL. AKAD. S. 11; weiter in MÖCKERSHOFF und in hektograph. Liste von Prälat Spießl
5) Regensburger Bistumsblatt 1979, vom 25.2

tes" Beispiel dazu liefert eine Szene aus dem Prozeß des Sg Nürnberg gegen den Diözesen-Jugendpfarrer *Augustin Maierhofer*. Dieser war im April 1940 nach einer Jugendpredigt in Cham verhaftet worden. Der berüchtigte Gerichtsvorsitzende *Rothaug*, der M. zu einem Jahr Gefängnis verurteilte, hielt ihm eine bestimmte Äußerung in der Predigt vor. M. verteidigte sich damit, daß er es von sich wies, diese Äußerung je gemacht zu haben. Darauf brüllte Rothaug ihn an: "Gut, nicht geäußert, aber *gedacht* haben Sie sichs!"(1)

Aus hinterbrachten und bei der Gestapo gesammelten Äußerungen machte sich diese ein Bild vom Innenleben oder von der Gesinnung eines Verdächtigen und schlug dann zu (s. z. B. die Beurteilung *Krugs* durch Weigerts Stellvertreter!). Geistliche waren dabei von vornherein verdächtig, weil ihre Weltanschauung bekanntermaßen eben nicht mit der des NS einig ging.

4. Pater Gebhard Heyder:
"Keinen politischen, nur religiösen Widerstand"

Auf das Schicksal von *P. Gebhard Heyder* OCD (Orden der unbeschuhten Karmeliten) wird etwas näher eingegangen, weil dieser unter den Regensburger verfolgten Priestern nach Dr. Maier derjenige gewesen ist, der am härtesten gemaßregelt, nämlich so wie der Domprediger zum Tode verurteilt wurde, und weil die Art seiner Gegnerschaft gegen den NS typisch für den katholischen Widerstand besonders innerhalb des Klerus gewesen ist. Freilich war Heyder allem Anschein nach ein besonders Unbeugsamer und Furchtloser, der ebenso wie der vorher erwähnte *Kleber* "halt nicht folgen konnte".

Sein Leben begann wie das der allermeisten Regensburger Widerständler nicht in dieser Stadt, sondern in deren Umland. Er wurde am 30.11.1904 in Lorenzen, am nördlichen Stadtrand von Regensburg (am Regen) geboren und wuchs als siebentes von zehn lebenden Kindern auf dem Land auf. Damals war er der Franz: Den Namen Gebhard erhielt er erst später im Karmelitenorden. Er erzählt, daß er die schweren körperlichen und seelischen Belastungen im Zuchthaus und vor allem auf dem Todesmarsch vor der Befreiung 1945 nur überstehen konnte, weil er in seiner Jugendzeit ein entbehrungsreiches und karges Leben in einer kinderreichen Familie geführt hatte, und dadurch für alles was später über ihn kam, abgehärtet worden war.

Nach der Volksschule, in der er sich als besonders begabt erwies, besuchte Heyder das humanistische Gymnasium in Regensburg. Die Mitteilung über die besondere Begabung stammt nicht von ihm - er wünscht überhaupt nicht, daß über ihn geschrieben wird. Seine überdurchschnittlichen Fähigkeiten dürfen vielmehr einfach daraus gefolgert werden, daß zur Zeit seiner Jugendjahre kein Bub vom Land - von Mädchen ganz zu schweigen! - auf ein Gymnasium gekommen war, es sei denn, er fiel durch seine außergewöhnliche Intelligenz beim Lehrer oder Pfarrer dermaßen auf, daß er von dieser Seite her gefördert wurde. Man darf also sicher sein, daß Heyder alle Hürden der neun Jahre Gymnasium mit Leichtigkeit nahm. Danach trat er im Kloster Reisbach bei Landau/Isar in den Karmelitenorden ein, legte dort am 30.4.26 die Profeß ab und wurde schließlich nach seinem Theologiestudium am 29.6.30 zum Ordenspriester geweiht.

Wenig später - ab 1931 - entfaltete Heyder eine ungewöhnliche Veröffentli-

---

1) Mündl. Mittlg. von Geistl. Rat Maierhofer Mai 83 und MÖCKERSHOFF

chungstätigkeit mit vor allem biblischen Themen. Die wichtigsten Publikationen, schon aus der Nachkriegszeit, geben ein Bild seiner Hauptinteressen: Paulus-Synopse 1946; Die Evangelien Jesu Christi, mit eingehendem Kommentar, 3 Bände; Feuer vom Himmel, apokalyptische Visionen über Zukunft und Ende der Welt, 1962; Neues Testament, aus dem Urtext übersetzt, mit Kurzkommentar, 1976; Leben Jesu, Synopsenharmonie nach den vier Evangelien, 1979; Die Psalmen Davids, 3 Bände, 1980 - 84(1). Schließlich schrieb er mit 78 Jahren ein kleines Heft "Zeichen Gottes" (Selbstverlag Regensburg 1982) über ein von der Kirche nicht anerkanntes "Blutwunder", das sich in 6782 Rodalben im Jahr 1952 zugetragen hatte, mit Visionen von Frl. A. Wafzig, die bis zu deren Tod 1958 andauerten.

Die bei weitem schwerwiegendste Konfrontation von Heyders Geist mit der Welt, nämlich seine leidvolle Verfolgung im Dritten Reich, ist bereits in zwei Publikationen enthalten, auf denen die folgende Darstellung in der Hauptsache beruht:

Die kurz nach der Befreiung von dem vormaligen, langjährigen Dachau-Häftling Weihbischof *Johann Neuhäusler*, München, verfaßte Geschichte des Kirchenkampfes und das von der Gattin des stellv. Hauptanklägers *Kempner* bei den Nürnberger Kriegsverbrecherprozessen, Frau *Benedicta Maria Kempner* geschriebene Buch über "Priester vor Hitlers Tribunalen"(2). P. Heyder hat die in den beiden Veröffentlichungen über ihn enthaltenen Ausführungen nicht veranlaßt und nicht gewünscht. Die erste von Neuhäusler kam ohne sein Wissen zustande: Der Verfasser benützte eine Niederschrift, die Heyder kurz nach seiner Befreiung auf Wunsch eines Landrates von Pfaffenberg am 17.5.45 innerhalb von zwei Stunden jemanden in die Maschine diktiert hatte. Mit der zweiten hatte es folgende Bewandtnis:

Eines Tages im Jahre 1962 traf ein Brief von Frau Kempner aus Lansdowne, Pennsylvania, im Karmelitenkloster Mariahilfsberg oberhalb Neumarkt/Opf ein. Er war an den Prior des Klosters gerichtet. In dem Schreiben war nach dem hingerichteten Heyder gefragt. Die Absenderin schrieb gerade an ihrem dann 1967 veröffentlichten Buch über das Schicksal von Priestern, die von NS-Gerichten, besonders vom VGH, verurteilt worden waren. Damals waren durch Zufall bei Schachtarbeiten nahe dem ehemaligen VGH in der Bellevuestraße in Berlin Akten dieses Gerichtes gefunden worden, die 629 Urteile, davon über 500 Todesurteile betrafen, darunter auch die Akten 1 L 453/1944 und 5 J 1468/44 und der Stapobericht Regensburg, RSHA, Amt IV vom 18.8.44, die sich auf den Fall des Priesters Heyder bezogen. Frau Kempner mußte daraus annehmen, daß das im Dezember 1944 gefällte Todesurteil gegen Heyder vollstreckt worden war. Ihre Anfrage nach etwaigen Erinnerungen an den Hingerichteten wurde nun von dem noch Lebenden selber geöffnet und gelesen, der zu der Zeit gerade wieder Oberer (Vikarius) des Klosters war, wie 1944. Heyder zögerte lange mit einer Beantwortung, glaubte aber dann doch verpflichtet zu sein, der Amerikanerin mit den gewünschten Auskünften zu helfen.

Ein Versuch, darüber hinausgehende Mitteilungen von P. Heyder selbst zu erhalten, scheiterte: Er möchte nicht zu Publikationen beitragen, man be-

---
1) Auszug aus dem Einladgsschr. der Akad. f. Erwachs.bildg zu einem Vortrag P. Heyders in Regsbg. am 13.2.84
2) NEUHÄUSLER 56 f. und KEMPNER 148 - 162

kommt dabei nur Schwierigkeiten(1).

Franz oder Gebhard Heyder war des öfteren mit dem Dritten Reich in Konflikt gekommen. So mußte er einmal 30 Tage im Regensburger Gefängnis - natürlich aus "politischen" Gründen - absitzen. Er "hatte halt nicht gefolgt", wie Pfarrer Kleber das formulierte.

Im September 1942 holte ihn sein Orden von seinem Regensburger Kloster St. Theresia in der Kumpfmühler Straße (unter der Theresienkirche) zu der Karmelitenniederlassung auf dem Mariahilfberg oberhalb Neumarkt/Opf. Da das dortige Kloster von den NS in eine Hitlerschule umgeändert worden war, hausten die Ordensangehörigen notdürftig nebenan in einem Waldhäuschen.

Vom 13. bis 16.7.44 hielt Heyder in der Wallfahrtskirche auf dem Mariahilfberg eine Predigtreihe. Der NS-Kreisleiter von Neumarkt hatte dazu einen Offizier, möglicherweise einen SS-Offizier, als Spitzel in die Kirche geschickt, der belastende Stellen aus den Predigten festhalten sollte. Am 20.7.44, dem Tag der bekanntesten deutschen Widerstandsaktion, wurde Heyder für 15 Uhr zur Staatspolizei in Neumarkt geladen und dort von einem aus Regensburg gekommen Gestapobeamten drei Stunden lang verhört. Unmittelbar anschließend ließ man ihn nicht mehr ins Kloster zurück, sondern inhaftierte ihn sofort, zunächst im Neumarkter, dann im Regensburger Gefängnis. Bei der Polizeidirektion Regensburg wurde er fotografiert, es wurden Fingerabdrücke wie von einem Schwerverbrecher gemacht. Wenige Tage später wurde ihm sein Ordenskleid genommen. Nach einem nochmaligen Verhör sagte ihm der Gerichtsbeamte, daß er ihn eigentlich freischreiben könnte und möchte,

"aber das würde nichts nützen, denn die Gestapo läßt Sie nicht frei. Ich bin ja nur ein Werkzeug der Gestapo."

Diese Gestapo Regensburg lieferte am 18.8.44 ihren Bericht an das RSHA in Berlin, von wo er an den ORA des VGH ging. Der ORA brachte am 15.11.44 die Anklage ein. Der VGH beraumte eine kurze Verhandlung für den 21.12. nach Nürnberg an. Heyder wurde dazu Ende November 44 an das "Zellengefängnis" Nürnberg überstellt. Der Verhandlungstermin wurde dann kurzfristig um einen Tag vorverlegt mit der Wirkung, daß weder Entlastungszeugen noch Freunde anwesend sein konnten.

Das Verfahren wurde vom 1. Senat des VGH und damit von *Freisler* selbst geleitet, der mit seinem Stab von Berlin angereist war. In den Gerichtsakten ist das Urteil in der NS-Sprache folgendermaßen formuliert:

"Heyder hat ... von der Kanzel herab schwerste Vorwürfe gegen unsere NS-Führung erhoben und die feindlichen Terrorangriffe auf deutsche Städte als eine gerechte Strafe Gottes bezeichnet. Als Zersetzungspropagandist unserer Feinde ist er für immer ehrlos. Er wird *mit dem Tode bestraft.*"

In der anschließenden *Begründung* heißt es:

"... in einer Predigt am 16.7.44 sagte Heyder u. a.: In wenigen Minuten werden heute Großstädte, auch unsere deutschen, zerstört. Das sei eine Strafe Gottes, denn die Sünden der Städte ragten wie Berge in den Him-

---
1) Ende 1984 erschien HEYDER 1984

mel. ... Wir, das deutsche Volk, müßten noch härtere Strafen erleiden, bis wir wieder zu Christus zurückfinden. Was wir jetzt erdulden müssen, sei auch eine Strafe dafür, daß in unserem NS-Reich die katholische Kirche aus dem öffentlichen Leben verdrängt worden sei. Die sogenannten Wohltäter der Menschheit hätten das Volk in einen blutigen Krieg gestürzt, weil sie die Warnungen der Kirche überhört hätten ... Der Angeklagte *gibt auch unumwunden zu, daß er als katholischer Priester den NS als Weltanschauung ablehne.* ... Er stehe ... auf dem Standpunkt, daß das Bekenntnis des deutschen Volkes zum *NS als Weltanschauung den größten Irrweg* seines bisherigen geschichtlichen Daseins bedeute. Nur im Katholizismus werde unser Volk glücklich werden. Deshalb habe er - Heyder - den NS bekämpft und werde das auch weiterhin tun ... Laut § 5 (1) Ziff. 1 KSStVO (Wehrkraftzersetzung) muß er mit dem Tode bestraft werden. ..."

Zu seiner Verteidigung hatte Heyder vorgebracht, daß er nie über Politik gesprochen habe und daß er sich kein Urteil über die Politik des NS erlauben würde. Lediglich sei er als katholischer Priester verpflichtet, dem gläubigen Volk seine Meinung zu sagen, sofern der NS Weltanschauung sein will.

Im Gerichtssaal war kein Zeuge anwesend, auch nicht der Spitzel, der in der Kirche gewesen war. Von Amtswegen war ein Verteidiger beigegeben. Dieser kam erst 10 Minuten vor der Verhandlung, um sich noch flüchtig zu informieren.

Nach Urteilsverkündung wurde Heyder gefesselt in das Gefängnis zurückgebracht und zusammen mit zwei weiteren Todeskandidaten in eine Zelle gesperrt, in der ansonsten nur ein einziger Häftling untergebracht ist. Die Hinrichtung war einmal für den 6.2.45 vorgesehen gewesen, aber wegen eines Fliegerangriffs "ausgefallen". Während der vielen schweren Luftangriffe auf Nürnberg durften die politischen Häftlinge nicht in die Luftschutzkeller gehen. Sie mußten unmittelbar unter dem Dach in höchster Lebensgefahr bleiben. Als Nürnberg dann im März 45 als eine zu verteidigende Festung erklärt wurde, evakuierte man dich nicht zum Kampf geeignete Bevölkerung. Zuletzt kamen dabei auch die Gefängnisinsassen dran. Am 30.3.45 wurde dabei Heyder in das *Zuchthaus Straubing* überführt. Während des Transportes waren jeweils zwei Häftlinge aneinandergefesselt.

In Straubing litten die Häftlinge schwer an Unterernährung. Immer weniger hielten das durch. Die Front rückte näher. *Am 25.4.* wurde um 5 Uhr früh geweckt: "Schlafdecke und Kochgeschirr mitnehmen!" Es begann der berüchtigte Todesmarsch der 4000 von Straubing nach Dachau. Unterwegs brachen die ausgehungerten Häftlinge laufend zusammen. Sie wurden dann von den Begleitmannschaften gnadenhalber niedergeschossen. Am 28.4., als der Zug bereits Freising passiert hatte, hieß es plötzlich "Umkehren!" Dachau sei bereits von den Amerikanern eingenommen. Man marschierte also wieder zurück. Am 1. Mai, es war der siebte Tag des Elendsmarsches, wurden sie im Dorf Unterheldenberg bei Geisenhausen nahe Landshut von Truppen der 3. US-Armee befreit. Von 4000 waren noch 800 bis 900 am Leben(1).

Man mag fragen, aus welchen Gründen das Todesurteil so lang nicht vollstreckt wurde. Liefen Gnadengesuche, etwa vom Bischof? War das Urteil von der letzten Instanz noch nicht bestätigt worden? Eine längere Hinauszögerung

---

1) Über den Todesmarsch berichtete P. Heyder in mehreren Ausgaben der MZ 1945 von Mitte Nov.

gab es öfter, häufig lagen zwischen Todesurteil und Vollstreckung mehrere Monate. Heyder nennt sich gesprächsweise manchmal einen KZ-ler, auch im Bericht von Frau Kempner ist von seiner Zeit im KZ die Rede. Er war aber nicht im KZ. Auf die Frage, ob Zuchthaus und KZ ziemlich das gleiche waren, schon weil den gestreiften Drillich die Insassen beider Anstalten ähnlich trugen, lacht er nur zustimmend. Er erzählt, daß gegen das Ende zu, sehr viele aus KZ - wahrscheinlich aus Flossenbürg - zu den Straubinger Zuchthäuslern hinzugekommen waren. Sicher aber sind das zweitrangige Fragen. Sie scheinen angesichts des grausamen Schicksals einfach kleinlich.

Sucht man für die am Tode verurteilten Katholiken nach Gemeinsamkeiten, die ihre Selektion aus der an sich riesengroßen Zahl von Glaubensbrüdern erklären könnten, so fällt bei P. Heyder, ebenso wie z. B. bei dem ermordeten Münchener Journalisten *Fritz Gerlich* und wohl auch bei *Dr. Maier*, der unbedingte, kompromißlose Glaube auf, wie er ansonsten nur einer Minderheit mit dem gleichen Ernst zu eigen ist. Dieser Glaube sieht in Einzelfragen manchmal auch anders als die kirchliche Hierarchie. Bei P. Heyder trifft das z. B. in dem Fall eines umstrittenen Wunders in Rodalben zu, das vom bischöflichen Ordinariat in Speyer nicht anerkannt worden ist. Er dagegen ist fest von diesem Gnadenzeichen als einer Botschaft Gottes an die Menschen überzeugt. Fritz Gerlich wiederum war von dem Erlebnis der Leiden und Visionen der *Therese Neumann von Konnersreuth* so erschüttert, daß er zum katholischen Glauben konvertierte und diesen dann bedingungsloser vertrat als die meisten. P. Heyder streitet gegen die "verweltlichte Christenheit" und ist der Überzeugung, daß die Leiter der Kirche heute dem glaubensarmen Zeitgeist zuviele Zugeständnisse machen. Es hängt mit diesem bedingungslosen Glauben zusammen, daß er und Gerlich ihre weltanschauliche Gegnerschaft zum NS konsequenter vertraten und lauter aussprachen als die Mehrheit.

P. Heyder hebt auch heute noch im Gespräch heraus, daß sein Auftreten gegen den NS überhaupt *nicht politisch*, sondern *ausschließlich religiös-weltanschaulich motiviert* gewesen war. Er konnte damals und kann heute nicht verstehen, wieso man ihn wegen "Wehrkraftzersetzung" verurteilte. Er war selbst Soldat - in Kempners Buch ist er u. a. auch mit Stahlhelm abgebildet - er dachte nie daran und es lag ihm völlig fern, unsere Soldaten von der Erfüllung ihrer Treuepflicht zum Vaterland abzuhalten. Für den NS und sein Gericht - für den Weltanschauung und Politik ebenso untrennbar waren wie für Khomeini im Iran - mußte die weltanschauliche Ablehnung der NS-Ideologie allerdings gleichzeitig Wehrkraftzersetzung bedeuten.

Nachkriegssühne

Nach dem Krieg ermittelte der Generalstaatsanwalt in München gegen die am Todesurteil beteiligt gewesenen Juristen. Obwohl dabei das Urteil gegen Heyder als objektiv rechtswidrig (wohlgemerkt innerhalb damaligem NS-Recht!) erkannt wurde, stellte der Anwalt das Verfahren ein (14.5.62; nach § 170 (2) StPO). Begründung:

> "... Einem von den NS-Lehren und dem damaligen Rechtsdenken *verblendeten Richter oder Staatsanwalt* kann nicht nachgewiesen werden, daß er mit bestimmtem Vorsatz das Recht verletzt hat."

Objektiv rechtswidrig war das Todesurteil, weil der sichere Nachweis des Zersetzungsvorsatzes und des Vorsatzes der Feindbegünstigung fehlte. Auch fehlte eine gewissenhafte Beweiswürdigung. Außerdem hätten die Richter damals einen "minder schweren Fall" annehmen müssen und wären dann nicht zur Todes-, sondern zu einer Gefängnisstrafe gekommen.

Der beim Urteil gegen Heyder mitwirkende *Rehse* war an 300 bis 500 Todesurteilen maßgehend beteiligt. Frau Kempner schreibt dazu: Der VGH war *eine richterlich drapierte Exekutivbehörde*. Er wirkte bewußt und gewollt mit dem RSHA als Exekutivorgan zusammen und war nicht ein Gerichtshof mit unabhängigen Richtern und Rechtsgarantien, wie *der Name vortäuschen sollte*. Die Angeklagten hatten kein Recht auf einen Verteidiger ihrer Wahl. Vor der Verhandlung wurden sie mit Kenntnis der Richter von der Gestapo durch Mißhandlung und Torturen auf das Verfahren "vorbereitet". Als Richter wurden nur bewährte Parteigenossen nach Zustimmung der "Kanzlei des Führers" ernannt. Es handelte sich um eine *"Ausnutzung gerichtlicher Formen zur widerrechtlichen Tötung"* (letzteres aus einer Strafsache beim Bundesgerichtshof zitiert).

Zur Entschuldigung mit "Verblendung" schreibt Frau Kempner: Die Verblendung eines Mörders - die Mehrzahl aller Mörder ist weltanschaulich, moralisch oder sonstwie verblendet - ist nach dem geltenden Strafrecht weder ein Schuld- noch ein Straf-Ausschließungsgrund. Dabei bedeutete die NS-Verblendung aber gerade Übereinstimmung mit dem vom NS offen propagierten Kampf gegen die Kirche, gegen die Juden, gegen "Minderrassige" usw.

Nachdem die Verfolgung von NS-Verbrechen auf die bundesdeutsche Gerichtsbarkeit übergegangen war, brauchte ein NS-Jurist nur sagen, daß er verblendet war, je fanatischer, desto besser, dann konnte er nicht bestraft werden. In der Tat wurde kein einziger der tausend Juristen des VGH, der Sonder- und vielen anderen Gerichte (Ausnahme Standgerichte) jemals wegen seiner Unmenschlichkeiten und Grausamkeiten bestraft, die er im Dritten Reich verübt hatte.

5. Regensburg und seine Katholiken im NS-Reich

Natürlich handelt das folgende Kapitel nicht von den 90 % der Regensburger Bevölkerung, die bei Standes- und Finanzamt sich als Katholiken bezeichnen. Nur ein Teil davon war und blieb in seiner politischen Einstellung von der katholischen Weltanschauung geprägt. Für März 1933 kann man - letztmals aus einem Wahlergebnis - schließen, daß in Regensburg immerhin fast die Hälfte der Katholiken (44 % (1)) trotz massivster NS-Propaganda der katholischen BVP die Treue hielten und damit gegen den bereits seit über einem Monat amtierenden Reichskanzler Hitler stimmten. Im Verlauf der zwölf Jahre kamen dann Motive für, aber auch solche gegen eine Zustimmung hinzu, sodaß sich schwer sagen läßt, wieviele Katholiken *dann* "gegen den NS" eingestellt waren, zumal bei vielen neben einer Anerkennung der Erfolge gleichzeitig eine Ablehnung des Kirchenkampfes gegenüberstand.

Der NS "läutete" sich in Regensburg formell durch das Hissen der Hakenkreuzfahne auf dem Rathaus *am 9.3.1933* ein. Das geschah gegen den tapferen und feierlichen Protest des Oberbürgermeisters *Dr. Otto Hipp* (BVP), der seit 1920 ununterbrochen Stadtoberhaupt gewesen war. SA und SS besetzten an diesem Tag und während der anschließenden Nacht vorübergehend das Verlagsgebäude der katholischen Tageszeitung RA, das Sprachrohr des Minister-

---
1) Die 40 % BVP-Stimmen machten über 44 % der kathol. Wähler aus

präsidenten Dr. Heinrich Held, weiter - mit Hilfe von Landpolizei - den Verlag der Volkswacht und des Regensburger Echo und schließlich beschlagnahmte Polizei nachts das Gewerkschaftshaus in der Richard-Wagner-Straße.

Die Katholiken erlebten noch im gleichen Monat das Ende zweier Bollwerke gegen den NS: Die katholische *BVP* gab am 23.3. im Ermächtigungsgesetz dem Reichskanzler Hitler für vier Jahre Blankovollmacht, verzichtete also auf jeden Widerstand und fast gleichzeitig, am 28.3., forderten die *Bischöfe* die Gläubigen zu loyaler Haltung gegen die neue Obrigkeit, also gleichfalls zu Verzicht auf politischen Widerstand auf.

Über die *Reichsgründungsfeier* in Regensburg am 21.3. berichtet die NS-Zeitung "Bayerische Ostwacht" (vom 23.3.): "Wir erlebten die Geburtsstunde des *heiligen dritten Reiches* deutscher Nation." Zur Feier sprach als Vertreter der katholischen Kirche, Geistlicher Rat, Stud. Prof. Georg *Brombierstäudl* laut "Ostwacht":

"Die jetzige deutsche Regierung, so führte er aus, hat es sich zur Aufgabe gestellt, die versunkene Größe unseres deutschen Vaterlandes wieder aufzurichten, für das 2 Millionen deutscher Männer Gut und Blut dahingegeben haben. ... Gott und Vaterland sind wieder ein Begriff geworden. Damit ist das deutsche Reich wieder zu der *Sendung* zurückgekehrt, die ihm Gott schon seit seinem Ursprung zugedacht hat. ... Das war der erste Bund des Allmächtigen mit unserem Vaterland. Darum, deutsche *Männer*, ... vergeßt nie, daß Gott der Herr unser deutsches Vaterland in seine Hand genommen hat..."

Anschließend sprach Parteigenosse Stadtvikar Adolf *Daum*(1), offenbar für die evangelische Kirche (Daum sprach schon als NS-Parteiredner zur Wahl vom 5.3.):

"... Dank sei Gott, daß er uns *Männer* gesandt hat, die in der höchsten Not den *Kampf* gegen ... Schmach aufnahmen ... das ist die große Bedeutung ... der Umwälzung, daß nun anstelle der Sünde gegen Gott der heilige Wille zur *Verteidigung des Lebensrechtes der Nation* tritt ..."

Der katholische und der evangelische Vertreter sprachen nur von Männern, nicht von Frauen, ein sicher damals nicht bemerktes Symptom der angebrochenen Zeit des männlich Soldatischen. Beide waren ehrlich ergriffen von ihren Emotionen und von der Ausstrahlung solcher mystischer Totemworte wie Vaterland, Sendung, Vorsehung und dem dafür zurechtgemachten Gottesbegriff. Diese und ähnliche Wörter, ebenso wie Fahnen und Musik, berauschten jahrtausendelang Menschen, Stämme und Völker und brachten sie zu gegenseitigem Abschlachten. Die Feierdarstellung in der NS-Zeit vermittelt eine Vorstellung von der Begeisterung, die viele 1933 ergriffen hatte, die aber naturgemäß von Regierung und Presse mit allen Mitteln angefacht und in der Berichterstattung noch möglichst übertrieben wurde. Es ist schwer zu sagen, wieviele sich damals trotz allem nicht haben mitreißen lassen. Daß es viele waren, zeigt allein schon die Welle von Verhaftungen, die zu dieser Zeit bereits eingesetzt hatte, die Notwendigkeit der Errichtung zahlreicher KZ, usw.

Spätestens ab 27.3.33 gab es in Regensburg Postkontrollen, d. h. *Briefzen-*

---

1) Bay. Ostw. v. 23.3.33 schrieb fälschlich Baum für Daum

sur, besonders von Post ins Ausland, wie z. B. La Juna Batalanto berichtet hatte. Man fürchtete, daß zuviel Nachrichten von den Zuständen hier ins Ausland gelangten. Am 16.5.33 erlebte ich bei einer öffentlichen Verhandlung vor dem *Sondergericht in München* zufällig ein Verfahren gegen eine Regensburgerin, die ich von einer Ferienbeschäftigung bei der Owag her kannte. Sie wurde wegen angeblich unwahrer Behauptungen über antisemitische Ausschreitungen in einem Brief an ihren Bekannten in der CSR zu zwei Monaten Gefängnis verurteilt (Vergehen gegen § 3 VO vom 21.3.33). Ihr Brief war am 27.3 geöffnet und von der Gestapo gelesen worden. Ihr Rechtsanwalt war nicht erschienen. Kurz vor der Verhandlung wurde ein Pflichtverteidiger bestimmt. Der Terror war im März 33 voll spürbar und verbreitete Angst in der Bevölkerung. Der RA berichtete über den Fall(1).

Aber auch Inlandspost wurde, wenn immer die Partei das wünschte, zensuriert. Auch Parteigrößen waren vor Einsichtnahmen in ihre Privatpost nicht sicher. So wurden, wie wir heute wissen, alle Briefe eines Regensburgers an seinen Sohn, der Partei-Kreisleiter in einem Parteikreis des Gaues Bayerische Ostmark war, an *Willibald Rein*, vom SD-Unterabschnitt Bayerische Ostmark zum Zweck der politischen Überwachung systematisch geöffnet. Es handelte sich um eine große Anzahl von Briefen, die der gut katholische Vater in der Zeit vom Juni 1936 bis März 37 in der Absicht geschrieben hatte, seinem Sohn die Augen über die Christentumsfeindlichkeit des NS zu öffnen. Der Sicherheitsdienst hatte diese Briefe nicht nur gelesen, sondern auch mit Schreibmaschine abgeschrieben. So sind sie erhalten und befinden sich heute beim Staatsarchiv in Bamberg. Die folgenden wenigen Stellen aus der viel ausführlicheren Wiedergabe bei FRÖHLICH(2) lassen die Einstellung eines erheblichen Teiles der Regensburger Bevölkerung erkennen, der gut katholisch war:

"... Ich (der Vater des Kreisleiters) war beim Erscheinen des Konkordates überrascht, freudig, konnte mir damals aber den Umschwung (beim NS) nicht erklären. Doch bald sah ich, daß dies ein Bluff war ... Ich stelle die ... Reden aller Führer ... mir im Gedächtnis wieder vor: Sie alle sind abgestimmt auf den Ton: An Stelle der christlichen Weltanschauung tritt die deutsche ... Ich werde beten ... um Erhaltung des Christentums in Deutschland, ... um Erleuchtung des Führers, ... daß ihm Mitarbeiter (werden), die unter Gott stehen ... *In diesem Sinne* rufe ich von Herzen "Heil Hitler!"" In einem anderen Brief: " ... Ihr (NS) zerstört Deutschland und treibt es in den Bolschewismus mit dieser niederträchtigen Hetze ... Ich öffne allen Leuten die Augen, *zum großen Teil sind sie schon geöffnet* und gleich mir *finden sich viele, die kämpfen.*"

Es läßt sich denken, daß Menschen, die die grundsätzliche und diametrale Verschiedenheit von Christentum und NS so wie der Schreiber dieser Briefe erkannt hatten und damals noch zum neuen Staat und zum Führer hielten, diese Haltung bei einem entsprechenden Anstoß aufgeben würden. Der Anstoß kam früher oder später, am sichtbarsten bei Annäherung an das Kriegsende.

Im gleichen Sinn aufschlußreich über die Haltung eines großen Teiles des Klerus und der Bevölkerung ist die Einsicht, die der Regierungspräsident von Ndb/Opf in seinem Bericht über den September 1935 seinem Ministerium in

---

1) RA 1933 vom 17.5.
2) FRÖHLICH 140 - 143

München(1) kundgibt: Die Predigten katholischer Geistlicher sind *nicht unmittelbar gegen Staat oder Bewegung gerichtet*, lassen

> "aber doch auf eine gegnerische Einstellung zum NS-Gedankengut schließen ... Hinweise, z. B. auf die schweren Zeiten, auf die Bedrängung der Kirche durch das "Neu-Heidentum", oder andere, oft allgemein gehaltene Wendungen, werden *von der Bevölkerung als innere Ablehnung der Bewegung verstanden.*"

Doch zurück zu den Ereignissen in Regensburg von 1933: Am 27.4. wurde von einem neu konstituierten Stadtrat, in dem die NS-Partei immer noch weit in der Minderheit war (nur 10 von 28 Sitzen), *Adolf Hitler zum Ehrenbürger* der Stadt ernannt. Die BVP stimmte dafür, die SPD hatte den Sitzungssaal während dieser Zeremonie verlassen.

Seit 6.3. gab es schon *Schutzhaftaktionen* in Regensburg, zuerst nur gegen KPD-Mitglieder, dann aber auch gegen SPD und jedermann, der nicht parierte. Schon in der Stadtratssitzung vom 10.3. drohte z. B. der NS-Partei-Kreisleiter *Wolfgang Weigert* dem gesamten Stadtrat die Schutzhaft an, wenn er nicht täte, was Weigert verlangte(2). Die neuen Herren drohten überall mit brutalen Gewaltmaßnahmen und führten sie, wann immer sie wollten, auch durch.

Am 13.3. ließ der Regensburger Polizeidirektor die Ortspresse zu sich kommen und teilte mit, daß die bisher geübte Vorzensur ab diesem Tag aufgehoben sei.

> "Würde sich danach aber doch ein Blatt in fruchtloser Kritik an der nationalen Regierung ergehen, dann würde gegen eine solche Presse mit allem Nachdruck vorgegangen."(3)

Wollte *der Regensburger Anzeiger* nicht sein vollständiges Verbot riskieren, mußte er also äußerst vorsichtig sein. Daraus ist zu erklären, daß der RA am 29.3 den ganzen Wortlaut eines NS-Aufrufes zum *Boykott jüdischer Geschäfte* am 1.4. abdruckte mit dem Titel

> "Deutschlands Antwort an die Juden - Schlagartiger Boykott ab Samstag, als Wehr gegen die landesverräterische Hetzkampagne gegen das deutsche Volk, angekündigt."

Der RA hatte dabei wörtlich den Text der NS-Parteikorrespondenz nachgedruckt, unter Angabe der Quelle. Der Leser konnte auch sehen, warum er sich an der Judenhetze beteiligte, denn im zitierten Wortlaut der NS-Partei-Anordnung hieß es, daß gegen Zeitungen, die sich "an dem Aufklärungsfeldzug" nicht oder nur beschränkt beteiligen, mit allem Nachdruck (lies: Mit Verbot) vorgegangen würde. "Solche Zeitungen werden aus jedem Haus ... entfernt"(4). Redakteure und Leser des RA wußten natürlich, daß die "jüdische Hetzkampagne" aus dem Ausland durchaus berechtigt war.

Der katholische RA wurde erstmals vom 9. bis 12.5.33 verboten, ein zweites-

---

1) Die diesbezügl. Auszüge aus den RPB in Z. und KAMMERBAUER
2) RA 1933, vom 16.3.
3) wie vor; hier nach MZ 1983, vom 25.1.
4) RA 1933, vom 29.3.

mal im Dezember. Schließlich erhielt er am 6.6.34 gleich auf 3 Monate Erscheinungsverbot. Am 14.6.34 wurden leitende Mitarbeiter in Schutzhaft genommen. Am 14.10.35 wurde die Zeitung wieder verboten und im Januar 36 schließlich in das Eigentum einer NS-kontrollierten Gesellschaft überführt. Endgültig mußte der RA sein Erscheinen im Februar 43 einstellen.

Auch das *Regensburger Sonntagsblatt* (ab April 35 mit dem Untertitel "Kirchenblatt der Diözese Regensburg", ab 1938 "Regensburger Bistumsblatt") mußte schnell in die neue, in die NS-Linie einschwenken. So brachte die Ausgabe vom 9.4.33 - wohl pflichtgemäß, bzw. aus Angst vor einem Verbot - einen ausführlichen antisemitischen Artikel, in dem der Boykott jüdischer Geschäfte am 1.4. und die Einführung eines numerus clausus für Juden an höheren und Hochschulen als Antwort auf die "Hetze der jüdischen Presse im Ausland", gegen den NS-Staat gerechtfertigt wird. Trotz des Kurses einer grundsätzlichen Kooperationsbereitschaft gegenüber dem NS-Staat wurde auch das Sonntags- bzw. Bistumsblatt am 29.11.1936 beschlagnahmt und ab 1941 wurden alle Bistumsblätter in Deutschland verboten. Am 31.4.41 erschien die letzte Nummer des Regensburger Blattes(1).

Für den RA muß rühmend erwähnt werden, daß er während der ersten Hitlerjahre, neben dem auch in Regensburg erschienenen "Das Wort in der Zeit", unter den 16 deutschen katholischen Presseorganen vertreten war, die der SD, der NS-Nachrichtendienst für ganz Deutschland, sich ständig zur Beobachtung hielt(2).

Zu einem deutlichen und unvergessenen Zeichen für die Kirchenfeindlichkeit des NS-Staates wurde der brutale Abbruch des *Deutschen Gesellentages in München*, der vom 8. bis 11.6.1933 viele tausend Kolpingsbrüder aus allen deutschen Gauen, aus Österreich, der Schweiz, aus Holland, Danzig und vor allem auch aus den Gebieten mit deutschem Volkstum im Ausland, z. B. aus Ungarn, vereinte, bzw. vereinen sollte. Nachdem das Treffen fünf Tage vor seinem Beginn von der BPP verboten, dann nach schwierigen Verhandlungen mit demütigenden Auflagen erlaubt worden war (die Fahnen durften nur eingerollt getragen werden, Aufmärsche und öffentliches Auftreten waren untersagt), wurde am Vorabend des letzten Veranstaltungstages gegen 22 Uhr vom bayerischen Innenminister und Gauleiter *Adolf Wagner*, der ein offener Gegner des Christentums war, das Tragen der Gesellenuniformen (orange-farbene Hemden) verboten. Das Verbot wurde während der Abendveranstaltung, die von über 10 000 Menschen besucht war, bekanntgegeben. Es handelte sich um reine Schikane, denn sehr viele Gesellen hatten keine Überkleidung dabei, um ihr Gesellenhemd verbergen zu können. Schon während der drei vorausgegangenen Tage waren SA-Männer aufgeboten, die auf die Kolpingsbrüder einschlugen und ihnen z. B. ihre Abzeichen abrissen. Ein Regensburger Teilnehmer wurde dabei so mißhandelt, daß er durch den erlittenen Schädelbruch zeit seines Lebens invalide blieb. Die Polizei durfte die Kolpingsbrüder nicht schützen.

Am letzten Tag sollte um 10 Uhr in der Ausstellungshalle auf der Theresienwiese der abschließende Festgottesdient mit einer Predigt Kardinal Faulhabers stattfinden. Eine Stunde vorher waren jedoch schon an die zweitausend SA-Leute auf der Theresienwiese zu einer großen Protestaktion aufmarschiert. Zur gleichen Zeit war ein Aufmarsch der SA durch die Stadt in Vorbereitung.

---

1) Ausführlichere Darstellung über das Sonntags-, bzw. Bistumsblatt in CHROBAK 1981
2) Browder G. C.: Die Anfänge des SD. In Vj.-Hefte f. Zeitgesch. 27 (1979) Nr. 2, 299

In dieser bedrohlichen Situation mußte der Gottesdienst abgesagt werden. Die Leitung des Gesellentages veranlaßte, daß alle Sonderzüge 24 Stunden früher als vorgesehen aus München abfuhren. Vor Abgang diese Züge war der Hauptbahnhof von starken SA-Abteilungen besetzt. Ich sah, wie zwischen Stachus und Hauptbahnhof ein betrunkener SA-Mann auf einer konfiszierten Fahne der Kolpingsbrüder herumtrampelte, machte möglichst viele Passanten darauf aufmerksam, woraufhin immer mehr Menschen sich um dieses Schauspiel gruppierten. Bald kam dann ein anderer (höherer?) SA-Angehöriger hinzu, der den Betrunkenen abführte.

Die Regensburger Katholiken erfuhren von den Ausschreitungen nicht nur aus ihrer Tagespresse, dem RA, sondern auch aus den Berichten von Teilnehmern, die selber Zeugen der Krawalle in München gewesen waren. Vom Katholischen Gesellen-Stammverein Regensburg (KF = Kolpingsfamilie St. Erhard) waren 70 Gesellen per Bahn, Auto oder Fahrrad nach München gekommen. Von Weiden aus verkehrte ein Sonderzug. Sieben Mitglieder des Gesellenvereins St. Emmeram fuhren mit der Bahn, weitere Teilnehmer entsandte die KF Steinweg. Es ist sicher, daß z. B. *Johann Igl* als Kolpingsbruder aus der Pfarrei St. Emmeram entweder aus eigenem Erleben oder aus den Erzählungen seiner Gesinnungsfreunde ausführlich darüber informiert war. Das Ereignis hinterließ bei der katholischen Bevölkerung Regensburgs einen nachhaltigen Eindruck. So berichtet ein damaliger Kolpingsbruder, Georg Sch.:

> "Wir waren zwar informiert, daß es zu Ausschreitungen der Münchener SA kommen könnte, glaubten aber nicht an deren brutale Gewalt. *Damals ist mir ein Licht aufgegangen: Ein solches Regime konnte nicht das wahre und neue Deutschland sein...*"(1)

Durch den Kirchenkampf, besonders durch Vorkommnisse wie beim Gesellentag, entstand bei engagierten Katholiken nicht nur Empörung wegen der religionsfeindlichen Maßnahmen, gegen die die Kirche ausschließlich protestierte, sondern darüber hinaus auch eine Ablehnung des ganzen Regimes.

Der vorher zitierte Georg Sch. fährt fort:

> "Ich wurde in Schutzhaft genommen, ebenso wie meine Freunde *Otto Dietlmeier, Georg Haunschild, Lorenz Bitter* und unser damaliger Senior *Georg Artmann*..."

Die Regensburger NS-Zeitung "Bayerische Ostwacht" berichtete am 23.6., also 12 Tage nach dem Gesellentag, daß ein Mann verhaftet wurde, weil er - wie viele Leser wußten - die Wahrheit gesagt hatte: Am Donnerstag, 22.6.

> "wurde das Stadtratsmitglied der BVP, Bäckermeister *Gräßl*, in Schutzhaft genommen. Den Grund dazu bildeten Äußerungen Gräßls über den Gesellentag in München. U. a. hat er behauptet, der Abbruch der Veranstaltung sei von den NS provoziert worden, die wie die Vandalen gehaust hätten; in der Presse könne man darüber nichts lesen, weil die Wahrheit in der Presse nicht mehr geschrieben werden darf."

Bemerkenswert ist, daß an der Fronleichnamsprozession, die nur vier Tage nach der Auflösung des Gesellentages stattfand, sich 200 Gesellen allein von

---

1) KOLPINGSWERK

der einen Kolpingsfamilie St. Erhard beteiligten(1), was für jedermann, besonders für die Gestapo, eine Demonstration für die Kirche und damit, vom Kirchenvolk aus gesehen, gegen den NS bedeutete. Im Jahr 1934 verbot *Robert Ley*, der Führer der Deutschen Arbeitsfront DAF - übrigens auch aus einer alteingesessenen katholischen Familie stammend - die gleichzeitige Mitgliedschaft in der DAF und in konfessionellen Arbeiterverbänden, also z. B. in den katholischen Gesellenvereinen oder in der KAB (Katholischen Arbeiterbewegung) und *zwang* dadurch viele oder praktisch alle zum formellen Austritt. Man las das z. B. im "Viechtacher Tagblatt"(2) so:

"Auf Grund der Verfügung des Reichsleiters der DAF, Dr. Ley, müssen wir unsere Kameraden ersuchen, bei einer evtl. Mitgliedschaft zum katholischen Gesellenverein diese sofort zu lösen. Bei Nichtbefolgung dieser Vorschrift erfolgt rücksichtslos Ausschluß aus der DAF. Da jeder Deutsche weiß, daß der Ausschluß aus der Arbeitsfront den Ausschluß aus der Volksgemeinschaft bedeutet und jeder Ausgeschlossene als Saboteur am neuen Deutschland betrachtet wird..."

An dem schon erwähnten 22.6.1933 und am Tag vorher wurden mehrere Haussuchungen - darunter bei 39 BVP-Mitgliedern - durchgeführt, u. a. beim vormaligen Ministerpräsidenten *Dr. Held*, beim Bauernführer *Dr. Heim*, Kommerzienrat *Habbel*, beim zweiten Regensburger Bürgermeister *Hans Herrmann* (MdR BVP), bei *Dr. Pustet* und bei sämtlichen ehemaligen und gegenwärtigen Stadträten der BVP, auch bei den Geistlichen *Johann Hösl*, Stadtpfarrer von St. Anton, *Jakob Wagner*, Stadtpfarrer von Stadtamhof, und dem bischöflichen Verwaltungsdirektor *Andreas Hundhammer*. Den oben genannten *Gräßl* scheint man ins KZ eingeliefert zu haben, denn in der "Bayerischen Ostwacht" heißt es über einen anderen: "Wir hoffen, daß ... wie Herr Gräßl nach Dachau übersiedeln sollte."

Vier Tage nach den Haussuchungen, am 26.6. früh um 5 Uhr, wurden in ganz Bayern sämtliche Abgeordnete und Stadträte der BVP in Schutzhaft genommen, dazu auch andere Personen, die der BVP nahestanden(3), unter ihnen auch die genannten Stadtpfarrer *Hösl* und *Wagner*. Alle verhafteten BVP-Leute wurden dann wie Geiseln nur wenige Tage nach der Selbstauflösung der BVP am 4.7. wieder freigelassen(4).

Noch unter dem Eindruck dieser Gewaltmaßnahmen schrieb Bischof *Michael Buchberger* am 13.7.1933 an den Reichskanzler und beklagte sich wegen der Verhaftungen von Geistlichen seiner Diözese.

"Die Verhafteten, zur Zeit circa zwanzig, durchgehends angesehene Männer, haben ihre Pflicht gegen Kirche und Vaterland staatstreu erfüllt; einige haben den ganzen Krieg mit Auszeichnungen mitgemacht ... Politisch sind nur etwa drei bis vier hervorgetreten als Mitglieder der BVP und auch das nicht mehr seit dem 5. März. ... Die Bitte um baldige Freilassung gestatte ich mir auch für viele Laien meiner Diözese zu stellen, die nur wegen ihrer bisherigen Zugehörigkeit zur BVP verhaftet sind".

---

1) wie vor, S. 25; dort aus der handgeschr. Chronik des Kathol. Gesellen-Stammvereins (K. F. Erhard). Verfaßt anfängl. von Bernhard Suttner, dann von Augustin Frankl
2) POHL 41; "in einer Ausgabe vom 1.9.35"
3) WEINMANN 32
4) wie Fußn. 3 und Bayer. Staatsanzeiger Juli 1933

Die noch zahlreicheren verhafteten SPD- und KPD-Leute und die Juden konnte er wohl kaum erwähnen, da dies als Einmischung in die Politik und damit als konkordatswidrig gegolten hätte. Der Bischof fährt fort:

"Leider muß ich mir doch eine weitere Bitte gestatten ... wurden katholische Vereine als aufgelöst erklärt, obwohl sie bisher von der Reichsregierung nicht verboten waren; zugleich wurden ihre Heime und ihr Vermögen beschlagnahmt; Geld und Wertpapiere wurden zum Teil mitgenommen, ohne daß der Vereinsvorstand auch nur eine Bestätigung ... erhalten hatte. Selbst das Vermögen von rein kirchlichen und karitativen Vereinen und Bruderschaften wurde an vielen Orten gesperrt oder beschlagnahmt, gleich als wäre beabsichtigt, das kirchliche Vermögen seinem Zweck zu entziehen. Ich bitte ... um den verfassungsrechtlichen Schutz ...

Wir sind gern und ehrlich bereit, mit Ew. Excellenz mitzuarbeiten zum Wiederaufbau unseres Vaterlandes, namentlich zur geistigen und seelischen Gleichschaltung des ganzen deutschen Volkes auf christlicher und vaterländischer Grundlage ... Wir vertrauen auf das Wort, das Ew. Excellenz den Kirchen gegeben haben ..."

Ein Antwortschreiben ist nicht bekannt und dürfte nie eingegangen sein(1).

Bischof *Buchberger* kommt auch in einem Bericht des RegPr von Obbay. vor:

"Zum Abschluß der Volksmission in Regensburg hielt der dortige Bischof Buchberger am 15.11.36 eine Ansprache (die dann in allen Kirchen Regensburgs verlesen wurde)(2), in der die staatsfeindliche Einstellung des Bischofs deutlich zum Ausdruck kommt. Sie richtete sich in der Hauptsache gegen die Verunglimpfung des Priesterstandes, gegen die NS-Jugenderziehung und gegen die deutsche Glaubensbewegung ..."

In mancher Hinsicht ähnelt das im folgenden dargestellte Verhalten des langjährigen Zweiten Bürgermeisters von Regensburg, des Katholiken *Hans Herrmann*, der Haltung vieler, es bleibt fraglich, ob der meisten seiner Glaubensbrüder (die nur keine Bürgermeister waren), die sich aber nach dem Umschwung 1933, so wie er, wohl oder übel anpaßten und während der zwölf Jahre auch ohne passiven Widerstand loyal ihre "Pflicht" taten. Herrmann war Spitzenkandidat der BVP für die letzte Reichstagswahl am 5.3.33 und agitierte dabei natürlich gegen Hitler und dessen NS-Partei. Er wies z. B. in seinem Wahlkampf - also schon einen Monat nach dem Beginn des Dritten Reiches - auf die Stellungnahme der deutschen Bischöfe zum NS hin, "die jedem Katholiken genügen muß, um sich zu sagen, daß *bei einer solchen Partei sein Platz nicht sein kann.*"(3)

Aber bereits am 20.3., als der "Alt-Pg" (= NS-Parteigenosse schon vor 33) *Dr. Otto Schottenheim* auf Verlangen seiner Partei komissarischer Oberbürgermeister wurde, versicherte diese bei einer Pressebesprechung, daß *Herrmann* neben Schottenheim als Zweiter belassen werden soll(4). Am 29.5. bestätigte der Stadtrat durch Wahl den NS-Oberbürgermeister in seinem Amt. Auch Herrmann stimmte mit allen anderen Stadträten für ihn. Kurz danach, am

---
1) SCHWAIGER 51 f.
2) WEINMANN 229 f. Das Regensburger Sonntagsblatt vom 29.11.36, das die Ansprache des Bischofs enthielt, wurde beschlagnahmt
3) RA 1933, vom 18.2.
4) RA 1933, vom 21.3.

22.6., führte man aber doch auch beim noch amtierenden oder wieder vorgesehenen Zweiten Bürgermeister eine Haussuchung durch und steckte ihn vier Tage später eine Zeitlang ins Gefängnis. Das aber änderte nichts daran, daß er während aller zwölf Jahre des NS-Reiches wieder sein Amt als Bürgermeister fortführte und daß er, als die Partei nach zwei Jahren der Aufnahmesperre 1935 wieder für Neuaufnahmen geöffnet wurde, der selben Partei beitrat, bei der "kein Platz für einen Katholiken sein kann", daß er 1937 bei ihr zum Kreisstellenleiter und auch förderndes Mitglied bei der SS wurde. Sicher war das alles für ihn als Bürgermeister unerläßlich, aber ... Später im Spruchkammerverfahren nach 45 verteidigte er sich damit, daß er 1933 nur deswegen Bürgermeister geblieben war, weil er während der NS-Zeit noch Schlimmeres für die Stadt und ihre Bürger verhüten wollte(1).

Das Verhalten *Herrmann*s gegenüber dem NS entsprach im übrigen vollkommen den jeweiligen Verlautbarungen der deutschen Bischöfe: Bis 1933 war er ihrem Rat entsprechend Gegner der antichristlichen NS-Partei gewesen und kurz nach dem Umschwung "unterwarf" er sich der "rechtmäßigen Obrigkeit". Nach 1945 trat er der christlichen CSU bei und wurde nun von ihr - in seinem dritten Regime - für 1952 bis 59 wieder zum Bürgermeister, ja sogar zum Oberbürgermeister erkoren. Er hatte sich angepaßt und hatte mitgemacht wie die meisten Bürger Regensburgs und wie allgemein die meisten Menschen dieser Erde, wenn sie in eine entsprechende Lage kommen.

Zunächst aber wurde Herrmann nach Kriegsende von den Amerikanern verhaftet und in ein Lager gebracht, wurde auf *Fürsprache des Bischofs Buchberger* aus diesem vorzeitig entlassen und arbeitete zunächst als Justitiar des Bischofs. Beim Spruchkammerverfahren im August 1946 sollte er in Gruppe I als "Hauptschuldiger" eingestuft werden, erreichte aber eine Abmilderung in Gruppe II als "Aktivist" und Verurteilung zu sechs Monaten Arbeitslager. Aber bei der Berufungsverhandlung im Februar 1947 wurde er als "Mitläufer" (Gruppe IV) anerkannt und konnte also wieder öffentliche Ämter bekleiden. Seine Wahl zum Oberbürgermeister spricht natürlich für ihn, ist aber auch bezeichnend für die in Regensburg ganz besonders verbreitete Neigung zum Vergessen der 12 Jahre NS-Vergangenheit. Dazu würde passen, was die "Woche" vom 27.1.83 berichtet, daß die Regensburger CSU die Kontinuität und das Vergessen sogar so weit treiben wollte, daß sie zuerst wieder den NS-Oberbürgermeister *Dr. Schottenheim* für die Wahl in Erwägung gezogen hatte. Dies sei schließlich nur daran gescheitert, daß dieser selber das Ansinnen ablehnte. Dann begnügte man sich mit dem 2. Bürgermeister des Dritten Reiches. Der Stadtrat bekundete später seine ausdrückliche Hochachtung, indem er eine Schule nach *Hans Herrmann* benannte.

Eine eingehende Lebensbeschreibung und -nachforschung würde wahrscheinlich nicht so negativ ausfallen, wie die äußeren Daten das erscheinen lassen, wenngleich die Eigendarstellung und die große Zahl von Entlastungszeugen vor der Spruchkammer als zweckgebunden einer vorsichtigen Beurteilung bedürften.

Man könnte fragen, ob diese Umschwünge nur durch jeweilige Anpassungen zu erklären sind, oder ob nicht doch über die Zeiten konstante Mentalitäten und Motive der Beteiligten diese Umstellungen erleichterten. *Ein* gemeinsames Motiv für die letzten 65 Jahre deutscher Politik findet sich in der Abneigung gegen den Kommunismus und damit gegen die Sowjetunion, wobei dieses Feindbild

---
1) MATTHES 130; dort aus MZ 1946 und 1947

dann allerdings bei Hitler in die Lebensraumideologie eingebunden wurde und deren Tarnung oder moralischen Rechtfertigung gegenüber "Humanitätsduselei" diente. Hitler nützte also die bestehende Angst für einen Raubkrieg aus. Zu dieser Gemeinsamkeit hinsichtlich des wichtigsten Feindes kamen weitere, über die verschiedenen Regimes hinweg konstante Mentalitäten hinzu, wie etwa besondere Hochschätzung von Ordnung und Autorität, Geringschätzung der Weimarer Republik und ihrer liberalen oder "dekadenten" Kultur, Vaterlandsliebe zusammen mit der Auffassung, daß Ehre, Macht und damit Wohlergehen eines Volkes primär von seiner Wehrhaftigkeit abhängen, bevorzugt irrationales Denken, Kulturpessimismus und manches andere mehr. Eine solche Kontinuität durch die drei ansonsten so verschiedenen Herrschaftsformen – Weimar, Hitler, Bonn – manifestierte sich in persönlichen Schicksalen nicht nur in gutem Sinn wie bei Herrmann, sondern auch umgekehrt auf schlimme Weise, d. h. in Verfolgung während aller drei Systeme, weil diese eben in mancherlei übereinstimmten. Das letztere erlebten Kommunisten und widerfuhr auch Persönlichkeiten wie dem eingangs vorgestellten Regensburger Pazifisten *Johann Kimpel*.

Bei solchen vorhandenen Gemeinsamkeiten wäre es zu keinem "Kampf" gekommen, wenn nicht doch der NS versucht hätte, seine im Grunde ganz andere, nämlich dem Christentum entgegengesetzte Weltanschauung in breitere Volksschichten, vor allem in die Jugend zu tragen. Erst dadurch kam es zu dem *Kirchenkampf*, den der NS-Staat einseitig und ratenweise gegen die Kirche führte. Es kam immer wieder zu Einzelmaßnahmen gegen Priester, Ordensleute, kirchliche Verbände und die Schulen. Die Kirche sollte ganz offenkundig Schritt für Schritt aus ihren bisherigen Wirkungsbereichen zurückgedrängt werden, besonders sollte ihr der Einfluß auf die Jugend in den Schulen und in den Jugendverbänden entzogen werden.

Im Frühjahr 1937 begann in Regensburg die Partei mit Elternabstimmungen zugunsten der Gemeinschafts-, *gegen die Konfessionsschulen*, wie diese in der Weimarer Republik bestanden hatten und wie sie laut Konkordat auch nicht hätten angetastet werden dürfen. Die Bevölkerung - soweit sie NS-gegnerisch eingestellt war - befand sich in diesem Terrorsystem längst in einem Angstzustand. So erklärten sich 83, später 91 % für die Gemeinschaftsschule, die dann auch am 18.8.37 in Regensburg eingeführt wurde(1). Bischof Buchberger protestierte beim Kultusministerium und ließ u. a. wegen Abstimmungsdruck und Wahlmanipulationen Rechtsverwahrung einlegen. Auch die Pfarreien führten Unterschriftensammlungen für die Beibehaltung der Bekenntnis- oder Konfessionsschulen durch. Ich erinnere mich, wie Stadtpfarrer *Johann Hösl* von der Pfarrei Skt. Anton (siehe oben) - der vom 27.6. bis 7.7.33 in Schutzhaft gewesen war - zu meinem Vater kam und dieser sich in eine solche Liste eintrug.

Immer deutlicher erkannte der bewußt katholische und evangelische Bevölkerungsteil die ernsten Spannungen zwischen Kirche und Staat und bezog gegen letzteren zunehmend ablehnende Stellung. Besonders seit Verlesung der Enzyklika *"Mit brennender Sorge"* im März 1937 kannte das Kirchenvolk auch die Haltung des Papstes gegen die kirchenfeindlichen Maßnahmen des NS.

Ab Ostern 1938, endgültig Ostern 1939, wurden die klösterlichen Schulen in Regensburg, also das Institut der *Englischen Fräulein* und *Niedermünster* geschlossen. (Verfügung des Bayer. Kultusmin. vom 29.12.1937 über die

---

1) Z. 122

"Schließung und den Abbau sämtlicher höherer Schulen, die von Orden oder Kongregationen geleitet werden".)

Die katholischen Jugendverbände

Ab Mitte 1933 standen der HJ als konkurrierende Jugendverbände von Bedeutung nur noch die konfessionellen, bald ausschließlich die katholischen Organisationen gegenüber. Da die HJ zur Staats- und einzigen Jugendorganisation werden sollte, kam es bald zu Spannungen. So meldet der RPB unter dem 4.5.34:

"... In Wörth a. D. kam es am 22.4. zu Auseinandersetzungen zwischen Mitgliedern der NSDAP und der DJK (katholische Sportorganisation Deutsche Jugendkraft), die Tätlichkeiten zur Folge hatten. Der Sonderbeauftragte beim Bezirksamt Regensburg erließ ... ein Tätigkeitsverbot für sämtliche katholischen Vereine..."

Über den Juli 34 meldet RPB: Wegen eines Plakates (das als Antwort auf einen HJ-Zettel angebracht worden war) verbot die Polizeidirektion Regensburg den *Jungmädchenverband St. Leonhard* (in Regensburg), das Vereinsvermögen wurde beschlagnahmt.

Ein weiterer in Regensburg vertreten gewesener katholischer Mädchenverband war die *"Weiße Rose"*(1). Mitglieder auch aus der Eichstätter Diözese trafen sich während der ersten Hitlerjahre gelegentlich in Regensburg.

Katholische Verbände zunehmend bedrängt, schließlich verboten.

Durch ständige Schikanen, Einschränkungen ihrer Tätigkeit, Repressalien gegenüber Jugendlichen und Eltern, regionale Verbote, wurden die katholischen Verbände immer mehr bedrängt, bis sie schließlich im Lauf des Jahres 1937 praktisch illegal wurden, wenn auch offiziell erst durch Verfügung der Gestapo-Leitstelle München und durch einen Erlaß des Bayerischen Innenminister vom 20. bzw. 31.1.1938 das endgültige Verbot ausgesprochen wurde. Die Jugendarbeit wechselte damit ausschließlich in die innerkirchliche Gemeinde-Jugendseelsorge. Dabei kam es zu heimlichen Zusammenkünften in Pfarrhäusern oder bei Familien, gelegentlich auch zu deren Auflösung durch Polizei oder HJ. Lange vorher - im Juli 1934 - war eine Verfügung des RegPr von Ndb/Opf an die ihm unterstellten Landes- und Gemeindebehörden ergangen, nach der bis 15.8.35 bei den dort beschäftigten Beamten und Angestellten festgestellt werden sollte, ob deren Kinder konfessionellen Jugendverbänden angehörten. In einem anschließenden Erlaß sprach der RegPr die natürlich als Drohung empfundene und gemeinte Erwartung aus, daß Beamte ihre Kinder nicht bei konfessionellen Verbänden belassen. Daraufhin meldete er für September 1935 stolz, daß

"von den etwa 10 000 Beamten und 1000 Angestellten des RegBez auf meinen Appell hin keine Kinder mehr in konfessionellen Verbänden sind."(2)

Unter den Mädchen an höheren Schulen war der Bund *Heliand* besonders aktiv

---
1) Der süddtsch. Verband kathol. weibl. Jugendvereine führte den Namen "Weiße Rose"; Z. 59 u. 62
2) RPB für Sept. 1935

gewesen. Ehemalige Mitglieder erinnern sich einer großen Tagung auf Schloß Neresheim/Württ., das Thurn und Taxis gehörte. Dort kamen einige tausend Mädchen zusammen. Es muß im Sommer 1935 oder 36 gewesen sein. Vor dem endgültigen Verbot ihres Bundes einige Jahre später vergruben die Mädchen ihr Heliand-Banner. Aber auch sie trafen sich danach regelmäßig weiter, bis nach dem Krieg der Bund legal fortgeführt werden konnte.

Neben der schon genannten Deutschen Jugendkraft spielte für die männliche Jugend, besonders für die an höheren Schulen, der Bund *Neudeutschland* eine große Rolle. Ihm entsprach der erwähnte "Heliand" als die Schwesterorganisation. Daneben gab es in Regensburg die *Kreuzfahrer*. Bedeutende Persönlichkeiten waren vordem Mitglieder bei Neudeutschland gewesen, so der spätere Bischof *Dr. Graber* oder der Verleger *Dr. Habbel*. Für den Zusammenhalt war ungünstig, daß die jungen Männer nach ihrem Abitur die Stadt verließen, um an einer Universität zu studieren. Dort waren sie dann in einem Hochschulring organisiert und kamen nur mehr selten zu ihrer Regensburger Gruppe. Doch trafen sich viele immer wieder bis zum Kriegsende und danach - soweit nicht der Kriegsdienst den Kontakt für lange oder immer unmöglich machte.

Über den Juli 1937 meldete der RegPr: Die Grundgruppen Regensburg, Straubing und Passau des Bundes *Neudeutschland* unternahmen eine Pfingstfahrt nach Niederpöring und übertraten dabei das Sportverbot für konfessionelle Jugendverbände. Die Stapostelle Regensburg hat deshalb bei der Stapoleitstelle München angeregt, den Bund Neudeutschland für den ganzen Regierungsbezirk aufzulösen und zu verbieten. Durch die erwähnten Verfügungen aus München im Januar 38 wurden schließlich *auf Grund der Reichstagsbrandverordnung* in allen bayerischen Diözesen *verboten*: Die marianischen *Jungfrauenkongregationen*, die katholischen *Jungmännervereine* mit allen Untergliederungen, besonders die *St. Georgs Pfadfinder* und die Sturmscharen, sowie der Bund *Neudeutschland*, usw.

Auch in Regensburg wurden danach aber Gruppenabende abgehalten, die manchmal Domprediger *Dr. Maier*, öfter Domvikar *Böhm* leitete.

Im August 39 wurde der Albertus-Magnus-Verein aufgelöst, im gleichen Monat verbot Himmler das Frauenhilfswerk für Priesterberufe. Leiterin dieses Hilfswerks war für die Diözese die Rechtsanwaltswitwe *Rosa Hofmann* in Regensburg.

Trotz all dieser Konkordatsverletzungen durch den NS-Staat ordnete der Bischof im April 1939 zum 50. Geburtstag Hitlers an, daß die Kirchenglocken geläutet wurden und für den Führer gebetet wurde(1).

Auch bildeten die Domspatzen unter dem Geistlichen *Dr. Schrems* als Domkapellmeister - natürlich mit Zustimmung des Bischofs - eine eigene "Hitlerjugend"-gruppe und fuhren z. B. nach Südamerika oder - im Krieg - nach Paris. Sie halfen dabei der Propaganda für Hitler-Deutschland, denn sie zeigten dem Ausland, daß die Stellung der katholischen Kirche in Deutschland nicht so schlecht sein konnte.

RPB für April 1939; Z. 227

Kruzifixerlaß und erste Frauendemonstration

Zur heftigsten Reaktion der katholischen und evangelischen Bevölkerung führte der "Kruzifixerlaß" des bayerischen Kultusministers und Gauleiters *Adolf Wagner* vom 23.4.1941. In ihm wurden die Schulbehörden aufgefordert, die Kreuze aus den Schulräumen allmählich zu entfernen und durch "zeitgemäßen Wandschmuck" zu ersetzen. An vielen Orten kam es zu heftigen Mißfallenskundgebungen der Eltern, besonders der Mütter, zu Schulstreiks, oder auf dem Land zu Milchablieferungsboykott(1).

Als der Widerstand der Bevölkerung heftiger als erwartet wurde, erließ Wagner am 28.8.41 einen "Stopperlaß", der natürlich unter "Geheim" an die Schulbehörden ging und auch den Bischöfen zugeleitet wurde. In ihm wurde verfügt, daß "weitere Maßnahmen abzustoppen" seien. Die bereits entfernten Schulkreuze wurden jedoch nicht überall wieder auf ihren Platz zurückgebracht.

Daraufhin kam es an vielen Orten zu Protestkundgebungen von Frauen. So versammelten sich am 10.10.41 vor einem Schulhaus in Kelheim über vierzig Frauen. Als Pfarrer *Martin Rohrmeier* dazukam, stellte er sich hinter die Frauen, gegen die Polizei, die einschreiten wollte. Daraufhin wurde er verhaftet, zunächst in das Gefängnis Regensburg, dann am 11.12.41 in das KZ Dachau verbracht. Dort traf er im Priesterblock Nr. 26 mit seinem Kurskollegen *Ludwig Spießl* zusammen. Erst nach 3 1/2 Jahren, am 9.4.45, wurde er durch den Lagerkommandanten *Weiter* entlassen(2).

In Regensburg kam es gut zwei Wochen später, am 27.10.41 zu einer Ansammlung von etwa 150 bis 200 Frauen vor dem Rathaus, die vom Oberbürgermeister die Wiederanbringung der Schulkreuze forderten. Als *Schottenheim* sich für nicht zuständig erklärte und die Frauen an den Partei-Kreisleiter verwies, erschienen am Nachmittag des gleichen Tages *gegen tausend Frauen* vor dem Rathaus. Auf ihre Forderung hin gab Kreisleiter *Weigert* die Zusage, die Kreuze in die Schulen zurückzugeben(3). Sprecherinnen der Demonstration waren die Frau des evangelischen Dekans und Stadtpfarrers, *Luise Emilie Giese*, Tochter eines Münchener Hochschulprofessors und die Frau des katholischen Regensburger Hochschulprofessors *Dachs*. Der Vorfall wurde auch vom britischen Rundfunk berichtet.

Die Regensburger Demonstration gegen den Kruzifixuserlaß fand zu einer Zeit statt, in welcher der NS auf dem Höhepunkt seiner Erfolge und seiner politischen und militärischen Macht angelangt und deswegen der Anteil der Zustimmenden in der Bevölkerung wahrscheinlich am größten gewesen war. Deswegen könnte man annehmen, daß das riskante Heraustreten der Frauen in die Öffentlichkeit ganz überwiegend religiös und gar nicht politisch motiviert war. Trotzdem ist aber nicht nur wahrscheinlich, sondern weiß man als Zeitzeuge, daß die Menschen, die durch die offenkundige Religionsfeindlichkeit des Regimes in ihrem Innersten getroffen waren, auch im allgemeinen Gegner gewesen sind und vieles mehr am NS, überhaupt den ganzen NS, für schlecht hielten.

---

1) Z. 283 f.
2) ETTELT 94
3) Z. 297; Fußn. 4: Nach einer Mittlg. von Herrn A. Reindl, dessen Frau maßgeblich an der Organisierung der Demonstration beteiligt war

Auch die große Demonstration dreieinhalb Jahre später - für die kampflose Übergabe der Stadt - war dann nicht nur eine spontane Aktion von ansonsten dem NS Zugetanen, sondern eine Äußerung aufgestauten und seit langer Zeit nicht ventilierbaren Zorns gegenüber dem NS, dessen unselige Gewaltpolitik nach innen und außen inzwischen allerdings für jedermann sichtbare Not gebracht und bei vielen Familien zu unsagbarem Leid geführt hatte.

Von den in dieser Schrift vorgestellten Widerständlern können *Schindler, Krug, Igl, P. Heyer, Dr. Maier* und *Zirkl* als Beispiele für katholische Widerstandsopfer gelten. Sie alle handelten ohne eine Leitung als Einzelpersonen; jedoch waren ihnen ihre katholische Weltanschauung und die Erfahrung des Kirchenkampfes wesentlicher Ansporn zu ihrem Tun. Sie wußten, daß der Kirche die Hände gebunden waren und ließen sich deswegen nicht dadurch beirren, daß von dort keine unmittelbare Unterstützung kommen konnte.

XII. DIE DREI LETZTEN OPFER DES WIDERSTANDES

DR. JOHANNES MAIER - JOSEF ZIRKL - MICHAEL LOTTNER

1. Die Frauendemonstration um Freigabe der Stadt

Die Demonstration kurz vor dem Kriegsende ist einerseits aus der völlig aussichtslosen militärischen Lage zu verstehen, bei der jede Verteidigung der Stadt zu deren Zerstörung und zu sinnlosen Menschenopfern führen mußte und andererseits aus der laut bekundeten Absicht der Partei, auch Regensburg bis zum letzten befehlsgemäß zu verteidigen.

a) Die militärische Lage war aussichtslos

Die letzten zweieinhalb Kriegsjahre begannen mit der katastrophalen und folgenschweren Niederlage in Stalingrad Ende Januar 1943. Die zunächst auf einer Linie Leningrad - Moskau - Stalingrad weit entfernt von der Heimat verlaufende Ostfront mußte danach sukzessive immer weiter "zurückgenommen" werden. An der Front im Süden kapitulierten die deutschen und italienischen Verbände in Afrika im Mai 1943. Sehr schwerwiegend war gewesen, daß die deutschen Verbündeten das Ende klar kommen sahen und möglichst rechtzeitig mit Hitler Schluß machten. Im Juli 1943 schied Italien aus; der Diktator Mussolini wurde von einer neu gebildeten Regierung am 25.7.43 verhaftet.

Bis zum Winter 1944/45 war dann Italien bis hinauf zur Poebene von den Alliierten besetzt. An der Westfront blieb die lang angekündigte Invasion zunächst aus. Aber im Juni 1944 landeten die Alliierten und schon Anfang September 44 hatten sie die deutschen Truppen aus dem größten Teil Frankreichs vertrieben. Während dieser Rückzüge im Süden und Westen rückte auch die Ostfront immer näher an die deutsche Grenze heran. Anfang 1945 waren die zuvor von Deutschland überfallenen Länder wieder frei und die Befreiungsarmeen standen im Osten und im Westen an den Reichsgrenzen. Im Westen drangen schließlich ab März 1945 85 alliierte Divisionen sehr schnell ins Innere des Deutschen Reiches ein. Sie fanden keinen ihrer eigenen militärischen Stärke entsprechenden Widerstand mehr. Auch im Nordosten und Südosten verließen die deutschen Verbündeten das untergehende Schiff: Finnland und die Länder auf dem Balkan schlossen mit dem Gegner Waffenstillstandsabkommen. So konnten die russischen Truppen im Januar 1945 gleichzeitig von Osten und von Südosten gegen das Reichsgebiet unaufhaltsam vorstoßen, bis sich am 25. April Russen und Amerikaner bei Torgau die Hand reichten.

Auch wer keine ausländischen Sender hörte, erfuhr aus dem eigenen täglichen Wehrmachtsbericht, wie zügig der Gegner von allen Seiten sich auf Deutschland zubewegte und dann im Innern des Reiches weiter vordrang. So nannte z.B. das OKW zum Neujahr 1945 noch Kampfgebiete zwischen Maas und Mosel und in Elsaß-Lothringen, weiter in Mittelitalien, in Ungarn und in Ostpreußen. Der Gegner hatte also noch nach dem deutschen Wehrmachtsbericht bereits die Ost- und die Westgrenze Deutschlands erreicht. Gleichzeitig erfuhr und erlebte die Bevölkerung in der Heimat, wie die deutschen Industriezentren, vor allem die Rüstungsindustrie, aber auch die Wohngebiete, fast täglich mit Bomben belegt und immer mehr zerstört wurden. Woher sollten dann aber für eine Fortsetzung des Kampfes noch Waffen und Munition kommen!

In Regensburg erschien seit dem Frühjahr 1943 nur noch eine einzige Zeitung, nämlich die *"amtliche Tageszeitung des Gaues Bayreuth der NSDAP"*, der *"Regensburger Kurier"*. Dessen wichtigste tägliche Nachricht war der Wehrmachtsbericht. Er vermittelte allein aus der geographischen Lage der genannten Kampfgebiete für jeden noch normal denkenden Leser die sichere Erkenntnis, daß es dem Ende entgegenging. Für manche war das eine bittere Erkenntnis, für andere aber auch eine längst herbeigesehnte Lage. Dabei ist hier von Bayern die Rede, nicht vom Osten Deutschlands, wo man mit Angst und berechtigter, großer Sorge die Rache der Russen erwartete. Für Bayern war von ausländischen Sendern her längst bekannt, daß es von amerikanischen Truppen besetzt werden würde.

Trotz dieser aussichtslosen militärischen Lage versuchten die Partei und die Verfasser der Wehrmachtsberichte durch tägliche Erfolgsmeldungen die Truppen und die Bevölkerung *zum weiteren Durchhalten zu bewegen*. So heißt es z. B. im Bericht des OKW vom 30.3.45:

"... Die 4. amerikanische Panzerdivision wurde bei Gemünden vernichtet. Ostwärts von Aschaffenburg ist das gesamte Gebiet vom Feind gesäubert. Die Stadt Aschaffenburg ist fest in unserer Hand..."

Nur wenige Tage später, am 4.4.: "Zwischen Aschaffenburg und Würzburg dringt der Feind weiter nach Osten...", wo doch kurz vorher dieses "gesamte Gebiet vom Feind gesäubert" worden und "Aschaffenburg fest in unserer Hand" gewesen war! Am 6.4. wurden "Angriffe auf Wien abgewehrt ..."

Kurzum: Anfang April 1945 näherten sich die Fronten von West und Ost der Stadt Regensburg, Gottseidank schneller von West als von Ost. Dazu kam, daß auch den Angriffen aus der Luft Regensburg schutzlos ausgeliefert schien. *Am 13.3. war der schwerste und verlustreichste unter den Fliegerangriffen des Jahres 1945 auf Regensburg*. Er kostete 169 Menschen das Leben. Ein Verband von fast 600 schweren Bombern warf 1 200 t Bombenlast über dem Ziel Rangierbahnhof ab. Die Obermünsterkirche sank an diesem 13.3. in Schutt und Asche. 35 Bomben zerpflügten den Unteren Katholischen Friedhof(1). Am folgenden Tag meldete sogar der Wehrmachtsbericht diesen Angriff: "... Durch die gestrigen Einflüge nordamerikanischer Bombenverbände in das Reichsgebiet wurde besonders Regensburg betroffen..."(2)

Und nun war *am 16.4. mittags schon wieder ein schwerer Angriff auf Regensburg* geflogen worden. 328 Bomben wurden mit dem Ziel Bahnhof und Eisenbahn-Donaubrücke abgeworfen. Es gab 112 Tote. Die Bahnbrücke konnte nicht mehr befahren werden(3). Was der Bürger außer den Angriffen aus der Luft und auf dem Land erfuhr und erlebte, war z. B. die Einstellung aller Schnell- und Eilzüge der Deutschen Reichsbahn seit 23.1.45. Briefverkehr gab es allmählich nur noch innerhalb eines Ortes oder mit günstig gelegenen Nachbarorten. Für den allgemeinen Postverkehr waren nur noch Postkarten zugelassen. Mit dem 15.3. hörte auch diese Nachrichtenverbindung auf(4). Natürlich mußte jede Nacht jedes Haus total "verdunkelt " werden. Die Menschen standen Schlangen zuerst vor den Ausgabestellen für die Lebensmittel-

---

1) MZ 1955, vom 9./10.4.
2) WEGMANN 485
3) KLITTA und Liste der Stadt Regensburg über die Fliegerangriffe
4) KLITTA S. 8 gilt für Schwandorf. In Regensburg wurde seit dem Angriff vom Mo. 9.4. keine Post mehr ausgetragen und angenommen (Tagebuch Dr. Köck)

karten und anderen Zuteilungspapieren und dann vor den Lebensmittelgeschäften. Das Durcheinander wurde immer schlimmer. Buchstäblich Tausende von Flüchtlingen kamen in die Stadt. Menschen verloren ihre Angehörigen, Eltern suchten ihre Kinder, von denen sie auf der Flucht getrennt wurden. Dazu kam stundenlanger Aufenthalt in den Luftschutzkellern.

Trotzdem das nicht so in der Zeitung stand und im deutschen Radio zu hören war, erfuhr die Bevölkerung doch von den fürchterlichen Zerstörungen und den vielen Toten, die durch die offensichtlich sinnlose Verteidigung von Städten wie *Würzburg* (besetzt am 11.4.), *Nürnberg* (besetzt am 20.4.) *Neumarkt/Opf.* (besetzt am 21.4.) und *Schwandorf* (besetzt am 22./23.4.) von der politischen und militärischen Führung in Kauf genommen worden waren. Zwar waren Würzburg und Nürnberg schon vorher durch die Fliegerangriffe arg in Mitleidenschaft gezogen gewesen, aber durch die angeordnete Verteidigung wurden die Zerstörungen noch weiter sinnlos fortgesetzt und zahlreiche Menschen verloren Leben und Gesundheit. Am 20.4. drangen Panzer mit Flammenwerfern und Sturmgeschützen der 7. US-Armee in den verwüsteten Stadtkern von Nürnberg ein(1). Das OKW meldete dazu am 20.4.:

"... Die Besatzung von Nürnberg steht im Stadtkern in schwerem Abwehrkampf..."

Neumarkt wurde durch die 17. SS-Panzergrenadierdivision "Götz von Berlichingen" verteidigt. Dadurch wurde die Stadt unter dem Bombenhagel und den Artilleriegranaten zugrundegerichtet und war schließlich ein einziges Flammenmeer. Von den 11 076 Wohnungen waren 5 575 vernichtet. Am 21.4. rückten Einheiten der 65. US-Infanteriedivision in den Trümmerhaufen Neumarkt ein(2).

Zum Wochenende 21./22.4.45 konnten die Regensburger im "Kurier" die nach Endzeit schmeckende Nachricht von inneren Kämpfen an der Parteispitze mit tödlichen Auseinandersetzungen lesen, die an die Praxis von 1934 bei der Röhmaffäre erinnerten: "Der Führer hat den ehemaligen Gauleiter *Wächtler*" (für jeden war er aber bis dato *der* Gauleiter gewesen!) "wegen Feigheit vor dem Feind aus der Partei ausgeschlossen und zum Tod verurteilt. Das Urteil wurde am 19.4. vollstreckt. Auf Befehl des Führers habe ich die Führung übernommen. *Ruckdechsel.*"

Was war geschehen? Der auch für Regensburg zuständige Gauleiter *Fritz Wächtler* hatte am 12.4. beim Annähern der amerikanischen Truppen auf seinen Sitz in Bayreuth - vier Tage vor dem Fall der Gauhauptstadt - eigenmächtig die Gauleitung nach Herzogau bei Waldmünchen in den Bayerischen Wald verlegt. Sein Stellvertreter Ruckdeschel hatte dies nach Berlin gemeldet. Von dort kam gleich der Befehl zur Hinrichtung. Eine SS-Truppe unter Führung Ruckdeschels erschoß daraufhin den Gauleiter im Grenzlandhotel Herzogau. Noch am Tatort gab der bisherige Stellvertreter seine Ernennung zum Nachfolger bekannt(3).

In der gleichen Nummer des Kurier war ein ganzer Artikel über die "Schlacht um Berlin" zu lesen. Zur Lage in Bayern meldete das OKW "aus dem Führerhauptquartier" unter dem 20.4.:

---

1) KRÄMER 181f.
2) ebenda
3) ebenda

"... Unsere Angriffe in die Flanken der von Hersbruck bis Neumarkt durchgebrochenen Amerikaner sind *in gutem Fortschreiten*..."

Der nächste Kurier vom *Montag 23.4.*, dem Tag der Frauendemonstration, meldete den "erbitterten Großkampf um Berlin" und an Wichtigem für die Lage hier von "unseren Sperrgruppen in der Linie Asch-Marktredwitz". Daraus war also zu entnehmen, daß unsere "Westfront" bereits im Osten lag, daß die amerikanischen Truppen ganz Deutschland durchquert und damit das deutsche Heer in einen Nord- und einen Südteil getrennt hatten. General Eisenhauer kannte den Plan eines großen deutschen "Réduit" in den Alpen und kam einer solchen Möglichkeit mit dieser West-Ost-Abriegelung zuvor.

Niemand konnte nun noch Zweifel hegen - so sollte man meinen - daß die militärische Lage völlig aussichtslos geworden war. Jeder Zivilist und jeder Soldat, der noch seinen Verstand im Trommelfeuer der Propaganda bewahrt hatte, wußte nun, daß es nur noch Tage dauern konnte. Die meisten waren jetzt bestrebt, nachdem sie durch fast sechs Jahre Krieg heil oder wenigstens lebendig gekommen waren, auch diese letzten Tage noch zu überleben. Natürlich lähmte diese "ängstliche Überlebenssucht" auch individuellen Widerstand gegen das zuletzt sich besonders gefährlich gebärdende NS-Regime. Die bisherigen Machthaber waren gerade kurz vor dem Ende besonders unberechenbar geworden und schlugen wie Raubtiere zu, die sich in die Enge getrieben sehen und nicht mehr auskönnen. Die Mehrheit versuchte nun, sich möglichst still zu verhalten und glaubte, die endgültige Niederwerfung der NS-Diktatur in Bayern den mächtigen Amerikanern überlassen zu können.

Am 15.2.1945 wurde vom Reichsjustizminister von *Thierack*, die Errichtung von *Standgerichten* in "vom Feind bedrohten Reichsverteidigungsbezirken" angeordnet. Diese Gerichte, ebenso wie Feldgendarmerie, Feldjägerkommandos, Heeresstreifen und SS-Kommandos begannen mit der Jagd auf Deserteure, auf geflohene Soldaten, auf Männer, die den sinnlos gewordenen Krieg für sich und ihre Familie beenden wollten. Die Hinrichtungen häuften sich. Deutsche Soldaten wurden von Deutschen auf Alleebäume aufgehängt.

Am 19.3.45 ordnete Hitler an, sämtliche militärisch nutzbaren Verkehrs-, Versorgungs-, Produktions- und Nachrichtenanlagen zu zerstören, bevor sie in Feindeshände fielen. Er machte dafür die Gauleiter verantwortlich.

Am 1.4. wurde im Rundfunk verkündet:

"Wir brauchen keine Rücksicht zu nehmen auf veraltete Vorstellungen von bürgerlicher Kampfführung..., *Haß ist unser Gebet* und Rache unser Feldgeschrei!"(1)

Am 12.4. erließen Feldmarschall *Keitel,* RFSS *Himmler* und Reichsleiter *Bormann* einen gemeinsamen Befehl, wonach Städte, weil sie an wichtigen Verkehrsknoten liegen, bis zum äußersten verteidigt und gehalten werden müssen.

"Für die Befolgung dieses Befehls sind die *in jeder Stadt ernannten Kampfkommandanten* persönlich verantwortlich. Handeln sie dieser soldatischen Pflicht und Aufgabe zuwider, so werden sie, *wie alle zivilen Amtspersonen,* die den Kampfkommandanten von dieser Pflicht abspenstig zu machen versu-

---

1) GÖRLITZ 518

chen, oder gar ihn bei der Erfüllung seiner Aufgabe behindern, *zum Tode verurteilt.*"

Dieser Text wurde im Anschluß an den Wehrmachtsbericht bekanntgegeben.

Noch vor Schilderung der Frauendemonstration wird zunächst das militärische Geschehen zu Ende erzählt. Denn *auch* von den nachfolgenden Fakten her wird die Aussichtslosigkeit jeder Verteidigung im April 45 als eigentlich selbstverständlich bestätigt.

Der Regensburger Kurier vom Dienstag, 24.4., führt gleich im Kopf des Blattes das falsche Datum Dienstag, 25.4. Der Setzer wünschte wohl, es wäre schon einen Tag weiter. Die Ausgabe enthält den Bericht des OKW vom *Montag, 23.4.:*

"... Der Gegner stieß gegen die Linie Eger - Tirschenreuth vor, Panzerspitzen überschritten die Naab bei Weiden. Die Stadt Neumarkt wurde wieder zurückgewonnen... Im Vorstoß nach Süden erreichten amerikanische Panzer die Donau zwischen Dillingen und Donaueschingen..."

In Wirklichkeit waren Weiden und übrigens auch Amberg schon am 22.4. besetzt worden.

In Regensburg wurden am Montag, 23.4., 15 Minuten nach Auslösung des "Feindalarms" - um 2.15 Uhr - alle *Donaubrücken*, mit Ausnahme der Steinernen Brücke, von den deutschen Truppen gesprengt. Die *Steinerne* hob man noch bis zum Abend auf. Das aus großen Steinquadern bestehende Mauerwerk - vier Bögen davon - des gerade 810 Jahre alt gewordenen mittelalterlichen Bauwerks wurde dann zwischen 18 und 19 Uhr, also gegen Ende der Frauendemonstration, mit Dynamit zum Einsturz gebracht. Für Absetzbewegungen der Truppen wurde ein Fährbetrieb des Pionierbataillons *Streit* aufrecht erhalten.

Die letzte Ausgabe des Kurier, die noch in Regensburg selber herauskam, war die Nr. 96 vom Mittwoch, 25.4. Anschließend wurde der Kurier noch in Landshut gedruckt und ist deswegen in Regensburger Archiven nicht vorhanden(1). Diese Nr. 96 enthält den *OKW-Bericht vom 24.4.:*

"... In Süddeutschland richtete sich der Hauptdruck der Amerikaner nach Südosten gegen den Nordteil des Bayerischen Waldes und den *Großraum Regensburg*. Unsere Gegenangriffe gegen die tiefen Flanken der auf die Donau durchgebrochenen Kräfte sind zwischen Ehingen und Regensburg in gutem Fortschreiten..."

Nach dem amtlichen Bericht war unsere Lage fast jeden Tag in gutem Fortschreiten. In Wirklichkeit waren an diesem 23.4. Oberviechtach, Cham und Schwandorf besetzt worden(2).

Für die nächsten und letzten Wehrmachtsberichte gab es in Regensburg keine Zeitung mehr. Man kann diese Berichte heute in der Geschichtsliteratur nachlesen(3):

---

1) Die Woche; Sonder-Nr. 28, 1983, vom 14.7. Dort in "15 Jahre Woche"
2) KRÄMER 181f.
3) MURAWSKI

Am 25.4. meldete das OKW: "... Die in den Nordteil des Bayerischen Waldes durchgebrochene amerikanische Panzerkampfgruppe erreichte Cham und fühlt weiter nach Südosten vor..." Was nicht im Wehrmachtsbericht stand: Am 23.4. erreichten die Amerikaner den Landkreis Regensburg in Ponholz. Sie drangen von Schwandorf aus vor. Andere Verbände nahmen Kallmünz, Zeitlarn, Hainsacker, und die ersten Amerikaner tauchten auf den Winzerer Höhen über Regensburg auf.

Aus einem der vielen Bücher über den Zweiten Weltkrieg(1) erfährt man über die militärische Lage in Regensburg:

"Am 23.4. erreichte mechanisierte US-Kavallerie die Donau bei Regensburg. Hier zogen Osttruppen und Ungarn mehr oder weniger planlos umher. Ungarische Truppen, die Regensburg decken sollten, kapitulierten. Ein großer, auf dem Regensburger Bahnhof stehender, für die Heeresgruppe Süd bestimmter Geschütztransport wurde nicht mehr eingesetzt, weil dafür kein Befehl vorlag."

Möglicherweise konnten diese Geschütze nicht mehr nach Süden ausgefahren werden, weil die Partei zu früh die Donaubrücken hatte sprengen lassen. In der gleichen Darstellung heißt es weiter: "Das XX. amerikanische Korps (Teil der 3. US-Armee) setzte über die Donau."

Die deutschen militärischen Befehlshaber der verschiedenen Organisationsstufen führten im allgemeinen noch bis Ende April 1945, sogar bis zum letzten Tag, ihrem Eid gemäß und in gewohnter Pflichterfüllung, wer will, kann auch sagen, stur und blind, ihren Kampfauftrag weiter durch. Ihnen war mit Korpsbefehl Nr. 3 des Stellvertretenden Generalkommandos des VII. Armeekorps in München vom 18.4. befohlen, eine *Donaufront* zu organisieren(2).

Laut dem erhalten gebliebenen Gefechtstagebuch der "Kampfgruppe Regensburg", dem späteren Regiment 713, das der stellvertretende Kampfkommandant, der damalige Major *Robert Bürger*, vor der befohlenen Ablieferung an das LXXXII. Korps in der Nacht vom 6./7.5.45 abgeschrieben hatte(3), spielte sich in Regensburg folgendes ab:

Um den 24.4. mußte die Donaufront - ausgenommen Regensburg - befehlsgemäß an die Isar bei Landshut zurückgenommen werden. Der neugebildeten Kampfgruppe Regensburg fiel dabei die Aufgabe zu, die Stadt *als Festung* rundum zu verteidigen und zu halten - "bis zum deutschen Gegenangriff" aus der Alpenfestung heraus. In der Nacht vom 23. auf 24.4. - in der gleichen Nacht, in der das Standgericht Dr. Maier und Zirkl zum Tod verurteilte - wurde der bisherige Stadtkommandant, Generalmajor *Amann*(4), durch einen Befehl des Heerespersonalamtes durch den jüngeren Infanteriemajor Hans *Hüsson* abgelöst. Auch beim Stab des Stadtkommandanten wurden ältere Offiziere durch jüngere ersetzt. Zum Stellvertreter des neuen Kampfkommandanten wurde der erwähnte Major Bürger berufen. Dieser war gerade von einem Regimentsführerlehrgang in Dresden zum Heerespersonalamt bei Rosen-

---

1) GÖRLICH 544
2) ETTELT 144 u. 186
3) BÜRGER; teilw. auch in HILTL, KLASSE 11b, 9 bis 13, und in Die Woche 1984, vom 2.2.
4) In der Urteilsbegründung zum 1. "Dr. Maier-Prozeß" 1948 ist als Kampfkommandant "ein aus Österreich stammender Oberst Babinger" genannt (RÜTER 248); ebenso in RATHSAM 1980 (dieses Büchlein künftig mit R80 abgekürzt) S. 5, 16. Richtig ist laut Bürger Generalmajor Amann

heim oder Traunstein unterwegs gewesen und hatte kurz in Regensburg Station gemacht, weil seine Frau, eine Regensburgerin, hier wohnte. Er war 31 Jahre alt.

Da Regensburg nun als eine Inselfestung gelten sollte, unterstand die "Kampfgruppe Regensburg" - ungefähr in der Stärke eines Regiments - nicht mehr der normalen Befehlshierarchie, nämlich der 416. Division und darüber dem LXXXII. Armeekorps, sondern unmittelbar dem OKH, das an sich in Berlin gewesen wäre, das aber vom Oberbefehlshaber West, Generalfeldmarschall *Kesselring* vertreten wurde. Hüsson änderte am Vormittag des *24.4.* als erstes die von der Partei (Ruckdeschel) gewünschte Verteidigungskonzeption einer Hauptkampfstellung im Stadtzentrum in eine Verteidigungslinie außerhalb Regensburgs, nämlich an die zur Stadt führenden Hauptstraßen südlich der Donau, nach Straubing, Landshut und Kelheim. Am Nachmittag drangen bereits amerikanische Spähtrupps in die nördlich, also jenseits der Donau gelegenen Vororte der Stadt ein. Das geschah ohne Kampf.

Am nächsten Tag, *am 25.4.* nachmittag, begann die amerikanische Artillerie von der Talmulde nördlich der Winzerer Höhen, der Karether Flur aus, mit dem Einschießen auf Ziele der Stadt. Geschlossene US-Verbände fuhren von Norden her an mehreren Stellen bis an die Donau heran, ja es wurde bereits der große nördliche Vorort *Stadtamhof* besetzt(1). Der Volkssturm erhielt in dieser Lage den Befehl, Stellungen längs der Linie Burgweinting - Unterisling - Oberisling - Ziegetsdorf auszubauen und für die Verteidigung herzurichten. Das wäre eine Linie außerhalb des Stadtgebietes, südöstlich und südlich davon, gewesen, wogegen die Amerikaner nördlich und nordwestlich der Stadt und der Donau sich befanden. Aber keines der Volkssturmbataillone bezog seine Stellungen.

Der Volkssturm war im Gegensatz zur Wehrmacht ein Teil der unmittelbar betroffenen Wohnbevölkerung.

Bei der noch mehr als halbherzigen Durchführung der Befehle trug z. B., einer der Bataillonsführer nicht einmal seine Uniform - um nicht zuletzt noch in Gefangenschaft zu kommen! Wenn später hier von "anonymen Widerständlern" die Rede sein wird, so mag es sich dabei um solche Volkssturmmänner gehandelt haben, von denen alle oder die allermeisten keinen Kampfwillen mehr besaßen.

Ein wohl allgemein gültiges Bild über den *Volkssturm* liefert der Bericht eines damaligen Volkssturm-Kompagnieführers, der als Teilnehmer am Ersten Weltkrieg nun zusammen mit vielen 60-jährigen und mit vielen Kindern einberufen wurde. Der Bericht findet sich im TA 1955 vom 2./3. April. Er ist nicht namentlich gezeichnet. Aus ihm wird entnommen:

Schon ab Herbst 1944 wurden aus noch vorhandenen männlichen Zivilisten in und um Regensburg vier Volkssturmbataillone zusammengestellt, die aus etwa 3 000 Mann bestanden, also aus gut doppelt sovielen Männern, wie die "Kampfgruppe Regensburg" der Wehrmacht. Der Kampfwert aber war bei weitem nicht halb so groß, weder hinsichtlich Kampfmoral, noch hinsichtlich Erfahrung und Bewaffnung. Er war gleich Null.

---
1) In MZ 1955, vom 9./10.4., in HILTL (TA 1955, vom 23./34.4.) und in R80, S. 8 ist für die Besetzung Stadtamhofs der 24.4. angegeben, dagegen in BÜRGER (aus dem Gefechtstagebuch) und in die Woche 1984, vom 2.2. der 25.4.

Der damalige Kompagnieführer schreibt: Zwei Tage vor dem Donauübergang der Amerikaner bei Matting - also am 24.4. - erhielt ich den Befehl, meine Kompagnie, bestehend aus 150 Zivilisten, zur Verteidigung von Pentling in Stellung zu bringen. Pentling liegt 4 km südlich der Regensburger Bahnanlagen, 4 km von Matting und wie der letztere Ort nahe am Donauufer. Im Befehl stand weiter, daß zum angegebenen Zweck dort 4 Kompagnien eingesetzt werden "und meine Kompagnie nach rechts Anschluß an eine SS-Formation" habe.

"Meine Kompagnie konnte zum Glück nicht schießen. Die benachbarte SS-Truppe mußte es können. Ob sie den Wahnsinn begehen und mit einem nutzlosen Gewehrgeplänkel das Dorf Pentling der sicheren Vernichtung preisgeben würde, das war die bange Frage."

Um Pentling und um manches andere Dorf stand es "im Kleinen" so, wie um Regensburg "im Großen": Es ging um Erhaltung oder Zerstörung.

"Ich nahm zu keiner der benachbarten Kompagnien Verbindung auf. Denn für mich stand unverrückbar fest, daß sich meine Kompagnie rechtzeitig 'vom Feind absetzen' würde".

Viele der Leute baten gleich um Urlaub und verschwanden. "Ich entließ bis auf einige beherzte Männer auch den Rest der Leute von mir." Von 150 waren schließlich nur noch 30 anwesend. *Gefährlich erschienen* für die Männer der Kompagnie viel weniger die Amerikaner mit ihren gelegentlichen Geschützsalven, als die letzten fanatisch kampfwilligen, *eigenen Landsleute*. Es war deswegen eine bange Nacht vor jenem Morgen, an dem der Bataillonsführer, ein SS-Obersturmbannführer aus Regensburg, zur Besichtigung angesagt war. Wenn er den verheerenden Zustand der Kompagnie sähe, so war ein Befehl zur sofortigen Hinrichtung zumindest des Kompagnieführers eine sehr ernst zu nehmende Befürchtung. Es ging um Kopf und Kragen.

Aber schließlich kam diese lebensbedrohende Situation doch noch zu einem guten Ende: Alle Männer der Kompagnie kamen zuletzt zu ihren Familien heim, ohne auch nur einen Schuß abgegeben zu haben.

Nach diesem Seitenblick auf das zwar befehlswidrige, aber vernünftige Verhalten des Volkssturms kehren wir zur Vergegenwärtigung der militärischen Lage jener Tage zurück:

Von dem für Regensburg drittletzten Tag, vom Mittwoch, *25.4.*, war schon die Rede. Gegen 15.30 Uhr hatten die US-Truppen den nördlich der Donau gelegenen großen Regensburger Stadtteil *Stadtamhof* kampflos besetzt. Die dortige Bevölkerung feierte mit den Amerikanern geradezu Verbrüderung. Dazu(1):

"Die Kunde von der Besetzung Stadtamhofs drang auch über die Donau in die Altstadt. Zivilisten und Soldaten suchten nun aus der deutschen Frontlinie zu entkommen und die lang ersehnte, nun so nahe gerückte Friedenslinie am anderen Ufer der Donau zu erreichen. Einigen gelang auch die Flucht auf Kähnen (alle Brücken waren ja gesprengt), die sie gegen Hingabe von Kleidern und Schuhen benützen durften. Einigen freilich mißlang die Flucht. Die Amerikaner schossen von Zeit zu Zeit mit Maschinengewehren

---
1) HILTL; Wortlaut nur zur Verdeutlichung geringfügig geändert

über die Donau in Richtung Altstadt. Dabei büßte ein deutscher Soldat sein Leben ein."

Vom nächsten Tag, dem *26.4.*, meldete das *OKW:* "Kämpfe im Raum Zwiesel". Nicht gemeldet wurde natürlich, daß am 26.4. Barbing und Obertraubling, wenige km *südlich* (!) der Donau von den Amerikanern besetzt wurden und damit der Ring um die Stadt Regensburg geschlossen wurde.

OKW-Bericht vom 27.4.: "Der starke feindliche Druck gegen *die Donaulinie* hielt von Deggendorf bis Ulm an."

Am Abend des 26.4. sollen noch 22 Me109-Jäger amerikanische Bereitstellungen im Raum Regensburg angegriffen haben. Sogar noch am 28.4., allerdings letztmals, hat sich die deutsche Luftwaffe an der zusammenbrechenden Donaufront bemerkbar gemacht. Vom 25. bis 27.4. lag Kelheim unter deutschem (!) Artilleriebeschuß(1).

Militärische Lage nach der kampflosen Übergabe von Regensburg

OKW-Bericht vom 28.4.: "An der Donau drang der Feind in Regensburg und Ingolstadt ein..." Regensburg wurde am *27.4.*, ab 10 Uhr, besetzt. Am gleichen Tag wurden Standgerichtsurteile an dem Landwirt *Josef Frisch* in Schmelz, Landkreis Kötzting, an *Friedl Beutlhauser*, Schwerverwundeter aus dem Zweiten Weltkrieg, und an *Alois Huber*, Mesnerssohn in Ittling bei Straubing, vollstreckt(2).

Das *OKW vom 29.4.* erwähnte nichts mehr über die Donaulinie. Diese "Linie" war nirgends schwer umkämpft gewesen und verzögerte den amerikanischen Vormarsch fast gar nicht. Wohl gab es einzelne Rückzugsgefechte vor allem von SS-Verbänden, von Abbach an westwärts, die auch nahezu sämtliche Donaubrücken sprengten. Auch mußten noch deutsche und amerikanische Soldaten ihr Leben lassen, wenn auch nicht mehr in großer Zahl. Zum Beispiel fielen in Eining etwa 15 deutsche und etwa 7 amerikanische Soldaten(3). Soldaten der Waffen-SS, die um Bad Abbach gekämpft hatten, zogen am 27.4. ab. Saal wurde am 28.4. besetzt.

OKW-Bericht vom 30.4.: "... Panzerspitzen stehen nördlich Landshut zwischen Freising und Dachau..." Im OKW brachte man demnach bereits nördlich und südlich durcheinander und nahm sich keine Zeit mehr für die Landkarte. Weiter heißt es: "In Oberschwaben gingen Augsburg und Kempten verloren."

Vom 1.5. wurde gemeldet:

"Aus dem Bayerischen Wald stießen amerikanische Panzerverbände an Passau vorbei und erreichten die Donau östlich der Stadt (Sie hatten Linz als Ziel, um sich dort mit den Russen zu vereinigen). In Oberbayern dringt der Feind von Regensburg (!) weiter nach Süden vor..."

Wieder verrät der Bericht Unkenntnis über die Geographie Bayerns. Im nächsten Satz heißt es dann: "Überlegene Feindkräfte sind von NW und W in

---

1) ETTELT 180
2) KRÄMER
3) wie Fußn. 2, S. 324

München eingedrungen, wo im Stadtkern erbittert gekämpft wird..." An diesem Tag wurde *Landshut* besetzt.

Bericht vom 2.5.:

"... Die 7. (richtig: Die 3.) amerikanische Armee trat im oberbayerischen Raum zwischen Plattling und Freising (Ndb. mit Obbay. verwechselt) zum Angriff nach Süden an. Aus dem Raum Füssen vorgehende Kräfte wurden östlich (!) Garmisch-Partenkirchen und bei Lermoos abgewiesen."

Nicht erwähnt wurde z. B., daß an diesem Tag *Passau* besetzt wurde.

Vom 3.5.:

"... In Bayern wurden unsere zusammengeschmolzenen Kräfte von den Amerikanern auf den Inn zurückgedrängt. Die Verteidiger von München sind der feindlichen Übermacht erlegen."

Am 5.5. wurde Linz von den Amerikanern besetzt.

Der letzte *OKW-Bericht* lautete schließlich: Seit Mitternacht *8./9.5.1945* "schweigen nun an allen Fronten die Waffen."

Oberst a. D. Bürger besitzt den Kapitulationsbefehl des Oberbefehlshabers West, Generalfeldmarschalls *Kesselring*, der schon vom 6. Mai datiert ist, also zwei Tage früher an die letzten noch "kämpfenden" Truppen ausgegeben wurde. Kesselring war noch für die letzten Kriegswochen zum Oberbefehlshaber aller im Süden des Reiches stehenden Wehrmachtsteile ernannt worden und ab Ende April wurde noch der Name Heeresgruppe Süd in Heeresgruppe Ostmark abgeändert(1).

Schon eine gute Woche vor der deutschen Kapitulation, am 30.4., hatte sich *Hitler* mit einer Pistole erschossen. Seine Geliebte *Eva Braun*, mit der er sich in der Nacht vom 28. auf 29.4. hatte trauen lassen, nahm Gift.

b) Warum wurde trotz Aussichtslosigkeit so lange weitergekämpft?

Warum gab es in solch aussichtsloser Lage noch so viele, die noch weiterkämpften und auch noch an einen Sinn dieses Kampfes glaubten? Das ist ein historisches und menschlich-psychologisches Problem. Bei den Prozessen oder Ermittlungsverfahren nach dem Krieg, etwa gegen die Schuldigen am Tod des Dompredigers oder an der Hinrichtung Igls, verteidigten sich die Angeklagten ganz überwiegend mit der Behauptung, daß sie damals durchaus noch an eine Möglichkeit des Umschwungs geglaubt hätten. Natürlich lag das Vorgeben dieses Glaubens im Interesse ihrer Verteidigung in den Prozessen, - aber nicht von allen wurde das nur hintennach vorgegeben. Vielmehr waren gar nicht so wenige wirklich von dem Vertrauen an den Führer und sein militärisches Genie so besessen, daß sie der Wirklichkeit gegenüber blind geworden waren. Viele hielten sich an den Befehl, niemals zu zweifeln. Die gleichen konnten dann so verbissen gegen andere vorgehen, die sie für Verräter hielten, daß sie bedenkenlos eigene deutsche Landsleute ermordeten. Noch in der Gefangenschaft, als die deutschen Soldaten nicht mehr unter dem Einfluß

---

1) GOSZTONY 268-270

der täglichen Parteipropaganda standen - aber eben doch noch unter Posthypnose - glaubten viele, etwa im März oder April 1945, an eine kommende "Wunderwaffe", mit deren Hilfe das Kriegsgeschehen sich noch wenden würde. Auch als der Krieg schon zu Ende war, liefen im Prisoner Camp Gerüchte, daß wir Soldaten alle wieder für einen Kampf gebraucht und geholt würden, bei dem die Deutschen als Verbündete der Westmächte gegen Rußland kämpfen würden. Das waren ganz offenbar Wunschträume fanatischer NS-Anhänger gewesen, die einfach nicht glauben konnten, daß der Führer mit seinen tausend Siegen und Erfolgen nicht auch noch den letzten entscheidenden herbeiführen konnte.

Wenn man die Situation gegen Kriegsende nur aus der beschränkten Sicht beurteilt, wie sie damals die politische und militärische Führung für die ihr unterstellten Soldaten und für die Bevölkerung zuließ, so kann man doch auch verstehen und kann doch rationale Motive ausmachen. Freilich war eine heute schwer nachvollziehbare Leichtgläubigkeit vonnöten. Ein anderes Motiv zum Weitermachen war manchmal die Sorge, daß eine vorzeitige, lokale Kampfbeendigung andere, die noch weiterkämpften, in erhöhte Gefahr bringen könnte und deswegen als Verrat an den eigenen Kameraden angesehen werden konnte. Das traf aber nur für besondere Situationen zu, im allgemeinen rettete im Gegenteil das vorzeitige Schlußmachen schon durch die damit bewirkte Verkürzung des Krieges, eine große Zahl von Menschenleben auf beiden Seiten.

Die deutsche militärische Führung war im Zweiten Weltkrieg schon immer unter dem obersten Kommando der Partei gestanden. Hitler persönlich war oberster Befehlshaber aller deutschen Streitkräfte. Je mehr dann der Krieg seinem Ende entgegenging, umso unmittelbarer griff die Partei über ihre Gauleiter und Kreisleiter in das militärische Geschehen ein, wodurch es naturgemäß zu Spannungen zwischen Wehrmacht und Partei kam. Die Volkssturmeinheiten waren ohnehin der Partei unterstellt.

Im folgenden werden für den Versuch eines Verstehens möglichst wörtlich die Verlautbarungen der Partei zitiert, so wie sie der Bevölkerung bekanntgegeben wurden.

So schrieb z. B. die amtliche NS-Zeitung, der Regensburger Kurier, vom 31.3.1945:

"Nicht an unsere Vernunft appellieren wir heute mehr! Wir rufen unsere Leidenschaft, *wir rufen unseren Haß,* wir rufen unsere Entschlossenheit auf!"

Die Anordnung zur Errichtung von Standgerichten wurde bereits erwähnt. Dazu heißt es in einem *Plakat "An die Gesamtbevölkerung des Gaues Bayreuth"* wegen der vielen Soldaten, die ihre Truppe verließen und versuchten, sich zu ihren Familien durchzuschlagen, - im NS-Jargon "Marodeure und Feiglinge" genannt - :

"Wer ... Wehrpflichtige aller Art bei sich versteckt, oder ihnen zu Zivilkleidung verhilft, oder durch Abgabe von Lebensmitteln begünstigt, wird wegen Beihilfe zur Fahnenflucht, bzw. zum Landesverrat dem Standgericht übergeben. 22. April 1945.

> Der Oberbefehlshaber der Heeresgruppe
> gez. Ruckdeschel
> stellv. Gauleiter u. Reichsverteidigungskommissar"(1)

Ca 13.4. schrieb der Kurier(2): "Der RFSS befiehlt: Es gibt keine offene Stadt. Jede Stadt ist zu verteidigen!"

Schließlich fand der Entsetzen verbreitende Appell des neuen Gauleiters statt. Der "Regensburger Kurier" vom Dienstag, 24.4. brachte auf der Titelseite unter der Schlagzeile *"Wir wollen und werden uns behaupten!"* die dabei gehaltene Rede Ruckdeschels. Sie wird hier deswegen relativ ausführlich wiedergegeben, weil in ihr die "Argumente" nicht der Vernunft, sondern "des Herzens" in typischer Weise zu finden sind.

"Für den *Abend des Sonntag, 22.4.,* hatte Kreisleiter Weigert die Gesamtführerschaft von Groß-Regensburg und die Bevölkerung zu einem Appell in das *Capitol* (am Arnulfsplatz) einberufen. In ernster Stunde nahm der stellvertretende Gauleiter *Ruckdeschel* das Wort... Auf Befehl des Führers übernahm er die Führung des Gaues Bayreuth, nachdem er fünf Jahre lang als Soldat und Offizier mit der Waffe in der Hand seine Pflicht erfüllte und in der Invasionsschlacht im Westen schwer verwundet wurde... Er verwies "auf die *Unabdingbarkeit der herzensbedingten Pflichterfüllung für jedermann,* die im echten Einsatz für die Erhaltung Deutschlands jetzt ihre höchste Steigerung finden muß... *Unsere gemeinsame Mutter* Deutschland ist in Gefahr. Wie eine Mutter sich restlos ... für ihr Kind einsetzt, ... Wer sich am Widerstandswillen vergißt, vergißt sein Dasein als *Mensch deutschen Blutes,* er vergißt die Opfer zweier Weltkriege... und ist nicht wert, in unserer Gemeinschaft weiterzuleben. Nach den Gesetzen der Kampffront *wird er schimpflich sterben...* Über alles Materielle hinaus ist die gegenwärtige Auseinandersetzung *ein Kampf des Glaubens...*" Ruckdeschel erinnert an den Ausspruch des Führers, der den Sieg der Idee über die Materie betont und hervorhebt, daß über allem *das deutsche Blut* erhalten bleiben wird (durch Massen-Selbstmord?). Adolf Hitler errang ... die Liebe des deutschen Volkes in einem Ausmaß, wie es *bisher keinem in aller Welt* und *auch nicht in Deutschland* zuteil geworden ist. In schwerster Zeit 1918 war *er der einzige,* der sich für Deutschland einsetzte (!). Unsere *ständige Pflicht* ist es, ihm jetzt in schwerer Zeit die gleiche Treue zu halten. Über Adolf Hitler *waltet eine höhere Macht. Das ist nicht Annahme oder Vermutung, sondern Gewißheit.*" Der Gauleiter sprach von jenen beiden Attentaten..., bei denen der Führer sichtbar von der Vorsehung vor dem Tod bewahrt wurde... "Ihm (dem Führer) entschlossene Treue zu gewähren, *ist die einzige Überlegung, die uns heute beherrschen darf...*" "Je schlimmer die Not, umso fanatischer müssen wir sein".

Die Rede strotzt von anheizenden Suggestivwörtern, wie "herzensbedingte Pflicht", "Mutter-Kind", "Vaterland", "Kraft des Glaubens", "Tapferkeit", "das deutsche Blut", "anständige Pflicht", "Treue"; sie enthält aber - was auffallen konnte - auch nicht den Versuch einer realen Begründung für das verlangte Durchhalten, keinen konkreten Hinweis, etwa auf die Wunderwaffe, die noch eine Aussicht geboten hätte. In dem Zeitungsbericht ist nicht er-

---
1) Kopie in MZ 1955, vom 9./10.4.
2) nach MZ, wie vor

wähnt, daß Ruckdeschel von der "Verteidigung Regensburg *bis auf den letzten Stein*" gesprochen hätte, wie am darauffolgenden Tag bei der Frauendemonstration wohl als kurzgefaßtes und insofern richtiges Fazit seiner Rede verbreitet wurde. Die Rede zeigte aber eindeutig die Bereitschaft Ruckdeschels, einen, der sich "am Widerstandwillen vergißt, ... nach den Gesetzen der Kampffront schimpflich sterben" zu lassen.

Kurz vorher, am 18.4., hatte *Ludwig Ruckdeschel* vor den meisten Kreisleitern seines Gaues Bayreuth *in Regenstauf* ausgeführt(1): "... Unser neues Deutschland wurde vom Führer in einem *heroischen* Kampf geschaffen, der oft aussichtslos erschien und der bestanden wurde, weil er und seine Mitkämpfer kompromißlos und unbedingt von der Kraft der NS-Idee und von dem *von Gott bestimmten Sinn unseres Lebens* überzeugt waren. *Trotz Chaos und Zerstörung*, die uns jetzt umgeben, ist dieser *Glaube stärker als je zuvor*. Er wird uns hinübertragen in die neue, bessere Zeit, *auch wenn wir unser Leben dabei hingeben müssen...*" Man spürt die aus der Religion übernommenen Gedankengänge von einer besseren Zukunft, für die unser Leben wert ist, hingegeben zu werden. Wie ein ehemaliger Staatssekretär im kommunistischen Ungarn mir einmal sagte: Wer die sozialistische Zukunft bauen will, muß eine Generation opfern oder "hingeben". Beim NS drehte es sich um die Zukunft des deutschen Blutes auf größerem Raum, eine biologische Vision.

Was der "Kurier" von der Kreisleitertagung in Regenstauf natürlich verschwieg: Ruckdeschel hatte dort am 18.4. angeordnet, in Fällen von Defaitismus den Schuldigen *sofort* zu richten; das Standgericht könne man dabei auch nachholen(2)!

Der Tod des Dompredigers und der des Zirkl, einen Tag nach der Rede Ruckdeschels im Capitol, wurde noch in der *letzten in Regensburg erschienenen Nummer* des Parteiblattes "Kurier" gebracht und aus der Sicht der Partei formuliert:

"*Gerechte Strafe für Volksverräter* ... Das erste Standgericht des Gaues Bayreuth verurteilte die beiden Einwohner der Stadt Regensburg, Dr. *Johann Maier* und *Josef Zinkl* (anstatt Zirkl) wegen des Verbrechens der Wehrmacht-(anstatt Wehrkraft-)zersetzung zum Tode. Das Urteil wurde in den ersten Morgenstunden des 24.4. am Tatort durch Erhängen vollstreckt. ... haben in aller Öffentlichkeit den Willen des deutschen Volkes zur wehrhaften Selbstbehauptung (den die NS vergeblich befahlen) zu lähmen versucht ... Möge dieses Exempel für alle ehrvergessenen und vaterlandslosen Elemente ein warnendes Zeichen sein!"(3)

Die *militärische Konzeption* in diesen für Regensburg letzten NS-Tagen bestand - wie bereits an Hand der OKW-Berichte geschildert - in der Bildung einer geschlossenen Abwehrfront entlang der Donau, einer sogenannten *Donaulinie*, die gegen Norden gerichtet sein und an der die VII. und III. US-Armee aufgehalten werden sollten. Die alte Domstadt Regensburg wäre dabei ein Hauptstützpunkt gewesen. Kurz vorher hatte es schon ähnliche "Verteidigungslinien" gegeben, z. B. die *Juralinie*, für die Bamberg und Hollfeld als Hauptstützpunkte dienen sollten. Mit ihr wollte man den Zugang nach Nürnberg sperren(4). Oder die *Naablinie* mit Weiden, die am 22.4. hinfällig wur-

---
1) Regensburger Kurier 1945, vom 24.4.
2) R80, S. 24 und z. Tl. RÜTER
3) Regensburger Kurier 1945, vom 25.4.
4) ALBART 50

de(1). Sie waren wie andere vorher in wenigen Tagen überrollt worden. Für die Donaulinie war aber wieder kein Atlantikwall, kein Westwall und keine Maginot-Linie gebaut gewesen und nicht einmal die alten Mauern zu beiden Seiten der Porta Praetoria bestanden mehr, die einst den Römern zur Abwehr gedient hatten. Wenn es den Anglo-Amerikanern gelungen war, den Ärmelkanal zu überwinden, obwohl man sich dort auf ihren Angriff jahrelang vorbereitet gehabt hatte und wenn sie dann den Rhein überschreiten konnten, der viel breiter ist als die obere Donau, wie sollte da eine Verteidigungslinie an der Donau ein ernstzunehmendes militärisches Hindernis sein! Nun würde z. B. Ruckdeschel dazu einwenden und hat auch zu seiner Verteidigung nach dem Krieg vorgebracht, daß es nur um ein kurzzeitiges Aufhalten der Amerikaner gegangen wäre, "damit die nötige Zeit für die Herbeiführung der diplomatischen Wende hätte gewonnen werden können, von der mir *Bormann* bei meiner Ernennung zum Reichsverteidigungskommissar gesprochen hatte"(2). Und wenn Bormann, der Leiter der Parteikanzlei in Berlin, in Vertretung des Führers das selber gesagt hat, dann durfte ein NS-Gefolgsmann nicht zweifeln! Aber nun lag ja inzwischen das Zentrum Berlin des zu verteidigenden Reiches nicht mehr im Rücken der Donaulinie, wie einstmals das Zentrum des römischen Reiches, sondern bereits abgetrennt auf der anderen Seite und selber in den letzten Zuckungen. Wie konnten intelligente Menschen glauben, daß die 120 m breite, unbefestigte Donau bei dem bestehenden Kräfteverhältnis auch nur einige Tage hätte gehalten werden können! Tatsache ist aber, daß verantwortliche Männer, nicht nur der Reichsverteidigungskommissar als Vertreter der Partei, sondern auch noch maßgebliche Wehrmachtsoffiziere, damals glaubten oder sich zum Glauben zwangen, daß Verteidigung noch sinnvoll wäre. Die Partei argumentierte: "Nicht an unsere Vernunft appellieren wir, ... wir rufen unseren Haß!" Die noch treuen Soldaten begründeten ihr Weiterkämpfen mit ihrem Eid und ihrer Pflicht. *Das Schlimme war, daß durch solchen Wahnsinn nicht nur die Wahnsinnigen selber, sondern abertausende vernünftige Menschen mit in den Abgrund gezogen worden wären und an vielen Orten auch wurden!* Das war es, was den Domprediger bewegte und was besonders durch den Appell Ruckdeschels im Capitol die Regensburger Bevölkerung in Angst und Schrecken versetzte.

c) Die Frauendemonstration

Über den deutschen *Widerstand gegen die Kriegsverlängerung* am Ende des Zweiten Weltkrieges kommt der Verfasser einer zeitgeschichtlichen Untersuchung zu folgendem Ergebnis(3): Der Widerstand "fand in den letzten Wochen vor dem Zusammenbruch wachsende Zustimmung, wenn sich auch aufs Ganze gesehen nur ein verhältnismäßig kleiner Teil der Bevölkerung aktiv an ihm beteiligte. Denn der Wunsch, angesichts der als sicher erkannten Niederlage nichts mehr aufs Spiel zu setzen ..., konnte sowohl zur Aktivität wie zur Inaktivität verleiten... Man wollte in dieser Endphase des Krieges sein Leben nicht mehr aufs Spiel setzen... Es kam aber in vielen Orten doch zu Einzelaktionen. Eine der bekanntesten in Bayern wurde die Frauendemonstration in Regensburg... Der Widerstand im April 1945 war in der Mehrzahl der Fälle nicht politisch oder ideologisch ... begründet... *Dennoch waren es oft überzeugte Gegner des Regimes*, die in dieser Endphase des Krieges ihre angestaute Abneigung ... aktiv zum Ausdruck brachten." So arbeitete ein An-

---

1) KRÄMER 175
2) RÜTER 1969, 253
3) TROLL

gehöriger der katholischen Jugendbewegung in Ansbach aktiv gegen die NS, wurde zum Tode verurteilt und durch den Strang hingerichtet(1).

Es ist naheliegend, daß bei der vorher geschilderten Art des katholischen, ansonsten mehr passiven Widerstandes, gerade in Regensburg mit seiner zahlenmäßig so mächtigen katholischen Bevölkerung, die lange angestaute Abneigung gegen den NS während der letzten Kriegstage mit der furchtbaren, akuten Gefahr schließlich nicht mehr länger versteckt wurde, sondern sich laut und öffentlich kundtat. Die Biographie jener drei Teilnehmer an der Demonstration, die dabei ihr Leben verloren, werden zeigen, wie weit ihre Aktionen doch auch "ideologisch" mitbestimmt und nicht ausschließlich von der momentanen Lage her motiviert waren.

Die Menschen in der Stadt stellten sich die bange Frage, ob sie überleben, ob ihre Häuser vernichtet, ob ihre Stadt das gleiche Schicksal wie Würzburg, Nürnberg, Neumarkt erleiden würde und in diese angstvolle Spannung trat der von der Partei fest und laut vorgetragene Befehl, die Stadt bis zum letzten zu verteidigen, also keine Rücksicht auf Leben und Gut der Männer, Frauen und Kinder zu nehmen. In der gleichen Situation befanden sich die Bewohner vieler Orte und in mehreren von ihnen kam es denn auch zu ähnlichen Aktionen wie in Regensburg.

So ereignete sich am 12.4.45, 11 Tage vor der Regensburger Frauendemonstration, der *"Weibersturm von Windsheim"*(2), der in mancherlei Hinsicht verblüffende Gemeinsamkeiten und damit die überregionale Bedeutung und Symptomatik des Geschehens erkennen läßt. In Windsheim wollten sich mehrere oder viele Frauen, möglichst auch mit ihren Kindern, um 18 Uhr auf dem Marktplatz versammeln und den Ortsgruppenleiter zur kampflosen Übergabe ihrer Stadt überreden. Die Idee hatte einer Gruppe von Frauen auf Befragen ein Mann gegeben. Die Kunde von dem Vorhaben ging wie ein Lauffeuer von Mund zu Mund, wobei Gerüchte auftauchten, die mit der ursprünglichen Absicht nichts zu tun hatten, aber offenbar mit dem Ziel einer möglichst großen Beteiligung ausgestreut wurden. Es hieß, ein Major der Waffen-SS oder auch andere Persönlichkeiten würden zur Versammlung sprechen. In Regensburg spielte dann diese Rolle der Vortäuschung von Legalität - zur Beschwichtigung der Ängstlichen - ein Phantom-General, bzw. der Chefarzt Dr. Ritter. So strömten in Windsheim schließlich immer mehr Menschen - etwa 200 bis 300 Personen auf dem Marktplatz zusammen. Der mit der Verteidigung beauftragte Major *Reinbrecht* versuchte mehrmals, die immer aggressiver werdende Menge zum Nachhausegehen zu bewegen. Schließlich rief er aus: "Tiefflieger kommen!" Anders als in Regensburg zeitigte dieser Scheinalarm Erfolg. Aber am nächsten Tag - also lange nach dem Auseinandergehen der Demonstranten - erschienen ein SS-Führer und ein Gestapomann aus Nürnberg und erschossen eine an der Kundgebung zwar beteiligt gewesene Frau, die aber keineswegs die Anführerin, vielmehr lediglich deswegen bekannt gewesen war, weil sie einige Tage vorher als Einzelperson beim Kreisleiter die Bitte auf kampflose Übergabe vorgebracht hatte. Ganz wie bei dem lediglich bittenden Dompredigger von Regensburg wurde dann auf die Leiche ein Pappschild gelegt mit der Aufschrift: "Eine Verräterin wurde gerichtet."

In der gleichartigen Situation scheinen also eine Frauendemonstration und die Reaktion der noch Herrschenden geradezu gesetzmäßig abgelaufen zu sein. Dabei ist nicht von vornherein so ganz selbstverständlich, daß nur die Frau-

---
1) TROLL
2) ebenda

en handelten. Es gehörten ja ausgesprochener Mut und der "politische" Wille zu demonstrieren dazu. Man bedenke im Fall von Regensburg, daß unter den 8 000 Beschäftigten(1) bei den Messerschmittwerken auch sehr viele Männer waren, die in einer Tag- und in einer Nachtschicht arbeiteten und daß es z. B. bei der Reichsbahn und manchen anderen Stellen "unabkömmliche" Männer gab, insgesamt wohl immer noch mehr Männer in der Stadt lebten, als man nach den verschiedenen "Heldenklau"-Aktionen glauben möchte. Und die meisten davon hätten ab 18 Uhr zur Verfügung gestanden. Andererseits war auch die Zahl der noch unabhängigen Frauen stark reduziert gewesen, z. B. waren viele zwangsweise bei den Messerschmittwerken beschäftigt, andere als Flak- und Nachrichtenhelferinnen bei der Wehrmacht, bei Verkehrsbetrieben usw. Wenn die Parteiführer alles rechtzeitig vorausgesehen hätten, wäre der Krieg womöglich noch totaler geworden. Sie hätten noch mehr Frauen zum Militär einziehen, hätten den Gaskrieg beginnen, hätten die Millionen gefangener Gegner zu Geiseln erklären können. Manches davon wurde tatsächlich noch erwogen.

Zur Frage männlicher Beteiligung ist bemerkenswert, daß aus der *Frauen*demonstration in Regensburg keine Frau, aber sechs *Männer* (für länger als ganz kurzzeitig) verhaftet, drei davon ermordet wurden, nämlich ein Geistlicher, ein siebzigjähriger Arbeitnehmer, ein invalidisierter Polizeibeamter, ein durchreisender Zivilist aus dem Elsaß, ein verwundeter Soldat und ein Fabrikarbeiter. Die sechs liefern eine sicher sehr unvollständige Vorstellung darüber, wer von den Männern noch hätte demonstrieren können. Bei der von Mund zu Mund weitergegebenen Aufforderung zur Beteiligung war ausdrücklich auch gesagt worden, daß auch Männer kommen sollten.

Frauendemonstrationen waren auch in *Cadolzburg* (6.4.) und in *Merkendorf*, Landkreis Ansbach (13.4.). In der Stadt *Gerolzhofen* kam es am 6.4. zu einer Demonstration "von Frauen und Männern", die von einer Hauptlehrerin veranlaßt war. Zwei Tage später wurden dort drei Beteiligte in Abwesenheit zum Tode verurteilt(2).

Vier Tage nach der Regensburger Kundgebung, am 27.4. abends, kam es auch in *Landau/Isar* zu einer Demonstration von Hunderten von Bürgern vor dem Rathaus, nachdem die Stadt zur Festung erklärt worden war. Während der Demonstration donnerten amerikanische Tieffahrer über die Stadt. Die Bürger wichen nicht von der Stelle. Sie schwenkten weiße Tücher. Aber ihre stürmischen Bitten fanden bei den immer noch Mächtigen kein Gehör(3). Drei Tage später wurden bei der Beschießung durch amerikanische Artillerie 22 Menschen getötet und am Abend mußte dann doch kapituliert werden(4).

Ziemlich sicher dachte am 23.4.45 niemand daran, daß es auch an einem 23.4., im Jahre 1809, das letztemal gewesen war, daß fremde Truppen, an ihrer Spitze Napoleon selber, die Stadt Regensburg besetzt hatten. Seit 136 Jahren hatte sich nichts derartiges mehr ereignet gehabt.

Situation und Stimmung am Tag der Regensburger Frauendemonstration und danach lassen sich ein wenig aus den *Aufzeichnungen einer Zeitzeugin* nachempfinden, die damals die Nerven besaß, die Ereignisse während des Gesche-

---

1) Die Woche 1983, vom 11.8., schreibt von 8 000
2) TROLL
3) ebenda
4) KRÄMER 181f.

hens in Tagebuchform festzuhalten, um sie später einem auswärts Wohnenden mitzuteilen(1). In den erhalten gebliebenen Blättern heißt es:

"Montag, 23.4.45, 14 Uhr. Wir sind nun schon seit zwei Uhr morgens auf. Um viertel über zwei hat uns ein Großalarm aus dem Bett gehoben. Ich zählte 14 - 15 - 16 (um die Bedeutung der Sirenenwarnung festzustellen). Feindalarm! Vater und ich wollten gar nicht in den Keller (in den öffentlichen Luftschutzkeller am Ägidienplatz im ehemaligen Deutschherrnhaus, etwa 200 m vom Wohnhaus), kamen aber nicht gegen Mutter auf. Drüben im Keller sagte der Luftschutzmann: "Bei etwaigen Detonationen soll sich niemand beunruhigen, es werden nur die Brücken gesprengt!" Gleich darauf krachte es furchtbar. Das war die große neue (Adolf-Hitler-, heutige Nibelungen-)Brücke. Darauf folgten die zwei kurzen eisernen Brücken. Durch die Sprengungen sind in der Stadt große Schäden entstanden. Noch bei uns (2 km von der großen, 1 km von der eisernen Brücke) glaubte man, daß es einem das Trommelfell zerreißt.

Nachher vormittag stellte ich mich noch einmal um Zucker an. Eben wäre ich drangekommen, da gab es Alarm. Es war aber nichts los, ebenso beim zweiten. Auf der Straße zogen unordentliche Haufen von Volkssturmbuben und sangen das Lied, das mir schon, als ich es das erstemal 1932 hörte, einen unauslöschlichen Eindruck gemacht hatte: "Wir werden weitermarschieren, wenn alles in Scherben fällt".

Wieder gings in den öffentlichen Keller. Es heißt, daß der Oberbürgermeister *Dr. Schottenheim* sich erschossen hat. Daß der Gauleiter *Wächtler* offiziell erschossen wurde, stand hier in der Zeitung (Regensburger Kurier vom 21.4.)

Heute abend um sechs ist eine Kundgebung, bei der ein SS-General für die Freigabe der Stadt sprechen soll! Alles ist davon erfüllt, wir gehen natürlich auch hin.

Dienstag, 24.4. abends. Wir haben schreckliche Stunden hinter uns. Unser Freund, der Domprediger Dr. Maier, hat bei der Kundgebung das Wort ergriffen, um einen Aufruhr zu verhüten und wurde heute nacht an demselben Platz als Saboteur erhängt. Ein 70-jähriger Mann, der seine Freilassung forderte, teilte das gleiche Schicksal. Vater (Kinderarzt Dr. Ernst Köck), der gleich am Platz für den festgenommenen Dr. Maier eintrat, wurde von der Polizei vernommen. Wie durch ein Wunder kam er noch davon.

Die Leute schimpften und weinten dazu laut auf der Straße. Obwohl die Amerikaner inzwischen von Burglengenfeld nach Etterzhausen (8 km von Regensburg) vorgerückt sind, merkt man auf den Straßen immer noch wenig. In unserem öffentlichen Keller, wo auch unter der Zeit (zwischen den Alarmen) ein Teil der Leute bleibt, schaut es schon wie in einem Flüchtlingslager aus. Die Wände sind sehr dick und gewölbt, die Räume klein, aber schrecklich voll von Menschen und nur zwei schmale, steile Stiegen führen hinaus. Brennen darf es da nicht.

... Der Zug, der täglich zweimal bei uns vorbeizieht (in Richtung Kumpfmühler Brücke nach Süden), bietet den schrecklichsten Anblick, den es gibt. Die elenden Gestalten schauen schaurig aus(2). Was früher ängstlich geheim-

---

1) Aufzeichnungen, Rundbrief, sind Frau Dr. Inge Köck zu verdanken
2) Es könnte sich um jenen Teil der Häftlinge des Außenlagers Flossenbürg in Stadtamhof gehandelt

gehalten wurde, bekommt man jetzt gezeigt... Diese furchtbare Kehrseite (des NS) konnte ich seit dem 30.6.33(1) nie vergessen. Im KZ-Wesen erschien diese Seite nicht als Instrument, sondern als System. Gegen alle noch so großen Idealisten bleibt immer der unwiderlegliche Vorwurf, daß sie das wußten und hinnahmen."

Am *Pfingstmontag, 21.5.45,* also einen knappen Monat später, schilderte die Mutter der Verfasserin des obigen Tagebuches die Ereignisse seit jenem 23.4. in einem "Rundbrief" an außerhalb lebende Freunde:

"Am Montag, 23.4., wurde Feindalarm (= Panzeralarm) gegeben. Die Woche vorher zogen wir Tag für Tag mindestens zwei- bis dreimal für Stunden in den offiziellen Luftschutzkeller. Schauerlich war ein Tag kurz vor dem 23.4., an dem zwei Munitionszüge getroffen wurden. Von Mittag bis zur Nacht flogen daraus ständig Artilleriegeschosse durch die Luft. Man fühlte sich wie an der Front, besonders weil man nie wußte, wo die Amerikaner wirklich stehen. An dem Tag wurde u. a. das Geschäftshaus von Habbel zum Teil zerstört. Damals begann auch die Lebensmittelverteilung (aus den letzten Lagern). Das war wegen der Aufregung und den Strapazen des Anstehens ein Danaergeschenk. Noch nach dem Feindalarm, ja noch unterm Artilleriebeschuß, standen die Leute in großen Mengen an und fuhren erst beim Heranbrausen der Tiefflieger auseinander. Nachher das Raufen um die Plätze! Bei den Schuhen und Kleidern kam man überhaupt nicht hin.

Die Spannung, wann die Amerikaner wirklich kommen und das Hin und Her, ob die Stadt verteidigt oder freigegeben wird, wurde allmählich so unerträglich, daß man eigentlich froh war, als am 23.4. früh 2 Uhr die Sirene nach der 15. Welle zum Feindalarm weiterging. Wir gingen mit Sack und Pack in den Keller am Ägidienplatz und glaubten, daß es gleich losgeht. Aber nichts folgte, außer den üblichen Alarmen und verstärkter Tiefliegerplage.

Am Nachmittag hieß es von allen Seiten, daß *um 18 Uhr* eine Kundgebung beim Neuen Rathaus sei, bei der ein SS-General für die Freigabe der Stadt sprechen werde. Alles strömte durch die Gesandtenstraße nach Osten, auch wir. Plötzlich kam Fliegeralarm. Gleich darauf akuter Alarm und auch schon Tiefflieger(2). Ein Teil der Menge strömte zurück. Die anderen riefen: "Falscher Alarm!" und bewegten sich weiter über den Moltke-(heutigen Dachau-)platz hin. Auf dem Durchgang beim Neuen Rathaus über den ganzen Klarenanger (heutige Martin-Luther-Str.) hin bis zur Kreisleitung (an der Stelle der heutigen IHK) standen die Menschen Kopf an Kopf, schrieen und winkten mit weißen Tüchern. Aber niemand hielt die Ansprache. Anstatt dessen erschienen Polizeiautos und fuhren bedrohlich außen herum. Auf einmal sahen wir auf einer Luftschutzlamelle (Betonmäuerchen vor den Fenstern der Luftschutzkeller, die das Eindringen von Bombensplittern und Feuer verhindern sollten) die hohe schwarze Gestalt des Dompredigers Dr. Maier, mit dem wir, seit er hier ist (seit 1938), sehr befreundet waren. Sofort jubelten ihm alle zu. Er verschaffte sich mit Mühe Stille und sprach einige Sätze "an die Regensburger aller Glaubensbekenntnisse und politischen Überzeugungen(3),

---

2) (Fortsetzung) haben, die täglich zur Wiederherstellung zerbombter Gleisanlagen herangezogen wurden. Es waren mehr als 50 Gefangene. Manchmal wurde einer der Männer von anderen getragen
1) Die Verfasserin sah an diesem Tag eine Versteigerung von Bildern der "Entarteten Kunst" in Luzern
2) Überwiegend: Ein Flugzeug, z. B. KLITTA 35; RATHSAM 1965
3) "politische Überzeugungen" wird Maier nicht gesagt haben, da dies die Partei provoziert hätte

in denen er sie aufforderte, Ruhe zu bewahren, keinen Aufruhr gegen die Obrigkeit zu machen, sondern an das Wort Gottes (an seine Predigt) vom Vortag (Sonntag, 22.4.) zu denken und in Ruhe um die Freigabe der Stadt aus folgenden vier Gründen *zu bitten*...

Hier wurde er von Polizei und SS ergriffen, heruntergerissen und wie ein Verbrecher fortgeschleppt. Von vorn wollten ihn einige Männer losreißen, hinter ihm schrieen Frauen, die ihn befreien wollten. Aber die SS-Autos fuhren brutal kreuz und quer in die Menge hinein und auf die Bürgersteige hinauf. SS-Leute schrieen und drohten mit Maschinenpistolen; Feuerwehr fuhr auf und spritzte die Leute auseinander (es genügte, Anstalten dafür zu machen). Der Domprediger kam noch in der Nacht vor ein Standgericht und wurde zwischen 2 und 3 Uhr am Tatort als Saboteuer in Sträflingskleidung erhängt. Vorher hörte man ihn noch rufen (eine Hotelbesitzerin an der Nordseite des Moltkeplatzes und deren Schwester behaupteten, dies in der Nacht gehört zu haben)(1): "Ich sterbe für Frieden und Freiheit der Stadt Regensburg".

Neben ihm hing ein 70-jähriger Mann, am Boden lag ein Polizist mit Kopfschuß, die beide für ihn eingetreten waren.

Das Schrecklichste für uns war, daß Ernst (der Kinderarzt Dr. Köck) um ein Haar das Schicksal dieser drei Männer geteilt hätte. Er wandte sich gleich, als man Dr. Maier herunterriß, an zwei SS-Offiziere und sagte, sie sollten den Geistlichen, der kein Unrecht getan hätte, sondern ein ausgezeichneter Mensch und sein Freund sei, anständig behandeln. Sie antworteten höflich, sie wollten ihr möglichstes tun. Aber wenig später auf dem Heimweg begegnete uns ein Polizeiauto voll SS, hielt an und nahm Ernst mit... Er wurde dann auf der Kriminalpolizei von den selben SS-Offizieren "wegen Aufruhr" etwa eine halbe Stunde verhört. Er ließ sich aber nicht hinreißen, sondern antwortete ruhig und besonnen. "Wann und von wem haben Sie von der Kundgebung gehört?" "Etwa um fünf Uhr von vielen Seiten." "Ist Ihre Ansicht identisch mit der der versammelten Volksmenge?" "Meine Ansicht wollte ich mir erst nach der Rede des SS-Generals bilden." "Und was sagten Sie zu den weißen Tüchern?" "Sie haben selber gesehen, daß ich kein weißes Tuch in der Hand hatte." Als sie ihm nichts vorzuwerfen fanden, überlegte der höhere Offizier einige Minuten, dann sagte er: "Sie sind entlassen!" Diese halbe oder dreiviertel Stunde war für uns das Schlimmste in diesen Tagen..."

Was man sich damals in Regensburg erzählte, wird so wiedergegeben:

"An diesem Nachmittag waren schon 2 000 amerikanische Bomber bereitgestanden, um Regensburg zu vernichten. Sie bekamen bloß keinen Startbefehl, weil Aufklärer die Versammlung meldeten(2). Nach wenigen Stunden wußte der Feind auch schon von der Verhandlung und Hinrichtung des Dr. Maier und brachte die Nachricht im Radio." Letztere Behauptung findet sich in mehreren Berichten(3). Der Ehemann einer Beteiligten an der Frauendemonstration(4)

---

1) R80; S. 19
2) Am 20.4. machte die US Air Force Luftaufnahmen der Stadt, die für die Bombardierung mit Signaturen versehen wurden. Am 25.4., zwei Tage vor dem geplanten Großangriff, wurden schon früher fertiggestellte Stadtpläne an die Kommandostellen der Erd- und Luftstreitkräfte ausgegeben. Bürger schätzt 100 bis 200 Flugzeuge, die Regensburg bombardiert hätten
3) z. B. in KEMPNER 267-269; RATHSAM 1981, 27. In WEIKL: "Noch im Lauf des Vormittags meldete der amerikanische Rundfunk das Verbrechen". Laut MZ 1946, vom 27.4., wurden Demonstration und Hinrichtung im deutschen Rundfunk bekanntgegeben. Die Amerikaner konnten also aus dem dtsch.

erinnert sich, daß er als Gefangener in einem US-amerikanischen Lager in Cherbourg einige Tage nach der Befreiung von Regensburg ein Luftbild mit den Frauen auf dem Moltkeplatz gesehen hatte, die mit weißen Tüchern winkten. Die Aufnahme des Platzes - aber ohne die Frauen - konnte vom nächsten Tag stammen, an dem gegnerische Flugzeuge über die Stadt flogen, oder aber das Bild hatte eine andere Stadt gezeigt.

Im Rundbrief heißt es weiter: "Daß Regensburg weder bombardiert noch heftig beschossen, sondern geduldig belagert wurde, verdanken wir seinem (Dr. Maiers) spontanen Entschluß. Am Sonntag vor Pfingsten (13.5.) hielt der Bischof im Dom das Requiem für ihn. Der Dom war dabei so voll wie noch nie.

Am Mittwoch, 25.4., *begann* das feindliche Artilleriefeuer, das von herinnen nur schwach durch einige Flakgeschütze erwidert wurde. Die Einschläge erfolgten nicht sehr schnell hintereinander, waren aber schwer (21 cm), besonders auch in unserer Gegend wegen Barrikaden und vermuteter Geschützstellung im Dörnbergpark. Dieser Park und die Allee hinter unserm Haus schauen schlimm aus... Ein Einschlag ging direkt vor den Ausstieg des Ägidienkellers, ein anderer dort in den Hof. Viele Häuser erhielten große Einschlaglöcher. Ein Teil der Verwüstungen um den Bahnhof stammte nicht vom Feind, sondern war ein Abschiedsgruß der SS, die sofort nach der Ermordung des Dr. Maier noch in der Nacht die Stadt verlassen hatte(1).

...Schlimm war dann die Nacht auf den 26.4. mit starkem Beschuß und Schießereien in den Straßen. Das waren schon die ersten amerikanischen Panzerspähwagen(?). Wir saßen im Keller und hörten es nur krachen, ohne zu wissen, wer wohin schießt. Am Mittag ließ der Beschuß nach. In der Nacht auf Freitag, 27.4., rührte sich noch nichts. In dieser Nacht ohne Schlaf, in dem vollen, dunklen, ungelüfteten Keller, auf schmalen Holzbänken ohne Lehne sitzend - wir haben seit dem Feindalarm den Keller nur untertags auf ein bis zwei Stunden verlassen - waren wir ziemlich entmutigt und glaubten, es gehe noch wochenlang so weiter. Am Freitag, 27., früh 7 Uhr, hieß es plötzlich, daß die Stadt übergeben sei. Zuerst glaubten wir es nicht. Aber dann verließen wir den Keller und gingen heim, begriffen aber gar nichts vor Müdigkeit. Nur schlafen, schlafen!

Aber das konnten wir immer noch nicht. Etwa um 10 Uhr rollten die amerikanischen Panzer von allen Seiten in die Stadt. An jeder Straßenecke stand einer, von Kindern umlagert. Wir schauten die nachlässig gekleideten, schlampigen Amerikaner scheu an, wie Wundertiere. Um 11 Uhr holte einer mit vorgehaltenem Gewehr Ernsts Arztauto, ganz widerrechtlich, wie wir nachher erfuhren... Nun begannen die rücksichtslosen Einquartierungen, bei denen immer das ganze Haus geräumt werden mußte...

Etwa um den Victory Day wurde es durch den Abzug der ersten einquartierten Truppen ruhiger und jetzt sind wir die Amerikaner in der Stadt schon gewohnt.

---

3) (Fortsetzung) Rundfunk, aus dem "Kurier" und über das öffentl. Telefon unterrichtet sein. Letzteres funktionierte noch von Regensburg in bereits von US-Truppen besetzte Orte!

4) Eine ausführliche Schilderung verdanke ich Frau Grete Reichl. Sie stand nur ca 10 m von Dr. Maiers Verhaftungsstelle. Ihr Mann war übrigens neun Monate zusammen mit Bayerer, Weber u. a. in Untersuchungshaft, wurde im Prozeß freigesprochen. Seine Wohnung hatte zeitweilig als Anlaufadresse für die SPD-Widerstandstätigkeit 1933/34 gedient

1) Eine komplette SS-Einheit soll es damals in Regensburg nicht gegeben haben

Die Ernährung ist hier sehr schlecht, keine Milch, kein Gemüse, Brot erst seit einigen Tagen und da muß man für einen Zweipfunder drei Stunden und länger anstehen... Allein das Überfahren über die Donau dauert durchschnittlich eine Stunde. Aber das ist alles nicht so schlimm; unangenehm ist das Gefühl des Abgeschnittenseins und Eingesperrtseins. Darum bitten wir alle Leser dieses Briefes, uns bald Nachricht zukommen zu lassen."

Wer die Demonstration erstmals angeregt, ob es einer oder mehrere an einer Stelle oder gleichzeitig an mehreren Stellen der Stadt gewesen waren, ist nie bekannt geworden. Viele Zeugen erfuhren erst um die Mittagszeit des 23.4. auf der Straße oder im Luftschutzkeller oder beim Schlangestehen vor Geschäften, daß am späten Nachmittag oder um 18 Uhr eine Frauenkundgebung für die Freigabe der Stadt sein soll. Dabei soll ein SS-General oder *Dr. Ritter*, Chefarzt des Krankenhauses der Barmherzigen Brüder, oder der Kampfkommandant(1) sprechen oder die Sache mit der Freigabe der Stadt in die Hand nehmen. Andere sagen aus, daß bereits vom frühen Morgen des 23.4. an(2) der Aufruf an die Frauen erging, sich um 14 Uhr auf dem Moltkeplatz einzufinden und wieder andere, daß schon um 12 oder 13 Uhr die Frauen begannen, sich zu versammeln. Die Kriminalkommissarin a.D. *Berta Rathsam*, die selbst beteiligt war, behauptet, daß zwei Demonstrationen gewesen wären, eine eigentliche Frauen*demonstration* um 14 Uhr und eine *Bitt*aktion um 18 Uhr. Die erstere sei von amerikanischen Agenten inszeniert worden und die zweite sei vom Domprediger nach Absprache mit dem Kampfkommandanten initiiert gewesen, dessen Namen Rathsam mehrmals mit Babinger, anstatt Amann angibt. Für einen Beweis reichen aber die Indizien in Rathsams Schrift nicht aus(3), die im übrigen eine Reihe interessanter Einzelheiten enthält.

Stadtpfarrer *Josef Kraus* von St. Emmeram berichtete am 6.5.45 an Bischof Michael Buchberger(4): "Am 23.4. erschienen in der Rettungsstelle des Klerikalseminars zwei Polizisten und luden zu einer Kundgebung wegen der Freigabe der Stadt um 18 Uhr ein... Ebenso erschien an der Lebensmittelausgabe ... in der Schäffnerstraße ein Herr in Zivil und sagte zu allen, die um Lebensmittel anstanden: "Ihr Frauen wollt doch auch, daß unsere Stadt freigegeben wird?" Darauf die stürmische Antwort: "Ja, freilich wollen wir das!" "Gut, dann kommt heute abend zu der Kundgebung am Neuen Rathaus und nehmt auch alle Euere Kinder mit und schreit fest! Partei und Polizei haben Kenntnis davon." Auf die Frage der ausgebombten Lehrerin *Maria Lindinger* wer das gewesen sei, bekam sie die Antwort: "Das war der Ortsgruppenleiter." Als N.N. und ich auf dem Weg zum Neuen Rathaus die Obermünsterstraße passierten, waren Massen von Menschen auf dem Weg ... zur Kundgebung. Es mag um 17.45 gewesen sein, da ertönte das Signal Großalarm. Viele kehrten wieder um. Andere gingen weiter und äußerten ganz laut ihre Meinung, es sei bloß Falschalarm... Kurz darauf das Signal "Akute Luftgefahr!" Als wir auf den Moltkeplatz kamen, war der ganze Platz schon dicht besetzt. Es mochten viele Tausende gewesen sein. Man erzählte sich, Chefarzt *Dr. Ritter* sei bereits im Neuen Rathaus. Er würde eine Rede halten für die Freigabe der Stadt. Immer wieder rief die Menge: 'Gebt die Stadt frei! Gott erhalte uns Regensburg!' Die allermeisten schwenkten dabei weiße Taschentücher und schauten zu den Fenstern des Neuen Rathauses empor in Erwartung eines Wortführers..."

---

1) Domkapitular Dr. Deubzer in HABBEL
2) "Spätestens vom frühen Morgen an" heißt es in der Urteilsbegründung im Ersten Dr. Maier-Prozeß 1948 RÜTER 1969, 2. Bd., 235f.
3) R.80, S. 5, 15, 17
4) WEIKL 197

Über die Anzahl der Kundgebungsteilnehmer äußern die meisten Autoren und die meisten der damals Anwesenden, daß es Tausende gewesen waren. Andere sprechen nur von Hunderten. In einer zeitgeschichtlichen Abhandlung ist von 800 bis 1 000 die Rede, allerdings ohne nähere Begründung(1).

Jeder der Demonstranten war sich klar darüber, daß eine Beteiligung gefährlich sein konnte. Manche fühlten sich wohl dadurch gedeckt, daß vorher – eben zu dem Zweck, die Angst zu nehmen – verbreitet worden war, ein SS-General werde sprechen, oder Partei und Polizei seien verständigt. Die meisten hielten sich als anonyme Mitmacher innerhalb der riesigen Menge für genügend geschützt. Immerhin war aber von der Kreisleitung, also von Weigert, über Lautsprecher ausgerufen worden, Saboteure hätten zur Kundgebung aufgerufen *und wer sabotiere, ende am Strang*(2). Vielen war natürlich bewußt, daß es sich nach der Durchhaltekundgebung Ruckdeschels vom Vorabend nun um so etwas wie eine Gegenkundgebung, wie einen öffentlichen Widerstand handelte.

2. Wer kam für eine Rettungsaktion in Frage und was führte schließlich zur Freigabe der Stadt?

a) Wichtigste Stelle wäre zunächst *der Gauleiter* der Partei gewesen, da allgemein die Gauleiter vom Führer zu *Reichsverteidigungskommissaren* bestellt waren, auch für ihren Gau als oberste Befehlshaber, als sogenannte Volkssturminspekteure, über den Volkssturm zu entscheiden hatten. In dieser wichtigen Funktion hafteten sie allerdings mit ihrem eigenen Kopf für eine Verteidigung der Städte bis zum letzten.

Der fast bis zum Ende, nämlich bis vier Tage vor der Frauendemonstration amtierende Gauleiter *Fritz Wächtler* wäre vielleicht für ein Einlenken zu gewinnen gewesen. Das zeigte er im Fall der Stadt Bamberg, wo er von dem allerdings sehr hochgestellten und mächtigen SS- und Polizeiführer *Dr. Benno Martin* dazu gebracht werden konnte, die kampflose Übergabe wenigstens nicht zu stören, wenngleich er selbst die Verantwortung ablehnte(3). Bei dem Gauleiter und Reichsverteidigungskommissar *Ludwig Ruckdeschel*, der noch relativ jung und forsch war (geb. 1907 in Bayreuth, Kaufmann) konnte keine solche Hoffnung bestehen. Er war vom NS-Wahn so besessen, daß er für keine Vernunft- oder gar Humanitätsgründe zugänglich war. Das zeigte er zuletzt. Außerdem hatte er ja erst vor wenigen Tagen bei der Exekution seines Vorgängers *Wächtler* mitgewirkt und wußte also recht genau, welches Risiko für seine Person bestand. Noch nachdem er die Ermordung Dr. Maiers und Zirkls in Regensburg veranlaßt und durchgesetzt hatte, und er selber unmittelbar danach nach *Landshut* flüchten mußte, setzte er dort am 28.4. – gegen heftige Widerstände von Seiten der Justiz und Stadtverwaltung und obwohl es ihm nicht gelang, ein Standgericht einberufen zu lassen – die Hinrichtung des führenden Mitgliedes des Landshuter Widerstandes, des Regierungsgewerberates *Dr. Franz Seiff* durch(4).

---

1) TROLL 655; in RÜTER 1969, Bd. 2, 235-238: "Mehrere hundert", aber auch "800 bis 1000". In OBERNEDER 671: "Es kamen etwa 12 000 Personen zusammen". Zeugen sagen: Vom Moltkeplatz bis Landshuter Str., das wären 250 m x 14 m standen die Menschen Kopf an Kopf
2) Dr. Deubzer in HABBEL: "über Rundfunk". Über einen Lautsprecher, wie in KLITTA S. 35, wird richtiger sein
3) ALBART 50f.
4) TROLL 677

Daß es auch andere Gauleiter gab, zeigt der Fall *Augsburg*. Hier setzte sich neben anderen Persönlichkeiten auch und sogar der Gauleiter von Schwaben, *Karl Wahl*, beim Kommandanten von Augsburg, General *Fehn*, für die Übergabe der Stadt ein, die schließlich mit Hilfe der Augsburger Freiheitsaktion durch Überwindung des Gefechtsstandes von Fehn gelang(1).

b) *An zweiter Stelle* kam der *Stadtkommandant*, bis 23.4. Generalmajor *Amann*(2), in Frage, der allerdings nicht ohne Einwilligung seiner Vorgesetzten, z. B. des Generals *Tolsdorff*, auch nicht ohne den Reichsverteidigungskommissar *Ruckdeschel*, hätte handeln dürfen. Man vermutet, daß der Stadtkommandant von der Demonstration rechtzeitig erfahren und daß er bewußt nichts dagegen unternommen hatte. Allerdings ist nicht richtig, daß er wegen seiner Untätigkeit vor oder bei der Kundgebung abgesetzt wurde. Eher als diese militärische Stelle wäre die Partei, also Kreisleiter *Weigert*, für die Verhinderung der Kundgebung verantwortlich gewesen. Er hätte mit Hilfe von Polizei, SA und SS die Zugänge zum Moltkeplatz absperren lassen können. Erst später bediente er sich dann dieser Kräfte zur Auflösung der Ansammlung. Richtig ist aber, daß der bisherige Stadtkommandant mitsamt seinem Stab am 23.4. spät abends durch neue, jüngere Leute ersetzt wurde, von denen sich die höheren Wehrmachtskommandostellen - wohl das Korps - eine bessere "Kampfmoral", überhaupt bessere Eignung erhofften. Und sie hatten sich dabei nicht getäuscht. Zu diesem Zeitpunkt hatten also *nicht nur die Partei, sondern auch die militärische Führung, die ernste Absicht*, die alte Stadt Regensburg mit ihren Häusergewirr, ihren Mauern, ihren Kirchen, als eine "naturgegebene" Festung zu nutzen und zu verteidigen, was ihre völlige Zerstörung und den Tod tausender Menschen im Gefolge gehabt hätte.

Der abgesetzte Kommandant *soll* noch während der Sitzung des Standgerichts gegen *Dr. Maier*, also in der Nacht nach der Demonstration, zur Polizeidirektion gekommen sein, um dort Kreisleiter *Weigert* aus dem Gerichtsraum rufen zu lassen und sich von ihm zu verabschieden(3). Das ist aber schon wegen des schlechten Verhältnisses zwischen Wehrmacht und Partei unwahrscheinlich.

Neuer Kampfkommandant wurde der Infanteriemajor *Hans Hüsson*, der einige Dienstgrade unter seinem Vorgänger stand. Sein Stellvertreter, Major *Robert Bürger*, und weitere Mitglieder des Stabes von Hüsson, wurden ebenfalls in den letzten Stunden des 23.4. mit ihrer neuen Funktion betraut(4).

Frau *Rathsam vermutet*, der Stadtkommandant (vor Hüsson) wäre von *Dr. Maier* selbst über dessen vorgesehenen Auftritt bei der Kundgebung unterrichtet worden. Das wäre dann allerdings für beide lebensgefährlich gewesen. Jeder Kampfkommandant einer Stadt war verpflichtet gewesen, die Verteidigung "bis zum äußersten" zu betreiben, andernfalls er gemäß Bekanntmachung vom 12.4.45 hinzurichten war.

Bischof *Buchberger* erwähnte in seiner Gedenkansprache im Dom am Ostermontag, 22.4.46, daß "der Stadtkommandant bei mir zu einer amtlichen Besprechung wegen der Aufnahme des Herrn Kardinals *Bertram* (aus Breslau, damals fast 90 Jahre alt) in einem Kloster unserer Diözese" gewesen war. Dabei "ver-

---
1) Wie vor; 670
2) siehe Fußnote 4, S. 324
3) RÜTER 1969; Bd. 2, 248; R80, S. 16
4) frdl. Mittlg. Herrn Bürgers und KLASSE 11b, 10f. In R80, S. 31 ist irrtümlich Tolsdorff als neuer Kampfkommandant angegeben

sicherte mir der Stadtkommandant, daß ihm die Zerstörung der Stadt und ihres Reichtums an geschichtlichen Kunstdenkmälern überaus leid wäre. Ähnlich dachten viele andere und wohl auch unser lieber Herr Domprediger Dr. *Maier* .."

"Vorher sagte *Buchberger*: "Diese Volkskundgebung ... war ... wohl nicht ohne stille Duldung des damaligen Stadtkommandanten zu Stande gekommen."(1)

Aber am gleichen Abend des Auftretens von Dr. Maier wurde dieser Stadtkommandant Generalmajor *Amann* abgesetzt und an seine Stelle ein mehr kampfentschlossener Offizier beordert, nämlich Major *Hüsson*.

Das Verhältnis und die Zusammenarbeit zwischen Wehrmacht und Partei waren auch in Regensburg nicht gut gewesen. Ein Beispiel dazu: Um den 10.4.45 hatte Kreisleiter *Weigert* die Führer der Volkssturmeinheiten des Gebietes nördlich Regensburg zu einer Kampfbesprechung nach Regenstauf befohlen. Dabei wurden Organisation und Taktik der Heimatverteidigung, z. B. die Plätze, an denen Stellungen auszuheben wären, besprochen, und dies alles, ohne daß der Partei-Kreisleiter Weigert auch nur einen einzigen Wehrfachmann, etwa aus der Regensburger Garnison, dazu eingeladen oder um Rat befragt hatte(2). Dieser Besprechung folgte dann die berüchtigte Rede vom 18.4. am gleichen Ort Regenstauf, bei der der Scharfmacher *Ruckdeschel* zum Kampf bis aufs letzte anfeuerte.

Ein weiteres Beispiel für die Zweigleisigkeit gibt die Sprengung der Donaubrücken am 23.4., die die Partei in der Person des Reichsverteidigungskommissars und Gauleiters *Ruckdeschel*, ohne Einvernahme mit dem Regensburger Stadtkommandanten durchführen ließ. Ruckdeschel hatte vom Herannahen amerikanischer Einheiten erfahren und glaubte schnell handeln zu müssen. Zu diesem Zeitpunkt waren aber erst relativ kleine amerikanische Voraus- und Erkundungstrupps von Norden in Richtung Donau vorgestoßen. Andererseits war aber den beiden rechten deutschen Divisionen im Norden eine Rückzugsbewegung über die Donau, und zwar durch und bei Regensburg befohlen. Durch die voreilige Brückensprengung wurde diese Operation verzögert und erschwert und mußten viele Detailpläne überstürzt umgestellt werden. Etwa 2000 deutsche Soldaten kamen dabei in Gefangenschaft, darunter ein Offizier mitsamt den Unterlagen über die Pläne der deutschen Wehrmacht für die nächsten Tage. Vermutlich gingen allerdings viele der Soldaten gern in die Gefangenschaft. Eine weitere Folge war gewesen, daß die Kampfgruppe Regensburg die Verbindung mit dem Stab ihrer übergeordneten Befehlseinheit, der 416. Infanteriedivision, in den Tagen zwischen dem 24. und 26.4. verloren hatte und daß der vorgesehen gewesene Widerstand an der Donau geschwächt wurde. Wahrscheinlich ist sogar gerade durch die Brückensprengung das Gegenteil dessen eingetreten, was die Partei bezweckt hatte: Die geordnete Gefechtsbereitstellung an der "Donaulinie" unmittelbar anschließend an den Raum Regensburg und in Verbindung mit der Kampfgruppe in der Stadt und damit die gewünschte Verteidigung kamen nicht mehr zustande.

Zur Frage, ob etwa vom neuen Kampfkommandanten eine Hilfe für die Rettung der Stadt erwartet werden konnte, ob er etwa bereit gewesen wäre, gegen die an ihn ergangenen Befehle zu handeln, mag eine Auseinandersetzung zwischen

---

1) Beilage zum Amtsbl. der Diözese Reg., Ende April 1946
2) wie Fußn. 4, S. 341

ihm und seinem Adjutanten, Major *Matzke*, die Antwort liefern. Letzterer hatte es gewagt, die Pläne zur Fortsetzung des Kampfes als Wahnsinn zu bezeichnen. Er wurde daraufhin vom Kommandanten scharf angefahren, dieser ließ ihn stramm stehen und erinnerte ihn an seine Gehorsamspflicht. Der so zurechtgewiesene Matzke befolgte dann in der Nacht vom 26. auf den 27.4. auch nicht den Befehl, der ihm am Morgen um 4 Uhr noch einmal gegeben wurde, nämlich seiner nach Süden abgesetzten Truppe nachzufolgen. Er blieb vielmehr in der Stadt bis zum Eintreffen der Amerikaner, die sechs Stunden später einrückten und beteiligte sich anschließend an den Übergabeverhandlungen.

Oberst a.D. *Bürger*(1) schreibt: *"Die Moral und die Kampfkraft der Kampfgruppe Regensburg waren gut."* Er erzählt: Unter den Offizieren glaubte man damals noch an den Einsatz von "Wunderwaffen" aus der "Alpenfestung" heraus(2). Demnach scheint Matzke eine Ausnahme gewesen zu sein. Wahrscheinlich haben aber andere aus dieser Truppe aus begründeter Angst ihr Innerstes verborgen. Allgemein war schon z. B. im Dezember 1944 die Moral so schlecht, daß bei der Fallschirmarmee – einer Freiwilligen- und Elitetruppe! – vor der Rundstedtoffensive etwaigen Kampfmüden Sippenhaft angedroht wurde. Und in den folgenden fünf Monaten kann die Moral kaum besser geworden sein. Immerhin zeigen auch die Fakten, daß die "Kampfgruppe Regensburg" wirklich noch verteidigt und gekämpft und die Stadt mit einem wesentlichen Teil ihrer Bewohner befehlsmäßig in Schutt und Asche hätte verwandeln lassen. Die gleiche Einheit hat sich unter dem Namen Grenadierregiment 713 in den nächsten und letzten neun Tagen des Krieges allmählich, aber doch schnell, bis nach Lofer im österreichischen Land Salzburg zurückgezogen und sich erst dort befehlsgemäß ergeben.

Dazu erfahren wir aus dem Gefechtstagebuch, wie es schon *Hiltl* 1955 in Auszügen veröffentlichte:

29.4., also zwei Tage nach der Räumung Regensburgs: Wir (die ehemalige Kampfgruppe Regensburg, nun Regt. 713) beziehen neue Stellungen an der Isar...

3.5.: Das Regiment war am Chiemsee eingeschlossen; es gelang aber der kühne Ausbruch in die Alpenfestung (die bekanntlich als letzte Verteidigungsbastion vorgesehen war).

5.5.: Das Regiment ging zum Angriff vor und befreite die bereits gefangen genommene Heeresgruppenführung Süd.

6.5. bis zum Waffenstillstand: Verteidigung der Pässe bei Lofer...

Als schon ganz Deutschland von den Alliierten besetzt und Hitler tot war, als es "für Führer und Vaterland" nichts mehr zu verteidigen gab und der Eid auch seinen nominalen Sinn verloren hatte, kämpfte man im Ausland weiter!

Am 2.5. wurde Major *Hüsson*, der Regensburger Kampfkommandant für die letzten Tage, der die Stadt befehlsgemäß zu einem Trümmerhaufen hätte bombardieren lassen, für seine "Leistung am 1.5." (über die bei Hiltl nichts Näheres erwähnt ist) zum Ritterkreuz vorgeschlagen. Bis zuletzt hätte er

---

1) Bürger wurde nach dem Krieg bei der Bundeswehr zum Oberst befördert. Obiges Zitat aus BÜRGER
2) Die Woche 1984, vom 2.2. S. 7

alles getan, was befohlen wurde. Ein Versuch, ihn etwa für eine Mitwirkung zur Freigabe der Stadt zu gewinnen, wäre nicht nur aussichtlos, sondern lebensgefährlich gewesen.

c) In manchen Städten hat eine andere, dafür naheliegende Autorität, nämlich der (Ober-)Bürgermeister, mindestens mitgeholfen. In Regensburg ist nichts von solchen Versuchen bekanntgeworden. Für *Dr. Schottenheim*, der ja selber auch die Partei vertrat, wäre ein Versuch wahrscheinlich tödlich gewesen.

d) Als weitere Persönlichkeiten, die für eine Freigabe tätig wurden, traten an anderen Orten Ärzte, vor allem Wehrmachtsärzte auf, die für die Lazarette, d. h. für hunderte oder tausende verwundeter Soldaten verantwortlich waren und die in deren Namen die Bitte auf Freigabe der betreffenden "Lazarettstadt" wagten. So hatte in *Bamberg* unter anderen Persönlichkeiten auch der Chefarzt der Lazarette, Wehrmachts-Stabsarzt Prof. Dr. *Lobenhoffer*, ein Bittgesuch an den Kampfkommandanten geschrieben. Er wurde dann am 10.4.45 bei einer Besprechung im Bunker des Kampfkommandanten, bei der auch ein Vertreter des Erzbischofs, einer der evangelischen Kirche und ein General anwesend waren, verhaftet, um einem Standgericht übergeben zu werden. Zur Verhandlung dort kam es dann nicht mehr(1).

Ein anderes Beispiel ist der Stabsarzt *Dr. Fritz Scheid*, der sich für die kampflose Übergabe des Tegernseer Tales mit *Rottach-Egern* eingesetzt hatte und auf seinem Weg als Parlamentär zu den Amerikanern von SS von rückwärts mit einer MG-Garbe tödlich verwundet wurde(2).

In *Augsburg* hatte sich eine Widerstandsgruppe unter Leitung des Oberarztes *Dr. Rudolf Lang* und eines Arbeitsamtsbeamten mit dem Ziel gebildet, die kampflose Besetzung der Stadt zu erreichen, was nach großen Schwierigkeiten gelang(3).

Auch für den Lazarettort *Tegernsee* setzte sich ein Arzt, der Leiter der inneren Abteilung, Stabsarzt *Dr. Georg Feichtinger*, mit vier weiteren Personen erfolgreich für widerstandslose Übergabe ein(4).

Auch in *Regensburg* hoffte die Bevölkerung seit Wochen, wenn nicht Monaten, daß die Stadt, in der an die 4 000 Verwundete waren, zur Lazarettstadt erklärt werden könnte. Als Träger dieser Bestrebung wurde der Chefarzt *Dr. Leo Ritter* genannt (gestorben im April 1979). Er war ein weithin bekannter und überaus beliebter Arzt, allerdings nicht so beliebt bei der Partei, weil er dort wegen seiner katholischen Einstellung und wegen seiner guten Zusammenarbeit mit dem Orden der Barmherzigen Brüder in "schlechtem Ruf" stand. Wegen dieser Einstellung war er auch Gegner des Regimes gewesen. Er hatte übrigens auch den *Josef Haas* behandelt, dessen Lebensgeschichte in diesem Buch erzählt wird, und er verstand sich mit ihm wegen der gemeinsamen Ablehnung des NS gut. Nach dem Krieg äußerte *Dr. Ritter* öfter innerhalb seiner Familie den Verdacht, daß es die Parteiführung in Regensburg gewesen wäre, die das Gerücht verbreiten ließ, er, Dr. Ritter, würde bei der Demonstration das Wort ergreifen. Die Partei hätte ihn in eine Falle locken wollen, um ihm dann das gleiche Schicksal zu bereiten, wie es Dr. Maier erlitten hat-

---

1) ALBART 54
2) TROLL 682
3) TROLL 670
4) TROLL 682

te(1). Vor 18 Uhr rief übrigens Kreisleiter Weigert bei Dr. Ritter an, ob er etwas mit der Demonstration zu tun hätte. Dieser antwortete, daß er vollständig in den Krankenhäusern engagiert wäre und keine andere als seine ärztliche Aufgabe kenne(2).

Der Verdacht Dr. Ritters gibt eine Vorstellung davon, was man der Partei vor ihrem Abgang noch zutraute. Ihre Macht hatte mit Mord und Totschlag begonnen, hörte zwölf Jahre nicht damit auf und endete nun mit der höchsten Steigerung ihrer Brutalität.

e) Anonyme Widerständler? In der MZ, der Regensburger Tageszeitung nach dem Krieg, erschien zum ersten Jahrestag des Einmarsches der Amerikaner, am 27.4.46, ein Artikel über eine ansonsten unbekannte Widerstandsbewegung, gezeichnet von O.B. Der anonyme Verfasser war offenbar ein mit den lokalen Verhältnissen auch vor 1933 vertrauter NS-Gegner gewesen. Er behauptet, daß in den letzten Kriegstagen eine Widerstandsbewegung bestanden hätte, die der Einwohnerschaft nicht bekannt wurde. Tatkräftige Männer, die keinen Dank erwarten, aus verschiedenen politischen Richtungen, aus Wehrmachts- und zivilen Kreisen, hätten im geheimen unter Einsatz ihres Lebens, Maßnahmen getroffen, um Regensburg vor der Verwüstung zu bewahren. Sie entsandten Parlamentäre zu den amerikanischen Truppen, die diesen die Verteidigungslage Regensburgs bekanntgaben. Besonders durch die am weitesten nördlich vorgeschobene Regensburger Kampfgruppe gelang es, die Amerikaner von der Wirksamkeit der Widerstandsmaßnahmen gegen die Verteidigungspläne zu überzeugen. Nachdem ein Angehöriger dieser Widerstandsbewegung die Lage genau skizziert hatte, nahmen die Amerikaner von der vorgesehenen Bombardierung Abstand. "Auf Grund eingehender Flüsterpropaganda, an der sich die verschiedensten politischen Richtungen beteiligt hatten", war die Frauendemonstration zustande gekommen.

"Wegen der Bekanntgabe der Demonstration und der Hinrichtungen im deutschen Rundfunk (wie auch in der Tageszeitung) erfuhren auch die Amerikaner davon und konnten sich von der Richtigkeit der Angaben des deutschen Unterhändlers überzeugen. Dieser haftete mit seinem Kopf für die Wahrheit seiner Mitteilungen. Die Verteidigungsgruppen und *insbesondere die Volkssturmeinheiten* brachten unter tatkräftiger Führung den Mut auf, die Befehle für die sinnlose Verteidigung zu sabotieren. Zum Teil lösten sie sich selbst auf, zum Ziel benutzten sie ihre Stellung, um die Verteidigungsmaßnahmen zu unterbinden. Diese Haltung überzeugte die für die Verteidigung Verantwortlichen von ihrer Machtlosigkeit gegenüber dem gesunden Volksinstinkt."

Der damals bekannte katholische Widerständler aus der BVP, *Karl Debus*, einer der Nachkriegs-Redakteure der MZ, schrieb dort am 27.2.48 aus Anlaß des Dr. Maier-Prozesses: "Es gab eine Widerstandsbewegung in Regensburg, warum soll dies vertuscht werden?" Er machte darauf aufmerksam, daß die Polizei nichts gegen die Demonstration unternommen hatte, was dem Leiter des Standgerichts, *Schwarz*, aufgefallen war. Weiter verwies er auf die oben zitierte Äußerung Bischof Buchbergers über den Stadtkommandanten.

In der Tat hatte man nie mehr etwas über diese Widerständler gehört. Es ist

---

1) Freundl. Mitteilg. der Gattin, Frau Margot Ritter
2) ebenda

durchaus möglich, daß die Beteiligten Angst hatten und haben, auch heute noch für Verräter gehalten zu werden.

Es hat zwar nichts mit Widerstand innerhalb von Regensburgs Mauern zu tun, wohl aber mit Widerstand einer wichtigen Regensburger Persönlichkeit, daß der vormalige Oberbürgermeister *Otto Hipp* sich im Zweiten Weltkrieg der Widerstandsgruppe "Bayerische Heimatbewegung" angeschlossen hatte. In deren Namen überreichte er kurz nach Kriegsende der US-Armee ein Manifest, in dem zur Errichtung eines unabhängigen bayerischen Staates aufgefordert wurde. Er war übrigens mit 13 Jahren Amtsführung länger Stadtoberhaupt gewesen als sein gewaltsam installierter NS-Nachfolger *Schottenheim*. Im ersten, von *Schäffer* geführten bayerischen Nachkriegskabinett verwaltete Hipp bis September 1945 das Kultusministerium(1).

f) Schließlich war noch *der Bischof*, oder allgemein die Kirche, eine für eine Domstadt naheliegende Autorität gewesen, die mit relativ geringerem Risiko eine Aktion zugunsten einer Freigabe hätte versuchen können. Mindestens drei der bayerischen Bischöfe liefern dafür Beispiele:

Auch *Bamberg* sollte als Hauptstützpunkt einer "Linie", der Juralinie, "bis zum letzten Atemzug" verteidigt werden und wurde deswegen in einem Aufruf des auch für Regensburg zuständig gewesenen Gauleiters *Wächtler (Vorgänger Ruckdeschels)* zur Festung erklärt. Der Erzbischof schrieb im Anschluß an eine Besprechung am 9.4.45, vier Tage vor der dann kampflosen Besetzung der Stadt, an den Kampfkommandanten. Nach Aufführung von vier Gründen (Kaiserdom, tausende Flüchtlinge und Verwundete, Zivilbevölkerung, Zerstörung der Brücken, über die die Leitungen für Gas, Wasser und Strom führen) schrieb er weiter:

"... als Vertreter von einer halben Million Katholiken der Erzdiözese und als Sprachrohr der in großer Aufregung schwebenden Katholiken Bambergs ... beschwöre ich Sie in letzter Stunde, ... daß der Untergang der ... Stadt und eine Hinopferung ihrer vaterlandstreuen, aber wehrlosen Bevölkerung ... verhindert werde. Ich erkläre ausdrücklich, ... daß nur das Wohl von Volk und Vaterland die Triebfeder zu meinem Bittgesuch bildet.

                        Mit vorzüglicher Hochachtung
                        ergebenst
                        Joseph Otto, Erzbischof von Bamberg"(2)

Beim Text dieser Bittschrift erinnert man sich, daß der Regensburger Domprediger kurz bevor er von seinem Podest gezerrt wurde, auch von ausgerechnet "vier Gründen" - wie der Bamberger Erzbischof - zu sprechen begonnen hatte. Man könnte von daher auf den Gedanken kommen, daß ihm noch die Bamberger Geschehnisse bekannt geworden waren und er sie sich zum Vorbild genommen hatte. Jedoch erklärte Dr. Maier während der Standgerichtsverhandlung, daß er jene vier Gründe anführen wollte, die der Gauleiter am Vorabend der Frauendemonstration *für* die Verteidigung der Stadt ins Feld geführt hatte, nun gerade für den gegenteiligen Schluß, nämlich für ein "Genug des Kampfes" und der Opfer gebrauchen wolle (s. S. 358).

---

1) SCHÖNHOVEN 566. Dort z. Tl. nach Unger Ilse: Die Bayernpartei. Geschichte u. Struktur 1945 - 57. Stuttgart 1979
2) wie Fußn. 1, S. 344

Die Bamberger erzbischöfliche Bittschrift und gleichzeitig Gesuche anderer Persönlichkeiten blieben ebenso ohne unmittelbaren Erfolg, wie eine Besprechung beim Kampfkommandanten, bei der u. a. auch ein Vertreter des Erzbischofs gegenwärtig war. Die Partei forderte trotz dieser Bemühungen die Bevölkerung zum Verlassen der Stadt auf, ließ also den Vernichtungskampf in allen Einzelheiten vorbereiten. Wohl aber hatte die Initiative des *Weihbischofs Dr. Landgraf* schließlich Erfolg, dem es gelang, bei einer geheimen Besprechung mit dem im Fall *Igl* schon erwähnten Höheren SS- und Polizeiführer *Dr. Benno Martin* und dem Oberbürgermeister von Bayreuth im Pfarrhaus von Hollfeld schon am 2.4. den sehr einflußreichen *Dr. Martin* dafür zu gewinnen, sich vorsichtig und beharrlich für eine kampflose Übergabe einzusetzen. Dessen Wirken führte am Ende dazu, daß es in Bamberg beim Einrücken der Amerikaner am 13. und 14.4. nur noch zu relativ belanglosen Schießereien kam. Auch bei diesen verloren immerhin noch 23 Soldaten und 4 Zivilisten ihr Leben, die letzteren durch Geschosse deutscher Tieffliegen(1).

Dabei war die Verteidigung Bambergs mindestens ebenso stur vorgesehen und organisiert, wie im Fall Regensburg und Stoppversuche mußten mindestens ebenso hochverräterisch erscheinen. So waren bereits "Z-Kommandos" aufgestellt, die alle Industrie- und Versorgungsanlagen vernichten sollten. Kampfstarke SS-Truppen standen bereit, Bamberg zu verteidigen. Acht Regnitzbrücken wurden am 10. und 11.4. gesprengt.

Wahrscheinlich war für Bamberg der besondere Glücksfall entscheidend gewesen, daß sich der NS-Gewaltige Dr. Martin einschaltete, der schon vorher sich gegenüber Bitten der Kirche als aufgeschlossen gezeigt hatte. Immerhin setzte sich in Bamberg - unabhängig von Dr. Martin - der Erzbischof sehr weitgehend, wenn auch erfolglos, ein, und der Weihbischof hatte die Initiative für die nachfolgenden Aktionen Dr. Martins ergriffen. Dabei bestand auch damals schon seit mehreren Wochen die Standgerichtsverordnung und der Sinn einer Verteidigung war für Fanatiker im Fall Bamberg noch relativ eher denkbar als zwei Wochen später und näher am allgemeinen Kriegsende im Fall Regensburg.

Auch in *Passau* wurde der Bischof aktiv. Der dortige Oberhirte *Simon Konrad Landesdorfer* riskierte im April 1945 sein Leben, als er, der damals schwerkrank war, sich wegen einer kampflosen Stadtübergabe an den Stadt- (=Kampf-) kommandanten wandte(2).

In *Augsburg* schaltete sich ein *Vertreter des Bischofs* in die Bemühungen mehrerer Persönlichkeiten beim zuständigen Kommandanten um eine kampflose Besetzung aktiv ein(3).

Der Regensburger Bischof Dr. Michael Buchberger war eine betont besonnene Persönlichkeit. Er hatte ja erst vor wenigen Tagen aus dem Munde des zuständigen Kampfkommandanten erfahren, daß *dieser* die Verteidigung der Stadt "vermeiden wollte, wenn es nur immer möglich wäre" (S. o. S. 342). Daß er als Bischof dazu etwas erreichen könnte, hielt er für aussichtslos. Die Geistlichkeit war den Parteigrößen schon immer suspekt, erst recht würden sie eine Einmischung in militärische Angelegenheiten von dieser Seite ablehnen. Wahrscheinlich glaubte Buchberger, daß er mit einer Bitte bei den Machthabern eher das Gegenteil erreichen würde.

---
1) wie Fußn. 1, S. 344
2) Teichtweier Georg in KATHOL. AKAD. Nr. 2, S. 11
3) TROLL 670

Nach dem Krieg fanden zwei Strafprozesse gegen die Verantwortlichen an Maiers Tod statt. Im ersten "Dr. Maier-Prozeß" 1948 heißt es in der Urteilsbegründung(1):

"Nach der glaubwürdigen Bekundung des Zeugen D." (Domkapitular *Dr. Martin Deubzer*) "hat Dr. Maier in Besprechungen mit anderen Amtsbrüdern jedenfalls schon mehrere Tage vor dem 23.4. die Auffassung vertreten, daß ... eine Bitte um kampflose Übergabe *am zweckmäßigsten durch den Bischof* an den Kampfkommandanten herangetragen werde".

Genau so war es in Bamberg geschehen.

Ludwig Weikl S. J., der Biograph Dr. Maiers, schreibt: "Schüchterne Anregungen von privater Seite an die zuständigen kirchlichen Instanzen blieben ohne Antwort."(2)

Einige Tage vor der Demonstration hatte Chefredakteur *Dr. Sattelmair* mit dem Bischof über eine eventuelle Rettung der Stadt gesprochen. Er war mit dem Ergebnis zurückgekommen, "daß der Bischof nichts unternehmen könne"(3). Am 19.4., als Frau *Rathsam* mit dem Domprediger Dr. Maier über dieses Ergebnis sprach, trat dieser sofort für den Bischof ein: "Was der Bischof tut, ist gut. Er geht bei seinen Entscheidungen sehr sicher und klug vor." Bereits damals scheint sich Dr. Maier im klaren darüber gewesen zu sein, daß von Seiten des Bischofs keine Aktivitäten zu erwarten waren. Er scheint sich bereits entschlossen zu haben, auf seine ganz persönliche Verantwortung und auf eigenes Risiko, auch ohne besondere Zustimmung des Bischofs, selber etwas zu unternehmen.

Jedenfalls war der Domprediger schließlich der einzige unter allen in Frage kommenden, der den Mut hatte und sich aus seinem Gewissen heraus verpflichtet fühlte, jetzt *"etwas zu tun"*. Er war in Regensburg derjenige, der von Seiten der Kirche und im Namen der gesamten Bevölkerung sich des brennenden Anliegens annahm, bei dem es, seiner begründeten Überzeugung nach, um Leben und Tod vielleicht von Tausenden von Menschen ging.

g) Die militärische Führung übergab die Stadt ganz zuletzt doch ohne Kampf - aus rein militärischen Gründen

Als beste Quellen für die Geschichte der Stadtübergabe wurden das Gefechtstagebuch der Regensburger Kampfgruppe und die Erinnerungen des damaligen stellvertretenden Kommandanten benutzt(4).

Am *Donnerstag, 26.4.* war der Befehlsstand der für die Truppen in Regensburg zuständigen 416. Division südlich von Regensburg - zu diesem Zeitpunkt gerade in Thalmassing - vom LXXXII. Armeekorps aus (in Saalach nahe Landshut) nicht mehr erreichbar, da er von US-Jabos (Jagdbomber) zerstört worden war. Daraufhin nahm man beim Korps zunächst an, daß mitsamt der 416. Division auch die Kampfgruppe in Regensburg aufgegeben hätte oder eingeschlossen wäre. Da fing man überraschend einen Funkspruch der Re-

---

1) RÜTER 235f.
2) WEIKL 1963, 194
3) R80; S. 9
4) wie Fußn. 3, S. 324

gensburger auf, der besagte, daß diese einsatzbereit wären. Der das 82. Korps kommandierende Generalleutnant *Theo Tolsdorff* nahm die verloren gegangene Verbindung wieder auf. Am späten Abend fragte er plötzlich per Telefon beim Kampfkommandanten Regensburg an, ob es noch möglich sei, die Stadt geordnet zu räumen. Dieses Telefongespräch wurde gegen 22 Uhr vom stellvertretenden Kommandanten *Bürger* entgegengenommen. Der Inhalt überraschte sehr, da alle schon ganz darauf eingestellt waren, die Stadt in einem sicher furchtbaren und verlustreichen Kampf verteidigen zu müssen. Fast hätte Major Bürger damals Zweifel gehabt, ob nicht jemand täuschen möchte. Deswegen versicherte General Tolsdorff, daß es schon seine Richtigkeit habe und daß er nur auf Anweisung des OKH, also des Oberkommandierenden West, Generalfeldmarschall *Kesselring*, handle(1). Nach Besprechung und weil Bürger aus seiner früheren Militärzeit her sehr ortskundig war und "Schleichwege" nach draußen kannte, antwortete der Kommandant *Hüsson*, daß man noch geordnet räumen könne, wenn die Absetzbewegungen noch im Schutz der Nacht zu Ende gebracht werden können. Daraufhin gab Tolsdorff um 23 Uhr telefonisch durch(2): Auf Befehl des OKH ist Regensburg von der Truppe zu räumen. Nach Abzug ist *Regensburg eine offene Stadt*. Der Volkssturm ist zu entlassen.

Das war der entscheidende Befehl der zuständigen militärischen Instanzen. Die gesamte Kampfgruppe zog also in der Nacht vom 26. auf 27.4. ab. Die Absetzbewegung in Richtung Hagelstadt gelang ohne Feindberührung, obwohl sie sich zwischen zwei US-Divisionen, die 65. und die 71. hindurch vollzog, die bereits den Ring um Regensburg in einer Zangenbewegung bei Obertraubling geschlossen hatten - offenbar erst noch sehr lose, mit großen Lücken. Die Amerikaner waren zu diesem Zeitpunkt schon auf breiter Front über die "Donaulinie" hinübergesetzt, sie hatten dazu keine der Regensburger Brücken benötigt. Bei Donaustauf hatten sie inzwischen selber eine Behelfsbrücke gebaut. Ihnen konnte die Truppenbewegung südlich Regensburg nicht unbemerkt geblieben sein - es handelte sich um ca 1 400 Mann mit ihrem Gerät! - aber sie erkannten offenbar nicht, daß es keine eigenen waren, zumal die Fahrzeuge der Kolonne mit Licht fuhren. Bürger hält es für ein unglaubliches Glück, daß sie alle so unbehelligt durchkamen. Sie bezogen noch in der Nacht, um vier Uhr, neue Stellung bei *Wolkering*, 8 km Luftlinie südlich der Kasernen, von wo die Absetzbewegung begann. Als Fluchtweg wurde ein von den Amerikanern nicht besetztes Sträßchen 2. Ordnung aus der Kavalleriekaserne in der Landshuter Straße über den Napoleonstein (1.5 km westlich der heutigen Autobahn-Ausfahrt Regensburg-Ost) über Scharmassing - Ober-Hinkofen - Wolkering benutzt.

Die Regensburger Truppen befanden sich damit - für kurze Zeit - nur 4 km neben dem Quartier des Reichsverteidigungskommissars *Ruckdeschel* im Schloß Haus. Ziemlich sicher führte das aber zu keinerlei Kontakten, da die Truppe anderen Befehlen zu folgen hatte.

Der zurückgebliebene Adjutant - vorher Ia - des Kampfkommandanten, Major *Matzke*(3), ließ während dieser Nacht vom 26./27.4. per Telefon den Oberbürgermeister *Dr. Schottenheim*, der im Bunker des Alten Rathauses mit dem Zweiten Bürgermeister *Herrmann* und anderen versammelt war, zu sich kom-

---

1) Die Woche 1984, vom 2.2. Die Befehlsgewalt des OKH wurde durch den Oberbefehlshaber West, Generalfeldmarschall Kesselring, ausgeübt
2) R80; S. 31
3) wie vor. Weiter RATHSAM 1981 S. 5, 27. TA 1950, vom 26.4.

men und teilte ihm - im Keller des Fürstlichen Schlosses - mit:

"Der Kampfkommandant hat mit dem Gros seiner Truppen die Stadt in Richtung Süden verlassen. Ich habe Befehl, mit der Nachhut, die am Emmeramsplatz aufgestellt ist, so rasch wie möglich nachzufolgen, Kreisleitung und Polizeidirektion haben die Stadt ebenfalls bereits verlassen. Die Regierung ist in ihren Spitzen nicht mehr zu erreichen..."

Schottenheim wußte schon vor dieser Mitteilung vom vorgesehenen Truppenabzug in der betreffenden Nacht, da er auf Anforderung von Major Bürger dafür sechs LKW zur Verfügung gestellt hatte.

Damit war die Verantwortung für die nun offene Stadt wieder beim Oberbürgermeister - wenn auch nur noch für wenige Stunden. *Schottenheim* ließ sogleich nach der erhaltenen Erklärung seinen Schwager, den General *Leythäuser*, der das Volkssturmbataillon an der Zuckerfabrik befehligte, zu sich kommen und beauftragte ihn, den amerikanischen Gefechtsstand aufzusuchen und dort sein Schreiben abzugeben, in dem die kampflose Übergabe nun enthalten war. Man bedenke, daß man nur drei Tage vorher den Domprediger gehängt hatte, weil er um diese Entscheidung gebeten hatte!

Auch noch in der gleichen Nacht hatte Major *Matzke* den letztlich vom OKH ergangenen Befehl an alle Volkssturmkommandeure weitergegeben, ihre Waffen niederzulegen. Ein solcher Befehl war, wenn überhaupt, nur noch für wenige nötig gewesen. Dem Kreisleiter *Weigert*, der sich doch noch beim Gefechtsstand im Taxisschloß aufhielt, wurde eröffnet, daß der Volkssturm nachhause geschickt werde. Die Volkssturmmänner mußten ihre Waffen abgeben. Ihre Gewehre wurden in der Kasernenhof verbrannt. Schon einige Tage vorher hatte der neue Kampfkommandant *Hüsson* alle Volkssturmeinheiten seiner Befehlsgewalt unterstellt gehabt. Dabei gab es offenbar keinerlei Einwendungen von Seiten der Partei mehr.

Leythäuser suchte noch in der Nacht zusammen mit zwei Volkssturmführern, Zollinspektor *Meier* und Herrn *Klug*(1), in einem Auto, über dessen Kühlerhaube sie außerhalb des Bereichs der deutschen Posten ein weißes Tuch zogen, in Richtung Barbing nach dem Quartier des zuständigen amerikanischen Kommandeurs. Sie fanden - nach einigen Kreuz- und Querfahrten - in einem Gasthof in Sarching den Gefechtsstand der 14. US-Infanterieregiments. Von dort wurden sie nach Abbach zu Stabsoffizieren der 65. US-Division weitergeschickt, die für den Angriff auf Regensburg bestimmt war(2). Bei dieser Stelle wurde eine etwa acht Punkte umfassende Kapitulationsverhandlung unterschrieben(3).

Am *Freitag, 27.4.* fuhren gegen 10 Uhr die US-Truppen mit ihren Panzern in Regensburg ein, von der Bevölkerung zum Teil stürmisch begrüßt.

Gegen 14 Uhr unterschrieben Oberbürgermeister *Schottenheim* und der Zweite Bürgermeister *Herrmann* im Fürstlichen Schloß zu Thurn und Taxis bei Panzergeneral *George S. Patton junior*(4), dem Kommandeur der III. US-Armee,

---

1) TA 1950, vom 26.4.
2) nach Die Woche 1984, vom 2.2. In früheren Berichten hieß es, daß der Regensburger Parlamentär schon in Sarching seinen Auftrag erledigen konnte
3) Ausführlicher in TA 1950, vom 26.4.
4) Major General G.S. Patton Jr. kommandierte die III. US-Armee, die von Nordbayern aus zur Donau

die Übergabe der Stadt(1). Patton war offenbar zusammen mit dem mittleren der drei Korps der III. Armee, dem XX., in Regensburg eingerückt. Kommandant für die Einmarschoperation war *Walker* gewesen.

Nachdem die kampflose Übergabe vom OKH im letzten Augenblick - gerade noch rechtzeitig! - befohlen worden war, folgten nur noch Formalitäten. Die Amerikaner hatten zu diesem Zeitpunkt Regensburg rundum eingeschlossen. Das deutsche OKH konnte in der Verteidigung einer "Festung Regensburg" keinen Sinn mehr sehen und zog es vor, die noch kampfstarken Truppen durch einen geordneten Rückzug nach Süden für seinen Verfügungsbereich zu erhalten. Die durch die *Frauendemonstration* kundgegebene Stimmung der Bevölkerung hat offenbar *keinen Einfluß gehabt*. Der Befehl zum Abzug war vielmehr ausschließlich im Interesse einer wirksameren Verteidigung weiter südlich - zunächst der Straße Regensburg-Landshut, dann einer "Auffanglinie" an der Isar bei Landshut, zuletzt der Alpenfestung - gegeben worden. Zu all dem kam es dann nicht mehr. Der hierfür Verantwortliche, *Kesselring*, gab noch nicht auf, er ließ noch weiterkämpfen. Er hatte ja auch wieder den Anweisungen der Obersten Heeresleitung zu gehorchen. Von dort kam Ende April noch ein "dringender Befehl":

"Das Halten der *Ostfront* ist entscheidend für das Schicksal des Reiches. Den Amerikanern ist jedoch ehrenhalber (!) *nur hinhaltender Widerstand* zu leisten. Vor Russen *und* Amerikanern sind jedoch alle Brücken und Verkehrswege zu zerstören"(2).

Kesselring handelte offenbar ganz nach diesem Befehl. Er ließ beim Rückzug immer wieder sammeln, gab aber schnell auf, sobald die Amerikaner nachgerückt und für ihren weiteren Vorstoß wieder bereit waren. Letzten Endes war entscheidend für die Rettung Regensburgs gewesen, daß sich die Taktik der deutschen Heeresleitung gerade zum rechten Zeitpunkt geändert hatte und sogar so wichtige Verkehrknoten wie die Stadt Regensburg nicht mehr grundsätzlich verteidigt wurden.

Auf der anderen Seite waren die Amerikaner, gemäß allen bisher erschlossenen Quellen(3) ernstlich bereit gewesen, den Großangriff auf Regensburg durchzuführen. Am 24.4. war dem XX. Korps der Befehl für diese Operation, beginnend am 27.4., gegeben worden. Vom 24. an liefen die planmäßigen Vorbereitungen. So wurden z. B. an die für das dem Endangriff vorausgehende Groß-Bombardement vorgesehenen Fliegerbesatzungen und für die dann einrückenden Panzertruppen Stadtpläne ausgegeben, in denen alle wichtigen Gebäude eingetragen waren. Diese Stadtpläne waren bereits im Juni 1944 aus dem entsprechenden deutschen Stadtplan (dieser datiert 1939) von der US-Army (666. Engineer Top. Co.) hergestellt, wobei Luftbilder aus US-Befliegungen 1944 zur Ergänzung herangezogen waren. Am 20.4.45 wurde die Stadt noch einmal von US-Fliegern aus der Luft fotografiert. Wahrscheinlich hat man auf diesen Luftbildern die Punktziele im einzelnen durch Signaturen hervorgehoben.

---

4) (Fortsetzung) zwischen Regensburg und Passau vorstieß. Die VII. Armee überschritt die Donau anschließend gegen Ulm zu. Siehe z. B. Karte in MACDONALD. Wahrscheinlich ist nicht sicher, ob Patton selbst unterzeichnete.
1) wie Fußn. 3, S. 349
2) GOSZTONY 268
3) In BÜRGER sind die bisher ausgewerteten amerikan. Quellen verzeichnet

Soviel bisher zu erkennen ist, nahmen weder die deutschen, noch die amerikanischen Militärs für ihre Entscheidungen Rücksicht auf Wünsche der Bevölkerung.

3. Das Auftreten des Dompredigers
Standgericht und Hinrichtung. Die Fakten

Als *Dr. Maier* während der Kundgebung die Luftschutzlamelle bestieg und zur Menge zu sprechen begann, hatte sich die Ansammlung bereits zu einem bedrohlichen Aufruhr gesteigert. Die Versuche des Kreisleiters *Weigert*, der über den Polizeichef und Luftschutzleiter *Popp* akuten Fliegeralarm auslösen ließ - ein deutsches Flugzeug überflog in geringer Höhe die Stadt, vielleicht auch mehrere - und der über Lautsprecher die Menge mehrmals gewarnt hatte, waren vergeblich gewesen. In Sprechchören war immer wieder gerufen worden: "Gebt die Stadt frei! Gott erhalte Regensburg!" Bei vielen, vielleicht bei den meisten der eher mehr als tausend Anwesenden entlud sich zu dieser Stunde eine schon lang aufgestaute Empörung über das ganze NS-System, das nun zu einem für alle äußerst bedrohlichen Ende geführt hatte. Während potentielle Gegner sich vorher als verlorene Minderheit gefühlt hatten, die schweigen mußte, erlebten sie nun auf einmal, wieviele sie waren, die endlich - vor der letzten Wahnsinnstat - dem verhaßten System Widerstand entgegenzusetzen bereit waren.

Die Stimmung schien bedrohlich zu eskalieren. Es gab z. B. ein Gerücht, vor der Kreisleitung wäre ein Maschinengewehr aufgestellt, mit dem in die Menge geschossen werden sollte(1). Aus dem Garten der Kreisleitung in der heutigen Martin-Luther-Straße fielen mehrere Schreckschüsse. Dr. Maier konnte sehen, wie aus der Kreisleitung Volkssturmleute gegen die Menge vorgingen. Man begann dort mit Verhaftungen. Es kam zu Tätlichkeiten auf beiden Seiten. Einem Volkssturmangehörigen wurde ein Auge ausgestochen, ein anderer erhielt einen Messerstich am Hals. Die bewaffneten NS-Leute verhafteten und drohten mit Hinrichtung.

Aufruhr war aber gerade das, was *Dr. Maier* nicht wollte. Aktiver Widerstand als Gewalt wäre gegen seine Auffassung über die Gehorsamspflicht gegenüber der Obrigkeit gewesen. Er war vielmehr davon überzeugt, daß es erlaubt sein muß und auch wirksam sein könnte, eine Bitte vorzubringen. Gerade am Tag vorher, in seiner Sonntagspredigt im Dom, hatte er im Anschluß an das Wort des Petrus "Seid untertan der Obrigkeit!" (1. Brief an die Römer) Gehorsam gegen die Staatsführung gepredigt (allerdings mit Einschränkungen; s. u. S. 372). Um also die Kundgebung auf friedlichere Wege zu führen und die Menge zu beruhigen, bestieg er einen Betonvorbau vor einem Kellerfenster am Eckhaus Von-der-Tann/Martin-Luther-Straße, von wo man auf das Gebäude der Kreisleitung sehen konnte. Vorher hatte er noch zu seinem Begleiter, Domkapitular *Baldauf* geäußert, daß man so etwas (wie diesen Aufruhr) doch nicht angehen lassen könne. Er zog mit seiner hohen Gestalt schnell die Aufmerksamkeit auf sich - zudem er mit seinem schwarzen Priestergewand bekleidet war - und konnte sich bald Gehör verschaffen. Mit lauter Stimme sprach er über die Köpfe hinweg:

"Regensburger und Regensburgerinnen aller Konfessionen! Ich habe ge-

---
1) MAI S. 12

stern im Dom die Worte des ersten Papstes zum Gegenstand meiner Ausführungen gemacht: Jede Obrigkeit ist von Gott. Wir sind daher jeder Obrigkeit untertan... Wir dürfen daher keinen Aufruhr machen. Wir sind nicht zusammengekommen, um ... zu fordern, sondern wir wollen bitten!" Und als der Zwischenruf ertönte: "Nein, wir fordern!" fuhr der Domprediger mit erhobener Stimme fort: "Nein, wir *bitten* um die Freigabe der Stadt aus folgenden vier Gründen..."

Nur ungefähr diese wenigen Sätze konnte Maier sprechen, dann zerrte ihn der Gestapobeamte *Jahreis* (in Zivil) von seinem Standplatz herunter und weitere führten ihn schließlich in einem Haftwagen ab(1). Die Menge protestierte, einzelne versuchten, Maier mit Gewalt zu befreien, andere durch Gespräche mit einem gerade auftauchenden Wehrmachtsgeneral und später beim Kreisleiter zu erreichen, daß Maier wieder freigelassen würde. Der Haft- oder Zeiserlwagen mußte zweimal starten, dann fuhren ihn die Polizeibeamten brutal zwischen die Leute und über den Bürgersteig. Die auf Anordnung des Polizeichefs, Polizeidirektor *Fritz Popp*, eingesetzten Kräfte der Schutzpolizei zerstreuten die Menge. Feuerwehr drohte mit schon angeschlossenen Schlauchleitungen.

In dem bereits zitierten Rundbrief (S. 336) wurde geschildert, wie sich auch der Arzt *Dr. Köck* bei zwei nahe der Verhaftungsstelle anwesenden oder auch beteiligten SS-Offizieren für Dr. Maier verwandte, was ihm etwa eine Stunde später selber eine Verhaftung (in der Gesandtenstraße) und anschließend ein gefährliches Verhör in der Polizeidirektion einbrachte. Anschließend an das Gespräch mit den Offizieren überlegte Dr. Köck mit den Seinen, was man nun tun könnte und ging zusammen mit Frau und Tochter als erstes sofort in das bischöfliche Palais zu Bischof *Dr. Buchberger*. Sie trafen ihn dort im Luftschutzkeller, wo auch seine Schwester und Haushälterin sich aufhielten. Er lag krank oder leidend im Bett. Sie berichteten, was sie eben erlebt hatten und wie es dem Domprediger ergangen ist und regten an, daß der Bischof eventuell versuchen sollte, Dr. Maier wieder freizubekommen. Der Bischof aber glaubte, daß eine Intervention von seiner Seite ganz aussichtslos wäre. Er äußerte sinngemäß, daß sich die Verantwortlichen von einem Schwarzen schon gar nichts würden sagen lassen(2). Schnell zu treffende Entscheidungen hängen manchmal auch von der physischen Verfassung ab, die gerade schlecht gewesen war. Vermutlich dachte Bischof Buchberger in diesem Moment nicht an das Schlimmste. Daß es zu diesem Zeitpunkt wirklich schwer war, an so etwas zu glauben, mag vielleicht die Einlassung des Landgerichtsdirektors *Schwarz*, des Leiters des Standgerichts, glaubhaft machen, nach der er selbst nicht an die sofortige Vollstreckung seines Urteils geglaubt hätte (da noch keine Urteilsbegründung geschrieben und deswegen die Urteilsbestätigung durch den Gauleiter noch nicht möglich war) und daß er am Morgen des andern Tags völlig überrascht und entsetzt gewesen wäre, als er von der vollendeten Tatsache der Hinrichtung hörte. Freilich lag diese Äußerung 1948 im Interesse seiner Verteidigung.

---

1) WEIKL 1963 200 und OBERNEDER 691.
2) s. Fußn. S. 335; die Vorsprache beim Bischof, ohne Erwähnung der Anregung zu intervenieren, ist in der schriftl. Übertragg. des Tonband-Interviews von Frau Maria Köck durch den Bayer. Rdfk. v. 1.5.65 enthalten. In dem Hörspiel von Fritz Meingast "Der Domprediger" antwortete der Bischof: Ich bin selber ein Schwarzer. In dieser halbhistorischen Darstellung rät ein Domkapitular dem Bischof nichts zu tun, da es nichts helfen würde. Weiter heißt es dort, daß Dr. Maier, entgegen dem ihm öfter gegebenen Rat, sich in Politik eingemischt habe.

An jenem Abend des 23.4. wurde eine große Zahl von Personen verhaftet und in der Polizeidirektion verhört. Während die meisten danach wieder auf freien Fuß gesetzt wurden, brachte man *fünf Festgenommene* nach einem eiligen Verhör durch die Gestapo *vor das Standgericht*: Den Fabrikarbeiter *Johann Hierl*, den Postfacharbeiter *Daubinet* (ein zufällig in Regensburg durchreisender Elsässer), den verwundeten Soldaten *Eugen Bort* und die beiden später Verurteilten, *Dr. Maier* und *Josef Zirkl*. Die Vernehmung von Dr. Maier leitete der Kriminalkommissar *Sebastian Ranner* von der Gestapo, der gleiche, der auch die Untersuchungen gegen *Krug* geführt hatte. Die anderen Verhafteten wurden von weiteren Gestapobeamten einem kurzen Verhör unterzogen.

Inzwischen war die Nachricht von der Frauenkundgebung in Regensburg durch einen Wehrmachtsverbindungsoffizier längst zu Gauleiter *Ruckdeschel* gelangt, der auf Schloß Haus bei Neueglofsheim, nahe Hagelstadt, etwa 15 km südlich Regensburg, sein Quartier aufgeschlagen hatte. Dieser hatte ja keine 24 Stunden zuvor im Capitol zur unbedingten Verteidigung der Stadt aufgerufen und "Defaitisten", die sich dem widersetzen würden, mit schlimmsten Strafen gedroht. Seine Rede war im Rundfunk übertragen worden und von vielen, darunter auch von Dr. Maier, gehört worden.

Sofort nachdem Ruckdeschel von der Demonstration gehört hatte, rief er Kreisleiter Weigert an und verlangte von diesem Bericht. Weigert schilderte die Vorgänge und fügte hinzu, daß die Hauptschuldigen bereits festgenommen wären. Ruckdeschel tobte, warf dem Kreisleiter Versagen vor und gab Befehl, die festgenommenen Hauptschuldigen sofort am Tatort vor der Volksmenge aufzuhängen. Er ließ sich von Weigert bestätigen, daß dieser den Befehl verstanden habe und verlangte Vollzugsmeldung bis 19.30 Uhr. Weigert ließ den Gestapoleiter *Sowa* (der vor einigen Wochen den Polizeidirektor *Popp* in der Leitung der Gestapo abgelöst hatte) zu sich kommen. Dieser riet vom sofortigen Aufhängen ab und meinte, man sollte erst das vor kurzem zusammengestellte Standgericht einberufen.

Standgericht

Auf die allgemeine Anordnung des Reichsjustizministers *von Thierack* vom 15.2.45 (s. S. 322) wurde auch in Regensburg vom RegPr *Gerhard Bommel* - weil die Stadt ein "vom Feind bedrohter Reichsverteidigungsbezirk" geworden war - am 16.4.45 ein Standgericht zusammengestellt. Weil der eben genannte Bommel ein Beispiel gibt, wie die Partei im Lauf ihrer Herrschaft längst alle wichtigen Schaltstellen auch der Verwaltung mit getreuen Anhängern besetzt hatte, sei hier eingeschaltet, daß der seit 1.4.43 im Amt befindliche RegPr von Ndb/Opf ein "Alter Kämpfer" war, nämlich seit 1.4.32 der Partei angehörte, daß er SS-Brigadeführer, Gauredner usw. und auch aus der Kirche ausgetreten war.

Gauleiter Ruckdeschel händigte am 20., bzw. 21.4. die Ernennungsurkunden an die Mitglieder dieses "Standgerichts des Gaues Bayreuth" aus, nämlich(1) an den
Landgerichtsdirektor *Johann Schwarz*
Ersten Staatsanwalt in Regensburg, *Alois Then*
Vorsitzenden des Parteigerichts *Hans Gebert*
Major der Gendarmerie *Richard Pointner*.

---
1) RÜTER 239f.; MZ 1948, vom 27.1.

Diese vier Standgerichtsmitglieder waren schon vorher von Kreisleiter Weigert für ihr Amt in Aussicht genommen und verständigt worden, mit Ausnahme von Pointner, an dessen Stelle Weigert den schon genannten Major *Matzke* vorgesehen gehabt hatte. Die politischen Erkennungsmerkmale für die Auserwählten waren: *Schwarz* war erst am 1.5.35 Parteimitglied geworden, bekleidete aber im NS-Rechtswahrerbund mehrere Ehrenämter;
Then kam auch erst an jenem 1.5.35 zur Partei, als diese erstmals nach 1933 - nur für die Bayerische Ostmark - wieder für Aufnahmen geöffnet wurde. Wenigstens ging er schon 1934 zur SA und war dabei seit 1942 Sturmführer;
Gebert war Alter Kämpfer, seit 27 Parteimitglied, Träger des Goldenen Parteiabzeichens; SA-Obersturmbannführer;
Pointner war in Oesterreich im Jahr 33 schon 3 Monate bei der Partei und dann wieder seit dem Anschluß 1938; SS-Sturmbannführer.

Von den vieren gehörte nur noch Gebert als Protestant offiziell seiner Kirche an, die anderen waren ausgetreten(1), was natürlich auch als ein gutes Zeichen für Zuverlässigkeit registriert war. Darüber hinaus kann man sicher sein, daß die Partei noch weitere Personaldaten kannte, die alle ernannten Gerichtsmitglieder als hundertprozentig brauchbar auswiesen. Sämtliche Partei- und Gestapoakten waren aber im April 45 vernichtet worden. Nebenbei: Es war selbstverständlich, daß Ruchdeschel und Weigert längst nicht mehr der Kirche angehörten.

Schon vor dem 23.4. hatte *Then* einen Bauern aus dem Dorf *Ronsolden* vors Standgericht bringen sollen. Von der Gestapo war ihm offiziell das Ermittlungsergebnis über folgenden Fall zugeleitet worden: Als über dem besagten Ronsolden feindliche amerikanische Tiefflieger angriffen, hatte der betreffende Bauer ein an einer Stange befestigtes Bettlaken als weiße Fahne gezeigt, um seinen und wohl auch die anderen Höfe vor der Zerstörung zu retten. Der Bürgermeister des damals von deutschen Truppen besetzten Ortes versuchte, den Vorfall zu vertuschen. Die Gestapo aber wollte den Mann vor das Standgericht bringen, was ziemlich wahrscheinlich seinen Tod bedeutet hätte. *Then* rettete den Bauern, lehnte die Anklageerhebung ab und äußerte dabei, daß man den kleinen Mann nicht vors Standgericht bringen könne, wenn Kreisleiter und andere sich immer nur "absetzten". Von diesem Vorfall erhielt auch der Gauleiter Kenntnis. Bei einer folgenden Auseinandersetzung hielten jedoch die anderen Mitglieder des Standgerichts zu Then und es geschah ihm nichts. Natürlich wäre es aber dann für Then und die anderen gegenüber dem zu fürchtenden Ruckdeschel umso schwieriger oder gefährlicher gewesen, beim zweitenmal, bei den nun Verhafteten aus der Regensburger Demonstration noch einmal so zu verfahren, sofern sie das etwa erwogen haben sollten.

Alle hatten längst Zweifel an einen noch möglichen Sieg, die meisten glaubten an die sichere Niederlage. So hatte das Standgerichtsmitglied *Gebert* schon in der Nacht vom 20. auf 21.4. weisungsgemäß die Geheimakten des ihm unterstellten Regensburger Parteigerichts, nach anderer Version "die gesamten Parteiakten", verbrannt. Hohe Parteistellen, jedenfalls Gebert, glaubten also nicht mehr an die Wende, oder an eine Möglichkeit, diese Akten noch an eine sichere Stelle zu schaffen. Von den meisten Behörden waren schon am 23.4., also am Tag der Frauenkundgebung größere Abteilungen nach Südbayern oder in östliche Richtung verlegt worden. Die letzten verbliebenen Dienststellen verließen schließlich Regensburg am 26.4.(2)

---

1) R80, S. 21
2) RÜTER 242f.

Nun behaupteten allerdings die Akteure von 1945 im Jahre 1948, als sie selbst Angeklagte waren, daß sie wohl noch gläubig gewesen wären. *Schwarz* sagte z. B. 1948 aus, daß er an die Möglichkeit einer Wende durch neue Waffen noch geglaubt hätte. Er war übrigens Oberschenkelamputierter aus dem Ersten Weltkrieg gewesen. Ebenso gab *Pointner* an, daß er den Worten des Gauleiters vom 22.4. im Capitol Vertrauen geschenkt hätte, der von neuen Waffen, einer neuen Auffanglinie bei Regensburg, sowie vom Einsatz neuer Truppenmassen gesprochen hätte. Liest man allerdings den "Regensburger Kurier" vom 24.4.45 nach, in dem die Rede Ruckdeschels ziemlich ausführlich wiedergegeben ist, dann findet man dort schon nichts mehr von einer Wunderwaffe! (s. S. 330), überhaupt nichts von *konkreten* Begründungen zum Durchhalten! Auch *Then* behauptete 1948, daß er an den möglichen Umschwung im Kriegsgeschehen geglaubt habe. Er war überzeugter NS gewesen. Er habe den Fall Dr. Maier für eine schwere Wehrkraftzersetzung gehalten und tue es auch heute noch(1). Freilich *mußten* sie alle 1948 so sagen, weil dies das wichtigste Argument zu ihrer Verteidigung gegen die Mordanklage war. Ihren Behauptungen standen Aussagen von Zeugen entgegen. So hatte einer der am Jakobstor mit Panzersperrenbau beschäftigt gewesenen Volkssturmmänner am 23.4. den gerade vorbeikommenden *Schwarz* gefragt, was er von der Lage halte. Schwarz hatte geantwortet: ... Die Einnahme der Stadt sei nur noch eine Frage von Stunden. Auch von *Then* wurde berichtet, daß er zur berüchtigten Capitolrede Ruckdeschels geäußert hatte: "Der Mann muß Nerven haben"(2), daß er solche Durchhalteparolen noch fertig bringe. Wahrscheinlich war allen vier Standgerichtsmitgliedern unheimlich zumute, als sie - noch vor 18.30 Uhr - zu Weigert gerufen wurden und dieser ihnen ihre Aufgabe vorstellte.

Inzwischen hatte Ruckdeschel einen Gast in seinem Stab, den SS-Gruppenführer, Generalleutnant der Polizei, Staatsrat und MdR *Paul Hennicke*, zur Sicherstellung seines Hinrichtungsbefehls zu Weigert geschickt. Hennicke war in Thüringen Polizeipräsident und zuletzt Volkssturminspekteur gewesen. Ehe er seine steile Parteikarriere begann, war er technischer Reichsbahnbeamter, als der er mit 51 Jahren als "Aufstiegler" im zweiten Hitlerjahr Reichsbahnrat wurde(3). Der Grund dafür: Er gehörte schon seit 1922 der Partei an, war also schon einer der ganz alten Garde. Er war demnach "Parteibuchbeamter", d. h. eben das, was die NS vor ihrer Machtergreifung immer vorgaben, abschaffen zu wollen.

Dieser Hennicke - in seiner Generalsuniform - brüllte nun zunächst *Weigert* an, warum der Befehl des Gauleiters noch nicht ausgeführt sei. Weigert versicherte, daß nun schon das Standgericht beginne und dessen Mitglieder eben im Vorzimmer beraten. Hennicke stürmte sogleich in diesen Raum und erklärte den Gerichtsmitgliedern, daß er die Hinrichtung melden muß. Er schloß mit lauter Stimme: "Sie verstehen mich, meine Herren! Wie Sie das machen, ist Ihre Sache!"

Quellen zur Standgerichtsverhandlung

Vernehmungsprotokolle, Verhandlungsniederschrift, Urteilsbegründung fehlen alle. Schon am Tage des Einmarsches der Amerikaner wurde der die Verhandlung leitende, damalige Gerichtsvorsitzende *Johann Schwarz* von US-Soldaten

---

1) MZ 1948, vom 30.1.
2) ÖFFTL. WIDERSTD. S. 3
3) RÜTER 250

auf der Straße, nach anderen Angaben in seiner Wohnung(1), festgenommen. Warum und woher sie ihn erkannten, oder seine Adresse wußten, wird nirgends erwähnt. Schwarz hatte die etwa 20 Blatt des Verhandlungsaktes in einer Aktentasche bei sich. Mit welcher Absicht er den drei Tage alten Akt ausgerechnet an diesem aufregenden Tag des Einmarsches der alliierten Truppen bei sich trug, wird auch nirgends gesagt. Es war einfach so. Nun kamen die Akten zusammen mit Schwarz in das Internierungslager Hersbruck und sind seither verschwunden. Auch der Personalakt des Anklägers beim Standgericht, des *Alois Then*, der noch im Januar 47 im Büro des gleichen oder eines anderen Internierungslagers vorhanden war, wurde später nicht mehr wiedergefunden(2).

Unser Wissen über die Standgerichtsverhandlung stammt also in der Hauptsache aus den Aussagen von Zeugen (laut Aussage Schwarz 1948 waren etwa 40 Zuhörer anwesend) und den Angaben der drei Jahre später, beim "Dr. Maier-Prozeß" 1948, selbst angeklagten mehr oder weniger am Tod des Dompredigers Verantwortlichen, z. B. aus stenographischen Notizen, die sich Schwarz während der Verhandlung gemacht hatte. Als weitere Quelle steht der Bericht zur Verfügung, den der damals auch angeklagte, aber vom Standgericht freigesprochene *Johann Hierl* bald danach einem Auditorium der bischöflichen Kanzlei abgegeben hatte(3). Übrigens sagte Hierl während des Prozesses 1948 aus, daß er nach seiner Verhaftung an jenem 23.4.45 mißhandelt und bewußtlos geschlagen wurde, was, wenn es richtig ist, eine ähnliche Behandlung von Dr. Maier und Zirkl für möglich erscheinen läßt.

So zuverlässig wie schriftliche Belege gewesen wären, erschienen die allein mündlich überlieferten Quellen freilich nicht. Aber man darf wohl unterstellen, daß das Landgericht Weiden im Prozeß 1948 die Sachlage aus den verschiedenen mündlichen Zeugenangaben sorgfältig rekonstruiert hat und deswegen die folgende, in der Hauptsache daraus entnommene Darstellung im großen und ganzen der Wahrheit entspricht.

Die Standgerichtsverhandlung

Die Verhandlung im Sitzungssaal der Polizeidirektion am Minoritenweg begann zwischen 20 und 21 Uhr(4). Das Gericht hielt es nicht für nötig, etwa Pflichtverteidiger zu bestellen. Im Gegensatz dazu erhielten die später selbst angeklagten Gerichtsmitglieder und vier weitere maßgeblich Beteiligte nicht weniger als sieben Rechtsanwälte zu ihrer Verteidigung.

Die fünf oder sechs Blatt Protokolle der ziemlich kurzen Vernehmungen durch die Gestapo wurden zunächst nur vom Ankläger *Then* gelesen. Erst nach dem Vortrag der Anklage schob Then die Protokolle dem Gerichtsvorsitzenden *Schwarz* zu, damit er auch Kenntnis davon nehme.

Then stützte seine Anklage auf § 5, Abs. 1 der KSStVO (Wehrkraftsersetzung). Auf diese schlimmste aller Möglichkeiten hatte ihn erst vorher Schwarz

---
1) RÜTER 251: "auf der Straße"; R80 S. 25: "in seiner Wohnung"
2) MZ 1948, vom 30.1. Bericht über den "Dr. Maier-Prozeß"
3) für die hier wiedergegebene Darstellung der Standgerichtsverhandlung wurden benützt: Text der Urteilsbegründung im Dr. Maier-Prozeß 1948: RÜTER Band II 235-346; MZ 1948; ÖFFENT. WID.; WEIKL 1963, 1970, 1981; RATHSAM 1965, 1980; Regensburger Bistumsblatt 1965
4) nach manchen Quellen 20, nach anderen 21 Uhr

aufmerksam machen müssen - Wehrkraftzersetzung war primär mit Todesstrafe bedroht.

Bei den anschließenden Einzelvernehmungen ließ *Schwarz* als ersten den Domprediger zu Wort kommen. *Dr. Maier* führte zu seiner Verteidigung aus, daß er es für seine Pflicht gehalten habe, für Ruhe einzutreten. Die von ihm vorgetragene Bitte um kampflose Übergabe der Stadt sei eine der Volksmenge gegenüber psychologisch erforderliche Wendung gewesen. Er habe an die Worte des Gauleiters vom Vorabend anknüpfen wollen, bei deren Anhörung ihm der Gedanke gekommen war, daß man sie ebenso, wie sie Ruckdeschel *für* den Kampf, auch dagegen, nämlich für die kampf*lose* Übergabe, anführen könne. Er habe daher seine kurze Ansprache schließen wollen: Weil aber unser Bitten allein nichts auszurichten vermag, müssen wir den Herrgott bitten, daß er den zuständigen Männern eingibt, was diesen *vier Gründen des Ruckdeschel* entspricht: Der deutschen Ehre, dem deutschen Volk und Blut, der deutschen Mutter und der Religion.

Der nun folgende Teil der Verhandlung lief schon unter dem hörbaren Donner der amerikanischen Artillerie ab. Er ist angeblich ziemlich zuverlässig aus Zeugenaussagen und den stenografischen Notizen des Schwarz rekonstruiert.

Schwarz setzte die Vernehmung durch Fragen an Maier fort. Der ersten Frage ist vorauszuschicken, daß Maier u. a. vorher geschildert hatte, daß er bei seiner Ankunft am Moltkeplatz das Volk falsch eingestellt fand.

Schwarz: Was haben Sie damit gemeint, das Volk sei falsch eingestellt gewesen?
Maier: Ich habe damit den Aufruhr gemeint, in dem ich eine Gefährdung des Zieles der Demonstration erblickte.
Auf weiteres Fragen: Gewiß wollte ich, daß die Demonstration den Erfolg habe, daß es aus sei mit dem Kampf ... Ich wollte aber keinen Druck auf die Obrigkeit. Gerade als Priester habe ich meine Aufgabe darin gesehen, einzutreten für die Freiheit dessen, der gebeten wird.
Schwarz: Haben Sie sich in rechtlicher Hinsicht keine Gedanken gemacht?
Maier: Wegen der bloßen Teilnahme an der Kundgebung war ich einer von den vielen ... Bei anderer Würdigung komme ich mir als ein Exempel vor.
Schwarz: Aber doch haben Sie gegen die Obrigkeit demonstriert!
Maier schwieg dazu.
Schwarz: Das Standgericht muß wissen, mit welcher Vorstellung und welchem Willen Sie an der Kundgebung teilgenommen haben!
Maier schwieg.
Schwarz: Warum haben Sie diesen Dreh gemacht?
Maier: Ich weiß nicht, was ein Dreh ist.
Schwarz: Haben Sie noch nichts von einem jüdischen Dreh gehört?
Maier: Nein.
Schwarz: Nun, dann sagen wir halt: Warum haben Sie dieses Jesuitenstücklein gemacht?
Maier: Jawohl, ich bin Jesuit.
Schwarz: Damit geben Sie mir keine Antwort auf meine Frage ...
Maier: Ich wollte den Leuten helfen.
Schwarz: das haben Sie schon einmal gesagt. Dann aber hätten Sie zur Menge anders sprechen müssen. Sie hätten sie zum Auseinandergehen auffordern müssen ...
Maier zuckte mit den Schultern und sagte widerwillig Ja.

Nun folgte die ziemlich kurze Vernehmung der anderen vier Angeklagten. Außer *Zirkl* (s. u.) sagten sie im wesentlichen, daß sie durch Zufall in die Kundgebung hineingeraten waren.

Anschließend wurden vier Zeugen vernommen, die der Ankläger benannt hatte. Die Angeklagten wurden nicht auf die Möglichkeit hingewiesen, eventuelle Entlastungszeugen anzugeben. Aber auch die vier Zeugen der Anklage entlasteten die Angeklagten mehr, als daß sie belasteten.

Schwarz schloß die Beweisaufnahme und erteilte Then das Wort zum Schlußvortrag. Dieser führte aus, daß jede Teilnahme an einer solchen Kundgebung die Widerstandskraft des deutschen Volkes lähme und deswegen, besonders wenn sie mit einer aktiven Förderung der Kundgebung verbunden ist, wie er dies bei allen fünf Angeklagten im einzelnen begründete, mit dem Tode zu bestrafen sei. Er beantragte dementsprechend gegen alle fünf die Todesstrafe und Ehrverlust.

Den Angeklagten wurde das letzte Wort gewährt. Sie beantragten alle Freispruch. Dr. Maier äußerte sich noch über das Wesen der Jesuiten, weil er den Angriff auf seinen Orden zurückweisen wollte. Sodann zog sich das Gericht in das kleine Nebenzimmer zur Beratung zurück.

Es war inzwischen Mitternacht geworden. Die Verhandlung hatte also drei bis vier Stunden gedauert. Angesichts dieser relativ langen Zeit scheint das davon überlieferte - die hier wiedergegebenen Details enthalten den größten Teil daraus - doch ziemlich unvollständig zu sein.

Bei der etwa halbstündigen Beratung erklärte der Vorsitzende Schwarz den zwei Beisitzern Gebert und Pointner, daß es nur die Frage zu entscheiden gäbe, ob die Angeklagten Wehrkraftzersetzung begangen hätten oder nicht; wenn ja, dann *müssen* sie zum Tode verurteilt werden. Er äußerte nichts von der Möglichkeit, in minderschweren Fällen auf eine Haftstrafe zu erkennen. Noch vor Ende der Beratung riß General Hennicke die Tür auf und fragte barsch, wie lange er denn noch warten solle; er müsse dem Gauleiter endlich den Vollzug melden! Schwarz erwiderte, sie seien bald fertig. Das Ergebnis der Beratung - im wesentlichen von Schwarz gesteuert - war schließlich der Schuldspruch mit Todesstrafe für Dr. Maier und Zirkel, und Freispruch für die anderen drei. Dr. Maier und "Zinkl" hätten öffentlich den Willen des deutschen Volkes zu wehrhaften Selbstbehauptung zu lähmen oder zu zersetzen versucht, Maier als Sprecher der Kundgebung und "Zinkl" als Teilnehmer mit dem Willen, daß die Kundgebung ihren Zweck erreiche. Eine entsprechend aktive Rolle sei den anderen drei nicht nachzuweisen.

In den Gerichtssaal zurückgekehrt verlas Schwarz die Urteilsformel und trug die Begründung dazu in freier Rede vor. Die Angeklagten mußten dazu nicht aufstehen - sie standen schon, und zwar seit Beginn der Verhandlung, d. h. seit etwa vier Stunden (auch der 70-jährige Zirkl!), obwohl freie Stühle zur Verfügung gewesen wären. Wieder wurde Hennicke ungeduldig und forderte nun endlich die Vollstreckung. Man erklärte ihm, daß nur der Gauleiter sie anordnen könne. Hennicke entgegnete, daß er von Ruckdeschel zu dieser Anordnung ermächtigt sei. Schwarz und Then widersprachen unter Hinweis auf den Wortlaut der Standgerichtsverordnung. Verärgert fuhr schließlich Hennicke mit dem Urteil zu Ruckdeschel nach Schloß Haus. Als er diesem meldete, so erzählte er 1948 dem Gericht, daß zwei zum Tode verurteilt wurden, soll Ruckdeschel aufgefahren sein: "Warum nicht alle fünf?!"

Die Hinrichtung

Der Gauleiter unterschrieb die Urteilsreinschrift, die jedoch ohne die auch damals vorgeschriebene Begründung war. Er ordnete an, daß die zwei sogleich auf dem Moltkeplatz zu erhängen seien. Dem Kraftfahrer, der des Gauleiters Befehl schriftlich nach Regensburg zu bringen hatte, schärfte er ein, daß das Urteil gegen den Domprediger nicht in dessen Amtstracht vollstreckt werden dürfe. Gestapoleiter Sowa, der für die Exekution verantwortlich war, veranlaßte seine Leute, für Dr. Maier einen Zivilanzug zu besorgen. Sie brachten einen viel zu kleinen. Maier mußte in seiner Zelle die schwarze Priesterkleidung ablegen und sich umziehen. Die Joppe, die man ihm gab, hatte für seine hohe Gestalt z. B. zu kurze Ärmel. Es war, wie wenn er den Kelch mit Hohn und Spott bis zur Neige kosten sollte.

Die beiden Todeskandidaten waren - nach späteren Aussagen von Polizeibeamten - an den Händen gefesselt; jeder war in einer Einzelzelle allein. Durch die Sichtlöcher der Zellentüren konnten die bewachenden Gestapoleute sehen, daß Dr. Maier gefaßt war und betete, Zirkl aber völlig gebrochen war(1).

Ludwig Weikl, ein Ordensbruder Maiers, schreibt(2):

"Eine besonders bittere Zugabe zu Maiers letzten Stunden war die grausame Einsamkeit, in der er sie bestehen mußte ... ohne priesterlichen Beistand, ohne die letzten Sakramente ... Seine Freunde in Volk und Klerus gaben sich der Erwartung hin, daß sein Oberhirte und das Domkapitel alles unternehmen würden, was geschehen könne und müsse, zumal diese die Nacht in nächster Nähe des Standgerichts und des Vollstreckungsortes verbrachten. Anregungen aus dem engsten Freundeskreis des Dompredigers blieben jedoch unerwidert. Ein dumpfer Saulsgeist beschattete in jener Nacht das Lager seiner Freunde..."

Niemand weiß etwas Näheres über die letztes Stunden. Kein Geistlicher, auch sonst niemand, unternahm den Versuch eines Beistandes. Er wäre wohl auch aussichtslos gewesen. Man weiß auch nicht, welche Angehörige der Gestapo die Arbeit des Henkers verrichteten. Nach Aussage des Gestapobeamten *Kuhn*, der selber in Verdacht stand, war ein Regierungsrat *Gierke* damit betraut, der angeblich später wegen anderer Delikte in Landsberg hingerichtet wurde(3). Eine einzige mündliche Überlieferung besteht: Ehe Dr. Maier den Kopf in die Schlinge legte, soll er über den Moltkeplatz hin gerufen haben: "Ich sterbe für Regensburg!", wie damals Frau *Bergmüller* (die Hauptfront ihres Hotels begrenzte die Nordseite des Platzes) und ihre Schwester, Frau *Kronschnabl*, der ehemaligen Kriminalkommissarin *Berta Rathsam* erzählt haben(4).

Die weibliche Schreibkraft der Gestapo. der Maier bei seiner polizeilichen Vernehmung sein Protokoll in die Maschine diktieren durfte, hatte aus einem Aktendeckel ein Stück geschnitten und mit rotem Farbstift darauf gemalt: "Hier starb ein Saboteur!" Das wurde dem Domprediger über den Hals auf die Brust gehängt(5). Anscheinend geschah das gleiche auch bei Zirkl(6).

---

1) WEIKL 1963, 208
2) ebenda
3) R80 S. 19
4) R80 S. 19
5) wie vor S. 20
6) RÜTER 251

Die Hinrichtung erfolgte, wie aus einem Aktenvermerk *Sowas* hervorging, am 24.4. um 3.25 Uhr. Man hatte zwei auf dem Moltkeplatz stehende Fahnenmasten mit einer Querstange verbunden. An ihr wurden Maier und Zirkl gehängt. Mehrere Leute bezeugen übrigens, daß dieser Galgen schon lange vor Mitternacht, also lange vor dem Urteilsspruch hergerichtet worden war, eventuell schon zwischen 21 und 22 Uhr(1). Die Ehefrau des ermordeten *Lottner* erzählte z. B., daß sie am 23.4. um 23 Uhr über den Moltkeplatz zur Polizeidirektion wollte, um nach ihrem vermißten Mann zu fragen. Da fand sie den Platz abgesperrt vor und der Galgen wurde bereits hergerichtet(2).

Die drei Toten - links Zirkl, in der Mitte Dr. Maier und etwas rechts zu Füßen auf einer Schrage die Leiche Lottners - blieben zur Abschreckung und zum Entsetzen der Bevölkerung den ganzen Tag über auf dem Moltkeplatz. Viele Regensburger haben sie dort gesehen. "Die Regensburger sollen einen Schock bekommen, wenn sie morgen früh aufstehen" habe *Sowa* schon vor der Urteilsverkündung zu *Hennicke* gesagt(3). Manch einer mag beim Anblick an die Szene und an das Geschehen von Golgatha erinnert worden sein, wo drei nebeneinander an Kreuze genagelt waren, an die Spottkrone, die man Jesus aufgedrückt hatte, an die Tafel INRI, anstatt des Pappschildes, an den vorausgegangenen Prozeß vor Pontius Pilatus und an die Verlassenheit in den letzten Stunden.

Es liefen und laufen noch Gerüchte, daß man an der Leiche Dr. Maiers und auch an der Zirkls Zeichen von Mißhandlungen erkennen konnte: Blutige Striemen am Kopf, die Hände geschwollen und blutig. Es wird behauptet, daß die beiden schon tot waren, als man sie hängte. Auch geben Zeugen an, daß in einem Kellerraum der Polizeidirektion gefoltert wurde. Sie hätten die Schreie gehört. Die Schüler der Berufsfachschule, die 1982/83 Regensburger Einwohner aus jener Zeit befragten, geben die Äußerungen von fünf Zeugen an, die behaupten, daß Maier schon vor seiner Hinrichtung tot gewesen wäre. eine Zeugin sagt z. B.: Die Höhe des Galgens war viel zu gering, als daß Maier daran hätte erhängt werden können(4). Übereinstimmend wird von allen berichtet, daß Maiers Füße den Boden berührten. Demgegenüber äußerte der Bischof bei seiner Ansprache zum Trauergottesdienst im Dom am Samstag, 13.5.1945:

> "Geistliche Freunde aus dem Domkapitel haben ihm das Sträflingskleid (am Oberen Friedhof) ausgezogen und dabei festgestellt, daß er wirklich den Tod durch den Strang gefunden hat."(5)

Erst am Abend des 24.4., bei Einbruch der Dunkelheit, brachten Männer des Bestattungsamtes die drei Leichen in einem Leichenwagen von der Richtstätte in den Oberen Katholischen Friedhof. Am nächsten Tag unternahmen Kooperator *Theodor Seitz* und Kanonikus *Dr. Johann Nepomuk Foerstl* den Versuch einer Bestattung. Sie waren gute Freunde Dr. Maiers gewesen. Durch Zufall hatten sie erfahren, daß die Leichen in einer Schupfe neben der Leichenhalle am Oberen Friedhof lagen, dort wo man Grabwerkzeuge aufbewahrte. Wegen der Beschießungen in den letzten Tagen waren mehrere anstehende Bestattungen nicht mehr durchgeführt worden und in der Leichenhalle war kein Platz

---

1) wie Fußn. 1, S. 360
2) R80 S. 15
3) R80 S. 20
4) KLASSE 11b, 25f.
5) HABBEL

mehr gewesen. Schwierig war die Beschaffung eines Sarges. Aber schließlich hatte man einen aufgetrieben. Seitz erzählte, daß er am Friedhof zunächst erfuhr, daß er zu spät gekommen wäre, denn russische Gefangene hätten Dr. Maier bereits begraben. Inzwischen aber begann kurz nach 18 Uhr amerikanische Artillerie so stark zu schießen und Granaten schlugen in der Nähe ein: Es war unmöglich sich hier aufzuhalten. Schnell verließen die beiden den Friedhof und wollten in nahegelegenen Häusern Schutz suchen. Auf ihr Klopfen öffnete aber niemand. Erst bei den Patres des Karmeliterklosters unter der Theresienkirche fanden sie Unterschlupf im Luftschutzkeller.

Foerstl schrieb 1946 weiter darüber(1): Am Freitag, 27.4., zogen am Vormittag die Amerikaner in die Stadt. Am Nachmittag konnte nun ungehindert die provisorische Bestattung in der Gruft an der SW-Ecke des Oberen Friedhofs vollzogen werden, nachdem der Tote noch in der Leichenhalle von zwei geistlichen Hausgenossen mit Priestergewändern bekleidet worden war. Ein letzter Blick auf die Leiche zeigte, daß die Augen offen waren, die Zunge zum Teil vor den Lippen; ein wulstiger Striemen, schräg um den Hals verlaufend, bekundete, daß der Tod durch Erhängen eingetreten war." Ob das ein genügender Beweis gegen die von manchen vermuteten Mißhandlungen gewesen war, müßten Kriminalfachleute beurteilen.

Es kam dann an dem für Regensburg so bedeutungsvollen Tag des Einmarsches der Amerikaner zu einer provisorischen Grablegung ohne große Feier: Keine zehn Menschen waren bei dieser Bestattung zugegen. Domvikar *Böhm*, ein Kurskollege Maiers sprach die Abschiedsworte(2).

Am ersten Jahrestag seines Opfertodes, als die Bevölkerung noch in schlimmer Not lebte, wurden die sterblichen Überreste des Dompredigers in den Unteren Katholischen Friedhof überführt und dort in der Nähe des Grabes von P. *Dantscher* S. J. beigesetzt, so wie er es in seinem Testament für den Fall gewünscht hatte, daß er in Regensburg sterben werde(3). In den von der Dombauhütte angefertigten Grabstein war das Bild des guten Hirten eingemeißelt. Am Vortag, es war der Ostermontag 1946, fand im Dom eine würdige Gedenkfeier statt. Tausende Regensburger waren anwesend. Bischof Buchberger zelebrierte das Pontifikalamt und sprach anschließend von der blumengeschmückten Kanzel Worte des Gedenkens und des Dankes für den Domprediger, der sein Leben für die Stadt gegeben hatte. Schließlich enthüllte er eine steinerne Tafel - an der Südseite des Dominnern - mit der Inschrift:

"... Als Apostel des Friedens bat er bei einer Volkskundgebung die damaligen Machthaber um die kampflose Freigabe der Stadt, weil eine Verteidigung aussichtslos war. Dafür wurde er zum Tode verurteilt und auf öffentlichem Platz durch den Strang hingerichtet. *Sein Mund ist zwar verstummt, aber seine Tat und sein Tod werden weiterpredigen.*"

Sie werden vom höchsten Opfer künden, das ein Mensch für andere bringen kann und davon, daß es das Gute gibt, daß Glaube, Hoffnung und Liebe sich auch durch Todesdrohung nicht zertreten lassen.

Die Stadt Regensburg änderte den Namen einer Straße am Stadtpark von General-von-Epp in Dr. Johann-Maier-Straße. In Weiden, wo Maier über ein Jahr

---
1) HABBEL
2) RATHSAM 1965 und Foerstl in HABBEL
3) Das Testament ist hektographiert als Anlage 6 der kleinen Schrift, KLASSE 11b beigeheftet

als Kaplan gewirkt hatte, wurde die Dietrich-Eckart- in Domprediger-Dr. Maier-Straße umbenannt. An der Westseite des Dachauplatzes in Regensburg, dem vormaligen Moltkeplatz, wurde zunächst eine Tafel angebracht: "Hier vor diesem Haus haben in der Nacht vom 23. zum 24. April 1945 .. den Tod durch Erhängen gefunden..." Schließlich errichtete man an diesem traurigen Tatort eine Gedenksäule mit der Inschrift:

> "Hier starben am 23.4.1945 für Regensburg Dr. Johannes Maier, Domprediger, Josef Zirkl, Lagerarbeiter, Michael Lottner, Inspektor. In Dankbarkeit die Bürger von Regensburg."

Acht Jahre nach der ersten Umbettung verließen die sterblichen Überreste den Ort Regensburg. Die elterliche Familie Dr. Maiers wünschte, daß ihr Sohn heimkehre und im Familiengrab beigesetzt werde. So wurden 1954, wieder an einem Jahrestag, die Gebeine nach Marklkofen überführt. Das geschah nicht ohne Proteste aus der Regensburger Bevölkerung. Man wünschte und wünscht heute noch, die ehrenvollste Bestattung, nämlich die im hohen Dom. Hunderte Regensburger hatten eine Bittschrift dafür unterzeichnet(1). Eine Frauendelegation, von der *Fürstin Thurn und Taxis* angeführt, soll beim Bischof deswegen vorgesprochen haben(2). In Leserbriefen im TA 1954 heißt es: ...Erst eine kleine Notiz in der Tageszeitung setzte uns davon in Kenntnis, daß die sterblichen Überreste ... in seine Heimat Marklkofen überführt worden seien, auf Wunsch seiner Angehörigen... Durfte das sein? Gehört der Mann, der sein Leben geopfert hat für unsere Stadt, nicht in ihre Mauern? Es wird die Hoffnung ausgesprochen, daß Dr. Maier doch noch einmal zurückkehrt in "seine Stadt".

4. Lebensweg und Tat des Dr. Johannes Maier

Die Haushälterin von Dr. Maier, Frau *Greta Schubert*, wurde nach dem Krieg von zwei amerikanischen Offizieren aufgesucht, die ihr sagten: Sie wissen gar nicht, wieviel die Stadt dem Opfertod Dr. Maiers verdankt! Solche und ähnliche Berichte stehen dem Ergebnis der bisherigen Nachforschungen entgegen, daß die Rettung von Regensburg den militärischen Überlegungen und Befehlen des deutschen Heeres und nicht der Frauendemonstration und dem Tod des Dompredigers zu verdanken sei.

Vielleicht kann es doch gewesen sein, daß ein amerikanischer Kommandeur den Artilleriebeschuß erst mit halber Kraft beginnen ließ und mit dem Tag des Großangriffs noch einen Tag zuwartete, in der Hoffnung, daß doch noch die Vernunft auf deutscher Seite siegen würde. Jedenfalls wußten die Amerikaner von der Demonstration und von den Hinrichtungen und eine vielleicht doch noch zu erwartende kampflose Übergabe könnte ihnen schon einen Tag Zuwarten wert gewesen sein. Wahrscheinlich leben noch amerikanische Offiziere, die diese Frage beantworten könnten. Die bisher benutzten Quellen - am meisten bisher von Oberst a.D. Bürger aufgesucht und herangezogen - sprechen dafür, daß die Demonstration und der Tod der drei Regensburger den militärischen Ablauf nicht tangiert haben.

Jedoch beeinflußt die Frage, ob die Tat des Dompredigers Erfolg hatte oder nicht, in keiner Weise den ethischen Wert des todbringenden mutigen Eintre-

---

1) TA 1954 vom 25.4.
2) KLASSE 11b, 29

tens von Dr. Maier. Zum Zeitpunkt seines Eingreifens war die Lage unzweifelhaft so, daß von deutscher militärischer Seite Regensburg als Festung mit allen Mitteln und unter allen Umständen "bis zum letzten Stein" verteidigt werden sollte. Von dieser Lage ausgehend und in dieser Situation hatte sich der Domprediger für sein Eintreten entschieden. Sein Verantwortungsgefühl und seine Bereitschaft zum Opfer geben denen recht, die an das Gewissen und seine starke Kraft glauben, mit der es schwächliches Zaudern zu überwinden vermag. "Das Größte tut nur, wer nicht anders kann" schrieb Conrad Ferdinand Meyer in seiner Dichtung über Huttens letzte Tage.

Wie waren Lebens- und Bildungsweg eines solchen Menschen verlaufen und welche Gedanken hatten ihn schließlich zu seiner Tat bewogen? Da das Leben Dr. Maiers schon ausführlich von seinem Ordensbruder *Ludwig Weikl S. J.* - auf 76 Seiten - dargestellt wurde(1), soll im folgenden nur noch von den wichtigsten Daten die Rede sein(2).

Fast keines der "Regensburger" Opfer des Widerstandes war als Regensburger geboren und aufgewachsen. Auch Dr. Maier nicht. Wie die allermeisten waren er und auch die beiden anderen Toten auf dem Dachauplatz erst später in ihrem Leben in diese Stadt gekommen, die ihnen zuletzt zum Unheil wurde. Keiner war überhaupt in einer Stadt geboren. Fast alle Widerständler dieses Buches stammen aus einem Dorf und hatten die sie bildende Jugendzeit auf dem Land zugebracht. Der spätere Domprediger erblickte *am 23.6.1906 in Berghofen* im Vilstal in Ndb das Licht der Welt. Es war damals nicht ungewöhnlich, so wie es das heute wäre, daß seine Mutter *Maria*, geborene *Straßer*, vierzehn Kindern das Leben schenkte und daß davon acht schon sehr früh gestorben sind. Der Vater *Andreas Maier* war Bauer. Als Hans, das vierte der Kinder und der älteste Sohn, erst fünf Jahre alt war, gab der Vater den Hof in Berghofen auf und erwarb ein Anwesen in dem nahegelegenen *Marklkofen*, ebenfalls an der Vils. In diesem Ort in Niederbayern verbrachte Johann Maier seine Jugendjahre. Von seinem 13. bis zum 22. Lebensjahr wohnte er - mit Ausnahme der Ferienzeiten - im bischöflichen Knabenseminar in *Metten* und besuchte das humanistische Gymnasium dieser Benediktinerabtei. Hans war später als üblich in die höhere Schule gekommen. Wegen Krankheit hatte sich der Übertritt jedesmal verschoben. Auch mußte der Pfarrer von Marklkofen, *Franz Xaver Rohrmeier*, die Eltern umstimmen, die ihren ältesten Sohn lieber auf dem Hof behalten hätten. Maier wurde in Metten schnell zum jeweils besten seiner Klasse und blieb es bis zum Abitur. Das kostete ihm keine großen Anstrengungen.

Weikl zitiert aus Zeugnissen seiner Lehrer, daß Maier dem geistigen Angebot der Schule mit Skepsis begegnete und daß er zu einem kritischen Verächter des Gegenwärtigen und zum fantastischen Planer einer weltverbessernden Zukunft wurde. Dagegen meint *Spießl*, der durch alle neun Jahre sein Klassenkamerad gewesen war, daß Maier nicht zu einem komplizierten Menschen hochstilisiert werden sollte. Er gehörte im Quickborn der katholischen Jugendbewegung an und war damit Antialkoholiker. Auch beschäftigte er sich mit

---
1) WEIKL 1963, 154-230. Untertitel des Buches: Ein Beitrag zur Geschichte der pastoralen Bestrebungen unseres Jahrhunderts. Das Buch enthält die Lebensgeschichten von vier kathol. Geistlichen aus dem deutschen Sprachraum als Beispiele für Gottes Wirken in der jeweiligen Zeit. Nachdruck der Biographie Dr. Maiers in SCHWAIGER 1981, 431-475
2) Außer den in Fußn. 1 genannten wurden folgende Quellen benutzt: WEIKL 1970, FOERSTL; weiter Prälat Spießls Ansprache am 25. Todestag 24.4.70 im Kolpingshaus Regensburg. Ein hektographierter Auszug freundlicherweise von Herrn Spießl überlassen

Problemen, die über das übliche Maß in der Schule hinausgingen. So trieb er z. B. autogenes Training nach Prof. J. H. Schulz. Er liebte die Natur entsprechend dem Geist der Jugendbewegung, konnte gut singen und spielte Gitarre.

Zur Jahresabschlußfeier 1927 gab es keinen Zweifel, daß die jedes Jahr fällige Schlußansprache eines Abiturienten der Absolvent Johann Maier halten sollte. In seinen Ausführungen sprach dieser dann vom ungestümen Taten- und Forscherdrang, von der kommenden Freiheit des akademischen Lebens und vom Träumen von großen Taten.

Er war voller Temperament. Der Leiter seiner letzten Gymnasialklasse urteilte über ihn:

"... eigenwillig seine Wege gehend... Jedenfalls der problematischste und komplizierteste Charakter der Klasse... Möge sich aus dem Wirrkopf ... eine Persönlichkeit mit klarem Denken und harmonischem Lebensgefühl entwickeln."

Soviel man weiß, hat Maier keine Zweifel gehabt, daß er Theologie studieren würde, nur wünschte er, das in München zu tun. Es bedrückte ihn, daß ihm diese Bitte abgeschlagen und er nach Regensburg verwiesen wurde. Hier wurde ihm *Dr. Engert* S. J. zum geistigen Förderer.

"Im philosophischen Seminar befaßten wir uns mit dem damals (1927/28) aktuellen Phänomen der *Theresia Neumann* von Konnersreuth. Maier hatte einen Auszug aus dem Op. Benedikt XIV. über die Nahrungslosigkeit der stigmatisierten Resl zu erstellen. Dr. Engert hat diese seine Arbeit dann im Regensburger Offertenblatt veröffentlicht."(1)

Das Thema hat Maier auch noch später beschäftigt.

Nach drei Semestern in Regensburg gab man dem begabten Theologiestudenten einen Platz im Collegium Germanicum Hungaricum in Rom. Dieses Institut der Jesuiten diente talentierten Priesterkandidaten aus den deutschen und ungarischen Ländern als physische und geistige Betreuungsstelle während ihres Studiums an der päpstlichen Universität Gregoriana, der wohl berühmtesten, katholischen Ausbildungsstätte der Welt. Über sechs Jahre blieb Maier im "Germanicum", wurde während dieser Zeit, am 29.10.33, in Rom zum Priester geweiht. Am 16.7.34 feierte er Nachprimiz in seiner Heimat Marklkofen.

Vor allem durch den am Germanicum tätigen Historiker *Otto Pfülf* S. J. wurde "das ausgeprägte Interesse Maiers an Geschichte auf priesterlich-pastorale Zielsetzungen eingedämmt." Von daher stammte sein Zugang zur Staats- und Völkerrechtslehre des *Suarez*, die er oft zum Ausgang seiner Auseinandersetzungen mit dem NS und dessen Rechtsgebaren wählte. "Maiers seelische Labilität wurde unter Pfülfs Führung in ... heilende Selbstzucht genommen. Ganz hat Maier das Labile in seinem Wesen zwar nie verloren, aber er lernte, es in Schranken zu halten."(2)

Die Alumnen des Germanicums hatten sich zu einer "Akademie" zusammengeschlossen, die u. a. Veranstaltungen ausrichtete. Maier wurde zu deren Präsident gewählt. Er hatte dabei Ehrengäste zu Feiern einzuladen und zu emp-

---

1) Spießl Ansprache 1970; s. o.
2) WEIKL 1963, 168

fangen und kam dadurch mit bedeutenden Persönlichkeiten in Kontakt, z. B. mit *Dr. Sonnenschein*, Prälat *Kaas*, Reichskanzler *Wirth*, Kardinalstaatssekretär *Pacelli* (späterem Papst Pius XII.). Letzterem gefiel Maier während des kurzen Kennenlernens so sehr, daß er ihn als Kurier zur Überbringung einer diplomatischen Botschaft per Flugzeug nach Berlin schickte. In Erfüllung dieses Auftrags wurde Maier dem Reichspräsidenten *von Hindenburg* vorgestellt.

Nach seinem Doctor philosophiae Romanus strebte er auch den theologischen Doktor an und begann dazu eine Untersuchung zur Frage, ob nachgewiesene Nahrungslosigkeit (wie sie für *Therese Neumann*, Konnersreuth (Opf), behauptet wurde) ausschließlich durch übernatürliche Einwirkung möglich sei. Er studierte dazu ältere Berichte über ähnliche Fälle und vertrat die theologische These, daß übernatürliche Einwirkung im Spiel sein könne, aber nicht müsse. Das Thema stammte aus seiner Regensburger Studienzeit. Zur Frage des Konnersreuther "Wunders" nahm er eine eher zurückhaltende Stellung ein und verwies auf die Kompetenz des Bischofs, verhielt sich also anders als P. Heyder im Fall Rodalben.

Wegen eines Magenleidens empfahlen ihm Ärzte, nach Deutschland zurückzugehen. So kam er im April 35 als Hausgeistlicher an eine Schwesternanstalt in *München* und im gleichen Jahr für sechs Wochen als Vertreter Pfarrer *Klebers* nach *Wiefelsdorf* bei Schwandorf (Opf) (s. S. 297f.). Dort erfuhr er natürlich aus erster Hand von Klebers Kampf gegen den NS. Dieser aufrechte Bauernpfarrer war damals bereits zweimal in Gestapohaft gewesen (25.6. - 3.7.33 und 5.8. - 8.8. 34). Nach weiteren Zusammenstößen mit dem NS mußte der Bischof auf Verlangen der NS Kleber wegversetzen. Es kam dann ein dem Regime genehmerer Nachfolger nach Wiefelsdorf. Als aber am 30.3.45 *Ludwig Spießl* aus über fünfjähriger KZ-Haft zurückkam, war es Dr. Maier, der anregte oder veranlaßte, nach Wiefelsdorf den KZ-ler Spießl zu geben, was auch geschah. Dieser war dann noch 25 Jahre dort gewesen.

Da Maier doch noch den Dr. theol. machen wollte, erhielt er im Sommer 38 die Stelle eines Spirituals(1) in dem Kloster der Missions-Dominikanerinnen in *Strahlfeld* bei Cham (Opf). Dort trat er dem Dominikanerorden als Terziar(2) bei, wobei er den Ordensnamen Bruder Albert wählte(3). Er verehrte nämlich besonders den Dominikaner *Albertus Magnus* (1260 - 62 Bischof von Regensburg), den universalen Geist des Mittelalters. Ihn wählte er sich auch als Vorbild für seinen Predigerberuf. Der in Regensburg arbeitende Maler *Guntram Lautenbacher* schenkte ihm ein Bild des heiligen Albert, das Maier in sein Arbeitszimmer stellte.

Schon zu Beginn des Wintersemesters 1938 nahm er eine Tätigkeit als Repetitor für Philosophie am Klerikalseminar in *Regensburg* auf. Um diese Zeit wurde gerade das Amt des Dompredigers frei und man ließ es zunächst provisorisch durch geeignete junge Priester verwalten. Als eventuell geeignet hielt man auch Dr. Maier. Er bewährte sich und wurde dann *am 1.5.39 endgültig zum Domprediger* bestellt. Sechs Jahre lang stand er von da an Sonntag für Sonntag zweimal auf der Domkanzel. Der Kreis seiner Zuhörer wurde immer größer.

Seine Dissertation zum Dr. theol. wurde nicht mehr fertig. Sein Plan, sie der

---

1) mit der Seelenführung in Frauenklöstern beauftragter Priester
2) in der Welt, also außerhalb des Klosters lebender Ordensangehöriger
3) diese und die folgende Darstellung aus FOERSTL

Universität München vorzulegen, scheiterte daran, daß die Münchener theologische Fakultät gerade um diese Zeit durch den NS-Kultusminister aufgelöst wurde, weil *Faulhaber* für eine vom Ministerium vorgesehene Lehrstuhlbesetzung seine Zustimmung verweigert hatte.

Über *Dr. Maiers religiös-gläubige Haltung* gibt es keinerlei Zweifel. Zu welcher Seite er in dem Spannungsverhältnis zwischen der mehr rationalen Abbild-Theologie und der mehr im Herzen beheimateten unkomplizierteren Volksreligion neigte, läßt sich nicht so leicht entscheiden wie bei *P. Heyder*. Wenn er z. B. in seinem Testament - datiert vom 7.4.45, also nur gut zwei Wochen vor seinem Tod abgefaßt! - im 7. Punkt für die Zuwendung seiner Zimmereinrichtung an ein kriegsgeschädigtes kirchliches Amt zehn heilige Messen (für sich) erbittet, so möchte man eher das letztere annehmen(1). Die Frage mag auch müßig sein, weil ja im allgemeinen und damals wohl besonders kein Graben zwischen den zwei Seiten bestand.

Erschütternd ist *der letzte Brief an seine Eltern und seine Schwester* in Marklkofen, datiert vom 20.4.45 (Zwei Brüder waren zu der Zeit als Soldaten im Feld)(2). Es war nicht sicher, ob die Adressaten sein Schreiben noch erhalten würden, drum fertigte er zwei Exemplare.

"... Das ganz grauenhafte Leid, das in Wogen über uns zusammenschlagen möchte, darf uns nicht verzweifeln und am guten Vater im Himmel irre werden lassen!... Gerade Dich, liebe Mutter, bitte ich um Deinen Muttersegen, wie Dich, lieber Vater, in diesen schweren Zeiten. Um mich braucht Ihr Euch nicht allzusehr sorgen! Ich werde auch für Dich, liebe Mutter, ganz besonders beten und das heilige Meßopfer darbringen, damit Du das schwere Leid ertragen kannst und auch dann noch Gott anzuerkennen vermagst! Beten wir füreinander! ...

... Wir hier in Regensburg haben schon noch was zu befürchten! Gebe Gott, daß der heiligmäßige Bischof *Wittmann* Schonung für uns vom Himmel für uns alle erfleht! Es ist schwer gewesen, auf die Kanzel zu gehen, wenn nächsten Sonntag schon die Feinde da sind!

... Ich hoffe ja, daß wir uns bald wiedersehen werden. Aber für alle Fälle:

Behüt Euch Gott! Behüt Euch Gott! Herzliches Vergeltsgott für alles Gute und alle Sorgen, die Ihr mir habt angedeihen lassen und um Verzeihung bitte ich für alles, was nicht recht gewesen ist in meinem Verhalten gegen Euch! ..."

Am gleichen 20.4. war er bei seiner Klostertante bei den Armen Schulschwestern in Stadtamhof und hat ihr sein bekümmertes Herz ausgeschüttet, was wohl mit all den Menschen in der Stadt werden sollte, wenn diese verteidigt und damit zerstört werden würde. Auch dies Wort ist uns verbürgt und entspricht ganz seiner innersten Gesinnung(3):

---

1) s. Fußn. 3, S. 362
2) Anläßlich des Gedächtnisgottesdienstes in Marklkofen am 20.4.75 übergab die im Brief auch angeschriebene Schwester Dr. Maiers den Brief an Prälat Spießl. Dieser stellte freundlicherweise eine Abschrift zur Verfügung
3) nach Aufzeichnungen von Prälat Spießl, Hemau 28.5.75

"Am liebsten würde ich all die Verwundeten, die Frauen und Kinder und die alten Leute hier herausbringen und all das Furchtbare *auf mich nehmen an ihrer Stelle.*"

Am 3.6.75 schrieb die verwitwete Schwester Dr. Maiers, Frau *Maria Haltmayer*, München, an Prälat Spießl von einem Treffen mit ihrem Bruder Anfang März 45 in Plattling:

"... Auf einmal wurde er ganz ernst und sagte: Ja, liebe Maria, es wird noch ganz schlimm werden; es kann sein, daß man sein eigenes Leben einsetzen muß. Ich sagte drauf: Ach, Hans, da hätte ich furchtbare Angst! Er klopfte mir auf die Schulter und sagte: Maria, Du mußt Dir denken: Wenn es so weit ist, dann gibt einem der Herrgott auch die Kraft und die Gnade dazu! ..."

Mit diesen Worten Maiers tröstete die Schwester ihre Mutter öfter, wenn sich diese die schrecklichen letzten Stunden ihres Sohnes in seiner Zelle vorzustellen versuchte.

Neben seiner Tätigkeit als Domprediger gab Maier regelmäßig Religionsunterricht und betreute vor allem junge Menschen. Ihn besuchten Priester, Theologiestudenten, auch Mitglieder der NS-Partei, die anfingen unsicher zu werden.

Der Zirkel

Maier beteiligte sich auch regelmäßig an einem kleinen Kreis von Gesinnungsfreunden, die alle paar Wochen unter dem Namen "Der Zirkel" beim Kinderarzt *Dr. Ernst Köck*, gelegentlich, aber viel seltener, auch im Hause *Habbels* sich trafen(1). Er war durch seinen Freund, den Kanonikus und Jugendseelsorger *Dr. J. N. Foerstl* eingeführt worden, gleich nachdem er von Strahlfeld nach Regensburg zurückkam.

Die Gruppe hatte sich schon lange vor 1933 zusammengefunden, sie bestand durch das ganze Dritte Reich hindurch und auch noch danach bis Ende der 1960er Jahre. Bei den Treffen hielt meist jemand einen Vortrag, den manchmal auch Maier übernahm.

Der Zirkel war keine aktive Widerstandsgruppe und ist insofern charakteristisch für die politische Haltung engagierter Regensburger Katholiken. Die Teilnehmer tauschten zwar Informationen aus, die von "Feindsendern" stammen mochten, sie hörten aber nicht etwa gemeinsam solche verbotenen Sender - das wäre viel zu gefährlich gewesen -, geschweige denn, daß sie an irgendwelche andere Widerstandsaktionen dachten. Trotzdem fürchteten sie die Gestapo. Denn ganz gleich, was im einzelnen gesprochen wurde, Zusammenkünfte solcher Gruppen wären genehmigungspflichtig gewesen, waren auf alle Fälle suspekt. Ein Eingreifen der Gestapo hätte sofort ergeben, daß die Beteiligten "gesinnungsmäßige Staatsgegner" waren. So war z. B. der Gastgeber Köck gleich 1933 durch den NS-Oberbürgermeister aus politischen Motiven seines Postens als Leiter des städtischen Säuglingsheims enthoben worden. Später erhielt er eine schriftliche Aufforderung, Mitglied der Partei zu werden. Er

---

1) freundl. Mitt. von Frau Dr. I. Köck. Kurz erwähnt wird der Zirkel auch von B. Rathsam im Regensburger Bistumsblatt v. 25.4.65, in R80, S. 9 u. in RATHSAM 1981, 55

warf das Schreiben in den Papierkorb. Menschen mit solcher Gesinnung waren registriert in einer Kartei. Weiter gehörten dem Zirkel so polizeibekannte Leute wie *Josef Habbel* und *Friedrich Pustet* an, die bereits in Haft gewesen waren.

Neben dem Domprediger und dem bereits erwähnten Foerstl waren der Pathologe *Dr. Lortz* und der auch schon erwähnte Kunstmaler *Guntram Lautenbacher* regelmäßig beteiligt. Leiter des Zirkels war Oberpostrat *Stadler*. Dazu kamen die Frauen, bzw. Kinder von Köck, Habbel, Pustet und die zwei Schwestern Emma und Theodolinde des Malers Lautenbacher, weiter Frau *B. Rathsam*. Im ganzen waren 18 bis 20 katholisch gesinnte Männer und Frauen regelmäßige Teilnehmer der Zusammenkünfte.

Manchmal kamen auch Gäste von auswärts zu Treffen des Zirkel, so einmal der Philosophieprofessor *Kurt Huber* aus München, das geistige Haupt der "Weißen Rose", der Verfasser der Flugblattexte, der nach den Geschwistern *Scholl* am 13.7.43 hingerichtet wurde. Die Verbindung zu Huber bestand über *Inge Köck*, die diesen des öfteren im Auftrag des Cotta-Verlages wegen der von Huber bearbeiteten Leibniz-Biographie in seiner Wohnung in Gräfelfing aufsuchte, zuletzt noch am 23.2.43, fünf Tage nach dem Abwurf der Flugblätter, vier Tage vor seiner Verhaftung(1).

Einmal sagte *Dr. Maier* zu Köck:

"Ich kann künftig nicht mehr zu Ihnen kommen. Ich habe heute gemerkt, daß mir jemand nachgeht und beobachtet. Ich fürchte, daß Sie Unannehmlichkeiten wegen mir bekommen."

Aber man überredete ihn, trotzdem weiterhin zu kommen und das tat er auch bis zu seinem Ende.

Er wußte, daß er anderen Unannehmlichkeiten bereiten konnte, weil er wegen seiner Predigten eine politisch anrüchige Person gewesen war. Der Eisenbahnbeamte *Hans Breitschafter* und seine damalige Verlobte kannten ihn von Weiden her gut. Sie waren wie er nach Regensburg versetzt und baten ihn 1942, sie zu trauen. Er lehnte ab mit der Begründung, daß das für einen Beamten nachteilige Folgen haben könnte; ließ es sich dann aber nicht nehmen, während der Trauung als Gast anwesend zu sein.

Maiers Gedanken zur NS-Zeit

Außer den Predigten im Dom hielt Maier u. a. auch regelmäßig zur Advents- und Fastenzeit Abendpredigten in den Pfarrkirchen Niedermünster und St. Emmeram. Besonders zu solchen Anlässen, aber auch am Neujahrstag und am Heldengedenktag deutete er den Unterschied zwischen dem Geist christlicher Heilsordnung und dem der NS-"Neuordnung" an. Domkapitular *Dr. Martin Deubzer* schrieb dazu: Er sprach oft sehr deutlich und kräftig zur Zeit und seine Hörer fürchteten manchesmal, daß nun doch die Gestapo zupacken würde(2).

---

1) Köck Inge: Kurt Huber als Leibnizforscher; in Clara Huber (Hg.): Kurt Huber zum Gedächtnis; Regensbg. 1947, 138-148 und Köck I. u. Clara Huber (Hg.): Kurt Huber: Leibniz; München 1951 (Oldenbourg)
2) HABBEL

Seine Hörer verstanden schneller als heutige Leser, wenn er sich z. B. so äußerte: "Nicht mitzuhassen, mitzulieben sind wir da!" Das stand gegen Goebbels Aufforderung an die Deutschen, mehr zu hassen. Es war aber auch in dem Sinn gemeint, daß man die Schuldigen (an den Leiden seiner Zeit) nicht hassen, sondern für sie beten sollte. Oder: "Du Volk aus der Tiefe, du Volk aus der Nacht, vergiß nicht das Feuer, bleib auf der Wacht!" Damit forderte er auf, das Christentum gegenüber der NS-Weltanschauung zu verteidigen und sich nicht verdummen zu lassen.

Er lehrte seine Zuhörer Kreuzesverständnis und damit einen tapferen Geist in der Nachfolge Jesu und verbreitete die Zuversicht und den Trost, daß das christlich ertragene Kreuz (in den täglichen Schrecknissen der Luftangriffe und den mannigfachen Leiden des Krieges) der beste Weg zu einer neuen und guten Ordnung sein würde.

Weikl meint zu Maiers manchmal gewagten Predigten: Er "war rings von solchen Vorsichtsmännern umgeben, die meinten, der Ecclesia Ratisbonensis wäre mehr gedient, wenn er den mitleidlosen Dämon jener Tage (den NS) weniger reizen würde."(1) Mit den Vorsichtsmännern ist u. a. wohl der Bischof gemeint, der mehr zur Vorsicht und Behutsamkeit neigte als sein Domprediger. Weiter schreibt Weikl:

"... Aus diesem Verantwortungsbewußtsein (nicht hinnehmen zu können, daß Wahnsinnige das Werk ihres Wahns zu vollführen suchten) ging Dr. Maier seine Predigtaufgabe an, ... als Warner vor dem Unheil, das kommen müsse, wenn die Gesellschaft die Mißachtung der gottgegebenen Lebens- und Völkerordnung dulde, als Wecker der Gewissensunruhe in den Herzen seiner Zuhörer ... Dies tat er, wohl wissend, daß er als arguens importune selbst bei hohen kirchlichen Stellen mißfällig wurde."

Am Neujahrstag 1945 predigte er über "die Sieben Worte Jesu am Kreuze als Wegweiser für das neue (entscheidende) Jahr." "Den Weg dieses Jahres (1945) gehen, heißt den Kreuzweg gehen." "Dort wo die Gemeinheit steht, die Brutalität, der Haß ... Vater, sie wissen ja nicht, was sie tun!" "Dies (von Hitler) furchtbar mißbrauchte Wort Göttliche Vorsehung ist jene Tat Gottes, die aus dem Leid die Liebe zur Reife bringt."

Jedermann sei untertan der Obrigkeit...

Seit dem Bündnis der frühen Christen mit dem römischen Kaiser galt durch Jahrhunderte als christliche Ethik, der Obrigkeit zu gehorchen, so wie Paulus in seinem Brief an die Römer schrieb: "Jedermann sei untertan der Obrigkeit, die Gewalt über ihn hat. Denn es ist keine Obrigkeit ohne von Gott..." (Römer 13).

Dementsprechend vollzogen die deutschen Bischöfe eine Wendung gegenüber dem NS, sobald dieser an die Macht gekommen war. Nun, so erklärten sie, sei jeder Katholik zur Treue gegenüber der rechtmäßigen Obrigkeit verpflichtet. Diese war laut Paulus von Gott und damit höher legitimiert als allein durch eine Volksmehrheit.

Unter dem 3.6.33 heißt es in einem "gemeinsamen Hirtenbrief der Oberhirten

---

1) WEIKL 1963, 185

der Diözesen Deutschlands"(1):

> "In unserer heiligen katholischen Kirche kommen Wert und Sinn der Autorität besonders zur Geltung... Es fällt deswegen auch uns Katholiken keineswegs schwer, diese neue starke Betonung der Autorität ... zu würdigen und uns mit jener Bereitschaft ihr zu *unterwerfen*, die sich nicht nur als eine natürliche Tugend, sondern wiederum als eine übernatürliche kennzeichnet... (Röm. 13,1ff.)..."

Es lag auf der gleichen Linie, daß vorher die Obrigkeit während der Weimarer Republik nicht im selben Maß respektiert wurde. Während die Kirche den Geburtstag des Führers feierlich beging (am 20.4.1939 Festgeläut zum 50.), konnte sie sich, besonders in Bayern, im Jahre 1925 nicht einmal anläßlich des Todes des Reichspräsidenten (*Ebert*) zum Glockengeläut entschließen. Damals wurde das von Kardinal *Faulhaber* und vom Passauer Bischof damit begründet, daß man dem ersten Beamten der Republik doch nicht die gleichen kirchlichen Ehren erweisen könne, wie dem Oberhaupt eines angestammten Herrscherhauses(2). Man hatte Zweifel an der Rechtmäßigkeit der Weimarer Obrigkeit und der Weimarer Verfassung, die "auf eine Trennung von Kirche und Staat abzielt", was die Kirche als gegen sie gerichtet empfand.

Je länger der NS dann regierte, umso problematischer wurden Gehorsam und Treue gegenüber einer Obrigkeit, die immer sichtbarer gegen alle Normen sittlichen Verhaltens verstieß und hinsichtlich der Kirche Schlimmeres als nur Trennung im Auge hatte. Denn auf der anderen Seite steht auch das Gebot: Du sollst Gott mehr gehorchen als den Menschen. Römer 13 und Gottes Gebote widersprachen sich immer öfter, letztere setzten dem Gehorsam gegenüber der Obrigkeit Grenzen, die manchmal eindeutig, manchmal problematisch waren. Ein etwa christlicher SS-Mann hätte in Auschwitz nicht gehorchen dürfen.

Manche Christen sahen die Grenzen sehr früh. *Dietrich Bonhoeffer* schrieb schon im April 33 einen Aufsatz über "Die Kirche vor der Judenfrage". Darin definierte er die Grenzen - ausdrücklich gegenüber Römer 13 - : Die Grenzen sind überschritten, wenn der Staat eine Gruppe (wie die Juden) rechtlos macht(3). Auch von katholischer Seite leistete z. B. der Jesuitenpater *Alfred Delp* als Angehöriger des Kreisauer Kreises aktiven Widerstand gegen die Obrigkeit und setzte sich dabei mit Römer 13 in seinem Gewissen auseinander. Zum "Kreisauer Programm" der Verschwörer lieferten auch Jesuiten Entwürfe. *Graf Moltke*, Mitwirkender am Umsturzversuch des 20.7.44 sprach des öfteren mit dem Berliner Bischof *Graf Preysing* und ein weiterer, *Dr. Mierendorff* mit dem Bischof von Fulda. Beide Bischöfe waren über die wesentlichen Vorgänge im Kampf der Verschwörer gegen die NS-Obrigkeit informiert und waren bereit, mitzukämpfen. Das gleiche gilt auch vom Bischof von Freiburg, der ebenfalls von Moltke aufgesucht worden war(4).

Mit der Problematik von Römer 13 beschäftigte sich auch Dr. Maier "seit längerer Zeit"(5) und auch Bischof Buchberger hatte darüber nachgedacht. Wel-

---

1) Archiv f. kathol. Kirchenrecht Bd. 113, Mainz 1933, 538. Im gleichen Hirtenbrief werden allerdings auch Forderungen an die neue Autorität gestellt und wird darauf hingewiesen, daß die "ausschließliche Betonung der Rasse und des Blutes zu Ungerechtigkeiten führt."
2) Volk Ludwig: Akten Kardinal Michael von Faulhabers 1917-45; I 1917-34; Mainz 1975. S. 364, 365
3) Vortrag über D. Bonhoeffer bei der Tagung der Kathol. Akademie in München 1.12.83
4) aus "Der Überblick; Nachrichtendienst aus der christlichen Welt" 1946 Nr. 16/17 vom 20.12. Dort aus: Henk Emil: Die Tragödie des 20. Juli 1944. 2. Aufl. 1946; S. 27
5) ÖFFTL. WIDERSTD., S. 5

cher Theologe hätte während des NS-Reichs das nicht getan!

In seiner letzten Sonntagspredigt im Dom, einen Tag vor der Frauendemonstration, sprach Dr. Maier zum 1. Brief des Petrus an die Römer: Seid untertan aller menschlichen Ordnung um des Herrn willen, es sei dem König als dem Obersten. Dazu führte er aus(1): "... Es gibt keine Gewalt außer von Gott. *Aber über ihr steht Gott. Fürchte Gott und tue niemals, was unrecht ist. Über jeder Gewalt steht Gott. Den mußt du fürchten... Lieber muß dir dein Kopf feil sein, als unrecht tun..." Maier sprach also klar die Grenzen für die Gehorsamspflicht gegenüber der irdischen Gewalt, dem NS-Staat, an!* Dem widerspricht selbstverständlich nicht, daß er bei seiner begonnenen Ansprache auf der Kundgebung und zu seiner Verteidigung vor dem Standgericht ausschließlich auf eine Predigtstelle mit der Gehorsamspflicht verwies. Schließlich mußte er selbst am furchtbarsten unter einer im wahrsten Wortsinn gewissenlosen Gehorsamsleistung leiden: Ruckdeschel gehorchte den Anweisungen, die Bormann ihm gegeben hatte, nämlich zu kämpfen bis zum letzten und jeden mitleidlos niederzumachen, der sich dabei in den Weg stellt. Auch die Polizei, die Maier verhaftete, leistete Gehorsam ihrer Obrigkeit und auch der Ankläger und der Richter und auch die Henkersknechte. Es war so, wie fast vierzig Jahre später die Regensburger Wochenzeitung schrieb(2):

"Dr. Maier wurde nicht in einem Mordrausch von SS-Schergen aufgeknüpft. Kreuzbrave Regensburger Juristen ... machten den Prozeß und fällten das Todesurteil. *Die Tötungsmaschine wäre ohne pflichtbewußte Bürger als Bedienungspersonal nicht aktionsfähig gewesen:* Die Kleinbürger als Wegbereiter und dann folgerichtig als Helfershelfer der Barbarei."

Sie wurden Wegbereiter aus einer bestimmten geschichtlichen Tradition heraus und sie ließen sich als Bedienungspersonal gebrauchen aus einer auch traditionsgemäßen Überschätzung der Gehorsamspflicht gegenüber der Obrigkeit, taub gegen das Gewissen.

Es gibt höhere Werte als den Gehorsam. Gegenüber offenkundig verbrecherischen Befehlen braucht niemand der Obrigkeit zu gehorchen. Derjenige, der die Möglichkeit und Kraft dazu hat, ist im Gegenteil zum Widerstand verpflichtet. Es gibt auch eine Entwicklung der Moraltheologie und eine nachfolgende Wandlung innerhalb der Kirche, meist auch von Spannungen zwischen Theologie und Lehramt begleitet. Heute führt der Weg innerhalb des Christentums von der früher überbetonten "Pflichtmoral" zur "Verantwortungsethik"; unbeschadet der für eine "autonome Moral" sicher bestehenden Grenzen.

Spontan oder vorbereitet?

Maiers große Sorge um die Stadt

Der damals am fürstlichen Hof der Thurn und Taxis tätige Kaplan *Ignaz Weilner* berichtet in seinen Erinnerungen an die letzten Tage(3):

"Bei dem letzten Spaziergang mit Dr. Maier, ca. am 10.4.45, kreiste unser Gespräch nicht um das, was 'nachher' sein würde, vielmehr ausschließlich darum, was noch geschehen könne, bis alles überstanden sei."

---

1) hektographierter Text der Predigt im Besitz von Prälat Spießl
2) Harald Raab in Die woche 1982, vom 16.9.
3) WEILNER

Maier machte sich gegen das Ende zu immer öfter Gedanken über die furchtbaren Leiden, die der Stadt noch in den letzten Kriegstagen bevorstehen werden. Am Tag der Frauendemonstration, als er am Morgen mit einer umgebundenen Schürze die tausend Glassplitter im Dom aufräumte, die nach den Brückensprengungen durch das Zerbrechen der Fenster am Boden lagen, hatte er ein todernstes Gesicht. *Deubzer* erzählt davon(1):

"Seit Tagen kam immer wieder die Frage über seine Lippen: Quid ergo erit nobis? Regensburg soll verteidigt werden und so viele Verwundete in den Lazaretten und so viele Kranke und Kinder und Frauen in den Bunkern und Kellern! Werden amerikanische Bomberwellen den Widerstand brechen? Dann wird die Stadt noch das Los Würzburgs erleiden..."

Maier empfand Verantwortung

Weikl, der Biograph des Dompredigers, schreibt(2):

"Maier hatte schon seit Tagen die Dinge so kommen sehen. Auch er suchte nach einem geeigneten Unterhändler zwischen der Bevölkerung und den Parteiinstanzen. doch wo er anklopfte, zögerte man, wenn man seine Zumutungen nicht von vornherein ablehnte. So *kam er zu dem Schluß, selbst ans Werk zu gehen* und beherzte Teilnehmer für das Wagnis zu gewinnen... Was die Machthaber allein bewegen konnte, war seiner Meinung nach der erweisbare Volkswille. So oft hatte die Partei sich selber auf den Volkswillen berufen."

Maier und die Frauendemonstration

Am nächsten kam wohl das Gericht der Wahrheit, das 1948 am 1. Dr. Maier - Prozeß den Sachverhalt auf Grund vieler Zeugenaussagen untersucht hatte. Am Ende dieses Prozesses heißt es in der Urteilsbegründung(3):

Die Kundgebung war zwar von Dr. Maier in ihren Bestrebungen voll gebilligt und von der Hoffnung begleitet, sie möge ihr Ziel erreichen. Jedoch hat er nicht den Plan der Kundgebung gefaßt oder war sonst maßgebend an seiner Durchführung beteiligt.

Wenn, wie Frau Rathsam vertritt, Dr. Maier die Kundgebung um 18 Uhr veranlaßt hätte, so wäre beim Standgericht zumindest die Vermutung dafür vorgebracht worden. Das war aber nicht der Fall.

Ein bis zwei Stunden vor der für 18 Uhr angesetzten Kundgebung warb Maier bei einigen befreundeten Geistlichen für eine Beteiligung. Mit zweien von ihnen, darunter Domkapitular *Baldauf*, ging er dann selber zum Moltkeplatz. Auf dem Weg dorthin und während der Kundgebung hatte er wohl den Gedanken erwogen, zur Menge zu sprechen, hat aber bis zuletzt geschwankt, ob er es tun solle(4).

---

1) Deubzer in HABBEL
2) WEIKL 1963, 195
3) RÜTER 237f.
4) ÖFFTL. WIDERSTD., S. 6

Die Anwesenheit auffallend vieler Geistlicher, so außer *Maier* und *Baldauf* auch *Dr. Foerstl*, Stadtpfarrer Josef *Kraus*, Domkapitular *Dr. Deubzer*, Domvikar *Forster*, erklärt sich mit großer Wahrscheinlichkeit daher, daß sie vom Domprediger gebeten waren zu kommen. Der damalige Kooperator *Seitz*, ein Kurskollege Maiers, wurde z. B. am betreffenden Nachmittag von diesem von der Kundgebung verständigt, an der Chefarzt *Dr. Ritter* wegen der vielen Schwerverwundeten die Sache in die Hand nehmen soll. Er, Maier, meinte aber, Ritter sollte das lieber nicht tun, da er Frau und Kinder habe und die Gefahr zu groß wäre. "Ich meine, *ich werde die Sache in die Hand nehmen.*" Auf die Frage, ob der Bischof informiert sei, antwortete Maier, daß er das schon allein machen muß. Oben unternehme man nichts(1).

Maier handelte ohne Wissen des Bischofs. Wenn es anders gewesen wäre, hätte das der Regensburger Bischof später geäußert. Er ging schließlich auch ohne Wissen des Bischofs zum Galgen. Bischof Buchberger erfuhr erst drei Stunden danach, während seiner Messe um sechs Uhr, die schreckliche Tatsache(2).

Zusammenfassend läßt sich sagen: Als Dr. Maier von der Frauendemonstration erfuhr, unterstützte er sie, warb Teilnehmer und bereitete sich darauf vor, daß eventuell er für die Bürger der Stadt sprechen werde. Bis zuletzt war er aber nicht sicher, ob und wie das konkret ablaufen würde. Erst als die Stimmung während der Demonstration eskalierte und die Gefahr bestand, daß es zu Blutvergießen kommen würde, ergriff er das Wort, um zu beruhigen und für alle die *Bitte* an die Verantwortlichen vorzutragen. Sein Auftreten war also sowohl von ihm vorher erwogen und vorbereitet, als auch letzten Endes im eigentlichen Ablauf spontan gewesen.

In der Nachfolge Jesu

Auf mehrere Parallelen zum Karfreitagsgeschehen wurde bei der Schilderung der Fakten schon hingewiesen (S. 361). Maier hatte Ahnungen von dem Schrecklichen, das kommen würde und er dachte daran, daß man sich opfern sollte, wenn man dadurch die vielen retten könnte (S. 471). Er hatte sich vorbereitet. Er begab sich ganz und unbedingt in die Hand Gottes: "Wenn es so weit ist, gibt der Herrgott Kraft und Gnade." Es hätte auch sein können, daß der Richter des Kaisers Hitler ihn nicht zum Tod verurteilt hätte, denn der Richter wußte sehr wohl, daß hinter Maiers Tat keine kriminelle Gesinnung stand. Er wußte, daß der ihm zur Aburteilung Vorgeführte eigentlich nur das beste für alle gewollt hatte. Maier verteidigte sich konsequent und selbstbewußt: Ja, ich bin ein Jesuit! (d. h. ein Nachfolger Jesu!). Aber der Richter war nicht allein. Stärkere Gewalten als er wollten und verlangten den Tod. Und so wusch er seine Hände in Unschuld: Er habe nicht anders können, tat nur was er mußte, was man von ihm verlangte. Richter und Henker waren Ungläubige. Maiers Glaubensbrüder hatten Angst, ja sie schliefen wie die Jünger am Ölberg. Es folgten alle Stufen des Kreuzwegs: Die Einsamkeit und Verlassenheit, die Wegnahme seiner Priesterkleidung, die schimpflichste Art der Tötung, zwei weitere neben ihm, ein höhnisches Schild umgehängt. Und dann erinnert man sich an seine Antwort beim Standgericht auf die Frage, warum er das getan habe: "Ich *wollte den Leuten helfen*." Wieder einmal haben Menschen denjenigen besonders grausam gemordet, der ihnen überhaupt nichts Böses tun, der ihnen nur helfen wollte.

---

1) Freundl. Mitteilg. von Stadtpfarrer a. D. Th. Seitz
2) R80 S. 8

In dem von Maier verlassenen Arbeitszimmer lag neben dem Brevier auf dem Schreibtisch ein Buch mit dem Titel: *Golgatha*(1).

Bei "überirdischem" Geschehen ist es wohl meist so, daß man glauben kann, aber auch nicht. Im letzten Fall lassen sich rationale Erklärungen finden. Tiefenpsychologen würden womöglich an eine "unbewußt oder halbbewußt angesteuerte" Aufopferung in der Nachfolge Jesu denken, die ihn in seinen Gedanken bewegte und leitete.

War Dr. Maier ein Widerständler?

Ist es richtig, Maier zu den Widerständlern zu rechnen? Er wollte doch der Obrigkeit gehorchen, also keinen Widerstand leisten! Ein Artikel in der Regensburger Wochenzeitung ist überschrieben(2): "Sie waren Opfer und keine Helden".

Dem steht aber gerade seine Predigt am Tag zuvor entgegen, in der er sich zu dem Widerspruch zwischen Gehorsamspflicht gegenüber der Obrigkeit und dem was vor Gott ungerecht wäre, eindeutig geäußert hatte. Ihm war klar, daß eine simple Unterordnung unter die Befehle der Staatsgewalt in diesem Fall zu tausendfachem Sterben führen würde. Er wußte, daß hier das Gewissen, die Stimme Gottes, gefordert war, die höher stand und die ihm gebot: Du mußt da etwas tun! Er wußte, daß über aller irdischen Gewalt diejenige von Gott steht.

Ihm war auch bewußt, daß er mit seiner Beteiligung an der Kundgebung, mit deren Förderung und mit seiner geplanten Ansprache - als Wortführer der Menge - gegen Anordnungen der Obrigkeit verstieß. Er wußte auch, daß die Obrigkeit ihm sein Tun so streng verbot, daß sie eventuell mit dem Tod bestrafen könnte, er wußte um die Lebensgefahr. Dem widerspricht nicht, daß er dem Tod zu entgehen versuchte, indem er nur bat und nicht forderte. Diese Form war schon deswegen nötig, um überhaupt eine reale Chance für das Ziel, die kampflose Übergabe, zu haben. Freilich sah er selbst keinen Verstoß gegen die Gehorsamspflicht, wenn er *bitten* würde. Das aber hatte er nur mit seinem eigenen Gewissen ausgemacht. Er wußte, daß die Obrigkeit anderer Meinung sein könnte und dann auch war und daß er also *gegen sie handelte, d. h. Widerstand leistete*. Auch das Bedienungspersonal der NS-Obrigkeit hielt sein Verhalten für todeswürdigen Widerstand, für Wehrkraftzersetzung. Schon vorher hatten die NS-Gewaltigen den Domprediger für einen Widerständigen gehalten und seine Predigten überwachen lassen.

Unter allen in Frage kommenden Persönlichkeiten war der Domprediger schließlich der einzige, der sich in seinem Gewissen so sehr aufgerufen fühlte, daß er den Mut aufbrachte, für die Freigabe der Stadt sogar öffentlich einzutreten. Er tat es schließlich *spontan*, aber eben doch mit *vorheriger Überlegung* und obwohl er wußte, welche Gefahr für sein Leben damit verbunden war.

Ebenso wie der Bischof verfolgte natürlich der Domprediger das Schicksal der vielen verfolgten Priester. Wie sehr Maier sich mit diesen solidarisch fühlte und wie er ihr widerständiges Verhalten gegen die NS-Obrigkeit mit den

---

1) Helene Habbel in HABBEL; auch in R80 S. 32
2) Die Woche 1980, vom 24.4.

nachfolgenden Strafen keineswegs mißbilligte, mag der folgende Bericht seiner Freunde, der Geistlichen *Spieß* und *Seitz* illustrieren. Pfarrer Spießl wurde nach über fünfjähriger KZ-Haft in Sachsenhausen und Dachau am Donnerstag, 29.3.45 entlassen. Um Mitternacht vom Karfreitag auf den Karsamstag, 30./31.3. kam er in Regensburg an und meldete sich zuerst bei Seitz in St. Emmeram. Dr. Maier hatte bereits von der Heimkehr Spießls in die Freiheit erfahren gehabt und war begierig und freute sich, diesen vom NS so schwer gemaßregelten zu sehen. Er hatte Seitz wissen lassen, er soll mit Spießl gleich zu ihm kommen, er möchte die Entlassung feiern. Und so geschah es. Nach Mitternacht trafen sich vier alte Freunde (außer den genannten noch Domvikar *Karl M. Böhm*) in der Wohnung von Dr. Maiers und feierten zusammen bis zum anbrechenden Morgen, bis Maier seinen Pflichten im Dom nachkommen mußte. So erfuhr und wußte dieser aus erster Hand um die NS-Greuel in Dachau. Während ihres Beisammenseins in dieser Nacht sagte einmal Maier zu Spießl: "Du bist fünf Jahre unter dem Galgen spaziert und jetzt ist es vorbei". Weiter nach einer Pause: "Du, einer meiner Vorgänger als Domprediger ist in Regensburg aufgehängt worden". Womöglich hatte er dabei eine historische Begebenheit verwechselt(1). Oder er gehörte zu jenen Menschen, die manchmal Vorahnungen haben(2).

5. Josef Zirkl

herausgegriffen und hingerichtet

Aus seinem Lebensweg

In der Nacht nach der Frauendemonstration verurteilten verblendete Männer des Standgerichts einen Bürger der Stadt Regensburg zum Tod und kümmerten sich dabei um dessen Leben und Schuld so wenig, daß sie nicht einmal seinen Namen wußten. Sie sprachen ihn mit Zinkl an, schrieben ihn so in ihr Protokoll und so kam der Name anderntags auch in den Regensburger Kurier(3). Auch sein Alter wurde danach mit 63, anstatt mit 70 angegeben und erscheint immer wieder unrichtig.

Die NS-Gewaltigen zeigten wenig Interesse für einzelne Menschen. Umsomehr interessiert heute das Leben eines solchen Mannes und wie es zu seinem grausamen Tod gekommen ist.

Daß seine Heimat außerhalb der Stadt Regensburg gelegen war, in der sein Leben so furchtbar endete, wurde schon erwähnt. *Josef Zirkl* wurde als eines der ältesten unter 13 Geschwistern auf einem großen Bauernhof in Oberteuerding am 11.2.1875 geboren(4). Nach damaligem bayerischen Recht hatte er in der Gemeinde Teuerding (Landkreis Kelheim) das "Heimatrecht". Sein Vater *Franz Zirkl* betrieb den Hof zusammen mit seiner Ehefrau *Barbara, geb. Konrad*. Der Bub besuchte die Volksschule auf dem Land und erlernte, wie das damals weithin üblich war, keinen Beruf. Er sollte ja einmal den Hof führen. Schließlich erbte er - mit ca. 35 Jahren - den elterlichen Hof. Aber die

---

1) 1513 wurden Roritzer, Loy, Hörhammer und einige zwanzig andere in Regensburg enthauptet. Roritzer wurde am Dom bestattet und bis vor hundert Jahren war dort noch eine Gedenktafel
2) Freundl. Mitteilg. von Prälat Spieß
3) Regensburger Kurier 1945, vom 25.4. (letzte in Regensburg erschienene Nummer)
4) Quellen: Stadtarchiv Regensburg; Landesentschädigungsamt München; vor allem die freundlicherweise gegebenen Mitteilungen durch die Tochter, Frau Walburga Auburger

schwere Arbeit, die Gebundenheit an den Hof und an sein Dorf waren nicht seine Sache. Er wollte lieber frei sein, wollte lieber in die Stadt, die so viele anzog. Er unternahm damals schon Reisen, z. B. nach Lourdes, was für seine Zeit und für seine Verhältnisse ganz ungewöhnlich gewesen war. Als ihm jemand für den Hof eine große Summe Geldes anbot, verkaufte er. Mit dem Geld konnte er den Erbteil aller seiner Geschwister auszahlen und außerdem ungefähr 1911 ein Haus in der Stadt Regensburg kaufen, in der damaligen Ostendorfer-, späteren Horst-Wessel- heutigen Richard-Wagner-Straße. Es war ein relativ großes Haus mit mehreren Wohnungen und einem schönen Garten. Immer noch blieb dann von dem Erlös aus dem Hof ein Rest, den er bei der Sparkasse anlegte. Aus den Zinsen, den Mieteinnahmen und seinem Lohn als Hilfsarbeiter hoffte er auszukommen und hinfort nicht mehr auf dem Land, sondern in der Stadt leben zu können.

Den Ersten Weltkrieg machte er von Anfang bis zum Ende an der französichen Front mit. Leider ist darüber nichts Näheres bekannt, weil er wie viele der damaligen Soldaten nichts aus dem Krieg erzählt hat. Jedenfalls kehrte er mit Orden und ohne bleibende Verwundungen oder Krankheiten in die Heimat zurück und blieb bis zu seinem gewaltsamen Tod bei guter Gesundheit.

Erst mit 45 Jahren - 1920 - heiratete Zirkl die um zwanzig Jahre jüngere *Helene Holzer* aus der Großstadt Leipzig. In seiner "Familienpolitik" ahmte er ebenso wenig wie in seinem sonstigen Leben und Beruf seine Eltern und Vorfahren nach: Aus seiner Ehe ging nur ein einziges Kind hervor. Durch die Inflation 1923 verlor er sein ganzes Kapitalvermögen. Die Tätigkeit als Hilfsarbeiter war damit noch wichtiger geworden. Zuletzt arbeitete er dabei als Lagerarbeiter bei einer Großhandelsfirma am Güterbahnhof.

Zirkl ließ sich nicht unterkriegen. Mit Hilfe einer Hypothek errichtete er 1928 im Garten seines Hauses, wo vorher hölzerne Stallungen für Offiziere gewesen waren, ein Rückgebäude. Hierhin zog er mit Frau und Kind.

Aber dann kam der zweite Schlag. Wieder durchkreuzte die hohe Politik seine Pläne eines friedlichen Lebens. Die Weltwirtschaftskrise und die damit verbundene große Arbeitslosigkeit trafen auch ihn. 1929 verlor er seinen Arbeitsplatz. Nun mußte seine Frau den größten Teil des Lebensunterhaltes als Zugehfrau beschaffen. Er war nun schon über die Mitte der fünfzig und als später die Beschäftigungsverhältnisse wieder besser wurden, war er schon zu alt. Alles war anders gekommen, als er es sich einmal vorgestellt hatte. Daß er arbeitslos geworden war und die Frau Dienstarbeiten verrichten mußte, war nicht gut für die Ehe. Wahrscheinlich stimmten seine patriarchalischen Ehevorstellungen nicht mit den wirklichen Positionen überein. So kam es 1941 zur Scheidung in beiderseitigem Einverständnis. Er war damals 65 Jahre alt und wurde nun noch unzufriedener mit seinem Leben. Ein Trost war ihm schließlich die Arbeit im Garten.

Die politische Einstellung

Wie die meisten hatte sich Zirkl nicht viel um Politik gekümmert. Aber er war und blieb der Tradition und seiner katholischen Religion eng verbunden. Er ließ keinen Sonntagsgottesdienst aus und achtete auch darauf, daß sein Kind sich so verhielt. Dabei konnte er sehr streng werden. Die für ihn selbstverständliche Religiosität übertrug sich nicht so auf sein Privatleben, daß er besonders sanftmütig und fromm gewesen wäre. Er verhielt sich dabei so, wie man sich den Prototyp des Bayern im guten wie im bösen vorstellt.

Für seine religiöse Haltung mag das Testament kennzeichnend sein, das er 1939, also im ersten Kriegsjahr abfaßte. Dachte er an seinen Tod wegen der kriegerischen Zeitläufte? Er hätte das zu Recht getan; denn wirklich wurde er dann deren Opfer - allerdings nicht vom Feind, sondern von den eigenen Landsleuten ermordet. Im Testament ist wie in dem von Dr. Maier von heiligen Messen nach seinem Tode die Rede. Er bestimmte ausführlich, wieviele Reichsmark aus seinem Nachlaß für Seelenmessen für ihn und für seine Eltern ausgegeben werden sollen. Auch vermachte er seiner Heimatpfarrei und seiner Wohnpfarrei in Regensburg - freilich nur noch kleine - Geldbeträge. Weiter regelte er seine Bestattung und bestimmte, daß gleich bei seinem Tod drei heilige Messen für ihn gelesen werden sollten. Er konnte nicht ahnen, wie grausam und gar nicht seinem letzten Willen entsprechend sein Ende und seine Bestattung sein würden.

Man geht kaum fehl, wenn man seine religiös-konservative Haltung als das am meisten bestimmende Element für seine ablehnende Einstellung dem NS gegenüber annimmt. Diese Ablehnung hat sich durch die 12 Jahre der Hitlerherrschaft nie geändert. Er schimpfte auch in der Öffentlichkeit gegen Hitler, wobei seine Frau und gut meinende Freunde ihn oft warnten. Als es Zeit war, daß seine Tochter dem BdM (Bund deutscher Mädchen) beitreten sollte und auch schon zweimal dort mitgemacht hatte, verweigerte er seine Zustimmung und verbot der Tochter jede Beteiligung ganz energisch. Die Tochter mußte der BdM-Führerin sagen, daß ihr Vater ihr den Beitritt nicht erlaubte. Daraufhin die Führerin: Das werden wir schon regeln! Aber es konnte nicht geregelt werden.

An den vielen Tagen, an denen Beflaggung angeordnet war, hängte Zirkl an seinem Haus gelegentlich die schwarz-weiß-rote, aber nie die Hakenkreuzfahne heraus. Aufforderungen gegenüber blieb er standhaft.

Am 29.3.1936 fand eine "Wahl" zum Reichstag statt, bei der selbstverständlich nur eine einzige Partei zur Auswahl stand. Sie erhielt in Deutschland 98,7 %, in Regensburg 99,1 % der abgegebenen Stimmen. Gewählt hatten in Deutschland 98,4 %, in Regensburg 98,7 % der Berechtigten. Zur Feier dieses gewaltigen Sieges bat der Reichspropagandaminister *Dr. Goebbels* die gesamte deutsche Bevölkerung, gleich am Tag nach der Wahl zu beflaggen. In Regensburg wurde an diesem Montag geprüft, ob auch alle Bürger der Aufforderung gefolgt waren, d. h. es wurde festgestellt, welche Häuser nicht Flagge gezeigt hatten. Der Oberbürgermeister ließ die Hausnummern aufschreiben und die Kreisleitung dann beim Grundsteueramt die Eigentümer ermitteln, um sie vorzuladen. Eigenartigerweise wurden nur 4 zueinander benachbarte Straßen ermittelt, in denen solche unbeflaggten Häuser gefunden wurden. Insgesamt waren es 22 Häuser. Die zugehörigen, offenbar hoffnungslos verstockten Hausbesitzer machten Gottseidank nur 0,02 % der Einwohner Regensburgs aus. Unter ihnen befand sich auch der Eigentümer des Hauses Horst-Wessel-Straße 13, der Lagerhausarbeiter *Josef Zirkl*(1)! Ob die Absicht des Kreisleiters, sich die 22 vorzuladen, dann durchgeführt wurde, ist nicht bekannt. Jedenfalls wird durch dieses (nicht im Zusammenhang mit Zirkl zutage geförderte)(2) Schreiben des Grundsteueramtes die NS-Gegnerschaft Zirkls dokumentiert und auch, daß dieser bereits "parteibekannt" geworden war, lange vor der Frauendemonstration.

---

1) Schr. des Grundsteueramtes an die NSDAP vom 15.4.36. Im Stadtarchiv Regensburg Nr. ZR 10 450
2) Dr. Werner Chrobak fand des Schr. bei der Suche allgemein nach Material aus der NS-Zeit für sein Seminar an der Volkshochschule im Mai 83

Daß die Familie des Prokuristen *Bräu*, der zu vier Jahren Zuchthaus wegen Abhörens von Feindsendern verurteilt wurde (s. Kapitel Juden S. 201), früher in Zirkls Haus gewohnt hatte, wurde schon erwähnt.

Selbstverständlich hat Zirkl nie der Partei oder einer ihrer Gliederung angehört, obwohl er dadurch hätte eher wieder eine Arbeit finden können.

Seine Tochter erzählt: Bei öffentlichen Veranstaltungen, bei denen jedermann "Heil! Heil" mitschreien mußte, rief er oft, allerdings so, daß man es nur ungenau verstehen konnte: "Ajts Hai! Ajts Hai!", was von bayerisch auf deutsch übersetzt hieß: Altes Heu!, d. h. ein Schmarrn, ein Blödsinn!

Der folgende Auszug aus einem der üblichen Zuträgerberichte an die Gestapo, hier an die von Passau (erhalten geblieben beim Staatsarchiv Landshut(1)) zeigt, wie solche Abwandlungen des "Heil (Hitler)" gefährlich vermerkt wurden:

Am Sonntag, 15.10.33 betrat gegen 11 Uhr der Maurer S. die Gastwirtschaft ...und grüßte mit Heil Deutschland. "Der Bäckermeister M. sagte darauf zu S.: Es heißt nicht Heil Deutschland, sondern Heil Hitler! Daraufhin sagte S.: 'Heil!' Der Bäckermeister M. sagte dann, Du willst wohl nach Dachau?..." Es folgen weitere sehr verdächtige Äußerungen des Maurers, verbunden mit dem Antrag oder der Anregung, die Gestapo möge zwei genannte Zeugen gegen diesen vernehmen (um natürlich anschließend des Nötige zu veranlassen).

Josef Zirkl war durch alle zwölf Jahre ein NS-Gegner geblieben und sein Eintreten für die Stadtfreigabe war nicht eine spontane Unmutsäußerung bei Kriegsende gewesen. Ein lang angestauter Zorn hatte sich bei ihm entladen, ebenso wie schon bei *Igl*. Im 2. Dr. Maier-Prozeß sagten Zeugen aus, Zirkl habe sich "zu unbedachten Äußerungen hinreißen lassen."(2) Das "unbedacht" ist nicht ganz richtig; richtig ist, daß Zirkl längst Bedachtes während dieser Demonstration gegen den letzten Wahnsinn nicht mehr hatte zurückhalten können.

Zirkls Ende; der zweite Mord der Obrigkeit an jenem 23./24.4.1945

An dem schicksalsschweren Montag, 23.4., besuchte Zirkl um die Mittagszeit seine bereits erwachsene Tochter, teilte ihr mit, daß am späten Nachmittag eine Kundgebung für die Freigabe der Stadt sein werde und forderte sie auf, auch hinzugehen. Sie war aber nicht abkömmlich gewesen. Soviel sie sich erinnert, hatte ihr Vater gemeint, daß die Kundgebung von der Kirche veranstaltet werde.

Zirkl war dann - so um 18 Uhr - mit einem gerade eingekauften Laib Brot in der Demonstration, nahe beim Domprediger gestanden und soll unter denen gewesen sein, die die Polizisten zurückdrängen wollten, als sie Dr. Maier verhafteten, und die riefen: "Laßt den Domprediger frei!" Da wurde er ebenfalls, zusammen mit dem Fabrikarbeiter *Johann Hierl*, einem Elsässer, namens *Daubinet*, und einem verwundeten Soldaten, festgenommen.

Es folgte Vernehmung durch den Gestapobeamten *Ranner*. Als Zirkl danach

---
1) ROSMUS-WENNINGER 21; Fußn. 10, S. 168 oben
2) MZ 1949, vom 3.10.

das Vernehmungsprotokoll unterschreiben sollte, verweigerte er seine Unterschrift mit der Begründung, daß er seine Äußerungen nicht in der scharfen Form gemacht habe, wie hier niedergeschrieben(1).

Zirkl konnte wegen seines Alters schon schwer hören und deswegen der anschließenden Standgerichtsverhandlung nicht ganz folgen. Auf die Frage des Vorsitzenden *Schwarz* an "Zinkl", warum er zur Demonstration gekommen wäre, antwortete er ehrlich, daß er mit dem gleichen Ziel gekommen war, wie alle anderen auch, nämlich um eine kampflose Übergabe der Stadt zu erreichen und die Stadt vor der völligen Zerstörung zu bewahren. Er selber habe ein Haus und möchte nicht, daß dieses in Schutt und Asche falle. Dagegen stellten sich die anderen drei Angeklagten *Hierl*, *Daubinet* und *Bort* dumm und antworteten auf die gleiche Frage, daß sie ganz zufällig des Wegs und ohne eine bestimmte Absicht in die Demonstration gekommen wären(2). Darüber hinaus gab Zirkl angeblich zu, daß er sich bei den Sprechchören beteiligt und auf die Bonzen und die SS als Kriegsverlängerer geschimpft hätte. Im Polizeiprotokoll stand noch Schlimmeres: Zirkl habe geäußert, die Parteibonzen sollten mit *dem Krieg, der ihre Angelegenheit sei*, aufhören. Das *Kämpfen hilft nichts mehr*. Vielleicht wäre es anders gekommen, wenn die Bonzen an der Front so tüchtig gewesen wären, wie daheim mit dem Maul. Während der Verhandlung verteidigte er sich, daß das Polizeiprotokoll seine Beteiligung übertrieben dargestellt hätte. Auch wäre er zur Kundgebung gekommen, weil ihm gesagt worden war, der Kreisleiter werde sprechen.

Nach der Verhandlung wurden "nur" Dr. Maier und Zirkl zum Tod verurteilt.

> Die Angeklagten Dr. Maier und Zinkl haben öffentlich den Willen des deutschen Volkes (den es seit langem nicht mehr gab!) zur Selbstbehauptung zu lähmen versucht, Dr. Maier..., Zinkl als Teilnehmer mit dem Willen, daß die Kundgebung ihren Zweck erreiche".

Mit diesem Satz als zusammenfassende Begründung für das Todesurteil gab das Gericht zu, daß Zirkl das gleiche wollte, wie "die Kundgebung", also gar nicht hätte herausgegriffen und schon gar nicht zum Tode verurteilt hätte werden dürfen. Die anderen drei wurden freigesprochen, weil man ihr Sichdummstellen nicht widerlegen konnte. Wahrscheinlich hat Frau Rathsam recht, wenn sie vermutet, "daß mit Zirkl einer mitmußte, um den Domprediger bei diesen tausenden von Demonstranten nicht ganz isoliert herauszugreifen"(3)

Die Angeklagten erhielten keine Verteidiger, wurden nicht darauf hingewiesen, daß sie Entlastungszeugen benennen könnten. Vor der Hinrichtung erhielten Maier und Zirkl keinen geistlichen Beistand; selbstverständlich durften sie auch mit keinem Bekannten oder Familienangehörigen mehr sprechen, auch keine schriftliche Nachricht mehr hinterlassen. Die Tochter erfuhr erst am übernächsten Tag, daß ihr Vater gehängt wurde, erst als eine Freundin ihr auf der Straße das Beileid aussprechen wollte, erfuhr sie davon. Sie war aus allen Wolken gefallen. Sofort ging sie zur Wohnung des Vaters und fand sie verschlossen vor. Die Gestapo hatte ihm die Schlüssel weggenommen. Als die Amerikaner einmarschiert waren, holte die Tochter die Schlüssel bei der Polizeidirektion. Die Wohnung fand sie weitgehend verwüstet vor, alles durch-

---

1) z. B. in R80 S. 14
2) ÖFFTL. WIDERSTD. S. 19 und Hierls Aussage vor einem Auditorium der bischöfl. Kanzlei (WEIKL 1963 226)
3) R80 S. 23

einander geworfen und durchwühlt. Die Gestapo hatte nach belastendem Material gesucht, offenbar in der kurzen Zeit zwischen Vernehmung und Verhandlung am Abend des 23.4.

Ein Polizist erzählte der ehemaligen Ehefrau des Zirkl, daß er gesehen habe, wie Dr. Maier und Zirkl in einen Kellerraum der Polizeidirektion gebracht worden waren, in dem lange Tische standen. Dort seien beide erschlagen worden. Auf dem Moltkeplatz habe man dann die Leichen aufgehängt. An der Leiche Zirkls seien deutlich Striemen von den Schlägen zu erkennen gewesen. Auch Pater *Oberneder* von den Barmherzigen Brüdern schreibt(1):

"Wahrscheinlich wurde er (Maier) in der Nacht noch schwer mißhandelt und später, vermutlich schon tot, am Moltkeplatz aufgehängt".

Daß der Bischof diese Vermutung bei seiner Ansprache am 13.5.1945 auf Grund der Aussage der Geistlichen. die Dr. Maiers Leiche umgekleidet hatten, als unrichtig bezeichnete, wurde schon mitgeteilt(2). S. 361

Drei Gründe bestimmten Zirkls Verhalten:

1. Weil er die "NS-Bonzen" und das NS-System haßte,
2. weil er sich mit der Kirche und dem Domprediger verbunden fühlte und diesem helfen wollte,
3. weil er die Stadt und sein Eigentum nicht in Flammen aufgehen sehen wollte.

Von ganz den gleichen Gedanken und Einstellungen waren die allermeisten der hunderte oder tausende Teilnehmer erfüllt; irgend eine kriminelle Tat war dem Zirkl nicht nachzuweisen, wurde auch gar nicht behauptet. Er wurde *hingerichtet ausschließlich wegen seiner Gesinnung und weil er diese ehrlich geäußert hatte.*

6. Michael Lottner

Opfer der NS-Endzeithysterie

In der sechsten Nummer ihres ersten Jahrgangs gibt die Regensburger Lokalzeitung MZ(3) die Vorgänge, die zum Tod Lottners führten, nach dem Augenzeugenbericht einer Regensburger Frau S. so wieder(4):

"Als die Volksmenge bei der Kundgebung zwischen... Moltkeplatz und der Kreisleitung, an deren Gartentoren Maschinengewehre aufgestellt waren, hin- und herwogte, wurde plötzlich aus der Kreisleitung heraus geschossen. Verletzt wurde dabei niemand. Die Menschen wichen zurück. Jetzt stürzten aus der Kreisleitung Männer in Volkssturmuniform, verkappte

---

1) OBERNEDER 671
2) Daß Dr. Maier schon vor dem Erhängen tot gewesen war, widerspricht auch der Behauptung von Frau Bergmüller, sie habe ihn über den Platz rufen hören: "Ich sterbe für Regensburg!" (R80 S. 19)
3) MZ 1945, vom 9.11.
4) Bericht gezeichnet von J. W. H., das ist Johann Wolfgang Hammer

SS-Männer(1), heraus, packten wahllos aus der Volksmasse eine Anzahl Leute, Männer, Kinder, Frauen, darunter Frau S. (die berichtende Zeugin) und schleppten sie in die Kreisleitung. Die Verhafteten wurden die Stufen hinaufgestoßen. In einem großen Saal spielten sich turbulente Szenen ab. Eine Menge Weinflaschen und Gläser standen auf den Tischen ... Ein Volkssturm- bzw. SS-Mann fuchtelte mit einem Revolver herum und schrie einen in einer Ecke stehenden Zivilisten an: 'Sie halten Ihr Maul, Sie Schweinehund!' Der Angeschriene - es war *Michael Lottner* - wollte etwas erwidern. In diesem Augenblick schoß ihn der SS-Mann durch den Mund. Frau S. fiel bei dieser Szene in Ohnmacht. Als sie wieder zu sich kam, sah sie, daß sie dem Toten vor die Füße geworfen worden war. Ihre Hände und ihr Arm waren mit Blut beschmiert, Blut des ermordeten Lottner..."

Laut Sterbeurkunde(2) war Lottner am 23.4.45 um 18 Uhr "in der Martin-Luther-Straße verstorben." Um 18 Uhr war die Zeit gewesen, in der der Domprediger seine Ansprache halten wollte und dazu begonnen hatte.

Wer war der Mann, den man unter mehreren anderen aus der Volksmenge heraus verhaftet und dann erschossen hatte?

Aus dem Leben des Michael Lottner(3)

Michael Lottner wurde am 3.1.1899 in Katzdorf(4), damals Bezirksamt Neunburg v. W., geboren. Er war zweitältester unter 8 Geschwistern. Sein Vater, auch mit Namen Michael Lottner, und seine Mutter Anna, geb. Krämer, bewirtschafteten das Anwesen, das man den Lottnerhof heißt. Mindestens auch schon dem Großvater hatte der gleiche Bauernhof gehört.

Von den 8 Kindern verstarben zwei schon im ersten Monat: Margarete, geb. 1907, nach 5 Tagen, und Franz, geb. 1911, nach 15 Tagen. Die anderen kamen über diese allererste Zeit hinweg, die für viele Kinder damals eine kritische Zeit gewesen ist, mit mehr Infektionsgefahren und weniger ärztlicher Hilfe als heute. Sie wurden 61 (Theres), 73 (Anna), 74 (Johann) und über 80 (Barbara). Nur das Leben des Michael war durch den gewaltsamen Tod schon mit 46 Jahren zu Ende.

Der Vater war streng, wortkarg, respektiert. Er galt als ein angesehener Berater seiner Nachbarn, konnte Vieh behandeln und nicht nur Schweine, auch Rinder schlachten. Michael mußte früh in der Landwirtschaft mit anpacken, schon als kleiner Bub das Vieh hüten. Er besuchte dann die Volks- und die Feiertagsschule in Neunburg v. W., das vom Lottnerhof leicht zu Fuß zu erreichen war.

Obwohl er bei Beginn des Ersten Weltkrieges erst 14 Jahre alt war, mußte er noch ca. zwei Jahre lang an die französische Front. Auch sein um über ein Jahr jüngerer Bruder wurde noch Kriegsteilnehmer. Drei Lottnerbrüder waren Soldaten des Ersten Weltkriegs. An Michael Lottner wurde das EK 2. Kl.,

---

1) Viele vermuteten, daß es sich um verkleidete SS-Männer gehandelt hätte
2) Eine Kopie ist im Stadtarchiv
3) Quellen: Stadtarchiv; Familienbogen; Auskunft Stadt Neunburg v. W.; vor allem die freundlichen Mitteilungen vom Neffen, Herrn Alfred Lottner, Katzdorf (Neunburg v. W.) und von der Schwester, Frau Barbara Eckl
4) jetzt eingemeindet zu Neunburg v. W.

das Militärverdienstkreuz 3. Kl. und das Frontkämpfer-Ehrenzeichen verliehen. Aber der eigentliche Dank des Vaterlandes kam erst in der Hitlerzeit, als treue Gefolgsleute des Führers den alten Frontkämpfer niederschießen.

Nach dem Krieg besuchte Lottner zunächst die Polizeischule in Fürstenfeldbruck und kam dann gleich zur Gendarmerie, zuletzt in Regenstauf und in Leuchtenberg. Während seiner Dienstzeit in dem letzteren Ort erlitt er ungefähr 1934 einen Motorradunfall mit Schädelbruch und einmal wurde er als Polizist von Verbrechern niedergeschlagen. Seither mußte er den Kopf besonders schützen. Bei der Festnahme an jenem 23.4.45 soll er gleich zu Anfang mit Fäusten auf den Kopf geschlagen worden sein(1).

Am 19.10.1927 heiratete er in Heilinghausen eine *Amalie Wittmann*. Sie stammte so wie er aus einer kinderreichen Familie mit 10 oder 11 Kindern. Ihr Vater wurde 102 oder 103 Jahre alt. Vielleicht hatten sie beide die große Geschwisterzahl, oder vielmehr das entbehrungsreiche Leben der Eltern in abschreckender Erinnerung, sodaß sie selber dann gar keine Kinder mehr hatten. Natürlich konnte es dafür aber auch andere Gründe gegeben haben.

Im September 1935, also mit 36 Jahren, zog er von Leuchtenberg nach Regensburg. Soviel bekannt, wurde er zur gleichen Zeit bereits invalidisiert. Wahrscheinlich mußte er seinen Dienst wegen seiner Kopfverletzungen quittieren. Er schied als Hauptwachtmeister aus. Im vorzeitigen Ruhestand war er dann in Regensburg als "Bezirksvertreter" für eine Versicherung tätig.

Einer seiner Schulkameraden erzählte dem Neffen, daß Michael Lottner alles andere als ein Rebell gewesen war. Er hatte im Gegenteil - unter so vielen Geschwistern - sehr früh gelernt, sich sozial zu verhalten, d. h. sich anzupassen. Allerdings hatte er einen ausgesprochenen Sinn für Gerechtigkeit und konnte sehr sensibel dafür sein. Herr *Josef Karlbauer*, früher langjähriger Prokurist bei der MZ, kannte Lottner sehr gut. Er schildert ihn - ebenso wie das Lottners Schwester, Frau *Barbara Eckl* tat - als einen besonders ruhigen, besonnenen Mann. Er war während der Unruhen vor der Kreisleitung sicher nicht aggressiv geworden.

Über seine *politische Einstellung* ist nur bekannt, daß er es gewagt hatte, auch als noch aktiver Polizeibeamter, sowohl der Partei, als auch ihren Gliederungen fernzubleiben. Das hielt er durch alle zwölf Jahre durch. Für einen Beamten bedeutete das nicht etwa nur eine neutrale, sondern eine gegnerische Haltung dem NS gegenüber.

Der Mord in der Kreisleitung(2)

Als zuverlässigste Quelle für den Hergang beim Tod des Bezirksinspektors bzw. Gendarmerie-Hauptwachtmeisters a. D. *Michael Lottner* am 23.4.1945 stehen die Akten des "Lottner-Prozesses von 1948" zur Verfügung(3), in dem zahlreiche Zeugenaussagen zur Ermittlung des Tathergangs verwendet wurden. Die eingangs zitierte Aussage der Frau S. braucht aber nur noch ge-

---

1) R 80, S. 14. Die Ehefrau Amalie Lottner (gest. 1958) hatte dies Frau Rathsam mitgeteilt.
2) Quellen: Berichterstattung über den "Lottnerprozeß" MZ 1948, 15.6 - 6.7. und Urteilsbegründung in RÜTER Bd. II 769 - 784
3) Im Staatsarchiv Amberg unter dem Stichwort "Hans Hoffmann", dem Hauptangeklagten. Hier wurden nur die vorher genannten Quellen ausgewertet

ringfügig ergänzt zu werden, da die vielen Einzelheiten kaum interessieren.

Während der Kundgebung am 23.4. gab der NS-Kreisleiter *Weigert* den im Gebäude der Kreisleitung anwesenden Volkssturmmännern und Hitlerjungen den Befehl, die Straßen zu räumen. Einige Hitlerjungen und auch der Kreisamtsleiter der NSV *Hans Hoffmann* (s. u.) gaben Warnschüsse in die Luft, die aber nichts nützten. Nun gingen die Volkssturmmänner – in der Hauptsache eine Gruppe aus Coburg, die im Gebäude der NSV neben der Kreisleitung einquartiert war – gegen die Demonstranten rücksichtslos vor. Wahrscheinlich handelten sie auch unter Alkoholeinfluß, denn in der Kreisleitung standen eine Menge Schnapsflaschen und Gläser herum.

In dem entstandenen Gedränge erhielt einer der Volkssturmmänner einen Stich in den Hals, einem anderen wurde sogar ein Auge ausgestochen. Nun richtete sich die Wut auf die inzwischen oder kurz nachher festgenommenen Männer und Frauen – etwa ein Dutzend – die man in das Gebäude der Kreisleitung gezerrt und gestoßen hatte. Sie wurden geschlagen und mit Fußtritten bearbeitet – einer wurde niedergeschossen. Beim späteren Prozeß sagte eine der Frauen aus, ihr habe man eine Pistole an die Schläfe gehalten, eine andere, ihr wurde eine Pistole vor das Gesicht und dann an den Nacken angesetzt. Kurz nach der Tötung Lottners wurde ein Mann gebracht, der so geschlagen worden war, daß er am Boden liegen blieb.

Die 1948 angeklagten NS-Leute verteidigten sich damit, sie hätten damals geglaubt, der verhaftete Lottner – der auch mit Schlägen und Fußtritten bearbeitet worden war, – wollte sich wehren, bzw. fliehen (Lottner hatte sich auch mit Händen und Füßen gewehrt). Deswegen zogen sie (der genannte *Hoffmann* und der HJ-Bannführer *Rupert Müller*) ihre Pistolen und schossen Lottner nieder. Die Leiche blieb im Sitzungssaal in einer Ecke liegen, bis sie am nächsten Morgen vom Leichenauto abgeholt und auf Veranlassung von Weigert und Hoffmann neben die gehängten Dr. Maier und Zirkl gelegt wurde. Wenn Lottner deswegen erschossen wurde, weil, wie Angeklagte auch vorbrachten, dieser für schuldig als Messerstecher angesehen und deswegen in die Kreisleitung gebracht worden war, so konnte dazu das Gericht 1948 zweifelsfrei feststellen, daß es nicht Lottner gewesen war, der gestochen hatte.

Die turbulenten Vorgänge sind aus der Stimmung der NS-Machthaber kurz vor dem Ende zu verstehen, die begreiflicherweise für sich und die vielen, die von diesem System gelebt hatten, eine Welt zusammenbrechen sahen. Tausende fürchteten nun Schlimmes auf sich zukommen. Sie reagierten mit verzweifeltem Umsichschlagen und scheuten dabei auch vor Morden nicht zurück; denn vielleicht, so glaubten sie, kommen sie morgen schon selber dran. Goebbels hatte ihnen in der Sonntagszeitung "Das Reich" die Folgen einer Niederlage in den furchtbarsten Prophezeihungen ausgemalt, mit Kastration der deutschen Männer und dergleichen. Er selbst hatte sich ja mitsamt Frau und Kindern mit Gas vergiftet. Die relativ dazu kleinen Gefolgsleute suchten sich durch Imponiergehabe gegenseitig noch zu stärken und Siegeszuversicht vorzutäuschen, durch laute Sprüche von ewiger Treue zum Führer, durch Trinkgelage wie in der Regensburger Kreisleitung, durch besonders forsches Vorgehen gegen die eigene Bevölkerung.

Zur bereits angesprochenen Frage, ob die in der Endzeitphase Getöteten Helden, bescheidener, ob sie Widerständler oder Opfer waren, *scheint* man im Fall Lottner sagen zu können, daß er, anders als Maier und Zirkl, weniger Widerständler als einfach *Opfer der NS-Endzeithysterie* gewesen war.

Abb. 24 Dr. Johann Meier. Aus der Zeit kurz vor seinem Opfergang

Abb. 26 Michael Lottner

Abb. 25 Josef Zirkl

Aber sicher ist das nicht. Laut Aussagen von Zeugen, die aber anscheinend nicht während des späteren Prozesses vorgebracht wurden, soll Lottner einen der Polizisten geohrfeigt haben, die Dr. Maier verhafteten(1). Nach einer vermutlich zuverlässigeren Behauptung(2) soll es Lottner gewesen sein, der gerufen hatte: "Laßt doch den Domprediger frei! Ihr wißt ja nicht, was er sagen wollte!" Der Standplatz Maiers war etwa 60 m von der Kreisleitung entfernt. Die Zeugen, die dort standen, erzählen nichts von Ausschreitungen, Messerstechereien oder dergleichen, sondern nur, daß die Menge immer wieder in Sprechchören gerufen habe. Dem Bericht des Domkapitulars *Dr. Martin Deubzer*, den dieser in knapp einem Jahr Zeitabstand in einer kleinen Dr. Maier-Gedenkschrift veröffentlichte, muß man wohl Gewicht beimessen. Und Deubzer berichtet ohne Fragezeichen, daß Lottner mit dem besagten Zwischenruf für die Befreiung Maiers aktiv geworden war, demnach doch gegen die Staats-(NS-)Gewalt Widerstand zu leisten suchte.

Die Stadt hat außer der Dr. Johann-Maier-Straße zwei weitere kleinere Straßen im Westen Regensburgs nach den Toten der Frauendemonstration, nach Zirkl und Lottner, benannt.

Wie es im Fall *Igl* NS-Leute von auswärts waren, aus dem bereits von den Amerikanern besetzten Nürnberg, die ihr tödliches Handwerk ausübten, so waren es auch bei Lottner wieder Auswärtige, diesmal besonders NS-treue Volkssturmleute aus Coburg, die bei dem letzten Mord entscheidend mitwirkten. Der Todesschütze *Hans Hoffmann*, geboren 1898 in München, kam schon 1923 zur NS-Partei, wurde 1926 Ortsgruppenleiter von Forchheim und 1933 Bürgermeister dieser Stadt. Auf eine Anzeige der Kreisleitung wurde er 1937 wegen Untreue zu 1 Jahr Gefängnis verurteilt, konnte aber trotzdem wenige Jahre später NSV-Kreisamtsleiter in Coburg werden und 1942 das gleiche Amt in Regensburg übernehmen. Er befand sich wahrscheinlich in besonders gehobener Stimmung, als er zuletzt in der Regensburger Kreisleitung wieder mit seinen Freunden aus Coburg beisammen war. Das Gericht nach dem Krieg kam zu dem Urteil, daß Hoffmann es war, der den tödlichen Schuß abgegeben hatte.

So wie die NS-Partei als "Bewegung" mit grundsätzlich gewalttätiger Welt- und Lebensanschauung begonnen hatte, mit dem Hitlerputsch 1923, mit zahllosen politischen Morden vor 33, so fuhr sie mit ständig steigender Brutalität fort, als sie an die Macht gekommen war, mit zahllosen Morden in den KZ, mit hundert vom Führer befohlenen Sofort-Exekutionen innerhalb von zwei Tagen bei der Röhmaffäre, mit der Entfesselung eines zweiten Weltkrieges, und so endete die Partei in ihren allerletzten Tagen mit Morden an wehrlosen eigenen Landsleuten.

---

1) KLASSE 11b, S. 21/22
2) Deubzer in HABBEL 1946; später wohl von daher in TA 1965 Stadtanzeiger vom 24./25.4.; in Regensburger Bistumsblatt 1965, vom 25.4. und in R80 S. 14

XIII. NICHT VERSUCHTE UND VERSUCHTE GERECHTIGKEIT

DREI PROZESSE NACH DEM KRIEG

1. Nicht versuchte Gerechtigkeit

Ist es schon allgemein schwierig oder unmöglich, "angemessene" Strafen zu finden, weil es sich weder bei Strafen noch bei Schuld um vergleichbare Größen handelt, so wird das bei Strafe oder Sühne für NS-Täter noch viel problematischer. Bei NS-Straftätern wird ohnehin der eine Strafgrund, die Abschreckung, ziemlich sinnlos. NS-Verbrecher vollführten ihre Taten in einem Unrechtsstaat, in dem ihnen die Obrigkeit recht gab, den Rücken stärkte, wenn nicht gar ihnen die Tat befahl. Abschreckung hätte vielleicht Sinn, wenn wieder ein ähnlicher Staat in Sicht wäre. Zu dessen Verhütung sind aber andere Mittel, sind Politik nötig, ebenso wie Erziehung und Verbreitung der abschreckenden Wahrheit über die damalige Zeit.

Problematisch erwies sich auch, Nachkriegsjustiz von der gleichen sozialen Gruppe, den Juristen, zu erwarten, die vorher selber dem NS-Staat gedient hatten.

Wie schwierig ein halbwegs gerechtes Vorgehen schon für die mehr oder weniger sich befreit fühlende Nachkriegsbevölkerung (Nichtjuristen) gewesen war, die das Gesetz zur Befreiung von Nationalsozialismus und Militarismus durchführen sollte, oder ansonsten zur Wiedergutmachung aufgerufen war, zeigen die hier gebrachten Beispiele von *Krug* und *Igl*. Der Witwe des im KZ umgekommenen Widerständlers Krug wurde zunächst einmal die Pension entzogen: Als Sühne dafür, daß ihr Mann 1935 Parteimitglied werden mußte. Die Witwe des hingerichteten Igl mußte zunächst von Wohlfahrtsunterstützung leben. Es waren wieder pflichteifrige, buchstabengetreue Erfüller am Werk; wenn es sich nicht gar um bewußte Saboteure an der Gerechtigkeit gehandelt hat.

Auf der anderen Seite wurde gegen NS-Mörder überhaupt nie ermittelt. Nach den Schuldigen am Tod von *Bollwein, Kellner, Massinger, Schindler, Herzog, Eibl, Zauber* und *Haas* wurde, soviel hier bekannt ist, überhaupt nie gefragt. Die deutsche Justiz ermittelte z. B. nicht, warum man den nach der KZ-Behandlung todkranken *Massinger* im Nürnberger Gefängnis nicht in ein Krankenhaus gab, sondern sterben ließ. Sie fragte nicht danach, wer den Invaliden *Haas* ermordet hatte. Die Schuldigen am Tod der in Flossenbürg, Auschwitz, Belzec, Sobibor und Dachau ums Leben gekommenen Regensburger wurden möglicherweise wegen dieser oder anderer Verbrechen von Alliierten belangt. Aber auch keiner der Juristen, die *Bollwein* und *Kellner* zum Tod verurteilten, wurde je von einem deutschen Gericht in der Bundesrepublik bestraft. Die Zentrale Stelle der Landesjustizverwaltungen (zur Aufklärung von NS-Verbrechen) in Ludwigsburg, die wohl am besten informiert ist, kennt keinen einzigen Fall, in dem ein Angehöriger des VGH oder eines Sg von der deutschen Nachkriegsjustiz verurteilt worden wäre. "Trotz eingehender Nachforschungen ist es nicht gelungen, eine solche Verurteilung festzustellen"(1). Sofern ein alliiertes Gericht kurz nach dem Krieg einen Mitwirkenden am VGH oder an einem Sg abgeurteilt hatte, wird dieses Urteil von deutschen Gerichten nicht anerkannt und der Abgeurteilte gilt als nicht vorbestraft.

---
1) Schr. des Leiters dieser Stelle, Dr. Rückerl, an den Verfasser, vom 10.1.83

Auch für Fälle, wie dem des *Krug*, der im KZ starb, weil er dort nicht das für ihn lebensnotwendige Insulin bekam, wurde von deutschen Gerichten nie eine gerechte Sühne versucht. Vielleicht unterließ man Ermittlungen, weil im Dachauprozeß der Amerikaner schon SS-Leute des KZ verurteilt worden waren?

Im Jahre 1948 kam es in Regensburg zum "Synagogenbrandprozeß". Er befaßte sich mit der Niederbrennung des jüdischen Gotteshauses am 9./10.11.1938 und nicht mit den in diesem Buch behandelten Fällen von umgebrachten NS-Gegnern. Die Angeklagten waren der damalige Oberbürgermeister *Dr. Otto Schottenheim*, Kreisleiter *Weigert, Friedrich Schmidbauer* und *Dr. Julius Graefe*(1).

Von den Ermittlungsverfahren gegen die Schuldigen am Tod des *Igl*, die alle erst gar nicht zu einer Strafverfolgung führten, wurde schon S. 262 - 271 berichtet.

Wegen Regensburger NS-Opfern kam es schließlich, und zwar *ausschließlich* in den Fällen von *Dr. Maier, Zirkl* und *Lottner* zu Strafverfahren. Bei der größeren Zahl der anderen hatte niemand so laut nach Sühne gerufen. Diese anderen waren nur den nächsten Angehörigen in Erinnerung geblieben. Die Regensburger Bevölkerung und die Justiz haben sie vergessen.

2. Der erste Dr. Maier-Prozeß 26.1. - 19.2.1948 (2)

Es vergingen nahezu drei Jahre nach der Tat und nach dem Krieg, bis man wenigstens über die Schuldigen am Tod der letzten drei, der mehr bekannt gewordenen NS-Opfer, zu Gericht saß. Und daß es überhaupt dazu kam, war nicht einfach gewesen. "Die Einleitung des Prozesses wurde lange verschleppt. Erst durch Versetzung eines Staatsanwaltes von Regensburg konnte im Sommer 1947 der neue Oberstaatsanwalt ernsthafte Vorbereitungen für den Prozeß beginnen"(3). Sieben Richter des LG Regensburg lehnten ab, weil sie sich für befangen erklärten(4), d. h. weil sie nicht gegen bisherige Kollegen verhandeln wollten. Sie kannten ja die Schuldigen sehr gut, und zwar als anständige, unbescholtene, vaterländisch gesinnte Männer. Der Vorsitzende des Standgerichts, Landgerichtsdirektor *Schwarz* war Beinamputierter aus dem Ersten Weltkrieg. Er sagte später, daß er Angst für sich und seine Familie gehabt hätte, wenn er nicht zum Tod verurteilt hätte, Angst vor dem Gauleiter Ruckdeschel.

Wegen dieser Befangenheitserklärungen übertrug das OLG Nürnberg die Sache dem *LG Weiden*, das aber dann *in Regensburg* tagte.

Acht Angeklagte, die uns schon von der Schilderung des Sachverhalts her bekannt sind, standen vor dem Richter: *Ruckdeschel, Weigert, Schwarz, Gebert, Pointner, Then, Hennicke* und der ehemalige Regierungspräsident *Gerhard Bommel*. Es fehlte der damalige Gestapochef *Sowa*. Er war CS-Staats-

---
1) MZ 1948, vom 20.2.
2) Quellen: Berichterstattung in der MZ 1948, 27.1. - 27.2. Urteilsbegründung in RÜTER Bd. II, 235 - 346
3) MZ 1948, vom 27.1.
4) RÜTER 267

angehöriger und nach dem Krieg an die CSR ausgeliefert worden. Er soll dort wegen anderer ihm vorgeworfener Delikte hingerichtet worden sein(1).

Mindestens 78 Zeugen waren geladen. Die Anklage lautete auf Mord, bzw. Beihilfe zum Mord an Dr. Maier und Zirkl. Im Gegensatz zu ihrem eigenen Vorgehen damals, bei dem sie keinen einzigen Verteidiger zugelassen hatten, boten die Angeklagten diesesmal sieben Verteidiger auf und ebenso gegensätzlich wurden ihnen Milderungsgründe zugebilligt. Damals hatten sie die Angeklagten, darunter den 70-jährigen Zirkl, während der ganzen Verhandlung, 4 bis 5 Stunden lang, im Gerichtssaal stehen lassen, jetzt durften sie selber bequem sitzen und in den Pausen Zigaretten rauchen.

Der Staatsanwalt *beantragte* für Ruckdeschel und Schwarz die Todesstrafe, für Then 12 Jahre, Hennicke 10 Jahre, Gebert und Pointner je 7 Jahre, Weigert 5 Jahre Zuchthaus, für Bommel Freispruch.

Im wesentlichen hatte das LG Weiden darüber zu befinden, ob die Mitwirkenden beim Standgericht *gemäß den damaligen NS-Gesetzen* "rechtens" gehandelt hatten, oder *darüber hinaus* Unrecht taten. Die wichtige Frage, ob die Gesetze des NS-Staates als legal betrachtet werden müssen, bejahte das LG Weiden, ebenso wie das überhaupt die Nachkriegsjustiz in der Bundesrepublik tat. Für diese Auffassung ist entscheidend, ob Hitler legal regierte, d. h., ob das Ermächtigungsgesetz verfassungsgemäß zustande gekommen war. Eben dies läßt sich aber bestreiten. Abgesehen davon, daß das Ermächtigungsgesetz nur für vier Jahre gegolten hatte, also schon deswegen die danach erlassenen Gesetze fragwürdig sind, war das Gesetz auch unter Vorspiegelung falscher Absichten und nach nicht ehrlich gemeinten Versprechungen erschwindelt worden(2). Ebenso wie eine Ehe ungültig ist, wenn bei ihrem Zustandekommen wesentliche Dinge verschwiegen wurden, so war auch das Ermächtigungsgesetz nicht legal vom getäuschten Reichstag gebilligt worden. Außerdem waren Abgeordnete mit Gewalt von der Abstimmung ferngehalten worden und andere mußten unter massiver Bedrohung durch bewaffnete Hitlergarden abstimmen. Es ist mehr als fraglich, ob das Ermächtigungsgesetz legal zustande kam und ob damit die nachfolgenden Gesetze legal waren. Jedenfalls mußte aber die Befolgung solcher Gesetze später strafbar sein, wenn dadurch gegen allgemeine Menschenrechte und gegen das Naturrecht verstoßen wurde.

Natürlich war mit der dem NS entgegenkommenden Auffassung von der Legalität für die Angeklagten von vornherein viel gewonnen. Nun kam allerdings das LG Weiden zu dem Verhandlungsergebnis, daß die Angeklagten noch schlimmer vorgegangen waren, als es sogar die NS-Obrigkeit vorgesehen gehabt hatte. Und nur für den darüber hinausgehenden Teil ihrer Handlungsweise erhielten mit Urteil vom 19.2.1948:

Ruckdeschel	8 Jahre	Zuchthaus
Schwarz	5 1/2 Jahre	Zuchthaus
Then	4 Jahre	Zuchthaus
Weigert	1 1/2 Jahre	Zuchthaus

---

1) RÜTER 260
2) Für das Ztr. erklärte z. B. Kaas ausdrücklich: "In der Voraussetzung, daß diese von Ihnen abgegebenen Erklärungen die ... Richtlinie für die ... Gesetzgebungsarbeit sein werden, gibt die Ztr.-partei dem Ermächtigungsgesetz ihre Zustimmung."

Gebert und *Pointner* wurden freigesprochen, weil sie mangels juristischer Kenntnisse die Fehler in der Beweisführung nicht erkennen konnten. Auch *Hennicke* wurde freigesprochen, weil er, drastisch gesprochen, nicht gewußt hatte, was er tat. *Bommel* wurde mangels Beweisen freigesprochen.

Für *Schwarz* wurde 1 Jahr, für *Then* 1/2 Jahr Internierungshaft angerechnet. Außerdem wurde für sämtliche Angeklagte die Zeit der Untersuchungshaft angerechnet. *Schwarz* befand sich bereits seit 27.4.45, also seit dem Tag des Einmarsches der Amerikaner, in zuerst amerikanischer, dann deutscher Haft. Er hatte also zur Zeit des Urteilsspruches bereits die Hälfte seiner Strafe abgesessen. Dazu muß man wissen, daß die Internierungshaft nach dem Krieg nicht etwa mit einer NS-Haft zu vergleichen war, daß dabei vielmehr wesentlich humanere Bedingungen bestanden(1).

Aus der *Urteilsbegründung:* Auch nach den damaligen Gesetzen wäre für Dr. Maier und Zirkl nicht die Todesstrafe zu verhängen gewesen. Die beiden waren nicht in höherem Maß verantwortlich gewesen, als jeder andere Kundgebungsteilnehmer. Ihre Tat stellte höchstens einen "minder schweren Fall" laut der Kriegs-Sonderstrafrechts-Verordnung dar, der mit einer Haft-, aber nicht mit der Todesstrafe zu ahnden gewesen wäre. *Schwarz* und *Then* wären verpflichtet gewesen, zur Gnadenfrage Stellung zu nehmen.

Ruckdeschel hatte zuerst die Hinrichtung ohne vorheriges Standgericht gefordert und hatte dann die Todesurteile bestätigt, ohne sie zu überprüfen. Für *Then* war als strafmildernd berücksichtigt, daß er als Ankläger weisungsgebunden war. *Weigert* hatte den Erhängungsbefehl Ruckdeschels weitergeleitet und befürwortet. Das Standgericht (Schwarz und die Beisitzer) wäre verpflichtet gewesen, sein Urteil schriftlich zu begründen. Ruckdeschel hätte das Urteil nicht ohne diese Begründung bestätigen dürfen.

Die Fortsetzung in der gleichen Strafsache folgt nach dem zunächst einzuschiebenden, zwischenzeitlich stattgefundenen "Lottnerprozeß".

3. Der Lottnerprozeß 15.6. - 3.7.1948 (2)

Knapp ein halbes Jahr nach dem Dr. Maier- folgte der Lottnerprozeß, dieser nun doch vor dem LG Regensburg. Angeklagt waren *Hans Hoffmann* und *Karl Beyschlag*. Gegen den ebenfalls dringend verdächtigen HJ-Bannführer *Rupert Müller* konnte nicht ermittelt werden, da man seiner nicht habhaft geworden war.

Die Angeklagten erfreuten sich bis zum Herbst 1947 der Freiheit und konnten mit Umsicht alles für den Prozeß vorbereiten. Hoffmann und Beyschlag widerriefen ihre früheren Aussagen und stimmten sich nun aufeinander ab. Sie schoben möglichst alles auf den nicht aufgefundenen Müller ab.

Trotzdem lautete das Urteil gegen *Hoffmann* auf 10 Jahre Zuchthaus, nicht wegen Mordes, sondern wegen Totschlags. *Beyschlag* wurde freigesprochen.

---

1) Im Internierungslager Regensburg war monatl. Besuch durch Angehörige erlaubt. Pakete konnten geschickt werden. Eine Frau aus Landsberg/Lech erzählte, daß sie ihrem Mann (allg. SS; bis 47 im Lager) sogar einen Weihnachtsbaum sandte, der ankam. Die Bedingungen wurden im Lauf der Monate leichter.
2) Quellen wie Fußn. 2 u. 3, S. 383

Begründung: Es ist erwiesen, daß *Hoffmann* den Lottner verhaftet hatte, daß aber Lottner nicht der Messerstecher gewesen war, daß Lottner in der Kreisleitung schwer mißhandelt wurde und daß Hoffmann den Todesschuß auf Lottner nicht in Notwehr abgegeben hatte. *Beyschlag* wurde mangels Beweisen freigesprochen. Er wurde übrigens durch den Assessor *Hermann Höcherl* verteidigt, den späteren Bundesminister (CSU).

Hoffmann und auch der Oberstaatsanwalt legten Berufung gegen das Urteil ein. Das OLG Nürnberg verwarf aber am 4.1.49 die Revision. Damit wurde die Strafe für Hoffmann rechtskräftig.

4. Der zweite Dr. Maier-Prozeß 28.9. - 4.10.1949 (1)

Alle Betroffenen, auch der Staatsanwalt, hatten nach dem ersten Dr. Maier-Prozeß Berufung eingelegt. Der Strafsenat des OLG Nürnberg verwarf am 2.11.48 die Berufungen von *Ruckdeschel, Schwarz* und *Weigert*. Damit wurden die Urteile gegen diese drei rechtskräftig. Ruckdeschel kam in das Straubinger, Weigert in das Amberger Zuchthaus. Am 24.9.52 wurde Ruckdeschel amnestiert und aus der Haft entlassen. 1954 war er schon wieder Direktor beim VW-Zweigbetrieb Hannover(2).

Da nun auch Landgerichtsdirektor *Schwarz* den Rest der gegen ihn verhängten Strafe verbüßen mußte, wäre falsch, wenn jemand behaupten würde, daß kein einziger Jurist von einem Nachkriegs-Gericht der BRD wegen NS-Verbrechen verurteilt worden wäre. Richtig ist, daß kein einziger der vielen (mindestens 280(3)) Juristen *beim VGH* und der noch zahlreicheren *bei den anderen Sondergerichten* jemals von der bundesdeutschen Nachkriegsjustiz belangt, geschweige denn verurteilt wurde(4). Dagegen sind sehr wohl gegen Mitwirkende an *Standgerichts*urteilen, auch an Juristen, so wie gegen Schwarz, nach 1945 Strafurteile ergangen.

Anders als in den genannten drei Fällen gab das OLG Nürnberg der Berufung in den Fällen *Then, Hennicke* und *Pointner (Gebert* war inzwischen verstorben) nach und verwies deren Strafsachen zur erneuten Verhandlung an das Schwurgericht Amberg.

In Bayern war nämlich inzwischen - durch Verordnung vom 14.7.1948(5) die Schwurgerichtsbarkeit eingeführt worden, nach der in Fällen schwerster Kriminalität am Ende der Gerichtsverhandlung anstatt der Juristen allein zwölf Geschworene über Schuld oder Unschuld entscheiden. Letztere werden von den Gemeinden aus der ortsansässigen Bevölkerung ausgewählt. Ihre Namen werden zu jedermanns Einsicht in Listen eine Woche lang öffentlich ausgelegt.

So wurde also vor dem Schwurgericht Amberg nochmals gegen drei von den acht im ersten Prozeß Angeklagten verhandelt, gegen Then, Hennicke und Pointner. Diesesmal wurden über 50 Zeugen aufgeboten. Ihre Aussagen brach-

---

1) Quellen: MZ 1949, vom 1.10. - 15.10.; RÜTER Bd. V, 397 - 401
2) SIMON-P. 43
3) MZ 1984, v. 24.4.: Nach einer dpa-Meldung waren laut Justizpressesprecher Kähne, Berlin, am VGH 564 Personen tätig, davon 105 Berufsrichter, 284 ehrenamtliche Richter und 175 Anklagevertreter
4) Laut Meldung wie vor soll im Sommer 1984 erstmals ein Verfahren anlaufen
5) GVBl 1948, 243 f.

ten kaum Neues gegenüber dem im ersten Prozeß ermittelten Sachverhalt. Wieder hüllten sich manche der Zeugen in Schweigen oder gaben vor, sich nicht mehr erinnern zu können(1). Der Oberstaatsanwalt beantragte, Then wegen Totschlags, Hennicke wegen Anstiftung zum Todschlag und Pointner wegen fahrlässiger Tötung zu verurteilen.

Nach 61 Stunden Verhandlungsdauer und nachdem die Geschworenen in Klausur sich beraten hatten, verkündete das Gericht die *Entscheidung der Geschworenen*: Alle drei Angeklagten sind *freizusprechen*.

5. Kritik am Urteil des Schwurgerichts

a) Das Urteil wurde von der damaligen *Presse* mit Mißfallen aufgenommen. Es wurde u. a. behauptet, daß die Geschworenen von den Angeklagten vorher im Gasthaus beeinflußt worden waren und daß man ihnen Angst gemacht hatte mit dem Hinweis, daß wieder einmal eine politische Wende kommen könnte und dann ...(2)

b) Von kirchlicher Seite
Bischof *Buchberger* kam bei seiner Predigt zum Gedächtnisgottesdienst für die Gefallenen am 6.11.49 im Dom auch auf das Amberger Schwurgerichtsurteil zu sprechen(3). Er führte dazu aus: "Domprediger Dr. Maier ist uns nicht deswegen weniger verehrungswürdig, weil jüngst ein Schwurgerichtsurteil seine furchtbare Hinrichtung als übereinstimmend mit Recht und Gesetz erklärt hat. Was soll man von einem solchen Recht denken? ... Die Presse hat in anerkennenswerter Weise Stellung genommen gegen ein 'Recht', das in so krasser Weise dem Naturrecht und göttlichem Recht widerstreitet ... Gott schütze uns vor einem solchen Recht! (wie dem beim Standgericht angewendeten)".

Auch Pater *Leo Ort* O.F.M. Cap., der Nachfolger Dr. Maiers auf dessen Amt als Domprediger, protestierte von der Domkanzel aus gegen das Urteil des Schwurgerichts. Als Rechtsanwalt *Miedel*, der Then in Amberg verteidigt hatte, einen offenen Brief gegen diesen Protest von der Domkanzel aus geschrieben hatte, antwortete *Ort* darauf ebenfalls in einem Leserbrief an den Tagesanzeiger(4). Ort argumentierte für das Naturrecht, das allen am Standgericht Beteiligten durch ihr Gewissen bekannt war und das diesen deutlich gesagt hat: Hier liegt kein Tatbestand vor, der die Todesstrafe verdient ... Selbst bei den wildesten Völkern weiß jeder, daß man einen Unschuldigen nicht töten darf ... Wehe dem Volk, wenn in seinen Rechtsbereichen nur juristische, aber keine sittlichen Maßstäbe gelten und das Naturrecht ignoriert wird ..."

c) Nachspiel im Landtag(5)
Im bayerischen Landtag kam es wegen des Urteils von Amberg zu einer Anfrage des MdL *Klement Ortloph* (CSU) (laut MZ), bzw. des MdL *Martin Albert* (SPD) (laut ReWo(6)) an den Justizminister. U. a. wollte Ortloph wissen, ob es richtig sei, daß auf höhere Weisung die Revision dieses Urteils vom Staats-

---
1) MZ 1949, vom 8.10.
2) MZ 1949, vom 15.10.
3) MZ 1949, vom 11.11.
4) TA 1949, vom 9.11.
5) MZ 1949, vom 12.11.
6) ReWo 1. Jg. 1949, Nr. 47, vom 25.11., S. 6

anwalt zurückgezogen wurde und ob ein Teil der Geschworenen NS-Parteimitglieder waren. Justizminister Dr. Josef Müller antwortete, daß es richtig sei, daß *der Obmann der Geschworenen Mitglied der NS-Partei seit 1933* gewesen war, und daß *sechs weitere Geschworene der NS-Partei angehört* hatten. Sämtliche Geschworene seien jedoch entweder amnestiert oder von der Spruchkammer als Mitläufer eingestuft worden. Wegen der höheren Weisung sagte der Justizminister: Es habe sich erwiesen, daß die vorsorglich eingelegte Revision nicht aufrecht erhalten werden konnte, weil kein prozessualer Verstoß des Gerichts festzustellen war. Dr. Müller betonte, daß nach der Verordnung über die Schwurgerichte (s. o.) die Geschworenen allein über die Schuldfrage zu entscheiden hätten und daß der Justizverwaltung keinerlei Vorwürfe gemacht werden können.

Von den 12 Geschworenen waren also die meisten, vor allem auch der sehr wichtige Obmann, ehemalige NS-Parteimitglieder gewesen! Sie stammten aus Amberg oder seiner nächsten Umgebung. Nun sind in Amberg einerseits die Pogrome von 1938 besonders schlimm gewesen und andererseits fiel die Sühne dafür nach dem Krieg besonders harmlos aus: 13 Beteiligte an den Judenverfolgungen in der "Reichskristallnacht" wurden zu geringfügigen Freiheitsstrafen verurteilt, die zwischen 3 und 18 Monaten lagen(1).

d) Noch zur Problematik der Bestrafung von NS-Tätern

Wenn es auch wahrscheinlich nicht die Mehrheit war, so waren es doch Millionen, die vom NS-Wahn erfaßt waren und die Hitler wie einen Gott verehrten. "Führer befiehl, wir folgen Dir!" wurde mit gleicher Inbrunst, Hingabe, Verehrung und Liebe gesprochen wie ein Weihegebet. Kann man nun einzelne verurteilen, weil sie wie abertausende andere an den Führer geglaubt haben und nur das Pech hatten, an bestimmten Stellen gestanden zu haben, an denen sie dessen Befehlen auch folgten, wenn sie vom Naturrecht oder Menschenrecht her gesehen, verwerflich waren? Aus jedem Volk finden sich zu jeder Zeit genügend Helfer, die als Bedienungspersonal zu gebrauchen sind. Sie werden durch nachfolgende Strafen nicht besser, sogar noch weniger einsichtig. Das hat die Entnazifizierung gelehrt.

In der Urteilsbegründung nach dem ersten Dr. Maier-Prozeß wird wohl richtig ausgeführt(2): "Der ohnehin dem Gehorsam zugeneigte Durchschnittsdeutsche vermochte sich ... der beinahe hypnotischen Wirkung des ... raffiniert aufgebauten und ... planvoll genährten Führerkults nur schwer zu entziehen. Die Gehorsamspflicht wurde gar nicht in Zweifel gezogen ..." Viele schuldig gewordene waren "verblendet".

Was die Verfolgung von NS-Verbrechen zudem problematisch machte, war ein inkonsequentes, ungleichmäßiges Vorgehen: Während der Zeit des "Kalten Krieges" zwischen den USA und der UdSSR (1948-1960) kam es wegen des Wunsches nach Wiederbewaffnung und Stärkung der Deutschen zu einer Abschwächung und Abmilderung, wenn nicht überhaupt zu einem Stillstand bei der Verfolgung von NS-Verbrechen(3). Damit wurde Recht wieder zu einem Werkzeug der Politik gemacht.

---

1) MZ 1983 vom 25.1. Gedenkausgabe zu "Ein Tag vor 50 Jahren". Dort Artikel von Ulrich Kelber über Exzesse gegen die Juden in Ostbayern
2) RÜTER 311
3) Siehe z. B. Broszat Martin: Siegerjustiz oder strafrechtl. "Selbstreinigung" in Vj.-hefte f. Zeitgesch. 29 (1981), Nr. 4, 477 - 544

Schwierigkeiten bei der Suche nach Sühne durch die Justiz sind aber nur die eine Seite der Nachkriegsbewältigung. Die andere, die eigentlich die positive Seite hätte sein können, hängt damit zusammen: In den Jahrzehnten nach dem Krieg gedachte man in Regensburg zwar der drei letzten Widerstandsopfer, vergaß aber die mindestens zwölf anderen ziemlich vollständig. Man erwähnte sie kaum mit einem Wort, bestenfalls hieß es, daß es noch mehrere davon gab. Und auch zu diesem Gedenken mußte ihnen ein katholischer Priester verhelfen, dessen Opfertod auch die anderen in besserem Licht erscheinen ließ.

Nachkriegsahndung von NS-Tötungsdelikten im Zusammenhang mit Regensburger Widerständlern

- Übersicht -

NS-Opfer	Verantwortliche	Art der Beteiligg.	Spruchkammer	gerichtl. Strafe
Bollwein	VGH	nach den im einzelnen beteiligten Personen wurde nie gefragt		keine Ermittlungsverfahren, geschweige denn Strafverfahren durch die deutsche Justiz. Zum Teil durch alliierte KZ-Prozesse summarisch gesühnt
Kellner	VGH			
Massinger	Gefängn. Nbg. u. KZ Flossenbürg			
Schindler	KZ Flossenbürg			
Herzog				
Eibl				
Zaubzer				
Haas				
Heiß	KZ Auschwitz			
Krug	KZ Dachau			
Igl	Kuhnlein, richterl. SS-Bearbeiter	beantragte Todesstrafe	Mitläufer	
	Zilch, SS-Jurist	fällte Todesurteil als Vorsitzender	?	Ermittlungsverfahren eingestellt
	Münch, Polizeiwachtmeister	dto. als Beisitzer	"vom Ges. nicht betroffen"	
	Richter, Polizeimajor	dto. als Beisitzer u. Beteiligter bei Hinrichtung	"	
	Martin, Höh. SS- u. Polizeiführer	bestätigte Todesurteil	?	freigesprochen
	Woellmer, SS-Oberstufü SS-Richter	leitete die Hinrichtung	Mitläufer	Ermittlungsverfahren eingestellt

Dr. Maier und Zirkl	Then, Staatsanwalt	beantragte Todesstrafen	?	freigesprochen
	Schwarz, LG-direktor	fällte Todesurteile als Vorsitzender	?	5 1/2 Jahre
	Gebert, Vors. NSDAP-Kreisgericht, SA-Obersturmbannführer	dto. als Beisitzer	?	freigesprochen
	Pointner, SS-Sturmbannführer	dto. als Beisitzer	?	freigesprochen
	Hennicke, SS-Abschnittsführer	trieb zur Eile an	?	freigesprochen
	Ruckdeschel, Gauleiter	bestätigte Todesurteile u. ordnete Vollstreckg. an	?	8 Jahre (s. S. 391)
	Weigert, Kreisleiter	gab Befehl zur Hinrichtung	?	1 1/2 Jahre
Lottner	Hoffmann, Kreisamtsleiter NSV	gab tödl. Schuß	?	10 Jahre
	Müller, HJ-Bannführer	gab tödl. Schuß	?	ging flüchtig

Zusammenfassung und Schluß

Eine kurze Zusammenfassung mit allgemein gültigen Feststellungen ist nur für wenige Aussagen möglich, weil das historische Geschehen und das Verhalten und die Einstellung der Bürger auch schon in einer Stadt wie Regensburg *zu vielfältig gewesen waren*. Es war nicht nur verschieden bei der gleichen Person oder Gruppe. Darüberhinaus betraf die Ablehnung des Regimes bei einigen nur Teilaspekte der NS-Herrschaft, z. B. den Kirchenkampf. Dies alles kann nicht in eine Zusammenfassung gepackt, dazu muß auf die Beispiele in den einzelnen Kapiteln verwiesen werden, die die Realität aufzeigen - natürlich auch nur beschränkt - und die *jeden Leser selbst urteilen lassen, ob er das jeweilige Verhalten in seiner Vorstellung von "Widerstand" gelten lassen will oder nicht.*

Die 17 aufgefundenen und ausführlicher geschilderten Schicksale der zu Tode Gekommenen (einschließlich des zum Tode verurteilten, aber überlebenden P. Heyder) waren *nur die Spitze eines Eisberges*. In ihren Lebensläufen und Haltungen schimmert sehr wohl der viel umfangreichere Block der NS-Gegner und die Einstellung eines sehr erheblichen Teiles der Bevölkerung durch. Die Gestapo bemühte sich natürlich, die für das Regime Gefährlichsten dingfest zu machen und auszuschalten, aber sie ertappte manchmal nur die Unvorsichtigeren, die in Wirklichkeit harmloser gewesen waren. Mit einigen Herausgegriffenen wollte das Regime manchmal sogar bewußt nur abschreckende Exempel statuieren, wohl selber wissend, daß viele andere eigentlich genau so zu behandeln gewesen wären.

Wichtigstes Ergebnis: *Es gab echten Widerstand*, auch in dieser gesellschaftlich und von ihrem geistigen Klima her gar nicht dazu disponierten, gar nicht revolutionären Stadt Regensburg. Es gab Widerstand, ganz gleich, wie eng man diesen Begriff auch fassen möchte. Mit einer Ausnahme: Widerstand in Regensburg konnte nicht Aktion zum Sturz des Regimes sein, wie das bei den Männern des 20.7.44 der Fall war. Ein solcher Versuch lag weit außerhalb realer Möglichkeiten. Sobald ein totalitärer Staat sich erst einmal etabliert hat, *kann er vom Volk her nicht mehr beseitigt werden*. Das war *eine eindringliche Lehre* für jeden, der die 12 Jahre erlebt hat und in ohnmächtigem Zorn sich immer wieder sagen mußte: Entscheidendes zu tun, ist niemandem möglich. *Man konnte nur auf Kräfte außerhalb des Reiches hoffen* und von innen nur durch kleine Beiträge helfen, jeder an seinem Ort. Der Einzelne hatte die Pflicht, so zu handeln, wie seine Einsicht und sein Gewissen ihm geboten. Soweit dadurch - im Krieg - Kriegsgegnern des Hitlerreiches geholfen wurde, mußte man wissen, daß diese natürlich am Ende ihre eigenen Machtinteressen ins Spiel bringen werden, wie das dann in dem gigantischen Leid der Flüchtlingsströme offenbar wurde. Und doch wäre ein Sieg Hitlers zu einer noch schlimmeren Katastrophe für einen großen Teil der Menschheit geworden, noch verheerender als das Elend, in welches das deutsche Volk mit Hitlers Sturz gerissen wurde.

Für eine zusammenfassende Auswertung wurden zunächst *in der folgenden Tabelle die bloßen Fakten über die aufgefundenen achtzehn zu Tode gekommenen, bzw. dazu verurteilten Regensburger Widerständler* angegeben. Natürlich sind das zu wenige Beispiele für eine "statistische Analyse". Aber schon bei der "Neupfarrplatzgruppe" wurden die Daten von *36* angeklagten Regensburgern verglichen und allgemeine Folgerungen daraus gezogen. Da 8 Personen aus dieser Gruppe ihr Leben verloren, also in beiden Zusammenstellungen auftreten, handelt es sich nun insgesamt um eine Auswertung von *46* mit der Gestapo in Konflikt gekommenen Regensburgern - natürlich kam eine vielfach größere Zahl mit der Gestapo in Konflikt! -, die alle in der einen oder anderen Weise gegen das Regime oder dessen Anordnungen gehandelt hatten.

<u>Zusammenstellung von Regensburger Lebensopfern des Widerstandes</u>
(dazu nachfolgende Bemerkungen)

Name	Geburts-		Anzahl der Geschwister
	datum	ort	
1. *Bayerer* Alfons	28.07.1885	Gergweis Ndb	6
2. *Enderlein* Franz	12.06.1899	R e g e n s b u r g	4
3. *Bollwein* Josef	29.06.1904	Burgweinting Opf	4
4. *Kellner* Johann	05.12.1882	Scharmassing Opf	6
5. *Massinger* Max	28.12.1884	Sallern Opf	10
6. *Schindler* Johann	12.02.1884	Dietersweg Opf	12
7. *Herzog* Franz	05.03.1882	Heideck Mfr	4
8. *Eibl* Johann	27.09.1895	Viehhausen Opf	4
9. *Zaubzer* Georg	29.09.1895	Reinhausen Opf	7
10. *Haas* Josef	07.02.1899	Reinhausen Opf	11
11. *Heiß* Alice	15.05.1899	R e g e n s b u r g	-
12. *Krug* Alois	15.06.1890	Leinach Ufr	1
13. *Heyder* Gebhard	30.11.1904	Lorenzen Opf	10
14. *Igl* Johann	28.11.1912	Schirndorf Opf	3
15. Dr. *Maier* Johann	23.06.1906	Berghofen Ndb	14
16. *Zirkl* Josef	11.02.1875	Oberteuerding/Kelh.	13
17. *Lottner* Michael	03.01.1899	Katzdorf Opf	8
18. *Rödl* Josef	16.12.1889	Kelheim Ndb	?

(Zusammenstellung - Fortsetzung)

Name	Zuzug nach Regensburg Jahr	Alter	Beruf erlernter	ausgeübter	Erster Weltkrieg Teilnehmer	Invalide
Bayerer	1914	29	Spengler	Parteisekr.	ja	ja
Enderlein	-	-	Gärtner	Hilfsarb.	ja	ja
Bollwein	1914 1918	14	Tischler	Postfacharb.	zu jung	
Kellner	1908	25	Metzger	Hilfsarb.	ja	nein
Massinger	1901	16	Metzger	zeitw. Gastwirt	ja	ja
Schindler	1907	23		Kassensekr.	ja	?
Herzog	zw. 1920 u.30	ca. 43	Bäckermeister	Arbeiter bei Wehrmacht	ja	nein
Eibl	1911	16	Hilfsarb.	Vorarbeiter	ja 1.u.2.	ja aus 2.
Zaubzer	1919	24	Hilfsarb.	Kriegsinvalide	ja	ja
Haas	1913	14	Hilfsarb.	Zivilinvalide	ja	nein
Heiß	-	-	-	Ehegattin	-	-
Krug	1930	40	Vermess.-zeichner	Vermessungsinspektor	ja	?
Heyder	1914	10	Theologe	Ordensgeistlicher	zu jung	
Igl	1930	18	Schneidergeselle	LSPol	zu jung	
Dr. Maier	1938	32	Theologe	Domprediger	zu jung	
Zirkl	1911	36	(Landwirt)	Lagerarbeiter	ja	nein
Lottner	1935	36	Gendarmeriehauptwachtmeister	Zivilinvalide	ja	nein
Rödl	-	-	Tapezierer	Tapezierer	ja	ja

(Zusammenstellung - Fortsetzung)

Name	Konfession	polit. Ein-stellung	Verhaftung am	Alter	Todes-datum	Alter
Bayerer	kath.	SPD	07.05.34	48	11.05.40	54
Enderlein	ohne	KPD	36	37	...02.46	46
Bollwein	kath.	SPD	01.10.42	38	12.08.43	39
Kellner	?	(KPD)	03.11.42	59	12.08.43	61
Massinger	kath.	(SPD)	03.11.42	57	11.04.43	58
Schindler	kath.	BVP	03.11.42	58	04.11.42	58
Herzog	?	(BVP)	03.11.42	60	01.01.43	60
Eibl	kath.?	(SPD)	03.11.42(?)	47	21.11.42	47
Zaubzer	freirel.	KPD	16.12.42	47	18.08.44(?)	48
Haas	Freidenker	KPD	24.02.43	44	18.08.44	45
Heiß	jüd./kath.	-	23.09.43	44	03.01.44	44
Krug	kath.	Staatspartei	08.10.43	53	08.01.45	54
Heyder	kath.	kath.	20.07.44	39	überlebte	
Igl	kath.	kath.	26.06.44	31	21.04.45	32
Dr. Maier	kath.	kath.	23.04.45	38	24.04.45	38
Zirkl	kath.	kath.	23.04.45	70	24.04.45	70
Lottner	kath.	?	23.04.45	46	23.04.45	46
Rödl	?	SPD	03.11.42	52	(19.07.59)	(69)

(Zusammenstellung - Fortsetzung)

Name	Gericht	Urteil Strafmaß	Vorwurf	wirkliche Delikte	Todesart
Bayerer	OLG Mü	4 1/2 J.	Vorbereitg. Hochverrat	Sopade-Ztgs. schmuggel	als Haftfolge
Enderlein	OLG Mü	Freispr.		Abhören Sender usw.	Haft, Strafbataillon
Bollwein	VGH	Tod	"	Abhören Sender, NS-gegnerische Unterhaltung Neupfarrpl.	Enthauptg. Stadelheim
Kellner	VGH	Tod	"		" "
Massinger	OLG Mü	-	"		im Gefängnis Nürnberg nach KZ Flossenbürg
Schindler	OLG Mü	-	"	" "	KZ Flossenbürg
Herzog	OLG Mü	-	"	" "	KZ Flossenbürg
Eibl	OLG Mü	-	"	" "	KZ Flossenbürg
Zaubzer	OLG Mü	4 1/2 J.	"	" "	KZ Flossenbürg
Haas	OLG Mü	5 J.	"	" "	KZ Flossenbürg
Heiß	-	-	-	Abhören Sender. Jüdin	KZ Auschwitz
Krug	Sg Nbg	-	Wehrkraftzersetzung	Abschr. Möldersbrief etc.	KZ Dachau
Heyder	VGH	Tod		predigte, daß Bombenangriffe Strafe Gottes	überlebte
Igl	SS-GerNbg	Tod	" "	"Findet sich keiner, der..."	in Reg. durch Erhängen
Dr. Maier	Standger.	Tod	" "	öfftl. Bitte um Stadtfreigabe	" " "
Zirkl	Standger.	Tod	" "	Beteiligg. an Demo. um Stadtfreigabe	" " "
Lottner	-	-	-	" "	in Reg. erschossen
Rödl	OLG Mü	3 J.			geisteskrank

Weitere Regensburger Widerstandsopfer

Wie schon in Kap. II 3 ausführlich begründet, gab es erheblich mehr Regensburger Lebensopfer des Widerstandes, als hier recherchiert wurden. So kam mindestens einer im *KZ Buchenwald* um(1). In der Liste "Die Toten von Dachau"(2), die 7031 Deutsche und Österreicher namentlich enthält, die im *KZ Dachau* ermordet wurden, oder dort an Erschöpfung, Verzweiflung, Hunger, Seuchen, und Experimenten starben (Unzählige weitere kennt man nicht und von den Genannten weiß man nicht, ob sie alle Politische waren), sind folgende in Regensburg geboren, oder (und) waren zuletzt hier wohnhaft gewesen. Nur einer davon - Krug - wurde in diesem Buch behandelt.

Familien-name	Vor-name	geboren am	in	Wohnort	Sterbetag
Kraus	Friedrich	17.10.03	München	Regensbg	21....35(3)
Betztl	Karl	09.06.92	Regensbg	Neuburg	02.02.45
Erhard	Johann	02.04.79	Ibekann	Regensbg	23.05.39
Fellner	Heinrich	12.08.84	Regensbg	Regensbg	27.01.41
Frank	Arnold	31.08.01	Duisburg	Regensbg	08.02.41
Karl	Johann	07.06.78	Regensbg	Passau	06.03.45
Kirmse	Arthur	11.08.87	Leipzig	Regensbg	11.03.44
Krug	Alois	15.06.90	Leinach	Regensbg	08.01.45
Mack	Gottfried	12.03.92	Windisch-Eschenbach	Regensbg	05.06.44
Möstel	Gottlieb	06.01.78	Regensbg	München	12.01.44
Mulzer	Johann	12.01.83	Regensbg	Regensbg	11.03.45
Neuhierl	Josef	12.06.04	Reinhausen	Regensbg	30.10.40
Neumeyer	Wolfgang	01.05.83	Stadtamhf	Stuttgart	06.01.42
Zimmermann	Xaver	21.08.01	Regensbg	Augsburg	14.06.44
Dratzel	Johann	09.07.85	Regensbg	Regensbg	19.01.42(4)
Hausdorf	Georg	18.07.80	Karolinen-grube	Regensbg	06.05.42(4)

1) Simon-Pelanda besitzt eine Sterbeurkunde dazu
2) STAATSKOMM.
3) Hilfsarbeiter. Im KZ ermordet
4) Datum ist letzter Tag im KZ Dachau. In "Invalidentransport" nach Hartheim/Linz zur Vergasung

Erkenntnisse aus obiger Zusammenstellung

Eine Analyse der Zusammenstellung liefert weitgehend ähnliche Erkenntnisse, wie sie sich schon für die 36 Angeklagten der "Neupfarrplatzgruppe" ergeben hatten. Zwar kommen 9 Personen (Nr. 3 bis 10 u. 18), und noch dazu diejenigen, über die am meisten ermittelt wurde, in den *beiden* Personenkreisen vor; aber die anderen 9 der vorstehenden Zusammenstellung erweitern, verstärken und bestätigen doch das Resultat aus der einen großen Gruppe vom Neupfarrplatz und bringen es näher an ein *Gesamtbild über "Widerstand in Regensburg"* heran. Die 9 anderen wurden zu anderen Zeiten und aus anderen Anlässen verhaftet, gehörten zu verschiedenen gesellschaftlichen Gruppierungen, hatten miteinander gar nichts zu tun. Anders als die Neupfarrplatzleute kannten sie sich gegenseitig überhaupt nicht.

Die Ergebnisse aus der Neupfarrplatzgruppe (s. S. 136 f.) sind zum Teil im folgenden eingearbeitet, sind aber nicht noch einmal wiederholt worden.

1. Zum Alter

Keine der 18 Personen war zur Zeit der entscheidenden Verhaftung jünger als 31. *Im Durchschnitt waren sie 48 Jahre* alt, einer war 70. Bei der Machtübernahme Hitlers, im Januar 1933, waren sie im Schnitt auch bereits 39 Jahre! Ebenso hatten die 36 Neupfarrplatzleute ihre Jugendzeit schon weit hinter sich.

In Regensburg ist kein während des Dritten Reiches herangewachsener Jugendlicher bekannt geworden, der aus politischen Gründen schwer bestraft worden wäre. Diese Tatsache wird daher rühren, daß jemand, der noch jung genug vom Propagandaapparat geformt war, kaum mehr über die ihm gesetzten geistigen Grenzen blicken konnte. Daß dem so war, konnte man aber nicht in der Heimat bestätigt finden. Dort gab es im Krieg keine jungen Männer mehr. Wohl wurde es bei den Streitkräften deutlich. Die jungen Soldaten waren dem Führer treuer ergeben als die älteren und z. B. leichter für Denunzierungen zu haben. Ihre NS-Begeisterung blieb auch noch in den Gefangenenlagern bestehen und noch lange danach. Es gab aber auch einige wenige junge Soldaten, die kritisch dachten, zumeist vom z. B. kommunistischen oder sozialdemokratischen oder katholischen Elternhaus her bestimmt.

Ebenso gab es an anderen Orten in Deutschland wohl auch Widerstand von Seiten junger Menschen. Man denke an die Geschwister *Scholl* oder an den Studenten *Willi Graf* in München, oder an die Edelweißpiraten im Rheinland. Für ähnliche Gruppen fehlte in Regensburg eine Universität und fehlte die Industriearbeiterschaft.

Allgemein war die männliche Jugend zum Arbeits- und Wehrdienst eingezogen, in den letzten Kriegsjahren schon mit 15 Jahren. Wenn ein Widerständler unter ihnen gefunden wurde, so kam er vor ein Kriegsgericht, fern seiner Heimatstadt. Er wäre bei diesen Untersuchungen nicht bemerkt worden.

Sehr wohl waren ehemalige Mitglieder der SAJ am aktiven Widerstand der ersten beiden Hitlerjahre beteiligt, sogar mehr als die ältere Generation. Er führte bei ihnen zu hohen Strafen und zur Verhinderung weiterer Tätigkeit. Sie waren damals vorwiegend um die 20 Jahre alt. Von 25 der damals Verhafteten waren 18 jünger als 30 Jahre! Das war also gerade umgekehrt wie bei der Neupfarrplatzgruppe und bei den zusätzlichen neun der obigen Zusammenstellung. Aber auch die jungen SAJ-Widerständler der ersten Jahre waren natürlich noch keiner staatlichen Gehirnwäsche unterzogen gewesen.

2. Herkunft, Geschwisterzahl, Religion

Von den 18 "Regensburgern" haben nur 2 in dieser Stadt das Licht der Welt erblickt. Nicht weniger als *15 von ihnen wurden in kleinen Dörfern geboren*, wuchsen auf dem Land auf und kamen erst nach ihrer Kinder- und Jugendzeit in die Stadt Regensburg. Auch für die Neupfarrplatzleute war das so. Das ist so auffällig, daß man Zusammenhänge suchen möchte. Vielleicht waren die vom Land kommenden NS-Gegner eigenwilliger Denkende, weniger Angepaßte, nicht so flexibel und bereitwillig sich umstellend wie die Städter, offenbar auch mit weniger Angst, weniger Vorsicht. Vielleicht war ihr Gerechtigkeitsempfinden mehr ausgebildet. Allerdings sind einige unter ihnen, die nach ihrer "Landflucht" (die wegen fehlender Arbeitsplätze und großer Kinderzahl einfach notwendig wurde!) in der Stadt nicht Fuß fassen konnten. Sie verloren durch Krieg, Inflation, Wirtschaftskrise ihre Existenzgrundlagen und wurden arbeitslos. Bei einigen - nicht bei allen - wird diese Deklassierung zum Haß auf den Staat, auch auf den neuen, geführt haben.

Weiter fällt die *sehr große Kinderzahl* bei den Familien auf, aus denen die meisten NS-Gegner stammen. Die 16 Familien, deren Kinderzahl bekannt wurde, hatten miteinander 117, eine Familie somit durchschnittlich 7 bis 8 Kinder. Auch diese Erscheinung wurde schon bei der Neupfarrplatzgruppe deutlich, auch wenn die 9 doppelt vorkommenden dabei außer acht gelassen werden.

Bei diesem Kinderreichtum wird man sich des inzwischen vollzogenen, säkularen Gesellschaftswandels, des großen Unterschiedes zu heute bewußt. Besonders die Jugendzeit der Kinder aus solchen Familien verlief anders und hat die Menschen in ihrem Denken und ihrer Lebenseinstellung geprägt. Sie lernten früh, sich in eine Gemeinschaft einzufügen, notwendigen Verzicht zu leisten, übten sich andererseits aber auch in Selbstbehauptung. Durch die erfahrene Armut wurden sie weniger empfindsam als die nach 1948 Aufgewachsenen, genügsamer, robuster und härter im Ertragen von Not. Eigentlich sollte dies alles nicht gerade zum widerständigen Rebellen führen. Der Zusammenhang ergibt sich für einige vielmehr daraus, daß diese "Überzähligen" die dörfliche Heimat verlassen mußten, wahrscheinlich sogar, wie bei den Auswanderern, diejenigen mit mehr Unternehmungsgeist, und daß ein Teil von ihnen in der Stadt gescheitert ist, wie schon vorher erwähnt.

Soziale Gründe oder wirtschaftliche Not waren aber nur bei vielleicht der Hälfte maßgeblich gewesen. Bei mindestens einem Drittel spielten sie sicher gar keine Rolle.

Mindestens 12, wahrscheinlich sogar 16 von den 18, waren katholisch getauft und erzogen. Bei mindestens 5 von ihnen spielte der Kirchenkampf, die christentumsfeindliche Haltung des NS, eine wichtige, wahrscheinlich die primäre Rolle bei ihrer Gegnerschaft. Aber doch anders als das bei den öffentlichen Äußerungen der Kirche sein konnte, bezog sich die Abwehrhaltung beim katholischen "Fußvolk", z. B. bei *Krug* oder *Schindler*, auf einen breiteren Aspekt des NS als nur den Kulturkampf. Sie waren besonders auch Gegner des Hitlerkrieges.

Drei von den 18 bekannten sich als konfessionslos, freireligiös, oder als

Freidenker und gehörten damit zu Gruppen oder Weltanschauungsgemeinschaften, die von Anfang an verboten und auch grausamer verfolgt wurden als die Großkirchen.

3. Beruf

Die Hälfte der 18 hatte ein Handwerk erlernt; die weitaus meisten davon übten es aber nicht aus. Zwei waren Theologen und zeigen schon damit, daß für sie ganz andere als wirtschaftliche oder soziale Umstände bestimmend gewesen sind. Bei Dr. *Maier* war es unmittelbar die Sorge um andere, durch den NS-Fanatismus schwer Gefährdete, bei *P. Heyder* der religiöse Gegensatz zum NS. Zwei waren Beamte oder Angestellte, die es auch von ihrer beruflichen "Versorgung" her "nicht nötig gehabt hätten". Überhaupt läßt sich nur für die knappe Hälfte (*Bollwein, Kellner, Massinger, Eibl, Zaubzer, Haas*) vermuten (!), daß die Unzufriedenheit mit ihrer persönlichen, wirtschaftlichen und beruflichen Situation ihr Motiv gewesen sein könnte.

Wie für die 36 Neupfarrplatzleute gilt auch für die weiteren 9 aus den 18, die ihr Leben verloren, daß sie (fast) *alle unselbständige Arbeitnehmer* waren. Die "Arbeiterpartei" tötete oder verfolgte in erster Linie "Arbeiter der Stirn und der Faust", für die sie angeblich angetreten war. Unter den Arbeitern, viel weniger beim Mittelstand, oder bei den Selbständigen, den Unternehmern, fanden sich die Gegner. Gerade der in Regensburg gut vertretene, bürgerliche, alteingesessene Teil der Einwohnerschaft fehlt unter den NS-Opfern weitgehend.

Häufig wird die große Arbeitslosigkeit am Ende der Weimarer Republik als *Haupt*grund für das Erstarken der NS-Bewegung erklärt. Aus der beruflichen Zusammensetzung der Gegner folgt das ebensowenig wie aus einer Soziologie der Parteimitglieder. Aus dem Mittelstand, den Studenten, den Lehrern, den Unternehmern, fanden sich relativ zu ihrer zahlenmäßigen Stärke wesentlich mehr NS-Anhänger als aus dem Stand der Arbeiter. Und umgekehrt kamen aus dem Lager der Arbeiter, aus denen, die von der Arbeitslosigkeit am härtesten betroffen waren, prozentual viel weniger Anhänger des Hakenkreuzes, dafür wesentlich mehr Gegner und Widerständler.

4. Teilnehmer und Invaliden des Ersten Krieges

Von den 13 aus den 18 Widerständlern, die ihrem Alter und Geschlecht nach überhaupt Soldaten des Ersten Krieges sein *konnten*, hatten auch *alle* in diesem Krieg gedient gehabt. Von diesen wieder waren mindestens 6 mit Dauerschäden zurückgekehrt, waren also *Kriegsinvaliden*. Für sie alle dürfte charakteristisch sein, was *Massinger* zu seinen Söhnen des öfteren gesagt hatte: Hoffentlich müßt ihr das nicht auch noch einmal erleben! Sie hatten genug vom Ersten Krieg und waren sensibel für Anzeichen eines zweiten und den Vorbereitungen dazu. Die *Befürchtung eines neuen Krieges und als er dann ausgebrochen war, die Wut auf die Schuldigen*, war ganz offensichtlich bei der Mehrzahl der 18 *ein Hauptmotiv* für ihren Gegensatz zum NS gewesen. Sie hatten schon einmal erlebt, wie die von oben gepredigte Siegeszuversicht sich als Zweckpropaganda erwiesen hatte und glaubten nun nicht mehr. *Die Veteranen des Ersten Krieges*, die übrigens alle *den unteren Dienstgraden angehört* hatten, und *besonders die Invaliden*, waren in Regensburg ein bemerkenswertes *Reservoir für den Widerstand* gewesen.

5. Verhaftungsdatum; Delikte; Urteile

Nur für *Bayerer* und *Enderlein* lag der Zeitpunkt der schließlich todbringenden Verhaftung schon vor dem Krieg. Dagegen kamen 16 von den 18 erst während der zweiten Halbzeit des Tausendjährigen Reiches, also zur Kriegszeit und hier auch *erst in der zweiten Kriegshälfte* unter die Räder. Ihre Delikte waren zumeist "Abhören von Feindsendern und Verbreitung von deren Nachrichten", allgemein *"Wehrkraftzersetzung"*, eine Formulierung, die natürlich auf vielerlei Verhalten angewendet werden konnte. Die extreme *Häufung von "politischen Todesfällen"* gegen Kriegsende zeigt, wie das Regime immer härter und mörderischer durchgreifen mußte, je näher sein Ende kam.

Allerdings waren alle diese "Wehrkraftzersetzer" schon lange vorher Gegner gewesen. Neben *Bayerer* und *Enderlein* ist das für weitere sechs (*Eibl, Zaubzer, Heyder, Krug, Igl, Zirkl*) dadurch nachgewiesen, daß sie schon vor dem Krieg in politischer Haft oder sonst mit der Partei in Konflikt gekommen waren.

Bei den wenigen Regensburger Todesopfern des Widerstandes traten 5 (!) verschiedene *Gerichtsarten* in Aktion: VGH, Sondergericht, SS-Ger, OLG, Standgericht.

6 *Regensburger* wurden aus politischen Gründen *zum Tode* verurteilt. Bei den meisten heutigen Einwohnern der Stadt sind bestenfalls nur 2 davon bekannt, nämlich die vom Standgericht verurteilten. Die 6 waren:

Bollwein und *Kellner* im Juni 1943 vom VGH, der in Regensburg tagte;
P. *Heyder* ebenfalls vom VGH, der im Dezember 44 in Nürnberg das Urteil sprach;
Igl im September 44 vom SS-Ger, das in Regensburg verhandelte;
Dr. *Maier* und *Zirkl* vom Standgericht in Regensburg am 23./24.4.45.
Dazukommen 2 Österreicher (Hebra und Burjahn), die schon Jahre in Regensburg (in der Augustenburg) "gewohnt" hatten und hier zum Tod verurteilt wurden.

Das OLG München verhängte im Fall von *Bayerer* im Februar 1935 und in den Fällen *Zaubzer, Rödl* und *Haas* vom Dezember 43 bis Januar 44 Zuchthausstrafen von 4 1/2, 3 und 5 Jahren. Auch gegen *Enderlein* (1936), *Massinger, Schindler, Herzog, Eibl* hat oder hätte das OLG München verhandelt, bzw. Strafen verhängt. Sie verloren aber auf andere nationalsozialistische Weise ihr Leben, nämlich durch den Dienst beim Strafbataillon, bzw. durch Ermordung in den KZ.

Der Fall des Vermessungsbeamten *Krug* wurde von einer fünften Gerichtsart, nämlich vom Sondergericht Nürnberg verhandelt.

Tatort für die Morde an mindestens 6 Regensburgern war das *KZ Flossenbürg*. Eines der Opfer, nämlich *Massinger*, starb kurz nach seiner Überstellung ins Nürnberger Gefängnis, an den Folgen der KZ-Behandlung. Mindestens (!) 1 Regensburger, nämlich *Krug*, kam durch die Behandlung im *KZ Dachau* ums Leben. Die hier ermittelte Zahl von Regensburger KZ-Opfern, sowohl in Flossenbürg als auch besonders in Dachau, ist ziemlich sicher nicht vollständig. Aus dem Gedenkbuch "Die Toten von Dachau" werden weitere 15 in Regensburg geborene oder (und) hier wohnhaft gewesene ermittelt (s. S. 401).

Sicher waren unter den 150 bis 200 ermordeten *jüdischen Regensburgern* auch Widerständler gewesen. Gegner des Regimes waren sie selbstverständlich. Aber nichts ist mehr bekannt. Aktiver Widerstand wäre von ihnen noch schwieriger durchzuführen gewesen. Stellvertretend wurde hier *Alice Heiß* aufgeführt, weil sie außer wegen ihrer Herkunft, auch wegen NS-gegnerischem widerständigen Verhaltens ihres Mannes und von ihr selbst verhaftet und anschließend ins Vernichtungslager "verschubt" wurde, dem sie ohne dem "Abhören von Feindsendern" - weil sie in einer Mischehe lebte - ziemlich sicher entgangen wäre.

6. Motive der Widerständler, Absichten und Wirkungen

Wichtige Motive oder Beweggründe - Deklassierung nach dem Verlassen der dörflichen Heimat, Treue zur katholischen Kirche, Furcht vor neuem Krieg - wurden bereits genannt; wobei sicher bei jedem einzelnen Widerständler mehrere zusammengewirkt haben.

In der verdienstvollen und instruktiven Ausstellung "Regensburg unterm Hakenkreuz" im November 83 war zu den Bildern einzelner NS-Opfer der Kommentar geschrieben: "Dieser unorganisierte 'Widerstand des kleinen Mannes' war meist Ausdruck spontaner Verärgerung." Der Text verleitet zu einer irrigen Vorstellung: Bei allen hier behandelten NS-Gegner stand mehr dahinter als nur spontane, im Sinn von momentaner Verärgerung. Sie waren *fast alle schon vor 1933 und danach immer Gegner des NS gewesen*, handelten auch, soviel sie das konnten, gegen das Regime, freilich meist nur durch Gespräche, durch die sie auf die allgemeine Stimmung einwirkten - bis sie eines Tages dabei ertappt oder denunziert wurden, oder bis die geheimen Aufzeichnungen der Gestapo über ihr Verhalten jene Grenze erreicht hatten, bei der es zur Verhaftung kam. Für die Zeit vorher könnte man sie als "latente Widerständler" bezeichnen.

Alle 18 Regensburger Lebensopfer des Widerstandes wurden schließlich festgenommen, weil das Regime sie für "wehrkraftzersetzend" im weitesten Sinn hielt. Das Motiv auf der NS-Seite, der letztlich entscheidende Grund für die Verfolgung, war der Krieg, und das was auf der Gegenseite die Verfolgten zu ihren Handlungen oder Widersetzlichkeiten motivierte, - zumindest bei den 16 Getöteten - war die Kriegsverhinderung oder die baldige Kriegsbeendigung.

Von 18 angeklagten Neupfarrplatzleuten, für die die politische Zuordnung möglich war, gehörten 14, also die ganz überwiegende Zahl, der Linken an, etwa zur Hälfte der KPD und zur Hälfte der SPD. Der RegPr und seine Quelle, die Gestapo, sprachen überhaupt nur von Kommunisten. Von den 18 der Schluß-Zusammenstellung, also der zum Tod Verurteilten oder Umgekommenen, waren 9 Linke, wovon 5 zur SPD und 4 zur KPD zu rechnen sind. Schließen wir die Doppelzählungen bei den zwei Aufsummierungen aus, so entfallen auf 27 Verhaftete 16 auf das linke Lager, wovon 8 der KPD und 8 der SPD zuzurechnen sind. Unter den Regensburgern, die besonders harte politische Strafen erhielten, gehörten *fast zwei Drittel zu den Marxisten oder Kommunisten*, wie sie die NS-Terminologie nannte. Der Widerstand mit den schwersten Opfern wurde von den Linken geleistet. Das wäre an sich nicht überraschend, denn das gleiche ergibt sich auch für ganz Deutschland und auch für Bayern. Bemerkenswert und nicht selbstverständlich ist es aber für eine Stadt wie Regensburg, weil die Linke hier z. B. bei den letzten Wahlen im März 33 nicht einmal mit einem Viertel in der Bevölkerung vertreten war. *Die zahlenmäßig wenigeren waren stärker und radikaler in ihrer gegnerischen*

Gesinnung gewesen; freilich wurden sie auch von Anfang an härter verfolgt.

Als zweitstärkste Gruppen folgen die *von ihrem katholischen Glauben her motivierten.* Es waren 6 bis 7 aus den 18, also *gut ein Drittel,* die ihr Leben durch ihre zu laut und offen bekundete Ablehnung des NS verloren. Bei den 90 % der Einwohnerschaft, die sich katholisch nannten, wovon etwa die Hälfte zur engeren Gruppe der engagierten Katholiken gehörte, ist das ein auffallend geringer Anteil. Daß es nicht zu mehr Widerstandsopfern und damit zu mehr Leid unter der Bevölkerung kam, ist der dämpfenden Einwirkung der Kirche zu danken, die ihre Gläubigen nicht nur zur Besonnenheit, sondern zu Gehorsam und Unterwerfung aufforderte, soweit es die Politik und nicht die Religion betraf. Diejenigen, die dann trotzdem opponierten, handelten aus eigenem, inneren Antrieb.

Es bestand zwar ein äußerst gespanntes Verhältnis zwischen dem treu zur Kirche haltenden Teil der Bevölkerung und der NS-Führung und diese hätte gern noch viel öfter und früher gegen "Pfaffen und Jesuiten" zugegriffen. Aber die NS-Polizei und Justiz wartete doch jeweils auf einen Anlaß, bei dem sie den Wehrkraftzersetzungsparagraphen des Kriegs-Sonderstrafrechts anwenden konnte. Erst dann kamen Katholiken, wie *Schindler, Krug, Heyder, Igl, Dr. Maier* und *Zirkl* unter die Räder der NS-"Justiz", bzw. auch ohne Justiz in die KZ.

Als ein *gemeinsames Motiv* aller hier behandelten Widerständler stellt sich die Empörung und der Zorn über die Gewaltmaßnahmen heraus, von dem alle erfüllt waren, ehemalige Marxisten ebenso wie aktive Katholiken. Die brutale Unterdrückung und Verfolgung gerade dessen, was die einzelnen bisher hochgeschätzt hatten, die vielen Verhaftungen, die KZ, die Morde, kurz der Terror, lösten neben Angst und Schrecken auch Haß aus. Der NS wurde für viele zum Inbegriff des Bösen schlechthin. Haß und Zorn konnten nicht mehr zurückgehalten werden, sie führten wohl auch zu spontanen Äußerungen, aber auch zu ständiger Bereitschaft. etwas dagegen zu tun, soweit und wann man das konnte, zu einem latenten Widerstand.

Der Widerstand ehemaliger KPD- und SPD-Anhänger und auch derjenige vieler einzelner Katholiken ging in seinen Angriffs- oder Abwehr*zielen* weiter als derjenige der beiden Großkirchen gehen konnte, die sich in der Hauptsache auf die Abwehr im Kirchenkampf beschränken zu müssen glaubten, dagegen in der Stellung zum Krieg zu Gehorsam gegenüber der Obrigkeit aufforderten.

Vom *Erfolg* oder der Wirksamkeit her gesehen, führte der Widerstand gegen Krieg und Kriegsverlängerung nur zu einer geringen Schwächung oder Zersetzung der Wehrkraft, zu einer geringen Verkürzung des Krieges und zur Lebensrettung von wenigen Tausenden Russen, Amerikanern, Deutschen, Juden u. a. Der Widerstand oder die "Resistenz" weiter Bevölkerungskreise zusammen mit den Kirchen gegen die weltanschaulichen Angriffe, konnte dagegen auf diesem Teilgebiet der Politik zu großer Wirkung kommen: Millionen besuchten weiter die Gottesdienste in den Kirchen, beteiligten sich an Fronleichnamsprozessionen und zeigten dadurch dem NS-Staat die Grenzen seiner Macht auf weltanschaulichem Gebiet. Diese Äußerungen wirkten wie öffentliche Demonstrationen, wie sie nur noch unter dem Schutz der Kirchen möglich waren. Freilich mußte für den NS-Staat zunächst der militärische Sieg vor allem andern gehen. Die Umstellung der Bevölkerung auf eine "deutschblütige" Religion, die "Endlösung des Christenproblems", wie wir sie einmal nennen wollen, konnte Hitler erst für danach vorsehen. Die Abwehr von Wehrkraftzersetzung mußte Vorrang haben und wurde mit den grausamsten Methoden gegen die eigenen Landsleute durchgeführt. Eine Revolution wie nach dem Ersten Krieg war nicht mehr möglich. Die Entscheidung konnte nur durch die militärische Macht der alliierten Gegner Hitlerdeutschlands erzwungen werden. Nur sie konnten einen Sieg des NS und damit dessen Totalangriff auf Christentum und Humanismus verhindern, nicht mehr den gegen das Judentum in Europa.

<u>L e h r e n ?</u>

1. Zum Krieg

Die folgenschwerste Konsequenz des NS war der Krieg. Er darf nicht wieder kommen!

Das Gebot "Du sollst nicht töten!", das auf alle Fälle einen Angriffskrieg verbietet, muß möglichst früh, vor der ersten geistigen Vorbereitung beachtet werden. Freilich ist es nicht immer so leicht, wie es damals gewesen war, den Angriff von einer Verteidigung zu unterscheiden. Damals konnten Pazifisten in Frankreich oder England ungewollt kriegsförderlich werden und eine bessere Rüstung und Einigkeit unserer Nachbarn hätten den Macht- und Kriegsrausch Hitlers rechtzeitig stoppen können. Vor allem aber hätte die Bevölkerung im Angreiferland selber mithelfen können, wenn sie sich des göttlichen Tötungsverbots bewußter gewesen wäre und z. B. den militaristischen Aufzügen vor und nach 1933 keinen Beifall gespendet hätte. Wenn ein beträchtlicherer Teil unserer Bevölkerung so gedacht und gehandelt hätte, wie die hier dargestellten Regensburger, dann hätte Hitler seinen Krieg in seinem Kopf und in seinem "Kampf" behalten können.

Das deutsche Volk hatte bis 1933 eine Chance gehabt, einen Zweiten Weltkrieg zu verhindern. Es hat zu einem erheblichen Teil damals *die Zeichen der Zeit nicht verstanden* und diese einmalige Chance vertan. Inzwischen ist unser Land kleiner geworden und ein Krieg über die Welt, den wir allein verantworten müßten, wird nicht mehr kommen. Andere als wir Deutsche hätten daraus zu entscheiden. Trotzdem bleibt eine große Verantwortung auch für uns. Die Probleme liegen aber nicht so einfach und klar wie damals, weil der mögliche Angreifer nicht so eindeutig erkennbar ist. Ob die Weltrevolution oder die bedrohte Freiheit die eine oder die andere Macht zu einem Weltkrieg zu bewegen vermögen, kann der Einzelne schwer erkennen. Ob die Angst vor dem anderen einen Präventivkrieg auszulösen vermag?

Die Führung verspottete und bekämpfte damals den Pazifismus als eine den Feind begünstigende Utopie. Gleichzeitig lief sie selber einer viel gefährlicheren und vor allem antihumanen Utopie nach, nämlich der Illusion, über einen siegreichen Krieg Lebensraum im Osten gewinnen zu können. Diese Utopie und dieses Verbrechen brachten unermeßliches Leid und einen Verlust an Hoffnung für die Menschheit mit sich. Und der Lebensraum wurde nicht größer, sondern kleiner.

Wir alle sind auf Erden, um unsere Mitwelt und damit auch unsere Art Mensch zu erhalten. Unsere "Art" ist nicht deutsch oder germanisch oder arisch, sondern menschlich. Auf dem Raumschiff Erde besteht eine einzige globale Schicksalsgemeinschaft. Der Versuch, durch "heroisches Denken" und Handeln aus dieser Gemeinschaft auszubrechen, muß zu Verbrechen und Niedergang führen.

Auf alle Fälle sind Abbau von Haß und Angst, das Reden, Verhandeln und Kennenlernen des jeweils anderen, möglichst viel Kommunikation, aber auch Verteidigungsbereitschaft, einige der Maßnahmen, die kriegsverhindernd wirken können.

Ein anderes sollte uns 1933 auch lehren: Bevor wir bestehende "Systeme" - wie damals die Weimarer Republik - verwerfen und auf ein völlig neues hinarbeiten, sollten wir den Ersatz genau und kritisch prüfen! Man hätte sich vom Dritten Reich sehr wohl ein Bild machen können! Für viele "Systeme" liegen Erfahrungen vor. Eine davon liefert nun das Dritte Reich des Führers. Und man vergesse das nie: *Diese Erfahrung wurde mit viel Blut in die Annalen der Geschichte geschrieben!*

Auch diese Lehre läßt sich ziehen: Laufen wir nicht Mythen und Sekten nach, gebrauchen wir stets Verstand und Vernunft! Nicht die Ratio führte zu Hitler, sondern Emotionen, der "Mythos des 20. Jahrhunderts", Verführbarkeit, Gutgläubigkeit, Haß, Massenwahn, brachten ihn an die Macht und führten unser Volk mit ihm in das millionenfache Sterben.

2. Zum Gewissen

Auch heute noch kann man hören, was damals viele sagten und was auch die Widerständler sehr wohl wußten: "Hätten sie ihren Mund gehalten , wäre ihnen nicht passiert!" Und wer außer seinem Mund auch noch Augen und Ohren verschloß, wußte nicht einmal, daß es KZ gegeben hat und weil er nichts wußte, ärgert ihn heute des Lamentieren über diese Zeit, es läßt ihm nicht seine Ruhe. Dabei traf ihn doch gar keine Schuld! Oder doch?

Trotz einer in Deutschland absolut großen Zahl waren es im Verhältnis zum ganzen Volk zu wenig, die versuchten zu widerstehen. Die Nacht des Unrechts und des Schweigens schien fast vollständig über das Land der Deutschen hereingebrochen zu sein. Aber "je dunkler die Nacht, desto heller die Sterne!", desto wichtiger und großartiger bleibt die Tatsache, daß es bei weitem nicht alle waren, die verbogen werden konnten und die schwiegen und nichts taten. "Ihr tut ja nichts! Wir sollten mehr Mut haben!" sagte *Igl*; "wir sollten etwas tun!" meinte *Kellner*. "Das kann man doch nicht so gehen lassen!" äußerte der *Domprediger* zu *Baldauf*, unmittelbar vor seiner Tat.

"Ihr habt geschrieen,
Wo alle schwiegen!"

singt *Konstantin Wecker* zum Gedenken an die Geschwister *Scholl*. "Sie begaben sich an die Front, ohne dazu gezwungen zu sein", formulierte es *Stefan Heym*.

"Der Zorn gegen das Unrecht ist der unentbehrlichste Antriebsfaktor der menschlichen Entwicklung" schrieb der Neue Vorwärts schon am 17.9.1933. Diesen Zorn gab es auch in der schlimmsten Zeit deutscher Geschichte. Wir Deutschen brauchen uns nicht für die besten Krieger halten und brauchen auch nicht glauben, wir hätten die kühnsten Freiheitshelden gehabt. Aber wir dürfen stolz darauf sein, daß es sogar innerhalb der totalen Diktatur viele Männer und Frauen gegeben hat, die ihr Gewissen spürten und ihm kühn, manchmal bis zum Tode, gefolgt waren. Sie legten damit Zeugnis dafür ab, daß das Gute im Menschen existiert und daß das Gewissen eine Macht ist, die auch unter solchen Verhältnissen weiterwirkt. *Kant* bezeichnete als wichtigste

Zeugen für die Existenz Gottes, als die größten Wunder, den gestirnten Himmel über uns und die Sprache des Gewissens in uns - ein beim Menschen zur höchsten Form entwickeltes, inneres Regulativ zu gemeinschaftsförderndem Verhalten, ein Wissen um sittliche Werte und Gebote und gleichzeitig eine Forderung.

Wenn heute Aussicht auf Frieden und Überleben besteht, dann muß sie sich auf die Überzeugung gründen können, daß die Menschheit zu Vernunft und Verantwortungsbewußtsein für andere fähig ist und Gott ihr ein Gewissen gegeben hat. Einen, wenn auch kleinen Anhalt für diese Fähigkeit überlieferten uns diejenigen, die die Berechtigung für eine solche Hoffnung mit ihrem Sterben bezeugten. Sie bewiesen die Existenz des Gewissens, das offenbar nie, auch nicht unter einer so grausamen Diktatur, ganz zum Schweigen gebracht werden konnte. Sie zeigten, daß das Empfinden für Unrecht und der Drang zur befreienden Tat nicht nur bei den Großen der Geschichte zu finden ist, sondern auch bei Handwerkern und Arbeitslosen.

Für viele Verehrer deutscher Kultur in der Welt brachten die zwölf Jahre der Hitlerherrschaft über unser Land eine herbe Enttäuschung. Wenn es aus dieser Zeit etwas gibt, das uns das verlorene Vertrauen draußen in der Welt und in uns selber zurückgewinnt, dann sind es die Blutzeugen des Widerstandes, die unter ganz anderen, ungleich schwierigeren Umständen als die Freiheitskämpfer der überfallenen Völker, nämlich einsam und allein aus eigenem Antrieb, ihrem Gewissen gefolgt waren. Wegen dieser Landsleute brauchen und sollten wir nicht die NS-Zeit verdrängen, sondern ihre Wirklichkeit erforschen und über sie berichten. DIe Leidensgeschichten zeigen, welcher Terror notwendig war, um mit dem deutschen Volk das machen zu können, was beabsichtigt war, den großen Krieg gegen Osten.

Es bleibt unsere Dankesschuld jenen gegenüber, die damals richtig sahen und im Wunsch nach Frieden, gegen den Hitlerkrieg, ihr Leben verloren. Das wenigste was wir tun können, ist das was Igl seiner Gattin vor dem Gang zum Galgen mit auf den Weg in die Zukunft gab:

       S a g   e s   u n s e r e n   K i n d e r n !

Literatur

ALBART Rudolf: Die letzten und die ersten Tage. Bambergs Kriegstagebuch 1944/46. Verlag Fränkischer Tag; Bamberg 1953

ALBRECHT Dieter: Der Notenwechsel zwischen dem Heiligen Stuhl und der deutschen Reichsregierung. VZKathAK Reihe A, Bd. 10, Mz 1965(1) u. 1969(2)

ALBRECHT Dieter (Hg.): Katholische Kirche im Dritten Reich. Eine Aufsatzsammlung zum Verhältnis von Papsttum, Episkopat und deutschen Katholiken zum NS 1933 - 1945. Mz 1976

ALBRECHT Dieter: Regensburg in der NS-Zeit. In: Albrecht D. (Hg.): Zwei Jahrtausende Regensburg. Schriftenreihe der Univ. Reg., Bd. 1; Reg 1979. 179-203

ALBRECHT Dieter: Regensburg im Wandel. Studien zur Geschichte der Stadt im 19. u. 20. Jh. Reg 1984

APOLD Hans: Feldbischof Franz Justus Rarkowski im Spiegel seiner Hirtenbriefe. In: Zeitschr. f. d. Gesch. u. Altertumskunde Ermlands. Osnabrück 39 (1978) 86-127

ARCHIVINVENTARE des Projekts "Widerstand und Verfolgung in Bayern 1933 - 45". Hg. Generaldirektion der Staatl. Archive Bayerns. Bd. 1, 2, 3, 5, 7. Mü 1975 - 77

ARETIN Karl Otmar von: Der bayerische Adel. Von der Monarchie zum Dritten Reich. In BROSZAT 1981, Bd. 3; 513-567

ARNZT Helmut: Die Menschenverluste im Zweiten Weltkrieg. In: Bilanz des Zweiten Weltkrieges. Gerh. Stalling-Verlag Oldenburg 1953. 439-447

BACHFISCHER Erna: Die BVP in Regensburg 1929 - 33. Staatsexamensarbeit Univ. Reg 1975

BADISCHER KUNSTVEREIN Karlsruhe (Hg.): Widerstand statt Anpassung. Deutsche Kunst im Widerstand gegen den Faschismus. Berlin-West 1980

BARGMANN Wolfgang u. a.: Das zwanzigste Jahrhundert. 9. Bd. 2. Halbbd. der Propyläen Weltgeschichte von *Golo Mann*. Ffm 1976

BAUER Karl: Regensburg. Aus Kunst-, Kultur- und Sittengeschichte 3. Aufl. Reg 1980

BAUKNECHT Ruth: Notizen einer Anstaltsärztin der Heil- und Pflegeanstalt Karthaus vom Nov. 38 bis Ostern 47. In: "Rundschau; Ztschr. des Nervenkrankenhauses Reg. Hg.: Nervenkrkhs; Direktor *Dr. Sebastian Maier*; März 1977. 24-29

BAYERISCHER RUNDFUNK (Hg.): 1933 - das Jahr der Machtergreifung. Sonderbd. April 1983 von "Gehört, gelesen". Mü.

BECKER Joseph und Ruth (Hg.): Hitlers Machtergreifung 1933. Dokumente ... dtv-Taschenbuch. Mü 1983

BEER Helmut: Widerstand gegen den NS in Nürnberg 1933 - 45. Schriftenreihe Stadtarchiv Nbg, Bd. 20. Nbg 1976

BORN Max: Albert Eisenstein, Hedwig und Max Born; Briefwechsel 1916 - 1955. Mü 1969

BRAUN Gerhard: Der Kirchenkampf in der Diözese Regensburg, unter besonderer Berücksichtigung des Bischofs *Michael Buchberger*. Staatsexamensarbeit Univ. Reg 1979. 183 S.

BRETSCHNEIDER Heike: Der Widerstand gegen den NS in München 1933 - 45. Mü 1968

BROSZAT Martin, Fröhlich Elke, (Wiesemann Falk) (Hg.): Bayern in der NS-Zeit. Mü und Wien. Bd. 1, 1977; Bd. 2, 1979; Bd. 3 u. 4, 1981; Bd. 5 u. 6, 1983

BUCHBERGER Michael: Gibt es noch eine Rettung? Pustet, Reg 1931

BUCHHEIM Hans: SS und Polizei im NS-Staat. Duisdorf bei Bonn 1964

BÜRGER Robert: Regensburg in den letzten Kriegstagen des Jahres 1945. In VHVOR Bd. 123. Reg 1983. 379-394

BURKHARDT Hans u. a.: Die mit dem blauen Schein. Berlin-Ost 1982

CHROBAK Werner: Politische Parteien, Verbände und Vereine in Regensburg 1869 - 1914. In: VHVOR Bde. 119-121; Reg 1979 - 81

CHROBAK Werner: Die Regensburger Kirchenzeitung im Dritten Reich. In SCHWAIGER 389f.

DEIST Wilhelm u. a.: Ursachen und Voraussetzungen der deutschen Kriegspolitik. Bd. 1 des vom Militärgesch. Forschungsamt herausgegebenen 3-bänd. Werkes "Das Deutsche Reich und der Zweite Weltkrieg" dva Stg 1979

DERTINGER Antje: Dazwischen liegt nur der Tod: Leben und Sterben der Sozialistin Antonia Pfülf. Dietz, Berlin, Bonn 1984

DOKUMENTE deutscher Kriegsschäden. Hg.: Bundesmin. f. Vertriebene, Flüchtlinge u. Kriegsgeschädigte. Bd. 1, Bonn 1958

DOMRÖSE Ortwin: Der NS-Staat in Bayern von der Machtergreifung bis zum Röhmputsch. Mü 1974

ECKSTEIN A.: Haben die Juden in Bayern ein Heimatrecht? Philo-Verlag Berlin 1928. Zit. n. MZ 1948, v. 27.4.

EDINGER Lewis J.: Sozialdemokratie und Nationalsozialismus. Der Parteivorstand der SPD im Exil von 1933 - 45. Hannover 1960

ETTELT Rudibert: Kelheim 1939 - 45. Kelheim 1975

FEUCHTER Georg: Geschichte des Luftkrieges. Bonn 1954

FOERSTL Norbert: Dr. Maier, wie ich ihn sah. In HABBEL

FREI Norbert: Nationalsozialistische Eroberung der Provinzzeitungen; eine Studie zur Pressesituation in der Bayerischen Ostmark. In BROSZAT 1979, Bd. 2, 1 - 89

FRITZSCH Robert: Nürnberg unterm Hakenkreuz. Düsseldorf 1983

FRÖHLICH Elke: Die Herausforderung des Einzelnen. In BROSZAT 1983, Bd. 6; 1-262

GATZ Erwin (Hg.): Die Bischöfe der deutschsprachigen Länder. Berlin-West 1983

GEMEINER Carl Theodor: Regensburgische Chronik. Reg 1801/1803. Unveränd. Nachdruck, hg. v. Hz. Angermeier, 1.-4.Bd. Mü 1971

GÖRLITZ Walter: Der Zweite Weltkrieg, 2 Bde. Stg 1952

GOSZTONY Peter: Endkampf an der Donau. Molden; Wien 1969

GOTTO Klaus/Konrad Repgen (Hg.): Die Katholiken und das Dritte Reich. Topos Taschenb. Mz 2.Aufl. 1983

GRIESER Utho: Himmlers Mann in Nürnberg. Der Fall *Benno Martin*. Schriftenreihe Stadtarchiv Nbg 1974

GRIMM Reinhold u. a. (Hg.): Theater unserer Zeit. Bd. 5: Der Streit um Hochhuts "Stellvertreter". Basel 1963

GROSCHE Heinz: Die Welt des 20. Jahrhunderts. Bd. 4 der Reihe "Fragen an die Geschichte" hg. v. Schmid Heinzdieter. Ffm 1979

GROSSHAUSER Jutta: Die Entwicklung der Heil- und Pflegeanstalt Karthaus-Prüll in der Zeit von 1852 - 1939 ... Dissertation Univ. Erlangen 1973. Zit. n. MAIER 1977

GROSSMANN Anton: Milieubedingungen von Verfolgung und Widerstand. In BROSZAT 1983, Bd. 5, 433-540

HABBEL Josef (Hg.): Dr. Johann Maier, Domprediger in Regensburg, zum Gedächtnis. Reg 23.4.1946. 8 S. Sonderdruck. Mit Beiträgen von Bischof Buchberger, Dr. Foerstl, Dr. Deubzer, Helene Habbel

HABLE Guido: Geschichte Regensburgs. Eine Übersicht nach Sachgebieten. Reg 1970

HAFFNER Sebastian: Anmerkungen zu Hitler. Mü 1978

HAGMANN Meinrad: Der Weg ins Verhängnis. Reichstagswahlergebnisse 1919 - 33, besonders in Bayern. Mü 1946

HANNOVER H. u. E.: Politische Justiz 1918 - 33. Ffm 1966

HEIGL Peter: Eine andere Stadtführung. Regensburg 1933 - 45. 1. Aufl. Kallmünz 1983. Siehe: Simon-Pelanda, 3. Aufl.

HETZER Gerhard: Die Industriestadt Augsburg. In BROSZAT 1981, Bd.3; 1-234

HEYDER P. Gebhard: Zeichen Gottes. Selbstverlag Reg 1982

HEYDER Franz: Bekenntnisse eines Totgesagten. Eigenverlag Reg 1984

HILTL Franz: Weiße Fahnen über Regensburg. In TA 1955, 16./17.4., 23./24.4.

HITLER Adolf: Mein Kampf. 2 Bde. 1. Aufl. Mü 1925; 209./210. Aufl. Mü 1936

HOEGNER Wilhelm: Die verratene Republik. Mü 1958

HOEGNER Wilhelm: Der schwierige Außenseiter. Mü 1959

HOFER Walther: Der Nationalsozialismus. Dokumente 1933 - 45. Ffm 1957

HÜTTENBERGER Peter: Heimtückefälle vor dem Sondergericht München 1933 - 39. In BROSZAT 1981, Bd. 4; 435-526

JACOBSEN H.-A. u. H. Dollinger: Der Zweite Weltkrieg. 4. Bd. Die letzten hundert Tage. Kurt Desch Verlag Mü 1963

INFORMATIONEN zur politischen Bildung. Hg.: Bundeszentrale für politische Bildung.
Nr. 126, 127: Der Nationalsozialismus 1933 - 39, bzw. 1939 - 45. Bonn 1968
Nr. 160: Der deutsche Widerstand 1933 - 45. Bonn 1974

INGENSAND Harald: Die Ideologie des Sowjet-Kommunismus. Hefte zur Ostkunde; H1; Hannover 1962

ISERLOH Erwin: Deutschlandpolitik des Vatikans. In KATHOL. AK. S. 3

ITS: Verzeichnis der Haftstätten unter dem RFSS. Zit. n. KLASSE 11a, S. 6

KAMMERBAUER Ilse: Die Verfolgung sogenannter "staatsfeindlicher Bestrebungen" im Regbez Ndb/Opf. In VHVOR Bd. 121; Reg 1981

KATHOLISCHE AKADEMIE in Bayern (Hg.): zur debatte. Mü 13 (1983) Nr. 2. Kirche in der NS-Zeit und Widerstand in Bayern

KEMPNER Benedicta Maria: Priester vor Hitlers Tribunalen. Mü 1967. Pfarrer Johann B. Maier; S. 267-269

KERSHAW Jan: Antisemitismus und Volksmeinung. In BROSZAT 1979, 281-348

KIMMEL Günther: Das Konzentrationslager Dachau. In BROSZAT 1979, 349-413

KLASSE 11a Berufsfachschule für Wirtsch. Reg: Die Außenkommandos des KZ Flossenbürg in und um Regensburg. Manuskriptdruck Reg 1983

KLASSE 11b Berufsfachschule für Wirtsch. Reg: Die letzten Kriegstage in Regensburg. Manuskriptdruck Reg 1983

KLITTA Helga: Kriegsende in der Oberpfalz Januar bis Mai 1945. In: Heimaterzähler. Jg. 21. Schwandorf 1970

KOLPINGWERK Bezirksverband Reg (Hg.): In lebendiger Erinnerung - 1933 Erster deutscher Gesellentag München. Reg 1983. 32 S.

KRÄMER Karl: Kriegsende 1945. Das Ende des Zweiten Weltkrieges im Bayerischen Wald (Ostbayern) in Szenen u. Bildern., In Der Bayerwald 63 (1971) H. 4; Kötzting

KRAUS Andreas u. Wolfgang Pfeiffer (Hg.): Regensburg. Geschichte in Bilddokumenten. Mü 1979

KRINGELS-KEMEN Monika u. Ludwig Lemhofer: Katholische Kirche und NS-Staat. Ffm 1981

KRITZER Peter: Der Führer schützt das Recht. In BAYER. RUNDFUNK 1983/84-100

LANGER Martina: Die Regensburger Judengemeinde von 1914 bis 45. Staatsexamensarbeit Univ. Reg 1984

LEUSCHNER Joachim: Volk und Raum; zum Stil der NS-Außenpolitik. Göttingen 1958

LEWY Guenther: Die katholische Kirche und das Dritte Reich. Mü 1965 (Übersetzg. aus dem amerikan. Orig.).

MACDONALD Charles B.: The mighty endeavour. American armed forces in the European theatre in World War II. Oxford Press; New-York 1969

MAI Paul: Michael Buchberger, Bischof von Regensburg (1927 - 61). In SCHWAIGER 39-68. 1981

MAI Paul: Diözese Regensburg: Besonnenheit. In KATH. AKAD. S. 11, 1983

MAIER Sebastian: 125 Jahre Nervenkrankenhaus. In "Rundschau", Ztschr. Nervenkrkhs. Reg März 1977

MAIER Sebastian: Ansprache am Mahnmal für die Opfer der Euthanasie in Irsee. In "Rundschau" (wie vor) Dez. 1983. 47-51

MATTHES Hans-Georg: Entnazifizierung in Regensburg und Stadtverwaltung 1946 - 48. Staatsexamensarbeit Univ. Reg 1974

MATTHIAS Erich u. Rudolf Morsey: Das Ende der Parteien 1933. Düsseldorf 1960

MEHRINGER Hartmut: Die KPD in Bayern 1919 - 1945 ... In BROSZAT 1983, Bd. 5; 1-286

MEHRINGER Hartmut: Die bayerische Sozialdemokratie bis zum Ende des NS-Regimes. In BROSZAT 1983, Bd. 5; 287-432

MIDDLEBROOK Martin: Die Nacht, in der die Bomber starben. Ullstein Taschenb. 33 005. Ffm 1975

MIDDLEBROOK Martin: The Schweinfurt-Regensburg Mission. London 1983

MÜCKERSHOFF Barbara: NS-Verfolgung katholischer Geistlicher im Bistum Regensburg. In SCHWAIGER 89-144

MÜLLER Alex: Tatort Politik. Droemer Knaur. Mü u. Zürich 1982

MOLTMANN Günther: Weltherrschaftsideen Hitlers. In: Europa und Übersee; Festschr. f. Egmont Zachlin. Hamburg 1961

MOMMSEN Hans: Beamtentum im Dritten Reich. Stg 1966

MURAWSKI Erich: Der deutsche Wehrmachtsbericht 1939 - 45. Boppard/Rh. 1960

NEUHÄUSSER-WESPY Ulrich: Die KPD in Nordbayern 1919-33. Nbg 1981

NEUHÄUSLER Johann: Kreuz und Hakenkreuz. Mü 1946

NOVITCH Miriam: Sobibor - Martyrdom and Revolt. Holocaust Library; New-York 1982

OBERMEIER Erich: Das gegenseitige Verhältnis der Passauer BVP und SPD in der Zeit von 1918 - 33. Staatsexamensarbt. Univ. Reg. 1975. Zit. n. ROSMUS-WENNINGER, S. 37

OBERNEDER Marzell: Chronik der Barmherzigen Brüder in Bayern. Joh. v. Gott-Verlag Reg 1970

ÖFFENTLICHER WIDERSTAND gegen die NS-Machthaber am 23.4.45 in Reg. Ohne Verf. u. J. Schreibmasch.-Durchschlag; 27 S. Wahrscheinl. v. einem der 7 Verteidiger im Dr. Maier Prozeß 1948

OPHIR Baruch Z. u. Wiesemann Falk: Die jüdischen Gemeinden in Bayern 1918 - 45. Mü 1979. Grundlage: Baruch Zvi Ophir: Encyclop. of Jewish Communities ... Germany - Bavaria. Jerusalem 1972 (hebr.). Bearb. v. Inst. f. Zeitgesch. Mü. in Verbdg. m. d. Staatl. Archiven Bayerns

POHL Werner: Viechtach in den Jahren 1933 - 45. In "Heimatkundl. Beiträge aus dem Viechtreich" Hefte 18-22; Viechtach 1979 - 81

PREIS Kurt: München unterm Hakenkreuz. Ehrenwirth. Mü 1980

RATHSAM Berta: Berichte u. Tagebuchnotizen einer Augenzeugin von damals. Regensburger Bistumsblatt 1965, v. 25.4.

RATHSAM Berta: Der große Irrtum bezüglich Frauendemonstration 1945 und Domprediger Dr. Johannes Maier. Selbstverlag Reg 1980

RATHSAM Berta: Der große Irrtum. Dr. med. Otto Schottenheim Mitläufer? Selbstverlag Reg 1981

REICHSBUND jüdischer Frontsoldaten (Hg.): Die jüdischen Gefallenen des deutschen Heeres, der deutschen Marine und der deutschen Schutztruppen. Berlin 1932

REITLINGER Gerald: Die Endlösung. 4. Aufl. Berlin 1961

REPGEN Konrad: Konfrontation mit dem NS. In KATHOL. AKAD. 1983

RICHARDI Hans-Günther: Schule der Gewalt. Das Konzentrationslager Dachau 1933 - 34. Mü 1983

VAN ROON Ger: Widerstand im Dritten Reich. Mü 1979

RÖDER Werner u. Herbert A. Strauss: Biogr. Handbuch der deutschsprachigen Emigration nach 1933. 1. Bd. Mü 1980

ROSMUS-WENNINGER Anja: Widerstand und Verfolgung. Am Beispiel Passaus 1933 - 39. Andr. Haller Verlag Passau 1983

RÜCKERL Adalbert: Die Strafverfolgung von NS-Verbrechern 1945 - 78. Heidelberg/Karlsruhe 1979

RÜTER-EHLERMANN Adelheid und C. F. Rüter: Justiz und NS-Verbrechen. Sammlung deutscher Strafurteile wegen NS-Tötungsverbrechen 1945 - 66. Bd. 2; Amsterdam 1969

SCHLICHTING Günter: Impressionen aus der Regensburger jüdischen Geschichte. Reg 1981

SCHNEIDER Burkhart (Hg.): Die Briefe Pius XII. an die deutschen Bischöfe 1939 - 44. VZKathAk Reihe A, Bd. 4. Mz 1966

SCHOLDER Klaus: Die Kirchen und das Dritte Reich. Bd. 1, Ffm 1977

SCHOLL Inge: Die weiße Rose. Ffm 1955

SCHÖNHOVEN Klaus: Der politische Katholizismus in Bayern unter der NS-Herrschaft 1933 - 45. In BROSZAT 1983, Bd. 5; 541-646

SCHRÖDER Jürgen: Horváths Lehrerin von Regensburg. Suhrkamp Taschenb. 2014; Ffm 1982

SCHULTHEIS Herbert: Juden in Mainfranken 1933 - 45. Bad Neustadt/Saale 1980

SCHWAIGER Georg (Hg.): Bavaria sancta. Zeugen christlichen Glaubens in Bayern. Bd. 1; Reg 1970

SCHWAIGER Georg u. Paul Mai (Hg.): Das Bistum Regensburg im Dritten Reich. Bd. 15 der Beiträge zur Gesch. des Bistums Reg. Reg 1981

SCHWARZ Max: MdR; Biogr. Handbuch der Reichstage. Hannover 1965

SELIGER-GEMEINDE (Hg.): Wenzel Jaksch, Sucher und Künder. Mü 1967

SELIGER-GEMEINDE (Hg.): Weg - Leistung - Schicksal. Geschichte der sudetendeutschen Arbeiterbewegung in Wort u. Bild. Stg 1972

SIEGERT Toni: Das Konzentrationslager Flossenbürg. In BROSZAT 1979, 429-492

SIEGERT Toni: Vorspiel und Machtergreifung im Gau Bayerische Ostmark. In BAYER. RUNDFK. 1983/194-207

SIMON-PELANDA H. u. P. Heigl: Regensburg 1933 - 45. Eine andere Stadtführung. 3. Aufl. Reg 1984

SPINDLER Max (Hg.): Handbuch der bayerischen Geschichte. Bd. 4: 1800 - 1970; 2 Teilbde. Mü 1974

STAATSKOMMISSAR. f.rass.,relig.u.polit.Verfolgte in Bay.:Die Toten von Dachau. Mü 1974

STABER Josef: Kirchengeschichte des Bistums Regensburg. Reg 1966

STAWIESKI Bernhard: Akten deutscher Bischöfe über die Lage der Kirche 1933 - 45. Bd. 2. VZKathAK Reihe A, Bd. 20. Mz 1976

STEINBERG Lucien: La Révolte des Justes. Les Juifs contre Hitler 1933 - 45. Paris 1970

STEINERT Marlis G.: Hitlers Krieg und die Deutschen. Düsseldorf u. Wien 1970

TENFELDE Klaus: Proletarische Provinz. Radikalisierung und Widerstand in Penzberg/Oberbayern 1900 - 45. In BROSZAT 1981, Bd. 4; 645-689

TROLL Hildebrand: Aktionen zur Kriegsbeendigung im Frühjahr 1945. In BROSZAT 1981; Bd. 4; 645-689

VOLK Ludwig: Akten Kardinal Michael von Faulhabers; II 1935 - 45. VZKathAk. Reihe A, Bd. 26. Mz 1978

WEGMANN Günther: "Das Oberkommando der Wehrmacht gibt bekannt ..." Bd. 3; 1944 - 45. Osnabrück 1982

WEHRGESCHICHTL. FORSCHUNGSAMT Freiburg: Das Deutsche Reich und der Zweite Weltkrieg. Siehe bei DEIST

WEIKL Ludwig S. J.: Sterne in der Hand des Menschensohnes. Nbg - Eichstätt 1963; Joh. Michael Sailer Verlag

WEIKL Ludwig S. J.: Dr. Johann Maier, Domprediger zu Regensburg. In SCHWAIGER 1970, 379-392

WEIKL Ludwig: Domprediger Dr. Johann Maier, Regensburg (1906 - 45). In SCHWAIGER 1981, 431-475

WEILNER Ignaz: Unter Gottes Gericht. Die letzten Kriegstage 1945 am Hof des Fürsten von Thurn und Taxis. Verlag Jos. Habbel. Reg 1965

WEINBERG Gerhard: The Foreign Policy of Hitler's Germany. Chicago 1970

WEINKAUF Hermann: Die deutsche Justiz und der NS. 3 Bde; Stg 1968 - 74

WEINMANN Josef: Die Aktivitäten der NSDAP und ihrer Gliederungen 1933 - 36 in Regensburg. Staatsexamensarbeit Univ. Reg 1974

WERNER Emil: Die Freiheit hat ihren Preis. Die bayerische Sozialdemokratie von ihren Anfängen bis zum Widerstand im NS-Staat. Mü 1979

WITETSCHEK Helmut: Der gefälschte und der echte Möldersbrief. Vj.-Hefte f. Zeitgesch. 16 (1968) 60-65

ZAHN Gordon C.: Die deutschen Katholiken und Hitlers Kriege. Übersetzg. aus d. amerik. Orig. Graz 1965

ZELZER Maria: Weg und Schicksal der Stuttgarter Juden. Stg 1964

ZIEGLER Walter: Die kirchliche Lage in Bayern nach den Regierungspräsidentenberichten 1933-43. Bd. 4: Regbez. Ndb/Opf Mz 1973

Zitierte Gesetze und Verordnungen

"Reichstagsbrandverordnung" = VO des Reichspräsidenten zum Schutz von Volk und Staat vom 28.2.1933. RGBl 1933 I, 83

Not-VO des Reichspräs. zur Abwehr heimtückischer Angriffe gegen die Regierung der nationalen Erhebung v. 21.3.33 RGBl 1933 I 135

Not-VO des Reichspräs. über die Bildung von *Sondergerichten*, ebenfalls v. 21.3.33. Diese VO wurde 1934 ersetzt durch das HG (s.u.)

GWB = Gesetz zur Wiederherstellung des *Berufsbeamtentums* v. 7.4.33. RGBl 1933 I 175 und Durchführungsbestimmungen. Dazu folgten: Gesetz zur Änderung von Vorschriften auf dem Gebiet des allgem. Beamten- ...rechts v. 30.6.33; RGBl 1933 I 575. "Die Bestimmungen des *Reichsbeamtengesetzes* (v. 26.1.37) über die *arische, bzw. nichtarische Abstammung* stimmen mit denen des am 30.3. bzw. am 30.9. 1934 abgelaufenen Ges. zur Wiederherstellung des Berufsbeamtentums überein" (Zitiert n. Vordruck in einem Ahnenpaß, wie ihn Beamte zum Ausfüllen erhielten).

Gesetz zur Gewährleistung des Rechtsfriedens v. 13.10.1933. RGBl 1933 I 723. Behandelt u. a. Herstellung und *Verbreitung von Druckschriften* staatsgefährdenden Inhalts im In- und Ausland

HG = *Heimtückegesetz* = Gesetz gegen heimtückische Angriffe auf Staat und Partei und zum Schutz der Parteiuniform v. 20.12.1934. RGBl 1934 I 1269. Mit 3 Durchf. VO 1935

KSStVO = Verordnung über das Sonderstrafrecht im Kriege und bei besonderem Einsatz (*Kriegsstrafrechtsverordnung*) v. 17.8.1938. RGBl 1939 I 1455. *§ 5 Zersetzung der Wehrkraft.* Abs. 1: Wegen Zersetzung der Wehrkraft wird mit dem Tode bestraft: 1. Wer öffentlich dazu auffordert oder anreizt, die Erfüllung der Wehrpflicht in der deutschen oder einer verbündeten Wehrmacht zu verweigern, oder sonst öffentlich den Willen des deutschen oder verbündeten Volkes zur wehrhaften Selbstbehauptung zu lähmen oder zu zersetzen sucht. 2. Wer es unternimmt, einen Soldaten ... zum Ungehorsam, zur Widersetzung oder zur Tätlichkeit gegen einen Vorgesetzten, oder zur Fahnenflucht oder unerlaubten Entfernung zu verleiten, oder sonst die Mannszucht ... zu untergraben. 3. ... Abs. 2: In minderschweren Fällen kann

auf Zuchthaus oder Gefängnis erkannt werden.
Für Verbrechen nach § 91 StGB, sowie § 5 KSStVO war der VGH zuständig, aber dann auch andere Gerichte.

RdfVO über außerordentliche Rundfunkmaßnahmen v. 1.9.1939. RGBl 1939 I 1683. Behandelt *Abhören ausländischer Sender*, Verbreitung von Nachrichten dieser Sender

VO zur Ergänzung der Strafvorschriften zum Schutz der Wehrkraft des deutschen Volkes v. 25.11.1939. § 4 behandelt den verbotenen Umgang mit Kriegsgefangenen

VO über die Zuständigkeit der Strafgerichte, die *Sondergerichte* und sonstige strafverfahrensrechtliche Vorschriften vom 21.2.40. RGBl 1940 I 405 (Neufassg. der Bestimmungen über die Sg)

Standgerichtsverordnung des Reichsmin. d. Justiz v. 15.2.1945. RGBl I 30

Gesetz zur *Befreiung von NS und Militarismus* v. 5.3.1946; erlassen von den drei Ländern der amerikan. Besatzungszonen. Siehe z. B. Nürnberger Nachr. v. 6.3.1946 (Nachdruck)

Abkürzungen

BBC	....	British Broadcasting Corporation
BPP	....	Bayerische Politische Polizei
BVP	....	Bayerische Volkspartei
CSR	....	Tschechoslowakische Republik (seit 1948 CSSR)
DAF	....	Deutsche Arbeitsfront
DNVP	....	Deutschnationale Volkspartei
EK II	....	Eisernes Kreuz 2. Klasse
FAZ	....	Frankfurter Allgemeine Zeitung
Ffm	....	Frankfurt am Main
Gestapo	....	Geheime Staatspolizei
gvh	....	garnisonsverwendungsfähig - Heimat
HJ	....	Hitlerjugend
ITS	....	Internat. Tracing Service; Internat. Suchdienst; 3548 Arolsen
KL	....	offizielle Abkürzung für Konzentrationslager
KZ	....	in der Bevölkerg damals übl. Abk. f. Konzentrationslager
kv	....	kriegsdienstverwendungsfähig
KPD	....	Kommunistische Partei Deutschlands
LS Pol	....	Luftschutzpolizei
MdL	....	Mitglied des Landtags
MdR	....	Mitglied des Reichstags
Mü	....	München
MZ	....	Mittelbayerische Zeitung; Regensburger Tageszeitung
Mz	....	Mainz
Ndb/Opf	....	Niederbayern/Oberpfalz
Nbg	....	Nürnberg
NS	....	Nationalsozial-ismus, -isten, -istisch

NS-Partei	....	Nationalsozialistische Deutsche Arbeiterpartei (offizielle Abkürzung: NSDAP)
NSV	....	NS-Volkswohlfahrt
NV	....	Neuer Vorwärts
OKH	....	Oberkommando des Heeres
OKW	....	Oberkommando der Wehrmacht
OLG	....	Bayerisches Oberstes Landesgericht München; ab 1.4.1935 Oberlandesgericht München
Opf	....	Oberpfalz
ORA	....	Oberreichsanwalt beim VGH in Berlin (ORA 6 ... bedeutete den 6. Strafsenat beim VGH)
R80	....	RATHSAM 1980
RA	....	Regensburger Anzeiger
Reg	....	Regensburg
ReWo	....	Regensburger Woche (1949 - 1968)
RFSS	....	Reichsführer der SS und Chef der Polizei (Himmler)
RGBl	....	Reichsgesetzblatt
RGO	....	Revolutionäre Gewerkschaftsopposition
RPB	....	Regierungspräsidentenberichte; falls nicht anders vermerkt, die des RegPräsidenten von Ndb/Opf
RSHA	....	Reichssicherheitshauptamt
SA	....	Sturmabteilung; eine Massengliederung der NS-Partei mit militärischer Ausbildung
SAJ	....	Sozialistische Arbeiterjugend
SD	....	Sicherheitsdienst
Sg	....	Sondergericht
Sopade, auch SOPADE	...	vom Exilvorstand verwendete Abkürzung für SPD
SozA	....	Sozialistische Aktion; Wochenschrift der Sopade
SPD	....	Sozialdemokratische Partei Deutschlands
SS	....	Schutzstaffel; eine "Elite"gliederung der NS-Partei
SS-Ger Nbg	....	SS- und Polizeigericht XXV Nürnberg

Stg	....	Stuttgart
StGB	....	Strafgesetzbuch
SZ	....	Süddeutsche Zeitung
TA	....	Tagesanzeiger; einige Jahre ab 1949 eine der zwei Regensburger Tageszeitungen
USPD	....	Unabhängige Sozialdemokratische Partei Deutschlands
VGH	....	Volksgerichtshof (Berlin)
VHVOR	....	Verhandlungen des Historischen Vereins für Oberpfalz und Regensburg
VO	....	Verordnung
VZKathAK	....	Veröffentlichungen der Kommission für Zeitgeschichte bei der Katholischen Akademie in Bayern
Z.	....	Ziegler
ZK	....	Zentralkomitee der KPD, bzw. anderer kommunistischer Parteien

Sachregister

(Stichworte, wie NS, Gestapo, OLG usw., und solche, die im Inhaltsverzeichnis und in der *Zusammenfassung* S. 396f. besonders vorkommen, wie Alter, Beruf, Kriegsteilnehmer usw., fehlen im Register)

Alte Kämpfer 221 354 356
Alpenfestung 322/24 343
Altenheim Weißenburger Str. 190
Amberg Zuchthaus 92 179 202/04
Anarcho-Syndikalisten 166 170
"Arbeiterpartei" 16 72
Arbeitsdienstlied 23
Arbeitsdienstpflicht 23
Arbeitslose 15 16 130/31
Arnulfsplatz 131
Ärzte 344/45
Auschwitz 190/91 194-99 207/09
Auskunftspersonen 8
Barmherzige Brüder (Krankenhaus) 195 344 381
Bayer. Heimatbewegung 346
Bayer. Ostwacht 75 80 306/10
Bayreuth Zuchthaus 202
Beamte 64 160 216f.
Belzec 190
Bischöfe 17 269 274/82 290 346f.
Boykott jüd. Geschäfte 308
BPP 61 111/118 123
Briefzensur 291 306/07
Bücherverbrennung 130
BVP 35 36 74 77 128 157f. 272f. 311
Capitol 71 79 330
Caritassammlung; Verbot 64
Christl.-soziale Reichspartei 60
Colosseum (KZ-Akdo) 48 192 256 335
CSR 82-90 105
Dekalog-Hirtenbrief 287
Demokratische Partei 184 214
Denunzianten 26 140 219/22 241-44
Deutsch-französ. Freundschaft 59f. 203
Deutschlandberichte Sopade 86
DJK 287
Division 999 s. Strafdiv.
Döbraschwur 23
Domspatzen 316
Donaubrücken 323/24 335 342
Donaulinie 324-49
DNVP 112 273
Edelweißpiraten 32
"Ehre" 11 23
Ehrenbürger Hitler 76 308
Eiserne Front 74 100
Emigration 77-84 187/89
Entnazifizierung 123 237 262/65 393

enttäuschtes Kirchenvolk 277/78 307
Ermächtigungsgesetz 77 78 274/75 389
Ermittlungsverfahren 266-72 388
Ernste Bibelforscher 287
Erpressung 96
"Erwachende Jugend" 291
"Der Erwerbslose" 115
Esperanto 24 123 290-93
Euthanasie 46/47 290
Evangel. Bevölkerung 37/38
Evangel. Eingabe 1937 38
Evangel. Kirche 296 299 306 317
Evolutions- und Rassenlehre 65
Fallschirmarmee 51 295
FAU Freie Arbeiter Union Dtschlds 166 170
Feldbischof 282
Festung Regensburg 324 341 351
Fliegerangriffe 42-45 320
Flossenbürg Akdo s. Colosseum
Flugblatt der Scholl 243
Fraternisierung mit Gefangenen 64 124 142
Frauen, ermordete 184-210
Frauen, inhaftierte 115 119
Frauendemonstration, erste 317
Frauenwahlrecht 79
Freidenker 111 171
freireligiös 166 286
Freitod 56 81 85 119 133 156 160 164 184
Friedensbund deutscher Katholiken 60 292
Friedensgesellschaft, Deutsche 58-62
Fronleichnamsprozessionen 62 123 310
Fuldaer Bischofskonferenz 276
Gauleiter 340-42
Gauleiterwechsel 321
Gefallene 39-41
Gefangenenadressen 144
Gefangene in Regensbg. 47-49
Gemeindewahlen 107
"Der Gerade Weg" 19 277
Gerichte 54 232 246
(Dtsch.) Gesellentag München 240 291 309
Gewerkschaften 73 104 107 123 148 166 200
Gewerkschaftshaus 75 306
Gewissen 25 27 34 78 91 149 228

257-62 409
Gnadengesuche 135 252/54 262 266
Grab Dr. Maiers 362/63
Häftlinge, deutsche 1939 33
Häftlinge in KZ 55 56
Heliand 316
heroisches Denken 25 269
Hitlergruß 28 145 219-21 379
Hitler = Krieg 18-20
Hitlerlied 12
Hitlers Ziele 12 13
Holocaustfilm 9 10
Hörspiel "Der Domprediger" 353
"jesuitisch" 231 280 358
Irrationalismus 15 27 67 330/31
Judenaustreibung 1519 129 191
"Judenknecht" 64 191
jüd. Friedhof 195/96
"jüdisch versippt" 196 200
Juralinie 331
Kampfbund gegen den Faschismus 108
Karmeliten 239 302
Kartei der Gestapo 219 228
Katholiken 160 242 250 276-91 306
kathol. Geistliche 297-304
kathol. Jugendverbände 315/16
kathol. Wähler 72 276
Kathol. Weltjugendliga 290/91
Kinder, jüdische 189
Kirchenaustritt 221 268 355
Kirche und Krieg 17 281-88 296
Klerikalseminar 106 193 229 239 339 366
Kolpingsbrüder 241 291 309-11
Kommissarsbefehl 50
Kommunistenangst 13 17 112 118 128 142 159
Kommunist. Erwerbslosen Einheitsfront Deutschlands 167
Kommunist. Jugendverband 109 293
Kommunistenverfolgung vor 33 107-13 123
Konkordat 64 280 289
KPD-Gründung 103-07 123
 -Illegalität 1923 - 25 105
 -Literaturschmuggel 117
 -Mitglieder 108/09 128 166/70
 -Wähler 72 107-09
Kreisgericht NS-Partei 219
Kreisleitertagung Regenstauf 331
"Kreuzzug" gegen Rußland 282-84
Krieg als Schicksal 281 284 296
Kriegergedenktafel St. Emmeram 11
Kriegsdienstverweigerer 287
Kriegsgegner 58-70 126 130 154 172

228 380 404
Kriegsverhinderung 407/08
Kruzifixerlaß 219/317
KZ Dachau 77 92 96 100-27 186/88 192-95 213 232-34 251 255 299 401
Dachau-Nebenlager Heidenheim 125
KZ Flossenbürg 101 132 140 151-68 179/80 405
KZ-Tote 55 401
La Juna Batalanto 290-93
Landsberg-Haft 12/13 61
Landtag 75 78 93 104 110 112 392
Landtagswahlen 105
Lazarett(e) 106 193 202 229 344
Lebensraum 13 22/23 227 284/85
"Leninzirkel" 111
Loyalität der Kirche 281 293-96 306
Luftkriegstote 42-45
Luftschutzpolizei 238/39 247
Massengrab Irler Höhe 45 48
Massensuggestion 27
Mein Kampf 12 13 17 22 226/27
Menschenverluste 38-50
Messerschmittwerke 42 48 52 119 148 241 248 334
Mischehe 195-203
Mißbrauch der Toten 30/31
"Mit brennender Sorge" 288-90
MOKA 291
Möldersbrief 222-25
Moltkeplatz 336 339 360/61
Monarchisten 128 130 159 273
Monistenbund 66
Moorsoldat 99
Morde im KZ 1933 114 401
Münchener Sondergericht 250 307
Naablinie 331
Nachfolge Jesu 374/75
Nachkriegs-Sühne 65 222 262-72 304 387f.
Naturrecht 289
Nervenkrankenhaus 46/47 54 110-13
"Neubeginnen" 22 83 89 95
Neudeutschland 160 316
Neue Donaupost 73 74
Neupfarrplatz 71 129
NS-Führungsoffizier 52 295
NSKK 194
NS-Partei 37 111 131/33 160
NS-Propaganda 16 28-30 243
Nürnberger Gefängnis 133 154-56
Nürnberger Sondergericht 149 200/02 220-31 405
Nürnberg SS- und Polizeigericht 246 251 267
NV 82f.

Oberbürgermeister 76 112 204 305 312 344 350
"Der Oberpfälzer" 157
Obrigkeit 17 276 280 298 337 352 358 370-72
"Ordnungszelle Bayern" 61 110
Parteimitgliedschaft 15 62 216-19 229 393
Parteiprogramm 22
Passauer Bistumsblatt 284
"Passierscheine" 145
Pazifismus 58-70
politische Justiz vor 33 113
politisch Verfolgte 65 237
politische Prozesse 54
"Positives Christentum" 279
Predigten Dr. Maiers 369-72
Prozesse gegen Regensburger 54
Räterepublik 106 129
"Regensburger Anzeiger" 308
"Regensburger Bistumsblatt" 285-87 309
"Regensburger Echo" 116
"Regensburger Kurier" 150 186 230 320-331
"Regensburger Sonntagsblatt" 309
Reichsamt für Sippenforschung 218
Reichsbanner 74 100
Reichsgründungsfeier 306
"Reichskristallnacht" 185 188 194 393
Reichspräsidentenwahl 1925 273
Reichstagsbrand 19 20 75
Reichstagsbrandverordnung 75
Reichstagssitzung 17.5.33 80
Reichstagswahlen 35-37 71 72 108 276 294 312 378
Reichsverteidigungskommissar 340-42
Republikschutzgesetz 273
Röhmaffäre 25
Rote Hilfe 167 171
"Der Rote Sender" 115
SA, SS 22 75 246 309/10
SAJ 74 83 84
"Schaffendes Volk" 61
Schloß Haus 354
"Schönere Zukunft" 285
Schulkampf 314
Schweigen der Kirche 286f.
SHD 239
Sippenhaft 52 97
Sondergerichte 230
Sopade 82
SozA 93
Soziologie des NS 12 15/16 218
SPD- 1. Landesparteitag 71
- nach 1934 95 154 224 228

- Organisationen 72 73
- Verbot 76 83
- Wahlergebnisse 71 72
Spitzel 96 97 116 298 302
Spott-Führerrede 1955 225/26
Spott-Wehrmachtsbericht 227
Spruchkammer(n) 66 123/24 222 313
Strafdivision 999 99 124/25
SS-Straflager 251/52
SS-Ger Nbg s. Nürnberg
Staatspartei 184 214/15
Stadelheim Gefängnis 90 134 145 150 174 201 255 260
Stadtkommandant 341/42
Stadtrat 75 100 107 312
Stadtübergabe 338 349f.
Stahlhelm 218
Standgericht(e) 332 354-58 380
Steinerne Brücke 323
Strafmaße, unmenschliche 50 230/31
Studenten 16
Täuschung 16/17
Tausendmarksperre 294
Todesmarsch 49 193 303
Todesurteile 33 90 101 144-47 186 224 230 249 260 267 299 302 321/23 331 359 405
Ursachen für NS 14-17
USPD 104-06
Velodrom 71
Verhaftungen vor 33 104 106 110/11
verlorengegangene Quellen 57 59
"Verrat" 33
Versailles 11 12 79
VGH 130-35 140-49 186 205 301-05 391
Volksempfänger 172 176/77
Volkssturm 325 335 345 350
"Volkswacht" 73 75
Voraussicht 15 18 20-24 80 119 148 214 228 241 247 291 298
Vorsehung 330
Wahlbroschüre Reichstagsbrand 1932 19
Wahre Volksmeinung 29-31
Wannseekonferenz 189
Warnungen vor Krieg 18-24 91
Wehrkraftzersetzung 134 178 224 249 303 405
Wehrmachtsbericht 320-28
wehrunwürdig 99 114 124
Weibersturm von Windsheim 333
Widerstand - aktiver 31-33 235
- allgemein 396
- der Arbeiter 119
- von Beamten 218f.

- Definition 178
- evangelischer Bürger 37 38 296
- von Geistlichen 223 298f.
- jüdischer 183-87
- katholischer 280 296f. 300-04 308 345 403 407
- KPD 406 und siehe unter Kapitel KPD
- der letzten Tage 332f. 380
- Motive 14 406
- passiver 27-31
- Pflicht zum 244
- von Soldaten 52 53
- Soziologie des 136-37 404
- SPD 406 und siehe Kapitel SPD
- Wirkung 32/33 90
- Würdigung 235 257 260 277 363/64 375/76
- Zusammenstellung 396-401

Widerständler anonyme 345
Widerständler fehlende 52-54
Wiedergutmachung 66/67 181 237 259-62
Winzerer Höhen 324
Wissen vom Terror 26/27
"Das Wort in der Zeit" 309
Wunder von Rodalben 301 304
Yad Vashem 186
Zeitzeugen schweigen 57/58 108
Zentrale Stelle ... zur Aufklärung NS-Verbrechen 270 387
Zentrum 71 272 280
"Der Zirkel" 368/69
Zeugen Jehovas 287
Zölibat für Lehrerinnen 109

Ortsregister

Abbach 327 350
Amberg 185 393
Ansbach 333
Aschaffenburg 65 185
Augsburg 89 114 150 160 260 341-47
Auschwitz s. Sachregister
Bamberg 252 269 331 340 344-47
Barbing 327
Bayreuth 293 331
Belgrad 125
Berghofen 364
Belzec 190
Bistritz 52
Cham 323/24 366
Coburg 185 386
Colmar 59
Flossenbürg 88 (KZ s. Sachreg.)
Fürth 92 102
Furth i. W. 87 96 102 119
Goldbach bei Tachau, CSR 88
Hartheim/Linz 46 401
Heidenheim 125
Kelheim 223 327
Konnersreuth 304 365/66
Laaber 126
Landau/Isar 334
Landshut 87 93 102 184 324 328 340
Lübeck 228
Lüdenscheid 295
Ludwigshafen/Rh. 60/61
Marklkofen 363/64
Matting 326
Maxhütte 113 260

Metten 364
Miltenberg 63 65-67
München 65 86 87 92 102 150
Neumarkt/Opf 321
Nürnberg 44 92 101 108 114 185 303 321
Obertraubling 44 327
Passau 149 327 347
Pentling 326
Penzberg 132
Piaski 190 195
Regenstauf 331
Reinhausen 71 104 106 116 169
Rodalben 301 304
Ronsolden 355
Rositz 198
Sarching 350
Schwabelweis 104/05 116
Schwandorf 88/89 297 323/24
Sobibor 190
Stadelheim s. Sachreg.
Stadtamhof 192 326
Straubing 87 102 123 252-59 327
Thalmassing 348
Theresienstadt 190 194-197
Trawniki 190
Tunesien 99
Waldmünchen 88
Weiden 88 89 92 102 310 331 362
Wiefelsdorf 297/98 366
Wolkering 349
Wunsiedel 12 63
Würzburg 321

Personenregister

Im Register fehlen: Hitler, Hindenburg, Papen u. ähnl.; die Auskunftspersonen S. 8; die Autoren der angezeigten Literatur; einige, die im Text nur einmal kurz erscheinen.

Namen, die in Verbindung mit Regensburg auftreten, sind unterstrichen. Personen, die wegen ihrer NS-Gegnerschaft starben, sind mit + gekennzeichnet.
R = Regensburg.

Adenauer Konrad (1876 - 1967) Katholikentag 1922	160
Aenderl Franz X. (1883 - 1951) Redakteur MZ	104 105
Albert Martin, geb. 1909; SPD; KZ; MdL 1946 - 58	392
Amann; Stadtkommandant	324 341/42
Amarant Siegmund + (1881 - 1943) hinger.	186
Aretin, Karl Otmar v.; Dr., geb. 1923	159 277
Artmann Georg, geb. 1907 Steinweg; Schlosser; Kolping	330
Ascherl Franz, Goldberg CSR	87
Auer Erhard (1874-45); SPD; 07-33 MdL 18/19 bay. Innenm.	71 80
Baierl Mathilde, Furth i. W.	96
Baldauf Joh. B. (1889 Oberalling-62) Domkapitular	352 373/74
Barbusse Henri (1874 - 1935)	59
Bauer Mathias (1887 R - 56 R) SPD; Gew. sekr. Stadtr.	75
Bauer Otto + (1881 - 38) SPÖ. Emigr. Paris	22
Baum siehe Daum	
Bayer Ernst + (1933 - 42) Piaski	189
Bayerer Alfons + (1885 - 1940)	73 - 97
Bayerer Karoline (1888 - 1979)	92 96
Bayerer Martha, s. Weber	
Bebel August (1840 - 1913)	71
Benario Rudolf Dr. + 1933 in Dachau ermordet; Nürnbg	114 185
Berr Max; Steinweg; KPD 1930	111
Berthold Georg; geb. 1864; Nürnbg	92
Bertram Adolf (1859 - 1945) Kardinal	278 341
Besier Irmgard, Kommunistin, Sudeten	117
Betzтl Karl + (1892 R - 1945) KZ-Toter	401
Beutlhauser Friedl + 1945 hinger.	327
Beyschlag Karl, geb. 1907; 1948 angeklagt	390/91
Bitter Lorenz; Kolping	310
Black Georg; Großhändler, 1930 DNVP	112
Bloch; Gewerksch. vor 1933 KPD	104
Bloch Adolf, Dr. + (1876 R - 1942) Justizrat; Piaski	195
Bock Ernst und Familie + Piaski	195
Böhm Karl (1907 - 77) Domvikar	161 316 362
Bollwein Josef + (1904 - 43)	128 132 139-46 150 387
Bommel Gerhard, geb. 1902, RegPr	354 388 - 90
Bonhoeffer Dietrich + (1906 - 45) Pfr. Bekenn. Ki.; KZ	19 134 371
Bron Max (1882 - 1970) Atomphysiker	24 185
Bort Eugen, verhaftet 23.4.45	354 380
Brandis Alice, geb. Holzinger + (1900 R - 1942) Piaski	189
Brandis Karl + (1890 - 1942) Piaski	189
Bräu Fritz (1899 - 1962) Zuchthaus 1943 - 45	200 - 03
Bräu Josef + (1914 - 44) Verau/Maxhütte	260 - 62
Braun Erich Dr. (1898 - 1982) Coburg	105
Breitschafter Hanns (1914 - 73)	369
Brombierstäudl Georg (1886 - 60) Geistl. Rat, Militärprediger	306

Buchberger Michael (1874 - 1961) 1928 - 61 Bischof   279 281 284 - 88
                                     293 311 - 13 341 347 353 362 374 392
Bucher 1952   266
Bumes Josef; geb. 1907; Bäcker; angeklagt 1934   118
Bunz Max, LG-Arzt   196
Burgau Mich. (1878 R - 49 R) SPD; 24 - 33 Stadtr.   71 72 95 107
Bürger Robert, stellv. Kampfkommandant   324 341 349
Burjan + aus Österreich; hinger.   205
Cavael; SS-Gericht Nbg   254 256 266/67
Christoph Adolf (1898 Keilberg - 71 R) Arbeiter; KPD; OLG 1935   118
Christoph Heinr. Maurer KPD; angekl. 1935   118
Dachs, Frau d. Regsbger Hochsch.professors   317
Danner Rupert sen. (1876 Schierling - 42 R) KZ   112 118
Danner Rupert jun. (1906 R - 43) KZ; in Gorizia gefallen   118
Dantscher Anton SJ (1876 - 1943) Klerikalseminar   362
Daschner Georg; geb. 1911; SPD   143
Daubinet; Elsaß; verhaftet 23.4.45   354 379
Daum Adolf, Stadtvikar   306
David R.; Vessey, Frankr.   202
Debus Karl Dr. (1891 Leistadt - 57 R) Chefred. MZ   345
Deiser Max, LSPol   175 242
Delmer Sefton (1904 - 79) 41-45 Leiter brit. Propag.   223 - 25
Delp Alfred SJ + (1907 - 45) hinger. Plötzensee   371
Demont Henri (1877 - 1959) Pazifist   59 60
Deubler Jakob (1897 Stadtamh. - 71 R) SPD; Apr.-Juni 33 Stadtr.   75
Deubzer Martin Dr. theol. Dr. phil. (1890 - 59 R) Domkapitular   348 369
                                                                373/74 386
Dibelius Otto (1880 - 67); 1945 ev. Bischof v. Berlin   281
Dietlmeier Otto; Kolping   310
Dill Hans (1887 - 73) SPD Nbg; 19-23 MdL 30-33 MdR;   84 86 - 88 96
Dirks Walter Dr. theol. h. c., geb. 1901   19
Döberl Anton Dr. theol. (1879-1940) Geistl. Rat   299
Dratzel Johann + (1885 R - 1942) KZ-Toter   401
Eckert Heinrich, SPD   143
Eder Friederike, geb. Menauer   205 257
Eder Josef + Augsburg; 1943 hinger.   150
Eder Josef, aus Österr.; Donaustauf   205
Eibl Johann + (1895 - 1942)   133 163 - 64 387
Einstein Albert (1879 - 1955)   24 185
Eisinger Franz X., geb. 1896; Kriminalkomm.   131
Eisner Kurt + (1867 - 1919) MinPr   80 106
Enderlein Anna (1901 R - 54 R); 1936 angeklagt   121 123
Enderlein Franz + (1899 - 1946)   103 121 - 25
Enderlein Fritz (1897 R - 1961 Ambg)   121 130
Engert Josef SJ Dr. theol. Dr. phil. (1882 - 1964 R)   365
Epp, Franz X. Ritter von, (1868 - 46 o. 47)   106
Erhard Johann + (1879 - 1939) KZ-Toter   401
Ernst Martin (1888 R - 62 R) SPD Stadtr.   199
Erzberger Matth. + (1875 - 21) ermordet; Ztr. 03 - 21 MdR; RFMin.   292
Esser Karl (1880 - 61) 24 - 33 Stadtr. KZ   65 72 77 80 95 99
Faltner Franz; geb. 1901 München VGH; 10 J. Zuchthaus   85 92
Faulhaber, Michael von (1869 - 52) Kardinal   160 284 288 293 309 367 371
Fechenbach Felix + (1894 - 33) Mü, Lippe; erschoss.   185
Fehn; General; Augsburg   341
Feichtinger Georg Dr.; Tegernsee   344
Feiner Hans (1881 R - 1966 R) SPD   73

Fellner Heinrich + (1884 R - 41) KZ-Toter	401
Fichtlscherer Ludwig	123
Finsterwalder Rich. Dr. (1899 - 63) Prof. TU Mü. Himalayaforscher	30
Fischl Friedrich, geb. 1889 R	
Fischl Emil, geb. 1914 Frkft/Oder; Lager Rositz	198
Fischl Kurt, geb. 1918 R. Lager Rositz	198
Foerstl Joh. Nep. Dr. theol. (1881 - 50)	361/62 368 374
Forchheimer Inge + (1932 R - 45) Piaski	190
Forster Joseph (1884 - 76) Domvikar	374
Frammelsberger Max + (1880 - 44) Pfr. Oberglaim	299
France Anatole (1844 - 1924)	59
Frank Arnold + (1901 - 41) KZ-Toter	401
Frankl Augustin; Kolping	311
Franzspöck Josef jun.; geb. 1913; Landshut	93
Freisler Roland (1893 - 45) Pr des VGH; gest. Luftangr.	302
Frieb Hermann + (1909 - 43); München; SPD; hinger.	89 149 150
Fried Alfred (1864 - 21) Friedensnobelpr. 1911	62
Fried Johann, München	86 87
Frisch Josef + 1945 hinger.; Lkr. Kötzting	327
Fritz Helene, geb. 1890; Theresienstadt	197
Frohschammer Theodor; Neupfarrplatzgruppe	132
Fuß Betty (Barbara) (1894 - 1982) KPD	108 115
Fuß Konrad (1897 - 1983) KPD	103 - 10 114 - 15
Galen, Clemens Aug., Graf v. (1878 - 46) Bischof	241 290
Gäßler Herm., Edler von (1876 - 60 R) RegPr	128
Gebert Hans (1896 - 48 R) 33 NS-Stadtr.; 35 Ratsherr	354/55 359 388 - 91
Geiger Dr. med. + Passau; 43 in Berlin hinger.	149
Gemeiner Carl Theod. (1756 R - 1823 R) Historiker	191
Gerlach, Hellmut von (1866 - 1935)	59
Gerlich Fritz + (1883 - 1934) München ermordet	19 277 287 304
Giese Herm. Rich., geb. 1894 Donaustauf; ev. Dekan u. Stadtpfr.	
Giese Luise Emilie, geb. Hofer; geb. 1896 Mü.	38 317
Gittfried Ludwig (1902 - 64) LSPol	256
Gloßner (Krug)	215 229
Goldenberger Franz (1867 - 48) 26 - 33 bayr. Kultusmin.	112
Graber Rudolf; geb. 1903; Bischof Regensbg.	316
Graefe Julius Dr.	388
Graf; KPD vor 1933	111
Graf Josef + Augsburg; 1942 hinger.	150
Graf Otto; MdL KPD	104
Graf Willi + (1918 - 43) Weiße Rose; Mü. hinger.	151
Gräßl Josef (1887 - 64) BVP- u. CSU-Stadtr.	310/11
Greil Josef; geb. 1890 Fuhrn/Kemn. Zugrevisor	218
Gremer (Krug)	231
Grünbaum Konrad; geb. 1906; Fürth; SPD	87 92
Günther August; kathol. Pazifist; Köln	291 293
Gürtner Franz (1881 R - 41) Justizmin. 22-32 i. Bay. 32-41 i. Reich	80 273
Gutmann Senta + (1880 R - 42) freirel.; Piaski	195
Haas Anton, geb. 1916	169 181 182
Haas Josef + (1899 - 44)	106 166 168 169 - 82 387
Habbel Josef sen. (1877 Ambg - 36 Reuß) Verleger	35 157 311 336 368
Habbel Josef jun. (1903 R - 74) Verleger; CSU-Stadtr.	35 316 369
Habbel Maria (1880 - 41) Gattin des MinPr Held	35 368
Habbel Martin, geb. 1878; Verleger; Schutzhaft	
Hackinger; Hengstenberg	195
Haffner Sebastian; eigentl. Raimund Pretzel; geb. 1907	28

Hahn Michael, geb. 1912; Postschaffner; KZ 119
Haindl Max (1887 Bodenw. - 28 R) KPD; 24 Stadtr. 107
Haltmayer Maria, Mü, Schwester v. Dr. Maier 368
Hartmann; VGH 143
Hartl Alfons (1887 Abbach - 65 R) v. Assist. bis Rat, Gestapochef 104
Haunschild Georg; Kolping 310
Hausdorf Georg + (1880 - 42) KZ-Toter 401
Haymann Norbert + Piaski 190
Haymann Ursula + Piaski 190
Hebra; österr. Schriftst. hinger. 205
Heer Friedr., geb. 1916; österr. Historiker 280
Heidecker David, Dr. (1886 - 30 R) Justizrat 203
Heidecker Meta, geb. Wollner, gest. 1921 203
Heim Georg Dr. (1865 - 38) MdL u. MdR; christl. Bauernv. 35 169 311
Heinrichmeyer Elsa (1894 - 75 R) Theresienstadt 196 - 99
Heinrichmeyer Fritz (1897 - 82); Lager Rositz 196 - 99
Heiß Alfons Dr. (1897-79) Zuchths. Obgm 179 199 - 205
Heiß Alice, geb. Heidecker + (1899 R - 44 Auschwitz) 191 199 - 210
Heiß Helene Anna Meta, geb. 1929 R; heirat. 48 N. A. Shepanek,
    Wash. D. C. 205
Held Heinr. Dr. (1868 - 38) 24-33 MinPr 35 273 306 311
Held Josef Dr. Dr. (1902 - 64) RA und Verleger 237
Heller Vitus; Vorsitzd. Christl. soziale Reichspartei 60
Henlein Konrad (1898-45) Sudetendtsch. P. Gauleiter; Freitod 85
Hennicke Paul, geb. 1883; SS-General 356 361 388 - 92
Hermann Karl sen., geb. 1890; Landshut 87 93
Hermann Karl jun., geb. 1914; Landshut 87 93
Herrler Paul (1892 - 72) Neupfarrplatzgruppe 157
Herrmann Hans (1889 R - 59) MdL Obgm
    (BVP, NS-P, CSU) 123 272 311 - 13 349
Herrmann Wilhelm, geb. 1885, Haft 1943 - 45 200/01
Herzog Franz + (1882 - 43) KZ; 133 157 161 - 63 202 387 394
Heyder Gebhard, geb. 1904, Pater OCD 134 299 300 - 05 367
Hierl Johann; verhaftet 23.4.45 354 357 379/80
Hiltl Franz X., geb. 1902; Präfekt Knabenseminar 343
Hiltl Josef (1889 - 1979) Weihbischof 229
Hipp Otto Dr. (1885 Mü - 52 Mü) 20 - 33 Obgm 305 346
Höcherl Hermann, geb. 1912; Bundesmin. 391
Hoegner Wilhelm (1887 - 80) 24 - 32 MdL; 30 - 33 MdR;
    45/46 u. 54 - 57 MinPr 79 80 89 105
Hoffmann Hans, geb. 1898; NSV-Leiter 384 - 86 390 - 91
Hofmann Leo (1896 - 63 R) Eisenb.Gewerksch. KZ 77
Hofmann Rosa; Priester-Hilfswerk 316
Höhne Franz X. (1904 - 80) KZ; MdB 75 86 87 92 93 100
Holl Peter (1860 - 25) SPD; Passau 74
Holzinger Gisela + (1878 Mz - 42) Piaski 189 195
Horn; KPD 1920er Jahre 104
Horváth, Ödön von (1901 - 38) österr. Schriftsteller 110
Hösl Johann (1887 - 71) ab 22 Pfr. St. Anton R. 299 311 314
Huber Alois + Ittling bei Straubing; 45 hinger. 327
Huber Kurt + (1893 - 43) Prof. Mü; Weiße Rose; hinger. 151 369
Hundhammer Andr. geb. 1878; bischöfl. Verw.direktor 311
Hüsson Hans; Kampfkommandant 324 341/42 349
Jaksch Wenzel (1896 - 66) Sozialdem. Sudeten 85
Janik Emil Dr.; Passau 285
Janker Joh. (1895 - 69 R) KZ Floss. Freitodversuch 133 175

Janker Ignaz, geb. 1897; KPD; Schwerkriegsbesch.; KZ	175
Igl Johann + (1912 - 45)	238 - 72 310
Igl Pauline	239 254 257 262
Innitzer Theod. (1875 - 55) 29/30 öst. Bundesmin.; Kardinal	278
Johannes Paul II. Wojtyla Karol; geb. 20; seit 78 Papst;	33 180
Jones Jim; Sektenführer	27
Joseph Otto; s. Kolb	
Joringer Josef; Straubing; Gefängnis und KZ bis 39	87
Kaas Ludwig (1881 - 52) Prälat; 28 - 33 Vors. Ztr.; 33 Emigr. Rom	272 278 366 389
Kaeser Elisabeth; 1930 MdL	112
Kahn Heinr. geb. 1908 R; KZ; 39 n. Palästina	193
Kahr Gustav, Ritter v. + (1862 - 34) 20/23 bay. Reg.chef;	273 287
Kappelmeier Helene; geb. 1888; Theresienstadt	197
Karl Johann + (1878 R - 45) KZ-Toter	401
Katzenberger Lehmann + (1873 - 42) Nbg.; hinger.	217 223
Kaue, geb. Levy + Berlin	185
Kellner Joh. + (1882 - 43)	128 130 141 146 - 51 387
Kellner Josef; gest. 1980; KPD	108
Kempner Benedicta M. (1904 - 82); 35 Emigr. Ital. USA	301
Kesselring Albert (1885 - 60) Generalfeldm.	325 328 349 351
Kick Erika (1915 - 43)	28 30
Kilian, gest. ca. 1968; Garmisch-Partenk.	264
Kimpel Johann (1882 - 57) Regensburger Pazifist	58 - 70
Kirmse Arthur + (1887 - 44) KZ-Toter	401
Klausener Erich + (1885 - 34) Kath. Aktion Berlin; ermord.	287
Kleber Joh. Nep. (1886 - 69) Pfr. Wiefelsdf.; EK;	297 - 98 366
Knoeringen, Waldemar Frhr. v. (1906 - 71)	79 87 89 95
Kobl Franz (1889 - 1948) SPD	143
Köck Ernst Dr. (1886 Mü - 62 R) Kinderarzt	335 337 353 368
Köck Inge Dr., geb. 1918	335 369
Köglmeier; VGH	143
Kolb, Joseph Otto (1881 - 55) Erzbischof Bamberg	346
Kollwitz Käthe (1867 - 1944) ab 36 Ausstellungsverbot	18
Köppl Josef (1905 R - 60 R); SPD; Gefängnis	86 88 92 93
Korndörfer Heinrich; KPD vor 1933	109 112
Korte Dr. Karthaus	111
Kramer Karl + (1881 - 45 Gefängn. Landsbg.) Pfr. Schnaittenb.	299
Kraus Friedrich + (1903 - 55) KZ-Toter	401
Kraus Josef (1895 - 79) Stadtpfr. EK I u. II	239 245 256 339 374
Krön; LSPoL	251
Kroneberger Edmund; (Bistumsblatt)	285
Krug Alois + (1890 - 45) KZ-Toter	213 - 37 394
Krug Regina, geb. Gloßner	214 237
Kuhn Otto; Schwandorf; 4 J. Zuchthaus	88 89
Kuhnlein A., Dr.; SS-Gericht Nbg	247 265 267 394
Kumpfmüller Mich. + geb. 07 Wolfsegg; KZ; 999er	124 142
Lampersberger Josef; geb. 1912; SPD; Sudeten	85
Landersdorfer Simon Konr. (1880 - 71) 36 - 68 Bischof Passau	347
Landgraf Dr., Weihbischof Bamberg	269 347
Lang Rudolf, Dr. Arzt; Augsburg	344
Lautenbacher Guntram; geb. 1895 Schwabmü.; Kunstmaler;	366 369
Lechner Johann; Waldmünchen	88
Lehrburger Karl + Nbg. KZ-Toter	114
Leicht Joh. (1868 - 40) Prälat; Vors. BVP-Reichstagsfraktion	272
Lenz Paulus; kathol. Pazifist	293

Lerchental Heinz; Nbg. TU Mü. Sozialist 211
Levy Albert + (1861 Leobschütz - 42) Theresienstadt 185
Levy Gertrud + (1863 Leobsch. - 43) Theresienstadt 185
Lex Hans, Ritter v. (1893 - 70) BVP 32 - 33 MdR; 57 - 60 im BMdI 274
Leykam Jakob; KPD; Vors. Rote Hilfe 115
Leythäuser Herm. (1884 - 61) Generalmajor 350
Lichtenberg Bernh. + (1875 - 43) Dompropst Berlin; KZ-Toter 288
Liedtke Erich; SS; Akdo Stadtamhof (Flossenbürg) 256
Lilienfeld Josef + (1869 - 42 R) 194
Lilienfeld Ida, geb. Grünhut, geb. 1881 R; Theresienstadt 195
Lilienthal Joel + (1872 bei Kowno - 15.11.38 R) 195
Lilienthal Anna, geb. Wahle; geb. 1883; emigr. 39 n. Palästina
Lindinger Maria 339
Linsenmeier Josef; SPD München 86 87
Lippert Michael; geb. 1897 bei Selb; SS-Führer 193
Löbe Paul (1875 - 67) 25 - 32 Reichstagspr. 49 - 53 MdB 80
Lobenhoffer, Prof. Dr.; Arzt Bamberg 344
Loewe Fritz Dr. (1895 - 74) dtsch. u. austr. Polarf. 26 183/84
Lorenz Dr.; VGH 143
Losch Jos. + (1900 Rottendf. - 45 hinger.) Pfr. Miesbrunn 299
Lottner Michael + (1899 - 45) 361 363 381 - 86 390/91 395
Löwenstein Hubertus, Prinz zu; geb. 1906; Reichsbanner 20
Maier Johann, Dr. + (1906 - 45) 238 316 331 336 341 352 - 76 388 - 95
Maierhofer Augustin, geb. 1904; Prediger St. Wolfgang 299
Mainzer, Dr. med. + Nbg. Freitod 1942 185
Majláth, Dr., Bischof Siebenbürgen 291
Maldaque Elly + (1893 - 1930) Lehrerin 59 109 - 13
Mangold Karl OFM + (1889 Mähr. Trübau - 6.6.41 oder 18.7.42 KZ Da.) 299
Mann Heinrich (1871 - 1950) 18
Mann Thomas (1875 - 1955) 24
Manz Gg. Jos. (1808 - 94) Verlagsbuchhändler 35
Margeth Philipp; Furth i. W. 87 96
Martin Benno, Dr. geb. 1893; Nbg. HSSPF; 247 251 256 265 - 68 340 347 394
Marx Wilhelm (1863 - 46); 26 - 28 Reichskanzler 273
Masaryk Thomas (1850 - 37) Präsident CSR 59
Massinger Max + (1884 - 43) 133 151 - 56 387 394
Massinger Therese 156
Matzke Othmar, geb. 1914 bei Brixen, Südtirol; Major; 343 349 355
Mehring Walter (1896 - 81) Schriftst. Emigr. n. Frkr., USA 110
Meiser Hans, D. (1881 - 56) 33 - 55 ev. Landesbischof v. Bay. 296
Meißner; Generalmajor; VGH 143
Menauer Friederike, s. Eder Friederike
Mett Karl; Lübeck 227 - 28
Meyer, Dr. Zahnarzt 200
Mölders Werner (1913 - 41) Jagdflieger; abgestürzt 223 - 25
Mörtl Franz sen. + (1878 - 35) Weiden; KZ-Toter 92
Mörtl Franz jun., geb. 1913; Weiden; 2 J. Zuchth.; KZ 88 89
Mörtl Josef; Weiden; 2 1/2 J. Zuchth.; KZ; 15. u. 21 Btl./999 88 89 92
Mosse Rudolf + (1890 Berlin - 33 Berlin) 184
Möstel Gottlieb + (1878 R - 44) KZ-Toter 401
Müller Hans; MdL BVP 274
Müller Josef; geb. 1898; 43 - 45 in Haft; bay. Justizm. bis 1952 393
Müller Rupert; tötete Lottner 384 390 395
Mulzer Johann + (1883 R - 45) KZ-Toter 401
Münch Karl; LSPol 247 267 394
Munkert Georg + (1888 - 43) Nbg. hinger. 101

Naab Ingbert (1885 - 35) Kapuzinerpater. Emigr.	19 290
Naß Adolf Abraham + (1870 Galizien - 43 Theresienstadt)	194
Naß Rosa, geb. Jacob (1873 R - 40 R)	194
Nathan Jacob + KZ; dann im Osten ermordet	194
Nerdinger Eugen; Augsburg	89
Neubauer Irene; Lehrerin	59 109 112
Neuhierl Josef + (1904 R - 40) KZ-Toter	401
Neukam Fritz; SS-Gericht Nbg	267
Neumann Victoria + geb. 1907; m. Tochter n. Auschwitz	196 198
Neumann Therese (1898 - 62) Konnersreuth;	277 365/66
Neumeyer, Hauptwachtmeister	234
Neumeyer Wolfgang + (1883 R - 42) KZ-Toter	401
Neupert; jüdische Familie	195
Niemöller Martin Dr. (1892 - 84) Bekenn. Ki.; 7 J. KZ; DFG;	62 159
Nießl Joh. + (1898 - 40 KZ Sachshs.) Pfr. EK	299
Niklas; LSPol	256
Noppel; Pater; kathol. Pazifist	59
Oeschey Rudolf; Sondergericht Nbg	231
Oettinger Fritz, Dr. geb. 1885 R. RA; 24 Stadtr. Emigr.	107 184
Oettinger Elsa, geb. Niedermaier, geb. 1893 R. Emigr.	
Oettinger Paul, Dr. geb. 1922 R. 39 nach Palästina	194
Ort Leo, geb. 1904; Kapuzinerpater; Domprediger	392
Ortloph Klement, geb. 1890; 46 - 58 MdL CSU	392
Ossietzky Carl von + (1889 - 38) Fr.-Nobelpr. Im KZ ermord.	62
Pacelli Eugenio, ab 39 Pius XII. (1876 - 58)	280 284 366
Patton George Smith jun. (1885 - 45) befehligte 3. Armee (+ Autounfall)	350
Penzkofer Karl, geb. 1908; Straubing	123
Pesahl Georg (1908 R - 44) SPD; vermißt	143
Peter Gottlieb (Georg), geb. 1911 R. CSR, Norw. DDR	84 86 87 89
Pfaffenberger Franz + (1888 - 45) Kelheim	149 223/24
Pfauntsch Josef + SPD; ermord. 1933	52 131
Pfülf Antonia + (1877 - 33) München; SPD MdR R	56 72 78 - 82
Pfülf Otto SJ; Rom	365
Pinder SS-Gericht Nbg	267
Pius XII. s. Pacelli	
Plagge SS; Akdo Flossenbürg; Stadtamhof	258
Pointner Rich., geb. 1902 Zara; Standger.	354 356 359 388 - 92 395
Pongratz Jos. (1889 Furth i. W. - 78) Pfr. Eschlkam	299
Popp Fritz (1882 Nbg - 55 R) Pol.direktor	49 179 352/54
Pöpp(e)l; KPD 1923	104
Prechtl Johann (1896 - 69); 8 Jahre KZ	125 - 27
Prem Mich. (1896 - 80) Caritasdir.; Prälat; EK	299
Preysing Konrad; Graf v. (1880 - 50) Bisch. Berlin	282 283 371
Probst Adalbert; + Reichsführer DJK; ermordet 1934	287
Probst Christoph + (1919 - 43); Weiße Rose; enthauptet	151
Pustet Friedr. (1897 R - 62 R) 1933 Stadtr. BVP	35 311 369
Quidde Ludw. (1858 - 41) Historiker; Nobelpr. MdR	59 62
Ranner Sebastian geb. 1905 Mü.	219 222 230 354
Rarkowski Franz Justus (1873 - 50) 36 - 45 Feldbischof	282/83
Raßhofer; Kreisleiter Hemau	126 219
Rasquin Karl (1883 - 54 R) Theaterdirektor	52
Rathsam Berta, gest. ca 83;	339 348 360 369
Rauschning Herm. (1887 - 82) 33 Pr Danziger Senat; emigr.	279
Rehse Hans-Joachim, gest. 1968; VGH-Richter; 231 Todesurteile	305
Reichl Willi, geb. 1913; SPD	89
Rein Willibald; Kreisleiter	307

Renner Friedrich; Amberg	87
Reuter Ernst (1889 - 53) 35 Emigr. Türkei; 48 Obgm W-Berlin	24
Richter Karl	247 255 - 59 264 - 67 269 394
Riedelsheimer Ludw. (1891 - 46 R) u. Frau Maria; SPD; KZ	143 166
Ringelmann 1918 - 33 BVP, 33 weiter Ref. i. Finanzmin.	230
Rinser Luise, geb. 1911;	278
Ritter Leo, Dr. (1890 - 79 R) Chefarzt;	171 202 339 344 374
Robinson John SJ; USA	292
Rödl Josef + (1889 - 59 R) Neupfarrpl.gr.	53 155 397 - 400
Rohrmeier Franz X. (1875 - 40) seit 16 Pfr. Marklkofen	364
Rohrmeier Martin, geb. 1906; Pfr. Kelheim	317 364
Rosenblatt David, geb. 1871 R; 12 - 19 Stadtr. KZ	192
Roßhaupter Albert (1878 - 49) MdL; 45 - 47 bay. Arbeitsmin.	78
Roth Joseph + (1894 - 39) österr. Schriftst. Emigr. 1933 Paris	21
Rothammer Josef (1908 R - 76 R) KZ; nach 45 Stadtr. SPD	77 199
Rothaug Oswald; Sg Nbg;	141 202 223 231 299
Ruckdeschel Ludw. geb. 1907;	269 321 330 - 32 340 342 354 389 - 91
Rückerl Adalb., Dr. geb. 1925; 61 - 84 Leiter Ludwigsburg	33 271
Rummel A., Dr. med. Würzburg (Krug)	233
Sabatier Charlotte (1871 - 55) Theresienstadt	189 196 197
Sabatier Ferd. (1911 R - 45 gefallen) 16.3. - 1.5.33 Schutzhaft	199
Sabatier Gottlieb (1856 R - 12 R) Mechaniker	196
Sabatier Wilhelm (1908 - 72 R) Chauffeur; Zwangsarbeit	196 197
Salat Alfred (1908 - 67) Pfr. Schottenhm.-Siedlg.	299
Sattelmair Dr., Chefredakteur	348
Schäfer Wilhelm (1868 - 52) Schriftsteller	228
Schäffer Fritz (1888 - 67) MinPr; Bundesmin.	346
Schaper Friedrich; MdL KPD	110 112
Scharf Pius Joh. Dr. med. (1876 Nbg - 51 R)	258
Scharnagl Anton; Prälat; BVP	272
Scheben Freiherr v. Cronfeld (1872 - 54 R) O-Stabsarzt	106
Scheid Fritz, Dr. med. + 45 erschossen Rottach-Egern	344
Scheringer Richard; KPD	279
Schemm Hans (1891-35) Gauleiter Bay. Ostmark; verunglückt	75
Scherm Johann; 1892 Nbg.	71
Scheuerer Adolf (1909 - 71 R) städt. Ang. KPD; KZ	123
Scheuerer Agnes (1908 - 72 R) KPD; KZ	123
Schinabeck Max (1892 - 60) 33 SPD-Stadtr.	72 73 75 77 95
Schindler Joh. + (1884 - 42) KZ-Toter	133 156 - 61 164 176 387
Schlabrendorff, Fabian v. geb. 1907; General; 44 Flossenbg.	24
Schlichtinger Rud. sen. (1864 - 37 R) seit 20 MdL; 19 Stadtr.	73 112
Schlittenbauer Seb. (1891 - 52) 28 - 33 Koop. Steinweg; MdR	272
Schmidbauer Friedrich	388
Schmorell Alexander + (1917 - 43) Weiße Rose; enthauptet	151
Schnabel Dr. SS-Arzt Flossenbürg	160
Schober Josef; München	86 87
Schoenaich Paul, Frhr. v. geb. 1866; Generalmajor d. D. DFG	59
Scholl Hans + (1918 - 43) Weiße Rose; hinger.	151 176 243
Scholl Sophie + (1921 - 43) Weiße Rose; hinger.	151 176 243
Schollerer Josef; KPD	111/12
Schott Katharina; geb. 1896; KPD 1923	113 168
Schottenheim Otto, Dr. med. (1890 R - 80 R)	76 312/13 335 350 388
Schottig Frieda, geb. 1886 Wunsiedel; KZ; Palästina	195
Schottig Max (1887 bei Preßburg - 45 Berlin)	
Schrems Theob., Dr. phil. (1893 - 63) Domkapellmstr. Geistl. Rat	316
Schroeder Jürgen; Prof. Germanistik	110 113

Schubert Greta	363
Schwarz Joh., geb. 1894; Standger.	345 353 - 58 380 388 - 91
Segitz Martin (1851 - 27) 1919 Innenmin.	71
Seidl Ludwig, geb. 1896; Neupfarrplatzgruppe	175
Seiff Franz, Dr. + Landshut; 45 hinger.	340
Seipel Ignaz (1876 - 32) Prälat; 22 - 24, 26 - 29 österr. Kanzler	59
Seitz Theod. geb. 1907; St. Emmeram	206 241 255 - 59 361 374 376
Semmler Jakob (1906 - 60) KPD	111/12
Seuß Friedrich; Amberg	87
Smaller 1519 hingerichtet	191
Sillard Roger; Frankreich	291
Solzbacher Wilh. Dr. geb. 1907; kathol. Pazifist; 33 emigr.	291
Sonnauer Georg (1898 - 42 R) Neupfarrplatzgruppe	133
Sowa; Gestapochef	354 360/61 388
Spießl Ludw. geb. 1906; Pfr.	233 251 297 317 364 366 376
Stadler; O-Postrat	369
Stampfer Friedr. (1874 - 57) 20 - 33 MdR; 33 - 40 Chefred. NV	77 82
Staudinger Karl (1878 R - 64 R) O-Schulrat; 24, 29 Stadtr.	214
Steinbeißer J. W.; Schriftsteller	110
Stiebl Martin + KPD Nbg	114
Stieglbauer Heinr. + (06 - 43 KZ Da.) Koop. Pullenreuth	299
Stirner Max (1806 - 56); Anarchist	166
Stöhr Heinrich; Fürth	93
Strähuber Franz (1879 Strbg. - 58 R) KPD	119
Strähuber Regina (1898 R - 62 R) KPD	119
Stratmann Franziskus M. OP (1883 - 71) emigrierte	19 59 292 293
Stuber Joh. B. (1874 - 48) seit 1910 Pfr. Wunsiedel	275
Suttner Bernh. geb. 1907; Kolping; Stadtr. CSU; 58 MdL	311
Suttner Berta v. (1843 - 14) Fr.-Nobelpreis 1905	62
Thälmann Ernst + (1886 - 44) 25 - 33 Vors. KPD; in Buchenw. ermord.	20
Then Alois, geb. 1902; Standger.	354 - 59 388 - 91
Thorbeck; SS-Jurist	254 265
Thurn und Taxis, Albert, Fürst v. (1867 - 52)	
Thurn und Taxis, Margarethe, Fürstin v. (1870 Alesut - 55 R)	363
Tolsdorff Theo; General	341 349
Trimpl KPD 1930	112
Troll Carl (1899 - 75) Geograph Univ. Bonn	30
Troßmann Karl, geb. 1871; BVP; 19 - 24 MdL; 24 - 33 MdR	19
Trotzki Leo (1879 - 40)	20
Tucholsky Kurt + (1890 - 35)	18
Udet Ernst (1896 - 41)	223
Urz Friedrich, gest. 1979; 999er	125
Voelk Wilhelm, geb. 1890; Hptm. a. D. Bund Oberland	12/13
Vogel Hans (1881 - 45) 12 - 18 MdL 20 - 33 MdR 2. Vors. SPD Prag	77
Wächtler Fritz + (1891 - 45) Gauleiter	321 335 340 346
Wager Josef + (1905 - 43) Augsburg; enthauptet	89 149 150
Wagner Adolf (1890 - 44) Bay. NS-Innen- u. Kultusmin.	76 309 317
Wagner Augustin + (1898 - 45) Geistlicher; erschossen	299
Wagner Jakob (1871 - 38) Pfr. Stadtamhof	299 311
Wagner Winifred, geb. Williams (1897 - 80) 30 - 44 Festspielleitg.	224
Wahl Karl; Gauleiter Schwaben	341
Walter-Kottenkamp F. A. Bistumsbl.	286
Weber A(ndr.) Paul (1893 - 80) Künstler	18
Weber Franz; München	85
Weber Hans, geb. 1912; SPD; nach 45 2. Bgm.	74 76 84 - 89 93 98/99
Weber Martha, geb. Bayerer, geb. 1914	74 86 89 92

Weigert Wolfgang, geb. 1893 Zeitlarn; Kreisleiter   229 308 317 340 342 352
                                                              354 356 384 388 - 95
Weigl Alphons M. geb. 1903 Langquaid; Exerzit.heim Werdenfels   299
Weikl Ludwig SJ   360 364 373
Weilner Jgnaz Dr. theol. geb. 1912 R. 45 Kapl.; Univ. Prof.   372
Wels Otto (1873 - 39) 31 - 33 Vors.SPD; Ltg.Sopade m. Vogel   77 78
Widmann; Senatspräs. MdL (BVP)   93
Winzinger Josef, geb. 1891; Neupfarrplatzgruppe   175
Woellmer Herbert; SS-Gericht Nbg   254 - 67 394
Wurm Theophil (1868 - 53) ev. Landesbisch. v. Württ.   47
Zaubzer Georg + (1895 - 44)   55 113 164 - 68 176 180 387
Zaubzer Ludwig, geb. 1910 Reinhausen   113
Zeilberger Heinrich und Leo + Coburg   186
Zeitler Karl; Laaber   126
Zimmermann Karl; Schwandorf   88
Zimmermann Xaver + (1901 R - 44) KZ-Toter   401
Zilch; SS-Gericht Nbg   247 267 394
Zirkl Josef + (1875 - 45)   201 331 354 359 - 63 376 - 81 395
Zitzler Georg, geb. 1903 Ambg. 46 MdL CSU; 48 Obgm   48 204
Zweig Stefan + (1881 - 42) Freitod in der Emigr. (Brasilien)   21

J. C. Tesdorpf · Landschaftsverbrauch

Das aktuellste Buch zu einem brandheißen Thema:
Stirbt die Landschaft? Stirbt der Boden? Was können wir dagegen tun?

Durch umfassende Analysen und wohlausgewogene Diagnosen klärt der Autor das verzweigte Ursachengeflecht, leuchtet schonungslos in die Schwächen von Gesetzgebung, Politik und Verwaltung hinein und zeigt mittels einer Expertenbefragung den gegenwärtigen Erkenntnisstand der Wissenschaft auf.

Die Hauptursachen sieht Tesdorpf u.a.

o in dem *Profitstreben* von Planern und Architekten, Bauunternehmern und Bauherren, die Landschaft nur als eine *Ware* betrachten, welche möglichst hohe Grundrenten abwerfen soll

o in der *Subventions- und Prestigementalität* der Kommunalpolitiker, die noch nicht begriffen haben, daß Boden und Landschaft begrenzte Ressourcen sind

o im *Ressortegoismus* von Ministerien und Verwaltungen, welche die Umwelt vorwiegend durch die Brille ihres Faches sehen und damit die Erkenntis der vernetzten Zusammenhänge erschweren und notwendige Maßnahmen im Kompetenzdschungel der Bürokratie ersticken

o in dem *Juristenmonopol* der Umwelt- und Naturschutzverwaltungen und der daraus folgenden reaktiven Polizeivollzugsmechanismen, die eine systemar angelegte Umweltvorsorge bisher verhinderten

o im *Perfektionsstreben* der technischen Verwaltungen, die mit überzogenen Ausbaustandards Natur und Umwelt vergewaltigen

o in der *Wohlstands- und Freizeiteuphorie*, die von gewissen gesellschaftlichen Gruppen angeheizt wird, obwohl die Grenzen des Wachstums schon lange sichtbar sind.

Das Besondere an diesem Buch aber ist der Maßnahmenkatalog mit seinen nahezu vierhundert konkreten Vorschlägen, die sich an alle Zielgruppen richten, die Landschaft verbrauchen: vor allem an die Öffentliche Hand, aber auch an Landwirtschaft, Gewerbe und Wohnungsbau, eigentlich an jeden von uns, da wir alle mit immer mehr Wohnfläche, weiter steigender Freizeit und ungebrochenem Autoboom die Landschaft versiegeln und zerschneiden, die Umwelt mit Lärm und Schadstoffen belasten und damit das genetische Potential bedrohen.

Das Buch ist im streng wissenschaftlichen Sinne ganz auf Objektivität angelegt: jede Behauptung abgesichert und jede Maßnahme begründet (allein über 2400 Quellenverweise). Gleichwohl hat der Autor mit seiner umfassenden Kenntnis (aus einer 20jährigen Praxiserfahrung als Wissenschaftler, Leitender Beamter und freier Planer) und seiner messerscharfen Diagnostik einen politischen Sprengsatz gelegt, an dem in den nächsten Jahren die Umweltdiskussion zum Thema Landschaftsschutz nicht vorbeikommen wird.

XX, 586 Seiten, 36 Abb., 95 Tabellen   39,80 DM
ISBN-924905-00-2

Albert Kellerer

Kreislauf des Unsinns
Kleiner Leitfaden zum Verständnis unserer Gesellschaft

Der Autor, engagierter Lehrer und Umweltschützer an einer Münchner Fachoberschule, versteht es, mit wenigen, doch treffenden Strichen die Konturen unserer Gesellschaft nachzuzeichnen und jene Probleme anzusprechen, die nur allzuoft vernebelt werden.

"Haben Sie schon einmal gefragt
- o warum es in der EG üblich ist, Agrarüberschüsse zu produzieren und sie dann großenteils wieder zu vernichten?
- o Warum die Autos immer noch so gebaut werden, daß sie nach relativ kurzen Laufzeiten verschrottet werden müssen?
- o Warum pro Jahr immer noch viele Millionen Tonnen Schwefeldioxid in die Atmosphäre geblasen werden, obwohl die schädlichen Auswirkungen seit Jahren bekannt sind?

Das Buch "Kreislauf des Unsinns" versucht allgemeinverständlich die Basis für einen Überblick über diese und viele andere Umweltthemen zu verschaffen. Das Buch ist weder ein wissenschaftliches Kompendium, noch eine reine Unterhaltungslektüre, aber sicher eine interessante Orientierungshilfe auf Ihrem persönlichem Weg zum "Selbstdenker mit Überblick".

Die Probleme, die auf uns alle zukommen, erfordern eine immer größer werdende Anzahl selbständig denkender und weitsichtig mitentscheidender Menschen, wenn es überhaupt eine lebenswerte Zukunft für den Menschen geben soll.

Für die Zukunft und das Fortbestehen des Kosmos ist es völlig unwichtig, was die Menschheit mit der Erde anstellt - für das Fortbestehen der Menschheit aber ist es entscheidend!"

2. Auflage, 130 Seiten, 9 Abb.   16,80 DM
ISBN 3-924905-01-0

Der Fremdenverkehr im Maintal zwischen
Lohr und Aschaffenburg.
Entwicklung und Struktur.
von Herbert Gröger

Die Arbeit wurde als Dissertation am Wirtschafts- und Sozialgeographischen Institut der Universität Frankfurt am Main im Sommer 1984 mit Auszeichnung angenommen. Der Verfasser, Oberstudienrat an einer hessischen Berufsschule und Dozent an der Akademie für Welthandel, legt hiermit ein methodisch ausgereiftes und landeskundlich besonders wertvolles Buch vor.

Der erste Hauptteil besteht aus einer Analyse des natürlichen und kulturellen Potentials, soweit es für den Tourismus am Spessartmain Bedeutung hat. Anschließend werden Genese und Struktur der wichtigsten Fremdenverkehrsarten in jenem landschaftlich besonders reizvollen Flußtal im Grenzbereich zwischen Bayern und Baden behandelt.

Besonders hervorzuheben ist der - gelungene - Versuch, Reise- und Erholungswesen in ihrer Totalität als raumprägende Erscheinung der Kulturlandschaft zu erfassen. Gröger geht damit über viele ähnliche Arbeiten, die sich nur sektoral mit dem Fremdenverkehr befassen, hinaus.

Die Fülle des lokalen Details wurde mit über 700 Literaturhinweisen und vielen Originalerhebungen abgesichert. Durch die Auswertung des gesamten einschlägigen deutschsprachigen Schrifttums zur Fremdenverkehrsgeographie spiegelt die Arbeit auch den neuesten Stand der Forschung wider und dürfte für alle regionalen Untersuchungen in Zukunft eine wichtige Quelle sein.

368 S., 18 Bilder, 7 Abb., 11 Karten, 40 Tab.   29,80 DM.
ISBN 3-924905-02-9

Quizwettbewerbe in Gemeinschaftskunde
von Herbert Gröger

Diese Broschüre wurde im Rahmen der Ausbildung für das Handelslehramt geschrieben. Sie befaßt sich mit Themen, Verfahren und Motivationseffekten eines bis jetzt in der pädagogischen Literatur noch wenig behandelten und in der Schulpraxis nur bedingt eingesetzten methodischen Unterrichtsmittels.

Die kleine Arbeit enthält einen theoretischen und praktischen Teil, der die didaktischen Ergebnisse mehrerer Jahre Praxiserfahrung mit dem Quizeinsatz widerspiegelt.

Den an kaufmännischen Berufsschulen durchgeführten Versuchen mit Frage-Antwort-Spielen liegt die Erfahrung zugrunde, daß Jugendliche, und zwar vor allem jene, die in der praktischen Berufsausbildung stehen, oftmals nur wenig Interesse für politisches Geschehen zeigen. Dem will der Verfasser, ein erfahrener Pädagoge, u.a. durch Quizwettbewerbe begegnen.

Das Buch kann aufgrund seiner empirisch gut abgesicherten Grundlagen auch den Lehrern anderer Bildungsstätten, die sich um Überwindung der weit verbreiteten Apathie (besonders gegenüber allgemeinen öffentlichen Dingen) bemühen, manch wertvolle Hinweise und Anregungen geben

72 Seiten, 2. Auflage 1984   9,80 DM
ISBN 3-924905-03-7

Henkel Leitbilder des Dorfes

Der ländliche Raum, jahrzehntelang stiefmütterlich als "Restraum" behandelt, erfährt seit einigen Jahren von verschiedenen Seiten eine erstaunliche Beachtung. Es begann mit den Dorfentwicklungsprogrammen Mitte/Ende der 70er Jahre und hat sich heute zu einer breiten Bewegung entwickelt, die sich die Erhaltung der gewachsenen dörflichen Substanzen zum Ziele gesetzt hat. So erfreulich diese Tendenz zur Wiederentdeckung des Dorfes - und des ländlichen Raumes - auch ist, kann doch nicht verkannt werden, daß die Leitbilder, sofern solche überhaupt bestehen, weitgehend von Behörden oder Politikern in den Hauptstädten und Agglomerationen entwickelt wurden. Die Frage ist, inwiefern diese Leitbilder oktroyierte Zielvorstellungen von Städtern sind, die sich im Dorf und im ländlichen Raum ein Refugium der "heilen Welt" schaffen wollen, und - wie die Vertreter der Provinz häufig klagen - daher über die Dörfer nur "die Käseglocke überstülpen".

Die Frage nach der Zukunft des Dorfes ist also weitgehend abhängig von der politischen Zielvorgabe, was denn eigentlich mit dem Dorf in Zukunft geschehen soll. Nicht länger können Landes- und Regionalpläne, Agrarstrukturpläne oder sonstige Regionalprogramme vom grünen Tisch der Hauptstädte aus die Richtlinien der Entwicklung in der Provinz bestimmen. Zu kurz gekommen ist die Selbstbestimmung der Dorfbewohner, ihre originäre Vorstellung von der Zukunft ihrer ländlichen Heimat.

Sieben Wissenschaftler versuchen daher im vorliegenden Band aus der jeweiligen Sicht ihres Faches einen Weg zu weisen, wie ein autonomes Leitbild für den ländlichen Raum und seine Dörfer aussehen könnte. Die Antworten der Agrar-, Staats-, Politik- und Sozialwissenschaftler, der Geographen und Historiker bewegen sich dabei in einem weiten Spektrum von der Anpassung an die nüchternen Sachzwänge der Industriegesellschaft - welche das Dorf bereits fest im Griff hat - bis zu einer notwendigen Utopie, in welcher das Dorf als Garten Eden mit Bauernhäusern, Kirche, Dorfbach und durchgrünter Idylle in sich ruhend und überschaubar (wieder)-entdeckt und gestaltet wird.

122 Seiten, 11 Abb.   12,80 DM
ISBN 3-924905-04-5

Heilung des Waldes

verfaßt von einer Autorengemeinschaft: 2 Landwirten und Agrarschriftstellern *Gustav von Heyer* und *Erhard Henning*, 3 Ärzten *Hans Kaegelmann, Valentin* und *Julian Köhler*, einem Schöpfer biochemisch-homöophatischer Heilstoffe *Konrad Würthle*, einem Diplom-Ingenieur und Recycling-Industriellen *Erich Klimanek* und einem Bio-Publizisten *Gerhard Tenschert*.

Das dramatische und für uns Menschen hochgefährliche Sterben des Waldes erfordert rasches Umdenken und schnell wirksame Heilmaßnahmen.

Denk- und Einstellungsveränderung ist die entscheidende Grundlage aller Waldheilung. Diese Veränderung muß bewirken, daß nicht zwischen unerläßlich Notwendigem und irrealen Wunschvorstellungen verhandelt und gekuhhandelt wird. Es ist eine möglichst einfache und vor allem keine weiteren Schäden verursachende Methode zu ermitteln und anzuwenden, aber es darf nicht etwas unterlassen werden, was objektiv unausweichlich ist, nur weil es subjektiv als unangenehm empfunden wird.

Die Waldheilung besteht aus 4 Hauptschritten:
1. Verringerung der exogenen Schadstoffzufuhr
2. Standortangepaßte Mischkultur
3. Humusbehandlung
4. Arzneibehandlung

Vor einem halben Jahrhundert schrieb Trygve Gulbransen seinen Bestsellerroman "Und ewig singen die Wälder." Die Industriegesellschaft ist drauf und dran, den gläubigen Dichter Lügen zu strafen. Lassen wir seinen Hymnus wahr werden!

1984. 140 S., 25 Abb.   16,80 DM.
ISBN 3-924905-05-3